吉野作造政治史講義
矢内原忠雄・赤松克麿・岡義武ノート

吉野作造
矢内原忠雄・赤松克麿・岡義武ノート
政治史講義

吉野作造講義録研究会……編

岩波書店

解説——吉野作造の政治史講義

伏見岳人

1 筆記ノートから再現する政治史講義

本書は，吉野作造が東京帝国大学法科大学・法学部で行った政治史講義を聴いた学生が筆記したノートを翻刻・編集したものである．

大正デモクラシーを代表する言論人として活躍した吉野作造(1878年生-1933年没)は，東京帝国大学法科大学・法学部において政治学の一分野である「政治史」という科目を担当した日本の政治史研究の開拓者であった[1]．吉野の政治史講義は，1913年度から1932年度までの約20年間にかけて，途中に断絶を挟みつつ各年度において実施され，吉野はその内容を毎年変化させながら最新の学問体系を若き大学生に語り続けていた．講義で扱われる内容は，当初はヨーロッパ政治史が中心であったが，年を重ねるにつれて次第に日本政治史へと比重が移っていき，また中国政治史やアメリカ政治史が論じられたこともあった．吉野の講義は，同時代の政治現象を素材として扱いつつ，その歴史的経過を丁寧かつ明快に解説する方針で行われ，これらの講義内容に感銘を受けた学生の中には，大学を卒業した後も筆記ノートを保存し続けた人々がいた．それらのノートが震災や戦火を免れて残存し，現代の私たちに吉野の政治史講義の内容を伝える史料になったのである．吉野の政治史講義の内容は，これまでは聴講者の回想や吉野の日記などを通してごく断片的にしか知られておらず[2]，本書は我が国における政治史研究の源流をたどる貴重な資料として価値を有していよう．

私たち吉野作造講義録研究会は，現存が確認されている筆記ノートの中から，特に価値の高い4つの年度のノートを選んで，その内容の再現を試みた．具体的には，吉野が初めて政治史講義を担当した1913年度講義録，民本主義の提唱者としてその名を世に知らしめた頃の1915年度講義録，長期化する第一次世界大戦の開戦に至る過程を通史的に分析している1916年度講義録，そして，吉野が東京帝国大学教授を辞職した転機の年に，日本政治史研究を本格化させようとした1924年度講義録の合計4年度である．

まずは各年度の筆記ノートの書誌情報を説明していきたい．ノートはいずれも横165ミリ×縦210ミリの横書きの大学ノートにペン字で記入されている．

1913年度講義録は，東京帝国大学法科大学政治学科第1学年であった矢内原忠雄(1893年生-1961年没)が筆記した全3冊のノートであり，原本は琉球大学附属図書館(沖縄県西原町)の矢内原忠雄文庫に所蔵されている．これらは同図書館が作成した植民地関係

資料画像データベースで閲覧が可能である3)．3冊のノートの表紙には，「吉野学士　政治史　大正二年秋　政一　矢内原　I」，「吉野学士　政治史二　矢内原」，「政治史三　矢内原」と記されており，いずれも吉野の初年度の政治史講義を1冊目から順番に書き取ったものである．吉野が最初の講義で社会主義を主たるテーマに選び，各国における社会党の情勢を説いたことは早くから知られていたが，その詳しい内容はこれらのノートの発見によって初めて明らかになった4)．

　原本ノートを一見して明らかな通り，そこには現代のノートの筆記方法とは異なる方式で，当時の講義内容が記録されている(本書3頁の1913年度講義録の扉画像を参照)．今日，私たちがノートに横書きに記述する方法は，まず左ページの上から下へ書いた後，右ページに移ってまた上から下へ書き取るスタイルが一般的であろう．これは横書きの本や書類を読むときの目の動きに即した筆記方法である．ところが，矢内原忠雄の残した原本ノートは，左右の両ページにそれぞれ独立した記述を同時に行う見開き版の書式が採用されている．すなわち，原本の見開きの右ページを使って，講義中に語られた本文の内容を上から下に順に書き取りつつ，同時に見開きの左ページには予習復習時に補足的な内容を書き加える書式となっている．左ページはさらに二分され，その右側部分には講義本体の小見出しを付して項目を整理し，その左側部分には講義の補足内容が詳しく書き記されている．このようにノートを見開き版で用いて，左右の両ページで講義の筆録部分と予習復習部分を区別して記述するスタイルは一般的だったようであり5)，われわれが現存を確認した筆記ノートの大部分も，同じように見開きの右ページに講義本体を記録する書式が採用されている．これは，マイクや録音機材が存在しなかった時代に，大量情報を書き写すために，主に右手を最も効率的に動かすための書式だったと推察されよう．

　初年度の講義において細かな事例まで詳しく語ろうとした吉野の熱意と，それを克明に筆記しようとした矢内原の真摯な姿勢が相まって，この1913年度講義録は，左右両ページにわたってきわめて正確かつ詳細に講義内容が記録されている．この特徴を重視して，本書では，1913年度講義録については見開き版の書式を採用して，できるだけ原本ノートの雰囲気をそのまま再現することにした．

　次の1915年度講義録は，のちに吉野の女婿となる赤松克麿(1894年生-1955年没)による3冊の筆記ノートであり，原本は吉野作造記念館(宮城県大崎市)に所蔵されている6)．3冊の表紙には，「政治史(A)　吉野教授」，「政治史　吉野博士講」，「政治史(B)　吉野教授」と記されている．このうち，前2冊は内容が連続していて，1915年度講義の第一編「現代欧州の建設」と第二編「自由主義」が記録されている．それに対して，「政治史(B)」という表紙のノートでは，第四編「最近欧州の形勢」と題して，ドイツ帝国の建国後の内政が詳しく論じられている．ノートに記された内容から，いずれも赤松

が東京帝国大学法科大学に入学して間もない1915年度講義録であると判断して，本書ではこれらの3冊を同一年度に収めることにした[7]．

　この1915年度の政治史講義を実施していた最中に，吉野は『中央公論』1916年1月号に「憲政の本義を説いて其有終の美を済すの途を論ず」を発表し，民本主義の主唱者として一躍有名になった．当時の聴講生の一人は，この論文の原型を大学の教室の講義で未発表のうちに聴くことができたと後年に誇らしく回想しているが[8]，本書所収の1915年度講義録にも，確かに論文の原型となった民本主義論が詳細に書き写されている[9]．この1915年度講義録の再現によって，われわれは吉野の民本主義論の形成過程をさらに詳しく追跡できるようになり，さらには民本主義論と社会主義論の相互関係を体系的に分析することが可能になる．実践的志向の強かった赤松克麿も，とくに民本主義と社会主義の相互関係について強い興味を有していたようであり，ノートの該当箇所には彼が念入りに勉学した痕跡が残されている（本書163頁の1915年度講義録の扉画像参照）．

　続く1916年度講義録も，同じく赤松克麿が筆記した2冊のノートで構成され，原本は吉野作造記念館に保管されている．表紙にはそれぞれ「政治史（火）　吉野博士　政治科一年　赤松克麿」，「政治史（金）　吉野博士　政治一年　赤松克麿」と書かれており，内容から1916年度講義の記録であると推定した[10]．「政治史（火）」と表紙に書かれたノートは，毎週火曜日に行われた講義内容を記したものであり，そこでは前年の1915年度講義の内容を踏まえつつ自由主義の発達について論じられている．また「政治史（金）」のノートは毎週金曜日に実施された講義の記録であり，「最近の欧州史」と題して，ドイツ帝国の成立から第一次世界大戦の直接的な原因となったバルカン問題までの過程が通史的に論じられている[11]．1914年に第一次世界大戦が勃発したのち，吉野はヨーロッパ国際政治の個別争点を詳説した『欧洲動乱史論』（警醒社書店，1915年）と『欧洲戦局の現在及将来』（実業之日本社，1916年）という二冊の書物を刊行しているが，それに続いてこの1916年度講義にあわせて雑誌『新人』に論文を連載し（1916年10月号-1917年11月号），やがてそれらを『戦前の欧洲』（万朶書房，1917年）という本にまとめた．開戦から2年経過して膠着状況にあった世界大戦の動向に吉野が正面から向き合い，政治史研究の技法を駆使してその理解に努めていたことが，この講義録からも伝わってくるだろう．

　なお，1913年度講義を聴いた矢内原忠雄と同じく，1915年度・1916年度の政治史講義を書き取った赤松克麿も，原則的にはノートを左右両ページの見開き版で記録する方針だったようである．しかし，赤松の残したノートは総じて見開き右ページ部分の筆録が中心であり，復習時に左ページに記述した分量はさほど多くない（本書293頁の1916年度講義録の扉画像参照）．そこで本書では，左ページの記述のうち，講義内容を整理した

復習時の記録や小見出しは削除し，吉野が講義中に補足内容として紹介した新出情報の記載を抽出して，右ページの本文中に〔欄外〕と記して挿入する措置を施した．したがって，1913年度講義録の書式とは異なり，赤松の筆記ノートに基づく1915年度・1916年度講義録については，本書の左右両ページともに，原則的に原本ノートの右ページの講義本文の記述を翻刻したものである．

　最後の1924年度講義録は，吉野の政治史講座を引き継いだ岡義武(1902年生–1990年没)の筆記ノートである．原本は東京大学大学院法学政治学研究科附属近代日本法政史料センター原資料部に所蔵されており，1冊のノートの表紙には「政治史」と記されている(本書xxxvi頁の画像参照)12)．岡は第1学年の時にこの前年度の1923年度の政治史講義を一度聴いており，このノートは第2学年になった岡が翌1924年度政治史講義を再び聴講した時のものである13)．岡のノートも左右両ページを見開きで記述する方式であり，原本の右ページに講義内容が独特な字体で均一かつ丁寧に再現されている．原本の左ページには後から書き記された補足内容はさほど見られず，右ページの本文中に適宜△の印を挿入した上で改行して注記する，という独自の表記方法が採用されている(本書361頁の1924年度講義録の扉画像参照)．そこで本書では，原本の左ページの記述については，小見出しは割愛し，重要な新出情報を〔欄外〕として右ページの本文中に挿入すると共に，なるべく原本の右ページの記述を忠実に再現するために，△印のついた注記を原本での挿入位置にならって復元する方針を採用した．本書の左右両ページともに，原本の右ページの記述を収録するのは，1915年度・1916年度講義録と同じ方針となる．

　この1924年は，吉野の人生において大きな転機になった年であった．同年2月に吉野は東京帝国大学教授を辞職し，朝日新聞社に入社するものの，6月には退職となる．法学部講師となった吉野による1924年度の政治史講義は，この異動の渦中の5月初めに開始され，夏休みを挟んで10月末まで実施された14)．講義が始まった直後の第15回衆議院議員総選挙(1924年5月10日投票)では，第二次護憲運動を主導した護憲三派が勝利しており，間もなく成立した第一次加藤高明内閣に吉野が期待を寄せていたことを本講義録から見て取ることができる．このように変動する日本政治の現状と課題を分析した後，吉野は日本における立憲思想の受容過程を探るべく，明治維新前後の思想状況や政治過程，制度改革などを解説していく．講義後の同年11月には，吉野を中心に明治文化研究会が発足し，吉野はいよいよ日本政治史研究を本格化させようとする．しかし，年末から体調を崩して翌年には半年間の入院生活を余儀なくされ，これが病苦や経済的困難に悩まされながら，日本政治史研究に邁進する吉野の後半生が始まる転換点となった．こうした1924年度の政治史講義を，学問的後継者となる岡義武が克明に記録していたことは象徴的であろう．

　この他にも吉野の政治史講義を聴いた人々による筆記ノートは多数存在する．できる

だけ多くの筆記ノートを収録したかったが，本書では，ノートに記された内容の体系性および斬新さ，吉野と筆記者の関係性，吉野の人生において重要な意味をもった年度，などの点を鑑みて，これらの 1913 年度，1915 年度，1916 年度，1924 年度の計 4 年度のノートを選んで翻刻・編集することにした．

2　政治史家としての吉野作造

続いて本書を読み解く参考として，吉野が東京帝国大学で行った政治史講義の変遷を，各年度の講義録の記述や吉野の経歴に結びつけながら概説していきたい．

吉野作造は，1878 年に現在の宮城県大崎市古川に生まれ，古川高等小学校，宮城県尋常中学校，第二高等学校法科を経て，1900 年に東京帝国大学法科大学に入学する．翌 1901 年に小野塚喜平次による政治学講義を聴いたことが，吉野の政治学への関心を高める重要な契機となった．ヨーロッパ留学から帰国した直後の小野塚は，この政治学講義においてデモクラシーを衆民主義と訳して解説し，政治とは国家統治の技術にとどまらず，広く国民生活に影響する重要な活動であると説明した[15]．このように大学で最新の学問体系に触れた吉野は，職業としての研究者を志すことを決め，1904 年に東京帝国大学法科大学の大学院に進学する[16]．これからしばらく吉野は家計に苦労しながら研究を続け，日露戦後の 1906 年 1 月からの 3 年間は教育業務のために清国で過ごしている．これらの修業時代を経て，1909 年 2 月に吉野は東京帝国大学法科大学助教授に任命された．

助教授採用後，吉野はすぐに欧米留学を計画し，1910 年 4 月から 3 年間の予定で政治史および政治学の在外研究を開始した．吉野はまず 1 年目にはドイツ南西部の学術都市ハイデルベルクを滞在先に選び，さらに周辺の農村地区での生活も体験して見聞を深めた[17]．2 年目には，オーストリア帝国の首都ウィーンや，ドイツ帝国の首都ベルリンを主な滞在先とした[18]．この間の 1911 年 9 月 17 日にはウィーンで起きた大規模なデモを目撃しており，それに強い印象を受けたことを後年に語っている[19]．また，1912 年 1 月 12 日のドイツ帝国議会本選挙をベルリンで迎え，ドイツ社会民主党の台頭を目の当たりにした[20]．3 年目は滞在先の幅をさらに広め，独仏国境に近いシュトラスブルクやナンシーで過ごした後，フランス首都のパリ，イギリス首都のロンドンで暮らした他，ジュネーヴやブリュッセルにも足を運んでいる．さらに吉野はアイルランド行きも希望していたが予算の都合上これを断念し，帰路のアメリカ滞在期間もなるべく縮め[21]，1913 年 7 月に日本に帰り着いた．そして，1913 年 7 月 16 日付で，吉野は政治史講座担当を命ぜられる[22]．

これらの海外体験に裏づけられて，吉野が初めて講壇に立った 1913 年度の政治史講義は，同年 9 月から翌年春まで行われた．当時は 4 年間で卒業する制度であり，政治史

は政治学科第1学年対象の必修科目,すなわち入学したての学生を対象とする政治学系の入門科目として位置づけられていた[23].初回の講義の冒頭で,吉野はまず19世紀初頭から始まる現代を特徴づける根本思想として,平等・解放(liberation・emancipation)を要求する声の高まりを挙げ,政治,経済,宗教,人種,性別といった諸領域でこの趨勢を分析するという壮大な構想を示す(本書6-9頁).ただ実際には,政治的方面での「民主主義的運動」と,経済的方面での「社会主義運動」を重点的に詳しく論じたため,あとの3領域はごく断片的に触れられるにとどまった.議論の中心は次の第二節「社会主義」の理論・運動の展開に置かれ,第二節第二項第五「現今各国の社会党」に講義の全体量の約半分を割いて,ドイツ,フランス,イギリス,オーストリア,ベルギーの5ヵ国での社会民主主義政党の台頭過程を細かく分析している(本書64-141頁).それに続く第二節第三項「サンディカリズム」も吉野による最新の研究成果であり,講義期間中に学術論文として公表している[24].このように初年度の1913年度講義録は,政治分析の体系性を志向しつつ,特定の先駆的事例をより深く解明しようとする吉野の関心が色濃く投影された構成になっている[25].

吉野が本講義で重視したポイントは,学期末の1914年6月に実施された試験問題からも予測できる.「一,Revisionisms〔Revisionismus〕ヲ論ズ 二,近世欧洲ニ於ケル選挙法改正運動ノ大勢ヲ論ズ[26]」.第1問は,第二節第二項第五の甲「独逸」の末尾に,ドイツ社会民主党の路線の一つとして紹介されている概念を説明する問題である(本書76-81頁参照).第2問は,講義冒頭の第一節第一「民主主義的運動」の部分で,イギリス,ドイツ,フランス,および南アフリカ連邦の事例が言及されている他,第二節第二項第五の丁「墺太利の社会党」および第五「白耳義の社会党〔労働〕」で選挙法改正運動が取り上げられており(本書8-13頁,106-113頁,120-141頁),これらの論述をまとめることが要請されよう.

初年度講義が終わった直後の1914年夏には,第一次世界大戦が勃発する.これ以前より,吉野は『中央公論』編集者の滝田樗陰の巧みな導きにより,「学術上より見たる日米問題」(『中央公論』1914年1月号所収),「民衆的示威運動を論ず」(『中央公論』1914年4月号所収)などの時事評論をいくつか発表していた.1914年7月17日に教授に昇進した吉野は,この世界的大変動の経過分析に多くの力を注いでいくのである.

1914年度の講義録はまだ発見されていない.吉野は第一次世界大戦の勃発について講義で取り上げ,とくにサラエボでのオーストリア皇太子射殺の場面について,まるでその場を目撃したかのように,生々しく具象的に描写したという感想を抱いた学生がいたと伝えられる[27].この年の学期末の試験問題は判明しており,「一,普通選挙制度ノ起因及現状 二,甲,社会主義ノ歴史ニ於ケルまるくす〔マルクス〕及らつさーる〔ラサール〕ノ効績〔功〕 乙,近代憲政ノ進化ノ大勢 丙,政党内閣,七月革命,露国国会ノ略解」という問題であった[28].概ね前年1913年度講義と同じように,政治方面での民主主義運動と,経済方面

での社会主義運動を中心に講義していたことがここからうかがえよう．なお，この1914年度より学科編成が改正されて4学年制から3学年制となるが，政治史は政治学科第1学年の必修科目（通年，毎週授業時数は3）のままであった[29]．

1915年には吉野の学術活動は多方面に及び，民本主義論の主唱者としてその名を一層世に知られるようになった．この年に吉野は，世界大戦の動向を分析した『欧洲動乱史論』を，日本政治の時評をまとめた『現代の政治』(実業之日本社)を，21か条要求の経緯を扱った『日支交渉論』(警醒社書店)それぞれを発表している．そして11月末から12月初旬にかけて，滝田樗陰の協力を得て「憲政の本義を説いて其有終の美を済すの途を論ず」の口述筆記が行われ[30]，それが『中央公論』1916年1月号に掲載される．さらに1916年5月には，ヨーロッパに関する2冊目の著作となる『欧洲戦局の現在及将来』を刊行している．

1915年度の政治史講義は，このように吉野の研究成果がいくつも花開く最中の1915年9月末から翌年春まで，毎週水曜午後，木曜午前，金曜午前の時間帯で実施された[31]．初年度の1913年度講義録と，1915年度講義録の目次を比較してみると，この間の吉野の問題関心の変化を読みとれて興味深い．1913年度での政治的方面での民主主義運動と，経済的方面での社会主義運動という枠組みは，1915年度講義では第二編「自由主義」の第一章「立憲政治」と第二章「社会主義」として再編成され[32]，民本主義論もこの第二編「自由主義」の中に配置されている（本書195-235頁）．そして，これらを前後に挟む構成で，第一編「現代欧州の建設」と，第四編「最近欧州の形勢」が新たに配置されている．第一編「現代欧州の建設」は，ウィーン会議後の民族主義運動を取り上げ，ドイツ，イタリア，セルビア，ギリシア，モンテネグロ，ルーマニア，ブルガリアでの展開を解説している．これはもちろん第一次世界大戦の直接的原因となったドイツの勃興やバルカン問題を説明するための補助線である．また，第四編「最近欧州の形勢」は冒頭の章立てを見ると，ヨーロッパ国際関係の展開を，三国同盟と露仏同盟の形成から順に語る構想だったようである（本書257頁）．しかし，19世紀後半のドイツ帝国の建国過程がきわめて詳細に論じられ，なかでも帝国宰相ビスマルクが帝国統一を推進すべくカトリック勢力と激しく対立した文化闘争の展開に，多くの時間が割かれることになった（本書266-289頁）．

この年の試験問題は「一，欧洲ノ政界ニ於ケル民族運動　二，議会制度ノ改革ニ関スル独逸最近ノ運動[33]」であった．第一問は，第一編第二章「民族主義」と第二編第三章「民族問題」の内容をまとめる問題である．第二問については，本書所収の講義録にはドイツの議会制度改革の記述が多くないため，第二編「自由主義」内で言及されたドイツ帝国議会制度の議論と，第四編「最近欧州の形勢」で論じられたドイツ帝国史の事例を再構成する必要があろう．

続く1916年度の政治史講義は，1916年9月から翌年5月まで，毎週火曜午前，木曜午前，金曜午後に実施され，月曜にも時に特別講義が実施された[34]．吉野はこの年の講義構成をまた前年度から変化させている．第一編「自由主義」の部分は，前年度の第二編「自由主義」と同種の内容であるが，第一章「憲政の発達」，第二章「社会的機会均等」と章の名称を改めて，論述の力点を修正している．前年度と大きく異なるのは，「最近の欧州史」と題して毎週金曜に実施された19世紀ヨーロッパ国際関係史の叙述であり（本書324-360頁），前年度に完遂しえなかった通史化に再度挑もうとしたのである．第一章「独逸帝国の出現」，第二章「独逸の軍国主義」，第三章「三国同盟」では，ビスマルクの軍備拡張政策や同盟政策によって，ヨーロッパ国際関係が次第に動揺していく変化が論じられる．その後は，第四章「三国協商」，第五章「伊太利態度の変調」，第六章「モロッコ事件」と続き，ドイツの動きに対抗して三国協商が形成され，それがアフリカ大陸での紛争と連動して，徐々に全面的な戦争に近づいていく過程が描かれる．末尾の第七章「バルカン問題」はおそらく時間の関係で第二次バルカン戦争（1913年6-8月）の途中で記述が終わっているが，第一次世界大戦の勃発まで語る計画だったのだろう．

1916年度の期末試験は，以下のような問題であった．「（一）第十九世紀ニ於ケル憲政思想ノ発達ヲ論ゼヨ　（二）（甲）独乙帝国ノ建設ト其軍国主義トノ干[関]係ヲ論スベシ　（乙）異民族統治ニ干[関]スル近世諸国ノ政治主義ヲ説ゼヨ　（丙）社会主義ハ如何ニシテ政治上ノ勢力トナリシカ　（二）ハ（甲）（乙）（丙）ノ中一題ヲ択ブベシ[35]」．（一）は，第一編第一章「憲政の発達」の内容をまとめればよく，（二）（甲）は，「最近の欧州史」の第二章「独逸の軍国主義」がヒントになる．（二）（丙）も例年通りの出題で，第一編第二章「社会的機会均等」で述べられた内容を補足しつつ論じればよい．

難しいのは（二）（乙）の異民族統治に関する問題である．本講義録には「国家的統一」と題する箇所でわずかに民族問題が扱われ，圧迫政策，同化政策，妥協政策，自治制，国力の対外膨張といった箇条書きの諸政策が論述の手がかりになると思われる（本書323頁）．ここの「日本人は朝鮮満州の同化能力なし」という言及は，1916年3月から4月にかけて吉野が満州と朝鮮半島を調査旅行したのちに，日本の植民地統治政策を批判した内容だったのであろう．あるいは筆記者の赤松が国内問題に多く注目し，異民族統治といった論点にはさほど興味を抱かなかったが故に，この箇所の記述が薄くなっているのかもしれない．

この頃，吉野は中国革命史研究にも強い関心を抱いていた．1915年12月に袁世凱が帝政を宣言したことでいわゆる第三革命が勃発すると，吉野はその経過を注視し，それと並行して毎週月曜に中国革命に関する特別講義を実施した[36]．吉野はこの講義期間に『国家学会雑誌』で中国革命史の論考を連載し[37]，それをもとに1917年8月に『支

那革命小史』(万朶書房)を刊行している.

　1917年度の政治史講義は，中国革命史の比率をさらに高めて実施された模様である．聴講した蠟山政道の回想では，1917年度はヨーロッパ政治史と中国革命史が講義で扱われ，ヨーロッパ政治史は民族主義，民主主義，社会主義の三つの観念に注目する従来の講義が展開されたのに対し，中国革命史では，新刊の『支那革命小史』をテキストとして使用し，中国革命運動が19世紀以後のヨーロッパでの諸潮流と結びつけて考察されていたようである[38]．1917年度の試験問題は，「一，十九世紀初頭並ニ二十世紀初頭ニ於ケル憲政上ノ重要問題ヲ簡単ニ比較スヘシ　二，次ノ名辞ヲ簡単ニ説明セヨ　a. Parliament Act b. One Man, One Vote, One Value c. 中国革命同盟会　三，支那ノ革命ト露西亜ノ革命トヲ比較論評スヘシ[39]」であった．

　こうして気力の充実した40代になった吉野は，さらに多角的に活動領域を広げていき，第一次世界大戦後における国内外でのデモクラシーの提唱者として一層活躍する．しかし，その間にも東京帝国大学での政治史講義を毎年着実に行い，後進の教育にも決して手を抜くことはなかった．

　1918年度の政治史講義は，再びヨーロッパ政治史を中心に，1918年9月から翌年5月まで，毎週水曜午前，木曜午前，金曜午後に実施された[40]．判明している部分的な講義録の記述に基づけば，第一章「専制政治の倒壊」，第二章「節制なき自由の失敗」，第三章「新旧二勢力の消長」では，フランス革命の展開を論じ，第四章「立憲政治の創設」は省略して，第五章「仏革命の影響としての英国の政治的変遷」ではイギリスの議会制度や選挙法改正が説かれている[41]．この年度の試験問題は，「一，近代ニ於ケル民族主義ノ発達　一，仏国政界ノ二月革命前後ニ於ケル状態　一，現代労働運動ノ史的観察　一，戦前ニ於ケル独逸ノ内政外交[42]」となっており，他のテーマも含むヨーロッパ政治史を幅広く論じていたと思われる．

　1919年には帝国大学令の改正により同年4月より東京帝国大学法科大学は東京帝国大学法学部になる．従来の3学年制は継続されたが，これまでの通年1学期制から春秋の2学期制に変わり，政治史は政治学科第1学期(秋学期，9月-翌1月)の選択科目(毎週授業時数4)と改められた[43]．

　1919年度の政治史講義は，1919年10月から翌1920年1月末まで，毎週水曜午前，木曜午前，金曜午前に実施された[44]．冒頭では，第一章「戦争の勃発」，第二章「最近欧州の国際関係」，第三章「十九世紀文明の内面的煩悶」，第四章「新建設の思想」，第五章「講和会議」という全体構想が示されている[45]．前半でバルカン問題やビスマルク期ドイツの内政と外交が扱われたのち，第三章以後，国際的な平和要求や第一次世界大戦後の改造運動などが論じられた．

　また，1919年度は小野塚喜平次の外遊に伴い，吉野は政治学の講義も担当した．政

治学の講義は毎週木曜朝に実施され，吉野はバートランド・ラッセルの著作などを参照しつつ，政治的自由の原理を探究しようと試みた46)．この政治学の試験問題は「一，生活現象ノ一面トシテノ政治　二，立憲主義ニ対スル非難及其当否47)」である．その他，吉野は1918年度と1919年度には，草創期の「米国憲法・歴史及外交」講座で授業を分担している48)．

1920年度の政治史講義も秋学期に実施され，その章立ては，第一章「近代欧洲の形勢〔成〕」，第二章「現代国家の出現」，第三章「英国に於ける憲政の発達」，第四章「仏国の議会の発達」であり，さらに「欧洲協調と維威〔納〕会議」，「第四階級の発生及其政治的運動」，「帝国主義の発達」といった補論的講義が行われた49)．まず第一章では，ローマ教会やゲルマン民族にまでさかのぼり歴史叙述が始まり，第二章では多数の民族を包含するイギリスの政治組織の変化が，将来の世界の変化を暗示すると位置づけられる．第三章は11世紀のノルマン朝の前史から20世紀までのイギリスの王権，議会，枢密院，内閣，政党といった諸制度の変遷を詳しく説明している．それとの対比で，第四章ではフランス革命の歴史が語られ，その後もウィーン会議やドイツ，イギリスなどの社会主義運動，帝国主義の展開が論じられている．

イギリスとフランスの憲政史を比較して同時代の日本政治の分析枠組みとする視角は，後年の1924年度講義にも続いており，吉野のヨーロッパ政治史研究は，この頃に一つの完成型に近づいていたと評することができる．これらを土台として，吉野がこれから政治史講義の機会も活用して，日本政治史研究の開拓に新たに挑んでいくようになる転換点は，この頃の学問的成熟の中に内包されていたのだった．

1921年からは学年開始の時期が4月からに変更され，政治史は政治学科第1学期(夏学期，4月-10月)の選択科目(毎週授業時数4)となった50)．1921年度の内容は不明であるが，一部に明治政治史を盛り込んでいたようである51)．1922年度の政治史講義は特別に冬学期(10月-翌3月)に実施され，10月から2月まで毎週水曜午前と金曜午後に行われた52)．講義の序盤には「日本憲法学における自然主義と理想主義」というテーマが語られ53)，また明治維新前後の内容も扱われた形跡がある54)．

東京帝国大学法学部に入学した岡義武が初めて聴いた1923年度の政治史講義は，4月から11月まで毎週水曜午後と金曜午前に実施されている．この間の9月1日に関東大震災が発生し，その中断により本来ならば10月までの夏学期の授業が11月末まで延びたのだった55)．岡によれば，吉野は週2回のうち，1回をヨーロッパや中国の事例に，もう1回を日本政治史に当て，フランス革命後を時系列順に話す以前のスタイルを意図的に変化させ，重要な事例問題を複数取り上げてそれらを連関させる「計画的脱線」のような構成を取っていたという56)．

このように吉野が日本政治史研究へ軸足を移しつつあった時期に，本書所収の1924

年度政治史講義が行われた．吉野はすでに東京帝国大学教授を辞しており，法学部講師として実施されたこの年度は，5月から10月まで(途中に約2か月間の夏休みを挟む)の夏学期に，毎週水曜午後と木曜午後に実施された57)．吉野は前年度から内容を大きく変えて，最新の研究成果を取り入れた日本政治史の講義を展開する．吉野はこの頃「自分の講義は日本，支那[ママ]，ヨーロッパと年々変るから，三回きくと丁度よい」と述べていたそうであり58)，複数回聴講する熱心な学生に支えられて，少しずつ蓄積されていく日本政治史の研究成果を反映させた講義を実践していたことがうかがえる．

　まず冒頭で，明治文化研究に関する詳細な参考文献が紹介されている．これは吉野がすでに数年かけて行っている古本収集の成果の一部であった．「緒論」では，日本の憲政の運用を理想に近づける必要を説き，ヨーロッパ政治史の展開を参考にしつつ，日本における憲政の歴史的展開を分析するという展望を示す．第一章「憲政の常道」では政治学の基礎概念を説明した上で，イギリスとフランスの事例を対照的に説いて，日本政治の現状を分析するための枠組みを提示する．続いて第二章「我国憲政の現状」，第三章「憲政運用上の弊害」では，日本政治分析に対象を移し，大臣の任免，内閣の組織，衆議院・貴族院の構成，枢密院の役割についてそれぞれ論じたのち，政権を壟断している一部の特権階級として，官僚閥・軍閥・政友会・研究会・枢密院と広範な勢力について批判的分析を施している．

　次の第四章「改革の困難」から徐々に歴史研究に移行し，日本で立憲思想を受容する思想的準備がいかになされたかを徳川時代にまでさかのぼって考察する．第五章「吾国憲政思想の萌芽」は，明治維新前後の著作や新聞雑誌を通して当時の思想状況を検討する．吉野はここで五箇条御誓文の動機，起草，宣明について論説しているが，これは朝日新聞社の退社原因となった論点であった．吉野にとっては苦い思い出であったこの議論を，怯まずに大学での講義の場で続けていたことに，彼の学問的誠実さを強く感じられよう．さらに第六章「立憲制度の試行」では明治初期の官制改革を述べ，第七章「憲政創設の準備」では明治初期の国会開設運動を取り上げる．その後も，日英同盟の締結，明治憲法制定過程，条約改正問題といった現在の日本政治外交史研究においても重要なテーマを順に解説している．

　1924年度講義終了から間もなく吉野は肋膜炎を発病する．法学部講師としての吉野の政治史講義担当はその後も続くが，以後は体調と相談しながら適宜休講や代講などの措置が施されるようになる．

　たとえば，翌年の1925年度の政治史講義は，1925年1月から6月まで吉野が入院したことでおそらく開講されていない．この年度より学科課程がまた改正され，4月から始まる通年の1学期制に改められ，政治史は政治学科第1学年の必修科目(毎週授業時間3)に配置されていた59)．4月の開講時に回復が間に合わなかった故に休講になったもの

と推測される．

次の1926年度講義は，1925年度入学の第2学年と1926年度入学の第1学年の両学年を対象として，4月から毎週木曜，金曜午後に実施された[60]．翌年3月の期末試験実施日の吉野の日記には，「朝八時より試験あり〔大正——伏見注〕十四年十五年両年度入学生合併の事とて五百人ばかり受験生あり[61]」と記されている．例年より受験生が多かったこともあり，この1926年度の政治史講義については私家版の講義録が残存しており，それによれば，吉野はこの年にヨーロッパ政治史，中国革命史，明治政治史をバランスよく語っていた[62]．試験問題も，「(1)日本国憲法成立ノ歴史的背景　(2)一八三〇——一八四八年ノ仏蘭西ノ政治　(3)近代政治ノ特質[63]」と，複数の分野から出題されている．

体調が比較的安定していた1927年度からしばらくの間，吉野はより日本政治史に重点を置いた政治史講義を展開する．これと同じ時期に吉野は『明治文化全集』全24冊の刊行に尽力しており[64]，これが彼の生涯の中で最も精力的に日本政治史研究に没入していた期間であった．1927年度講義は，4月から翌2月まで，毎週木曜午後と金曜朝に実施された[65]．年明けの講義では，補論として「第一期帝国議会に於ける予算案の討議を中心とする憲法問題」を新たに語っている[66]．

1928年度の政治史講義は6月から翌年2月まで，毎週木曜午後と金曜午後に実施された[67]．この年に吉野は日本政治史の講義案を積極的に作り直しており，日記には次のような記述が見られる．「十時過学校に行く　明治政史を読み明日よりの講義の準備をする」(1928年9月12日)，「朝より学校に行き講義の準備をする　ペルリより明治までの外交を講義して見ようと思ふ」(1928年10月2日)．学期末の試験も全て日本政治史から出題されている．「(1)明治政府を作つたものは如何なる種類如何なる性質の勢力で又それが何を目標とし何を一番大事な仕事として努力したのであるか(2)如何に明達の政治家でも若干年月の努力の後ち世の中が案外自分の予期した様には進まないことを発見するものだ　是れ一には時勢を指導する新方針の洞察に欠くる所があつたのと又一には故習旧慣の伝統が意外に深く民間に根を張つて居ることを看過した為めに外ならぬ　斯うした例を我国近代史の中から一つ二つ摘出して，之に簡単な説明を与へて貰ひたい(3)第一議会の大問題であつた予算審査に絡まる衆議院対政府の争議は事前の歴史と如何に連なり又事後の歴史に如何の影響を与へたか(4)次に列挙せる言葉の政治史上の意義を説け(イ)万機公論　(ロ)公議所　(ハ)版籍奉還　(ニ)薩長藩閥　(ホ)条約改正[68]」．明治維新から初期議会までの政治過程を，思想状況と連関させて論じていたことがうかがえる出題である．

その翌年の1929年度講義は4月から11月頃まで，毎週火曜午後と土曜午前に実施された[69]．この年度は週2回のうち，1回を明治政治史に当て，もう1回を西洋政治史や

中国政治史に当てて，並行して論じるスタイルに戻されたようである．ただし，この年の 11 月下旬より吉野は再び体調を崩し，学期末の試験は全て日本政治史からの出題となっている．「一，明治七年民撰議員開設前後の政情　二，明治十四年の政変　三，我国の近代に於ける民衆政治主義の発展」[70]．日本の議会政治や憲法制定の展開に焦点を当てた講義構成だったと思われる問題である．

　こののち吉野は本格的に肺を患い，政治史講義も実施不可能な状態に陥る．1930 年度の政治史講義は当初，4 月からの半年間は毎週土曜午前に，10 月中旬からの半年間は毎週月曜午前と毎週土曜午前に，吉野が担当する予定で組まれていたが[71]，吉野の体調の悪化を鑑みて，まず 4 月からの半年間を助教授の岡義武が代講することになり，さらに 10 月になっても吉野が復調しないことから通年で岡が代講するよう修正された[72]．この年度末の 1931 年 3 月 31 日には岡が政治史講座担当に任ぜられており，翌 1931 年度の政治史講義は当初，岡と吉野で分担して実施する計画が定められたが，実際には岡が全て担当した[73]．

　後年の岡の回想によれば，吉野から政治史講義を代わりに担当するように岡が依頼された際に，初めて講義をするときの心得として，次のような具体的な助言があったという[74]．「講義をするときは，腰かけてやる方がよい．立ってやると，ふなれなうちは身体が動揺して見苦しい」，「講義は切口上でやれ．『・・・・・でありまする．』というように一語一語区切って話せ．聴いていておかしいくらいにしてちょうどよい．たとえば，歌舞伎の俳優は，楽屋で見るとグロテスクだが，舞台に立っているのを客席から見ると美しく見えてちょうどよいのと同じだ．そうでないと語尾がはっきりしない．」，「誰でもはじめはドキドキする．自分もはじめは武者ぶるいして困った．」，「声量はだんだんと増えるものだ．自分なども，最初はすぐ声がきれたけれども，最近では随分長い時間中之島公会堂でしゃべってもつかれなくなった」．大まかな性格に見える吉野からとても細かな指導を受けたことに，岡は大きな感銘を受けたと語っている．あるいは吉野は自分が講義を担当することの終期が近づいていることを予感していたのかもしれない．

　そして次の 1932 年度が，吉野が講壇に上がった最終年度になる．もともと岡と分担して秋からの講義を一部担当する計画であり[75]，吉野はこの年の 11 月から 12 月上旬まで「帝国憲法の成立」などを講義で語っている[76]．これは吉野の体調がきわめて悪化した状態での講義であり，吉野は途中で時々咳き込んでしまい，しばらく窓際に座って休んだのちにまた再開するというように，満身創痍での奮闘だったと伝えられている[77]．そして 1933 年 1 月より吉野は賛育会病院に入院し，3 月 5 日より湘南サナトリウムに転地入院するが，ついに 3 月 18 日に永眠する．享年 55 歳の若さであった．

　以上の吉野の政治史講義の展開から，われわれは彼の一つの信念を読み取ることがで

きる．多くの時事評論を残した吉野は，ややもすると体系的な思考を嫌い，その時々の関心に基づく鋭角的な考察を好んだ人物のような印象を与える．しかし同時に，政治史家としての吉野は，研究を志す後進に対して，その分野の学問体系を意識するように指導していたという．1913年度講義録冒頭の参考文献の1番目には，フランスの歴史家セニョーボス(Charles Seignobos, 1854-1942)の著書が載っている．これは吉野がヨーロッパ政治史研究の最初に参照すべき通史として推奨していたもので，後年に岡義武は吉野から次のような指導を受けたと語っている．

> 政治史の勉強を始めるにはまず何を読んだらいいでしょうか，とお尋ねしたら，セニョーボス〔中略〕の "Histoire politique de l'Europe contemporaine" がいい，その英訳 "Europe since 1814"〔A political history of contemporary Europe: since 1814〕が，明治堂にある，店に入って，どの棚の何番目にあるから買ってきたまえ，あれを読むといい，といわれました．そして，それを読んでいて，おもしろい問題があったら，それをさらに勉強したらいい，たとえばイギリスの部分を読んで，アイルランド問題をおもしろいと思ったら，アイルランドのことを調べたらいい，といわれました．〔中略〕ぼく〔岡——伏見注〕は明治堂へ行ったら，その場所にちゃんとあったので，驚きました．(笑)78)

　セニョーボスの大著は，ウィーン会議時から筆を起こして，19世紀のヨーロッパ各国の政治発展を保守派と対抗勢力の関係に焦点をあてて論じたのちに，当時の社会の変化や，教会勢力や革命運動の伸張，ヨーロッパ国際政治の史的展開過程などを包括的に分析している研究書である79)．若い頃には外国語の原著を精読して大きなテーマを研究することを吉野は後進に勧め80)，研究の開始期には概論的な読書と詳細な各論研究とを双方並行して進めるべきだという意見を後学に伝えている81)．おそらく吉野がヨーロッパ政治史講義で目指していたのは，セニョーボスの著書を立脚点の一つとして示しつつ，それに代わりうる体系を構築することにあったのではないだろうか．
　吉野のヨーロッパ政治史が成熟期を迎えた1920年度講義の冒頭に，吉野は次のようにセニョーボスの著書に言及している．「政治は分れて国際問題と内政とになる．前者の歴史は之れ外交史にして，後者は各国の政治史なり．而して茲に一つの問題を生ず．即ち日本人ならば日本人全体，支那人ならば支那人全体が一つとなりて為す政治的活動には果して一定の法則ありや否やの問題即これなり．此れを肯定すると否定するとによりて同じ一つの事件を見るにも非常なる相違を生ず．余は之れを肯定してかからんとする者なり．従来は多く此の問題を否定して論を立て居たり．故に政治史は各々一国一国内の歴史にして，全部に渉りたる政治史なし．此の立場に立てる学者なる仏の

Seignobos の Histoire poilitique de l'Europe Contemporaine は有名なり．然れども欧洲否全世界を通じて十九世紀より二大潮流の流れ居たることは余の既に述べたる所にして，余は此所に立脚して一般原則あることを認めて考察せんとす[82]」．セニョーボスの叙述を批判的に参照することで，吉野は各国の政治的活動を貫く世界的潮流を描こうとする自らのヨーロッパ政治史研究の方針を定置しようとしている．毎年変化を遂げる政治史講義の展開を追跡することで，われわれは吉野の学問を貫く体系化の志向を初めて理解できるのではないだろうか．

　日本政治史講義の最終的な目標も，同じく体系の提示にあったように思われる．1924年度講義が終了した後，吉野は明治文化研究会を発足させ，その発行機関誌『新旧時代』等に，新出資料を紹介する論考を多く発表していく．その最大の成果の一つが，1927年刊行の小野塚喜平次の在職 25 周年記念論文集である『政治学研究』(吉野作造編，岩波書店)に収録された論文「我国近代史に於ける政治意識の発生」であることは論を待たない．明治維新前後の諸言説を通じて「公道」概念の展開を析出する分析視角は，これに先立つ 1924 年度講義でも看取できるものである．

　その上で，吉野がこの論文公表と同じ時期に取り組んだ『明治文化全集』の編集作業の中で，とくに正史篇に収録された指原安三編集の大著『明治政史』の校正・索引作成に膨大な時間を費やしていたことに注目すべきであろう．明治維新を生きた指原が 1892 年から 1893 年にかけて刊行した『明治政史』は，倒幕運動の頂点である 1867 年から，帝国議会開設の 1890 年までの 24 年間を記した全 24 編の編年体の歴史書で，とくに土佐派の動向に光を当てつつ，膨大な原資料を引用して叙述された著作である．吉野はこの刊行に文字通り心血を注いだ．たとえば 50 歳となる 1928 年の元旦の日記には，「年末から掛けて天気続きである　但し格別寒い　午後は学校にて高野〔忠男─伏見注〕君と小使部屋の火鉢を囲んで明治政史の校正をやる　早く帰る　少し気分はいい[83]」，とある．前年から続く校正作業に正月から取り組んでいた吉野は，結局この 1 年を通して編集作業に尽力し，1928 年の大晦日にも夜 12 時過ぎまで索引作成を行っていたという[84]．これらの過労気味な生活が，吉野の肉体の消耗を早めたことは間違いない．

　吉野は『明治政史』の意義を次のように表現している．「完全な明治史の出来ぬ以上，我が「明治政史」は実に明治研究者に取て無くてならぬ寶典である[85]」，「少なくとも他に立派な明治政治史の公刊さるる日まで，本書は此意味での殆ど唯一の参考書であると謂つてよからう[86]」，「明治政治史として学術的価値を要請し得る程の著書は今日まで不幸にして未だ一つもない[87]」．おそらく吉野にとってこの編集作業は，ヨーロッパ政治史研究を進める上でのセニョーボスの著書が果たした役割を，日本政治史研究で探し求めるものだったのではないだろうか．そして，この編集作業にあわせて，吉野は自らの日本政治史講義案の大改訂を図っていた．先に引用した吉野の日記の一節からは，

この文脈を踏まえると，さらに彼の心境が伝わってくるだろう．「十時過学校に行く明治政史を読み明日よりの講義の準備をする(1928年9月12日)[88]」．

　『明治政史』を収録した『明治文化全集』完結の目処が立った1929年末より，吉野は再び体調を悪化させる．そしてそれが吉野の政治史講義の事実上の終焉となった．『明治政史』を手元に置いて政治史講義を練り直し，独自の明治政治史の体系を作り上げる時間は，吉野には残されていなかったのである．

3　未完の講義録刊行プロジェクト

　ところで，なぜ吉野作造の政治史講義の内容は，これまで世の中に伝わっていなかったのか．それには今から80年以上前に未完の講義録刊行プロジェクトが存在したことが関係している．本書の誕生もこの長い来歴と決して無縁ではない．

　1933年3月に吉野がこの世を去ると，追悼の意を込めた書物がいくつか編纂された．たとえば，吉野の随筆などを集めた『古川余影』(川原次吉郎編)が四十九日にあわせて編集され，また翌年の一周忌に際して，吉野の遺族や友人から思い出を偲ぶ文章を集めた『故吉野博士を語る』(中央公論社，1934年)が，赤松克麿の編集で刊行された．明治文化研究会で吉野と親しかった木村毅も，吉野の文章を集めて『閑談の閑談』(書物展望社，1933年)を出版している．

　こうした動きに連動して，吉野と関係の深かった政治学者の間では，吉野作造の選集を刊行する計画が浮上する[89]．その中心人物の一人が岡義武であり，1934年7月には，東京帝国大学で小野塚喜平次の指導を受けた研究者が集う政治学研究会において，選集刊行計画が決定された．その後，岡は，アメリカ政治史研究者の高木八尺と共に選集刊行の責任者を務め，吉野の後を継いで明治文化研究会の会長になった尾佐竹猛らと刊行計画について話し合った．その時に，吉野の政治史講義案を出版しようとするアイディアが登場するのである．吉野の晩年の活動に即し，この時の全3巻の選集計画は，第1巻を政治学・政治評論，第2巻を明治文化研究，そして第3巻を明治政治史講義案とするものであり，岡，高木と南原繁の3名が岩波茂雄と会談した結果，岩波書店より翌1935年に出版される方向で合意された．

　ところが，この刊行計画は頓挫してしまう．その理由の一つは，肝心の明治政治史講義案の刊行について，吉野家との合意に達しなかったことにあった．やむなく岡たちは選集計画の延期を決め，1934年12月の政治学研究会でその経過を報告し，この時の政治史講義録の刊行プロジェクトは日の目を見ずに終わった．その後に岡や高木らは吉野の追悼論文集として，『政治及政治史研究』(蠟山政道編)を岩波書店より1935年11月に刊行している．しかし，政治史講義案の刊行が実現しなかったことを，岡たちは残念に思っていたに違いない．現在，東京大学に保管されている岡義武の関係文書には，学生

時代のノートはほとんど含まれていないが，本書所収の1924年度のノートだけが例外的に残されている．いずれ刊行プロジェクトが再開することを期待して，吉野の政治史講義の筆記ノートだけは大切に保管していたのではないだろうか[90]．

　この時の刊行プロジェクトの断念を悔やんだ人物は他にもいる．たとえば，九州帝国大学で憲法学を教えていた河村又介(1894年生-1979年没)が挙げられる[91]．学生時代から吉野を深く敬愛していた河村は，1919年に東京帝国大学法科大学を卒業すると，吉野の研究室で助手に採用されて学究の道を歩み始め，1923年には東北帝国大学法文学部で国家原論講座を担当する教授となった．その後，1932年に九州帝国大学に異動するが，この間にも吉野と家族ぐるみの親交を続け，吉野の死後も福岡から上京して吉野の妻たまのを訪ねていた．河村は上記の吉野の追悼論文集にも寄稿しており，また選集計画の延期が報じられた1934年12月の政治学研究会に参加していた．その時に，吉野没後の吉野家の事情を耳にした河村は，翌1935年の初めに高木八尺に送った年賀状の中で，次のように講義録の刊行計画を惜しむ意見を述べている．

　去る十月末，吉野先生の奥さんを御訪ねしましたところ「選集出版の計画がありましたけれども講義案が見つからないのでやめになりました，探しても探しても分らないので困りました」とのお話がありました．その際は先生の平常からみて講義案の行衛が分らないといふのはさもありさうなことだと思ひ乍ら聞き流してゐたのですが，先般のお話ですと何かこみ入った事情がおありの御様子で意外に存じてゐます．あのお話は，それっきり全然見込のないお話でせうか？それとも話しやうによっては何とか復活の見込のあることでせうか？私は，先生に仕へた恐らくは最初の助手として又御遺族の方や赤松君とも打明けた話しのできる間柄にあるものとして，若し何とかなり得るものを放っておいたとあってはすまないやうな気がいたします．若し全然見込のないことならば如何とも致方ありませんが，万が一にも，「奥さんにかう話してみたら」とか「この点の御意嚮をきいてみたら」とか，比較的親しく口のきける私にできる役目が一寸でも残されてゐましたら御遠慮なく仰せつけ下されば幸に存じます．[92]

　1934年10月に吉野家を訪問した際に河村は，吉野たまのから講義案が見つからずに選集刊行計画が中止になったと聞かされていたが，12月の政治学研究会の場で高木たちから別の事情もあったことを知らされ，刊行計画を復活させるために自分にできる役割は何かないかと高木に尋ねている．河村はかつて赤松克麿と同じく東大新人会に属しており，関係者と比較的親しく話せる間柄である自分が，講義案の提供について吉野家と改めて相談してみようかと提案したのだった．この時，吉野の残した資料の一部は赤松が実質的に管理しており，吉野の講義案もその中に含まれていた可能性が高いことが

うかがえる文面であろう．しかし，吉野の門弟を主体とするこの時の刊行プロジェクトが実らなかったことは既述の通りである．

　吉野の選集計画は，戦後になって，赤松克麿の手によって，『吉野作造博士民主主義論集』全8巻(新紀元社，1946-47年)として，形を変えて世に登場する．東大在学中から吉野に傾倒していた赤松は，1923年に吉野の次女・明子と結婚し，公私ともに親しい間柄になった．1928年には赤松が吉野の故郷である宮城一区から衆議院選挙に立候補し，その際には吉野が赤松の応援演説を引き受けている．しかし，次第に国家社会主義に接近する赤松に対し，吉野は憂慮の念を深めていき，晩年には両者の目指す方向の乖離が顕在化していた．それでも赤松には自分こそが吉野作造の偉大な名前を引き継ぐものであるとの強い自負心があり，吉野の長男である吉野俊造名義で編集されたこの論集の刊行にも深く関与していた．

　しかし，この論集でも吉野の政治史講義録は収録されなかった．この論集は，かつて岡たちが立てた計画よりも吉野の政治史研究の比重を下げて時事評論や中国政治論を多く収録する方針で組まれており，最後の第8巻に吉野の明治文化研究が収められている．だが，明治政治史講義案はそこには含まれておらず，現在もその所在は不明のままである．残念ながら戦争前後の混乱で散逸してしまった可能性も否定できない．この巻末の編集後記には，吉野の明治政治史研究が未完に終わったとして，次のように記されている．「「我国近代史に於ける政治意識の発生」は，小野塚教授在職廿五年記念として，同教授に献呈された「政治学研究第二巻」の中に掲げられた文献であつて，学術論文として最もまとまつた力作である．彼〔吉野作造──伏見注〕は斯うした調子で大著「明治政治史」を書き上げる念願を抱いてゐたのであらうが，彼の天寿がそれを許されなかつたことは，まことに遺憾であり，彼としても心残りであつたであらう．明治文化研究に対する彼の努力の大半は，むしろ資料文献の検討に費されたといつてもいいだらう．(中略) 彼は正確な設計図と豊富な資材を持ちながら，遂に建築を完成し得なかつた大工みたいなものである．しかし彼の遺した設計図と資料とは，後学のために裨益する所頗る多いことは確かである．彼の切り拓いた道路が，やがて立派な舗装道路になることは，十分期待し得ることと信ずる93)」．

　この論集が刊行された占領期に赤松は公職追放されており，それが解除されたのちに，おそらく自らの名前を表に出して，吉野の業績を問い直す「舗装」作業を再び行う計画だったと思われる．赤松が学生時代に書いた吉野の政治史講義の筆記ノートを長らく保管していたのも，この意図があったからであろう94)．しかし，1951年の追放解除後，赤松は産業組合活動や雑誌発刊に新たに携わるものの，間もなく癌に倒れ，1955年12月に亡くなっている．それにより吉野の政治史講義を記録した赤松の筆記ノートの存在は世に知られることなく，さらに長い期間保存される運命をたどった95)．

この赤松の死去に前後して，吉野の伝記を執筆しようとした別の歴史家がいた．かつて明治文化研究会で吉野と接点があった田中惣五郎(1894年生-1961年没)である[96]．小学校や中学校で勤務しつつ複数の人物評伝を刊行していた田中は，吉野作造の資料を収集するために吉野の親族や門弟に幅広くアクセスを試みた[97]．その過程で，田中は赤松へも連絡を取ろうとしていたが，すでに病床にあった赤松との面会は叶わなかった．赤松克麿がこの世を去った直後の1955年の歳末に，妻の赤松明子から田中に宛てた次のような書状が存在している．

　先日御手紙いただきました時は，既に絶望の域に達して居りましたので，大変失礼申上げました．赤松は最後まで生きるものと信じていましたので，どなた様にも御面会をお断りして居りました．そして癒ったならば「新人会を中心とした学生社会運動史」「新らしい愛国心について」「吉野博士論」等を書くといろいろ資料を集めていましたので，吉野作造については他の人と違った観点から相当お役にたったものと甚だ残念に存じます．昨年秋頃でしたら，まだまだ元気でしたから，ゆっくりお目にかかれたものをと，縁のないというものは仕方のないものでございます．「学生社会運動史」は何とかして残しておきたいと思ひ，随分勧めてみましたが，もっと健康になってからといって，遂に完成をみなかったことは本当におしいと思って居ります．しかしこれも運命ですから，どなたか適当な方が完成してくださるものと楽しみにして居ります[98]．

　吉野のもとに集う東京帝国大学出身者の人脈とは別の系譜に田中は属しており，それゆえに赤松の遺志に直接手を触れることが可能だったのだろう．これから田中は赤松明子と交流を重ね，生前に赤松が管理していた吉野の資料を利用する好機に恵まれる[99]．その中には，当時非公開だった吉野作造日記も含まれ，田中はこの秘伝の資料を用いて，『吉野作造——日本的デモクラシーの使徒』(未來社，1958年)を刊行した．これはそののち半世紀近く，吉野作造の唯一の評伝となる．しかし，田中の関心は，吉野の東京帝国大学での政治史講義の展開に向けられることはなく，この過程で彼が明治政治史講義案を閲覧できたかどうかは残念ながら確認できない．
　このように何度も立ち止まる未完のプロジェクトを支え続けた人物として，ここで私たちは再び河村又介のことを想起しなければならない．戦後の日本国憲法下で，初代最高裁判所判事になった河村は，吉野を慕う門弟や関係者による交流の場を再興させるべく，1950年に吉野博士記念会を発足させた．1963年まで計15回行われた記念会の例会には，岡義武をはじめとする多くの研究者も出席し，吉野に関する貴重な談話を数多く提供している．これらの談話記録を河村が大切に保管したことが，聴講者の回想を通し

た政治史講義への接近を可能にしたのだった[100]．河村の努力は，吉野の出身地である宮城県古川での顕彰活動と結びつき，ひいては現在の吉野作造記念館にも連なっていく[101]．また，河村は吉野の伝記作成にも関心を持ち続け，前述の田中惣五郎の評伝執筆に際しては，田中を吉野家へ紹介する等の支援を惜しまなかった[102]．これらが，戦前日本におけるデモクラシーの提唱者として吉野の意義が戦後に再評価される地下水脈になったことは間違いないだろう．

　吉野の再評価は1960年代末から加速し，終戦直後の論集刊行から四半世紀を経て，吉野の文章を伝える書物がいくつも編纂された．松尾尊兊編『東洋文庫161　中国・朝鮮論』(平凡社，1970年)，三谷太一郎編『日本の名著48　吉野作造』(中央公論社，1972年)，三谷太一郎編『吉野作造論集』(中央公論社，1974年)，岡義武編『吉野作造評論集』(岩波文庫，1975年)などが代表的成果である．そして，これらの地盤の上に，1995年から1997年にかけて，岩波書店から『吉野作造選集』全16巻が出版されている．吉野の代表的論考を正確かつ包括的に収めたこの選集は，これから長く吉野研究の最重要資料としての地位を占めるであろう．さらに選集完成と同時期の1997年に，赤松の筆記ノートも吉野家から吉野作造記念館に寄贈され，その存在が徐々に知られるようになった．こうして，20世紀末の選集刊行から約20年間を経て，それを補完する書物として，本書は世に登場したのである．

　80年前の計画にあった吉野の政治史講義案の公表という試みが，まだ部分的ではあるが，本書の刊行によってここにようやく実現された．吉野作造に接した数多の先人の意志が積み重なって，本書が現在の私たちの手に届けられている来歴の重みを，改めて強く感じざるをえない．

4　吉野作造講義録研究会

　本研究会は2008年初頭に，東京大学に所属する若手研究者・大学院生を中心に結成され，以後8年間にわたって吉野作造の政治史講義に関する共同研究が進められてきた．主に日本近代史を専門的に研究するメンバーと，ヨーロッパ政治や国際政治を分析対象とするメンバーによる混声合唱団であり，従来は研究交流が必ずしも活発ではなかった多分野間での共同研究をこれまで進めてきた．まず日本近代史を専攻するメンバーが分担して崩し字を含む筆記ノートの翻刻を行い，次にヨーロッパ政治や国際政治を専攻するメンバーを交えてノートの意義づけを考察した．そして，それらの中間報告として，1915年度講義録と1916年度講義録の大部分，1924年度講義録を，「吉野作造講義録(一)–(五・完)」として，『国家学会雑誌』121巻9・10号(2008年10月)，122巻1・2号–7・8号(2009年2-8月)に掲載した．この連載の過程で新たな資料が発見されることもあり，たとえば仙台では服部英太郎の遺した1920年度講義の筆記ノートの存在が明ら

かになった[103]．

　雑誌連載を終えた2009年からは出版プロジェクトに切り替え，1913年度講義録である矢内原忠雄の筆記ノートの翻刻に新たに取り組んだ．既述の通り，このノートは原本の右ページ部分だけではなく，左ページの補足部分にも非常に詳しく内容が記されており，それまでに私たちが翻刻した1915年度，1916年度，1924年度講義録とは若干性質を異にする資料であった．そこで，研究会で検討を重ねた結果，1913年度講義録については左右の両ページを見開きの状態で掲載する書式を採用し，1915年，1916年度，1924年度の各講義録は，原本の右ページに記載された内容のみを翻刻することにした．

　こうして一冊の書物の中で，書式や凡例が一部変化する異例の編集方針が採用された．これは，異なる筆記者による異なる年度の筆記ノートを，一方ではなるべく原本を正確に再現しつつ，他方では現代の読者が通読できるように編集することの両立を最大限試みた結論である．さらに，本書にまとめるに際しては，読者が読み進める補助として，原本での欧文表記部分に対して，本文（明朝体）とは異なるフォント（ゴシック体）での訳語を挿入する作業などを実施した．これも正確さと通読可能性の緊張関係に熟慮することを要請される作業であり，研究会メンバーの作内由子氏を中心に多大な労力を要することになった．もちろん本書の内容について，われわれは共同で責任を負うものである．

　これらの編集作業に予想外の長い時間がかかったことで，当初の予定よりも本書の刊行は大幅に遅れた．この間に研究会メンバーの転居も数多く起こり，海外での研究活動のためにオランダ・ドイツ・アメリカへと旅立つメンバーの壮行会がくり返し行われた．この8年間で全メンバーの所属先が一度は変わっており，メンバー各自はそれぞれの領域において，自らの研究成果をすでに多く発表している．これほど長期間かつ遠距離での共同研究会を持続できた秘訣は，もちろんスカイプやスキャナーなどの通信技術の発達も関係していようが，それ以上に，吉野作造の幅広い知見と明快な分析が私たちの好奇心を絶えず刺激し，その魅力について議論する場を皆が維持したかったからであろう．

　この間，本書の刊行に際してお世話になった方々は数え切れない．まず資料の利用をお許しくださった琉球大学附属図書館，吉野作造記念館，東京大学大学院法学政治学研究科附属近代日本法政史料センター原資料部の関係者の皆様に厚く御礼を申し上げる．特に吉野作造記念館の大川真館長と田中昌亮元館長，現スタッフの小嶋翔氏と，元スタッフの中鉢真子氏には，私たちのたび重なる資料閲覧の要請に快く応じて頂くなど，多大なご尽力を賜った．本書の刊行まで力強くサポートして下さった三谷太一郎先生と北岡伸一先生，私たちの研究会にて貴重なご教示をくださった酒井哲哉先生，中山洋平先生，飯田芳弘先生に，改めて心より感謝の言葉を申し上げたい．また小宮京先生，田澤晴子先生，朴廷鎬氏から資料の所在につき貴重なご助言を頂き，千葉功先生，小宮一夫先生，安田佳代先生には，資料翻刻に際して多くのご協力を賜り，安井宏樹先生，熊谷

英人先生,藤川直樹先生からドイツ語表記につきそれぞれご教示を頂戴した.索引作成に際しては,志賀賢二氏に細かな作業でご協力いただいた.さらに資料調査の段階でお世話になった次の方々にも深く御礼を申し上げたい.群馬県立図書館,新潟県立文書館,東京大学大学院総合文化研究科附属グローバル地域研究機構アメリカ太平洋地域研究センター図書室,明治大学史資料センター,尚絅学院大学図書館,吉野恒子様,芳賀明子様,大村泉様,河村陽子様,住谷一彦様,田中榮子様,田中秀臣様,永澤汪恭様,福島至様,本間恂一様.

『国家学会雑誌』連載時には,直接の面識を欠いた方々を含む数多くの先生から激励の葉書やメールを頂戴することができた.若輩者が背伸びした共同研究を進めていた時に,これらの言葉がどれほどの勇気をわれわれに与えてくれたことだろうか.しかし,私たちの作業の遅れにより,本書の刊行に期待を寄せられながらも,残念ながらすでに鬼籍に入られた方々も少なくない.中でも,遠方より研究会に足をお運びくださった松尾尊兊先生,吉野に関する著作を準備され,貴重なご助言をくださった髙橋進先生,温かなお手紙を絶えずくださった升味準之輔先生と坂井雄吉先生,そして岡義武ノートに関する質問に快くご回答をお寄せくださった岡静子様に,本書を手に取って頂く機会が失われてしまったことは痛嘆の極みである.吉野作造の政治史講義ノートは,若い頃にはしばしば目を逸らしがちになる人生の有限性と,その間の交流の尊さと儚さ,さらにはそれが究極的にはデモクラシーや学問研究の基盤にあることを,青年期から壮年期に移りゆく私たちに教えてくれたようにも思われる.

そして本書は,岩波書店の高橋弘氏と渕上皓一朗氏の情熱なくして決して成立しえなかった.日本史研究の動向に幅広い学識を有される両氏の粘り強い編集作業により,一部に見開き版の書式を採用するという珍しい資料集の刊行が実現可能になったのである.さらに本書は日本学術振興会科学研究費補助金等の研究助成によって支えられた[104].手弁当での共同研究会が一冊の書物の刊行にまで結実したのは,関係された全ての方々のご助力の賜物に他ならない.

吉野作造の政治史講義を聴いた人々の筆記ノートはまだ数多く存在しているはずであり,本書に収められた講義録はその全容のごく一部に過ぎない.本書の刊行により,また新たな資料が発見され,さらなる研究が進展することを,われわれは心より願っている.

注
(1) 吉野作造の経歴については,田澤晴子『吉野作造——人世に逆境はない』(ミネルヴァ書房,2006年),275-300頁を参照.
(2) 松尾尊兊「〈解説〉民本主義鼓吹時代の日常生活」『吉野作造選集14』(岩波書店,1996年),395-398頁.1926年度の講義については,私家版の講義録が存在している(『法学博士

吉野作造述『政治史』国文社出版部, 非売品, 1928年). これは『吉野博士述 (非売品) 政治史 完 昭和二年度東大講義』(国立国会図書館所蔵) という 1927年3月1日に発行された私家版を原型としている.
(3) 本データベースのアドレスは下記の通りである. http://manwe.lib.u-ryukyu.ac.jp/yanaihara/
　本データベースでの検索用に,「受講ノート：吉野学士　政治史一」,「受講ノート：吉野学士　政治史二」,「受講ノート：政治史三」という書誌タイトルが付されている.
(4) 井口孝親「大学講壇に於ける吉野博士」(『中央公論』1916年6月号), 70頁. また, 1913年度の講義に関する最新の研究成果の一つとして, 藤村一郎「吉野作造の『講義録』に関する若干の考察——社会主義と比較政治」(日本比較文化学会編『比較文化研究』112号, 2014年), 87-98頁.
(5) たとえば, 団藤重光『わが心の旅路』(有斐閣, 2001年), 44-45頁には1932年度の刑法講義の筆記ノートの一部が掲載されており, 左右両ページを独立して筆記する見開き版の書式だったことが判明している.
(6) 赤松克麿の筆記ノートの存在は, 田澤前掲書104頁の写真によって広く紹介された.
(7) 「赤松克麿略歴」(『東洋評論』第2巻第2号, 東洋評論社, 1956年), 4頁. なお, 1915年度に吉野は毎週水曜午後, 木曜午前, 金曜午前の週3回授業を実施したようであり, 各曜日によって内容を分けて語っていた可能性もある. 「吉野作造日記」1915年9月29日, 30日, 10月1日, 6日, 7日, 8日, 13日, 14日, 15日, 20日, 21日, 22日, 27日, 28日, 29日, 11月3日, 4日, 5日, 18日, 19日, 24日, 25日, 26日, 12月1日, 3日, 8日, 10日, 17日, 22日, 23日, 24日 (『吉野作造選集14』38-44, 46-51頁. 以下,「吉野作造日記」からの引用に際しては『吉野作造選集』13-15巻所収のものを使用し, 日付のみを記す). 「政治史(A)」と表紙に記されたノートには,「独帝国建設の事は第四編に於て述ぶる」(本書172頁) との記述があり, その第四編の内容を「政治史(B)」という表紙のノートから知ることができるが, (A), (B) というタイトルのつけ方から推察するに, 週3回の授業中, 1回分は「政治史(B)」ノートに記録されたような特論を実施していた可能性がある. なお,「政治史」と題されたノートの末尾には,「政治史(B)」ノートの講義の一部が記されており, 内容から推定して本書では「政治史(B)」の叙述の中に挿入した (本書279頁16行-281頁10行).
(8) 北岡寿逸談,「吉野作造博士記念会第15回例会記録」(東京大学大学院法学政治学研究科附属近代日本法政史料センター原資料部所蔵複製版「吉野作造関係文書」15, 原本は吉野作造記念館所蔵), 5頁.
(9) 「憲政の本義を説いて其有終の美を済すの途を論ず」の発表より数か月前に, 吉野は「欧米に於ける憲政の発達及現状」という論考を『国民講壇』に連載して民本主義論の原型を公表していたことが知られているが, 近年, その連載の最終回 (第4回) が新たに発見された. 小嶋翔「『国民講壇』第5・6号 (1915年)——吉野作造「欧米に於ける憲政の発達及現状 (四)」他」(吉野作造記念館編『吉野作造研究』第11号, 2015年, 1-13頁). 『国民講壇』掲載の同論考の第1回から第3回は, 大正デモクラシー研究会編『大正デモクラシー研究』第3巻, 1997年, 1-43頁に収録されている.
(10) 当時, 政治史は政治学科第1学年の必修科目であった. また当時の試験規定には,「第四条　試験ニ及第セサリシ者又ハ試験ヲ受ケサリシ者ハ原級ニ止メ再ヒ全科目ヲ履修セシム」とあり, 第1学年の試験に落第した場合は, 再び第1学年の全科目を履修する規則となっていた. 東京帝国大学編『東京帝国大学五十年史』下冊 (非売品, 1932年), 159, 173頁.
(11) 1916年度には, 火曜午前, 金曜午後の他に, 木曜午前にも授業が行われ, さらに月曜

午後に中国問題の特別講義が開かれる時もあった．「吉野作造日記」1917年1月16日，18日，26日，2月1日，2日，5日，6日，8日，9日，12日，13日，15日，16日，19日，20日，22日，23日，27日，3月2日，5日，6日，8日，9日，12日，13日，15日，16日，19日，20日，22日，23日，26日，27日，29日，30日，4月19日，20日，24日，26日，27日，5月1日，3日，4日，8日，11日，15日，17日，22日，25日，29日．

(12) 「吉野博士 日本政治史」，「岡義武関係文書」III-【1】-1)．
(13) 岡義武・三谷太一郎「〈対談〉 啓蒙思想家の学問的生涯」『日本の名著 第48巻 吉野作造 付録34』(中央公論社，1974年)，4-6頁．
(14) 「吉野作造日記」1924年5月7日-10月30日．
(15) 吉野作造「民本主義鼓吹時代の回顧」『吉野作造選集12』79-80頁．
(16) 東京帝国大学法科大学は，1900年に政治学講座から分離した政治史講座を設置するが，その専任者はしばらく存在していなかった(前掲『東京帝国大学五十年史』下冊，192頁)．なお吉野は大学院進学に際し，吉野は実家に政治史研究者を目指すという手紙を送っている．田澤前掲書，61頁．
(17) 吉野のドイツでの経験については，今野元「吉野作造のドイツ留学（一）-（三）」(『愛知県立大学大学院国際文化研究科論集』11(2010年) 262-280頁，12(2011年) 260-283頁，13(2012年) 226-252頁)を参照．
(18) 留学先で吉野は文部省よりウィーンへの転学許可を得た．「吉野作造日記」1911年6月4日．
(19) 「吉野作造日記」1911年9月17日および，前掲「民本主義鼓吹時代の回顧」，84頁．
(20) 「吉野作造日記」1912年1月11日-13日および，牧野英一「親切と楽天」(赤松克麿編『故吉野博士を語る』中央公論社，1934年)，140-141頁．
(21) 「吉野作造日記」1913年5月20日，6月5日．もともと吉野は米国への転学旅費を文部省より得ていて，3年目に米国に行く計画を立てていた．「吉野作造日記」1912年10月26日．
(22) 前掲『東京帝国大学五十年史』下冊，192頁．
(23) 同上，150, 163-164頁．
(24) 吉野作造「サンヂカリスム概論」(中田薫編『宮崎教授在職廿五年記念論文集』有斐閣書房，1914年)所収．
(25) 後年の回想で，矢内原忠雄は，新渡戸稲造の植民政策講義と並んで，吉野の政治史講義を自分に影響を与えた授業として挙げているが，1913年度の政治史講義のうちの一回は欧州立憲政治の発達などを論じ，もう一回は具体的な問題にテーマをしぼってメキシコ革命が扱われた，と語っている(「私の歩んできた道」『矢内原忠雄全集』第26巻，岩波書店，1965年，19頁)．吉野は1916年度で週に複数回の授業を担当する際に，曜日ごとに異なる内容を論じていた形跡があり，初年度の1913年度でも曜日ごとに内容を分けていた可能性がある．本書所収のノートにはメキシコ革命の叙述は見られず，これら以外にも別の筆記ノートが存在する可能性は否定できない．
(26) 『法学協会雑誌』32巻8号，159頁および，『国家学会雑誌』28巻8号，153頁．
(27) 蠟山政道「わが師吉野作造先生」(社会思想研究会編『わが師を語る』社会思想研究会出版部，1951年)，156頁．
(28) 『法学協会雑誌』33巻7号，161頁．また，「吉野作造日記」1915年6月14日には，第2問について「丙，政党内閣制，七月革命，Dumaの略解」と記されている．
(29) 前掲『東京帝国大学五十年史』下冊，170-171, 173頁．
(30) 「吉野作造日記」1915年11月30日，12月1日，3日，5日，6日．
(31) 注(7)参照．

(32) 第二編第一章「立憲政治」の冒頭に，仮の章立てが掲げられているが，そこには「第六節　社会主義」と記されている（本書195頁参照）．講義の進展に伴い当初の構成を修正し，「第二章　社会主義」として独立した章に再配置したのであろう．
(33) 『法学協会雑誌』34巻7号，153頁．
(34) 注(11)参照．
(35) 「吉野作造日記」1917年6月12日．なお，『法学協会雑誌』35巻7号，166頁に掲載された試験問題によれば，第二問は甲，乙の二種類が記されており，問題文の細部において吉野の日記上の記載と相違点がある．
(36) 「吉野作造日記」1917年2月5日，6日，12日，19日，3月5日，12日，26日，5月15日．
(37) 「支那第一革命ヨリ第三革命マデ(一)-(四)」（『国家学会雑誌』30巻11号，12号，31巻1号，2号，1916年11月-1917年2月）所収．
(38) 蠟山，前掲「わが師吉野作造先生」，151-152, 158-159頁．のちに満鉄で活躍する伊藤武雄が開いた中国革命史の講義も1917年度である．「吉野作造博士記念会第12回例会記録」（前掲「吉野作造関係文書」12，原本は吉野作造記念館所蔵）9頁．
(39) 『法学協会雑誌』36巻8号，178頁．「吉野作造日記」1918年6月12日．
(40) 「吉野作造日記」1918年9月11日，12日，13日，18日，19日，20日，25日，26日，27日，10月9日，10日，11日，16日，23日，24日，25日，30日，11月1日，6日，7日，8日，13日，14日，15日，20日，22日，27日，28日，29日，12月4日，5日，6日，11日，12日，13日，18日，19日，20日，1919年1月10日，15日，16日，17日，29日，31日，2月5日，6日，7日，12日，13日，14日，19日，20日，21日，26日，27日，28日，3月5日，6日，7日，12日，13日，14日，19日，21日，26日，28日，4月16日，18日，23日，25日，5月2日，9日，14日，16日，23日．
(41) 西村幸二郎の筆記ノートによる（「西村幸二郎関係文書」1-3「政治史(吉野博士講述)」，東京大学大学院法学政治学研究科附属近代日本法政史料センター原資料部所蔵）所収．表紙には「政治史　吉野博士述　政治科一年　西村幸二郎」と記されている．西村幸二郎『天子さまのつつじ──幸稚庵閑話』（非売品，1971年），392頁も参照．
(42) 『法学協会雑誌』37巻7号，153頁および，「吉野作造日記」1919年6月14日．
(43) 前掲『東京帝国大学五十年史』下冊，695, 698頁．
(44) 「吉野作造日記」1919年10月1日，3日，15日，16日，22日，23日，24日，29日，30日，11月5日，6日，7日，12日，13日，12月24日，1月8日，9日，14日，15日，16日，21日，22日，23日，28日，29日，30日．
(45) 住谷悦治の筆記ノート（群馬県立図書館住谷文庫所蔵）による．表紙には「政治史　第一　政治科一年　住谷」と書かれている．
(46) 蠟山，前掲「わが師吉野作造先生」，160-164頁．
(47) 『法学協会雑誌』38巻8号，128頁．
(48) 「吉野作造日記」1918年5月11日，18日，25日，6月1日，1919年3月8日，13日，15日，20日，27日．この特別講義の内容を出版する計画もあったが，残念ながら未刊行に終わっている（アメリカ学会高木八尺先生記念図書編集委員会編『アメリカ精神を求めて──高木八尺の生涯』東京大学出版会，1985年，33頁）．
(49) 服部英太郎の筆記ノートによる．筆記ノートの1冊目は吉野作造記念館に所蔵され，表紙には「政治史　吉野博士　東大政治科　服部英太郎」と記されている．続きの第2冊目は尚絅学院大学図書館「服部英太郎・文男遺文庫」に所蔵されている（講義ノートNo. 20「政治史第二」）．表紙には「Political History　吉野博士　政治学科　服部英太郎」と記され，経済学総論の記述7頁分のあとに政治史講義が記されている．服部が吉野の政治史

講義を聴いたことは,大友福夫編『社会政策四十年——服部英太郎博士追悼・遺文集』(未來社,1967年),6-7頁を参照.なお,1920年度講義録についてはすでに翻刻版も存在している(「吉野作造の思想 今に」『河北新報』2014年6月12日付,「吉野作造:講義録翻刻」『毎日新聞』宮城県版,2014年6月25日付).

(50) 前掲『東京帝国大学五十年史』下冊,704,708頁.
(51) 丹羽昇談(「吉野作造博士記念会第3回例会記録」(前掲「吉野作造関係文書」3,原本は吉野作造記念館所蔵),15-16頁).
(52) 「吉野作造日記」1922年10月18日,20日,25日,27日,11月1日,15日,17日,22日,29日,12月1日,6日,1923年1月17日,19日,24日,26日,31日,2月2日,7日,23日.
(53) 「吉野作造日記」1922年10月25日.
(54) 「吉野作造日記」1922年11月2日,1923年1月19日.
(55) 「吉野作造日記」1923年4月13日,20日,25日,27日,5月4日,9日,11日,16日,18日,23日,25日,6月6日,7月4日,6日,11月1日,2日,8日,9日,22日,29日,30日.
(56) 前掲,岡・三谷「啓蒙思想家の学問的生涯」4-5頁.
(57) 「吉野作造日記」1924年5月7日,8日,22日,7月2日,3日,9月18日,24日,10月1日,2日,9日,15日,22日,23日,29日,30日.『大正十三年度東京帝国大学法学部便覧』(東京大学大学院法学政治学研究科教務係所蔵)時間割表7頁.
(58) 増田道義談(「吉野作造博士記念会第2回例会記録」(前掲「吉野作造関係文書」2,原本は吉野作造記念館所蔵),29頁).
(59) 前掲『東京帝国大学五十年史』下冊,710-714頁.
(60) 「吉野作造日記」1927年1月13日,14日,20日,21日,27日,28日,2月4日,10日,17日,18日,24日.『大正拾五年四月 東京帝国大学法学部便覧』(東京大学大学院法学政治学研究科教務係所蔵)所収の時間割表には,政治学科第1学年と第2学年の木曜,金曜のいずれも午後1時から3時までの時間で,吉野の政治史講義が配当されている(44,45頁).
(61) 「吉野作造日記」1927年3月11日.
(62) 前掲『吉野博士述(非売品) 政治史 完 昭和二年度東大講義』.注(2)も参照.
(63) 「吉野作造日記」1927年3月11日.
(64) 尾佐竹猛「明治文化研究の母としての吉野博士」,前掲『故吉野博士を語る』51-58頁.
(65) 「吉野作造日記」1927年4月15日,21日,22日,28日,5月5日,6日,12日,13日,19日,20日,26日,27日,6月9日,10日,16日,17日,9月22日,23日,30日,10月6日,13日,14日,21日,27日,11月4日,10日,17日,18日,24日,12月1日,2日,8日,1928年1月19日,20日,26日,27日,2月2日,3日,16日.『昭和二年四月 東京帝国大学法学部便覧』(東京大学大学院法学政治学研究科教務係所蔵)所収の時間割表には,政治学科第1学年の木曜午後1時から3時までと金曜の9時から10時までの時間帯に,吉野の政治史講義が配置されている.
(66) 「吉野作造日記」1928年1月17日.
(67) 「吉野作造日記」1928年6月7日,8日,14日,15日,21日,22日,28日,29日,7月5日,6日,9月13日,14日,20日,21日,27日,28日,10月4日,5日,11日,12日,18日,19日,11月8日,9日,22日,23日,29日,30日,12月6日,7日,13日,14日,20日,21日,1月17日,18日,24日,25日,31日,2月1日,7日,8日,14日,15日,21日,22日,28日.『昭和三年四月 東京帝国大学法学部便覧』(東京大学大学院法学政治学研究科教務係所蔵)所収の時間割表には,政治学科第1学年の木曜午後1時から2

時までと，金曜午後1時から3時までの時間帯に，吉野の政治史講義が配置されている（38頁）．
(68) 「吉野作造日記」1929年3月11日．
(69) 「吉野作造日記」1929年4月13日，16日，23日，27日，30日，5月7日，11日，14日，18日，21日，25日，6月4日，8日，11日，18日，29日，7月2日，6日，9月21日，24日，28日，10月1日，8日，15日，19日，22日，26日，29日，11月2日．なお，『昭和四年四月　東京帝国大学法学部便覧』（東京大学大学院法学政治学研究科教務係所蔵）所収の時間割表には，政治学科1年の毎週木曜午前8時から10時までと毎週火曜午前9時から10時までの時間帯に，吉野の政治史講義が配置されている（44頁）．おそらく日記から推定される毎週火曜午後と土曜午前の時間帯で講義は実施されたものと思われる．
(70) 「吉野作造日記」1930年3月11日．
(71) 『昭和五年四月　東京帝国大学法学部便覧』（東京大学大学院法学政治学研究科教務係所蔵）所収の時間割表を参照（42, 48頁）．1930年度より学科課程が改正され，4月から10月半ばまでの甲学期と，10月半ばから3月までの乙学期の2学期制が採用された．東京大学百年史法学部編集委員会編『東京大学百年史　部局史一　法学部』東京大学法学部，1987年，198頁．
(72) 「昭和5年度講義」（「岡義武関係文書」II-【1】-1)-1），および「吉野作造日記」1930年4月4日，9月23日．
(73) 『昭和六年四月　東京帝国大学法学部便覧』（東京大学大学院法学政治学研究科教務係所蔵）所収の時間割表を参照（47, 50頁）．政治史は，甲学期の毎週木曜10時から12時まで（岡担当）と乙学期の毎週火曜10時から12時まで（岡担当），乙学期の毎週木曜10時から12時まで（吉野担当）に，配置されている．
(74) 「吉野作造博士記念会第7回例会記録」（前掲「吉野作造関係文書」7，原本は吉野作造記念館所蔵）5頁．
(75) 『昭和七年四月　東京帝国大学法学部便覧』（東京大学大学院法学政治学研究科教務係所蔵）所収の時間割表を参照（47, 48頁）．政治史は，甲学期の毎週木曜10時から12時（岡担当）と乙学期の毎週水曜10時から12時まで（岡担当），乙学期の毎週火曜午後1時から3時まで（吉野担当）に配置されている．
(76) 「吉野作造日記」1932年11月1日，8日，15日，22日，29日，12月6日．
(77) 北岡伸一『外交的思考』（千倉書房，2012年），164-165頁．
(78) 前掲，岡・三谷「啓蒙思想家の学問的生涯」，7頁．
(79) セニョーボスの分析枠組みが岡義武の政治史研究に与えた影響を見出そうとする論考として，関口榮一「解説」（『岡義武著作集』第1巻，岩波書店，1992年），303-309, 318頁を参照．
(80) 堀豊彦「帝大教授時代の吉野先生」（前掲『故吉野博士を語る』，24-25頁）．
(81) 河村又介「吉野先生と社会思想」（前掲『故吉野博士を語る』，83-84頁）．
(82) 前述の服部英太郎筆記ノートの1冊目の序論部分の記述である．
(83) 「吉野作造日記」1928年1月1日．
(84) 尾佐竹，前掲「明治文化研究の母としての吉野博士」，56頁．当日の吉野の日記には「年空しく暮る」とのみ味気なく記されている．「吉野作造日記」1928年12月31日．
(85) 吉野作造編『明治文化全集　第2巻』正史篇上巻（日本評論社，1928年），596頁．
(86) 吉野作造編『明治文化全集　第3巻』正史篇下巻（日本評論社，1929年），2頁．
(87) 同上．
(88) 「吉野作造日記」1928年9月12日．
(89) 1934年の吉野選集刊行計画については，三谷太一郎「六〇年来の懸案」（「安江良介追

悼集」刊行委員会編『追悼集安江良介 その人と思想』,「安江良介追悼集」刊行委員会,1999 年), 307-308 頁を参照.

(90) 他にも吉野の政治史講義録の刊行を望む意見として, 川原次吉郎「政治学者および政治史家としての吉野博士」(前掲『故吉野博士を語る』71 頁), および蠟山, 前掲「わが師吉野作造先生」, 153 頁を参照.

(91) 河村又介の経歴や吉野との関係については, 河村力『ある憲法学者の足跡——元最高裁判事河村又介の生涯と現代史の一断面』(文芸社, 2005 年)を参照. 河村又介についてご教示くださった河村陽子様と, この書の原型となった論考が載った教会報を閲覧させていただいた日本自由キリスト教会の故・赤司繁雄様に改めて御礼を申し上げたい.

(92) 1935 年(推定)1 月 2 日付高木八尺宛河村又介書状, 高木八尺文庫キャビネット内史料(東京大学大学院総合文化研究科附属グローバル地域研究機構アメリカ太平洋地域研究センター図書室所蔵)フォルダ 291 番「政治學研究會」所収.

(93) 吉野俊造編『吉野作造博士民主主義論集』第 8 巻(新紀元社, 1947 年), 366 頁.

(94) 赤松克麿の残した資料の一部は, 早稲田大学戸山図書館に「赤松克麿資料」(MF44-1-3)としてマイクロフィルムで所蔵されているが, 他の講義筆記ノートの存在は確認されていない.

(95) 赤松夫妻には子供がおらず, 赤松の管理していた吉野の資料と共に, 赤松克麿筆記ノート 5 冊は吉野家で保管されることになった. 田中昌亮氏のご教示による.

(96) 田中惣五郎の経歴は, 本間恂一「田中惣五郎」, 今谷明・大濱徹也・尾形勇・樺山紘一編『20 世紀の歴史家たち(5)日本編 続』(刀水書房, 2006 年), 121-134 頁を参照.

(97) この間に, 田中が吉野の関係者と往来させた書状や, 吉野の関係者へ聞き取り調査した際のメモなどが, 新潟県立文書館に寄託された「田中惣五郎文書」(文書番号 F66)の「吉野作造原稿・メモ」(14-5)に含まれている. 当資料の利用をお許しくださった田中榮子様と, 資料の来歴をご教示くださった本間恂一様に, 改めて御礼申し上げる.

(98) 1955 年 12 月 23 日付田中惣五郎宛赤松明子書状(前掲「吉野作造原稿・メモ」所収).

(99) 1956 年 2 月 29 日付, 3 月 19 日付, 4 月 7 日付, 8 月 29 日付, 10 月 31 日付, 12 月 19 日付, 1957 年 1 月 3 日付, 1958 年 3 月 16 日付田中惣五郎宛赤松明子書状(前掲「吉野作造原稿・メモ」所収). また, 1956 年 1 月 3 日付田中惣五郎宛赤松明子書状(「田中惣五郎資料」, 明治大学史資料センター所蔵, 資料番号 15990)も参照.

(100) 「吉野博士記念会例会記録」として吉野作造記念館に所蔵され, 東京大学大学院法学政治学研究科附属近代日本法政史料センター原資料部にも複製が所蔵されている(前掲「吉野博士記念会資料」1-15). 河村没後に河村家で発見され, 吉野の関係者に配布される経緯をたどった.「新聞記事・写真・その他」(「吉野博士記念会資料」25)所収の 1981 年 7 月 5 日付の『読売新聞』宮城県版,『朝日新聞』宮城県版,『河北新報』,『仙北新聞』,『大崎タイムズ』の記事コピーを参照.

(101) 田澤前掲書, 252-253, 257-258 頁.

(102) 1955 年 4 月 29 日付田中惣五郎宛河村又介書状, 1955 年 5 月 9 日付河村又介宛吉野たまの書状, 1955 年 5 月 10 日付田中惣五郎宛河村又介書状, 1955 年 5 月 10 日吉野信次宛河村又介書状, 前掲「吉野作造原稿・メモ」所収.

(103) 「吉野作造の講義録発見」(『河北新報』2008 年 12 月 9 日),「吉野作造の思想 今に」(『河北新報』2014 年 6 月 12 日).

(104) 伏見が研究代表者を務める JSPS 科研費(研究活動スタート支援・課題番号 2383305, 若手研究(B)・課題番号 25780086), サントリー文化財団 2014 年度「若手研究者のためのチャレンジ研究助成」(課題名「政党内閣崩壊過程における予算政治の展開——世界恐慌後のアメリカとの相互作用」)による研究成果の一部である.

凡　例

翻刻に際しては，原本ノートの記述をなるべく正確に再現するように努めたが，読みやすさを考慮して以下のような修正を加えた．

- 編者の判断で，句読点を挿入し，段落分けを修正した．
- 仮名表記は原則として平仮名に統一し，仮名づかいは原文通りとした．合字や変体仮名は平仮名に直した．漢字は原則として新字体に統一し，異体字は通行の字体に直した．
- 漢数字・算用数字については，編者の判断で相互に変換した．
- 判読できなかった文字には□記号をあて，欠字は〔　〕を用いて本文中に補った．
- 一般慣用と異なる用字や，字形の類似した漢字による誤記等は，できるだけ原本ノート通りに翻刻し，適宜，正しい字句を〔　〕で記載するか，〔ママ〕を付した．
- 書名・著者名等の誤記は，検索を妨げかねないものに限り〔　〕で注記した．
- 上記以外でも誤記と推察される箇所は，適宜〔　〕で注記した．
- 筆記者が原本ノートの記述を後から訂正している箇所は，訂正後の内容を採用した．
- 筆記者が本文に対して行間等に加筆した内容は，本文中に挿入した．
- 筆記者による注記や追記は，（　）を用いて本文中に挿入した．
- 復習時の痕跡と推察される原本ノート本文の下線は削除した．
- 原本ノートの巻末などに書かれた，政治史講義と無関係と思われる記述は削除した．
- 通読を助ける補足情報を編者の判断で付け加え，ごく簡単なものは〔　〕を用いて本文中に補い，より詳しいものとしては文末注を設けた．
- アルファベット表記の箇所は，筆記者の意図をできるだけ酌んだ上で，編者の判断で適当な訳語をゴシック体で挿入した．このうち人名，地名についてはアルファベット表記を削除し，巻末の索引に当該訳語及び正確なアルファベット表記を記載した．それ以外のアルファベット表記は，各年度の初出時（1913年度講義録については左ページ，右ページそれぞれの初出時）にのみ訳語（**ゴシック体**）と併記し，再出時からは訳語のみを記載した．ただし，訳語の統一が困難な場合には，アルファベット表記を再出時以降も残した箇所がある．
- アルファベットで記載された書名・著者名等は，当文献が参考文献として挙示されるにとどまらず，論述の一部となっている場合に限り，上記の基準に従い翻訳を施した．
- 以上の基準により残したアルファベット表記に誤記がある場合は，〔　〕で注記した．
- 各講義録の目次や章立ては，吉野の当初の構想よりも実際に講義中で採用された記載を優先した．編者の判断でこれらに修正を加えた箇所は，文末注や〔　〕により摘示した．
- 1913年度講義録は，原本ノートのレイアウトを忠実に復刻することを目指し，原本ノートの左ページの記載を本書の左ページに，また原本ノートの右ページの記載を本書の右ページに，それぞれ掲載した．
- その他の講義録は，原本ノートの左ページ部分の記載が少ないことから，原則として原本ノートの右ページの記述を，本書の左右両ページにわたって掲載した．原本ノートの左ページの記述のうち，講義内容を補足する新出情報については，〔欄外〕と記して関連箇所に挿入した．
- 原本ノート中の図表は，講義本体に密接に関連すると思われるものは本文中に再現し，そうでないものは文末注に再現した．
- 1924年度講義録では，原本ノートの右ページに△と記した注記が配置されており，本書でもその場所をなるべく忠実に再現した．一つの文章を切断して△が配置される箇所については，読み進める補助として〔↙〕〔↗〕という記号を挿入した．

目　次

解　説——吉野作造の政治史講義……………伏 見 岳 人……　v

凡　例

吉野作造政治史講義……………………………………　1

1913 年度講義録（矢内原忠雄ノート）……………………　3

1915 年度講義録（赤 松 克 麿ノート）……………………163

1916 年度講義録（赤 松 克 麿ノート）……………………293

1924 年度講義録（岡　義 武ノート）……………………361

注………………………………………………………………435

吉野作造政治史の射程……………………五百旗頭薫……453

索　引…………………………………………………………463

学生時代の岡義武(1902-90)による1924年度講義ノート(いずれも,東京大学大学院法学政治学研究科附属近代日本法政史料センター原資料部蔵).

吉野作造政治史講義

矢内原忠雄・赤松克麿・岡義武ノート

1913年度講義録

矢内原忠雄ノート

政治史参考書
第一節　現代政治的進化の概観
　　第一　民主主義的運動
第二節　社会主義
　　第一項　社会主義の意義
　　　　A　社会的困窮の存在
　　　　B　社会的困窮の原因
　　　　C　社会的困窮の救済
　　第二項　社会主義の理論及運動の発達
　　　　第一　19世紀以前
　　　　第二　19世紀の初期
　　　　第三　19世紀中葉以後
　　　　第四　組織的社会党の発生
　　　　　　A　フェルディナンド・ラサール
　　　　　　　　(1824-'64)の運動
　　　　　　B　カール・マルクスの運動
　　　　第五　現今各国の社会党
　　　　　　甲　独逸
　　　　　　乙　仏国の社会党
　　　　　　丙　英国の社会党
　　　　　　丁　墺太利の社会党
　　　　　　戊　白耳義(ベルギー)の労働社会党
　　第三項　サンディカリズム
　　　　第一　名称の由来
　　　　第二　フランスに於けるC. G. T.の沿革
　　　　第三　サンディカリズムの主張
　　　　第四　サンディカリズム発生の原因
第三節　人種問題
　　第一　序論
　　第二　人種問題の総論

政治史参考書[1]

[Seignobos]
Seignobo: Histoire politique de l'Europe contemporaine (1814-1896).
[Oncken]
Onchen: Allgemeine Geschichte in Einzeldarstellungen. 三十余冊
　　　　[Bibliothèque]
Alcan: Bibliotèque d'Histoire contemporaine.
◎ La Vie politique daus[dans] les deux mondes 1906_
　（Europäescher）
○ Deutscher Geschichtskalender 1860_

Annual Register

L'Anneé Politique

London Times（weekly edition）

○ Das Echo
　　　　　　　　　　　[parlementaire]
Revue politique et parlamentaire

Oesterreichische Rundschau（墺匈，巴爾幹ノ研究）

新聞 London Times（英）

　　　New York Sun. New York Times（米）

　　　Le Temps（仏）

　{ Frankfurter Zeitung（独）

　{ Kölnische Zeitung

　　　Norddeutche Allgemeine Zeitung（半官報）

◎ Julius Bachem: Staatslexikon.

Conrad: Handwörterbuch der Staatswissenschaften
　　　　　　　　　　[Britannica]
Encyclopedia Britanica
[Britannica]
Britanica Year Book（今年より発行）最近の事を記す
　　　　　[Dictionnaire]
Block: Dictionaire
　　　　　　　　[Dictionnaire général de la politique]
Maurice Block: Dictionaire general politique

Stateman's Year Book
　　[Gothaischer]
○ Gothaer Hofkalender

小野塚博士：欧州現代立憲政況一班[斑]
　　　〃　　　現代欧州[洲之]の憲政
原　勝　郎：昨年之[の]欧米
田中萃一郎：欧米に於ける政党政治〔欧州之憲政〕

独逸帝国成立以来，昨年まで議会の大勢を占め居たりし中央 Zentrum 党なる政党は，ビスマルクが文化闘争 Kultur Kampf を抑へん為に五月命令を出したるに反対せる天主教徒の一派なり．〔Kulturkampf〕
近代主義 Modernism は，天主教徒の内に近代的の教を布かんとするもの．

独逸に於ては，アルザス＝ロレーヌに仏国の勢力張り，常に衝突・反目せり．白に於ては，フラマン Flemish 人とワロン Walloon 人と常に反目せり．

現代

現代の政治問題の根本の思想

不平等の取扱に対する不平

1)政治―民主主義

2)経済―社会主義

3)宗教―
文化闘争
近代主義
ウェールズ国教特権問題

4)人種

〔ママ〕
4)性の問題―婦人参政権その他

第一節　現代政治的進化の概観

　歴史上に年代を区分することは本来困難なり．歴史上の事実は常に前後相連絡して発生する故，ある特定の時日を取りて年代を区分するは無意味なり．
　然れとも研究の便宜上歴史家が古代中世近代等と区分するに倣ひ，予は19世紀の始より今日迄を現代と称す．仏国革命以来世界の有様は，独り政治上のみならず，凡ての方面に於て全然面目を一新せるは言を俟たざる処なり．
　此現代に於て種々の政治問題起りしが，その種々の問題の根底に横はれる思想の何なりや，といふことによりて現代の政治的進化の特徴を定めんと欲す．尤も歴史哲学を講するものの間には，歴史的事実の裏面に存する真理的方則〔法〕を否認するものあれとも，此等の問題に関する論争は措く之を他人に譲りて，余は多くの学者と共に精神的要素の存在することを認め，ここに19世紀に於ける政治上の発達の根本思想を定めんと欲す．
　多くの学者は democracy 民主主義を以て19世紀に通ずる根本思想となす．然れとも**民主主義**は最も著しき現象なりしかど，これのみを以て唯一の根本法則とする不能．元来民主主義は政治上に於て不平等の取扱を受け居る者の発する要求なり．而して不平等の取扱を受け居るものは独り政治界に於てのみならず，経済界宗教界に於ても亦存す．
　経済界に於ける不平等の取扱に対する不平の声は社会主義 Socialism と総称する一種の運動によりて発表せらる．
　宗教上に於ける不平の声は或は**文化闘争** Kulturkampf[2] となり，或は**近代主義** Modernism の運動となり，或は即今英国 England に於ての大問題の一たる**ウェールズに於ける国教特権廃止問題**[3] となり，又アイルランド自治問題（Home Rule）[4] も一面は宗教の争なり．
　更に人種間の平等不平等の争は露国，墺匈〔オーストリア＝ハンガリー〕，独，白〔ベルギー〕，並に英国に於て，種々の困難なる問題を生じ居れり．
　更に最近に至りては，一部の婦人は政治上社会上男子と同等の取扱を受くべくして受け居らずとの口実の下に，所謂婦人参政権運動其他之に類似せる運動

	19世紀の特質は平等又は解放なり
	民主主義の表現
	一，憲法の要求
	二，参政権拡張の要求 英国
秘密の選挙とは，無記名投票の如く，名を秘密にして行ふ等をいふ．普通とは普通に行はるる選挙，直接選挙とは米大統領選挙の如き間接——に反対せるものなり．**複数投票** plural voting は，2ヶ所に土地を有する者は両方より議員として出で2票を一人にて投することをいふ．保守党にはかくの如き人多し．	三，選挙に関する平等主義の要求

に熱注し居れり．
〔ママ〕

凡て此等の問題並に運動の性質をよく吟味すれば，その具体的主義には或は誤あるやも知れざれど，畢竟するに平等を要求するの声なり．これが政治の方面に走りては民主主義となり，性の問題に関しては婦人参政権運動となる故に，現代の政治的特質を**民主主義**の語を以て表はすはやや精密を欠くが故に，予は平等もしくは解放(liberation; emancipation)を以て19世紀の特質となす．

第一，民主主義的運動

政治上に於て不平等の取扱を受け居る者の不平の声即ち**民主主義**の運動は，その起原はもとより18世紀に胚胎すれとも，欧州諸国の実際政治上の問題となりて現はれしは19世紀以後なり．而して其要求は種々の形に於て現はれしが，其一部分は既に目的を達し，又他の一部分は今日尚目的を達せんと努力しつつあり．

民主主義の第一の表現は憲法の要求なり．換言すれば人民の権利が成文の憲法によりて保障せられんことを要求せり．仏国に於ては第一回の大革命に続いて，1830年の七月革命，1848年の二月革命に於て著しくこれらの要求ありしことは言ふを俟たず．其影響を受けて独乙其他北欧諸国に於ても憲法の要求が政治上の問題となり，今日大体に於て其の目的を達せり．而して此趨勢は遥かに東方諸国に迄影響し，波斯〔ペルシア〕，土耳古の如きも形だけは憲法政治を布くことになれり．

民主主義第二の表現は参政権拡張の要求なり．其最も著しき例は英国に於て現れ，即1832の改革　1860の改革[5]は此要求に応ぜるものなり．然し乍ら英国に於ては尚多少の財産上の制限を求め居れば，全然之を普通撰挙に改めんとするの運動は年々労働党より提出され居れり．議員に歳費を与ふるに至りしも或意味よりいへば被選挙権の拡張とも言ひうべし．
〔1866-67〕

第三の表現は平等主義要求の声なり．（平等主義の要求が**民主主義**の傾向を生む）．選挙法上の主義として人往々，平等，直接，普通，秘密の四主義を述べ立つ．而して平等主義の要求が民主主義の一の現れとして屢々政治上の問題となるなり．此平等主義の要求に就き政治上にその問題あらはれ居れり．

	A．複数投票廃止運動
	B．階級選挙廃止運動
	C．選挙区分配の平等要求
野村博士： 小野塚博士：仏国に於ける比例選挙学説の一班[班]（法協 31 巻 10 号） 田中教授（慶応） 美濃部博士：人権宣言論「少数者の権利を論ず」 　　　　　　　イエリネックの訳	四，議会組織の不完全に基く要求

A．英国に於ける plural voting（複数投票）廃止の運動．こは 1906 の春ハーコートによりて唱へられし以来，毎年議会の問題となり居れり．今日尚決定せず．又ベルギーに於ては財産教育等の標準により一部の人間に 2 票，3 票を投ずるの権を認め居れり．之を廃せしめんとする自由党並に社会党の要求は正にこの部類に属す．

　B．階級選挙を廃止せしめんとする要求．（階級選挙とは日本にても市町村に行はるるもの）

　C．選挙区分配に関する平等の要求．〔ママ〕少選挙区制度を採れる多数の国に於ては人口の数により選挙区を分配し居れり．更に多数の国に於ては人口の数により選挙区を分配し居れり．その結果として人口の増殖に伴ひて代議士を増すべきや否やの問題を生じ，また人口の動揺することにより選挙区分配の改正問題生ず．この二問題は相関連して起るを常とす．この問題に就て常に政治上の争を起せるは独乙帝国なり．独乙帝国議会の組織を見るに議員の定数 397 人なり．1 人の人が一選挙区にて選挙さるるといふ小選挙区制なり．此制度は 1867 に制定せしもの[6]にして，今日の人口の状態より見れば頗る不公平のものたり．故に独乙の自由派の人々は，現在の人口の状態を標準として選挙区分配の改正を要求せんとせり．

　　1867．に独乙の人口は 39,700,700 人なりき．人口 10 万につき 1 人の制を立てたり．今日独乙の人口は 6 千万を超へ居れば，その議員は 600 人を越へさるべからず．然るに，10 万人以前にありし地方が今は減少し 3 万となれる処もあり．又 3 万人の地が今 10 万人になり居る処もあり．而して各々 1 人宛を出すは不公平なりと云ふ．ベルリンは 10 万人 1 人とすれば今は 60 人も出ざる可からざるも，実際は 6 人より出ざるは不都合なりといふ．都会は全田舎に比して人口 21.4〔%〕を含む故に都会より出づべき議員数は本来なれば 90 人位出すべきに，62 人しか実際には出でおらず．乃ち保守党に利益にして自由党に不利なり．

第四，議会組織の不完全を根拠とする特殊の要求

1．比例代表　Proportional Representation.
　　比例代表制 Proportionalsystem または〔oder〕 od. Verhältniswahl

2．人民票決

a. 比例代表

[ベルギー]
白耳義
[連邦]
南阿同盟

仏国.

南アフリカ連邦

南アフリカに於ては英国が戦勝して其富源を占めたり．英は 1910 年 5 月 31 日英本国議会が通過せし**南アフリカ法〔South Africa Act〕Union Act** に基き，**南アフリカ連邦**を造り，トランスバール，オレンジ川植民地，ケープ植民地及びナタール，これに参加せり．今此地方は人口 500 万にして英人はその 1/5 なり．議会は上下両院にして，議会はケープタウンに，政府はプレトリアにあり．**総督** Governer General は英国王の代理となりて支配す．現内閣総理大臣はボータ将軍なり．彼は元ブーア人なるが，英人の懐柔する所となれり．彼の率ゐる党派は**国民党** Nationalist Party にして，英蘭人を融和せしめんと努力しつつあり．反対党は**統一党** Unionist Party にして，英本国と此地方と一層密接の関係になさんとせり．英本国の海軍拡張を主張する海相ヘルツォグとボータと相反目し，南阿の政局紛糾し居れり．ヘルツォグは大に非難を受け居れり．南阿の選挙法の制度は**単記移譲式投票** Single transferable Vote[8] として知らる．当選に必要なる最低の数 quota quorum を第一の人が得れば，其以上の得点は第二の人に与へて此人を投票せるものとなし，第二の人をも当選さすことになし居れり．

邦 Canton. 連邦を組織せる個々の国家を，米国にては State，独乙は Staat，[スイス]瑞西にては Canton といふ．

其他

従来の選挙法は，大政党の代表に便なるも，少数の党派は往々にして其代表者を議会に送る能はさるの情況にあり．然れとも理論上よりいへば，少数者と雖も其議論(意見)を議会に発表する政治上の権利を有すれば，選挙法を改正して従来の不備欠点を除き，少数者と雖も亦その数に比例して議会に代表せられんことを要求するは，自然の数なり．これ即比例代表の起る所以なり．我国の大選挙区制の如きは少数者には代表者を出すの機会を与ふるものなれとも，換言すれば少数代表と云ふ目的を達せんとするものなれとも，比例代表といふ主意を貫徹するものにあらず．

　現行選挙法中比例代表の主義を採れる最も主なるは白耳義〔ベルギー〕の選挙法にして，南阿弗利加同盟 **南アフリカ連邦**の選挙法は更に一歩を進めたるものと称せらる．

　欧州文明国中，現今此問題の最も八釜敷は仏国なり．仏国にて最近数年間に於て種々の政治上の変動の中心となれるは実に此問題なり．現大統領ポワンカレは其最も熱心なる主張者にして，其下にある現内閣も此主義を其の政綱の一に数へ居れば，多少の修正を経て近きうちに決着を見るならん（ブリアンが1910頃内閣に立ちしとき初めて比例代表主義を行へり）．要之，比例代表の主義は少数党派の利益を反り重んぜんとする主義なれば，かかる要求の起るには少数党派の存在と其多少党〔ママ〕の勢力とを前提す[7]．一国の政治家が確然二大政党に分れ居るときは此問題は起らざるのみならず，仮りに第三の少数党派あるもその勢力頗る微弱なるときは，比較代表〔ママ〕は単に学者の閑問題たるに止り，実際政治上にはあらはれ来らず．されば英国に於て1910 **選挙制度調査委員会** Royal Commission on electoral system なる委員会は，比例代表の主義は英帝国には不適当なるものとして排斥せり．又仏国に於て今日この主義の上下両院に於て反対少からざるは**クレマンソー一派**の感情的反抗もあれとも，其主たる原因は**急進党** Parti républicain〔républicain〕 radical 及び**急進社会党**(社会主義的急進党) Parti radical socialsté〔socialiste〕の多数派が其の勢力の減殺さるるを怖るるが故なり[9]．

　以上列挙するものの外，此主義の行はれ居るは，独乙のヴュルテンベルク，スウェーデン，デンマーク，フィンランド等なり．スイスに於ては2,3の邦にて之を行ふものあれとも，連邦議会の選挙に行ては之を用ひ居らず．1910. 4月，一度議会に此案提出せられしかど否決され，今年10月レファレンダム Referendum にかけられて復非〔否〕決せられたり．

レファレンダム Referendum に関する参考書
Wilcox: Government by all the people V-2148
[Curti] [des]
Culti: Die Resultate der schweizerischen R.
レファレンダムの政治上の利害得失の研究によし
Deploige: The Referendum in Switzerland

レファレンダム採用の諸州——サウスダコタ，ユタ，オレゴン，ネヴァダ，モンタナ，オクラホマ，ミズーリ，メイン．このうちサウスダコタ，オレゴン二州はレファレンダムを実行せしも，他の諸州は憲法上の規定のみにて実行されしこと未だなし．

b. 人民票決
レファレンダムの意義
種類
[スイス]
瑞西
米国諸州
濠州

人民投票レファレンダムの要求．

レファレンダムとは国務に関する重要なる問題を人民直接の投票によって決するの制度なり．その根拠は議会を以て完全に民意を代表するに足らずとするにあり．此制度は第 13, 14 世紀の頃より瑞西〔スイス〕の諸邦(Canton)に行はれ居たり．最近の意義に於ては 1848 先づシュヴィーツに行はれしを始めとし，1869 チューリッヒが之を採用するに及んで洽く瑞西〔スイス〕に行はるるに至れり．

レファレンダムに種々の種類あり．必ず人民の票決を要するといふ**義務的** obligatory のレファレンダムもあり．又人民の一定数の請求あるときに限りて之を行ふと云ふ Facultative R.(選択的レファレンダム)もあり．又如何なる事項を票決の目的とするかと云ふ点よりして単に法律のみとする制度の処もあり，又財政事項に関する法律の決定とする処もあり．又漠然と広く国務に関する重要なる事項とする処もあり．地方団体にありては財政事項は一般にレファレンダムにかくるを例とす．

1874．スイス Schweizerische Eidgenossenschaft〔連邦〕の憲法も次の条件の下にレファレンダムを認め居れり．

1. 8 以上の邦の請求あるとき．又は 3 万人以上の人民の請求あるとき．
2. 連邦全体に渡る法律の決定に就て之を行ふ

今日憲法上レファレンダムを採用せる著しき例は米国諸州にあり

オーストラリア連邦の憲法も，其第 128 条に於て憲法改正に就て或条件の下にレファレンダムを採用し居れり．

第 128 条第 1 項．憲法改正案は議会の各院に於て其の絶対多数によりて通過することを要し次にその通過後 2 ヶ月より少からず 6 ヶ月より多からざる期間内に各州に於て下院議員の選挙権を有する人民の票決に付するを要す．

濠州の国情．

オーストラリアにては初めタスマニア，ヴィクトリア，ニューサウスウェールズ，サウスオーストラリアの四邦が連邦を作らんとして議会に提出し，議会亦此の四邦だけが連合するものなりと考へ 1900. 7月に**憲法法** Constitution Act 通過し，憲法本国に作られ基礎定まらんとしつつあるとき，クイーンズランド，

英国の上院権限縮小問題

ウェストオーストラリア之に加はらんことを申込み，翌 1901. 1 月に至りオーストラリア連邦成立せり．オーストラリアの憲法は米国憲法に倣ひて各州に大なる権力を付与せり．議会の名も之に倣ひて上院を Senate，下院を House of Representative〔Representatives〕と称す．今日オーストラリアに政権を争ふ二党派あり．**労働党** Labour Party 及び**自由党** Liberal Party にして両者共に自由党なり．その首領，前者はフィッシャー，後者はジョゼフ・クックなり．両党の経済上の関係は労働者と資本家なり．然れとも後者，前者を圧迫することなし．両首領は永年勢力あり．本年 5 月迄フィッシャー続きて大に成績を挙げたり．而して彼は中央政府に権力を集めんとする主張なり．彼の政治は案外穏健にして理想的政治を布けり．然るに商業を保護し農業を抑へたることによりて勢力衰へ，クック之に代れり．フィッシャーは工夫より身を起せし人なり．

レファレンダムは独り法律上の制度としてのみならず，時に臨んで重大なる問題の決定に採用され居れり．その著例は，豪州連邦成立の場合と，**南アフリカ連邦**に加入すべきや否やの問題がナタールに於て論ぜられたる場合となり．ヨーロッパ Europe の先進国中，最近レファレンダムの問題となりしは英国なり．1910. 第二回総選挙の前後に於て保守党が上院権限縮小問題に就てレファレンダムを主張して以来，自由党の諸案に対して常に此レファレンダムを以て戦ふを常とす．

1910.

首相アスキス

蔵相ロイド＝ジョージ

1910 ロイド＝ジョージは貧民を救ひ富者より多く金を出さしめんとする一の財政法案を提出せり．而して此ときは保守党の方自由党よりも多数なりき．**アイルランド議会党** Ireland Party，**労働党** Labour P.，自由党と三つ合して保守党より 200 人も多く，下院は此案を通過せしが，上院に於ては保守党と自由党との数 4：1 の割合にて直に否決されたり．再び人民の意思を聞かんとしてその議会を解散し 1910. 1 月再選挙をなせしに，英国の国情より来る当前〔ママ〕の結果として保守党勢力を占めしが，自由党は他の二派を合して 100 人以上保守党より多くなれり．然れとも**アイルランド議会党**は元来アイルランドの自治を助け

られんことを条件として自由党に味方せしものなるが，此時貴族院問題を先づ財政問題よりも先きに行ひくれと首相に迫り，ここにアスキスは上院権限縮小法案を提出せり[10]．即ち2回上院否決するも3度下院之を承諾せば上院の賛成なくとも法なることを得といふ案なり．然るに，5月エドワード皇帝崩御あり．8月に上院下院の妥協破れ，再び議会を解散して愈々選挙を争ふとき，バルフォア初め保守党のものはレファレンダムを主張し，上院の権限を失ふこと即ち保守党の立場を失はんことを防がんとせり．尤も内実の事情は保守党の勢力維持にあれとも，表面は少数の代表者よりなる**アイルランド議会党，労働党**が自由保守二大党の間にありて天下の大勢を決し居れば，かかるものに国民は信頼すべからずとてレファレンダムを主張せしなり．その再選挙の結果，自由党1人減じ，保守党1人増し，大勢に関係なし．ここに自由党は上院権限縮小問題を振りかざして保守党と争ひ勝ちて此法案通過し，これより上院は財政問題に容喙することを得ず．又3回下院を通過せる法案は上院の賛成を待たずして立法となることと定り，多年の宿題たる**自治法**これより行はれんとしつつあり．上院の反対に抗する為アスキスが500人の勅選議員を増さんとするに対し，保守党の二派反対せり．

- 1. バルフォア（ランズダウン）．――此度は自由党に譲らんと主張す
- 2. ホルズベリー（チェンバレン）――縮小案に反対

　バルフォアの説勝ちて，保守党は涙を飲みて自由党に譲れり．ホルズベリーはホルズベリー・クラブ Halisbury Club[11] を作り，バルフォアの軟弱を怒り，之を排斥し，バルフォアは終に院内総理を辞して，ボナー・ロー之に代りたり．

第二節　社会主義

　経済上に於て平等を要求する声が広き意味に於て社会主義となれりと云ふことは前述の如し．社会主義の精密なる理論上の研究は之を他の学科に譲りて，ここには単に社会主義の何たるかを簡単に述べて其の思想並に実行の来歴を明にし，終に其政治上に於ける勢力を述べんとす．

| | 社会主義の意義 |

社会的困窮 Social Misery
社会問題といへば広義に過ぎ，労働問題といへばその**起源** origin には適すれとも，今日に於ては狭義になる故に，**社会的困窮**なる称を用ふることとせり．

| A, 社会的困窮の存在

社会的困窮―世の所謂社会問題又は労働問題なり．
社会問題解釈法（安部磯雄）

| **社会的困窮は社会主義のみの主張ならず**

第一項　社会主義の意義

社会主義はこれを説く人により，又これが説かるる処の場処により，其の意義に広狭の別ありて，精密に之を定義するは困難なり．然れとも其一般に通ずる根本の要素を挙ぐるときは次の三点に帰すべし．

A. 社会的困窮 Social Misery の存在

社会主義を説く者口を開けば，下層階級の生活状態が極めて悲惨なりと称す．此等の人々は資本家又は企業家と称する経済的貴族階級(Economical Aristocracy)に対して所謂労働者なる経済的弱者の階級あるを認め，此後者の階級は今日の経済組織の下にありては働かんとすれとも其職業なしとか，たとひ仕事ありとも充分なる報酬を得る能はずして常に惨澹なる生活を営むべく余儀なくされ居れりと主張す．これ即ち余の所謂**社会的困窮**の存在の認識にして，社会主義は此考よりして其議論を進め居れり．

社会的困窮の存在は一は独り**社会主義者** Socialist の主張する処のみならず，その主義の如何に不拘洽やこ天下の志士仁人の之を認めて之を救済せんとつとむる処なり．

然るに，世の中には往々にして之を社会主義者独特の主張なりと誤解するものあり．例へば吾々が若し社会主義の根本の論拠に向つて反対の論をなすときに，矯激なる一派の社会主義者は恰も吾人が下層階級の境遇に同情せざる冷血動物なるかの如くに見做す．又他の一方に於て労働者等の境遇の為めに便宜社会に向つてその利益を主張するが如きものある場合には，神経過敏なる当局者が直に之を社会主義なるかの如く疑ふ．之は独り吾国に於てのみならず，西洋諸国に於ても一時かくの如き現象はありしなり．**社会的困窮**の存在の認識は社会主義の出発点なれとも，社会主義のみの前提とする処にはあらず．

産業革命　18世紀終より蒸汽機関の発明等によりて物産製出の方法に大変化を起し大規模となり，為めに中流階級減少す．
　　　　　19世紀始〔初〕　　　　〔気〕

Edward Aveling— "Students' Marx" IX—483.

B．**社会的困窮**の原因
資本主義がこの原因となる理由
I．経済上優劣の二階級をつくる
1，資本家は分配上不当に過分なる分け前をとる
2，経済上分配にあづかるべきは労働者のみ
II．経済上の優勝者は社会上政治上の優勝者となる

I,

1,

2,

〔剰余〕
余剰価値説

II,

B. 社会的困窮の原因

社会主義の特色は社会的困窮の因て来る源を**資本主義** Capitalism に帰する点にあり．**資本主義**といふは資本の私有を基礎とする経済上の制度の意味なり．但し一般の観念に於ては，資本家といふものの中に経済学上の所謂企業家といふものをも含みて広く労働者に対して経済的貴族階級を総称す．実際に於ては企業家は同時に資本家たることも普通なるを以て，此一般通俗の観念に従ひて**資本主義**を解釈するも差支なし．さて此の**資本主義**が如何にして**社会的困窮**の原因をなすかといふに，その説く処は決して単純ならず．今多くの人々の説明に共通なる二つの要素を次に述べん．

第一，**資本主義**は経済上優劣の二階級をつくり，弱者たる労働者等の階級を経済上不当に劣等の地位におく．此の事は近代の所謂産業革命以来最も甚し．

甲．その結果として資本家は分配上不当に過大の分け前を取り，為めに労働者の処得は著しく減少せり．序に言ふが，此思想は今日の社会主義者一般の有する思想なるのみならず，社会主義者以外に於ても今日の経済組織上確かに此傾向ありと認むる者多し．

乙．更に極端なる論者は，本来経済上の分配にあづかるものは独り労働者のみなり，資本家は分配上の多少の分前を得ておるが，之は何等の理由なくして労働者の当然に得べき利益を偸めるものなりと主張す．此説の論拠は価値の生ずる源を独り労働に帰する学説に基く．此説の最も著名なる代表をカール・マルクスの余剰〔剰余〕価値説 Mehrwerttheorie とす．カール・マルクスは，100円の資本によりて150円を得たりとすれば此の50円を新しく得たるは全く労働の賜なり，故に此場合労働者はその労働力を資本家の所に売りに行くに50円の価値を得べきなり．然るに実際は労働者は劣等の地位にある故資本家より得るはその労働の生産費即労働者の生活費（例へば10円）に過ぎず．此の際残れる40円は資本家の手に入る．之が所謂**剰余価値** mehr Wert〔Mehrwert〕なり（『**資本論**』"das Kapital". マルクスの著）．

第二，資本家はその経済上に於て得たる優勝の地位を利用して社会上政治上にも優勝の地位を占め，更にその社会的政治的優勝の地位を利用して経済上の利益をはかる．その結果として労働者の利益の当然の範囲は益々蚕食され，そ

社会主義者は，租税を取るにしても直接税(地租，処得税[所]等)のみにして間接税(消費税)を廃せよと主張す．間税接[接税]は理論上貧者に酷にして，富者に楽なり．塩や米やは貧富共に同じく消費す．□累進律を基礎とする直接税のみにして貰ひたしと要求す．

C. 社会的困窮の救済

資本の公有

資本私有の倫理的観察
(唯物的哲学観)

の生活の悲惨度は益々烈しきを加ふる也．此の種の論者は，今日の税法その他の経済的立法は概ね資本家の利益の為めにつくられ，更に内政外交等の方針等も資本家の主張の為めに枉げらるること多しと主張す．此点より進みて社会主義者は資本家の利益の保護の為めのみに起るものとして殖民又は戦争に反対す．

C. 社会的困窮の救済

　社会的困窮を除かんには其原因を排除せざるべからず．此に於て社会主義者は，その根本的の救済の方法として資本の公有を主張す．彼等の考によれば，資本の私有を廃止すれば所謂資本家なる階級は消滅して一切の生産手段（資本）は社会公共の公有に帰し，すべての人は公の監督の下に生産に従事し，且つその分配にあづかるが故に，社会の凡ての分子はその公平なる分前を受くる事を得．此説の当否は此に述る限にあらざれとも，いづれにしても資本私有制度の廃止はすべての社会主義者の間に根本的の要求として主張せらるる処なり．
　近代に至り資本私有の廃止は独り経済上の見地よりのみならず，倫理的の立場よりも主張せらる．その説に曰く，人生に現はるる種々の罪悪は畢竟するに経済的境遇の悲惨なる処より生ず．故に生産手段の公有によりて経済的境遇の改善を計る[図]ときは同時に種々の罪悪も亦消滅するなるべしと．此説も**マルクス**の説の中にその根拠を見出すことを得るが，特に最近に至りて宗教を敵とする一派の社会主義者によりて説かる．蓋し此考の奥には人間の精神は専らその経済的境遇によりて支配せらるるものなりとの所謂唯物的哲学観に根拠するものにして，従て無神論者のややもすれば取る所の説明なり．然し乍ら，一方に於て人間の精神が物質的境遇の為めに支配せらるゝことありといふことを認め乍ら，その外界の境遇如何に拘らず毅然として節操を枉げざる方面もありとの事を主張する唯心的の哲学観もある故に，一派の社会主義者の唱ふる処の資本公有説を倫理上の見地より説かんとする処の論は哲学の根本問題に立入るものにして直に之を賛同する能はざる也．今日の思想界は実証主義が全盛なれとも理想主義も亦決して衰へざるを以て，唯物唯心の根本問題の解決は之をその道の専門家に譲りて，吾々はその中間の道を取るも差支なし．社会主義の理論上の説明に於ても亦同様にして，予は一方に於て倫理上よりその根拠を説かんとす

	社会主義の名称
	社会主義の発達
	社会主義の名称

マルクスは**共産主義** [Kommunismus] Kommunism といふ．

エンゲルス．マルクスの友人．マルクスの死後，その**『資本論』**
[das] des Kapital を出版す．

Proletariat 貧乏の労働者

グスリー：

る人々に向つて唯物論の根本問題まで遡らずとも社会主義は説明し得るとの事を忠告し，他の一方に於ては唯物論の根拠に立つもの往々にして在るも社会主義者の説く処を全然誤りなりと排斥するを戒めんとするもの也．

社会主義といふ名に就て．

1835 ロバート・オーウェンが未だ社会主義の明かならざる以前に社会主義的思想を抱いて自己の工場に之を実施し，のみならずその抱ける思想に就て同志の人々と共に万国全階級協会〔Association of all Classes of all Nations〕Association of all the nation & the races といふ会をつくり，その目的は社会問題にして政治上の意味あるにあらずとのことを説明せし故に，時人彼等を社会主義者と称し，その主義を社会主義と称せり．フランスレーボー氏『現代改革者の研究』"Études sur les Réformateurs Contemporais" といふ書をかきてその主義をひろめたり．

第二項　社会主義の理論及運動の発達

社会主義なる語は 1835 にロバート・オーウェンの事業を唱ふるに用ひられ，次に仏国の学者レーボーによりてサンシモン及びフーリエ等の説を指すに用ひられたるを始めとす．当時にありては此の言葉は国家と関係なくして行はるべき一種の社会改造の学説及運動を意味するものにして，即ち専ら道徳的若くは理想的の性質を帯ぶるものなりき．されば後年カール・マルクス，エンゲルス等が従来の方法に慊らずして政治的の手段によるべきことを主張するや，殊更に社会主義なる名称を避けて其宣言を万国労働者への『共産主義者宣言』Kommunistische manifest〔Manifest〕 an die Proletariat〔Proletariater〕 aller Länder と名づけたり．然し乍らマルクスの説とマルクス以前の説とはその理想実現の手段に於て差あるのみにして其議論の本体に於ては共通の点頗る多きを以て，今日の学問は之を別々のものと見ることをなさずして等しく之を社会主義と称す．マルクスの書を読む人が往々にして彼が社会主義を攻撃するを怪むは此の為めなり．グスリーの『フランス革命以前の社会主義』"Socialism before the French Revolution." に於てマルクスも亦社会主義を攻撃せるなりといへるは用語に拘泥して本質を誤解せるなり．

	社会主義は産業革命以後盛となる
	19世紀に於ける発達の階段
	1). 経済的, 倫理的
社会党は案外に政治上の勢力を得やすからざりしを以て, その中に種々派が分れたり.	
社会主義者 { Revisionists 穏和派 / 正統主義 Orthodox / サンディカリズム Syndicalisme	2). 政治的
	3). サンディカリズム
	19世紀以前の社会主義
モアはヘンリー8世時代の寵臣政治家. Utopia 1516 Civitas Solis 1623	トマス・モア カンパネッラ

社会主義の名称の極めて新しきことは前述の如し．乍然同一若くは類似の根本思想に於て社会の改造を主張し，又はある一部に之か実現を試みたるの事実は，必ずしも近代に始まりたるに非ず．故に歴史に遡りて之を見るときは，この淵源は頗る遠きなり．ただこの思想の盛になるに就ては屡々述べし如く経済的階級の意識が明瞭となりて貧富の懸隔が甚だしくなるといふ社会状態を前提とするが故に，此の思想は産業革命の起れる 19 世紀以後に於て最も盛となれるものなりと言はざるべからず．

又 19 世紀に於ける社会主義の発達を見るに自ら 2, 3 の階段あり．その初期に於てはこの主義は多くの思想家によりて盛に論ぜられ主張せられたれとも，其の実行方法に至りては或は経済的に生産事業経営方法の改良等によりて之を達せんとするものあり．或は倫理的に生産従業者の良心に訴へてその目的を貫んとするものあり．未労働者階級の勢力を結束して政治的にその考を行はんとする者あらざりしが，一度びマルクス，エンゲルスが万国労働者同盟論を主張し，ラサールが労働党を組織するに及んで，社会主義の理論及運動は俄然として実際的に重要なる地位を占むるに至れり．今日社会主義が世界各国の政界に重要なる地位を占むるはこれより始まる．

更に最近に至り社会主義はその実現の手段を他の新方面に発見せんとせり．多くの立憲国に於て保守派の勢力なほ強大にして社会党が政治的に其主張を貫徹し得るの日は容易に来らざるべきを考へ，一派の社会主義者は更に激烈なる手段に訴へて自己の主張を反対派に強ひんとせり．これ今日仏国に発生し盛に各国に蔓延しつつあるサンディカリズム Syndicalisme の潮流なり．

第一．19 世紀以前．

遠く古に遡りてプラトンの共和国論の所説及び初代耶蘇教会の事実を挙ぐるものあるが，之は偶然にその共産主義的の考が今日の所謂社会主義と類似せりといふ過ぎずして，根底の思想はもとより同じからず．やや今日の社会主義と類似せる思想の代表者を 19 世紀以前に求むるならば，トマス・モアの『ユートピア』"Utopia"(De Optimo Reipublicae Statu, deque Nova Insula Utopia)．カンパネッラの『太陽の都』"Civitas Solis"(Civitas Solis vel de reipublicae, idea dialogus

国家小説：
Harrington—Oceana
　　〔Cabet〕　　　　　〔Icarie〕
○Cabets—Voyage en Icaria
　　　　　　〔Ein Rückblick aus dem Jahre 2000〕
Bellamy—　　　Im Jahre 2000 ⎫
　　　　　　　　　　　　　　⎬ 新しき本
Hertzka—Freiland　　　　　⎭

『ユートピア』		
1，政治組織		
	都市統領	1
	｜	
	部族長統領	20
	｜	
10	部族長	200
	｜	
30	世帯	6000

長老会議

2，経済組織
a．財産の共産主義的

b．労働義務

労働の種類

高等の労働

賤業

奴隷

poeticus)なり．二者共に理想国の状態を小説の体裁に書きたるものにて，これより所謂国家小説(State romance)なるもの大に流行せり．

　『ユートピア』とは一の理想国にしてアメリカの彼方遠き海上にある処の一の島国の極楽郷なり．先づ第一に政治組織を見るに全島が44の都市cityに分れ，各々の都市は皆同一の制度同一の言語風俗を有す．毎市6000の世帯familyを有し，**都市統領** prince 之を統轄す．**都市統領**の下に**部族長統領** Protophylarches または or トランボールス Tranibors；**部族長** Phylarch またはシフォグラントゥス Syphogrants なるものあり．**部族長**は30世帯か一団となりて，その選挙にかるる処の団長にして，**部族長統領**は更に10団を統轄せる長なり．⇔**都市統領**は市長のあぐる4人の候補者の中より全体の**部族長**(200人)が之を選任す．任期は終身にして特に専横の行為あるに非れば中途にて之を廃する能はず．**部族長統領**は任期1年にして3日毎に公務を処理し，private struggle(私争)を調停する為に**都市統領**の下に集会す．此の集会に**部族長**は2人宛交代して倍席す．

　全島に渡る処の事務は**長老会議** Senate にて取扱ふ．**長老会議**は各々の市より3人宛の長老を送りて之を組織し，毎年1回首府アモロートゥム Amorautum に集会す．

　次に経済組織のことを見るに特異なる点三あり．(第一)は全然共産主義的なることなり．独り生産手段のみならず消費物件(物品)に就ても全く私有制度を認めず，住宅といへども10年毎に交代せざるべからず．然らざれば「**我が物**」"my own"といふ考が発達する故に．甚しきは食事も各部同時にせざるべからず．(第二)．各人は労働の義務あり．**部族長**は各人の勤怠を監督するの責務を有せり．労働時間は毎日6時間，夜は8時間寝て其他の時間は自由なり．労働の種類は農と工とにして，各人は少くとも2年間は農業に従事する事を要し，傍ら特種の手工業を学ぶを要す．所謂高等の労働に就ては各人に撰定権を認めず．僧侶の推薦により**部族長**の秘密投票により，特に数名のものに之を許すのみ．一旦許されても無能なるときは罷めらるることあり．次に人の最も嫌悪する労働は如何．第一には宗教的熱誠に促されて進んでかかることに従はんと欲する者を採る．第二には奴隷を強制して之を行はしむ．奴隷には三の種類あり．戦争の為に俘虜となれるもの，労役を課すべき犯罪人，死刑の宣告を受けし外国

	c．分配の共産主義的
	貨幣を用ひず
プラトン：『国家』Republic 政治家軍人は家を外にして国家の為めに尽力せざるへからさる故，それらの人々の間には妻君の**共産主義**を認めり．	3，家族生活の制限
	4，現在社会制度に対する批評
	イ，私有財産制度 貧富の懸隔
m̄ は mm を示す13) 『太陽の都』は主としてプラトンの『国家』の説によりて小説的にかきしもの也．私有財産を否認し，その実行の為めには国内に於ける貨幣の流通を禁じ，国家の権力を以てすべての人民に労働を強制すべきを主張せり．この書の特色は宗教的なるにあり．カンパネッラは嘗てローマ Rome 法王の下に全世界を統一して，一の共産主義の**世界帝国** world-empire を立てんとの計画をかけり．此の書が即ち『スペイン王国論』"De monarchia hispanica" なり． 『太陽の都』によれば共産主義の国家には力 power，知恵 wisdom，愛 love の三方面あり．これを各々和尚が分担し，其上に一人の哲学者が之を統括す．	ロ，労働者所得の少きこと モア以後の国家小説 カンパネッラ ハリントン

人にして我国に安値で買はれしもの之なり．(第三) 分配に就ても亦同じく共産主義を行ふ．各家族の生産物は各市の**市場** Market に設けてある公の倉庫の中に入れて，各家族は倉庫より自分に必要なるものを直接に取り出す．従て貨幣なるものを用ひず．各家族が使用してなほ余あるものは2年間倉庫の中に保管し，又**長老会議**は毎年各種の貨物に就てその出納を調査して各市の間に需要供給の調節をはかる．ユートピアにて本来使用せられざる貨物は外国の貧民に送り，或は外国に之を売払ふ．之によりて得たる貨幣は戦時の用として保管す．此の外に貨幣は用ひざるのみならず，国内に於て一般に貴金属を軽視する風を作りたるに，金銀は特に下等なる道具や若くは奴隷を縛する鎖に造れり．

モア(著者)はプラトンの如く婦人の共有を認めず．然れとも家族生活の上に種々の制限を附せり．その主なるものは第一，男子は原則として成長の後も家族に残らざるべからず．第二，各家族の成人の数は10人より少からず16人よ(り)る多からざる 12) 限度とす．此の範囲に外れたる場合は他方より融通す．第三，各市に於て一定の人口を越ゆるときは人口の少き市に補ひとして送る．全国に於て一定の人口を越ゆるときは海外に移住せしむ．

以上の外モアの書物の中には現在の社会制度に対する批評とも見るべきもの処々に散見せり．その主張は大体に於て現代の社会主義と一致す．その説の要点をいへば，第一，私有財産の制度は少数の者を富まして多数の者を富まさざる傾向を有す．且つ富者は働かずして益々其富を増し，貧者は終日労働してなほ衣食給せざるの有様を呈せしむ．第二，その結果貧者はその所得を以てその日その日の衣食の料とするに不十分なるのみならず，災厄老衰疾病の際に備ふる能はず．かくて彼は現在の社会を「法律の保護の下に其利益を計り貧困なる労働者の労働の結果を自分に納めんとの目的を有する富者の団体」と名付け，「盗賊を処罰する代りに窃盗の原因を除く」の必要あることを主張せり．

トマス・モアに次でナポリの哲学者カンパネッラ(1560-1639)は[1568]『**太陽の都**』"Civitas Solis" (Country of the Sun) を著して共産主義的国家論を主張し，且つ其理想をナポリに実行せんとの目的を以てスペインの勢力をナポリより駆逐するの陰謀に加担せり．

英のジェイムズ・ハリントン(1611-1677)はクロムウェルの政治に不満足にして，予て抱懐せる民主主義を主張するが為めに，**オセアナ共和国** "Commonwealth

ハリントンはクロムウェルの没後チャールズ2世の政治にも反対し，遂にロンドン塔〔the〕Tower の中に13年許り閉ぢられたり．

バブーフ
カベ
ヘルツカ

バブーフはロベスピエールの幕下なりき．ロベスピエール等が斃れし後，彼も獄に下りしが，出獄後共産主義的の考となり，ローマのグラックス兄弟を気取りて14) 人民の保護を以て任じたり．

カベ

イカリア Icarie　『ユートピア』の如く一の島国なり．

カベは空想を主とせる人．
一隊の人民―巴里の労働者を集めたるなり．
カベはテキサスのレッドリバー地方に少しの地面を有し居て，そこを目的地にして居たり．彼かアメリカに上陸したるとき先発の人民は半分許り死んで居たり．時にモルモンの連中がノーヴーの殖民地を捨ててソルトレークに移りし故に，そのあとを襲つてここに落付けり．今はアイオア州にカベの制度による奇妙なる社会残れり．
Nordhoff:〔The〕Communistic Societies 〔of〕 in the U. S. この書にカベのことを記しあり，

ヘルツカ

ヘルツカ　ブダペストに生れ，今はウィーンにあり．経済学者，新聞記者．

of Oceana"(1656)を書けり．然し乍ら此の書は政治的方面が主にして経済的方面はあまり詳述せられず．

なほ小説の形に於て社会主義的の思想を鼓吹し且つその実行を試みしことは，18世紀末より19世紀の始めに於て著しき代表者を有す．その主なるものをバブーフ(1764-1796)〔1760-1797〕，カベ(1788-1856)，ヘルツカの三人とす．

バブーフは1796，共産主義的国家を仏国に実現せんと欲して一の秘密結社をつくりて，4月初旬を期して**クーデタ** Coup d'Ètat を行ひ一挙にして天下を取らんと企てしが，5月事発覚して 月〔翌年5月〕の末死刑に処せられたり．（共産主義を実行せんとせし第一の人．モレリの著書を読みて共産主義的の考を抱くに至れり．パリを7人で分担して秘密運動を開始し，1万人の同志を得たり．この7人のうちの一人ブオナロティの著『バブーフの陰謀』"Conspriration de Babeuf"〔Conspiration〕は面白き書なり）15)．

カベは『人民』La Populaire といふ雑誌を発行して凤に穏和なる共産主義を主張したりしが，罪を得て**ロンドン**に逃げ，モアの『**ユートピア**』を読みて一層共産主義の思想を深くし，許されて**フランス**に帰るや『**イカリアへの旅**』"Voyage en Icarie" を著してその説を述べ，更に其の考を**アメリカ**の新大陸に実現せんと欲して1848に一隊の人民を**テキサス**の地方に送り，後自ら又一隊の人民を率ゐて**アメリカのニューオリンズ**に上陸して，これより北に上りて有名なるノーヴーの殖民地をイリノイ州に建設せり（彼は失敗して**セントルイス**にて惨澹なる晩年を送りて死せり）．

現代の経済学者にして小説の形に於て社会主義的の主張を試みたるものをヘルツカとなす．彼の著書『**自由国**』Freiland は 1889〔1890〕の出版にして，名を**自由国**と称する理想国に借りて彼の所謂社会問題の解決を述べしものなり．彼の考によれば企業所得，地代及び利子等の存在は社会的不幸の原因にして，社会問題の解決はこれらのものの存在せざる共同団体(Gemeinwesen)を組織することによりてのみ之を達することを得．この考に基きて如何にせばかくの如き共同団体を組織することを得べきかといふ細目の点を『**自由国**』に於て知り得べし．彼は独り文筆の上に之を主張せしのみならず，自ら之を**アフリカ**に実行せんとして失敗せり．然し乍ら彼の説を奉ずるものが各国に少からずありて，所謂**自由国協会** Freilandverein〔Freeland〕(Freecountries Association)なるもの処々にあり．

	19世紀初期に於ける仏国の社会主義者
サンシモンは華族．シャルルマーニュ大帝の後と称す．彼の説は論理一貫せざる処ありしが，彼の人格によりてその説は大にひろまりたり．	サンシモン
1793年牢より出でて，其書『人間科学に関する覚書』"Sur la Science de l'Homme" を出版せんとする際，公開状を出して大方の同情を求めたり．その公開状によりて如何に彼が悲惨なる生活をなせしかを知るべし．彼は社会一般のことを研究する為め自然科学等おも研究せり．近世社会学の祖といはるる．オーギュスト・コントは彼の弟子なり．コントの『実証政治学体系』Système〔de〕Politique positive はサンシモンの奨めて書かしたるものなり．コントは此の書を書きかへて，有名なる『実証哲学講義』Cours de Philosophie Positive（実証哲学）を著せり．	
	1，経済的分配の不公平
	2）新社会の基礎 一，公有財産制度
従来の社会主義者の平等を主張せるに反対せるなり．	二，業績 Mérite による報酬高
	3）相続制度否認

第二，19世紀の初期

　社会主義の理論及運動は19世紀に至りて著しき発達を遂げ，殊に**マルクス，ラサール**を以て殆んど完全の域に達したり．併し乍ら此二人の事業はその源を**フランス**の学説に発せり．故に現代の社会主義の理解には19世紀の初めに於ける**フランス**の社会主義の発達を見ざるべからず．

　而して**フランス**に於て筆頭に記すべきは**サンシモン**なり(1760-1825)．**サンシモン**は**フランス**の名門の家に生れし人にして，若きときより政治上の自由運動に熱中し，一たび海を渡りて**アメリカ**の独立戦争を助けしこともあり．仏革命の当時**ジャコバン** Jacobin 党の捕ふる処となりて獄に投ぜられてより志を社会改良に傾け，1803出獄してより22年の余生を其の研究に捧げたり．貧困と戦ひつつ献身的に研究と宣伝とに倦まざりし彼の晩年の歴史は今日なほ多くの人の同情する処なり．彼の説は『ヨーロッパ社会の再組織について』Réorganisation de la Société européenne (1814) と『産業体制論』Système industriel (1821) との二者に之を窺ふを得．其の説く処，論理一貫を欠き多少明瞭を欠く処あれとも，後其門弟等が師の説として祖述する処を以て之を捕へば，大略次の三点に帰す．

　第一．現在の社会制度に於ては経済的貨物の分配は公平正当に行はれず．一方には遊惰にして富裕なる生活を究めるものあり．他方には勤勉にして其生活を維持するを得ざるものあり．従て**業績** Mérite と**報酬** Récompense との平均取れず其結果として社会に到る処**不調和** disharmonie 行はる．

　第二，此の弊を救ふが為めには社会を新しき基礎の上に改造せざるべからず．然らば新社会の基礎たるべき原理は何なるか．曰く私有制度を廃して財産の公有制度を認むること．曰く平等分配の主義を排斥して**業績**によりて報酬の多寡を区別すること．人間は本来平等なるものにはあらず，各人は其能力に従て労働し其の成し遂げたる仕事の高に従て報酬を受くるを以て正当とす．

　第三，前述の理由によりて相続制度を否認す．相続の制度は**個人的業績** individual merit なしに財産の所有を認むるの制度なるを以てなり．人死して財産を遺したるときには原則として之を国家に帰すべきものなり．

　以上三点は**サンシモン**の説の社会主義的方面を簡略に述べしものなり．併乍

この著サンシモンの著書中最も有名　　　　　　　　新キリスト教
彼の新基督教は近代主義の前駆也．

サンシモンの死　1825
未来は我物なりと言ひて手を高くさし上げて瞑目せり．　　使徒たちの聖コレージュ

サンシモンは臨終の際ロドリーグといふものに遺言して後をつがせんとせしが，ロドリーグは之を先輩のバザール，アンファンタンに譲り，すべて六人が首領株となれり．
バザールは理論的にして社会主義の理想を実現せんとし，アンファンタンは形式的に流れて奇行多．アンファンタンが自由結婚の如きものを主張せし故，バザール等は之と反対して，遂に分れゆけり．アンファンタン等は残りて旧団体を維持せり．彼はしばらくパリのある街に僧院生活をなし，4,50人の信奉者　　フーリエ
followersと共に何等か自然科学の発達によりて（無論宗教的にも）社会に貢献せんとせり．その信奉者の中には第一流の人多かりき（オペラ Opelaで有名なるダヴィッド等17)）．経済上も困難して離散の暴説内部に起り，殊に政府の危険思想制圧の取締を被れり．遂に法律違反の結社なりとの名義にてアンファンタンと他の一人と牢に入れられしより，此の団体は離散せり．アンファンタンは奇行多かりしも，心事は潔白なりき．牢へ出てから埃及に至り，その団体員レセップスと共に瑞士スエズ運河開鑿を計れり．1840頃の埃及の文明の勃興はアンファンタンの団員に負ふ処多し，
サンシモンに関する書　　　　　　　　　　　　　　　ファランステールの方法
Booth:—St. Simon and St. Simonism. VII-11-8 (Library)
Reybaud:—Les Reformateurs Contemporains.　　　1. 各種の仕事
Lorenz von Stein:—Geschichte der socialen〔sozialen〕Bewegung in Frankreich　　　　　　　　　　　　　　2. 各人の嗜好
　　　　　　　　　　　　　　　　　　　　　　　　　3. その他の利益
Bazard:—Doctrine de St. Simon.

ら彼の特に世に教へんとする処は此の一方面のみにはあらずして彼の所謂新基督教といふものなり．彼は従来の宗教即ちローマ・カトリック Roman Catholic は科学と背馳し又現社会の要求と何等交渉する処なきを憤慨して，1825,『新キリスト教』"Nouveau Christianisme" といふ書を著して彼の社会救済観を基とする新基督教を主張せり．従て彼の社会主義的思想の宣伝は同時に宗教の宣伝なり．これ彼が宗教的熱誠を以て其主義の伝播につとめし処以なり．彼の主義の宗教的色彩を帯べるは彼の死後其門弟の運動に於て殊に著しくなれり．門弟は使徒たちの聖コレージュ Collège Sacré des Apôtres[16) といふ団体をつくりてサンシモンの遺志の宣伝につとめたり．此の団体は先づ巴里を12区に分ち男女の伝道師を派遣して布教に従事し更に手分けをして全国到る処に教会を設立せり．遂に伝道の手はベルギー及びアルジェリア(アフリカ)にも及べりといふ．1831，不幸にしてバザールがアンファンタンと意見を異にして団体としての勢力は漸く衰へ翌1832年にアンファンタンの一隊が離散するに及んで消滅に帰せり．団体としての勢力は消滅せしかど其の民間に残したる不抜の影響は巨大なるものなり．

フーリエ(1772-1832)[1837]

商人の子．財産を尽して研究し貧困と戦ふ．人格の士，幼時より貧民労働者に対して同情ありたりと唱へらる．他の一方にては空想家．1808に書を出さんとして世間の寄付を仰ぎしに之に応ずるものなし．バザールの連中がアンファンタンより分れて彼に来り投じたり．

フーリエ思へらく社会結合の原動力は attraction passionelle(情感的引力)なり．[l'attraction passionnée] 正当なる社会組織は此の作用を自由ならしめ其作用の進行をして自然ならしめさるべからず．然るに現今の社会には種々の人為的の障害物ありて，其作用の自然にして且つ自由なる進行妨げらる．故に社会を改造して人類の間に自然の調和を見る様にせざるべからず．而して此目的を達するに急激なる手段を取るは適当ならずと．かくてフーリエは彼の所謂ファランステール Phalanstère の方法より漸を以て社会を改良すべきを主張せり．ファランステールの方法を仮に共同生活主義と訳す．此の方法により彼が世間に勧むる具体的の提案は次の如し．

第一，社会の人間を一定数の団に分ち，之を一の大なる家族として一の大な

フーリエは教育者なる故，こまかなる計算を立てファランステール Phalansterie に住ふへき人数の最小限 minimum を 400 人とす．養老院，幼稚園，小学校，病院等もその建物につくるが故に，1500 人位を最も適当なる人口とす．2000 人以上にては余分の人数がある故，争が出来て不可なり．

労働はテニスやボートの如く一の遊戯となる．愉快なる競争の結果は富の増進となる．この制度に従へば 18 より 28 才まで働けば，そのあとは相当贅沢にくらしてゆける．

生活費は現在の 3 分の 1 位にならんと計算せり．

フーリエの説を実行せんと試みし人あり．その制度をその工場に行ひて成功せし例もあり．コンシデラン（経済学者，社会主義者）の如き人も自らフーリエの弟子と称せり．
「フーリエ思想を普及・実現する会」"la Société pour la propagation et pour la realisation de la theorie de Fourier"
フーリエの説を祖述する会．

ルイ・ブラン
名門の出．彼の父はナポレオンの弟[兄]ジョセフがスペイン王となりしとき，その大蔵大臣となりて赴任せり．ルイ・ブランはマドリッドにて生れたり．ナポレオンの没落後郷里コルシカに帰り，後パリに出でて勉強し，且つ文筆を以て生活し，当時既に国家社会主義の如きものを唱へたり．彼の最も名をなしたるは 1839『雑誌進歩』Revue de Progrès といふ雑誌を自ら発刊し，その紙上に続けものにて『労働の組織』Organisation du travail といふ論文を出したるにあり．
その他のルイ・ブランの著書
フランス革命の歴史
- 10 年間の歴史(1831-40)
  ヴォルテールがルイ 14 世の奢侈なる生活を筆にせしより，大革命が起りたり．それと同様にルイ・ブランのこの本によりて 1848 の二月革命が起りたりと称せらる．

ルイ・ブラン

始めて政治と結合す

社会的作業場

1. 労働者に職を与ふ

る建物の中に共同生活せしむ．その建物を彼はファランステールと名づけ，その団を彼はファランジュ Phalanx と名〔付〕けたり．ファランステールは人々の共同の住屋にして同時に共同の工場なり．完全なる調和を見る為めに其のファランステールに於ては各種の仕ことが行はるることを必要とす．

　第二，此の制度に於て各人の嗜好を最も重んず．各人はその趣味に従て労働の種類を選択するを得，又時に従て労働を変更する自由も認めらる．かくすることによりて労働はもはや苦痛にあらず．人々之〔此の制度〕に慣るるに従て労働は寧ろ快楽となり，従て各人競争して働く風潮を生ず．其結果として労働の効果著しく増す．

　第三，その外に次の如き種々の利益あり．1. 商業の必要なくなり，従て商人が利益を得るといふことだけ消費者が損をするといふ事実がなくなる．2. 遊職の人間がなくなる．その結果として社会の富は二重に増加す．3. 共同生活をなす．結果として生活費の節約は頗る大なり．4. 多数の人が共住せるが故に協働と分業との利益を完全に納むるを得．

ルイ・ブラン〔1811〕(1813-82)

　フランスの社会主義はルイ・ブランに至りて更に一進歩せり．従来の説は或は宗教的の熱心に訴へ或は四海同胞の感情に基き，要するに人の心情に訴ふることによりて社会を改良せんことを企てしが，ルイ・ブランに至りて始〔初〕めて此問題を政治に結びつけ国家の力によりてその目的を達せんとせり．彼は 1848 の二月革命に参加して共和政府の一員となり，自己の主義に基ける多くの案の実行を同僚の大臣に計〔諸〕り，其後 1870．ナポレオン III の没落せしより撰ばれて新共和国の議員となり，再び自己の主義を政界の実際問題とせり．

　ルイ・ブランの社会改良に関する提案は所謂**社会的作業場** Atéliers sociaux の説として世に知らる．彼はすべての人に生存の権利を認め，従て労働の権利 Droit au travail を認め，此の権利に対する国家の義務として各人に職業の発見を保障するの方法を研究して，此の**社会的作業場**の説に到達せしなり．**社会的作業場**とは公費を以て設立せられ又公費を以て維持せられ其処に働く労働者が一種の自治団体として之を管理する処の工場なり．ルイ・ブランはかくの如き工場を到る処に設立し，一には労働者に職業を与へ，一には労働と消費との

ルイ・ブランは理想家なり．故にルイ・ナポレオン等を始め政府のものは之を煙がれり．されとも之を野に放つは労働者の人望ある人故危険なり．故に苦肉の計をめぐらし，**ルイ・ブランの案によりて工場を立て佞奸なるものをその長とせし**故，その工場は大失敗に帰し．為にルイ・ブランの人望労働者間におちたり．後5月騒動[18]起りしとき，政府は口実を設けてルイ・ブランを捕へんとせしに，彼はこれを知りてロンドンにのがれ，そこにて英人に歓待されつゝ閑生涯をおくれり．彼は説は激烈なりしも人物は情誼にあつく(殊に弟との友情は著しかりき．弟の死したる後憂ひて自分もまもなく死せり〔〕)．
尚普仏戦争後，仏国にかへりて労働者の為めにつくしたる故，彼の死したるとき議会は大多数を以て彼の国葬を可決し，1855[1865]遂に国葬にせられき．

社会的作業場 Atéliers sociaux では所得多く又所々到る処にある故，労働者は多く之にあつまる．

サンシモン
(フーリエ)—**業績** mérite
ルイ・ブランの考では，人の**業績**はその人の**能力** capacität による．能力多き人が多く報酬を得るは不正当なり．能力多き人は神様が社会にて多くはたらかす為めに之を与へられしにて，其者が社会にて多くの業績を示すは当然のことなり．
ルイ・ブランは個人主義・自由競争主義が社会不幸のもとなり，fraternité(四海同胞)の主義の上に社会を改造すべしと考へたり．**社会的作業場にては人は同胞愛** fraternité の思考によりてはたらく故に，不当なる要求を為すことなきに至る．故に各人の需要に従ひて分配をするも不都合なし．
この分配論は**ルイ・ブラン**のみでなく一般に社会主義者の弱点也．

この書はカール・マルクスの『**資本論**』と共に 19 世紀の**画期的な書物** epoch-making book なり．

2. 労働と消費との仲介を除く

3. 個人的企業の消滅

4. 分配の原則は薄弱

需要

プルードン

財産論

間に普通存する処の一切の仲介を取除かんと欲せり．
1. 最初の1年間は国家で労働の割当をなす（労働者が未だ互に知りあわざるによりて）．2年目位よりは純然自治とす．
2. 運転の資本もある部分までは無利息にて国家よりその費用を支給す．
3. **社会的作業場**の設立維持の費用は租税より取りて可なり．
4. 銀行，鉱山，鉄道，保険等は官営とすべし．
5. 多くの工場を相互保険に入れておくときは一の工場が破産するを防ぐを得べし．

ルイ・ブランはフーリエ等と共に工場法案などには大なる**示唆** suggestion を与へたり．

ルイ・ブランは又**社会的作業場**の設立によりて個人的企業の漸を以て消滅すべきを期待せり．何となれば**社会的作業場**に於ける資本の供給を国家に仰ぎ，労働の結果たる生産物に対しては其完全なる分配に預る[与]ことを得る故，もはや甘んじて個人的企業に傭はれんと欲するもの無きに至るべきを以てなり．故に国家の力を以て強制する迄もなく個人的企業は漸然消滅に傾き，且つ土地資本の如きものは個人的基礎の上にもはや之を利用するの途なきに至る故，その経済上の価値漸次に減少し，結局は私有財産制度，個人主義若くは自由競争主義の消滅を見るに至り，ここに平和幸福なる理想的社会を出現するを得べき．

右の**社会的作業場**の説は其中に多くの真理を含むことは言を俟たず．然し乍ら彼の分配の原則に至つては甚だ薄弱なり．生産の結果を如何なる標準によりて各労働者に分配すべきかといふ問題に対して，彼は Egalité（平等）の主義を排斥し，**業績**の主義を退け，**需要** Besoin の主義を認めたり．

プルードン（1809-65）

プルードンは時代に於てルイ・ブランよりも古し．併し乍ら社会主義者としてあらはれたるはルイ・ブランよりも遥か後也．而して彼の社会主義者として今日なほ重きをなすは，彼が1840に公にせる財産論『**財産とは何か**』Qu'est〔ce〕que la propriété? によりてなり．彼は此の書に於て所謂財産窃盗論を主張せり．

「〔財産，〕**それは窃盗である**；所有者は泥棒である」"〔La propriété,〕C'est le

普通のアナキズム anarchismus 〔Anarchismus〕はニヒリズム nihilism 〔Nihilismus〕と同視せらる．
その外に無政府主義を学問として研究する団体あり．社会主義の一派なり．無政府を理想とすれとも過激なる手段を用ふるに反対す．この一派が科学的アナキズム wissenschaftliche anarchismus 〔Anarchismus〕也．

| | プルードンと政治 |

一の大なる銀行を建ててルイ・ブランの社会的作業場の如き仕ことをなさしめんとせり[19]．

| | 労働救護銀行案 |

二名の内一人はプルードン．
銀行案の議会にて破れし翌年，独力にて銀行を立てしも，十数日にて破産せり．
プルードンは危険思想にて牢に投ぜられしことあり．されとも其の晩年はおとなしくして 1865 パリにて死せり[20]．

彼の説の要点
1，財産権は正当ならず
財産権を是認する説
a．先占説

b．労働説

財産権を認むる不都合

甲，資本家の暴利

乙，労働者は消費者として損害をうく

通常，富者は貧者よりも多くの機会あるなり．

2，新社会の基礎となるべきものは機会均等主義なり．

vole〔vol〕; le propriétaire est 窃盗 le 〔un〕 voleur"

而して財産権を直接に且つ痛烈に攻撃せり．且つ又此の書は後世の科学的無政府主義 scientific anarchism の元祖として有名なり．又独乙の社会主義に少からざる影響を与へたりといふ点に於て更に有名なり．

プルードンは頗る過激なる説を持したれとも，実際の政治界に於てはあまり活動せざりき．これ彼がアナキズム anarchism を主義として，共和政たると王政たるとの如何は彼の眼中には区別なかりしを以てなり．二月革命(1848)の際には彼は全く超然たる態度を取りたりき．ただ選ばれて議員となるや，所謂労働救護銀行案を提出して彼の理想の実行を試みたり．不幸にして此案は2名の賛成に対する691名の反対にて否決されたり．此案の何たるを知るが為めには彼の説の根本を研究せさるべからず．彼の説の要点は次の如し．

第一，現社会の組織は財産私有を本拠とす．然るに財産権は本来正当なるものなるやと言ふに然らず．従来之を是認せる説に，1, 先占説 Occupation théorie なるものあり．若しも此の説を正当なりとすれば財産権の帰属は発見先占といふ偶然の事実によりて定まり，後れて到る者は財産を得ること能はさるに至る．こは不都合なり．無主物は発見先占の如何に拘らず常に社会の公有物なりとするを正当とす．2, 労働説 travail théorie．財産権の起源は我々の生産せる物は我物なりといふ思想に存す．併乍ら此説を貫くには少くとも生産に必要なる物件の存在を前提とす．而して生産的労働の以前に財産権なき道理なるを以て此等の生産必要物件は公有なりしものと見ざるべからず．要するに財産権を正当とする理由あらず．而して此制度の存する結果として所謂資本家地主と称する輩は自ら労働せずして他人の労働の結果によりて利益を得るが故に，所謂財産といふものは労働結果の掠奪によりて生ずるものなり．これ即財産権を窃盗なりと主張する所以なり．且つ又労働者は此の制度の結果として消費者といふ地位に於て著しき損害を被れり．凡そ物の正当なる価はその生産費によりて定まる．生産費とは原料の価格に労働(労働の多少は時を以て量る)を加へたるものなり．然るに資本家地主の存在するが為めに，物の市場に於ける実際の価は其の正当なる価よりも高し．従て消費者はそれだけ多くの不利益を被る．

第二，右の如き社会組織は之を改めざるべからず．然らば何を以て新に作ら

	共産主義の不可
	機会均等主義
ハンディキャップ handicap をつけざるなり． 教育なども無月謝にすべきを主張するはやはり，あらゆる人の **条件** condition を同一ならしめんとする主意也．	3，新社会の基礎―占有
	4，社会改造の手段 労働銀行案
労働者は資本家を去りて銀行へ来りて金を借る． 銀行其他仲介者に利益を壟断せらるるを防がんとする設備が**カール・マルクス**以前社会主義者の考へし処なり．	

るべき社会の根拠とするかといふに，従来唱へられし共産主義は不可なり．現社会の所謂財産(私有)主義は強者の弱者に対する圧迫なるが如く，共産主義は弱者の強者に対する圧迫にして共に完全なる自由の行はるることを妨ぐ．かつ又 égalité (平等) の原則にも合はず．世間往々同様の享楽を以て平等の原則と考ふるは誤なり．平等の本旨は égalité de la condition (機会均等主義) なり．社会的状件[条]を同一にして其以上のことは各自の能力に一任するが真の平等なり．これを競争に例[喩]ふればスタート start を同一にする意味なり．共産主義の如きは決勝点に一様に入らしめんとする考なる故，その正当ならざるは論を待たず．

第三，然らば何を以て新しき社会の基礎とするかといふに，彼は占有 (possession) を以てす．即一切の生産に必要なる物件は之を国家の公有とし，各人は生産的労働に従事せる間のみ其労働に必要なる物件を占有するを得ることにせんと主張す．之によりて彼は第一には遊職の民を除き，第二には自己の能力に不相応なる莫大なる財産を所有するものなからしむと考へたり．なほ彼は生産事業の継続する限は物の占有は相続によりて之を移転するを得ることを認めたり．

第四，かかる社会の改造は急激の手段にて之を達するを得ず．然らば漸を以て之を行ふに就ては如何なる手段を取るべきかといふに対して彼は所謂労働銀行案を提出せり．この銀行は国家の費用を以て設立維持し，二の目的を有するものなり．一は労働に必要なる資本を無利子にて貸すこと，二には生産物の出納を掌り仲介者の射利を防ぐこと，之なり．その細目を挙ぐれば，先づ労働者は自己の生産せる物を銀行へ提供す，銀行はその生産に要せられたる労働時間を測りて其物の価値を定めて之に適応する紙幣を与ふ．各人は此紙幣にて他の必要なる物品を銀行より買入る．かくすれば所謂仲介者なるものなきにより，労働者は所謂物の正当なる価にて買入をなすを得るなり．而して此の方法を洽く且つ永く行へば資本家と地主とは次第に其の華客を失ひて，遂に滅亡に帰するならん．

第三，19世紀中葉以後

独乙に於ける社会主義の発達

ロートベルトゥスは学者なり．政治にも趣味あり．一度プロシヤの文部大臣となりしことあり．されど主としては学究にして徳望もありき．その著書にて有名なるは，

×1. Zur Erkenntnis unserer Staatswirtschaftlichen Zustände (1842).
×2. Zur Beleuchtung der sozialen〔socialen〕 Frage (1875). （具体的の案をかけるもの）
3. Der Normal-Arbeitstag.
4. Oeffner〔Offener〕 Brief an das Comité des deutschen Arbeiter-Vereins.

ロートベルトゥスの恐慌に関する説はカール・マルクスの産業予備軍 industrial reservearmie〔industrielle〕〔Reservearmee〕 の説に影響す．

ロートベルトゥスの後世に影響を与へしは貧困，恐慌の原因の方にして，後の第三案はあまりに影響を及さず．

ロートベルトゥスは私有財産制を認むるや否や．彼はプルードンやマルクスの如く資本を全然無視するものにあらず．現在に於ては資本の私有を認めざるへからざるも，理想としては資本家なるものの手におかずして Einkommen の私有を認むるにありと言へり．一方では資本を是認する如く，又一方に於ては之を無視する如く統一しておらず．

Gonner:—"The Social Philosophy of Rodbertus"
Dietzel:—"Karl Rodbertus"

フランスの社会主義―感情的

独乙に入るに及んで系統的なる経済的社会的主張となる

カール・ロートベルトゥス
社会問題の解決

社会の現実をして理想より隔たらしむるもの

1，貧困の原因
経済的貨財はすべて労働のみの所産なり．

労働者は其産物の尠からざる部分を資本家地主に払ふ．

故に一般生産物の増加に伴ひて労働者の絶対的収入は増加すれとも相対的収入は漸減す．

フランスに於ける社会主義を概説すれば，之を唱導する人々の人格の力によりて広く社会に流布するに至りたれども，其の論ずる所多くは感情的なるを免れず．19世紀の始め人心動揺して適帰する処を知らざりし時代にはなほ社会より聞かるるを得たれとも，漸次に世の中が治りて人心鎮静に傾くより時勢と伴ふを得ず．仏国の社会主義は此の資格を欠ぐ．依て仏国の社会主義は19世紀の前半を以て其使命を終り，尓後の社会に対する活動の職分は之を独乙の社会主義者に譲りたり．

社会主義は仏国より一転して独乙に入るに及んで一大進歩を遂げ，今や一大系統を有する深遠なる経済的社会的主張となれり．仏国に於けるが如き断片的の議論にあらず，且つ近世科学の研究の結果の上に議論を立つるが故に，其の所説著しく客観的色彩を帯ぶ．而して之を大成したるものは**マルクス**なれども**マルクス**と仏国社会主義との仲介を為したるものを**カール・ロートベルトゥス**(1805-1875)とす．

ロートベルトゥスがその著書に於て主として研究せしは所謂社会問題の解決に就てなり．社会の理想と現実との間には著しき間隔あり．之を除去する方法如何といふが即ち彼の研究せし問題なり．彼の考えによれば，現実の社会をして其理想より遠ざからしむる原因は多けれども，其根本を究むれば貧困と恐慌との二なり．何が故に貧困と恐慌とが此の世に存在するやを研究して議論の出発点とせり．

第一，貧困の原因に関する彼の考は次の如し．すべての経済的貨物は労働のみの所産なり．此事はアダム・スミス之を唱へリカード又之を確認せし処なり．然るに現在の社会に於ては労働者の外に資本家及地主なるものありて生産物の分配に与る．彼等は本来生産に何等関係あらず，而もなほ他人の労働の結果の分配に与るは何故かといふに，私有財産の制度を認むるが故なり．其結果として労働者は其産物の尠からざる部分を資本家及地主に払はしめらる．加之社会の進歩と共に労働者の生産能力は増加するものなれとも，其割合に応じて労働者の所得は増加せず．仮に一般生産物の増加と伴ひて労働者の絶対的の収入増加するも，其比較的収入は却て減ずるを普通とす．従て労働者の所得は社会一般の富と比較するときは社会の進歩と共に漸減するものと言はざるべからず．これ即ち貧困の原因なり．蓋し貧困とは絶対的収入の少きことにはあらずして，

マルクスはラサールと同じくユダヤ人なり．猶太人は宗教の上より圧迫せられておる故，多く社会民主主義に赴く．独乙にては猶太人を軍隊にても将校に昇さず，これは独乙統一の主義よりなり．陸軍に異分子を入るるは危険なり．
猶太人の独立運動　シオニズム zionism. 露国にては殊に虐待さる．居住移転の自由を制限す．虐殺などもあり．かかる者に同情を表して世界各地にある猶太人が相計りてパレスティナやアフリカに地所を買ひ，ここに猶太人を集めて独立の国を立てんとする運動なり．本部はロンドンにあり．

　マルクスの父は改宗したりしが，マルクスは寧ろ猶太的なり．ボン大学にてヘーゲルの哲学などを学び学者たらんとしたりしも，己の如き自由主義者は政府に喜ばれざるべきを思ひて之を断念し，ケルンにてライン新聞 Rheinishe Zeitung〔Rheinische〕1842 を発刊せしも，政府の為めに廃刊を命ぜられ，パリに赴きプルードンの書をよみて社会主義者となれり．ここにてフリードリヒ・エンゲルスと友情を結びたり．『資本論』の第一巻はマルクス生存中に出でたりしが，その死後第二，第三巻を出版せしはエンゲルスの力なり．マルクスとエンゲルスとは絶へず論文を独乙の新聞によせて政府を攻撃せしが，仏国の宰相ギゾーは独乙の歓心を買はんため之を仏国より放逐す．ブリュッセルに赴きて其研究を続けしが後二月革命起りて再び独乙にかへり，前よりも激烈に政府攻撃の新聞を発刊せしが，まもなく政府の為めに廃せられ，ロンドンに移りて死ぬる迄ここに居り，『資本論』を書き又出版せり．
マルクスは 1859,『経済学批判』Zur Kritik der Politischen Oekonomie を書けり．『資本論』は之を訂正増補したるものなり．『資本論』は資本を中心とせる系統的経済書なり．その第一巻は殊に有名なり．
1867　第一巻
1885　第二巻
1895〔1894〕　第三巻
Spargo—K. Marx: his Life and Work (1911)
リープクネヒト—Karl Marx (1896).
　└ベーベルと共に今日の社会党の創設者．今は息子の方のリー

2, 恐慌の原因

資本の剰余―生産過剰．
労働者の勉強

労働者の倹約―需要減少．

3, 貧困と恐慌とを救ふ手段
労働者の分け前を一般生産の増加に正比例せしむべし．
国家の干渉による銀行設立．

カール・マルクス

I, 共産主義の宣言
〔国際労働者協会〕
万国労働者同盟

II,『資本論』

学界の貢献

社会全体の富に対する比較的収入の多少によりて定まるものなればなり．

第二，恐慌の原因．前に述ぶるが如く社会の進歩と共に労働者の比較的収入は減じ，資本家地主の比較的収入は増加す．後者は其収入の増加する割合に之を消費し尽す能はざるにより，残余を以て生産業の拡張に之を用ふ．従て生産過剰の傾向を生ず？．他の一方に於て労働者は生活の困難の為めに倹約する故，物の供給増加すとも物の需要は減ずる結果を生じ，且つ労働者は其絶対的の収入を多からしめんと欲して労働に一層勉強す．かくて生産過剰の勢益々甚しくなり遂に恐慌を惹起するに至る．

ロートベルトゥスは此二つの大なる禍を除去する方法如何を研究して，一般生産物に対する労働者の分け前が一般生産の増加と正比例して増加するを保証するの必要を説き，その為めには国家が公の力を以て干渉するを必要とすと説き，その干渉の下に先きにプルドンが説きし如き銀行設立の案を提案せり．ただロートベルトゥスの此の案の特色とする処は，国家の干渉を認むること，特に生産物に対する労働者の分け前を国家をして決定せしむ，即個人間の自由協定を認めざる点にあり．かく労働者の分配率を国権の決定に委する時は労働者の比較的収入は常に一定し，之によりて貧困といふ現象を消滅せしむるを得と考へたり．

カール・マルクス (1818-83)

カール・マルクスが社会主義の歴史に重きをなすは二あり．

第一．1847年に其の友フリードリヒ・エンゲルスと『共産主義者宣言』を発表し，次で1864年**国際労働者協会** International Workingmen's Association をつくりしこと．（前者はパリにて後者はロンドンにて）．

第二，1867年に其不朽の大著『資本論』の第一巻を出版しし[ママ]たることなり．就中『資本論』は今日各国の社会主義の経典としての**権威** authority を有するのみならず，経済学若くは社会哲学の著書としても不朽の名著にして，ダーウィンの種源論と共に19世紀の科学界に最も大なる影響を与へしものと称せらる．彼の実際的運動のことは項を改めて説明することとし，茲には『資本論』によりて貢献したる彼の学説を簡単に述べん．彼の学界に貢献せし説は二あり，第一は所謂唯物的歴史観にして，第二は余剰[剰余]価値説なり．

プクネヒトがポツダムより選はれて議会にあり．
*Engels—die Entwickeling[Entwicklung] des Sozialismus von der Utopie zur Wissenschaft.(Socialism, Utopian and Scientific 英訳)
Aveling—Student[Students'] Marx.

京都法学会雑誌．河上氏．本年6月頃より引続き．マルクスの唯物的歴史観．

I. 唯物的歴史観

意義

唯物的に人類歴史を解釈する原則を適用して作出せるマルクスの歴史観

第一，唯物史観 die materialistische Geschichtsauffassung. この語はマルクス自身用ひたるものにあらず．マルクスの学説を説明するに就てエンゲルスが其著書＊に於て用ひしものなり．此の語の意味は凡そ人類の歴史を決定する要素は其物質的境遇なりとするものなり．本来歴史決定の原因，他の語を以ていへば人類の行為を支配する原因に遂ては，従来所謂精神的説明なるもの行はれたり．即ち個人，社会若くは国家の内部的生命の分析によりて歴史を解釈し来りしなり．而して此の傾向に反対して，人類の行為は特に其の外界の境遇によりて大に支配せらるるものなることを高張して，国家社会の物質的状態の分析によりて歴史を解釈せんと試むるものが即ち唯物的歴史観なり．此の思想は必ずしもマルクスの始めて唱へしものにあらず．併し乍らこれを自己の系統的なる学説の中枢として唱へしはマルクスに始まる．此の説の当否は暫く措きて，ただ従来看却せられたりし経済的方面の研究を史学界に勃興せしめたる功労は之を認めざるべからず．

唯物的歴史観は上に述ぶる如く唯物的の基礎より歴史を解明すべしとする歴史哲学上の一の原則なり．更に進みて此の原則を具体的に歴史研究に適用するの結果は各人各様にして必ずしも同一ならず．而して我がマルクスが社会主義の歴史の上に特に重きをなす所以はただ此原則を唱へしのみならず，此原則の適用により一種独特の世界歴史観を唱導せし点にあり．之を次の七点に分ちて説明せんとす．

1. 歴史は何れの場合に於ても人類の経済的生活によりて定まる．一定の経済関係は一定の社会組織を発生せしめ，此の社会の変遷に一定の方向を与ふ．而して社会の変遷は暫くにして従来の経済関係の変転を促し，其の変動が又社会の変転を促すものなり．（ヘーゲルの哲学より出づ）物の進化は正，反，合によりて廻りつつ進むものなり．

2. 今人類の経済生活の変遷を見るに古代より今日に至る迄に三変せり．仮に此に名けて奴隷的生産の時代，封建的生産の時代，資本的生産の時代とす．

3. 古代にありては生産の方法不完全にして幼稚なりき．故に一般人民の需要を満す為めには多くの人が労働すること必要にして，普通の労働以外の高尚なる事業に従ふ余裕あるもの多きを得ず．故に政治国防の如き事業は少数の者が之に当りて，多数の者は之を強制して労働せしむるの必要ありたり．これ奴

マルクスは産業予備軍 industrielle Reservearmee というふ説を立てたり．

1. 資本主義は大規模にやりてどんどん人を傭入るるを利益とす．従て生産過剰を生ず．これより恐慌の現象を生ず．恐慌になれば使つて居たる労働者の数を減少する要あり．而して自然に不景気がなほりて又労働者の数を増す．即ち時の景気不景気によりて解雇せられたり傭はれたりする労働者あり．之を**産業予備軍**と名〔付〕く．此等の者が解雇せられておる間は社会全体が之を養ふなり．故に少数の資本家が利益を得る処の此等の労働者を社会が養ふわけなり．

2. 不景気の時には次第に賃銀がやすくなる傾向あり．又この**予備軍** Reservearmee が再び傭はるる時は供給 supply が多き故，その賃金は安くても満足せざるべからず．

□以上の如く資本家は二重の利益を占む．これ資本私有制度の故なり．

隷を認むるの必要ありし所以にして，且つ**プラトン**や**アリストテレス**の之を是認せし所以なり．

4. 当時にありては奴隷の制度は必要ありて起りしにて，当時の人は之を自然の現象として怪しまず，又不都合とも思はざりき．而して今日之を不都合なりと思ふは昔と今日と経済状態を異にするが故なり．之によりて之を見れば，今日吾人の見て以て当然とする処の私有財産制度の如きも，之を発生せしめたる経済状態の経続[継]する間は之を是認すべきも，他日経済状態が変化せる暁に於てはもはや之を維持する能はざるを知らさるべからず．

5. 然らば現今は如何なる経済状態にありや．今其の沿革を見るに奴隷生産時代は時勢の変遷と共に封建的生産の時代となり，而して此時代に於ける都市の発達は封建時代を打破して経済界の実権を第三階級**ブルジョワジー** [Bowrgeoisie] bourgiorsie に移転したり．ここに於て現代の資本的生産の時代生れたり．一旦資本的生産時代に達すれば生産の方法は大に発達して又昔日の比にあらず．今日にありては人類の生存並に進歩に必要なるものは機械の利用等によりてわけもなく作るを得．従て吾人は物の生産に没頭するを必要とせず．其以外に自己の修養の為めに十分の余裕ある時代となれり．ここに於て時勢は更に一変して，第四階級即労働者が社会の覇権を握るに至らざるべからず．

6. 之によりて見れば，**マルクス**は人間の自由は生産方法の発達と伴ひて発達したるものと見るなり．生産方法の幼稚にして人類の需要を満す為めに多数の人の力を必要とせし時代には，極めて少数の人のみが自由を享有して多数の者は奴隷として力役し，又かくすることが必然の現象なりしなり．漸次生産の方法進歩するに伴ひ，人力を要する度合減ずると共に自由は拡張せられ，近世は第三階級の実力を逞しうする時代となりしが，今や自由は更に第四階級に迄及ばざるべからずと見るなり．

7. 第三階級の勢力を維持するものは資本私有の制度なり．此の制度は封建制度を破りて個人主義の時代となるには必要なりしかど，今や新しき経済状態と適応せざるのみならず，却て社会自然の発展を妨げつつあり．何となればこれあるが為めに労働者は不当に大なる困難を嘗めつつあるを以てなり．併乍ら他の一方に於て労働者は資本的生産の結果として集合的生活の経験を積み，規律的訓練を受け，漸を以て階級的意識を発生し，其結果として多数相よりて一

II. 余剰価値説
〔剰余〕

価値の標準たるべき労働をマルクスは社会的平均労働 Gesellschaftliche Durchschnitts-arbeit，或は社会的必要労働 Gesellschaftliche notwendige-arbeit と名付く．
〔平均〕
〔Notwendige-arbeit〕

個々の労働をいふときは能力の多少により異る故，平均 durchschnitt をいへる也．

社会的 Gesellschaftlich とは今日に於けるあらゆる生産の必要条件を悉く勘定に入れて，といふ意なり．今日と昔とを比較すべからず．

1，労働が交換価値の要素なり

2，労働に於ける使用価値と交換価値

3，労働の交換価値は常に使用価値よりも小

余剰価値
〔剰余〕

Marx:—"Theorien über den Mehrwert"

の大なる勢力となりて勃興するに至れり．かく見るときは資本私有主義は今や成熟の極に達し，将に其の使命を終りて労働主義に代らるべき運命にあるものと言はざるべからず．ただ資本主義滅亡の早く来ると否とは労働者の団結奮起の時期如何にあるのみなり．

　第二，余剰[剰余]価値説．これはマルクスの経済学の中枢にして『資本論』全巻の根本思想をなすものなり．リカード，ロートベルトゥスに胚胎すれとも，其の説明かマルクスに至りて大成したるは疑を容れず．

　1. 価値 Wert に二種あり．一は使用価値 Gebrauchswert，二は交換価値 Tauschwert なり．ある貨物をして交換価値あらしむる所以のものは何かといふに，其者[物]の自然に固有する性質にはあらず．此の性質の如きは其物の人生に有用 nutzbar なるや否やを考ふる際に重きをなす観念にして即使用価値の要素なれとも，交換価値を定むるに方りては何等の意味をも有せざるものなり．此の固有の性質を外にして経済的貨物の凡てに共通なる要素としては，此が生産に要せられたる労働の外にあらず．労働が交換価値の要素にして且つ其の大小を計る標準なりと言はざるへからず．

　2. 現今の社会に於けるあらゆる生産に必要なる物件は資本家の所有に属するの結果として，生産の事業は資本家が自己の計算に於て労働者を雇傭することによりて行はる．従て労働は恰も貨物の如く労働者より資本家に売却せらる．茲に於て労働それ自身にも亦使用価値と交換価値との問題起る．前者は一定時間に於て労働者の生産する処の全体にして，後者は其労働の対価として資本家より受くる処なり．

　3. 労働の交換価値は常に其使用価値よりも小なり．何となれば労働者は労働市場に於ける弱者なるが故に，其の売価は**可能な最小限** mögliche Minimum に迄下るべきを以てなり．此の**可能な最小限**といふは労働の生産費即ち労働者生計費なり．今此の労働の交換価値が使用価値よりも小なる関係を例を以て説かんに，労働者の賃銀として受くる処をaとし，労働者がaを生産するに実際必要とする労働時間をbとす．而して労働者はaなる報酬に対して，必ずbよりも長時間，例へばcだけ余計に長く働かさるへからず．故に彼がaの報酬に対して為し遂げたるものはa+ca/bなり．而して彼は此のca/bを余剰[剰余]価値と名〔付〕け，これが故なくして資本家の奪ふ処となり居るを説けり．

ハッツフェルト伯爵夫人 社会党の歴史に有名なり ラサールはこの夫人の訴訟を弁護してより，夫人は彼の運動のために資金を惜まざりき． ラサールはユダヤ人なり．父は服地屋 drapary. 彼はもと金満家なりしも社会党の為めに蕩尽せり． 学才あり．学者としても立派なる人．晩年は社会党の運動に熱中せしより学問の方は聊か後れ気味あり． フンボルト，サヴィニー等彼の学生時代の論文を激賞す． "das System der erworbenden Rechte"	マルクス―世界的団体 ラサール―独乙 ラサールの運動 著書
残酷なる鉄則 "eherne und grausame Gesetz"22)	労働者に説きし点 1，賃金の鉄則の害 2，賃金制度を止むること

第四，組織的社会党の発生

社会主義の旗幟の下に労働者が整然たる組織ある一の大なる団体をなすに至りしは，カール・マルクス及びラサールの功なり．従来とても社会主義の実行を目的とする団体なきにあらざりしも，一定の組織の下に永続的結合をなしたるものならず．今日世界の各国に所謂社会民主党若くは労働党の存在を見るは，其の淵源は上記二人の以前に溯らずと言ふも可なるべし．

社会党発生の功は此の二人に帰せざるへからざれとも，此の二人の社会党発生に貢献せる方面は自ら異る．マルクスは労働者の世界的団結を首唱して以て各国に社会党の発生を促したると共に万国社会党同盟の素地を作り，ラサールは単に独乙の労働者を糾合して一団体を作りしに過ざれとも，彼の熱烈なる運動の結果独乙の社会党は彼の夭折に拘らず忽ちにして大なる勢力となり，其の鞏固なる組織は社会党の模範として洽く各国の学ぶ処となれり．[21]

A．フェルディナンド・ラサール(1825-'64)の運動

ラサールは初め哲学を学び学者として世に立たんとせしも，一度労働者の友たらんことを決心せしより経済学を学び，1862頃より其の熱烈なる雄弁を振て労働者間に運動を開始せり．

社会問題 Social Problem に関して『学問と労働者』"Die Wissenschaft und die Arbeiter"，『間接税と労働者階級』"Die indirekte Steuer und die Lage der arbeitenden Klassen" の著あれとも，労働者煽動の目的を有するものに非ればリカード，ロートベルトゥス及びカール・マルクスの所説の祖述に過ざるにて社会主義の理論の進歩に貢献する所誠に少なきなるが，ただ此等の人々の難解の理論を説きて教育の少なき労働者に十分に納得せしめし手腕に到りては誠に非凡なるものありと言はざるを得ず．彼が労働者に説きし所は次の四点に帰す．

I，現在の経済社会に於てはリカードの所謂賃金の鉄則 "Law of Wages" 行はれて，労働者の享くる平均賃金 durchschnittliche Arbeitslohn 〔durchschnittlicher〕てふものは最低生活賃金 "Extenzminimum"〔Existenzminimum〕(または oder. 必要生計費 notwendige Lebensunterhalt) を上ぐることなし．

II，この鉄則 Gesetz の行はるる間は労働者の地位は改善せらるるの望みな

	3, 国家の干渉
	4, 労働者の勢力を議会に立つ
1862. 独乙帝国成立以来[23]	全ドイツ労働者協会
今日独乙の社会党中には明かにラサール及マルクスの二亜流あり.	
恋人ヘレーネ・フォン・デンニゲスの為にルーマニアの貴族ラコヴィッツァと決闘をやりて夭折したり.	

し．然らば此の法則を如何にせば行はれざらしむるに到り得るか．曰く**賃金制度** Wages system をやむるにあり．他の言を以て言へば労働者が自ら企業家となるにあり．

III．労働者は自ら企業家の地位に克つだけの資力なし．何となれば現今の産業組織の下に於ては大規模に行はざれば競争に克つを得ず．さりとて大規模にやるには多額の資本を要するを以て也．而して労働者をして此目的を達せしむるには国家をして干渉せしむるの外道あらず．

IV．国家をして労働者の利益の為めに干渉せしむるには労働者の勢力を議会に立つることを必要とす．而して此の捷径は普通選挙の制を設くるにあり．

以上の説を持して彼は各地に遊説し，熱烈の弁は時として資本家の攻撃となり政府の忌諱に触れ獄に投ぜらるること二度に及びしも，労働者の力を結束して其目的を達せんとするの熱心は少しも挫折せず，終に1863年5月23日数百の労働者をライプツィヒに会して**全ドイツ労働者協会** "Der allgemeine deutsche Arbeiterverein" を組織し，次の二ヶ条を決議せり．

1．労働者の利益を適当に保護し且つ社会各階級間の争議を終止せしむる為めに，独乙各邦の議会に労働者の代表せらるることを期す．

2．平和にして合法なる手段により，特に輿論を喚起することに依りて普通，平等，直接の主義の選挙制の設立を期す．

之によりて見れば此団体は畢竟政権の獲得によりて現社会の改造を計らんとするものにして，運動の方法従来の社会主義と面目を異にし居る也．即ち社会主義が政治的運動として初まりしは，先づラサールを以て初めと言ひて可なり．而してこの団体は設立の当時は其勢力は著しきものに非ず．然れともラサールの運動は多数労働者の心情に触れ其自覚を呼び起し，従来独乙の労働者は英仏のそれと異なりその地位に甘んじて団体的運動の如きは思ひも依らぬざりしに，ラサールの熱誠はこの冷静なる独乙労働者を奮起せしめ，彼が1864瑞西に客死せし頃は約5,000の会員を有するに到れりと言ふことなり．且つ彼の死後は其死因のほむべきものに非ざるに不拘，却て彼の令名を労働者の間に高め益々党勢の発達を見しなり．

マルクスの運動

マルクスの考
1，労働者自らの解放

2，各国労働者の共同

国際労働者協会
第一回の宣言

B. カール・マルクスの運動

1864．9月マルクスはロンドンに於て**国際労働者協会**を設立したり．マルクスが労働者の国際的結合を説きしこと一朝一夕の事に非ず．1847 フリードリヒ・エンゲルスと共に発表せし共産主義の宣言に於ても之を唱へ，その結句「**万国の労働者よ，団結せよ！**」"Proletarier aller Länder, vereinigt euch!" は後に社会党のモットー motto，スローガン Schlachtruf となれり．彼の考によれば，

I．労働者は他の優等階級の為す処を待ち居りては何物をも獲る能はず．故に彼等自ら立ちて自家の**解放** emancipation を計らざるべからず（解放 Befreiung）．

II．労働者の利益は各国を通じて同一なるのみならず相互に密接なる関係を有す．故にその目的を達するには共同することを必要とす．

労働者同盟［協会］は此趣意によりて設けられ，1866 ジュネーヴに於て第一回の万国大会を開きて次の宣言を議決発表せり．

「1．労働階級の解放は労働階級自らによりて成就せられざるべからず．且つ労働階級解放の為めの奮闘は特権を得るが為めの奮闘にあらずして，権利義務の平等を得且つ階級的支配の廃止を期せんが為めの奮闘なるを認め，

2．労働者が其生命の源泉たる労働道具の所有者に隷属せるは，一切の社会的困難，精神的堕落及び政治的屈従の原因たるを認め，

3．随て労働階級の経済的解放は（Ökonomische Befreiung）は，一切の政治的運動を其従的手段とする一大標的なることを認め

4．今日に到る迄此目的の到達の為になされたるあらゆる努力が，各国に於ける各種労働者間の鞏固なる連絡並に各国の労働階級間の兄弟的結帯［紐］を欠ぐがために失敗に帰せるを認め，

5．労働者の解放は地方的又は国民的の問題にあらずして，広く万国を包擁し開明諸国の実行上理論上の共同によりて解釈せらるべき一の社会問題なることを認め

6．欧州工業国に於ける労働階級今日の覚醒は実に新たなる希望の曙光たると同時に又前者の轍を踏むことなかるべきの警告にして，且つ未だ結合せられざる運動の急速なる団結を要求するものなるを認め

茲に第一回国際労働大会は，国際労働者同盟［協会］及び之に属する一切の団体並に

ハッツフェルト伯爵夫人はラサールの死後もこの労働党に資金を供給したり．されとも有為の人々党を去りて勢振はざるに至れり．ラサール死後はベルンハルト・ベッカーが総裁なりしも，ハッツフェルト夫人と喧嘩して退き(1867)[1865]フォン・シュヴァイツァーが総裁となる．この人の下に多少振ひしも，後ビスマルクの狗となりしとかにて除名せられたり．

独乙現今の社会党
全ドイツ労働者協会
（ラサール）

ザクセン及南独の労働同盟（ベーベル，リープクネヒト）

個人が人権宗教国籍の別なく真理正義及び道徳を以て相互間の行為の準則となすべきことを宣言す．本大会は，人類及市民として権利を自己の為めのみならず，其義務をつくす凡ての人の為めに要求するを以て各人の義務なりと認む．義務なくんば権利なく，権利なき処亦義務あることなし」と．

之を要するにマルクスの運動の特色は各国労働者の利害の共通単一を主張せし点にあり．今回各国の社会党が国家的境界を超越すべきを説くは茲に胚胎せり．

其後此の同盟は毎年1回大会を開きしが1872年ハーグの**大会** Congress に於てマルクスの説を奉ずる処の所謂正統派とバクーニンの〔ママ〕(1814-76)の指導をうける無政府主義派とに分裂するに至れり．後者は今日なほ其存在を続くれとも，前者はしばらくにして有名無実となれり．乍然マルクスの精神は後洽く各国に浸潤して，処在に社会党の発生を促したり．

第五　現今各国の社会党

甲．独逸

独乙に於て1863年5月23日ラサールの指導の下に**全ドイツ労働者協会**の成立せしは既に述べし処なり．ラサールは夙に労働党の組織に志ありしが，1862年4月12日ベルリンに於て為したる大演説以来洽く労働者の間に知らるるに至りたり．其演説は**労働者綱領** Arbeiterprogram 〔Arbeiterprogramm〕として後に出版されしが，マルクスの共産主義宣言と共に**画期的** Epochmaking の書と称せらる．1863年ライプツィヒに開くべき労働者大会の準備委員はラサールに乞ひて大会の協議事項の起草を求め，其答弁は有名なる**公開答状** offene Antwortsshreiben〔Das offene Antwortschreiben〕(1863. 3月1日)として現はれ，此の趣意に基きて5月23日に労働者同盟〔全ドイツ労働者協会〕なるもの成りた〔る〕り．これ独乙に於ける最初の労働党なり．

ラサール党は始め勢力振はざりき．其会員の如きも北独乙の地方に於て数千を数ふるに過ぎざりき．乍然ラサールの運動に動かされて同じ目的を以て立ちたるものは此外にも少からざりき．中にもザクセン及南独乙の労働同盟は最も有力なるものにして，これは1868年9月ニュルンベルクの大会に於て**国際労働者協会**(マルクスの立てしもの)に加入するの決議をなせり．其牛耳を握れるをベ

この大会にて発表せし宣言はアイゼナハ綱領 Eisenach〔Programm〕 program として社会党の綱領の大切なるものとせらる.
アイゼナハ,エルフルト,ゴータの三宣言は社会民主党の大綱領なりとす.
(アイゼナハはヴァルトブルクの城ある処)24)

5人の理事 Vorstand の合議体としてハンブルクに本部をおき,7人より成る監督部の本部をライプツィヒにおき共々行政上の事を司らしむ.されとも最終の決定権は党大会 Parteitag(始めは大会 Congress といひしもの)にありとす.
又在来の機関雑誌を廃して公定の機関雑誌を唯一にすることに定め,『前進』"Vorwärts" をその機関誌 organ に指名しライプツィヒより発行することにす.主筆はリープクネヒト,及びハーゼンクレーヴァー(ラサール党の最後の総裁)の二人.

＊1871年9月現今の独乙帝国成立以来のことなり

1878年5月11日ヴィルヘルム1世がウンター・デン・リンデン Unterdenlinden〔Unter den Linden〕(?)の大通りを通行するとき,ブリキ屋の小僧が発砲せし事件なり.この小僧は,宮廷説教師であるシュテッケル(後に×キリスト教社会党 Christlich Sozialpartei25)なる御用党を立てたり)の弟子なり.
(×これは新教なれとも墺に同名の党派あり.この方は旧教なり)
このときビスマルクが社会党を圧迫する法律を出したりしが,リープクネヒトが熱烈なる反対演説をなして否決せり.
しかるに6月の8日かに又々ある者が(社会党員にはあらず)皇帝を狙撃せる事件ありき.

社会民主労働党(ベーベル党とラサール党の不平分子)

ドイツ社会主義労働者党(社会民主労働党とラサール党の合同)

社会主義の帝国議会に於ける代表者

政府の圧迫

ーベル及リープクネヒトとす．此時よりラサール党はベーベル党とは自ら対立して反目するの形勢なりしが，ラサール党中の若手の有力者は幹部の処置に不平にして社会主義者大合同を計画して，其結果之等の連中とベーベル党とは合併するに至り．1868年8月アイゼナハに大会を開きて**社会民主労働党** Sozialdemokratische Arbeiterpartei を成立せしめたり．

　ラサール党と新党との反目は種々の事情にて漸次消滅に傾きたりしが，政府の此両者に対する迫害はたまたま両者をますます接近せしむるに至りたり．かくて此両派は漸を以て合同する気運に迎[向]へり．1873年より1874年に至りて両派の大会は共に合併を欲するの意思を表示し，'74年の秋ラサール党より正式に合併を提議して種々協議を重ねたる結果，'75年5月綱領(Program[Programm])と大体則[?](組織 organisation)との案を発表して，やがてゴータに大会を開きて合併を決議せり．依て新に名を**ドイツ社会主義労働者党** Sozialistische Arbeiterpartei Deutschlands と定む．

　社会主義は帝国議会に第一期以来代表者を有す．第一次即1871年には2人，第二次の'74年には9人なり．1877年1月の総選挙には社会党は合併の新しき勢力を以て運動せし結果として約50万の投票を収め，12人の代議士を送るに至れり．得票の数は前回の1874年に比して40％の増加を見たり（得票の数の増加に対し人口は4％，選挙権者は4.7％の増加）．

　かく社会党の勢は隆々として進みたりしが，こゝに政府の圧迫起りて一頓挫を来たせり．政府の社会党圧迫の志ありしことはさきに刑法改正の議か議会の問題となりしときに，1. 公安を害する手段により公然各階級間の反感を促すもの，2. 同様の手段により言語又は文章を以て公然婚姻家族及処有権の制度を攻撃するもの，の二者を厳罰すべきの案を提出せしことによりて明かなり．議会はもとより満場一致を以て之を否決したり．然るに，1878年狂漢が皇帝の身上に対して不軌[暗殺]を計[謀]りし二度の事実がビスマルクに好個の口実を与へ，之を以て社会党に関係ありと称して社会主義者を厳重に取締るといふ法律を提出するに至れり．

　ビスマルクは6月11日に議会を解散して7月30日に総選挙を行ひたり．非常なる干渉ありたれとも社会党の得票は1割強の減少を見，議員の数も12人より9人に減じたるに過ぎざりき．乍然新しき議会に於てビスマルクは**保守党**

中央党 Zentrum Partei はカトリック Catholics なり．此の当時ビスマルクと文化闘争をなし居たりしが，社会党に対しては一となりし也．
保守党 Konservative は頑固なるプロテスタント Protestant にしてプロイセンに盛なり．
国民自由党 National-liberale Partei はビスマルクが立てたりといふてもよき位．
Mehring—Geschichte der S. D.
退散を命ぜられたる結社　331
戒厳令によりて放逐せられしもの　900
禁ぜられたる著作物　1300

社会民主党の発達を助けし原因．
1，ビスマルクの圧迫に対する反働[動]．
2．独乙は無理なる発展をなせり　ゆえに労働者等の利益を圧迫せる処も多きなり

プロイセン及バイエルンにては社会党員を忌む．南方に於ては比較的好遇さる．

社会民主党圧迫の法案[取締法]通過す

ドイツ社会民主党

党勢の発展

[Deutsche Konservative Partei]
Konservative Partei：国民自由党 National-liberale Partei 及び中央党 Zentrum Partei の三党を糾合して多数を占むるを得たり．開会するや否や社会主義者鎮圧法 Gesetz gegen die gemeingefährlichen Bestrebungen der
[Sozialdemokratie]
Soziale Demakratie を提出せり．(社会主義的の結社，集会，著作物を禁止し又戒厳令を布きて社会主義者を放逐する権限を警察に与ふる法律案)．此案は軽微の修正を加へて例外法(Ausname Gesetz)の形式に於て有効期間を2ヶ年半として149に対する221にて通過せり．10月21日に法律となりて即刻実施せらるるに至れり．此法律は非常例外法として有効期間に制限ありたれとも満期になる毎に更新せられて，約12年間行はれたり．その間此の禁令に触れて罰を受けしもの甚だ多かりき．

　社会党は此圧迫に屈せず運動の中心をスイスに移して，スイス政府が独乙政府の要求によりて迫害の手を加ふるや更に本拠をロンドンに移して，遥かに本国に向ふて秘密の運動を継続せり．毎年開くへき大会の如きも外国の都会に於て頗る巧妙に開きたり．社会党取締法発布後の最初の総選挙(1881)には得票数は30万に減じたれとも'84年には55万に上り，更に'87年には76万を越へ其勢い年と共に発達せり．此の間ビスマルクは此法律を非常例外法にあらずして永久の普通の法律と成さんことを提議したれとも，議会は之を容れざりき．漸次議会はこの取締法の効力を疑ふに至り，1890年の総選挙には社会党の成功は人も我も予期せざる程度に達して其の得票は投票総数の約2割に上りたり．

　さて此法律は'90年9月30日を以て満期とせられたりしが，ビスマルクの辞職(同年3月20日)と共に社会党取締法を更新せんとするの考も消滅して，かくて此の法律は1890年秋を以て終を告げたり．取締法廃止後も政府の迫害は全く止みしには非れとも，社会党の勢力は年と共に増進して止まざりき．1890年ハレに於て大会を開き此時より名を改めてドイツ社会民主党
[Sozialdemokratische]
Sozial Demokratische Partei Deutschlands と称するに至れり．今日の名称即ち之なり．

　今次に1871年以来今日迄の党勢発達の迹を示さんとす．

年次	得票数	百分比例(全体の得票数に対する)	議員数
1871	124,000	3.19	2
'74	352,000	6.78	9

1878.
1881. ｝政府の干渉あり

独乙の選挙
Hauptwahl（本選挙）
Stichwahl（決戦選挙）
本選挙に於て過半数の投票を得ざれば当選せず．このときもし過半数を得れば，その当選は**本選挙**にて確定せらる．しかしもしその資格を得たるものなき時は，最高者二名をえらびて更に決戦選挙を行はしむ．
民間に於ける政党の勢力は**本選挙**の得票数によりて知らる
即ち本表の得票表は**本選挙**のものなり．
決戦選挙にては，自己の党派のものがその選に入らさるときに，止むを得ず自己の反対せる党派に投票せざるへからざるに至ることあり．

現今**帝国議会**の諸党

＊ ｛ ドイツ社会党 Deutsche Soziale 〔Deutsch-Soziale〕
・キリスト教社会党 Christliche Soziale 〔Christlich-Soziale〕
農業者同盟 Bund der Landwirte
etc

'77	493,000	9.13	12
'78	437,000	7.59	9
'81	312,000	6.12	12
'84	550,000	9.71	24
'87	763,000	10.12	11
'90	1,427,000	19.75	35
'93	1,787,000	23.28	44
'98	2,107,000	27.18	56
1903	3,011,000	31.71	81
'07	3,250,000	28.94	43
'12	4,250,000	34.81	110
今日は補欠選挙の結果なほ1名を増して			111

現今の帝国議会 Reichstag の勢力

保守党……43.

帝国党 Reichspartei……14.

経済連合 Wirtschaftliche Vereinigung ……10. ＊更に数派にわかる

改革党 Reformpartei〔Deutsche Reformpartei〕………3.

以上の四は保守党にて普魯西政府の御用党なり

国民自由党……44.

　政治上には国家主義，経済上には自由主義，この内に二つの潮流あり．一は国家主義を高唱し，一は青年自由派 Jungliberalen と称して，社会党と一致する迄にゆかずとも大に自由主義を主張す．故にこの党は始め御用党にするつもりにてビスマルクの関係して立てしものなれとも，今は時には政府に反対することもあるなり．首領バッサーマン．

中央党…………93.

　カトリックにて天主教の擁護を目的とす．この数字の中にはアルザス＝ロレーヌより出でたる旧教の議員を10人ばかり含む．保守主義より政府に賛成することあるも，政府は旧教圧迫を方針とする故多くの場合反対党といふを得．

ヴェルフェン Welfen.
ハノーファー王国恢復を計[図]り, 且つブラウンシュヴァイクの王位を昔の如くハノーファー王朝に復せんとの運動.
先日独帝の女[娘]ルイーゼとブラウンシュヴァイクの皇位につくべき人と結婚せしにつき, 早晩この党派は消滅するに至らん[26].

事実上, 独乙帝国の政治はプロイセン政府の政治といふてもよし.

プロイセン議会の党勢(1913. 6 月選挙)
保守党…………147
自由保守党 Frei Konservative…………53
(帝国党 Reichspartei と同主義なり.)
国民自由党…………73
自由思想家党 Freisinnige…………37
中央党…………103
社会民主党…………10
ポーランド Polen…………12
デンマーク Dänen…………2

国民自由党はプロイセン議会にては凡て御用党なり. この党派に南北二派あり. 南方のものは自由派, 北方のものは国家主義 orthodox[27] なり.
プロシア現行選挙制にては保守党が過半数を占む, 故にプロシア政府は常に保守党のものとなる. 故にプロシアの選挙法を改正せずんば独乙帝国の民主化 Demokraliseren [Demokratisierung] といふことは出来ず

社会民主党, 自由思想家党の人々は青黒ブロック blau-schwarze Block を破らざるへからずといふ.
青 Blau…冷血…貴族を指す
黒 Schwarz…黒衣…天主教徒を指す

各邦邦議会に於ける社会党

社会民主党の主義目的

エルフルト綱領

甲. 根本の目的
1. 社会主義の実現

2. 四民平等主義

進歩人民党 Fortschrittliche Volkspartei…42.
　一名自由思想家党 Freisinnigepartei と呼ばるることあり．時として国民自由党 Nationalliberalen と一致し，時として社会主義と歩調を共にす．政府の反対党．リストもこの党の議員たり．

社会民主党……111.
　以上は主義の上よりなれども人種の関係上別に独立の党派をなすものあり．

ポーランド Polen…………18.
エルザス Elsässer…………5.
ロートリンゲン Lothringen…………2
ヴェルフェン Welfen…………5.
デンマーク Dänen…………1.
　以上の五党は常に独政府，普政府に反対す

　社会党は独り帝国議会 Reichstag のみならず，各邦の邦議会 Landtag にも其代表者を見る．一昨年末の統計によれば社会党の代表者を有する国は 19 あり．而して之等の 19 の国に於ける社会党議員の総数は 189 人あり．その内プロイセンに於ては 1908 に始めて 5 人の社会党員を見たりしが，昨年(1913) 6 月 3 日を以て終りし総選挙に於ては更に増して 10 人となれり．
　社会民主党の主義目的は 1890 年来毎年各地に開かるる処の党大会 Parteitag の決議宣言及び総選挙毎に発表せらるる選挙演説 Wahlruf によりて明かなるが，就中 1891 年のエルフルトの宣言は最も詳細を極む．今主として之によりて主義目的を概括すれば次の如し（エルフルト綱領 Erfurter Programm. 起草者はカウツキー）．
　甲．根本の目的．
　其一．生産に必要なる物件の公有及び生産事業の公営を期す．換言すれば所謂社会主義の実現なり．但しこの目的は直に之を到達すること困難なり．依て差し当り資本家地主の階級の勢力打破を以て満足し，之が為に労働者の力を結束して政界の覇権を握ることを努む．
　第二．男女性と閥との区別に拘らず一切の公の権利義務を平等ならしむることを期す．即ち四民平等主義の実現なり．

宮廷伺候 Hofgängerei 臣民が伺候するが如くに宮廷に伺候すること
〔Kaiserhoch〕
Kaizerhoch「皇帝万歳」

シャイデマンといふ社会党員が第一副議長に選挙せられたり．**宮廷伺候**を禁ぜるを以て，宮廷に伺候するを拒みたり．又皇帝が臨場するとき各議員は起立すれとも社会党員は起立せず，又退場の際議長が音頭をとりて皇帝万歳を叫ぶ時は社会党員は退場す．各市等に於ても市長が社会主義者なる時は皇帝がその市に来られたる時にもやはり同様の主義をとる．
ハンブルクの市長，皇帝に対して「**我が** Mein 同僚 〔Kollege〕Kollig!」．

国民軍 Volkswehr.
士官なども選挙することにす．今までは士官は君主又は特権階級の為めに労働者を圧迫するために用ひらる．即軍隊をも**我が物** mein eigenes とせんとの主張なり

d．独乙にては宗教が国教となりおる故，宗教と教育とが結合せられ，且つ宗教税をとらる．又宗教と政治とも密接なり．

3．共和主義

乙．当面の目的
1．君主及特権階級の勢力を殺ぐこと

[2]
II．労働者の利益増進

第三．平等の完全なる実現は民主共和にあり[28]．従て社会民主党は終極の理想として共和主義を唱ふ．独乙今日の国体を共和国と見るの説を固守し，且つ**宮廷伺候** Hofgängerei 及**皇帝万歳** Kaiserhoch を禁ぜるも亦此点より説明するを得．

　但し実際の処は共和主義は現制の下に於て極端に唱ふるを得ざるにより差当りの所は出来るだけ君権を抑へ且つ制度及その運用の**民主化** demokral〔Demokratisierung〕isierung を以て満足しつつあり．

　乙．当面の目的．
1. 君主及特権階級の勢力を殺ぐことを目的とす．
   a. 軍隊の現在組織を改正して**国民軍** Volkswehr の組織とするを主張す．
   b. 選挙法の改正．殊に現行**プロイセン**の三級選挙主義の改正並に独乙帝国議会選挙法の選挙区分配の改正．
   c. 現在政府が社会主義的になるまでは Budgetbewilligung（予算の協賛）[29] を禁ずること．
   d. 宗教を**私的領域** privatsache とすること．
   e. 自治即地方分権主義を拡張すること．
2. 労働者の利益の増進を目的とするもの．
   a. 言論集会結社の自由を拡張すること．
   b. 選挙権を拡張し男女の別なく満20才以上の者に所謂**普通** allgemeine, **平等** gleiche, **直接** direkte, und **秘密** geheime **投票権** Stimmrecht を認むべきこと．
   c. 教育並に裁判の設備の無償の利用
   d. 医薬を無償にて与ふることの設備を立つること
   e. 労働保護法の設定
      （イ）八時間労働
      （ロ）児童使役の禁止
      （ハ）夜業禁止
      （ニ）毎週36時間の継続的休憩時間を設くること
      （ホ）工場の監督及衛生を完備すること
      （ヘ）労働保険を完備すること．

1867.の終頃シュヴァイツァー(ラサール党の最後の首領)とリープクネヒトと社会民主党の採る方法に就て争ふ．1869. リープクネヒトは社会民主党の政治的立場といふ演説をなして，自己の党派以外の敵と妥協するを排し，争ふか又は止むるかのうち一あるのみといへり．

修正主義

社会党の二潮流
1. 正統主義(急進主義)

2. 修正主義

f. 税法の改正　主なるもの如次
　　イ．累進的収益税及所得税及相続税の設定．
　　ロ．間接税及関税の廃止．
　終に独乙社会党の最近の現象なる**修正主義** Revisionismus（修正派）の事を一言す．社会党は其起源に於て既に現状打破を目的とするものなる故，其の主義並に実行の方法が独断的急進的革命的の色彩を帯ぶるは怪むに足らず．且つ**マルクスの階級闘争** Klassenkampf の説は彼ら設立者の頭に浸潤せし上に，彼の社会党鎮圧法の圧迫は益々同主義者を駆りて過激なるに至らしめたり．併乍一片[併乍]の理論に拘泥し事情を取捨せずして無責任に行動なすは果して其本来の目的を達する所以なりか，といふ疑問は早くより一部の人に懐かれたり．遠く遡りて彼の**シュヴァイツァーとリープクネヒト**との争論の如き即ち之にして，後社会党鎮圧法廃止せられ議会に於ける社会党の勢力も漸次増加するに従ひ，其主義を行う為めには時として他の党派と協議する実際上の必要迫れり．且つ又一般労働者中にも漸進的の手段より其地位を改善するの可能なるを信ずるものを生ずるに至れり．革命的手段の必ずしも唯一の方法ならずと考へ，之より漸く従来の頑固なる方針に変更修正を加へんとするものを生ぜり．
　こゝに於て社会党は自ら異なれる二つの思潮併立することとなれり．一は在来の過激なる思想若くは実行を枉げざらんとする者にして，**正統主義** Orthodoxie 又は**急進主義** Radikalismus の名を以て称せらる．他は之を緩和修正し，理論に於ては一般の科学の進歩と伴ひ実行に於ては経験と省慮とを重んじ，革命的よりは寧ろ改革的たらんことを期するものにして，人之を呼んで**修正主義**（**改革派** Reformist）といふ．
　1901 年**アルフレート・ノシック**博士が『**社会主義の修正**』"Revision des Sozialismus" なる書を著して以来，**修正主義**なる名一般に行はるるに至れり．但こゝに注意すべきは，**修正主義**は実は社会党在来の頑冥なる態度を非とするものを総称する名称にして，今日の所は未だ明確なる一定の主義を積極的に主張する一分派と見るべきものにあらず．唯大体に於て漸進的に科学的に合理的に社会主義の実現を期する点に於て一致すれとも，其細目に至ては未だ詳細に説かれたることなく，従て之を説くものの間に意見の一致を期すること能はざる也．故に**修正主義**は今日未だ十分に積極的に発達を遂げざるものなるが，只

Bernstein.—"Problem des Sozialism"[48] 〔Probleme des Sozialismus〕
(Neuezeit 雑誌)[49] 〔Neue Zeit〕

公に唱へられし歴史

実際問題と修正派

従来の正統的主義に満足せずといふ消極的方面に其意義を有するのみ．

修正主義の思想が初めて公に唱へられしは 1891 年 6 月 1 日バイエルンの邦議会に於て議員フォルマールの演説を以て初めとす．次で 1895 年社会民主党のブレスラウに開きし党大会に於てブルーノ・シェーンランク博士が「考え方の修正（あるいは概念の変更）」"Revision der Vorstellungsweise"(oder, Umbildung der Begriffe) を唱へてより次第に喧しき問題となれり．

されともその最も喧しくなれるは 1899 年エドワルド・ベルンシュタインが『社会主義の諸前提と社会民主主義の任務』"Die Voraussetzungen des Sozialismus und die Aufgabe der Sozialdemokratie" を著してよりなり．彼は此書に於てマルクスの説の欠陥を指摘して，現社会破壊なる急激なる思想を捨て政治上経済上漸進的改革手段に出づべきことを主張せり．此書一度出るや反対攻撃の声頗る喧しく，同年 (1899) ハノーファーに開きし党大会は態々此問題につき数日に亘る討議をなし，遂に次の如き意味の宣言を発表して此新しき潮流に対する社会党の態度を宣言せり．其宣言に曰く「社会民主党は毫も従来の根本思潮 Grundanschauung を枉ぐる必要を見ず」と．かくて此大会に於ては修正主義の考は全く排斥せられしも，其討議の経過によれば同主義を抱くもの党の有力者中に案外多数なりしを示せり．且又之を排斥せしものの中にも，主義として之を否認したるもの少からざりしも，政略として温和主義の得策ならざるを考へ，即一度温和の説を許す時は遂には迎合主義の跋扈を来し，党の精神の堕落を見るの憂ある可きことを怖れ，その点よりして反対せるものも相応ありしなり．故に修正主義は大会の決議の上には破れたれとも，其潜勢力は侮るべからざるを思はしめたり．北方殊にプロイセンの党員は概ね過激派に属し，修正主義の主張は寧ろ南独に多かりき．今日も然り．蓋し北方は社会党の圧迫甚しく，従て戦闘的精神は北方に盛なりしが故，此の如き現象を呈せしものなり．

実際問題の上に此二つの思潮の争となりしは，1897 年バーデンの邦議会に於て社会党議員のシュテックミュラーなる人が新教々会設立費に協賛したりといふ事件に始まる．蓋し予算協賛といふことは従来党の厳禁する処なりしを以てなり．バーデンに於ては此時以来社会党は予算に協賛すとの例を引続き取り来りしが，バイエルンの邦議会に於ても 1899 年之に倣ひその他南方諸国に於ては此例に倣ふもの屡々ありき．然るに，1901 年（リューベックに開きしもの），

宮廷伺候は1912.3月11日バイエルンに於て破られたり．
皇帝万歳は1912.5月ヴィルヘルム2世がバーデンのマンハイムに赴きしとき破られたり．
党大会は毎年9月の中旬凡そ1週間を例とす．

ローザ・ルクセンブルク及クララ・ツェトキンは共に婦人．常に過激の説を唱ふ．シャイデマンはローザ・ルクセンブルクの演説したる後之に大に反対せり．

参考書

Franz Mehring—Geschichte der deutschen Sozialdemokratie. 四冊

Sombart— Sozialismus [soziale Bewegung] und Sozialdemokratie. [Die heutige Sozialdemokratie]

Brunhuber— Sozial Demokratie.

Bernstein—Zur Theorie und Geschichte der Sozialismus.

Kautsky—Bernstein und das Sozialdemokratische Programm

[Bardoux—]Socialisme à l'Etranger. [Le socialisme à l'étranger]

ジュール・ゲード(1845-)
初め内務省に出でしが後退きて，『人間の権利』Les droits de l'homme なる雑誌を出して社会主義を鼓吹せり．
コミューン Commune の乱．
1870年に仏国はスダンにてナポレオン3世破れ[敗]俘虜となれり．こゝに国会は王政を倒し共和制を9月3日に成立せしめたり．このとき仮に国防政府を作りて政治を行ひ国会を作ることにせり．一方普国に対し戦を続けつつ，一方には国会を作り新に議員総選挙を行へり．翌年2月総選挙の結果，平和主義なる王党〔派〕は750人の内500人の多数を占めたり．これ人民戦に疲れ平和を希望せし為なり．パリは囲まれ居たる故，ボルドーに議会を開き，一方普国と和議の条約を結べり．普国は之が果して民意なりや否やを知る事を得ざればとて，適当なる手段にて人民の集会の決議を要求せり．当時パリは社会主義的 socialstic [socialistic] にして民主主義的 democratic なりしかば，王党の議員等はパリの群衆 mob の為めに国の方針を誤る事を恐れ，ボルドーの議会をパリに移さずしてヴェルサイユに移せり．パリ人は之を怒

仏国の社会党
コミューンの乱

ジュール・ゲード

労働組合大会

リヨン(1878)
マルセイユ('79)

1903(ドレスデン), 1908(ニュルンベルク)及 1910(マクデブルク)の**党大会**は公に此事を問題として, 多数決を以て是等議会の処置を党旨違反と認むとの決議をなせり. 之畢竟党員は北方に多きを以てなり. 乍併**修正主義**の思潮は今日滔々として止まる処を知らず. 現に**宮廷伺候**及び**皇帝万歳**の禁の如きも1912年以来破れて**党大会**が常に之が否認の意思表示をなすに怠らざれとも, 近時その例は増加する一方なり. 又他の党派に対する関係に於ても近時孤立を主張するの精神は漸次緩み, 1912年のケムニッツの**党大会**は明白に或る場合に於ける他党との妥協を是認せり.

　故に余は独乙社会党の現状に関して次の一語を以て結ばんとす. 曰く, 社会党に二の潮流あり. 而て表面は飽く迄も**正統主義**を固執すれとも, 実際は理論及実行共に大に**修正主義**の説く処に傾く. 現に1913年9月イエナの**党大会**に於ける Massen Streik〔Massenstreik〕(総同盟罷工)に関する決議は最明白に此辺の消息を語るものと言はざるへからず. 即今回の大会に於ては主義としては**総同盟罷工**の価値を説き乍ら, 労働組合の多数なること及び之を一致強制することの事実上不可能なることを理由として, **総同盟罷工**の方法に出ることが必しも党の目的を確実に達する所以にあらざることを主張して, 3分の2以上の多数を以てローザ・ルクセンブルク(女)及びクララ・ツェトキン(女)の革命的手段を排斥せり. 斯の如きは面を**急進主義**に取り心を**修正主義**になせるものにあらずして何ぞや.

　乙. 仏国の社会党.

　仏国に於てはコミューン Commune の乱[30]後, 社会主義の運動は一時屏息せしが, 1877年先きにコミューンの乱を弁護したりとの理由にて政府の圧迫を被り瑞西(スイス)のジュネーヴに逃れ居たりしジュール・ゲード帰来して,『**平等**』L'Egalite なる週刊雑誌を発刊して当時仏国の一部に行はれ居たりし無政府主義の攻撃を試むると共に, 他の一方に於て**マルクス**の説を祖述せし頃より社会主義の運動は再び盛になれり. 翌'78年彼の主唱の下に労働組合は大会をリヨンに開けり. '79年には再びその大会をマルセイユに開けり. 此年コミューンの乱にて入獄せるもの大赦によりて出獄し, 其結果マルセイユの大会は盛大となれり. ゲードがラファルグ(カール・マルクスの女婿)と共に起草せる多少革命的色彩を帯べる**綱領** Programm〔Programme〕通過せり[31]. 当時仏国に於ては他の諸国と同様に労働

りて，遂にコミューンの乱を起せり32)．政府亦ヴェルサイユに出兵せんとしてパリ中にて惨澹たる市街戦行はれたり．コミューン乱中最も活動せしはプルードン等の説に影響されし無政府主義的社会主義者なりき．
ランス，パリの東並にある都会
マルクス等の言ふ所の過激なる手段によらずとも社会主義の目的を貫徹し得ることは**可能** possible なりといふが即**可能派** Possibilistes なり．

ドレフュス事件．—1894 年ドレフュスは大尉にてパリ陸軍大学に入学中突然逮捕せられたり．罪名は軍機漏洩罪なりき．軍法会議に於て書類をつきつけ又之が鑑定をなさしめたるに，鑑定人の説一致せず．然るに猶太人たる理由と，平時不人望とによりて有罪と定まり．南米ギアナの悪魔島に終身懲役とされたり．然るに彼の家族殊に弟は之に承知せず．又世に之に同情するものもあり．且つ軍隊内にもドレフュスの書きしものなるや否やを疑ふに至り．遂に彼の手紙と目せられしものを公表せんに，彼の手蹟にあらざること判明せり．依て彼の家族は再審を求め，軍隊内にも彼に同情するものあり．別に之が嫌疑者も出でたり．然るに政府は之を否認し，ドレフュスに味方するものおば転任せしめ，政府の威信を保たんとせり．彼に罪なしといひて自殺せし軍人も出で問題漸く大となり．ゾラは「われ弾劾す」"J'accuse" (I accuse) なる論文を公表し，政府に反抗するもの多くなれり．それとも政府の威信を保たんとする為，干渉も盛に行はれたり．政府も遂に妥協し，彼を呼びもどし再審の結果 10 年の罪と定め，直に大赦を行ひ，妥協にて政府の威信を保たんとせしも，ジョレスは之に反対し，遂に彼は無罪となり．仏国は正義の為めに名をあげたり．

ジョレス—社会主義者団体の領袖
ミルラン—最近に於ても陸相となりし有力者なれとも，社会主義者の団体より除名されたり．

官権の干渉

ル・アーブル (1880)
ランス (1881)
サン・テティエンヌ ('82)
社会主義者の分裂

ドレフュス事件

ジョレス
ミルラン
各派接近

仏国社会主義者大会
パリ (1900)
全国一党をなす (1903) [1904]

統一社会党

党則修正 (1911.)

者の結社権を認め居らざりしかば，之等の集会に対しては大なる圧迫と干渉とを加へたり．（ゲードは6ヶ月間入獄せり）．乍併此の官権の干渉は却て社会主義の運動を進歩せしむるの結果に終れり．

かくて社会主義の運動は漸次形を成し来りしが，此頃より既に穏和派と過激派との対立始れり．社会主義なる大傘の下に集り来りしも，中には無政府主義的の考を抱けるもの，マルクス流の思想を抱けるもの，又はルイ・ブラン等の説きし社会改良なる考を抱き居りしものも亦少からざりき．之等の主義の争は先づ1880年ル・アーブルの大会に於て現はれたり．此大会に於ては穏和派の主張勝を占め，翌'81年ランスの大会に於ても穏和派の説は多数を占めしも，其為す所優柔不断なりし為め，過激派は屈する処なく運動を続けたり．

而して'82年サン・テティエンヌの大会に於ては遂に分裂して**可能派** Possibilistes と**不可能派** Impossibilistes の二となれり．前者は社会改良の手段により社会主義の目的を達せんとするものにして，当時のパリ市長ポール・ブルース之を率ゐたり．後者は革命的の手段により急激なる社会の変革を来たさんとせるものにして，ゲード之を率ゐたり．**不可能派**は之より漸次過激に走り，今日の**サンディカリスト** Sindicalists 〔Syndicalists〕の基となれることは後に述ぶべし．**可能派**は後に至り又分裂して，1890年の初めに於ては6つの團体となるに至れり．

1894年に突発せるドレフュス事件は，はしなくも社会主義に一転機を与へたり．此問題に対してかのゲード一派は労働者の利害とは何等関係なきものとして全然傍観の態度を取りしが，ジョレス及びミルラン等の有力なる社会主義者は之を人道上の大問題として盛に論議せり．その結果として幾多対立せる社会主義者の接近を促せり．

1899年ミルランがドレフュス事件の跡始末のために[33]ワルデック＝ルソー内閣に入りし時に，一方に於て非常に社会主義者間に大非難ありしも，当時仏国社会党を率ゐ居たりしジョレスは却て之に声援せり．1900年には之等の人々の働きにより仏国社会主義者大会をパリに開くべき運びに至れり．遂に1903〔1904〕年アムステルダムに開きし社会主義者万国大会の勧告あるに及んで仏国の社会主義者は合同して一党を組織するに至れり．これ即ち今日**統一社会党** Le Parti socialistie unifié 〔socialiste〕と称するに至れるものなり．

この合同社会党[34]〔統一社会党〕は1911年11月の**大会**に於て党則の大修正を行へり．今之

アムステルダムの大会にてはベーベルの発議によりてミルランとブルジョア bourgeois との結ぶことを禁ぜしに，彼は之に従はずマルクス流の主義をすてて軟化せしため除名されしなり．	仏国社会党の綱領
統一社会党 Le Parti socialistie unifié 〔socialiste〕 の真の名は「社会党—労働者インターナショナル・フランス支部」"Parti socialiste, section française de l'International ouvriere". 〔l'Internationale〕〔ouvrière〕	
独乙社会党は綱領及細目を掲ぐれとも仏国社会党は綱領のみ．	議会に於ける社会主義者の代表
マルクスのつくりし万国大会は各国に社会主義の同盟なき時に一足飛につくりしものなる故仆れたりしが，之に刺激されて各国に社会主義者の同盟つくられ，遂に 1889 年ブリュッセルの百年祭を期として万国同盟〔国際労働者協会〕再興せられたり．	
第三共和国の初めは王党〔派〕，ボナパルティスト Bonapartist 及共和党あり．共和党が盛んなるに従ひて三つの派に分れたり．そのうち最も共和的 republic なるは急進党 Radicaux なり．進歩党 Progressistes は最も保守的なり．共和左派 Republicains de Gauche（共和左党〔派〕）は前二党の中間，むしろ急進党に近し，（クランツといふ人有名） 〔Républicains〕	統一社会党 急進社会党 独立社会主義者
×現今議員数は約半数を占む	
下院は任期 4 年，上院は 9 年	下院に於ける各政党比較表

に依てその主義・綱領とするところを挙ぐれば三つあり

1. 労働者の国際的合同及び協同.
2. 貧民労働者の政治的団結を以て,政権の獲得を目的とする階級的政党を作ること.
3. 生産及交換の手段の公有,即ち資本的社会を改造して共産的社会を作ること.

社会主義者の議会に代表者を見たるは 1887 年に始まる. 当時社会主義者は別に組織ある一党をなしたるにあらず. ただ le parti ouvrier（労働党）といふ名の下に便宜上一括せられたるに過ぎず. 1893 年に社会主義の連中は急進党の一派と糾合して社会共和国実現のための革命行動同盟 Ligue d'action 〔révolutionnaire〕 〔la conquête〕 revolutionaire pour l'avenement de la République sociale をつくり大に運動して,その結果 55 人の代議士を送ることを得たり. 而して今日は Socialistes unifiés〔統一社会党〕（合同社会党）は 74 人の議席を下院に於て占む. 目下社会主義の名を冠せる代議士は統一社会党の外に急進社会党及独立派社会主義者 Socialistes indépendents の二あり. 前者は名は社会党 Socialistes といへとも,その主張と実行とは Radicaux（急進党）と大差なし. 且つ数年以来急進党と確き提携を継続し来れ 〔le Parti republicain radical et radical-socialiste〕 るを以て,現今は急進および急進社会党 Radicaux et Radicaux Socialistes ×の名の下に単一の政党として取扱はる. 後者は統一社会党がマルクス流の急進的革命主義を取るに満足せずして之に加入することを肯んぜざるものの総称にして,独乙の修正派の如く漸進的改良主義を方針とするものなり. 議員の数は今日 30 名を越へされとも,ブリアン,ミルラン,ヴィヴィアーニの如き名士を網羅して其勢力は比較的に大なり. かくて純然たる社会党として残れるは統一社会党のみなり. 此派もジョレスを仰ぐ所謂幹部派とゲードを戴く過激派との反目は頗る盛なり.

（下院）
仏国議会に於ける政党の勢力比較表

	1906. V 月		1910 IV 月		
	選挙前	選挙後	一前	一後	
王党派 monarchists	84	79	80	71	
ナショナリスト Nationalistes	53	30	16	17	保守的

自由派 libéraux—本名『人民自由行動党』L'Action libéral Populaire
カトリック保護のために立てたる純乎なる天主教の党派
急進社会党 Radicaux S. の首領コンブ．
ポワンカレ，クレマンソー等の名士あり 35)

|上院

反動主義者 Réacionaires〔Réactionnaires〕 { 王党派 / ナショナリスト Nationalistes } を併称す

仏国は独乙に比して外部の刺戟少く又労働者の位地が独乙よりも低きが故に，労働組合に入りても会費を支弁する能はず．故に労働者の団結難し． | 独乙に比して社会党の勢力大ならざる理由

ジョレスは独のベルンシュタインと相対して社会主義の文筆家なり．『ユマニテ』Humanité といふ機関新聞を出す．統一社会党の公式 official なる機関としては『社会主義者』Sosialiste といふ雑誌あり

Orth: Socialism & Democracy in Europe.
小野塚〔喜平次〕：最近欧州の憲政一斑〔欧州現代立憲政況一斑〕
Léon Jacque〔Jacques〕: Les Partis politiques sour〔sous〕 la IIIe Répulique〔République〕

|英国．

進歩派および自由派 Progressistes et libéraux	95	66	60	60
〔Républicains〕 共和左派 Republicains de Gauche	83	95	82	93
急進党	96	118		
急進社会党	119	127	269	252
統一社会党	42	54	55	74
独立派社会主義者	14	20	29	30

急進党と急進社会党と合一せる結果

補欠選挙の結果数に変更あり

上院の形勢．

	1906. I 月	1909. I.	1912 I.
〔Réactionnaires〕 反動主義者 Réactionaires.	17	5	5
進歩派	32	14	23
共和左派	12	26	19
急進および急進社会党	70	59	48
社会主義者 Socialistes	2	2	3

　此の表によれば**社会主義者**の勢力は仏国に於ては独乙の如く著しからず．其理由は第一に大政党なる急進党及急進社会党の主義方針が**社会主義**と近きことなり．第二は仏国の労働者には団結心なし．第三に社会主義者は概して大都市に集住して地方には洽からず．従て社会主義の得票数も案外に少数なり．1906年には得票数120万，1910年には140万にして全体の得票数の1割2分にあたる．第四に社会党その者にジョレスの派とゲードの派との内訌ありて，社会主義の感化を受けたる労働者はジョレスの説に満足せずしてゲードの一派と共に彼のサンディカリズムに走るの傾向あり従て社会党の代議士も大部分は新聞記者，弁護士，学校教師等**自由業** liberal proffession〔profession〕の出身にして，真の労働者の代表者は20人を超へず．

　丙．英国の社会党
　英国に於ては19世紀の始め以来天下の人心は所謂政治的自由に集中して社

英国の社会主義関係の党派．
1. 労働党 Labour Party．
   - 独立労働党 Independent Labor Party ⎫
   - フェビアン協会 Fabian Society & &c. ⎬ 社会主義
   - 労働組合 Trade Unions ⎭
2. イギリス社会党 The British Socialist Party
   - 社会民主党 Social Democratic Party etc.

ヘンリー・ジョージ．―フィラデルフィアの人

チャーティスト Chartists の運動
1832 年に第一回の**選挙法改正案** Reform Bill 通過す．その運動をなせしは中産の階級の者なりしが，労働者を煽動しその**支持** support を得て遂に成功せり．しかるに之は労働者には未だ満足し難きものなりしより，不平なりし労働者が運動を起せるものなり．彼等の要求を**憲章** Charter として発表せし故に，チャーティスト Chartist といふなり
1. **普通選挙**にすること
2. （ballot）秘密投票にすること
3. 毎年規則正しく議会を開くこと．
4. 国会議員に歳費を出すこと
5. 選挙区の分配を公平にすること．
6. 財産上の制限を撤廃すること[38]．

要するに**民主的運動** democratic movement にして，社会主義の運動といふを得ず．
1832 に憲章をかき，之に 128 万人が署名して議会に出したるに拒絶せられたり．其後**革命的** Revolutionary となる．
［Chartist］
"History of the Chartists Movement."

エーヴリング‒マルクスの婿．"Students' Marx" の著者

ヘンリー・ジョージ

ハインドマン

民主連盟

1. 社会民主党

社会主義連盟
（ウィリアム・モリス）

2. フェビアン協会

3. 独立労働党

会問題の如きは深く省る処とならざりき．ロバート・オーウェンの施設チャーティスト Chartist 運動[36]の如きありと雖も，未だ之を以て社会主義の継続的運動の一の段階といふ能はず．而してかかる風潮を一転せしめたるは，1881年より1882年にかけてヘンリー・ジョージの渡来して其宿論たる土地国有 (Nationalization of Land) 及び単税論 (Single Tax)[37]を講演したるにあり．これより人心漸く社会問題の研究観察に興味を感ずるに至れり．殊に彼の著『**進歩と貧困**』"Progress and Poverty" (1879) は最も大なる感動を与へたり．

此の新しき風潮に促されてマルクスの門弟を以て自ら任ずる処の新聞記者ハインドマンは，詩人ウィリアム・モリスを談らひ同志の友を糾合して**民主連盟** Democratic Federation なるものを作りたり．之を英国に於ける最初の社会主義的政團とす (1882)．ハインドマン推されてその**総裁** President となり，1884 [1883] 名を改めて**社会民主連盟** Social Democratic Federation と称す．これ1906に**社会民主党** Social Democratic Party と改称せしものにして，今日の**イギリス社会党** British Socialist Party の中堅をなすものなり．目下党員1万8千を数ふ．

　　　　機関．　　週刊　　『**正義**』Justice
　　　　　　　　　月刊　　『**社会民主主義者**』Social Democrat.

民主連盟に次いで更に二の社会主義的団体発生せり．一は**社会主義連盟** Socialist League にして，他の一は**フェビアン協会** Fabian Society なり．

社会主義連盟はウィリアム・モリスが**民主連盟**の組織後数ヶ月を経て之を脱会してエーヴリング，アーネスト・ベルフォート・バクスと共に組織せる独立の一団にして，**民主連盟のマルクスを固執するに反してややアナキズムの色彩を帯べり**．乍併勢力振はず久しからずして消滅に帰したり．

フェビアン協会はトマス・ディヴィドソンがさきに組織したりし**新生活団** New Fellowship[39] といふ団体を中堅として1884年に発生したる少数の学者文人の団体にして，下等労働者を相手とせず主として上流及中流の階級に主義を宣伝するを目的とす．その名の示す如く革命的急進的の手段を排斥す．その方法としては或は講演に或は小冊子の交換に専ら民育の方面に尽力せり．其会員の数は今日なほ約2500名に過ぎざれども，有識者の間に健全なる発達をなしつつあり．現に**労働党** Labor Party の有力なる一分子をなせり．

更に10年を経て他の一の社会主義の団体生れたり．之を**独立労働党** Inde-

Fabian Tracts.(official reports).
Fabian Essays
領袖シドニー・ウェッブ
―"History of Trade Union"
エドワード・ピーズ．バーナード・ショウ等有力なる会員．

小野塚：「立憲政況の一斑」．

ラムゼイ・マクドナルドは今日の労働党の院内総理の如き人．ケア・ハーディは独乙の正統主義の如く過激派にしてマクドナルドは修正主義の如く温和派を代表す．此両人は始めよりの会員にして労働党運動の大立者なり．
ケア・ハーディは1893.始めて[初]議員になる．8才のときより鉱山の鉱夫に住む．貧民にして学校へ行く能はず，母によりて絵双紙屋の前にて学問す．議会にても尊敬せらる．見識人格あり．今60才位．
マクドナルドはスコットランドの労働者の子．小学校のみを学習す．ロンドンに出でて苦学す．新聞に入り労働者[の]と味方となり，議員に選ばるるに至る．二人とも道徳・人格の高き人
機関雑誌　　　　　　　　　　　　　　　　　労働代表委員会
Labour Leader（週刊）
Socialist Review（月刊）

Sidney Webb & Beatrice Webb: History of Trade Unionism.
労働組合は労働者救済組合にして社会主義と別なり．独仏にては社会主義が唱へられて，それによりて労働組合が生じたるに反し，英国にては社会主義の入る前に労働組合がありたる故，社会主義が割合に盛ならさるなり．

マクドナルドの外交的手腕によること大なり

pendent Labor Party といふ．之は労働者を中堅とする点に於てフェビアン協会と異なり，直接政治的団結の遂行を期する点に於て社会民主連盟と異るものなり．社会民主連盟がマルクスの流を汲むと対して，之は寧ろラサールの説を奉ずるものと言ふを得べし．而して之が発生を促したるものは労働組合中の社会主義的分子なり．蓋し世上に於ける一般社会主義の発展につれて労働組合の中にも亦之を奉ずるものを見るに至り，此頃年々の大会に於て其唱導を見ること少からず．殊に其組合中の少壮者は相率ゐて之を奉ずるに至りしを以て，其数の少きに拘らず社会主義は労働組合の中に漸次有力なるものとなりたり．1892年グラスゴーに於て労働組合の大会あり．此時に来合はしたる社会主義者は之を好機として別に独立の社会主義団体をつくる協議をなし，かてて広く世間の同主義者にも訴へ，遂に93年1月ブラッドフォードに同志を集合して独立の一党を組織することとなれり．之を独立労働党とす．第一回の領袖はケア・ハーディなり．

以上の外なほ社会主義を標榜する団体は各地方に其数少からずと雖も，併し皆地方的 local のものにして言ふに足らず．故に有力なる団体としては社会民主連盟，フェビアン協会及び独立労働党を数ふるのみ．而してフェビアン協会は教育的にして政治とは関係薄く，社会民主連盟はマルクスの学説を固執し政界の実勢力となるには余りに頑冥なり．独り独立労働党は一方には主義主張を枉げざれとも，他方には実権の掌握に留意し，現に創立の当年ケア・ハーディを議会に送れり．

而して此党は後労働組合と提携して労働代表委員会 Labour Representation Committee をつくり，之によりて英国の政界に一大変動を与へ，社会主義の運動に一の新しき時期を画したり．労働代表委員会の起源は1899年プリマスに開かれたる労働組合の大会にあり．此大会に於て鉄道の使用人組合の領袖ジェイムズ・ホームズが議会に労働者の代表者(Labour Representation)を選任せんために労働組合勢力 Labor Unions と社会主義諸団体 Socialistic Societies との聯合会を開かんことを発議して容れられ，其結果労働組合の代表者と独立労働党との代表者が中心となり他の社会主義諸団体の代表者をも加へ，1900年2月27日ロンドンに於て聯合協議会を開きたり．労働議員を選任し，下院に於て独立団体を形成し以て労働者の利益を計らんことを決議し，そのために労働代表委

1. 生産・分配・交換手段の公有 Socialization of the means of Production, distribution, and exchange.
2. 労働の資本からの完全な解放 Complete emancipation of labour.

1908年の大会にては此修正案を否決したれとも，労働党が社会主義を終局目的として取りてもよき時期は既に到達せり．との決議を通過せり

員会の成立を見るに至れり．

　労働代表委員会設立の当初は必ずしも労働組合大多数の歓迎する処にあらざりき．現にプリマスの大会に於けるジェイムズ・ホームズの提案の如きも 546,000 の賛成に対して 434,000 の反対ありたり．乍併まもなく此反対派の中堅たりし鉱山並に紡績の労働組合も之に加盟するに至り，1902 年には 35 万の加盟者を有したりしに 1904 年には将に 100 万に垂んとする加盟者を得たり．

　さて此委員（労働代表委員会）は 1906 の総選挙 General Election にあたりて 50 人の候補者を挙げ自由党の助を得て 29 人の当選を得たり．而して此 29 人のものは，其の外委員のあげたる者以外の労働代表議員を合して当初の決議に従ひ，下院に於て独立の一政党を組織せり．之れ即ち今日の英国議会に於ける第四等［党］40)なる労働党なり．

　労働党は上述の如く労働組合主義 Trade Unionism と社会主義との合成物にして，其中には社会主義を奉ぜざる組合主義者 Unionist や，労働組合に加はらざる社会主義者を包むは論を待たず．ただ近来此二者は漸く接近して労働組合の中に社会主義者を奉ずるもの多くなりたれとも，二者は未だ全く混一するに至らず．1907 年の大会に於ては生産分配及交易の機関の公有，及び労働の解放を決議すれとも，翌年の大会に於ては社会主義の原則を採用する目的を有する党則の修正案をば 91,000 票に対する 951,000 票の多数を以て否決す．

　最近の報告によれば目下英国の労働組合の数は約 1200 あり，会員の総数は 2,400,000 人あるが其内約 1,500,000 人を包括する主なる組合 135 は労働党に加入す（即全体の約 7 割に当る．）．社会主義の団体中之に加入せる主なるものは独立労働党 (28,000 人)，フェビアン協会 (3,200 人) の外に，婦人労働組合連盟 Women's Labor League あり．両者合して党員の総数は 1911 年には 1,540,000 を数へたりしが，1912 年の終には増して 1,900,000 となれり．

　労働党の主張如何．1912 年 1 月バーミンガムの年会の決議は最もよく之を明かにす．今その主なるもの二を挙ぐ．

1. 本大会は，一般労働者に対する **30 シリング週最低賃金** 30 S. weekly minimum wage の実行の第一歩として次の事項に全力を尽さんことを本党代議士諸君に要求す．

　　a. 国家の使役の下にある労働者は毎週少くとも 30 シリングの賃金を得る

c. 賃金を物で給することなり．

其他の主張
外交上の公開．
軍備拡張の否認．
強制兵役に反対（ロバーツ元帥の運動に対して）．
仲裁裁判制の採用．
積極的帝国主義的政策の攻撃

> 労働党と自由党

愛蘭より110人足らずの議員あり．この中84人は愛蘭自治党〔アイルランド議会党〕にて自由党政府の味方なれとも，愛蘭自治案通過の後は政府は此支持を失ふにより保守党の方が勢力を得るに至るなり

> イギリス社会党

こと．
　b．労働時間は毎週 48 時間を超ゆべからさること．
　c．物給制度を廃すること
　2．本大会は，鉄道鉱山の公有が社会各階級の幸福及び国家の経済的発達の為めに最も必要なるを認め，鉄道運河並に鉱山の一刻も早く国有に帰せんことを要求し，院の内外を問はず党員各自此事の為めに尽力せんことを希望す．』
　労働党は現今**自由党**を助けて政府党の一部をなせるも，此聯鎖は果して永続すべきものなりや否や．1910 年の大会に於ては一部の党員の間に「**労働党は自由主義ではなく労働のためにあるべき**」"The Labour Party should stand for labour, not for liberalism." といふことを主張するものあり．**ケア・ハーディ**の如きも亦政府を支持すると之を殪すとは吾人の関する処にあらず，吾人は唯労働階級を結束して之を独立の一大政治的勢力となすに全力を尽すべきのみと説きしかど，労働党員の自由党又は保守党と事を共にするを難ずるの決議案は大多数を以て否決せられたり．乍併之を以て自由党と労働党との関係は常に円満なるものと思ふは正当ならず．毎年の勅語奉答文討議の際に，労働党が失職者 (Unemployed) の救済の責任を国家に負はしむるの希望を表明すべく修正案を提出して現政府と激しく争ふは著名なる事実なり．又 1911 年夏の**交通機関労働者** Transportation workers の大**ストライキ** strike の際に政府が兵力を用ひたる事[41]は，ただに労働党中の過激派と温和派との反目を大ならしめたるのみならず，又政府対労働党間の間隙をも著しくしたり．之を要するに労働党の一部のものが今日の自由党政府に慊焉たらさるものあるは疑なし．然し乍ら若し強ひて此の聯鎖を断つに至れば，政権は即ち保守党に帰するに至るべし．而して保守党の支配を受くるは彼等の更に大に苦痛とする処なるを以て，目下の処は自由党も労働党も暫く忍んで今日の状態を継続すべし．若し夫れ労働党が過激派と温和派と衝突して分裂する事ありとすれば，少数の過激派は独立して一派をなすか又は**イギリス社会党**に合すべく，少数の温和派は漸を以て自由党に合するならんとの観測は蓋し当らずと雖も遠からさるべし．
　最後に 1911 年の 9 月 30 日を以て生れたる**イギリス社会党**に就て一言するの必要あり．1900 年に**労働代表委員会**の成立の当時**社会民主連盟**も亦その聯合の中に加はりたりしが，1 年の後非社会主義者と事を共にする能はずといふ理由

×マルクスの友人．今年 72 才位．

ウィル・ソーンはイギリス社会党の一員なれとも**労働組合**の方より議員に出でたるにて，イギリス社会党の運動によりて当選せる議員は今まで 1 人もなし

議会に於ける労働党の勢力

トム・マン．
サンディカリズムの運動の首魁．イギリス社会党の一員なれともあまりに過激なる故その縁大部うすくなれり
ジョン・バーンズ．
社会主義者にして閣員に列せし人[42]．（フェビアン協会の一員なりしも今は自由党に数へらる）
従来は労働組合もやや貴族的なりしが此二人の運動の結果下等の労働者も之に入るを得るに至り，従て漸次社会主義の思想入るに至れり．

保守党は 1912 年 5 月 9 日に二派が合一したるものにて其本名は**保守自由統一団体全国統一協会**〔The〕National unionist 〔Organisations〕 association of Conservative and liberal Unionist organization. 1912. V. 9.
統一党（愛蘭自治に反対す）．
保守党は皆統一党なり．
自由党にてもチェンバレン等 36 人はグラッドストンの**自治法案** Home Rule 案に反対して相率ゐて之を離れたり．即ち愛蘭の自治に反対したるを以て．
バルフォアの建策により 1912. IV 月に委員を設けて合同を議し V 月 9 日に成立せしなり．

IV 墺国
1860 年代に始まる

労働者団結を企てしもの

シュルツェ＝デーリチュ―組合運動 〔Genossenschafts bewegung〕 Genossenschaftbewegung (Trade Union) の創立者 Begründer（独乙に於て）

1. シュルツェ派

の下に脱会せり．1906年に**労働党**の発生するや，名称を**社会民主党**と改めて独立し，選挙場裡に運動せり．遂に1911年の9月に至りて自ら中堅となりて他の純社会主義的の小団体を糾合して，此の**イギリス社会党**を作れり．×**ハインドマン**之が**議長**Presidentたり．会員約4万人を数ふ．此の派は労働党と異なり，階級戦争，革命的同盟罷工等を主張する事独乙の正統派と似て更に一歩を進む．されば従来**独立労働党**及び**フェビアン協会**との合同を企つるものありしも，一も成功せざりき．

労働者の代表者として**労働組合**の**支持** supportによりて代議士となれる者は1874年に2人ありしを始めとし，1900年には此種の議員増して12人となれり．乍併多くは籍を自由党に置きて独立して労働代表の一党を組織することなかりしなり．故に英国政界に於て労働代表者が社会主義者と合して独立の一団をなせるは1906年を以て始まる．同年及びその以後の**労働党**の勢力関係は次表の如し．

年次	保守党	自由党	［アイルランド議会党］ 愛　蘭　党	労働党
1906	158	387	84	54
1910. 1月	273	275	82	40
1910. 12月	272	272	84	42×
1913. 12月 現在	283 ×	264	84	39

丁．墺太利の社会党

オーストリアに於ける社会主義の実際的運動は60年代に始まる．47年**カール・マルクス**が共産主義宣言を発表せし頃は**オーストリア**は何等の反響をも之に与へさりき．其後産業の勃興と西欧思潮の伝染とは漸く労働者の自覚を喚起したれとも，当時墺太利は他の欧州諸国と同じく法律は労働者の結社を禁じたるを以て未だ公然と労働者が団結することあらざりしなり．唯60年代の始頃より漸次法禁を犯して労働者の団結を企つるものあり．而して直接此運動に関係せるものに次の二種類ありき

I．**シュルツェ＝デーリチュ**[43]の主義に基きて自助的組合を設けんとするもの．当時この連中を**シュルツェ派**Schulzeanerと称せり．

全ドイツ労働者協会 Allgemeine Deutsch Arbeiter Verein（ラサールの立てしむもの）〔Allgemeiner Deutscher Arbeiterverein〕
北方の境界地方アシュ，ライヒェンベルク44)の二市に秘密の支部が出来たり

カール・マルクスの立てし万国労働者同盟〔国際労働者協会〕も運動に来りしも此の方は失敗せり

	2. ラサール派
	二派の競争
	結社法
	自助
	全国労働者教育協会
	自助は全国労働者教育協会に合併
	全国労働者教育協会第一回の労働者大会

II. ラサールの主義に基き社会主義的政団を設けしとするもの．当時之をラサール派 Lassalleaner と称せり．

前者は主としてウィーンの労働者の間に運動し，現に64年2月自由派の政治家の尽力を得て政府の寛容黙認の下に印刷職工組合をつくれり．然るに63年独乙に於て組織せる独乙労働同盟[全ドイツ労働者協会]がその支部をつくる目的を以て墺太利に来り運動し進んでウィーンに至るに及び，之にシュルツェ派とラサール派との競争となり，後には互に反目衝突するに至れり．

1867年結社法 Vereinsgesetz なるもの発布され，之によりて労働者は始めて結社権を与へられたり．於茲シュルツェ派とラサール派とは公然運動することとなりしが，其競争益々激甚を加へたり．而してシュルツェ派は自助的主義のもとに全オーストリアに亘る一大労働組合を設くる案を立てて67年12月1日ウィーンに大集会を催し，自助 Selbsthilfe と称する一大組織設立を決議し，委員を挙げて規則制定の任を託したり．ラサール派は之に対抗して12月15日同じくウィーンに於て大集会を催し，集るもの3千を超へ，わざわざ運動の為め独乙より来れるヘルマン・ハルトゥングが熱烈なる雄弁を振ひて自助的組合主義の畢竟空論なるを痛言し，独乙に於ける新設労働党の綱領を説明し，政権の獲得が理想実現の唯一の手段たるを論じ，其結果千余人の労働者は速座[即]に彼の提案を容れて全国労働者教育協会をつくりたり．之がオーストリアに於ける最初の社会主義の政団なり．

さて此二つの団体は創立後忽ちその勢力を張るに競争せしが，「自助」は形勢振はず漸次他方より地盤を侵されたり．茲に於て形勢挽回の為め一大活躍をなすの必要を感じ，翌68年の1月に重々しく発会式を挙行せり．然るに幹部の周到なる注意ありしに拘らず，集まる労働者の大勢は期せずしてラサール派の方に心を傾け，遂に僅か4票の反対あるのみにて全国労働者教育協会に合併するの決議通過せり．

於茲全国労働者教育協会は唯一の労働団体となりて4月には会員の数4千を超へ，8月に第一回の労働者大会 Arbeitertag を召集して特別遊説委員を挙げて，次の五点を主張せしむることとせり．

1. 普通選挙権 Allgemeines Stimmrecht
2. 結社の自由・集会の権利 freies Vereins = und Versammlungsrecht

	政府の圧迫
	労働者の示威運動
	内閣上院に圧迫せられて社会党を圧す
オーバーヴィンダー6年	**労働者大逆罪裁判** 抑圧寛和
×　さきに5年の刑罰をうけたり．革命的	温和派過激派の反目

3. 団結権 Koalitionsrecht（結社権）
4. 新聞印紙税の廃止 Beseitigung des Zeitungsstempels　新聞税
5. Freigabe der Kolportage　行商人[45]

　政府の圧迫は68年の末より始まれり．ウィーンの警察官庁は中央委員に違法の理由を以て解散を命じ，その全員を**結社法違反**の故を以て獄に投じたり．乍併社会党の勢は之によりて屈する事なく却て全国の各地方に蔓延して，69年中に二十有余の支部の設立を見たり．然るに，政府は同年の9月**アイゼナハ綱領**を基礎とする結社を禁ずるの命令を発して人心の沸騰を招きたり．蓋しアイゼナハの大会には墺太利の代表者も出席したる為めにかゝる命令発せられたるなり．10月11月の両月に亘りて労働者は種々の集会を催して政府の処置を非難せんとせしが，いづれも公安に害ありとの理由を以て禁止せられたり．於茲労働者は之を以て労働階級に対する政府の宣戦と見なし大示威運動をなすを企て，69年12月13日朝，34万の一隊は隊伍整々として帝国議会の前に押しよせ，10人の委員を挙げて首相に会見せしめたり．首相ターフェの態度は案外温和にして其内3人を引見して革命的手段に出るを警むると同時に其希望は閣議に於て議すべきを約せり．12月14日内閣は一の新しき法案を議会下院に提出して労働者の結社権を拡張せんとせり．然るに，之と同時に上院に於ては労働者の運動に対して政府が十分に抑圧せざりしを批難するものあり．為に政府の方針は一変し，検事は労働党の有力者へ逮捕の命令を下すこととなりて，其結果70年に至りて党の幹部は重きは6年，短きは2ヶ月に至る刑罰に処せられたり．之を**労働者大逆罪裁判** Arbeiterhochverratsprozess と称す．
〔Arbeiter-Hochverratsprozess〕

　71年の11月**ホーエンヴァルト＝シェフレ**の聯立内閣立ちし時に処刑者は放免せられ，労働団体の組織も許され，一時労働運動の為に順調なりしが，暫くにして労働党の分裂，過激派の跋扈によりて再び政府をして抑圧の手段に出でしめたり．此の頃オーバーヴィンダーの率いる温和派とアンドレアス・ショイの率ふる過激派との対立は漸く著しくなりつつありしが，72年春オーバーヴィンダーが Arbeiter Kammer（労働会議所）設立運動を企つるに及び，ショイの一派は国家の力を頼む一切の改良的手段を非とするの立場より盛に反対の声をあげ，茲に二派の反目はもはや蓋ふべからさるものとなれり．

　而してショイは更に進みてオーバーヴィンダーの言葉を妨害したる為に温和

	過激派の跋扈
主としてウィーンにて. 追放約500人	
	社会主義の再起
	アドラー博士
	過激温和両派会同大会の決議
×社会民主労働者党 Sozialdemonkratische Arbeiterpartei と名〔付〕く ×Unabhängigen(独立党)をつくりしが今は殆ど消滅に帰せし外に棄権1票あり	第一回党大会(ハインフェルトにて)

派は萎靡振はず，過激派が独り跋扈するに至れり．これより約10年間は真正の社会主義的の運動は全く不振の状態に陥りたり．過激なる一派の者がひそかに下層の間に運動するものありしを以て政府は常に監視を怠らず，為めに抑圧の手は自ら社会主義(温和派)にも及びて益々その不振の境遇に沈淪せしめたり．78年独乙に於て社会党鎮圧法の発布があり，為に独乙の社会党は一時驚きしが，墺の過激派は之を以て温和主義の失敗となして過激思想の鼓吹に利用せり．81年3月13日ロシア皇帝アレクサンドル2世が無政府党員の毒手に殪るる[46]や，之を以て一般革命運動の曙光となし犯人ヴェラ・ザスーリッチを賞讃するものあるに至れり．之より秘密出版の方法にて過激暴論を流布するもの益々多くなり，82年より84年にかけて無政府主義的の暴行を企るものも頻々として現はるるに至れり．されば政府は84年1月ウィーンに於て戒厳令を布き，新聞を禁止し，危険人物を追放し，集会結社を解散禁止するの権を警察に与へ，且つ倍審[陪]にせる裁判を一時中止せり．

　85年6月には政府は社会党鎮圧法案を議会に提出し，社会主義は当時殆ど全く屏息の姿となれり．併乍ら社会主義は之を以て全く滅亡したるにあらず，むしろ此頃より一には産業の発達，二には独乙に於ける社会党の再起は積極的に社会主義運動の盛り返しを促し，又地方に於て一は過激派の反省と，二には露西亜に於ける虚無党の迫害とは消極的に革命的過激思想の凋落を来たすものあり．加之一般労働者も亦漸く過激派を倦むの色あり．健全なる社会主義運動再興の機運は陰に寧ろ熟したり．且つ又過激温和の二派は政府の圧迫の結果として漸次相接近せんとするの傾向もありしが，偶々1886年アドラー博士の新に入党して熱心に両派の融和を計るに及び[図]，彼等は遂に従来の態度を改むるに決し，その結果87年4月3日ウィーンにて両派合同の大会を開き次の決議をなし，その決議の下に一致行動することとせり．決議に曰く，

　　本大会は速に有産階級が選挙権を独占するの現制を廃し，之に代ふるに普通平等直接選挙権制度を以てせんことを要求す．

　両派融合後×第一回の**党大会**はアドラー博士の準備の下に1888年12月末(30日，31日，1月1日)ハインフェルトに開かれたり[47]．之は墺太利社会党史に最重要なる時期を画するものなり．何となれば此大会に於て近世的意義に於ける**綱領**が僅かに3票の反対あるのみにて採用せられ，リスマン×一派の過激派を

	選挙権拡張
	オーストリアの憲法政治
	墺匈国の組織
	共通の三省
K. u. K—墺匈〔オーストリア=ハンガリー〕国50) K. K.—墺太利51) ハンガリーは**帝国** Reichs なる語を好まず 1911. IX. **帝国**といふ文字を用ひさる例を開きたり52)	共通議会
	戴冠式
墺ハプスブルク家 匈〔ハンガリー〕ハプスブルク家のフェルディナント系に限る 故に将来フェルディナント系が絶ゆるときは匈〔ハンガリー〕国の政体は議会にて勝手に定め得.53)	墺国の組成

脱会せしめ，鞏固なる統一的組織を完成したるを以てなり．社会党は其後着々として健全なる発達を遂げたり．而して選挙権拡張の運動には最熱心に尽力したりしが，其結果たる第一回の選挙法改正(1896)[48]は始(初)めて同党をして議会に於ける多少の勢力たらしめ，更に第二次の改正(1907)[49]は同党をして急に政界の一大勢力たらしめたり．

　オーストリアに於ける今日の憲法政治の起源は1867なり．当時議員の数203名を各州に分割して各州の**州議会** Landtag が議員を選挙する制度なりしが，各州各々人種の争ありて選挙の事まとまらず，為に1873年4月選挙法を改めたり．之が社会党が運動せる当時の選挙法なり．
　オーストリア＝ハンガリー君主国 Oestereichisch-Ungarische Monarchie 〔Oestereichisch〕は外に対しては一の国となれとも内にありては二の国家なり．ただ同一の君主を戴くのみ．而して此同一の君主は墺に於ては**皇帝**と称し，匈〔ハンガリー〕に於ては**王** Apostolische König と称す．此二国は外交と軍務とを共通にし従て外務，陸軍(海軍は此の一局)と之に伴ふ大蔵の三省を置きて其事務をとらしむ．之を**オーストリア＝ハンガリー共通省** Kais. u. Kgl. gemeinsame Ministerien für Oesterreich u. Ungarn といふ．
  1. **共通外務省** Ministerium des K. u. K. 〔Oestereichisch〕Haus und 〔Äußern〕Äußeres.
  2. **共通大蔵省** 〔Finanzministerium〕Gemeinsames Finanz Ministerium
  3. **帝国国防省** 〔Reichskriegsministerium〕Reichs Kriegsminis M.

更に双方の議員あり．60人宛(上院20人下院40人)をあげて**共通議会** Delegation を組織し(双方別々に開く)議会の任務に当らしむれとも，二つのものが合して一の帝国をなすものにあらず．故にたとへば君主が世代を代ふる場合の如きには新しき君主はウィーンに於て即位をせし後，6ヶ月内に更にブダペストに赴きて戴冠式をなさざるへからず．皇位継承の条件の如きも二国は全く同一にあらず．

　ハンガリーを除ける他の一部は通常之れを**オーストリア帝国** Oestereichsche 〔Oesterreichisches〕Kaiserreich と称すれとも，果して之を統一せる一国と見るべきものなりや否や疑なきを得ず．中央集権論者は之を単一の帝国と解し，之を組成する17州を以て行政区画と見なさんと欲すれとも，各州は概ね地方分権主義をとり，歴史的の事実を楯として固く国家的独立を主張す．就中ベーメンの如きは多年ベ

ベーメン戴冠問題 Böhmische Krone Frage.
ハンガリーに行きて戴冠式をしたる後プラハに来りてまた戴冠式をしてくれと要求するものなり

墺太利の 17 州.　　　　　　　　　　　　　　　　　　17 州
1. 下エンス・オーストリア大公領(略して下オーストリアといふ〔　〕). ウィーンを首府とす
2. 〃 　エンス川の上流の辺なり

英名 { 4. スティリア
　　　 5. カリンティア
　　　 6. カルニオラ

8. 侯爵 Fürst と称するを得る伯爵 Graf(北方の小市なり)

11. 地域 territory にて全体の領土となれるもの. 他の 16 州は各々独立国, 州議会を有す
12. ボヘミア
13. モラビア

1873 選挙法
選挙権者の四級

ーメン戴冠を主張して止まず,故に実際の勢力関係を顧みずして空論を玩ぶ処の憲法学者は各その僻する処に従ひ墺太利の国体を種々に論定せんとすれとも,事実を論究の根拠とする立場より見れば国内各種の勢力関係が多少安定の地歩を占むるに至らさる限は,墺太利今日の国体を法律上一方に論定するは不当なり.現に同国はその公の名前を**帝国議会において代表される諸王国および諸邦**
〔Reichsrat〕
Die im Reichsrate vertretenen Königreiche und Länder といふ.

1. 下オーストリア大公領
2. 上オーストリア大公領
3. ザルツブルク公領
4. シュタイアーマルク公領
5. ケルンテン公領
6. クライン公領
7. トリエステ市・地方
8. ゴリツィア・グラディスカ伯爵領
9. イストリア辺境伯領
10. チロル伯爵領
11. フォアアールベルク
12. ベーメン王国
13. メーレン辺境伯領
14. シレジア公領
15. ガリツィア王国
16. ブコヴィナ公領
17. ダルマツィア王国

1873年4月2日の選挙法によれば選挙権者を次の四級に分つ(**クーリエ** Kurie).第一級(Erste Kurie)は大地主なり.即ち一定額以上の税金を納むるもの.税額は州によりて異り,少きは50円多きは250円とす.女にても法人にても之を除外せず.85人の議員を出す.63人に議員一人の割合なり.第二級は都市に於て商工業を営むもの.但し10円以上の税金を納むる24才以上の男子に限る.議員数は21人,2900人に就き1人の割合なり.第三級は商業会議

墺の帝国議会 Reichsrat にては人種の関係より対論終結多数決を否認す．(技術的議事進行妨害 [technischer] technische Obstruktion)．最高記録 Record は一人で19時間演説せり．
2. 4. 8. 9. 10. 12. 15. 16. 17…州議会の議事の全く出来ないもの，ベーメン，ガリツィア最も甚し．　　　　　　　　　　　　1882. 改正
1. …稍出来る方．
他は……十中三，四
政治上に争ふ上より区別すれば人種8.　　　　　　　　　社会党の運動
帝国議会にあらはるる党派72，相似たるを一にしてつづむれば35位になる．

　　　　　　　貴族院
帝国議会 ｛ Herrenhaus. ｛ 1. —15（成年皇族）
　　　　　　　　　　　　 2. …81（世襲議員たる貴族）
　　　　　　　　　　　　 3. …17（旧教僧侶）
　　　　　　　　　　　　　　　　〔Erzbischof〕
　　　　　　　　　　　　　　大司教 Erzarchbishop
　　　　　　　　　　　　　　　　〔Bischof〕
　　　　　　　　　　　　　　＆司教 Bishop
　　　　　　　　　　　　 4. …159（終身勅選議員）
　　　　　　　　　　　　　　国家及教会に功労あるもの
　　　　　　　　　　　　　　学術民文芸に秀でたるもの
　　　　　　　衆議院
　　　　　　　Abgeordnetenhaus.

　　　　　　　　　　　　　　　　　　　　　　　　　　第一回選挙権拡張
　　　　　　　　　　　　　　　　　　　　　　　　　　1896.

所及工業会議所，116人．27人に就て1人の割合．第四級は農業を営むもの．但し第二級と同一の条件に服す．議員数は131人．11,600人に就て1人の割合．計，議員総数353人．

　之によりて見れば下層の階級は殆ど全く選挙権の外にありたり．1882年10月4日の改正は二級及四級の財産的制限を5円に下げしも，労働者の多数はもとより其恩典に浴するを得ず．されば社会党は内部の組織がほぼ成るや，乃ち選挙権拡張の運動に全力を注げり．而して此運動が組織的に行はれたる始めは93年頃よりなり．此年6月社会党は『無法への問い』"Eine Frage an die Rechtslosen"といふ檄文を全国に配付し，7月には約4万人の労働者が帝国議会の附近に於て**示威運動** demonstration をなせり．10月8日全国より代表者を**ウィーン**に集めて此度の議会に於て是非とも選挙権拡張法案を議するを要求する決議をなし，翌9日を期して全国一斉に此事の為に演説会を開くを定めたり．此勢に怖れて宰相**ターフェ伯**の内閣は意外に翌10月10日一種の選挙法改正案を下院に提出せり．乍併此案は二級及四級の財産的制限を全く撤去したれとも，なほ一級と三級とは依然之を認むるを以て，社会党より見れば甚だ不完全なるものなり．保守派はまた財産的制限の撤廃に極力反対したり．於茲ターフェ内閣は月の末同法案の票決に先ちて辞職せり．新に起ちしヴィンディシュグレッツ内閣も此の問題の解決を約束せしのみにして更に捗々しき進行を見ざりき．94年6月議会は何等為す処なくして終了するに及び，示威運動と同盟罷工とは相次で行はれたり．

　95年10月に起ちしバデーニ内閣は此問題を以て始めて真に其の政綱の主要事項となし，96年2月一の案を議会に提出せり．此案によれば従来の四級の外に，24才以上の凡ての成年男子を新に第五級として，その級より72人を選出せしむるものなり．故に普通選挙の主義は之を認むれとも，之はただ72人の代表者を出すに過きさる第五級にのみ行ふものにして，従来の四級は依然そのまま存するものなり．されば新選挙法に依て選挙権を得べきもの約533万人の内約173万の有[産]階級は353人の代表者を出し，他は僅かに72人を出すに過ざるものにして頗る不公平のものなりき．乍併社会党は当時その勢力が未だ弱くして一時にその要求の全部を容れしむるの力なく，暫く之に満足して他日適当なる時期の到来するを待つの得策なるを思ひて賛成を表したり．かくて

普通平等直接 Allgemeine Gleiche Direkte

このときより5年程前に社会党は大体之ことにて会同を共にすれど，人種上分裂せり．而して各々**党大会**を開き，且つ2,3年毎に全体のものが集りし**党全体大会**を開けり．

日露戦争中なり
×10月30日．大会は31日—11月3日頃迄
ドゥーマ Duma　ロシヤの議会

第二回の選挙権拡張

第四会[回]**党全体大会**の決議

ガウチュ案

此案は 3 月の始に至りて両院を通過せり．之を第一回の選挙権拡張とす．其結果社会党は 14 人の議員を送ることを得たり．

バデーニの選挙法改正は社会党多数の希望に副はざるは素より論なし．さればアドラー博士が之に賛成せるに対して不平の声をあぐるもの多く，96 年 4 月の**党大会**に於ては幹部不信任の決議案を提出したるものもありき．而してバデーニ案の毫も社会党の要求と容れざること，並に真正なる**普通平等直接** A. G. D の選挙法獲得の為に今後一層力をつくして運動するを必要とする旨の決議を通過せり．乍併アドラー始め幹部の者は，当時内部を整頓して一層結束を固くするの必要を認め，衆議を退けて，選挙権拡張の為に此上運動することを勉めざりき．乍併此間に於て彼等は深く現行選挙法の下に於ては到底此上発展する能はざるを経験して，此上沈黙を続くれば益々党中の過激派の激昂を刺戟するのみなるを鑑み，1903 の頃より幹部は従来の態度を改め，其年 11 月にウィーンにて開きし第三回の**党全体大会** Gesamtparteitag にては自ら率先して此の問題を議題の一となし，次で 1905 年 10 月末ウィーンにて開きし第四回の**党全体大会**にても熱心に此問題を討議せしが，時恰も露国にては革命起りて皇帝が遂にドゥーマ Duma を与ふるの約束をなしたる×の報道来り．又ハンガリーにては総理大臣**フェイェールヴァーリ**が**普通平等直接**の選挙法を与ふるの宣言をなしたる報[道]あり．集まるもの皆既に其成功を期して選挙権拡張の要求の声を高めたり．即ち決議案は討論なしに通過せり．曰く，

> 直に議会を招集し下院をして其特権階級の代表機関たる面目を改めしめ，之をして新に**普通平等直接**の選挙法に基く真の国民代表機関たらしむる所以の問題を議せしむべし．

此の大会に引続き数日の間は各地に示威運動が頻々として行はれ，其大仕掛なること前古未曽有と称せらる．最後に 11 月 28 日約 25 万人がウィーンの議院の前に集会して，委員 20 名を挙げて総理大臣及議長に**普通平等直接**選挙法採用の請願書を出せり．此勢に圧されて総理大臣**ガウチュ**は遂に此日選挙法改正案を近々のうちに提出するを宣言するに至れり．而して此宣言に基く選挙法改正案は翌年の 2 月 24 日下院に提出せられたり．其要点は所謂階級制度 (Kuriesystem〔〕) を廃し，24 才以上の凡ての男子に平等の選挙権を与へんとするにあり．従来覇権を握れる独乙人種はもとより此改正を喜はず．独乙人以外

チェコ人 Tscheche(Czech)ボヘミヤ人

皇帝フランツ・ヨーゼフの尽力によること多し

ベック男爵のとき通過す

新選挙法の要綱

議会に於ける社会党の勢力

墺国の民族

のものは大体に於て改正を利益と認めたれとも，ただ各民族間の議員の分配の点で意見まとまらず．ガウチュの案によれば議員全数を 455 人とし，之を人口と納税能力とに応じて各州に割当て，また各州内に於ても同じ標準によりて之を各種族に割当つることにせり．乍併周囲の民族関係の複雑なる而して其利害関係の相矛盾せることは政府をして議会に多数を制することを得ざらしめ，4月 30 日辞職せり．ホーエンローエ＝シリングスフュルスト公爵之に代りて内閣を組織せしも，亦多数を集むるを得ずして 5 月 28 日に辞職し，6 月 2 日にベック男爵の内閣立ちたり．此内閣が社会党及びキリスト教社会党 Christlich＝Soziale [Christlichsoziale Partei] 54)；青年チェコ党 Jung-tscheche [Jungtschechen] 55) の三党を中心として辛うじて多数をつくり，12 月 1 日下院を通過し，20 日上院を通過して新選挙法は茲に成立せり．翌 7 年 1 月 26 日に皇帝の裁可も得，30 日を以て発布せられたり．

新選挙法によれば満 24 才以上の男子にして 1 年以上選挙区内に住するものは等しく選挙権を有し，満 30 才以上にして 3 年来墺太利の国籍を有するものは被選挙権を有す．第一次の選挙に於いて絶対過半数を得たるものは当選とし，之なき時には最高点 2 名のうちより決戦投票を行う．選挙区の分配は必〔ず〕しも人口を基とせず，同一選挙区内に異りたる人種の争なき様，選挙区の分配を注意す．

社会党の始めて議会に代表者を送りたるは 1897 年なり．此年の総選挙には前年の選挙法改正の結果として第五級より 14 人の社会党員挙げられたり．蓋し此時には普通選挙の主義は認められたれとも，之は唯第五級にのみ限りたる故，多数の代表者を出すことを得ざりし也．然るに 1907 年の第二回目の改正により労働者は正にその勢力と其運動とに正比例する代表者を送りうるの希望を有するに至れり．政府は新なる選挙法に基きて新なる議会をつくらんが為に，真[新]選挙法の発布と同時に議会に解散を命じたり．社会党は直に熱心に運動したりしが，其結果は意外の大成功にして 5 月 14 日を以て行はれたる第一次の選挙に於ては投票総数の約 4 分 1 を収め，60 の席を占めたり．23 日の第二次の選挙は更に 27 人を加へたり．而して最近の選挙(1911 年)にては 5 人を減じて 82 人となれり．議員数は減じたれとも，得票数は却て増加せりといふ．

終に同国の民族関係と社会党との関係に就て一言す．墺太利の人種を大略次に記す(1910)．

ドイツ人 Deutsch…納税額6割を占む
チェコ人チェック…ボヘミア人
ポーランド人 Polen とルテニア人 Ruthenen[56]とはドイツ人に対するよりも仲わるし．
かくの如き有様なる故，人種問題が殊に複雑なり．

8民族

		人口	百分比
ドイツ人 Deutsch	……	9,950,000	(35.8%)

スラヴ人 Slavisch
- 北スラヴ
  - チェコ人 Tscheche　6,430,000　(23.2)
  - ポーランド人 Polen　4,960,000　(16.6)
  - ルテニア人 Ruthenen　3,510,000　(13.2)
- 南スラヴ
  - スロヴェニア人 Slowenen　1,250,000　(4.7)
  - セルボ・クロアチア人 Serbo-Kroaten　780,000　(2.8)

ラテン人 Latin
- イタリア人 Italiener　……　760,000　(2.8)
- ルーマニア人 Rumänen　……　270,000　(0.9)

P. 79 参照57)　州名　　議員数　住民の人種

1. 下オーストリア大公領
　　　　　　　　　　　　64人　殆ドイツ人
2.　　　　　　　　　　　22人　　〃
3.　　　　　　　　　　　 7人　　〃
4.　　　　　　　　　　　30.　ドイツ人…7割
　　　　　　　　　　　　　　　スロヴェニア人…3割
5.　　　　　　　　　　　10.　ドイツ人…7.5
　　　　　　　　　　　　　　　スロヴェニア人…2.5
6.　　　　　　　　　　　12.　殆スロヴェニア人
7.　　　　　　　　　　　 5.　イタリア人…8.
　　　　　　　　　　　　　　　スロヴェニア人　1.5
　　　　　　　　　　　　　　　ドイツ人　0.5
8.　　　　　　　　　　　 6.　スロヴェニア人　6.
　　　　　　　　　　　　　　　イタリア人　4.
9.　　　　　　　　　　　 6.　セルボ・クロアチア人　4.
　　　　　　　　　　　　　　　イタリア人　4.
　　　　　　　　　　　　　　　雑　　2.

	墺太利の民族と社会主義 民族間の反目
ガリツィア州に於てルテニア人が勝つときは(選挙に於て)政府が危し．故に，現行の普通選挙法に於てもここには特別なる方法を施す．ガリツィア州は7区に分れこのうちポーランド人の全部を占むる処は34．ポーランド人とルテニア人と混同せる処は36．而して前者にありては一区1人宛．後者に於ては2人を出し，而してそのうち一人は過半数，他の一人は4分1の得票を以て足ることとす．故にポーランド人の議員数はルテニア人に比して約倍となる結果を示せり，	社会主義の世界性 人種の関係によりて社会党も合一する能はず

10.		25.	ドイツ人　6. イタリア人　4.
11.		4.	殆ドイツ人
12.		130.	チェコ人　6.5 ドイツ人　3.5
13.		49.	チェコ人　7. ドイツ人　3.
14.		15.	ドイツ人　4. 強 チェコ人　2. ポーランド人　3.
15.		106.	ポーランド人　5.5 ルテニア人　4.5
16.		14.	ルテニア人　4. ルーマニア人　3. ドイツ人　2.
17.		11.	殆全部セルボ・クロアチア人

　墺太利は複雑なる人種よりなる国にして，その人種は大別して3となし，更に細別すれば少くとも8種を数ふ．而して其間の関係は頗る融和を欠き，第一には近時に於ける民族勃興の勢に伴ひて従来盟主を以て自ら居りし処の独乙人種に対する反対盛となりしのみならず，第二に独乙人種以外の民族間にも頗る仲悪きものあり．異種族相錯綜して雑居する処にては殊に甚しく，其中にても最も著しきはベーメンに於ける独乙人種とチェコ人種との争，ガリツィアに於けるポーランド人とルテニア人との争なり．

　此関係はまた社会主義の運動にもあらはる．社会主義は其本性に於て国家的境域を超越し抽象的に労働階級の地位の改善を主眼とする点に於て大に**コスモポリタン** Kosmopolitisch のものなり．乍併この社会主義の**コスモポリタニズム** Kosmopolitismus も遂に墺太利の民族的感情を打破する能はずして，今日墺太利の社会党は多少の聯結を存しつつ6つの独立の団体となれり．

　本来墺太利に於ける社会主義の政団は最初は主として独乙人種とチェコ人種

党全体大会

言語問題 Sprachfrage

墺の社会党が全く人種の関係をはなれて行動を共にせしは，ただ選挙権拡張のときのみなり．

ドイツ人，チェコ人…工業盛．
他は農民．されとも無政府党に煽動せられたるものありて乱暴なり．

との間に於て起れり．'67年12月**労働者教育協会**の成立したる後，その支部は此2人種の住居せる各地方に開設せられしも，其以外にはあまり拡まり居らざりき．次で1888年アドラー博士が**社会民主労働党**を組織して其の第二回の**党大会**をウィーンにて(1891年4月)開きし時，始めてポーランド人とイタリア人とが代表者を送りて之に加はれり．斯の如く当初は墺太利の社会党は独乙人種が自ら中堅となれり．他人種は各々まとまりて支部を為せし概ありき．乍併民族的独立心があまりに強くして永く共同する能はざりしを以て，チェコ人の如きは91年の**党大会**に於て既にドイツ人側と意見異る故を以て分離し，98年にはブトヴァイスに大会を開きてチェコ人独立の社会党を作れり．次で97年6月第六回の**党大会**に於て民族独立の原則を認むる旨を決議し改めてチェコ人の社会党の独立を承認すると共に，ドイツ人，ポーランド人，ルテニア人，イタリア人及び南スラヴ人の五種族は各々独立の社会党を有することとし，ただ時々**党全体大会**を開きて能ふ限り行動を共にすることとせり．蓋し之等の社会党は一般の社会経済の問題に就てはもとより一致行動をせさるべからざるを知れとも，併し他の一方に於て其政綱の中より全然所謂民族的要求(例へば各自の国語を公用語とせられす[たし]との希望，議会の議事録の中に自国語の演説をそのまま印刷せられたきこと，自国語の大学を建てくれたきこと，ある一定の地方に他の民族が大多数を占むる場合にては自分の国語を必修とする学校を公費を以て建てられたきこと等)を除くこと能はさるを以て，社会党にも種族によりて独立せさるへからさるに至るなり．而して国によりて独立するにあらずして人種によりて独立せる点は特に注目を要す

議会に於ける社会党の勢力．

	1907	1911
ドイツ人	50	44
チェコ人	24	26
ポーランド人	6	8
ルテニア人	2	1
南スラヴ人 Süd Slaveich	0	0
イタリア人	5	3

レオポルト1世及2世は**絶対主義** Absolutism．現帝アルベールは自主主義に同情あり．選挙法の関係及天主教の勢力大なる故，自由党，社会党の発展に妨あり．故に自由主義者は選挙法改正を迫る．	白耳義〔ベルギー〕の社会党
選挙法は特別法となりおらず，憲法の一部たり．	第一期，普通選挙制施行以前 1831 憲法 1848 改正
選挙法改正に賛成せしもの 社会党 無政府主義者 自由党の内の急進派 白耳義〔ベルギー〕にては社会党とアナキストとは始めより分れ居れり 自由党 ⎰ 老人連…財産上の制限を認む 　　　⎨ 進歩党…財産上の制限を認めされとも 　　　⎪　　　　 教育上の制限を認む 　　　⎩ 急進党…全然普通選挙．	1866 労働者団結 1879 社会主義者の大会の檄
	白耳義〔ベルギー〕労働党の組織 (1885)

第五[59)] La Parti ouvrier belge.（白耳義の社会党[60)]）
　白耳義の社会党の創立は1885年なり．而して同党の成立は1860年代より始まれる社会主義者の選挙権拡張運動と密接の関係を有し，今日もなほ同党は同一の問題を以て主要なる政綱の一として政争を続くるを以て，余は茲に主として選挙権問題の方面より同党の沿革現状を説かんと欲す．

　今之を三期に分つ．

　第一期は普通選挙制施行以前．
　1831年の憲法によれば選挙権は一定の直接国税を納むるものに限り之を与ふ．其税額は処によりて一様ならざりしも，最少の処にても20フローリンflorins（約20円）を下ることなかりき．1848年の改正は此財産的制限を一律20フローリンと定め，其結果有権者の数が2倍となりたれとも，自由主義者は決して之を以て満足せざりき．
　乍併選挙法改正の運動が組織的に行はるるに至りしは1866年労働者が此目的の為に団結してより後なり．而して其運動の最も烈しくなりしは1880年以来なり．之より先き79年の暮に社会主義者は一の檄文を天下に発表して，翌年1月を期してブリュッセルに大会を開くべく招待状を発せり．此大会に於ては自由主義の選挙法の制定を議会に請願する事，夏期を期してブリュッセルに大示威運動を行ふことを議決せり．此決議に基きて行はれたる**示威運動**は此後頻々として行はれたる示威運動の初幕にして，此時には各地より集るもの6千人を超へ，警察官との衝突多数の捕縛等を見たり．これより数年の間は社会主義は其運動を継続し自由党も亦保守派を動かして憲法改正に同意せしめんとしたれとも，保守派は頑として動かさりき．
　是に於て社会党は一方に於ては更に白耳義国民に告ぐと題する檄文を出して，僧侶貴紳の横暴と政府の弱者保護の怠慢を責め，共和主義を以て民衆の結束奮起するの必要を説きしと同時に，他方に於ては其目的の遂行上一層明白なる主張の下に不平なる連中を糾合するの必要を認め，ここに白耳義労働党を組織するに至れり．之を1885年とす．当時政府は財政の困難に苦しみ民間には不平

	1886の示威運動
ブリュッセルにては警察権は市長〔に〕あり．	
社会党は此の時より内部を充実して財産をたくはへ，又各都市にある本部の建物に於てその主義を実行せり．社会主義学校もあり．組合的方面にも進歩す．	内部の充実 1890示威運動
	8月10日の宣誓 社会党と急進自由派との提携
	リエージュの保守党大会
	社会党の運動
	1. 1890年会
	国民的議会

の声頗る高かりき．加ふるに社会党の広く全国に散布せる**人民教理問答** Catéchisme du Peuple は著しく下級民衆を扇動して，1886 年其刺戟によりて各地に**ストライキ**其他の暴挙頻々として起れり．然れとも保守党の政府はなほ動かず．

是に於て社会党は 1886 年秋に再びブリュッセルに於て大示威運動を企てたり．ブリュッセルの市長は始め之を禁ぜんとしたれとも，社会党は共和主義万歳[61]を叫ばさる条件の下に大会を開きて，赤旗をひるがへして多数会場に行進するの許可を得たり．始めより無政府主義者の参加を拒みて 3 万人の労働者を会し，整然たる秩序の下に大示威運動を試みたり．之によりて直接何等得る処なかりしも，反対派を威嚇して政府に多大の感動を与へたりといふ精神的効果は著しきものありたりと称せらる．

併ら社会党は以上の経験に於て十分なる準備を整へて**ストライキ**をなすの一層有効なるべきを考ふるに至り，之より主として内部の充実に力をつくすに至れり．而して 1890 年に至り再び大規模の示威運動企てられたり．時に 8 月 10 日にして約 4 万人の労働者は宮城前の公園に集り，解散するに先ち互に宣誓して曰く，吾人は普通選挙制によりて祖国を恢復するまでは此戦闘を中止せさるべしと．之れ即ち有名なる 8 月 10 日の宣誓なり．此運動に対しては進歩党も亦外部より之を応援したりしが，此事は偶々社会党と急進自由派とに提携合同するの機会を与へ，両派は共同協議会を開きて目的到達の方法を議するに至れり．協議会は最後の平和的手段として全国到る処に**示威運動**を起すべく，其の聞かれさるに於ては**総同盟罷工**を以て対すべきことを決議せり．

他方保守党の態度如何といふに，彼等は此頃に至りて漸く社会党，自由派の運動に動かされて此両派の協議会に先〔立〕つこと数日リエージュに於て大会を召集せり．彼等は社会改良，国民生活状態の改善，工業保険等を推奨したれとも，普通選挙に対しては断じて排斥の態度を取れり．

此に於て社会党側は益々激昂の度を昂め，従来取り来れる運動に一層の力を注ぐこととなれり．今その主なるものを列挙す．

1. 1890 年秋労働党の年会は決議して曰く，少数者の議会がいつ迄も国民全体の希望を無視するに於ては国民は普通選挙の方法によりて現在の議員と同数の代表者をあげて別に国民的議会を召集すべしと．

2. 示威運動
普通選挙制請願

3. 1892
選挙法改正に関する国民投票

4. 総同盟罷工

選挙法改正の為め議会解散

アルベルト・ナイセンスの妥協的提案

第二期

2. 全国到る処示威運動を行ひ，年会の定めた起草せる請願書を市長に提出し，特権選挙制の廃止，普通選挙制の創定を要求することとせり．其結果国王は政府が進んで憲法の改正の発案をなさんことの希望を表明せり．保守党も亦動乱を終止するには憲法修正の要求に耳を傾くるの必要を認めたり．

3. 1892年春再び示威運動は各地に行はれ，社会党と急進自由派とは五ヶの問題を掲げて選挙法改正に関する国民の意見を所謂レファレンダムにかけて問へり．此国民投票には保守党はもとより参加せざりしも，自由党と社会党とは之に応じ，殊に大都市に於ては投票者の数頗る多かりき．而して投票の大部分は21才以上の男子に洽く選挙権を与ふるの説に傾けり．此レファレンダムはもとより公のものにあらざりしも，運動の方法としては最も適切なるのみならず，中には市会に於て公然之に公の効力を認めたるものもあり．

4. 保守党は憲法改正の主義には止むを得ず賛成したるも，急進派の要求に対しては依然頑強の態度を改めず．92年4月議会の問題となるや直に之を否決せり．於是社会党は愈々総同盟罷工を布告せり．是に於て全国各地に亘りて同盟罷工は行はれ，僅か数日の間に参加するもの20万人に及べり．警官軍隊との衝突，死傷捕縛のありたるは言を俟たず

此の最後の総同盟罷工［初］は始めて保守派を屈して，5月議会は遂に選挙権拡張の議を問題とするに一致したり．而して選挙法の改正は即ち憲法一部の改正なるが故に，憲法131条によりて両院は直に解散せられたり．新に成立せる議会はやはり保守党多数を占めたり．即ち保守党92人に対する在野党66人なり．政府党は始めはすべての自由的提案を否決せり．是に於て労働者は示威運動を繰返し総同盟罷工を以て威嚇せり．時に1893年2月なり．其結果保守党は漸く自由党の要求を容れて憲法改正の実行を見んとするに至れり．而して憲法の改正は3分2以上の多数を必要とするを以て，此多数を得るが為には洽く各派と妥協して各々其要求の幾分を採用せざるを得さりき．自由派及社会党も亦全然保守党の要求を無視する時は憲法を改正する能はさりしにより，結局保守党の議員のアルベルト・ナイセンス教授の妥協的提案を採用することとなり，9月3日可決確定を見たり．

第二期　1893及1899年の改正

	新選挙法
後改正せられて，現行法にては 100 フラン franc とせらる．	
a．細則…特別法にて定む．現行法にては中学校．	
	新選挙法による総選挙
自由党の中，老派は1人も議員を出さず．進歩派も少数なりき，	
社会党が議員に選ばれたるは今回が始めて．29人の中に十数人の者は是時ストライキ等によりて牢獄にありしものなりき．又有名なるフレール゠オルバン氏は無名の社会党員と競争して敗れたり．	社会党の議事
	社会党の主張
	1．教育法の改正

新選挙法は急進派の普通選挙主義,保守派の財産的制限主義及び自由派の教育的制限説に対して一様にその要求を認めたるものなり
1. 25才以上の男子は原則として等しく投票権を有す
2. 次の者は更に一票を賦与せらる
    a. 35才以上の男子にして既に結婚せるもの又は正当の子供を有するやもめにて直接国税5フラン franc 以上を納むるもの
    b. 公定価格2000フラン以上の不動産を所有し若くは2年以上毎年200フランの収入を与ふる白耳義国公債又は国立銀行の株券を所有するもの〔ベルギー〕
3. 次の者は更に2票を賦与せらる
    a. 高等なる学校の卒業証書を有するもの
    b. 公職にありしもの
    c. 高等教育を必要とする職業に従事せるもの
4. 何人も3票以上を有する能はず〔より多く〕

新選挙法によりて有権者の数約10倍となれり即ち次の如し

有権者総数 1,370,687
1. 855,628…1票を有するもの
2. 293,678…2票〃
3. 223,380…3票〃

総選挙は1894年10月14日行はれたり.其結果は次の如し.

　保守党　927,000…104
　自由党　530,000…19
　社会党　346,000…29.

社会党の29席を占めたることは,もとより議会に於ける大勢を動かすには足らざりき.乍併その主張の実際的なると領袖の手腕と其討論の卓越とは自ら政府を促して眼を社会的立法に注がしめ,為に労働省の新設を見,種々の改革の実行を見たり.乍併社会党はなほ之を以て満足せず,中にも次の二点に就て最も激しく反対の声をあげたり.

一は教育法の改正なり.1895年保守党の制定したる教育法規によれば,宗教の課目を国民教育の必修の一科となせり.宗教とは即ち天主教のことなり.尤も法律上父兄は其筋へ書面を以て請願するときは其子弟を宗教の授業に出席

2. 選挙法の改正

1899. 政府提出の改正案

政府案撤回

1899 新選挙法

せしめさることを得たりしも，実際上に於ては此手段を取るの便宜が妨げられしを以て，在野党の連中は此法律そのものに対して不平なりき．

　第二は選挙法の改正なり．新選挙法は普通選挙の主義を認むれども，財産其他の制限を以て複数投票を認むるを以て，下級民衆の比較的勢力は著しく殺がれたり．之更に改正を要求する所以なり．此要求は1896年及び1898年両度の総選挙が保守党の数を更に多く増加してより一層烈しくなりたり．而して在野党の議席の減少は必しも民間に於ける同党の勢力の減少を意味せざりしを以て，彼等は自党の議席の減少を以て選挙法の不備へ帰し，理想としては所謂単純にして簡単なる普通選挙制(Suffrage universel pure et simple)を要求すれとも，最小限度の具体的要求としては各派投票数に比例して代表者を出すをうるの制度に改められしことを主張せり．之即ち後に1899年に比例代表主義の採用を見るに至れる端緒なり．

　以上述ぶるが如く社会党は此二つの標目を掲げて争ひしが，第一の点は畢竟するに第二の目的を達せざれば満足なる解決を見るを得ざる故に，彼等はさしあたり第二の点に其全力を注げり．

　此民間の要求に対して99年政府は一の改正案を議会に提出せり．之は広大なる選挙区を限りて比例代表主義を認むるものにして，保守党の根拠たる地方をば殊更に除外せしものなりしを以て，社会党と自由党とは直に反対の声をあげ，各地より動乱の報知頻々として聞へたり．中にも6月28日ブリュッセルの暴動は最も烈しく院外に於ける**群衆** mob 警察と衝突し，院内に於ては社会党が盛に議事の進行を妨げたりしを以て，議会は休会を宣告するの止むなきに至れり．翌日に至り政府が進みて反対党の諸提案を調査することを約するにより，社会党の領袖ファンデルフェルデの尽力の結果，辛じて平静に服するを得たり．之と同時にブリュッセル，Ghent，Anvers，及リエージュの市長が国王に謁見して，政府自ら改正案を撤回するにあらざれば臣等はもはや市内の秩序の維持に責任を負ふ能はずと奏したり．而して社会党と自由派とは相提携して更に各地に於て示威運動を継続せり．以上の事件は遂に其効を奏し，政府は其案を撤回し，更に各党派の代表者をあげて調査委員となしたり．其うちに内閣も変り，すべての選挙区に対して一様の比例選挙主義を認むる新しき法案を議会に提出せり．之が1899年12月29日に法律となれり．

キリスト教民主党 Christian Democratic Party. 此時新に起りしもの

任期4年, 2年毎に半数改選.

昨年法学新報. 野村博士「白耳義ノ比例選挙法」

純粋なる普通選挙制の要求

ファンデルフェルデの提案

翌年5月此の新しき法律に基きて新選挙法行はれ，其結果保守党は著しく其議員数を減じたり．乍併議会に於ける多数党たる地位は依然として変らさりき．

(A)
保　　　995,056…85
自　　　497,304…34
社　　　467,326…32
基．民[62]　55,737… 1

保守党の多数
(B)
1902…26
1904…20
1906…12
1908… 8
1910… 6

其後保守党は総選挙毎に其多数を減ずること(B)表の如くなれとも，1884年以来常に多数党たる地位を失はずして今日に至る迄，約30年の間政権を独占せるなり．

第三期　最近の改正運動

民衆の力を以て保守党の政府を威圧し，一たび普通選挙制の端緒を開き，再び比例選挙主義をかち得たる社会党は更に勢を振て単純にして簡単なる普通選挙主義を要求するに至るは自然の数なり．

1901年，リエージュに開きたる労働党の大会に於ては，純粋なる普通選挙制の獲得の為に更に運動を新にして其目的を達する迄は運動を休止せず，必要あれば**総同盟罷工**も亦之を辞せざるを決議したり．同年下院に於てファンデルフェルデが一人一票主義の提案をなして43に対する92の多数を以て否決せらるるや，彼は直に自由派の首領と共に憲法改正の動議を提出せり．討論数ヶ月に至り，世間は動乱と**ストライキ**とを以て之に応じたり．之に加はる者30万と称せらる．ブリュッセルに於ては政府と王宮とを守護する為に軍隊は使用せられ，地方には血を流すものもありたり．議会が1902年1月討論を終結して本

強制兵役制，1909.12月通過公布．天守教徒は之に反対す．	1910年5月総選挙
学校法案…小学校に国庫の費用を補助して維持する案．1913.6月20日始めて政府は義務教育案を議会に提出せり．此の為に新なる学校2千を立つる案．天守教は自教の私立小学校の為めに之の案に反対し，此案は，目下懸案中．	学校法案(1911.)
自由学校 écoles libres（カトリック） **世俗又は中立学校** écoles laïques ou neutres（公立 communales） 前者は私立の天守教の学校 後者は市町村の公立の学校（宗教に関係なし） 管理者はいづれも町村長にありたり．故に天守教の町村長ならば天守教の学校にも公費を補助し居たりしが，自由の気風が盛になりて町村の公費の補助少くなるに至りしを以て新に学校法案を出し，凡ての小学校には国庫より維持費の補助をなすべしとの提案をなせしなり．	ブロクヴィル内閣 自由党社会党の合同大会
ショラエルト…現下院議長 ブロクヴィル…現首相	
	議会の定員増加に伴ふ議会の改選
	保守党の勝利

問題を本期議会の日程より除きしを以て，辛うじて段落を告げたり

　1910年5月の総選挙の結果は益々改正の必要を感ぜしめたり．其時一方には政府党に強制兵役制度の為に多少動揺を生じたり．又他の一方に於ては自由党と社会党は選挙同盟をつくりたるを以て世間には或は保守党が敗北すべきかを予期せり．乍併結果は之に反して依然保守党が多数を占めたり．於是在野党は益々聯合を鞏くして政府党に当らんとの決心をなせり．而して此決心は1911年3月政府が所謂学校法案を提出したる為に益々強められたり．此学校法案は畢竟するに天守教の管理の下にある私立小学校[63)]を保護せんことを目的とするものなり．故に在野党はあらゆる手段を以て之に反対を試みたり．其結果時の総理大臣**ショラエルト**は議会の解散を国王に奏請したれども，聴許なく，其為に辞職し，保守党の比較的温和なる**ブロクヴィル**が内閣を組織せり．

　自由党と社会党とは内閣を殪したる勢に乗じ，更に来るへき総選挙に於て一挙して保守党をくつがへさんと欲し，両派の選挙同盟をつくる議を決し，8月15日を期して合同の大会を開けり．且つ同日20万人の労働者をあつめて**普通選挙** Suffrage universel 及び**世俗学校** école laïque の二標目［目標］を掲げて大示威運動をなせり．蓋し彼等は新しき国王の**アルベール1世**(1909XII-)が自由主義に同情あるを思ひ，又憲法の規定によりて人口の増加に伴ふ処の議員定数の増加は自派に有利なるべきを信じて，翌年の総選挙に必勝を期したりき．此年の10月15日に行はれたる各地方議会の改選の結果は著しく自由派及社会党の勝利に帰し，益々翌年の総選挙の勝利の念を鞏めしめたり．

　社会党は一日も早く議会を解散することを要求せるも，新内閣は之に応せず，1912年2月に至り始めて1900年12月31日の人口調査に基きて下院は20名上院は10名を増員すべきの案を提出せり．4月下旬に於て此案は両院を通過し，政府は慣例によりて全然此新しき案によりて議会を改選する為め，5月14日解散を命じ，6月2日を以て総選挙の日と定めたり．然るに，其結果は意外にも保守党の勝利に帰して，在野党の同盟は僅かに社会党が4,5名を増したるのみなりき．新に増員せられたる20名は殆んど保守党の手に帰せり．その結果次の如し．

　　保　　101
　　自　　 44.

臨時会は7月終より8月初めにかけて開かれたり	新議会開会
	社会党の憲法修正の建議
	否決さる
2ヶ月間の総同盟罷工の準備	
	市長の調停

社　　39
基民　　2.

　此の結果を来したる原因に就ては之を説明するものに種々の意見岐る．最も公平なる議論としては，白耳義〔ベルギー〕の多数の下層階級のものは教育程度低く，今なほ多く天守教の僧侶の勢力の下にありとなすものなり．其外に社会党との提携は自由派をして幾分か其投票を失はしめたりといふ理由もあり．而して社会党の主張する処の選挙法の複数主義といふことも亦主なる原因たるを失はず．兎も角も選挙の結果は彼等をしてなほ一層切に選挙法改正の急なることを感ぜしめたり．

　総選挙後の新しき議会は11月12日其通常会を開きたり．総理大臣の朗読したる政綱の中には労働者保険及労働者住宅に関する制度，陸軍制度の改正，教育法案等に亘りたれとも，憲法修正に就ては一言も及〔ぼ〕さざりき．社会党の領袖ファンデルフェルデは憲法修正の建議案を提出せり．而して其間に社会党は，もしも政府にして憲法修正に同意を拒むならば総同盟罷工を以て之に応ずることを言へり．之より社会党と政府との関係は漸次緊張して総同盟罷工の実現は避くへからざる勢なるが如く見へたりき．於是自由党の領袖イマン其間に斡旋したり．政府は此人に対して取敢へず地方議会の選挙法に就ての調査委員を設けて研究せしむることに異議なき旨を述べたり．之に対してファンデルフェルデは1913年1月30日議院に於て，政府がもしも調査委員をあげて憲法修正問題を研究せしむるに意あるならば**総同盟罷工** general strike (Grève génerale)の企は中止する旨を述べたり．

　2月7日に至りてファンデルフェルデのさきの憲法修正の建議は83:99の多数を以て否決せられたり．於是社会党は2月12日臨時大会を開きて，4月14日正午を以て総同盟罷工を行ふ決定せり．同時に全国の労働者に向つて之に関する宣言書を発表せり．

　ブリュッセルを始め2,3大都市の市長は事態の重大なるを認めて仲裁に入り社会党と政府との間に交渉する処ありたり．3月6日にブリュッセルの市役所に於て社会党の総同盟罷工委員30名と之に2,3の領袖を加へて市長側と会見せり．此際市長側にては必ず政府をして憲法修正に一歩を進めしむべきを誓ひて総同盟罷工の撤回を懇請せり．社会党は之に応じたり．翌7日市長は総理大

	政府の宣明
	総同盟罷工の爆発
	政府党の提案
州 Province. 町村 Commune	
現行選挙法といふ中には，州会町村会の選挙法のみを指すものにあらずといふ意味が暗黙のうちに妥協されておる．	
軍備拡張問題，独仏反目に対して中立を守るだけの軍備．教育法案	
	選挙法調査委員
	労働党の概観
	社会主義の流行に適する所以

臣と会見したり．此会見に於ける総理大臣の宣言は種々に世間に伝はりたり．於是3月12日或議員が此事を以て政府に質問せり．然るに，政府は之に対して地方団体の議員選挙法の改正には意あれども，国会議員の選挙法の改正は更に考量の中に置かざる旨宣言せり．蓋し政府にては1912年の総選挙の結果は国民の多数が選挙法の改正を希望せざるを表明するものなるを以て，少くとも次の選挙ある迄は政府は憲法修正の問題に就て発案権を取ること能はずと主張するなり．社会党は此宣明に対してもとより大なる不満を表し，17日ストライキ委員は会議を開きて，近々開かるべき社会党の年会に再び総同盟罷工を提議する旨決議せり．而して4月始めに開かれたる年会に於ては右の委員の提議に基きて4月14日より総同盟罷工をなす決議を通過せり．

4月14日に総同盟罷工は爆発したり．之に参加したるものは全国を通じて40万を超すと称せらる．之は全体の労働者数の約3分1にあたる．大体に於て頗る平穏に行はれ，更に騒動はなかりき．公の交通機関，電燈瓦斯等の方面には同盟罷工の及ばざる様に注意したれとも，乍併経済界の被る損害は莫大にして材料の供給なき為に休業したる工場も頗る多し．此間に自由党にては憲法修正の可否をレファレンダムに問ひて解決を見ることを提案したるものもあれとも，之はあまり問題とならざりき．22日に至り政府党が次の意味の提案を提出するに及び，始めて〔初〕無事の解決を見たり．

1. 州会及び町村会の選挙法の調査委員を設けて之に現行選挙法の改正を調査せしむること．

2. 委員が現行法の改正を可として新しき案を得たる時には，1914年の半数改選の際に各候補者は選挙人に選挙規定の改正に関する意見を問ふべきこと

3. 選挙人の多数がもし憲法修正を可とせば政府は之に反対せざること．

此案は2：181を以て可決せられたり．社会党のストライキ委員は23日に此決議の趣意を以て満足することに意見をまとめ，24日臨時に大会を開きてストライキを止めたり．5月27日に至り，三党の代表者並に2,3の学者総計31人の委員をあげて選挙法の調査を托することとなせり．

以上は主として選挙法改正運動を中心として白耳義〔ベルギー〕の労働党を観察したりしなるが，終に其全体の性質に就て2,3述ぶる処あらんとす．ベルギーは本来社会主義の流行に最も適する地なり．其理由は

運動の後れし所以

進歩.

特色
(1). 政治的意見の穏健

(2). 自助的組合の発達

第一，同国は1848年の革命以来，常に革命主義者の隠れ場なりき．
　第二，人口多く密集して且つ工場盛なること．
　第三，労働者の境遇は当初決して良好ならざりしのみならず，国家も教会も資本家も久しく之を顧みざりしこと．之なり．
　而も其運動の始まりしは他国に先して決して早からさりき．之れ天主教が盛にして僧侶の勢力強かりしことと，又人民の開発の度が頗る低かりしことの結果なり．然れとも一旦社会主義の運動が一の組織的の運動としてあらはるるや，俄に急速の進歩を遂げて今日は実に理想的の団体と称せらる．之れ畢竟するに，一には国土狭隘にして民衆多く，従て結束容易にして命令よく行はれ，各種の運動が概して常に成功を見たることと，二には地勢恰も英独仏の間に狭まり，英国の自助的組合の実際的の傾向，独乙の政治的運動の精神並に仏国の理論的分子は一方に偏することなくして割合によく伝へられしこと，によりなほ三，主としては当初より運動を指導したる人物に其人を得しことによる．
　かくて以上の発達を遂けたる白耳義[ベルギー]労働党は他国の社会党と比して種々の特色あり．就中最も主なるものは二あり．第一は其政治的意見が頗る温健[穏]なること．之は社会党の創立以来幹部の最も苦心したる処なり．他国の社会党の歴史に於ては敵をたほすに急にして所謂清濁併せ呑む概ありしも，白耳義の社会党は創立以来確く無政府主義者の入るを拒み，かの86年の騒動の時も**アナキスト**の参加を断然拒絶せり．其外他の民党との妥協も必しも之を避けず．94年の選挙には現に進歩党と提携せり．同年第二次の選挙に於て自由党に提携を申込みて拒まれたるに拘らず，保守党の進出を妨げる為に自由党を進みて助けたることもあり．されば94年に定めたる政綱の如きも，**マルクス**の説を汲んで必しも之に拘泥せず，頗る実際的のものとなれり．
　第二は独り政治的方面のみならず，自助的組合としても大に発達せること．即ち労働党は一方には政治的運動に力を注ぐと共に同時に，又経済的利益，精神的開発の為に意を用ひ，労働者の完全にして偏せさる進歩の為に力をつくせり．之は他の諸国と異る処なり．
　1．経済的方面．労働党自ら労働者の需要する一切の物品の売店を設け，之に医薬の給与，会談娯楽，貯金保険等の設備を附属し，低廉軽便に労働者の求めに応じ，その利益の一半は組合員に分ち，他の一半は党費に充つ．

×最も有名なるもの，人民の家 Maison du Peuple 1899.（ブリュッセル）100万フラン．
昨年之に附属して**教育の家** Maison d'Education.[64]を建つ
この制度を始めたる人．（自助的組合方面）
アンゼーレ…ガンの公証人の書記…
ファンデルフェルデは政治的方面．
ベルトランは教育的方面．

I. 名称の由来

組合

労働者の組合

サンディカリズム ｛ **改良主義者** réformiste.
（**労働組合主義** Trade Unionism を意味す）
〔révolutionnaire〕
革命家 révolutionaire
　所謂サンディカリズム

労働組合主義との関係

労働組合主義 ｛ 労働組合
新組合主義 New Unionism
　（サンディカリズムを意味す）

革命的運動による労働組合との関係

1. 労働総同盟 C. G. T.

2. 教育的方面．公会堂図書館，美術館学校，殊に夜学校を設立す．

之等の目的を達する為に各地に広大なる建物×を設け，これに使用せらるる者には厳格に八時間労働を課して能ふ限りの高き給料を支払ひ，社会主義の理想の実行を試めり．

第三項　サンディカリズム

第一．名称の由来

サンディカリズムは仏語の**組合** Syndicat より来る．組合とは広義に於ては共通の経済的利益の保護を目的とする同業者の組合といふ意味なれとも，狭義に於ては其内特殊の同業組合を意味す．英独に於ける同類の語は（**シンジケート** Syndicate 又は Syndikat）専ら企業家又は資本家の組合を意味すれとも，仏語にては常に労働者の組合を意味す．此点に於て仏語の組合は英語の**組合** Trade Union 或は独語の**組合** Gewerbverein といふものと同じ．サンディカリズムの語源としての**組合** Syndicat は此の仏語の語意に従ふものなり．

組合 Syndicat が**組合** Trade Union と其意味を一にするを以てサンディカリズムと所謂**労働組合主義**とを混同すへからず．**労働組合主義**といふ語によりて直に聯想する処の観念は，共同の利益の保護伸長を目的とする労働者の組合の中にて，専ら穏かなる所謂改良的手段によるものを意味す．然るに，斯の如き団体の外に過激なる革命的手段によらんとする団体もあり．故に近頃は労働組合を極く大体より見れば其目的に於ては大なる差別なけれども，其取る処の手段に就て明かに二種に分る．サンディカリズムといふ語によりて吾人の聯想する労働組合の運動は実に此の過激なる手段によるものの方なり．此点に於てサンディカリズムは**労働組合主義**と相対する観念なり．

然らば革命的手段によりて労働階級の共同の利益を計る処の主義又は運動は凡て之を**サンディカリズム**と称するを得るやといふに，此点は多少曖昧なり．此点に関しても其の意味に広狭の差あり．

1. 最も狭き意味に於ては最近仏国に於て殊に**労働総同盟** Confédération

学問上・・・1. の意味
実際上・・・2. の意味

2. **労働総同盟** C. G. T. 及これに刺戟せられて起れる他国の労働運動

3. 仏国のと何等関係なきものをも含む

ソレルといふ人が**サンディカリズム**の運動に対する哲学上の根柢を与へんことを試む(**総同盟罷工の弁護**)
1. **カント.**
2. **ベルクソン**

Générale du Travail(C. G. T.)といふ団体によりて発展したる特殊の理論，特殊の主張に基く処のもののみをサンディカリズムと称す

2. 稍々広き意味に於ては右の仏国のC. G. T. を通して発達したるもののみならず，此の仏国に於ける最近の発達に刺戟せられて他の欧米諸国に新に起りたる過激なる労働運動をも包括してサンディカリズムと称す．最近頻々として起る革命的労働運動は仏国の所謂最狭義のサンディカリズムと或は歴史的の関係を有せさるものもあるべきも，大多数のものは多少の影響を仏国より受けざるものなし．乍併仏国の学説或は理論が其まま曲げられずして諸国に伝はれりといふにはあらず．最もよく仏国の思想を移したりと伝へらるる以太利[イタリア]に於ても，細かに研究すれば仏国の思想との間に多くの明白なる区別を有す．故に之等の区別に拘らずして等しく之をサンディカリズムと称するは其の淵源がほぼ同一なる社会的原因に帰するといふ点に於て一の意味あれども，精密なる学問上の研究に於ては或は正当といふを得ざるやも知れず．

3. 更に広き意味に於ては仏国に於ける最近の発達と何等の関係なしと認むべき同種類の労働運動をも包括してサンディカリズムと称す．たとへば南アフリカに於ける最近の労働者の同盟罷工をサンディカリズムの名を以て之を称し，甚しきに至りては英吉利のチャーティストの運動，仏国のコミューンの乱の如きを以てサンディカリズムの運動の濫觴といふが如き之なり

余の見る処によればサンディカリズムといふ語を第一の最狭義に解して研究するを以て学問上最も正当なりと信ず．その名称の既に示せる如く之はもと仏国に起れるものなるを以て，仏国のC. G. T. を中心として研究するを必要とす．尤も此運動は他国に多大なる影響を与へたることは疑なし．健全なる労働運動が未だ十分に発達せずして空粗[疎]にして過激なる社会主義又は無政府主義の流行せる南欧諸国が直に此革命的運動を迎へたるは見易き道理なるが，英米独の如き労働運動の比較的に健全に発達せる国にすら近来此のサンディカリズムの流を汲んで労働運動に一の新しき方面を拓かんとするものあるのみならず，なほ他の国々にも蔓延せんとする徴候あるを以て，広く之等の国々の全体に亘りて観察することも亦必要なり．乍併ここには主として仏国に発達したる思想を研究するに止む．蓋し之は今日のサンディカリズムの運動の根本をなすものなればなり[65]．

	II. 労働総同盟 C. G. T. の沿革 労働組合の発展
労働者のみならず如何なるものの結社をも禁ず	
第一の方は大工, 左官等その職業々々にて金を出し合ふものなる故, 比較的余裕ある労働者が集り, 第二の方には比較的余裕なき労働者が集る(この方はパリ市立なりき).	労働組合の二種 1. 職業を基礎とする団結
	2. 地方を基礎とする団結
	此両派の不和
×当時パリの市長	1. ゲード 2. ブルース
	2. 労働取引所連盟 (1892)
	1. 労働総同盟 (1895)

第二. フランスに於ける C. G. T. の沿革

19世紀の始に於てフランスは革命によりあらゆる束縛を打破したるにも拘らず，不思議にも労働者の結社は他の諸国と同じく法の禁ずる処なりき．乍併実際の必要は彼らを駆りて秘密の団体をつくらしめ，後ナポレオン3世の時代に至りて政府の方針緩かになるに及び労働者の団体の数が増し，且つ其間に同盟を企つるものすらありき．而して此趨勢に更に著しき発展を促したるものは社会主義の運動と結社禁止の解除なり．社会主義が70年代の末頃より更に新なる勢を以て発達したることは既に述べたり．之は労働者の自覚を促してますます団結するの風潮を盛ならしめ，此の風潮の結果1884年3月21日の法律によりて労働者の組合を公認するに及びて俄に多くの労働組合は各地に発生せり．

此時代に発生したる労働組合に二種あり．一は職業を基礎とする団結なり．此種類の組合は84年の法律の発布前より秘密団体として存在したるもあれども，法律発布後に至りて各地に多く出来たり．此種類の組合は後に同種のもの所在地を同うするによりて連合し(**地域連盟** Fédération régionale)，後には広く全国に亘りて連合をつくれり(**全国連盟** Fédération nationale).

第二は地方を基礎とするの団結なり．之は同一の地方に存する各種の労働の組合にして，1886年パリに設けられたる**労働取引所** Bourse(紹介所，取引所)du Travailを以て最初のものとす．主として労働紹介を職とし兼ねて相互の救済を目的とするものなり．後に之に倣ひて大都市に同種類の組合発生せり．

以上二種の団結は設立の当初より其間に調和を欠ぎたり．之れ二者の設立は夫々当時相対峙せる社会党の二派の影響を受けたるを以てなり．即ち第一種の方は彼のゲード派の指揮する処たり．第二種の方はゲードと相容れざるポール・ブルース×が其温和なる主張を実行し，労働階級に於けるゲードの勢力を抑へんが為に作れるものなり．1892年パリの**労働取引所**が他の都会に於ける同種類の団体を誘ひ，サン・テティエンヌの会合に於て**労働取引所連盟** Fédération des Bourses du Travailをつくり，1895年各種職業の**全国連盟**がリモージュの会合に於て**労働総同盟**といふ大同盟をつくるに至り，二派の争は益々烈しからんとせり．

かくして此二派は一方に於ては対抗して争ひたりしも，他の一方に於て既に

	二者合同を見るへき原因
	二派合同(C. G. T.) 1902
	温和派 ニエル
	C. G. T.の実権 **同盟事務局** プジェ イヴトォ
之に基きて大示威運動パリに起れり　15万人	
	C. G. T. とサンディカリズム

此頃より二者の合同を見るべき原因伏在せり．其理由は，一は各市に起りたる**労働取引所**は其模範としたるパリの組合とは異なり多くは過激の思想にかぶれて相手方と争ふ理由なきこと，二には職業的団結の方も 1892 年の頃より漸次にゲードの影響をはなれて後には全く之と分離し所謂地方的団結より憎まるる原因なくなれること，三には 1893 年時の政府がパリの**労働取引所**を閉鎖したる事実は労働者をして其の勢力の全体を糾合して立たざるべからずといふ必要を感ぜしめたることなり．以上の理由によりて合同の議は漸次に両方の幹部の間に熟して，1902 年モンペリエの会合に於て地方的団結の方が職業的団結の方に加入する形式を以て両者の合併が成立せり．之れ即ち今日の C. G. T. なり．

さて此の C. G. T. は如何にして過激なる主張運動をなすに至れるか．既に述べたる如く労働組合はゲードの主張に満足せずして之を排斥したるによりても明かなる如く，大体に於て過激なる考を有したりしことは疑なし．乍併組合内の有力者の中には比較的に温和なる思想を抱ける人も少からず．例へば一時総同盟の幹事たりしニエルの如きは暴行を以て却て労働者の利益に反するを説き，**ストライキ**に就ても敢て反対はせざれともただ其方法は飽く迄経済的たるべく革命的たるべからずと論ず．思ふに此種類の考を抱けるものは外にももとより其人に乏しからざれとも，如何せん中央の幹部並に同盟に属する各組合の牛耳をとれるものは多くは革命主義をとるものなりしを以て，温和の主義は遂に同盟を左右するの力となるを得ずして，C. G. T. は即ち革命的労働運動の根拠なるかの如き観を呈するに至れり．

C. G. T. の実権は Bureau confédéral（同盟事務局）にあり．之は表面は総会の決議を執行するの権能を有するに止るものなれとも，事実上は同盟の全体を動かす力を有す．その局にあたれるものはプジェ，イヴトォ Yvetot 等いづれも純粋なる労働者出身の革命主義者なり．彼等は巧に同盟並にその総会を支配し，1904 年大会に於ては革命的闘争主義を承認せしめ，1906 年 5 月 1 日を以て 8 時間労働に関する大示威運動を行ふの議を可決せしめたり．クレマンソーの内閣が多少圧迫を試むるに及び却て反感を高め，1908 年の大会に於ては大多数を以て革命的手段の実行を可決するに至れり．

今日の所謂 C. G. T. は**サンディカリズム**とは離るべからざる関係にあれとも，此の二者は本来必然離るべからざる関係にあるものにあらず．若しも時勢一変

×ベルギーと異る処　2, 3年前パリの郵便夫の大ストライキ66)
××Sou(5サンチーム(我2銭))du Soldat. もとは貯金の目的を以てせる組合.
†文部省にては一昨年，教員の俸給を少し上げ，同時にその**サンディカリズム**の結社の解散を命ず．その結果3分1位に減ず．

III. サンディカリズムの首張〔主〕

(1) 階級戦争
　—妥協を許さす

(2) 国家は有産階級の為に存す

してニエルの一派が幹部を占領することあらんか，サンディカリズムはフランスの労働社会に於て大にその重要の度を減ずべし．加之今日 C. G. T. に属する労働者は実は仏国の労働者全体の一小部分に過ぎず．此点に関しては今詳細なる統計なきも，全体の労働者の1割以内のものがサンディカリストなりといふ．乍併数量的勢力の微弱なるは必しも実際的影響の少なきを意味するにあらず．却て其手段が過激なるだけ其社会の安寧進歩の上に及す影響は甚だ大なるものあり．且つ仏国のサンディカリストは近来に至りその運動の手を下級の官吏殊に郵便電信電話鉄道×の如き人間の日常生活と最も密接なる関係を生するものの間に及し，更に又軍隊に侵入して××兵士を脱営せしむる等のことをなし又小学校の教員の間†にも運動し彼等をして非愛国的の思想を小児に鼓吹せしめつつあり．之れサンディカリズムの近来に至りて著しく世間の注目を惹く所以なり

第三．サンディカリズムの主張

1. 現今の社会は有産無産の二階級に分る．而して此二階級は本来利害の関係全く相反す．而して有産階級は其の優勝なる地位を利用して無産の労働者を虐使して飽くことを知らず．斯の如き不当の状態は無産階級の躊躇せざる闘争によりて之を除く外に道なし．所謂階級戦争は労働者にとりて唯一の防禦手段なり．而して之を実行するにあたりては決して有産階級と妥協すべからず．之サンディカリズムの出発点なり此点は社会主義の主張と全然同一なり．唯社会主義に於ては階級戦争を主張しながら資本家との妥協を必ずしも極力排斥せざるものもあれとも，サンディカリズムに於ては此点に就て最も厳格なる態度をとる．

2. 労働者は従来屡々その階級的利益の保護を国家に求めたり．乍併之は大なる誤なり．国家とは何ぞやといふに秩序の維持といふ名の下に有産階級の特権の安全を保護するものにあらずや．されば従来階級の闘争に於て国家は常に有産階級の為のみに活動し来れり．故に国家は有産階級にとりては大切なるものなるべからんも，労働者に取りては何の関係もなきものなり．故に労働者は専ら其階級の擁護を念とすべく，愛国の美名に眩惑して有産階級の利益の為に

サンディカリスト自身はアナキズムと何等関係なきことを主張す	
	(3) 軍隊の撤廃
戦争にも反対	
フランスの社会党は主に新聞記者弁護士等．労働者出身の者は 70 人中 20 人位．	(4) **被搾取者**のみの結合
	(5) 議会代表 (politique) に反対

徒に其の労力を提供する勿れ.

　此点はプジェ,イヴトォの最も力説する処にして,蓋し無政府主義の影響を受けたるものと信ず. 現に1908年のマルセイユの大会に於て, 労働者には郷国なし (L'ouvrier est sans la patrie), 労働と賃銀との見出さるる処即ち労働者の郷国なり, といふことを決議して宣言せるも, 此思想に基くものなり.

　3. 国家が有産階級の保護の為に軍隊を以て労働者に臨むを常とす. 軍隊は本来内外に対する社会の安寧を保護するを目的とするものなれとも, 不幸にして無産の労働階級の正当なる要求を退くる為めに利用せらるるといふ事実が近来頻々として起る. 故に労働階級は其階級の利益の擁護の為めに所謂国家に対して宣戦を布告するに先〔立〕きて, 先づ軍隊に対して反対の運動を試みさるべからず. 況んや労働者圧迫の為に利用せらるる軍隊は労働者階級のものにりて組織せらるるに於〔を〕おや.

　此考は1906年の同盟罷工の際に労働者と巡査兵士との衝突ありて多少流血の殃を見てより一層強くなれり. 同年のアミアンの大会に於てはイヴトォの建議に基きて反戦運動 Anti-militariste Mouvement なるものを可決せり.

　4. 以上の目的を達するには労働階級は大に其結束をかたくせざるべからず. 鞏固なる結束の第一の要点は, 有産階級の暴戻によりて其利益を掠奪せられ, 此の不当なる境遇を自覚して自己の解放をはからんとする処の所謂 les exploités (被掠奪者) のみを団結することなり. 故に単に無産階級に同情して其階級の利益の為めに尽力せんとするを称ふるとも, ブルジョワジーの人を団体に加ふることは許すべからざることに属す.

　5. 労働者が其目的を達するの手段として多年取来りたる議会占領の方法も亦実はその目的を達する所以にあらず. 労働者の代表者のみを以て議会の過半数を制するの難きは従来の経験によりて明白なるのみならず, 仮に過半数を制し得たりとするも本来選挙の制度は代表の名に隠れて多数の意思を枉ぐるに便なるものなるを以て, 実際上無産階級の要求は多くの場合に於て議会に於て完全に達せられさるを見る. 而も労働者は之を意識せず. 故に選挙は表面は労働者の利益を適当に代表するものの如くにして, 実際は之に反するものなり. 此点よりサンディカリズムは所謂政治 politique に反対す. 茲に政治とは議会を通しての政治といふ意味なり.

サボタージュ Sabotage が最も軽便	(6)直接行動
	7. 方法
	IV. サンディカリズム発生の原因
	(1)精神的原因

6. 然らばサンディカリストは何によりて其目的を達するか．曰く**直接行動** l'action directe による．茲に直接行動といふは，議会的立法其他国家又は有産階級側の施設の如き間接の方法を排して，労働者が自ら現実且つ直接に自家の利益を擁護する意味なり．之れ最も迅速確実且つ最も有効なる方法なりと主張するもの也．而して此直接行動は本来必しも**暴力** violence たるを必要とせさるものなれとも，今日有産階級が無産階級を圧迫するは**暴力**たるの結果として，後者の直接行動が自ら**暴力**となるは止むを得ざるものなり．交戦関係に於ては多少の**暴力**は法律上既に認めらるる処ならずやと主張す．

7. 今日彼等が所謂直接行動といふ名目の下に取れる方法は大体次の五つなり

 a. 示威運動
 b. サボタージュ Sabotage　企業家の経済的利益の破壊　積極的・消極的
 c. ボイコット Boycottage　労働者の要求を容れざる企業家の物を買はず
 d. ラベル Label　〔労働者の要求を〕容れたる〔企業家の物を〕買ふ
 e. 総同盟罷工

  一．**ストライキ**は労力の割合に社会に苦痛を与ふるの最も大なるを要点とす．故にその理想は労働者全体の**ストライキ**なれとも，併し之は実際行ひ難きを以て，成るべく損害の大なるべき種類の産業を択びて之に**ストライキ**を行ふことを要す．鉄道，電灯，瓦斯，石炭等なり．

  二．**ストライキ**成功の要素として財政的準備をあぐるものあれとも誤なり．斯の如き説は労働者の奮闘的精神を弱むるのみなり．**ストライキ**は宣言すべきものにあらず，突発すべきものなり．其の成功の要因は財政的準備の全きにあらずして，只熱心と迅速とにあり．

第四．サンディカリズム発生の原因

サンディカリズムが第20世紀の初頭に於て先づ**フランス**に勃興し，次で他の諸国に流行したるは，其の依て来る処頗る深し．今その説明を次の数点に求む．

1. 精神的原因．近世欧州の文明国は次の二点に於て**サンディカリズム**の流行を迎ふべき精神的準備成りたりき．

甲．社会主義の政治的活動に対する疑
$\left\{\begin{array}{l}\text{修正主義}\\ \text{サンディカリズム}\end{array}\right.$

乙．代議政治に対する疑
$\left\{\begin{array}{l}\text{レファレンダム}\\ \text{サンディカリズム}\end{array}\right.$

レファレンダム $\left\{\begin{array}{l}\text{レファレンダム}\\ \text{国民投票 Plebiscit}\ ^{[Plebiscite]}\\ \text{イニシアティブ Initiative}\\ \text{リコール Recall}\end{array}\right.$

甲．社会主義の政治的活動に対する疑

　マルクス，ラサールの運動以来労働階級はその政治的活動により，換言すれば代表者を議会に送ることによりて，其階級的利益を完全に擁護するを得と信じたり．然るに実際の事実は予想に反し，ただに労働者は議会に於て多数を占むること難きのみならず，議会を通しての労働者の保護も甚だ不完全なるものなるを経験せり．於茲社会主義の政治的活動の効果に就て疑を挟むものを生じたり．而して之等の疑を挟みしものの中本来温和なる傾向を有するものは，漸次従来の正統的社会主義の欠点を明かにし，更に改良修正を加へてより良き結果を収めんと欲し，之に反して本来過激の傾向を有するものは政治的活動の緩漫迂遠なるに倦み之を捨てて更に別天地を拓かんと志すに至れり．之れ一方に於て主として独乙に於て修正派の勃興すると時を同じくして，他方に於て主として仏国にてサンディカリズムの勃興せし所以なり．

乙．代議政治に対する疑．

　代議政治は民衆の意思を政治上に於ける終局の権威たらしめんことを理論上の主眼とす．民衆政治の論理上の理想は民衆一般の直接政治にあるべきも，近代の国家に於てはもとより之が実行を不可能とするが故に，民選の議院を創設し之をして民意を代表せしめんとするなり．然るに，選挙といふ段階は多くの場合に於て選挙人と被選挙人との意思的支配関係を紛更して民衆一般の意思の正当なる代表は議会に於て枉げらるること稀ならず．於茲一部の人々の間に代議政治なるものの必ずしも民衆政治の最良なる制度にあらさるを疑ふものを生じたり．而してそのうち温和の傾向を有するものは，代議政治を外にして差し当り他に之に勝る制度なきを思ひその欠点を補正するの方法を案出して暫く現制によらんとし，之に反して過激の傾向を有するものは，其一の弊を見て直に代議制度を否認し，民衆直接の力を以て支配権を行はんと主張するに至れり．之れ一方に於てレファレンダムあらはれたると同時に，他方に於てサンディカリズムの流行を見る所以なり．

甲．
1. 結社自由の公認．1890 年頃より労働者の結社漸く盛になれり
　　墺　1867
　　英　1871
　　仏　1884
2. 労働者の密聚―工業　1890 年頃より盛となる．これによりて労働者の階級意識が起れり
3. 1832 年頃に選挙権拡張を要求せしもの．
　　　　　　　　　　　　　　第三級ブルジョワジー
　　労働党（社会主義）　　　第四級プロレタリアート
　　更に地位低きもの　　　　第五級サンディカリスト
4. サンディカリズムは仏革命程乱暴ならず．一種の**秩序** order を有するは社会的秩序の確立せる故なり．
5. 労働者のうちより有力なる人物出でたること

乙．仏国の労働者の軽挙妄動する所以
1. 労働者の経済力低し
2. 国家の保護少し
3. 金権政権の結托[託]
4. 労働者の生活低き故貯金して組合の財産をつくる能はず
5. プルードンの著書労働者間に行はる
軍隊―社会主義は軍隊を社会主義者にて独占せんことを期す．
　　　軍隊の**民主化** democratization
　　サンディカリズム ⎫
　　アナキズム　　　 ⎬ 軍隊そのものに反対

2. 社会的原因
甲．欧州諸国

乙．仏国

2. 社会的原因

　甲．第20世紀の今日欧州諸国にサンディカリズムの流行を見るに至れる社会的の原因はその数一にして足らず．今その主なるものを列挙するに，一．結社自由の公認，二．労働者の密聚，三．貧富の懸隔の大，四．社会的秩序の確立，五．労働者中に知識あるものの増加したること．以上の諸要素はもとより明確に其の時期を画すること困難なれとも，大体に於て第19世紀の末よりほぼ具備せしものと言ふを得．昔はその一を備ふるも，他を備へず．従てサンディカリズム類似の現象は一時突発することありとするも，経続的[継]に長く人心を支配するを得さりき．

　乙．サンディカリズムが現時殊に主として仏国に発生したる社会的原因．之もその数頗る多し．その主なるものを挙ぐれば，一．仏国に於ける結社自由の公認は比較的遅かりしこと，二．労働者の竸遇[境]は概して英独のそれに比してよからざりしこと，三．政権が下級労働者の為にはかること少し，四．仏国の労働組合の財政的基礎の甚だ薄弱なること，五．仏国の労働階級の間には無政府主義的思想ひろまれること．

第三節　人種問題

第一．序論

　一元説……人類は皆血縁あり
　多元説……人類は血縁なきものあり
　(最近の学説) 人に就ては多元，人の先祖たる猿に就ては一元説．
　　　　猿はもと馬来[マレー]半島より起る．それより濠州，北方アジア，アフリカ，欧州に分る．その各々の猿が人間となる時分には互に分つ[分たざる]べからさる程の限界ありたり．アメリカン・インディアン American Indians はアジア人種の一分派なり (白[ベーリング]令海峡より)．

社会主義の批評
経済上の主義とすれば不可なし．
これより進みて政治倫理道徳等の区域にまで入らんとすればそれは全く哲学上にも根拠なき論なし．
1. 起源を以て現状を論ずべからず．
2. 社会主義は保守的分子に対する共同の敵として無政府主義等の危険なる思想を伴ふものなり．その為に社会主義の真価を見誤るべからず．
3. 日本にて社会主義を攻撃する人は皆独乙の社会主義のみを眼中におく．独乙は組織は最も進めども思想は最も後れたり．独乙は統一なき国なる故，特に社会党やカトリック等に反対す．
4. 広く見れば社会政策も社会主義も言葉の争のみ．むしろ独乙に於ける如き社会主義は不可なれども，世界一般の社会主義は可なりと言ふを簡明なりとす．
5. 所謂社会政策的傾向に反対する思想―蘇峰「時務一家言」

ウィルソンの関税改革

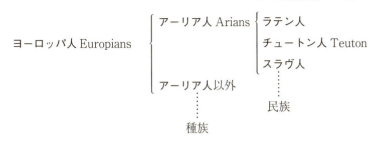

第二．人種問題の総論

同類意識

政治的反撥……{ お互に理解出来ぬこと { 恐怖の念
　　　　　　　　　　　　　　　　　　　風俗言語等の差
　　　　　　　優等人種が自分の種属の純潔尊厳を保つため

　　　　　　　　　　　　　　征服等の歴史的原因 { 宗教
　　　　　　　　　　　　　　　　　　　　　　　　民族

種族問題
{ 対内関係……殖民地の統治　国内の異種族（合衆国における黒人 Negro）
{ 対外関係……人種といふ考　バルカン問題　日本を中心とする黄白人種
　　　　　　　の衝突（日英同盟の将来）
　一．アメリカの移民問題
　　1．文明の程度の劣等なる外国の移民によりて国の品性を下ぐ（墺，
　　　露，支那）
　　2．人種（文明の根底）の違[異]れる国民の移住（日本）
　二．豪洲
{ 人種間の反発 Antipathy　相反したる二つの思想は互に相殺するものに
{ 人間性 Humanity　　　　あらず　各々極端に進む

民族問題
{ 歴史
{ 宗教

(1) 一民族一国家なる時には民族問題は殆ど起らず……阿フリカのリベリア(黒人の国)
(2) 一の民族が数多の国に分れたる場合＊
(3) 一の民族が二以上の民族を包擁せる場合

(2) ＊1. 合衆国と英国との如き例．両国の主要部分をなせる場合．
　　　2. 支那民族，バルカン半島．支那人は本国にては主要部分なれとも，台湾にては日本の主要ならさる国民なり．
　　　3. 両国の主要ならさる部分をなす場合
　　　1. の場合には大したる問題起らず．同盟位が出来るものなり．
　　　2. 主たる国と従たるものと関係生ず　台湾，シュレスヴィヒ＝ホルシュタイン
　　　　　　　　　ブルガリアとマケドニアにおるブルガリア人
　　　　　　　　　墺のガリツィア地方のルテニア人とロシア
　　　3. ポーランド人　ユダヤ人 Jews
　　　　　　　ユダヤ人の民族的自覚―シオニズム Zionism

1915年度講義録

赤松克麿ノート

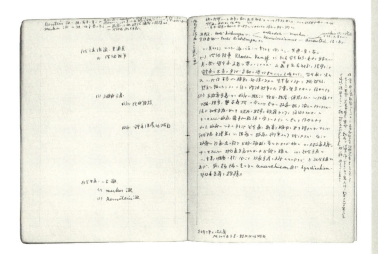

第一編　現代欧州の建設
　　第一章　ウィーン会議
　　第二章　民族主義
　　　第一　〔独逸統一運動〕
　　　第二　イタリアの統一
　　　第三　セルビア
　　　第四　ギリシア
　　　第五　モンテネグロ
　　　第六　ルーマニア
　　　第七　ブルガリア
　　第三章　近代政治の特色
第二編　自由主義
　　緒言
　　第一章　立憲政治
　　　第一節　立憲政治の意義
　　　第二節　民本主義
　　　　第一　民本主義の字解
　　　　第二　民本主義と民主主義との区別
　　　　第三　民本主義の内容
　　　第三節　代議政治
　　　　各国憲法の制定
　　　　　1　英国流の憲法
　　　　　2　米国の憲法
　　　　第三　仏国流の憲法
　　　第四節　議会構成の改革
　　　第五節　民選議員[院]の政治的優越
　　第二章　社会主義
　　　第一節　社会問題
　　　第二節　社会政策
　　　第三節　社会主義
　　　　第一　名称の由来
　　　　第二　学説の発達
　　　　第三　正統社会主義の理論
　　　　第四　社会主義の運動
　　　　第五　社会党の発生並にその要求
　　第三章　民族問題
　　第四章　宗教問題
　　第五章　婦人問題

　　　　　　帝国主義

第四編　最近欧州の形勢
　　第一項第一節　独逸帝国の建設とビスマルクの政策
　　　　第一　貨幣[幣]統一
　　　　第二　帝国陸軍の確立
　　　　第三　法律の統一
　　　〔対天主教会の政策〕
　　　〔独逸統一と天主教の状態—中央党の成立〕
　　　〔政府の対中央党態度決定—両者の衝突〕
　　　〔ビスマルクの戦策—1871〕
　　　〔国家自由[民]党の離反〕
　　　〔中央党接近運動〕
　　　〔三国同盟と露仏同盟〕

1)箕作〔元八〕博士
西洋史講話

第一編　現代欧州の建設

第一章　ウィーン会議
第二章　民族主義
第三章　近代政治の特質〔色〕

第一章　ウィーン会議

　現代欧米の政治的近代を現人は研究するなるが，現代の意味を限る．現代の欧州はウィーン会議より始むといへり．現代の日本は明治維新といふが如し．ウィーン会議の出来し由来はここに説く要なし．ナポレオンに乱されたる後始末のために開かれしなり．ウィーン会議は当時各国の第一流の人物全権大使として集り，中には君主自ら来れり．墺，普，露，バイエルン，L□□enburg，丁〔デンマーク〕2)，バーデン八個国なり．これらの人々が種々相談してウィーン会議の決議出来たり．集るときも集ってからも手間取れり．ナポレオンの帰来のため中止し，ナポレオン後し直したり．主として列強は決議事項を定め，小国を圧迫せり．

　この会議に決定せられしことは種々あれば大体をつまみていへば，一は主として原領に回復せり．仏革命の起る前，1789以前，革命以前の状態に回復すること．

　第二，普を強大にして独民族の地方にして小国を整理せり．全独地方を出来るだけ固めて仏の備となせり．仏は最も恐れら〔れ〕たり．これ独の今日隆盛の原因の一なり．

　第三は大陸諸国(欧)と島国との関係を整理せること．1は英とハノーファーとを分離せり．2はスウェーデンとポンメルン及びフィンランドとを分離せり．3はノルウェーとデンマークとを分離せり．現今は英王はハノーファー王なりき．

ハノーファーは1866まで存在し，普が墺と開戦したときハノーファーは墺に加担し，普がハノーファーを取れり．ハノーファーはその道りの国際公〔法〕に違反せるを反し反対運動をなすものあり．ヴェルフ党といふ．これ独の獅子身中のものなり．ノルウェー，スウェーデンとデンマークとは歴史的関係あれともこれを断絶せり．

　この三箇条の決定によりて当時の形勢は現代欧州の形勢に近くなれり．しかれともウィーン会議の決定は，欧領土決定に関する当時の有力なる理想を完全に満足せしものならず．故にウィーン会議の決定はそれ自身安定せず，動揺の種を持てり．近時の形勢に近くになれとも完全ならず．何故にウィーン会議の決定はそれ自身不安の種を有するや．その原因は，その当時人々の頭に胞きし各種の思想要求の妥協の結果として，その決定が現はれしなり．妥協は最後の決定ならず．この同時ウィーン会議に列席せし大政治家の胸に往来せし思想要求を三別するを得．

　第一は民族主義．国境確定のきそは同一民族ならざるべからず．この主義の要求も当時政界に於て具体的に二方面に現はれたり．一は民族独立の要求，一は統一の要求なり．一民族が他民族の支配をうける境遇のものありき．バルカン半島に於てセルビアがトルコの支配をうけし如し．例へばバルカン半島のスラヴSlave民族は土ルコの要求をはなれて独立せんことを要求せり．一は同一の民族にして多くの境遇に別れたるものなり．伊太利民族は多くに分れたり．彼等は統一して一国家をなさんとする民族統一の要求なり³⁾．民族独立，民族統一要求は，18世紀欧の各方面に唱へられ〔し〕のみならず，ウィーン会議に於ても現はれたり．

　第二，正統主義，Legitimacy，復古主義なり．これは国境確定の標準は革命以前の正統なる主権者の何人たりしかにおかざるべからず，例へば仏革命に乱されたる欧の形勢を各正統の所有者をさがし後それに与へよといふにあり．仏は革命前ブルボンBourbon家なりき．ナポレオンは帝政となりしが，その後に於てはルイ18世をさがし出して仏を与ふるなり．当時は公権と私権と区別明ならず．故に国家の権利に関する問題につきても財産は正当なる要求者に帰すべきこと先入主となる．公私権の区別，明になりしは近世なり．古は国土人民は王が有せり．王なければ親族，他国君主がその国土人民を所有す．財産権が

支配したれば**正統主義** Legitimacy は有力となれり．又正統主義は正しき議論と思はれしのみならず，君主貴族の利害関係に合致せるものなり．昔の君主が君主とならば，貴族も又帰り来て原住地を復すれば彼等の利害に合致すれば，特に熱心に唱道せられたり．この説は当時一般，反動的君諸国〔自由主義に対する〕の歓迎する所となれり．かかる主義相当の勢力を有せるが，第一の民族主義と相容れず．一方の民族独立は旧来の主権に発達するなり．〔ママ〕五つの主権を□し一主権を作るの，統一すれば民族主義に反せり．

　第三に当時行はれし思想に**勢力均衡** Balance of Power なり．この考は凡そ国際間の動揺は**均衡**が足らざればなり．**均衡**の取れざるは，一国が特に強大の勢力を蓄へ他国を圧倒すればなり．かかる国あればこれを圧へて行くは，自ら多くの国の考ふる所なり．このとき最も恐るべき国は仏なり．**ウィーン会議**にては仏を圧ふるに都合よき様，国境を制定するになれり．このとき連合軍はやっと仏に勝てるなり．勝てりとて彼を恐るべきを信ぜり．期せずして一致せり．**勢力均衡**は 19 世紀のみならず古から明白な**原理** principle なり．これはいかなる所より来るか．個人にても同じくなるが，人より抜てて他人を支配したしとの念あり．又大の支配には甘んじたしとの思想もあり．個人と同じく国家にもあり．ここより国際関係を知るとき二つの主義より争起る．争覇思想，破覇思想ありて互に葛藤するは昔よりあり．尤も争覇の運動は国民全体として動くことあり．**ローマ**の如し．或場合には一英雄の個人的野心により起ることあり．豊太閤の如し．而して大体に於ていへば個人的色彩は古代に強く，民族的色彩は近代に強し．近代に於ては国民的色彩強くも，国民が奮起して世界に雄飛するときは必ず指導者あり．近代に於てかかる指導者は**ルイ 14 世**，**ナポレオン**，現代に於ては独皇帝なり．独国の野心を解くに独皇帝のみの野心に帰するは誤れり．この思想は仏より独に移れり．争覇者が隆々たる勢を振ふときは隣国は皆屈す．これに従ひ進んで抵抗せず，四隣黙すとも破覇思想の全くすたれることなし．内心は抵抗せんことを希望を有せり．ここに若し破覇思想の端緒現はるれば，四方にこれを饗応するものあり．19 世〔紀〕以来この思想の中心となるは英国なり．幾多困難を 14 年嘗め，遂に**ナポレオン**を破れるは英なり．今日又独に対抗して破覇的運動の**擁護者** champion となれるも彼なり．而してこの破覇思想は，従来の国際関係に於て多くは**勢力均衡**の名称によりて唱へられ

たり．而して19世紀の始めには仏を最も恐れたれば，諸国は仏を圧へんと苦心せり．仏の勢力を伊より駆逐せり．民族的相合する能はざるものを和と白〔ベルギー〕とを一国としてネーデルラント王国 the Netherland 仏の備とせり．普に多くの領土を与へて独を強大にして仏を圧へたり．

以上三思想がウィーン会議にをひて戦はれ，その妥協としてウィーン会議の決議現はれたり．その決議にはそれ自身安定せず不安の種を有するは勿論なり．欧の形勢はこの会議で一旦静まりしも徹底せるものにあらざれば，欧の形勢は遠からず動揺せざる能はず．

第一に民族主義は正統主義より圧せられたるも，これが勃興するは自然の勢なり．凡て物の運動に抵抗少なければ自然の方向に真向ひて進むなり．正統主義は受動主義に乗じて力を振ひ，民族主義続々自由思想欧に抵抗すべからざる勢にて起るや，正統主義は衰へたり．正統主義が衰ふれば民族主義は勢を増すなり．ウィーン会議の大修正を要するなり．

他の一は勢力関係は永久不遠にあらず．ウィーン会議は仏が恐るべしとの前提に出来たり．仏が最恐なりとの国際関係は年と共に変れり．さればきそ〔基礎〕動揺するなれば，ウィーン会議の決議も動揺するなり．ウィーン会議の決議がいつまでも同然す〔な〕れば，新形勢に適せざるなり．

この二理由ありてウィーン会議の後，欧各地に於て動揺起れるなり．而してその動揺は長くつつきて今日に及べり．今日未だ十分に欧の形勢安定たるにあらず．けれとも長き歴史の経過中，ウィーン会議の決議の修正されし点少からず．一面より見れば19世紀の歴史はウィーン会議に始りし国境整理事業完成の運動と見得るなり．而して完成の事業がいかにして行はれ，いかなる効果を現はせしか．後編に研究せん．

第二章　民族主義

19世紀の全体を通じてウィーン会議の決定を動かせし主たる要素となりしものは民族主義なり．民族主義がいかにして欧の国境整理に貢献せしかを述ぶるに先〔立〕ち，先づ民族主義の起りを略述する必要あり．19世紀の始め，民族主義の起りしにつきては二様の原因ありといふこと出来る．一は社会上の原

因にて，一は思想上の原因なり．

　民族主義勃興の社会的原因を与へしはナポレオンなり．ナポレオンが欧大陸を席捲せしとき，彼はいたる所少国分立を整理し民族によりて合併せり．その間に画一政治を行ひて，従来個々別々なりし欧の民族に始めて統一自立の経験をつむを与へしなり．このナポレオンの私設によりて民族は始めて統一自立の利益なることを悟れり．

　しかれとも例へナポレオンがかくの如き機会を与へても，若しも当時諸民族の間に自由独立といふ思想上の根抵なかりせば，民族主義は未だ起らざりしやも知れず．ここに於て吾人は第二に思想上の原因も与へざるべからず．欧に自由といふ思想を与へしは遠く文芸復興時代に遡るなり．少くとも 18 世紀に於ては個人の自活は歴史上極めて明白なり．而して文芸復興時代以後の思潮に養はれて起りし自由思想は色々の方面に現はれて具体的の要求となれり．就中その政治的方面に於ける自由の要求は 18 世紀より盛んとなれり．尤もこのときに於ける政治的自由の要求は，こまかくいへば二方面に現はれたといはざるべからず．一は各個人が専制政治に対して内政上の自由を要求する方面は，他の一は共同の文明を有する多数個人の団体—民族が全体としての自由独立を要求する方面なり．前者は狭義の単純なる自由運動と唱へ，後者は特に民族主義の運動と唱ふるなり．この自由運動と民族〔主義運動〕とは二者互に関連するにより，民族主義の運動を説く前に自由主義の運動のことを簡単に述べん．

　18 世紀の末，政治的自由といふ考の発現せし場所は二個所あり．一は英米にして他は仏なり．仏に於ける政治的自由の要求が仏革命を以て勃発したるは云ふを俟たず．英米方面に於ては自由思想早くより 6,700 年以前より英にて芽を発し，18 世紀の末に英の殖民地たる米に於て合衆国独立運動の完成によりて頓にその声を高くせり．而して合衆国の独立と仏革命の勃発とは殆んど時を同しくせり．故に当時政治的自由の運動は英米及び仏に於てその源を発したりといふなり．この英米に発現したるものと仏に発現したる自由主義とはこれを区別すること実際上便宜なり．なんとなれば二者はその性質に於て大いに異る所あり．又その主義の伝播して各々勢力範囲を作れるが，その範囲も明確に異ればなり．英米に於ける自由主義は一言にしていへば自由思想の極めて平凡に発達せしものなり．仏に於ける自由主義は非常の奮闘後発せしを特色とす．仏

は民間に於てこの思想の起るも，政府は大いに専制行はれ，殊に**ルイ 14 世**時代極端に達せり．この専制と自由とが各々極端に達して仏革命となり．故に仏に発達せる自由主義は革命的の傾向を帯びたり．その理論上の説明に於てもルソーの学説に見る如く奇抜にして過激の思想を含めり．これに反し英米の方面に於て，米国に於ては始めから君主貴族の階級なく平等の人民が自由に政治組織を定めたり．英には君主貴族あれとも早くより専制をやめておだやかに自由が育てられたり．故にその自由思想に奇抜，過激の点なし．英米の方は平凡に発達せしに反し，仏は革命的分子を含む故に同じく専制政治に苦しむ欧革命思想の間に盛に伝播せり．この点に於て仏の自由思想は一種の伝染性を有すといふ．この点が仏系統の自由思想の特色なり．而して今日英を除く欧各国の政治的制度は皆仏に於て発達せるものに則りしなり．これを仏系統の制度といふ．而して英米，殊に米に発達せる制度は主として米大陸の諸国に模倣せられたり．これを米系統の制度といふ．而して英は米に発達せる自由思想の本源なるも自ら一種の体裁をなせり．この一種の体裁は英本国の外，**カナダ**，**濠州**，**南米**，**ニュージーランド**に行はれ一系統を作れり．

その内 19 世紀の欧の政治を研究する際，最も吾人に関係あるは仏系統の自由主義なり．この主義は伝染性を有す．本来自由運動はその性質上内政上の問題なり．本来は外国に交渉を起すべきものにあらず．しかれとも当時 19 世紀の始め自由思想は伝染性を有するにより，甲国に自由運動が起り成功したることは必ず乙国丙国に影響を及ぼす．故に乙国丙国の当局者は甲国に於ける自由運動を目して，これを対岸の火災視する能はず．殊に墺のメッテルニヒの跋扈せる専制思想の盛んに唱へられし時代に於ては，自由思想は恰も国際的疫病の如く見られたり．従て本来単純なる内政上の問題たる自由主義もこの当時に於ては自ら国際問題たるの面目を呈せり．当時墺，露，普等の専制政治家は自由主義の蔓延を憂へ，国際共同の力を以てするにあらずんばこれを撲滅する能はざること考及びて，自由思想の撲滅，専制主義の擁護を目的とする**神聖同盟 Holy Alliance 1815. 9. 26** を作れることは吾人の知る所なり．この**神聖同盟**が欧の自由主義を抑圧したるといふ歴史は普通の教科書にゆづりてここに述べざるも，只これに関係して今日までアメリカの外交政策の根軸となれる**モンロー主義**[4]を提起したることは特に起憶すべきを希望す．

単純なる理論からいへば国境を定むる標準を民族にとるは自然の勢なり．故に民族の範囲と国の範囲と合致する場合，民族主義の問題は起らず．日清戦争には日本にアイヌの如き異人種あれとも大和民族大体なり．又大和民族にして日本国以外に国籍なし．かくの如き民族と範囲と合致する場合，問題は起らざる也．
　民族の問題が起るときは国の範囲と民族と異るとき起る．而して欧州には不幸にして国家と民族の関係複雑にして，民族問題の起る素質あり．19世紀には民族の自覚なければこの問題起らざりき．しかるに個人の自覚に伴ふて民族の自覚起ると，ここに民族主義の問題起るは当然なり．民族主義の要求は18世紀に現はれ，19世紀のウィーン会議には盛んに唱へられたり．ウィーン会議に集りし代表者の頭を支配したる思想は民族主義なりき．されどかの会議に於てこの主義は徹底にその要求を満足されず不完全なりき．不完全なる決定に乗じて後，民族主義起れり．19世紀を通じてこの欠点を修正して稍々完全となれり．
　民族主義はしからばいかなる形に於てウィーン会議の決定を修正せしか．この問題に対し吾人は二つの形に於てウィーン会議の決定を訂正せり．一は民族統一の運動の形に於て，一は民族独立運動の形に於てなり．
　民族主義の運動がこの二形式をとれる理由は，民族と国家との関係が二つの異れる形より現はれしことより生ず．そのわけは民族を主にして考ふれば，民族はある場合，他の民族の支配に屈服する場合あり．例へば19世紀の始バルカン半島に於て南スラヴの諸民族がトルコといふ国家の支配をうけし場合これに属す．次に又一民族は多くの部分に分れ，それ自身独立の国家をなして居るか，或は他の独立国家をなすかの如し．例へば統一前のイタリ〔ア〕民族の如く，イタリア民族が七分国に存せし如し．第一の場合には民族主義の運動は独立運動として現はれ，第二の場合，統一運動として現はるるなり．これ尤も理論上の区別なり．実際に於ては二運動混同して現はるること少からず．後にいふイタリア統一の如きは統一運動にぞくするも，当時イタリア民族の一部は墺の支配に属〔属〕せしかば，その部分内のイタリア民族は先以て墺より独立，それから統一運動に加はるといふ理論上の経路とらざるべからず．事実に於ては二運動混同して行はれしかば，イタリアの運動は独立運動をも含みしなり．著しき点を

いへば，この二形式に分るるなり．

　第一，ウィーン会議以後今日に至るまで民族統一運動の最も著しきに二あり．一は独帝国の統一，帝国的統一，他はイタリアの統一なり．

（第一）　独逸統一運動

　独帝国建設の事は第四編に於て述ぶるなるが，爰に簡単に言へば今日の所独民族はほぼ独帝国といふものに統一されて居る．25の独立国より成る一連邦なること[5]は知るが如し．今日独民族に属するものにして未だ帝国内に統一せられざるものは，墺に於けるゲルマンGerman民族，スイスロシアに於けるゲルマン民族と，和ランダ人となり．リガ附近[6]には独人多し．スイス人の半ば独人にして他は仏人伊人なり．白耳義〔ベルギー〕にはワロン人 Walor とフラマン人 Flem-ish とありて，後者はゲルマン民族なり．されどこれらの民族は，墺に居るものを除きては殆んど独民族なりといふ考少し．少くとも今日の独国民と共同の文明を有し親密の関係を結ぶべき因縁ある意識は乏し．故に本当に共同の文明共通のき〔基礎〕そあると考へて居るゲルマン民族にて統一に加らざるは墺のみなり．

　而して独帝国の統一の出来しは1871也．尤も独民族はそれ以前に於ても全然何等の連絡なしにばらばらとなれるにはあらず．ウィーン会議の現に独民族，[35] 36国，4自由市とを以て，薄弱にはあれど一つの連合の内にまとめんとせし也．されとも当時のゲルマン民族の民族的要求はもっと強固なる基礎の上にまとまりたいことにありたり．もっと固きものになるには内部の素質に幾多の改革を要する外に，第一にはゲルマン民族の作れる国に於て外国人の君臨するものを排斥せざるべからず．第二は独民族の作れる国家にして広大なる異民族の土地を領土とせるものを処分する必要ありたり．シュレスヴィヒ＝ホルシュタインはデンマーク王が同時に君臨する所なりき．同時に独民族の一国と見做されたる〔ルクセンブルクは〕和王が君臨する所なりき．而して墺がハンガリーといふ異民族の国を従へ且つ南スラヴ人の広大なる地を領とすれば，墺を独に入れば独民族にあらざる多数民族の入ることとなる．これらの点が将来，独民族統一といふ運動が具体的に進んで行くのに少からず障碍を与ふるなり．シュレスヴィヒ＝ホルシュタインには多少の丁〔デンマーク〕人ありて独人に反抗せり．

さて独民族の間に統一の思想起りしことは、その由来以ってして 1813 □□ ライプツィヒ Leipzig □□[戦争][7)] 以後盛んに行れるは歴史に明なり．其後連邦の諸国に関税同盟作られて盛に国家が政府を共同すればいかに□□あるかといふことを研究せり．統一思想の気運起れり．かくの如く統一の気運盛んになりたれとも、ここに二つ障碍あり．

　一は各国政府は保守主義なり．統一運動は自由主義の運動伴ひ、当時自由統一の形に現はれたり．当時この二者ははなるべからざるものとして世に現はれしが、当時政府は統一は是認するも自由に反対するために自由統一の全体を圧迫せり．いかに民間この思想盛なりとも政府これに反対なれば、統一の実現も容易に得る能はず．

　第二の障碍は誰れを盟主とするかなり．プロイセンにすべきか墺にすべきかなり．歴史的伝統 historical tradition よりいへば墺のハプスブルク Hapsburg [Habsburg] 家は古ければ、墺を載きて独民族を統一せんとする考は多くの人の抱きし所なり．されど一部の人はプロイセンの実力に依頼し、将来独民族の大いになすあらんとすれば、実際の力を備へしものなかるべからず、これにて普を立てんとす．ここに於て名を取りて墺を立てんとするものと、実をとりて普を立てんとするものと分れたり．少くとも普自身は自分が天下を取らんとする大野心あり．それがため 19 世〔紀〕の始より画策せり．殊にローンやビスマルクに至りてこの大なる野心を抱きて準備に苦心せしなり．尤も普は当時非常に勃興はせるも家柄は低く成金なり．自ら進んで覇を称するの勇気なし．そこで名義を将来の統一された独国は純粋の独民族でなければならぬと主張せり．これにより暗に墺を排斥せんとせり．そこで墺に味方する方では中堅が民族なればこれに多少の異民族加はるも差支なしと唱へたり．そこで時の人は、墺側は独民族以外に他の民族を抱擁する点より大独逸党 Great German Party の名を与へ、普側の純粋の独民族で事起さんとするものを小独逸党と称せり．大党と小党とが主義を以て争ふといふ仮面の下に互に新に起るべき独帝国の覇を争ひしなり．故に仮りに政府の保守的態度かわるとしても、普と墺との衝突とがいかやうにか解決されざれば、独帝国の統一は実現されざりし也．

　右に述べし二つの障害、第一の障害は 1848、仏に起りし二月革命の影響として解決付きたり．この二月革命の影響は独諸国にも伝播せり．就中当時保守

専制主義の**擁護者**たりし墺と普に於て最も現はれたり．則ちベルリンに起る暴動，ウィーンに起る暴動，共に両国の政府を震がいし，ともかく一旦自由主義にくっぷくせざる余義なくせられたり．中にも墺に於ては人民はメッテルニヒの頑強なる態度に激し，彼の手に取りて辞表を記しめ彼を国外に放てり．これを機会として多少の内紛はあるも，独諸方には大体独諸方には統一主義認めらるるに至れり．従て政府率先して統一問題を議するに至れり．

かくして政府の態度はかわり，けれとも統一の実現は尚ほ遠し．なんとなれば普と墺との暗闘始れればなり．この普と墺との暗闘は 1866 に曝発し，則ち史上有名なる普墺戦争8)也．この戦争結果として独統一の前途をさま〔た〕げし第二の障碍除かれたり．これより先つ普は独の統一は到底墺を排斥するにあらざれば完成せずと見当をつけ，盛んに軍備を拡張し他年これに備ふる処ありたり．而して只その機会の一日も早く至るを待たれり．シュレスヴィヒ＝ホルシュタインの事件は両国衝突の機会となれり．このとき独内の多くの国は歴史的伝統に囚へられ，プロイセンの勝を信ずるは少かりき．されば普墺戦端を開くや，バイエルン，ヴュルテンベルク，ザクセン，ハノーファー，ヘッセン，ナッサウ，バーデン等は悉く袖を連ねて墺に味方せり．普は則ち孤軍奮闘せざるべからず．はるかにこれに味方せるは伊だけなり．この戦に於て普の多年準備せしこと功を奏し，百日に足らざる内，普の大勝を以て局を結べり．この戦の結果として只に普はシュレスヴィヒ＝ホルシュタインを得，ハノーファーとナッサウを得て，これを合併し以て領を広げしのみならず墺を独連合の外に排斥して，その武力を以て北方独逸の諸小国を併せ，自ら盟主となりて北独連邦 Norddeutcher-Bund〔Norddeutscher Bund〕9)を作れり．爰に於て独民族統一の形骸ほ出来上れり．

普墺戦争の結果，北独連邦の成立は見しも，南独殊にバイエルン，ヴュルテンベルク，バーデンはこの同盟に加入せざりき．この南独の国々は勢力に於て普に及ばず．されとも北独の諸小国の如くに普の下風に甘んずるものにあらず．且つ歴史的家柄よりいへば普よりも高し．普墺戦争の始まりしとき，これらの諸国は墺につけり．而して墺の敗るるや，これらの諸国はそのまま普につくことを欲せず．できるならば南方に旗上して，もとの独国を普と墺と自分達と三分せんとの希望を抱きしもあり．しかれとも南方独諸国は残念ながら北独諸国の如く一つのまとまりし団体に固ることは困難なり．なんとなれば北方に於て

は普一人強大にして，その周囲にあるもの皆小国なり．そこで普の力によって全体をまとめ得るなり．所が南方は強弱の差それ程甚しからざる三，四の国並べるなれば，その間にまとまりをつける事比較的困難なり．そこで南方の独は到底北独連邦に対抗する能はず．そこで南独は北独と攻守同盟をなすべく余義〔儀〕〔なく〕されたり．されとも暗に南，仏に秋波をよせて北方の同盟に対抗せる也．当時仏はナポレオン3世の全盛を極めしときにて，彼はその野心を成功する上より，南独を懐柔せんとせし也．かくして普より見れば南独諸国は北独連邦に対して最も近き同盟国なるも，果して忠実なる同盟国か否か疑はざるべからず．而して南独をして二心なく北独と同盟せしめ，都合よくば南独をも全然連邦中に入れて了ふためには，南独の稍もすれば頼らんとする仏に打撃を与ふるの必要あり．換言すれば普の武力を以て仏に大打撃を与ふることが独民族統一のため必要なりしなり．而してこの機会は1870に到達せり．而してこのとき普と仏との間に戦開け10)，かねがねこれがために準備せし普は非常なる□□を以て兵を仏境に送りて，南独をして北独と歩調を一にせざるべからざる境遇におけり．かくして南独の態度を早くきめしめて戦に勝つや，遂に南北合同してここに独帝国の建設を見ることにせり．

第二　イタリアの統一

イタリアの統一はドイツ Germanのそれと時を同くし其他の点も同じきなり．第一，イタリアの半島がイタリア民族住める所なるに拘らず統一なかり〔し〕所，独と似たり．ウィーン会議のときは七部に分れたり．1. サルディニア，2. ロンバルディア，ヴェネツィア，3. パルマ，4. モデナ，5. トスカーナ，6. ローマ法王領，7. 両シチリア島の七部に分たれたり．

第二は半島全体を通じて墺〔墺〕の勢強かりしこと似たり．欧の勢力を退けざれば統一出来ず．これ第二の〔類〕似点なり．この七部に於て墺の勢力の及ばざりしは一サルディニアなりき．プロイセンだ〔け〕が墺に対立して，他がその勢力にありしと似たり．そのわけはロンバルディアが全然墺の下たるは論なし．法王領は宗教の力によりて治め兵力なし．国内乱るゝば〔れ〕墺より兵力をかれり．法王領は天主教にて教権にて圧制して行くなり．教権主義で行く所が墺の**専制** despotism と似たり．政治上の主義より利害関係を一にせり．**パルマ**，**モデナ**，**トスカーナ**，**シチリア**は直接間接墺の勢力下にあり．直接とはハプスブルクの人が治めたり．間接，ブルボン家系統が治むるなり．これらは全然墺の命令のままに動くなり．ナポレオンの皇后ルイーザがパルマに君臨したれば全然墺下なり．後彼女の家人は墺に入り，今墺皇室にて待遇を受け，**同等の身分にある** ebenbürtig[11] として未来の皇后陛下の人あり．

　第三点は民間に自由統一の思想盛んにして，一は墺のきはん〔規範〕を脱して独立せんとの思想国民の後援を得て，伊太〔利〕半島中の**サルディニア**が統一を完成したることなり．ここに異る重大なる点は独にては普の力強大にして，まだ家柄，国柄新しいだけ威望かげるところあり．実力に於ては優に統一をするに足るに反し，**サルディニア**はそれだけの力を有ぜず．少くとも墺に対しては堂螂〔蟷〕が大斧に向ふが如し．故に普の如くやすやすと統一の目的を達する能はず．その足らざる所は外交で補へり．**カヴール**はこれなり．外交の点はビスマルクも苦心したれとも，**カヴール**に比すべからず．統一の完成せざるとき 1861 に早死す．これも要するにイタリアの統一は，民間の自由統一，墺を排せんとする国民の希望，この考を国民間に盛ならしめしマッツィーニの尽力に加ふるに，**サルディニア王**の奪発〔奮〕，これと相対してガリバルディの力なり．されどこれに**カヴールの外交**なかりせば統一出来ざりし也．**カヴール**は墺をイタリアより排するには到底自国の力のみにては不可能にして，英仏の助力の必要なるを悟り，両国に接近する**機会** chance をうかがへり．時に**クリミア戦争** Klimia War[12]〔Crimean〕起れり．英仏が露を討つに困りしとき**サルディニア**連合軍を助け，戦を終局せしむるに効〔功〕あり．これによりて精神的助力を得ることは終れり．ナポレオン 3 世は別種の力を与へたり．ナポレオン 3 世は墺を退けて伊半島に勢を振はんとするときに伊より助を乞はれたり．**カヴール**はナポレオン 3 世を利用せんとし，**ナポレオン 3 世はカヴール**を利用せんとす．1859, 4 に墺仏間に戦起れり．この戦にて仏は伊を助け，ためにこの戦争に伊は勝てり．よりて**サルディニア**はロンバルディアを合併するを得たり．これサルディニア膨張の始めなり．翌 1860 には法王領の北半分とパルマ，モデナ，トスカーナの三国が各々民間に革命運動起り，国王を逐ひて**サルディニア**に合する運動起れり．この年末までにこれによりイタリアの北半分は**サルディニア**に属せり．12 月に統一されしイタリア王

国を作れり．ガリバルディはシチリアを取り王国に合せり．これにて統一事業成り．

　東北もヴェネツィアあり．又法王領若干残れり．この両地をも合併すれば伊イタリアの統一事業は完成するなり．その**機会**まもなく来り．1866に普墺戦争始まり，そのときイタリアはビスマルクの誘に応じこれに加担せり[13]．負けしも，結果ヴェネツィアを墺より得たり．只トレンティーノだけ残せり．墺伊の自然的国境は**自然** natural に見えり，民族上にても軍事的経済的にも**アルプス山**なり．トレンティーノはかくて当然伊に入るべくして入らず．伊人は戦のときにトレンティーノも領有すべきを欲せしが，後に至り，かくの如き約なしとしてこれを達ぜざりき．**未回収のイタリア** Italia Irredenta の主張する所なり．〔欄外〔欧洲〕動乱史論　428-10〕．

　第二にローマ法王領は墺が勢力を失ひしより同こく〔国〕天主教の保護を名として仏が□兵をローマに入れたり．さればローマ領を伊領にせんとせば仏の守備兵を処分せざるべからず．されど仏は伊の恩人なり．のみならず伊は仏に抵抗する力なし．そこで穏便に仏から徹〔撤〕兵することは中々出来ず．且又仏は段々サルディニアの勃興するを怨めり．仏は墺を排し**サルディニア**を助けしも，行く行くは伊太利を一統するもローマ王を頭とし，それを裏面よりあやつり自分が伊を支配せん希望なりしかば，伊の希望に副ふことをせざる也．これ伊政府の苦心せし所なり．一方はローマ法王の国は亡〔さ〕ざるを誓ひ，又一方しきりに仏の徹〔撤〕兵を乞ひしなり．けれとも希望実現せずして，しばらく煩門〔悶〕せり．これに**機会**を与へしは 1800〔1870〕の普仏戦争なり．この結果仏はローマより徹〔撤〕去せり．かくするやローマ領内の自由主義者動乱を起せり．これをよき口実として伊政府も兵を容れたり．けれともローマ法王はさすがに長き間国民の**精神的**な mental 主権者なりしかば，うっかり処分するわけにゆかず．故に兵はいれしも慎重の態度をとれり．又一方今日この**機会**を失へばローマを伊王国の首府とする能はず．そこで極めて鄭重なる言葉を以て法王に俗権放棄を申込めり．されど頑として容れず．その内 9 月 2 日ナポレオン 3 世はスダンの戦に敗れて独軍に捕はれ，仏軍には軍容を回復する見込なし．故にイタリアも高をくくり，9 月 20 日，遂にローマ法王国の占領を発表せり．かくして最後独立国たるローマ法王国は亡ひてイタリア王国はここに完成せり．

（第三）　セルビア

　民族運動は主としてバルカン半島に起れり．バルカン半島には民族的の事業よりして種々困難なる問題あり．欧の政界では東方問題，近東問題ともいふこの問題の根本は，バルカン半島に於けるキリスト教民族とトルコ民族との軋轢に生ず．トルコ民族，バルカンを征服して従来の歴史を圧迫せし歴史が二者の反感を甚くせし根本理由なるが，其他宗教異ることは尚更に反感を深からしめたり．19 世紀以前よりたえず動乱あり．されど従来の動乱は概してトルコの専制に対する不平の爆発にすぎず．而して 19 世〔紀〕となりその不平一変して自由の要求となり民族の要求となれり．かくして 19 世紀の始より民族的独立の運動諸々に起りしが，而しこれらの民族未だ開明の程度低し．武力の程度も土に劣る．これに拘らず不完全ながら独立の体裁をかち得ちは二あり．一は欧各国のキリスト教民族に対する精神的同情，一はロシアの南下の野心に本く助力の二なり．バルカンには墺と露と目をつけたり．墺は東を顧るいとまなきに乗じ，19 世〔紀〕の始め露はバルカンの経営に着手せり．これをバルカン民族の歓迎する所となり．両者宗教を同じくするより意気相投ぜり．

　その内最も早〔く〕独立運動を起せしはセルビアなり．塞〔セルビア〕にては 1804. 2，カラジョルジェに率ゐられて独立運動を起し，一旦は成功せしも，けれども 1813 に土の政党軍〔征討〕に破られて独立軍潰滅し彼は墺に逃げたり．そこで独立運動一旦中絶したるが，1815 に至りミロシュ・オブレノヴィチ再び起りて運動せり．これ 1817 に至りて土の政党軍〔征討〕を破りて塞独立の目的を殆ぼ到達せり．土も亦宗主権を認むるを条件として，ある一定範囲の自治権を塞に認めざるべからざるに至れり．塞の独立はこれより始る．後 1890〔1820〕，更に自治権を拡張し，30 年に至りて条約を結びて完全なる自治権を得たり．オブレノヴィチの子孫が長く塞王たることを土も認めしめたり．これ実質の独立を得たり．名義上，土の総主権を認むるは前と同じ．1817 にオブレノヴィチが土軍を破りしとき墺に逃げしカラジョルジェが，国内が平穏なりしを聞きかへれり．オブレノヴィチは自分の地位がカラジョルジェの変る所となれるを恐れ，人をして暗殺せしめたり．後長く塞政界の問題たるカラジョルジェヴィチ家とオブレノヴィチとの反目暗闘始まれり．

セルビアはバルカン諸国の諸民族中，最も内紛の多き国なり．内紛の多きことは他の国では君主をかへること独立以来二度か三度なれとも，セルビアにか限りて代をかへること9代なり．その内多くは内紛の結果，位を自ら退きしものにして，中には暗殺されしもの二人あり．これを以て見てもいかに内紛の甚しきことかを知る．而してその内紛の主なる原因はカラジョルジェヴィチ家とオブレノヴィチ家の争なり．而して外国の勢力，殊に独と墺の勢力，並に国内の自由主義者と急進主義者との争が，この両家の争にからみて一層内紛を複雑ならしめたるなり14)．

　初代の王のミロシュ・オブレノヴィチは建国の君主だけ偉かりしが，内争の犠牲となりて 1839, 6, 13, 位を長男に譲りて外国に放浪せり．この2代目の王は病身にて翌月7月8日に死せしかば，次いで3代目，ミランの弟ミハイロが立てり．このミハイロが偉大なる人物なるが，位に即きしときは幼にして摂政が政治上の実権を握れり．而してミハイロはその英才を振ふ暇なく，42年の9月の騒の犠牲となりて墺に逃げたり．

　そこで暫くセルビアの君位かげたるが，人民は9月14日独立運動の主唱者のカラジョルジェの子のアレクサンダルを迎へて王位に即けたり．ここに於てオブレノヴィチ家倒れてカラジョルジェヴィチ家が君臨せり．アレクサンダルは16年余り位にあり．けれとも国内の紛擾は常に絶えず，晩年に於ては外交政策に機宜を失して民望を失へり．1858, 12月，公然と議会の決議を以て退位を迫られたり．

　議会はこの後釜に最初セルビアより外国へ放浪せしミロシュを王に迎へたり．而して初代の王は 78 の高齢にして 2 年の後 1860 の 9 月に死せり．そこで彼の子にして一度位に即きしミハイロ後を襲へり．故に初代の王のミロシュは5代の王となり，3代の王のミハイロが6代の王となれり．ミハイロは始め3代王として君臨せしときは尚ほ若年なりしが，6代の王として君臨せしときは年既に 40, 前に追放され居る間西欧諸国を漫遊して新文明の空気を吸へり．再び帰りて君位に即くに及び大いに国家の開発を計れり．今日セルビアの発達の基礎は，このミハイロのときに出来たり．セルビア中興の祖なり．不幸にして1868 の 6 月，彼が公園 park 散歩中暗殺されたり．而して暗殺の計画は反対党のカラジョルジェヴィチ家より出で現在の王のペータルもこれに関係あること

は公然の秘密なり．

　ミハイロの後を受けしものはミロシュの弟の子のミラン継げり．彼も位に即きしときは14才の子なりしが，長ずるに及び偉大となり．彼の時代にセルビアは全然トルコより独立するを得たり．露土戦争の結果，1878のベルリン条約として完全なる独立国となれり．けれとも晩年に於て彼は外交上に於ても失策あり．内政上に於ても特に財政，租税の関係に就きて民望を失せり．殊に王妃のナタリアとの離婚問題より私生活の弱点曝露して内外の非難を受けたり．人民の不平極に達せしが，89年の3月，突然位を退きて王位を独子のアレクサンダルに譲れり15)．

　アレクサンダルの位に即きしは年13, 摂政が政事上の実権を握れり．摂政が実権を握るとき，いつでもセルビアに於て政界の紛擾が甚しくなるとき也．その自由主義と保守主義との争の種は，遂に自由党の政府がその地位を安全ならしめんがために王母ナタリアを外国に放逐し，王父のミランが当時外国に放浪せるが，それが再び故国に帰るを禁ずる法律を出せり．

　かく内紛を重ねしかば，かねて機会を俟ちしカラジョルジェヴィチ党は段々頭を擡げて来れり．当時のカラジョルジェヴィチ家の正統は先に王位に襲されたペータルなり．彼はモンテネグロにありてその王族の娘を娶りて直接間接モンテネグロの保護をうけつつ，故国の同志と款を通じて密かに現王朝の顚覆をはかりし也．当時セルビアの内紛は益々強くなり，しかるに93,4, アレクサンダル王は年漸く満17才になりしばかりなるに，突然勝手に我は成年に達せりとし摂政を廃し，自分の好む所の人を召きて内閣Cabinetを作れり．ために内外に於て非常の反対を受けたり．そこで心配し当時パリに放浪せる父のミランを招きて相談相手となせり．ミランが国王の相談相手となりて政治の実権を握るに及び，政府の方針は急に極端なる保守的となれり．尤もこれがためにセルビアが幾多の施設を専断に行ひ，殊に軍備の拡張を断行せしよき点もあるも，他の一方に於て急進派radicalistの陰謀は益々甚しく，1899には王父ミラン暗殺の計画暴露せしことあり．かくして政府が保守的態度に出づれば出づる程，民間には反対の気運勃興するが，1900の7月にアレクサンダル王が突然かつて母ナタリアの侍女たりしドラガ・マシーンと結婚すると発表するに及び，民間の不人望その極に達せり．尤も当時一部の新聞にはこの結婚によりて国王は王

父ミランの専制的思想より脱するやも然[知]れずと多少喜ぶべきこともありしが，しかし大多数の輿論はこの結婚の発表を以て国民に対する侮辱なりと憤れり．それはドラガ・マシーンは王母の侍女なりしときより陰険なる策士として評判悪かりき．のみならず本来身分卑しき侍女なり．しかも当時年39才，王は24才なり．のみならず触込は土木技師の未亡人なれとも元はウィーンの醜業婦なりしなり．王父ミランも亦最も激しくこれに反対せり．しかるにアレクサンダルは断乎としてこれらの反対を斥けたり．これまで味方のものでもこの結婚に反対するものは排斥せり．最も甚しきはこれまで無二の相談相手なりし父に再び故国に帰る勿れと外国に放逐せり．かくて王はドラガ・マシーンといふ怪物の籠絡中のものとなれり．かくて益々人望を失ひ宮廷の中にも反対を生ずるに至れり．これ実にカラジョルジェヴィチ党の陰謀に最もよき乗ずべき機会を与ふるものなり．ペータルの手は全く一部の（ベオグラードの）軍人の手に動きしなり．

　かくして1903, 6, 12日の大事件起れり．この日の朝かねかね敵と通じたる近衛兵の一隊，突然王宮に闖入して王と王妃とをその寝室に襲ふて殺せり．これと当時の陸相，首相，ドラガ・マシーンの弟も殺されたり．6, 15日に至りて国民は王及び王妃の暗殺を祝してカラジョルジェヴィチ家のペータルを迎へたり．当時ペータルは殊更にモンテネグロを避けてスイスのジュネーヴに行きしが，6, 14日にベオグラードに迎へられて王となる．これ現王なり（〔欧洲〕動乱史論）．

　ペータルはモンテネグロの娘ゾルカを娶り，子三人あり．一子は女にしてエレナ（露現帝の祖父のアレクサンドル2世の三男の長男に嫁きたり）露帝とは従兄弟なり．二子はジョルジュ，長男にして1887, 8月に生れたれば本年28才，次がアレクサンダルにして1888[1891]に生れたり．ジョルジュ，1909の3月15日に皇太子を辞し，セルビアを去りてスイス，パリに放浪し，皇太子はアレクサンダルなり．これは何故なるか．表面はジョルジュは性が狂暴にして国に君臨する徳なきより辞退せり．裏面は政治上の原因に帰す．1908, 墺がボスニア，ヘルツェゴヴィナを収めたり．1877はヘルツェゴヴィナにて土トルコ反対の一揆起こり，これは露土戦争起り，サン・ステファノ条約16)があり．更にベルリン条約によりて，ビスマルクはこの二州，土其古[耳]より保管することとなれり．これ条約の結果なれば，これを変更せんとすれば条約国に相談せざるべからざるも，墺は

勢力を扶殖し我物同様とし，1908，土其古［耳］の紛擾に乗じ，独の後援を得て勝手に領有せり．条約てきめしことを勝手に変更したれば非難起りしが，最も憤慨せしは露と塞〔セルビア〕なり．塞は自分の居る所なればこれを領有せられ，黒〔モンテネグロ〕，土と共に塞は大いに憤れり．その局は干戈に訴へても墺と争はんとせし．その運動の中堅となりしは，皇太子ジョルジュなり．1908の半年間はセルビア，黒山国〔モンテグロ〕に於て論争あり．されど危機一髪の際，独皇帝が露皇帝に打電して，汝が塞を助ければ，自分は極力墺を応援するといへり．時に日露戦役の後なれば準備出来ず露は手を引けり．塞も遺憾ながら引退さがれり．それより塞は**絶望的な状態 desperate** となり，ジョルジュは偶々従者を殺して，性狂暴にして君徳欠ぐるとありて辞任して国外に逃れたり．

（第四）　ギリシア

　ギリシアの人民は19世紀までトルコの束縛を受けたり．段々西欧文明を受け民族的観念起るに従ひ，特にギリシアが古代大いに文明高かりしといふ過去の記憶が助けて，最も独立心旺盛なりき．現に西欧の諸国にても過去に於けるギリシア文明の勢盛なりしを憶ひて特別にギリシアの独立に同情するもの多かりき．而してそれだけ土其古［耳］ではギリシアに特別に警戒を厳にせり．而して警戒を厳にせしことは益々独立心を刺激せり．かくて1820の12月に将独立の乱起れり[17]．しかしギリシア一国にては到底トルコに対抗する能はず．けれどもギリシアの独立には露が南下の野心を以て来りて助けることありし外に，英，仏の諸国よりして精神的物質的に同情を表するもの多かりき．それでギリシアが屡々戦に敗れしに拘らず，辛じで〔辛うじて〕独立の目的を達するを得しは英，仏，露の同情の結果なり．トルコの皇帝がエジプトの王のムハンマド・アリーをして討伐に向はしめギリシア敗れ，1827なり．そこで英，仏，露は兵を送りてギリシアを助けたり．1829に至りギリシアとトルコとはアドリアノーブルにて条約を結べり．この条約にて土其古［耳］はギリシアの独立を認めたり．翌1830，2，3，英仏露土がロンドンにて会議を開き，更めて国際的にギリシアの独立を認めたり．これによりてギリシアは完全の独立国となれり．運動を起せしはおくれしも，完全なる独立を得しはギリシアが始めなり．モンテネグロ，セルビア，ルーマニ

アは名義上独立を得しは 1878 なり[18].

　尚ほギリシアの独立に関し注意すべきは，1830 のロンドン会議の結果としてギリシア民族は殆んど独立の目的を達したるなるが，しかれともその解釈は民族主義の要求を徹底的に満足せしものにはあらず．何となれともギリシア民族にしで未だギリシア国内に包含せられざるもの多ければ也．ギリシア国の外に取り残されしギリシア民族の主なるものを挙ぐれば，第一にクレタ島の人民なり．第二，多島海の島々なり．第三がギリシアの北部，今日のアルバニアの南，所謂イピロス地方なり．小亜細亜の西海岸なり．これらの地方にあるギリシア人はギリシアに合併せられんことを希望して止まず．ギリシアも亦これらを合併することによりて領土を拡張せんことを欲して止まず．これらの両面の希望を達すれば，トルコより領土を割くことになる．而して土其古は領土の減縮を欲せざるのみならず，中には軍略上到底これを他国の手に委する能はざるものあり．そこでギリシアとトルコとの間には常に反目葛藤ありて，1830 の独立以後はかへりてこの争を甚しからしめし事実あるなり．

　尤もこの問題は一部分，1912 の戦争のバルカン戦争で解決せり[19]．1912 の戦にバルカン半島の諸国が同様の問題を解決せんため，結束して土に向て起ちしなり．孰れの国も完全なる満足を得しものなし．中にも尤も不満足の解釈を与へられ［し］はギリシアなり．クレタ島は多年ギリシア，トルコ間に横はる大障害物 Reef にして，これがため 1897，明治 30 年，所謂希土戦争の戦はれしこともあり[20]．今度の戦争には全くこの問題に手をふれざりき．エーゲ海の島々 Ilands［Islands］に関する問題につきても一般戦争の終結後，いづれを土にし，どれだけを希に割くかの意見分れ，欧の列強が頻りに調停しても容易に一致点を見出す能はず．両国の関係大いに緊張して今時の戦争当時まで引続きたることは吾人の知る所なり．イピロスにても充分解決出来ず．これを両分して一はギリシアに与へしも，他はアルバニアに与へたり．バルカン戦後にてもギリシアの策士がイピロスに騒動を起し警備にてギリシア兵を送れり．イピロス問題これなり．

　1830 のギリシアの独立は民族［問題］解決に一歩を進めしも，完全なる解決にはあらざりき．この方面に於ても民族問題は今日残れり．この民族問題は第二編にて詳にせん．1830 に独立国にするとき立憲君主国とすることとなり．

第一に君主として候補者に登りしは独のザクセン＝コーブルク・ゴータ家 Sax-Coburg〔Sachsen-Coburg und Gotha〕のレオポルトなるが拒絶せり．一両年空位なりしが1832, 5, 2にバイエルンの時の王ルートヴィヒ1世の末子オットー[オトン]迎へられて王となれり．年18なり．不人望となり1862, 6，帰国中，議会にて王及び王妃を廃すこととせり．1863の3, 18，議会の決議によりデンマークの公子迎へられ，時の王のクリスチャン9世の次男迎へられ，ゲオルギオス1世としてギリシアに君臨せり．彼も屢々民望を失せしが忍耐して人望を回復せり．バルカン戦争のとき兵をテッサロニキに進めしとき，無政府党の手にかかりて殺されたり．現帝はゲオルギオス1世の子のコンスタンディノスにして，彼の妃は独帝の妹なり．

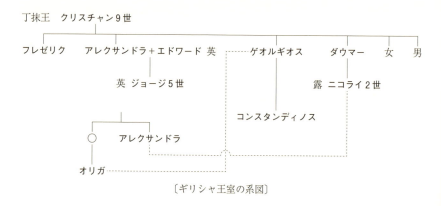

〔ギリシャ王室の系図〕

〔欄外　セルビアとバルカン諸国〕

（第五）　モンテネグロ

モンテネグロはセルビアの一部なりしが，1389，セルビアと共に土其古[耳]の征服する所となり．土其古[耳]はモンテネグロをセルビアと独立して支配せり．モンテネグロは人種一般文明セルビアと同一なるも，独立の一体として発達するに至れるなり．1516以来独立の主教 Archibishop〔Archbishop〕の支配する所となり．而して1711以来この地位をペトロヴィッチ＝ニェゴシュ有する所となり．宗教上の地位は1852に棄てて，時の王のダニロより純然たる世俗的の君主となれり．

而して19世紀の始より一般の民族運動の潮流に後れて独立運動を企たり．1860にダニロの甥のニコラ立ちてより，土其古より名実共に分離せんとする考盛となれり．尤もロシアだけは南下の野心よりして，既に1852の3月にモンテネグロの独立を承認せり．けれどもモンテネグロ完全なる独立のトルコ始め一般諸国より承認されしは1878のベルリン条約よりなり．始め侯国と称したるが，1910の8月，王国となれり．ニコラも亦モンテネグロ王ニコラ1世と称したり．（ニコラ1世の妃はモンテネグロの王族なり．ニコラには子9人あり．長女はロシアの大公に嫁し，次女も露の親王に嫁せり．露王室と近き関係あり．長男ダニロ・アレクサンダル，1871の生れなれば今年45なり．この皇太子の妃はユッタは，独のメクレンブルクのシュトレーリッツ Strelitz 家より来れり．独今日の皇帝と遠き親族なり．第三女エレーナは今日の伊帝の皇后なり．）

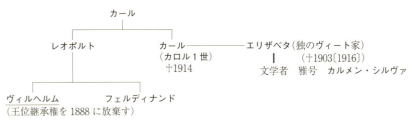

〔ルーマニア王室の系図〕

（第六） ルーマニア

今日の国の出来し1861也．その以前は今日のルーマニアは南北二部の独立部分に別れたり．北をモルダヴィア，南はワラキアなり．ワラキア，1247に創立されし国にして，1411にトルコの征服する所となる．モルダヴィア，13〔1359に建国〕，1513に土の征服する所となり．故に土の支配を受けし二国が今日のルーマニアの土地に存在せし也．

しかるにこの地方か他のバルカン諸国と異るは，早くより露の勢力を蒙りた

ることなり．ロシアが地中海の方に南下せんとせば，先づモルダヴィア，ワラキアに入らざるべからず．かくて18世紀半以後露の勢強くなり．1870以来は公然土と条約を結びて[21]，露も亦これら二州に干渉するの権を得たり．[1774]

されば19世紀の始め，これらの二国に独立運動起るや，その独立運動の成功するには一方には土を斥け，他方に露を斥ける必要あり．1821にギリシアの独立運動に**触発** inspire せられ，二州の人民も亦独立運動を始めたる際，土に対しては幾分要求をいれしめしも，露がこれを聞かざりしために目的を達する能はざりき．1848, 再び独立旗上をなせしときは露と土の協力によりて忽ち鎮定されたり．かくて二州の独立を実現するは中々容易ならざりき．

而して独立希望の端緒，1856, 3月3日のパリ条約によりて開けたり．これ**クリミア戦争**の結末を告げし条約にして，露は列国に迫られてこれらの二州より手を引くこととなれり．而して土は又これらの二州に独立の君〔主〕と独立の政府を有することを許せり．当時これらの二州は単に**自治** autonomy のみならず一歩進んで二国の合併を承認されんことを希望せり．これは土にて承認せず．されどこれらの二州は合併を希望する余り，1859・2 アレクサンドル・クザを同一の君主に選べり．これより合併を認めざればいかざることとなり，1861の12月4日，土は遂にこれを承認せり．爰に於てモルダヴィア，ワラキアの二州は消滅して，土の宗主権を奉ずるルーマニアといふ一新国出来たり．アレクサンドルはアレクサンドル1世として，これに君臨せり．彼は新ルーマニア開発のため尽したるが，**財政上の困難** financial hardship のため，1866の2月退位したり．しばらく空位なりしが，4月8日，ルーマニアの国民は独のホーエンツォレルン＝ジグマリンゲン家のカールを迎ふることとなれり．彼は招に応じ，5, 23日ルーマニアに行きてカロル1世として，而して彼は露土戦争の際，露と同盟し，やがて土の宗主権を斥けて完全なる独立を宣言したるが，その独立はやはり1878のベルリン条約 Berlin Treaty で認められたり．これはモンテネグロと同く始め公国と称せしが，1881, 3, 4, 王国となれり．カロルは去年10月3日死し，今はこの人の叔父フェルディナンド続げり．〔甥〕〔継〕

〔ルーマニア王室の系図〕

(第七)　ブルガリア

　ブルガリア人が今日のブルガリア国をなしたる地方にて一国をたてしは紀元679なり．10世紀の終頃，有名なる**シメオン皇帝**の下に領土が**アドリア海**より**黒海**に渡り一時盛大を極めしことあり．けれとも1393，遂に土の征服する所となり，19世紀の始までその圧政の下に支配されたるなり．

　しかるに18世紀の末より独立の精神勃興し，しかし具体的な運動として盛んに独立の要求されしは1870年代以後なり．1876，独立の乱を起せしも忽ち圧迫せられたり[22]．このとき土其古人は非常の虐殺を行ひ，全滅せる村の数40，殺されしもの19000を越えたり．これにより英のグラッドストンをして人道 humanity のために土に抗議を提出せしめたるなり．この年の露土戦争もその一の原因はこのことなり．[18]78のベルリン会議にては**セルビア**と**モンテネグロ**，**ルーマニア**の三国には与へしも，**ブルガリア**には与へざりき．只南方は**東ルメリア**といふ自治州となし，北方は土の宗主権を奉ずるブルガリア公国とすることを認めたり．而してブルガリアにては独の**アレクサンダー・フォン・バッテンベルク**といふものを迎へて君主とせしなり．バッテンベルクは一方には漸次土の束縛を脱せんと努め，他の一方には，1885，東ルメリアを合併して領土を南方に拡張したり．不幸にして彼は1886の8月，露の陰謀の乗ずる所となりて位を退きしなり．1887.7.7.スタンボロフは独のザクセン＝コーブルク・ゴータ家の**フェルディナント**を迎ふ．今日の王なり．1895，スタンボロフは暗殺されたり．フェルディナントの下にブルガリアは長足の進歩を遂げたり．この国だけでは土の宗主権を脱する能はざりき．全く完全なる独立をし王号を称せしは1908.10月なり．ブルガリアは1904の4月に至り，各国の承認を得たり[23]．

以上の如くしてバルカン諸民族は独立を得しが，只独立を得し範囲は民族の範囲と全く合致せず，民族にして独立国の外に取去れしものあり．折角独立したれとも民族問題が徹底して解[決]釈せしにあらず．バルカン問題は今日まで残れり．而して大体に於て今日まで問題を残せるは三個所あり．ブルガリアのマケドニアに於ける．ギリシアのイピロスに於ける．クレタ島(1897，希土これがために戦へり)に於ける．エーゲ海の島々に於ける．第三にはセルビアがボスニア，ヘルツェゴヴィナに於ける．これらの問題，1912のバルカン戦争に於て更に解決の法を[歩]進めしが，これまた徹底せしものにあらず．殊に希と土の関係は複雑を極め，今時の欧大乱なかりせば今頃は希土戦端を開きしならん．而して今時の戦争はセルビアとボスニア・ヘルツェゴヴィナとの関係より起りしは吾人の知る所なり．尚バルカン半島以外に於て民族独立運動として見るべきに，例へば成功せしものにベルギー[24]，不成功に終りしは匈〔ハンガリー〕国あり．されどそのことは次の第二篇第[編]二章の民族問題を説くときにこれを説明せん．[三]

第三章　近代政治の特色

　前述の順序にて現代欧洲は出現せり．而してこの現代欧州は政治上一つの特色を有して，これを19世紀以前の歴史より区別して考へ得ることは普通に説明されて居る点也．則ち19世紀以前は一般にこれを旧体制 Ancent Régeme〔Ancien Régime〕と称して所謂現代と区別す．しからば現代の政治上に於ける特色は何ぞやといへば，これを一言にして言へばデモクラティック democratic にあり．この意味は第二扁[編]第一章に於て詳述するも，一言にしていへば国民一般利益のために国民一般の参与によりてなさるる政治的傾向といふ意味なり．所謂旧体制の時代にありては政治には一般国民の参与を認めざりしのみならず，一般国民の利福を終局の目的とするものにあらざりき．政治の目的，政権の運用，二つながら昔は個人的であり又は貴族政的 aristocratic なりき．

　このことを詳言するならば，第一に旧体制に於て政治の目的が個人的又は貴族的なりき．一般国民の利福をはかるといふ目的を以て政治を行ふべしといふ考は明白に意識せられざりき．何を終局の目[当]あてとして政治するかといへば，君主たる個人，その一家，又はこれを囲繞する為政階級の利益といふことなり．

当時の人は多くはこれらの階級の利益をはかることが国家の利益をはかることと考へたり．されば所謂君の御大事とか御家のためとあらば，一般人民の利益幸福はこれを犠牲として顧ざりき．これを犠牲として顧みずといふに至らずとも，例へば御家の都合のためといふことにて国土臣民を勝手に処分するといふこと普通の現象なり．即ち国家の政治は御家の私事と同視せらるるか，或はその下におかるるかなり．故に昔の歴史に於てしばしば現はるる国土臣民の分割相続といふこと，又は所謂政略結婚といふ現象は，今述べし如き思想を背景とせざれば，今日吾人は容易に了解し得ざるなり．尤もこの時代と雖も一般人民の利益を全く度外視したる訳にあらず．しかしこれは目的の意識より出ずるにあらずして，一般人民に仁政を施した方，つまり自分の家のためになることから来れり．

　第二に**旧体制**に於ては政権の運用も**亦個人的**かつ**貴族政的** individual and aristocratic なりき．政治の方針は君主貴族といふ如き為政階級の決定する所にして，国民一般の意志はこれに何らの影響を与ふる能はざりき．尤も一面に於て当時国民一般も程度低ければ，政治に対し未だ積極的に意志主体ではなかりき．要するに当時に於ける政権の運用は所謂為政階級の専断決行によるを常とし，時としては君主又は宰相の個人的発意に出づること稀ならざりき．その結果，外国と戦ふといふ国家の大事も，君主の個人的欲望又は**野心** ambition を満足するためになさるることあり．或は又，大臣，宰相の思いつき whim より出来ることあり．或は又十字軍の場合の如く単純にして且つ空漠たる戦争の行はるるあり（十字軍）．されば**旧体制**は国家の運命は国民全体にかかるよりも個人の如何にかかる．そこで種々の現象起る．第一，君主大臣は凡庸なれば国民賢なりと雖も国振はず．第二，名君賢相あれば国民えらくなくとも国勢振ふ．それより著しきは名君賢相の消滅は国運に大変革を与ふるなり．例へば秀吉死して朝鮮征伐挫折せり．故に敵の方では我国の名君賢相を暗殺することにて大打撃を与ふるを得．政治的暗殺の盛に行はれしは政治が個人的貴族的なりし時代の遺物なり．而して今日尚時勢の変化を知らずして，往々暗殺を以て政治の目的を達せんとするものあり．暗殺に二種あり．一は**アナーキズム** anarchism にして，他は**敵意**（hostility）なり．前者は政治の要路に立てるものを殺して世を混沌とせんとするなり．**アナーキズム**に**実践的** practical と**理論的**

theoretical とあり．**敵意**によるは，只憎悪のためにするか，或は積極的に政界に変動を来さんとする**政治的目的** political object を有するなり．暗殺は**貴族政**の遺物なり．

これに反し現代の政治は，第一，政治の目的に於て著しく**デモクラティック**なり．即ち国民一般の利益幸福を普くはかるといふことが名確[明]に意識されたり．尤もこの考は今日政治の各方面に充分徹底せざるなり．されどこの思想段々明白となり，個人的の利益は階級的の利益のため譲歩し，階級的利益は国民的利益のために譲歩するは大体の傾向あり．

第二，政権の運用の方面に於て著しく**デモクラティック**なり．近代立憲政治発達の結果，政権運用は主義として必ず国民の直接間接の参与に待つことに決定せり．これも各方面に充分徹底せりとはいふべからず．これも今日の政治的進化の傾向は疑もなくこの方向を取れるは疑を容れざるなり．国民の参与を認むるの結果として政権運用を決定する根本の動機は，国民的利害を主眼とするといふ考益々明白となる．故に今日ある国家的活動を見て，これをその国の君主の個人的の意志に帰するは正当ならず．例へば今時の戦争を独帝一個人に帰する能はず．国民の戦争なり．政権の運用が国民的となりし結果，個人的意志の政治的活動に及ぼす影響は極めて少きものとなれり．故に例へば暗殺の如きは敵に大打撃を与ふる所以にあらず．次に個人的関係，殊に各国皇室の親族関係の如きは全然無意義なりとはいふ能はざるも，外交上大いに今日は重要の度を失ひたり．現に英，独，露の三皇室は最も近き親族関係あるも，国民的利害の衝突の前にはその間の反感を緩和する能はざりき．更に最も重大なる結果は，政治の方針は大体に一定の系統ある軌道を採ることなり．政治が個人的なる間は政治の方針に一定の軌道なし．而して国民個人個人の考は頗る複雑であり，その間に何等統一なきが如くにして，自らその間に一定の軌道あり．従て政治は昔時代に比して割合に予想し得べき方向を採るなり．

以上は大体の観察なり．而して国によりては今日尚特別の事情ありて個人的意志の重きをなして居る所あるは例外として認めざるべからず．その著しきものは独，墺なり．独にては国内の民心に統一的中心なし．ために君主貴族の意志を以て高圧的に下に臨む必要あり．又墺は民族的反目極めて甚しきために君主の孤立的意志を以て一時を弥縫するの必要あり．しかれともこれらの二，三

ヴィルヘルム１世
フリードリヒ３世＋ヴィクトリア（英ヴィクトリアの長女）　エドワード７世の姉
ヴィルヘルム２世
　　　　　　　　　　　　　　　　　　　　　ジョージ５世（独帝の従兄弟）
アレクサンドラは丁[デンマーク]のクリスチャン９世の娘にして
妹のダウマーがロシアのアレクサンドル３世に行きニコライ現帝を生む．
　　　　　　父アレクサンドル２世の母，ニコライ１世の妻アレクサンドラ
　　　　　　　　　　　　　　　　　　　　　　　　　[ヴィルヘルム１世]
　　　　　　　　　　　　　　　　　　　　　ウィリアム１世の妹

　の例外を除きて見れば，大体に於てデモクラティックの潮流はこれを争ふ能はず．尤もデモクラティックの発達には程度あり．国によりて充分に徹底せざる所あり．又同国内の政務につきても，ある方面には相応に徹底し，又ある方面には極めて不充分なるなり．殊に外交は個人的意志を最も多く含むものなり．しかれとも大体の傾向より論ずれば，外交の方面と雖も今日段々デモクラティックになりしことはこれを看過する能はず．
　その理由は第一に外交の目的が著しく国民的となれり．尤も一部の社会主義者の如きは，今日外交の目的は表面の名義はともあれ，事実にありては資本家のためなりといふことを非難するものあり．この非難には一面の真理ありと思ふ．けれとも階級という境を徹[徹]して最後の目標を国民的利害におかざるべからざることは，少くとも理論上今日何人にも承認せらるる所なり．
　第二に外交の運用の方面を見るに，これ今日も尚頗る**貴族政的**なり．例えばその局に当るものは大抵貴族富豪なり．昔時の外交は宮廷外交なれば，従て**種々の貴族政的伝統** aristocratic tradition に支配せられたり．その風今日でも残りたれば今日の外交官は社会的栄爵を必要とし，且つ豪奢なる生活に堪うるものでなければならぬ．この風習は今日も尚依然としてどこでも守られたり．
　この傾向を破る端緒を示せしものは，現今**アメリカ大統領** American President, ウィルソン，1913 4月21日にウォルター・ハインス・ペイジといふ一新聞記者を英大使に任ぜしときに始るといひ得．外交の方法に至りては又，秘密主義にて，従て自ら外交事務の処理は専問[門]的となる．この外交上の秘密は一に

はこれが必要もあり．今日にてもこれを政争の外におくといふ点より，ある点までは必要と認めざるべからず．これも漸次デモクラティックになりつつあるといふことは，近来外交の問題が議会に於て盛に論難弁駁せらるるのみならず，中には条約の批準権を上院に収め，或は宣戦媾和は議会の協賛に待つといふ制度が新しき憲法に段々と制定せられしといふ事実にても明なり．

　終りに一般の政治は今日到底輿論に反く能はざる結果として，外交の方針に至りてもその大本に於てはかくす能はざるといふ傾向あり．昔の如く輿論の制裁を受けざれば昔の如くかくして権謀術数の余地あり．されど大方針は輿論の趨勢にて大体わかれば，術数の余地少くなれり．現に欧の権謀を以てする外交は，1912にその職を辞き，1913の2月に死せし墺の元の外相エーレンタール[25]を以て終りとせられたり．

第二編　自由主義

緒　言

　現代政治の特色がデモクラティックなることは前述の如し．この言葉の意味は後に更に詳述するも，只ここに疑なきことは合理的平等といふ思想に根柢せることなり．尤もこの思想の起りし始め絶対的の平等を主張せしはなきにあらず．一体ある一つの思想若くは運動が始めて起るときは，殊に反対の思想又は反対の勢力に反抗して起るときは，往々にして誇張されし形に於て起ること普通なり．これ即ち絶対的平等といふ誤りし思想が始め行はれし所以也．而して他年の経験省察は，求むる所は絶対的平等にあらずして合理的平等にあることに落付けり．而して何を以て合理的平等とするやといふことは始めより明なるにあらずして，その内容は様々に歴史的経過により加へられつつ行くなり．

　平等を妨ぐる尤も重なるものは特権を有する社会の原因なり．故にデモクラティックといふ潮流は特権階級の存在に反抗し，又現にこれら階級の特権を剝奪するといふ事実によりて発達して行くなり．故に今日のデモクラティックの潮流は特権階級に対する非特権階級の抗争といひ得る也．他の言を以ていへば，争ふ所の非特権階級の側より主観的に見れば解放の要求，又その要求が歴史上

に全く漸を以て実現せられて行くといふ方面より客観的に見れば自由の開展と云ひ得る．この自由の開展，又開放[解]の要求が，これ近代政治の思想上の根柢をなすものにしてデモクラティックはその一面と見てよし．即ち思想上の根柢が政治的に現はれしデモクラティックといふなり．

　さてこの特権階級は多くの場合，少数者たるを常とす．従て特権階級に対する非特権階級の争は少数に対する多数の抗争といふ形式に於て現はるるが普通なり．そこで多数少数と争といふ現象起る．しからば少数者は何故に特権を有する階級となりしか．その主たる原因は彼等が彼等自身優秀なる能力を有するか，又はその子孫なることに由る．そこで子孫たるが故にその地位を保つことあれば，この階級は常に優秀なる能力を有するものと限らず．この少数者が常に優等階級といふ事実を持続するときは，事実に於て多数者を服し例令大いなる特権を抱きても不平起らず．けれど往々にしてこれを見るが如くに，子孫の代になりてより事実上優秀の能力なしといふことになると，ここに多数者の不平を生ずるなり．しかるに多数者の不平が少数者が事実優秀者たるの実を失ひし時にのみに発せらるるといふことは，昔に於てこれをいひ得るも，今日にては抽象的平等といふ観念強ければ，少数者が事実優秀たる場合でもこれに反抗する態度を執ること多し．爰に於て多数横暴といふ非難起る．甚しきは猥りに少数の賢者に反抗する所より多数を呪ひ少数政治を謳歌するものあるに至る．而してこれを以て近代政治の一面の弊害と見るものあり．しかれとも近代政治はその理想的方向に於て必ずしも多数横暴を是認するものにあらず．この点を明にするためには多数少数両者の関係を形式的並に実質的の両面に分ちて観察するを必要とす．

　近代の政治はその形式的方面に於て多数を主とし，多数の少数に対する支配関係を高調するなり．しかれとも国内の少数賢明のものがその実質的関係に於て多数者の指導に当り，その精神的嚮導者となることは本より希望すべきこととして居るなり．実質的関係に於て社会的並に歴史的の優等階級が常に国民の精神的先達となるといふことは健全なる社会の重要なる要素なり．故に近代政治はその社会内部の実質的関係に於て貴族主義の横行するを更に否認せざるのみならず，かへりてむしろ健全なる輿論の作成のためにこれを希望するなり．けれとも社会内部の形式的関係に於てはあくまで多数を以て主たる地位におき

少数者をして多数者の命を奉ぜしめんことを要求するなり．この形式的関係と実質的関係とを誤らざること，近代政治を理解する上に極めて必要なり．少数階級が実質的の意義に於て国民の指導者たるの外，更に形式的意義に於ても多数の監督支配を拒む如きは，又多数者がその形式的意義に於て社会の主人公たる地位を要求する結果，更に少数者の精神的指導をも排斥するといふ如き，これらは共に健全なる社会状態にあらず．この形式実質両面に於て多数少数の関係が適度を失へる国は常に立憲政治の運用に失敗せるなり．欧米諸強国はその個々細目の制度につきては論ずべきもの少からざれとも，大体に於て憲政の運用に成功せる根本理由はこの点にあり．

　特権階級に反抗するの思想の最も早く現はれ且つ最も著しきは政治的方面なり．この政治的方向に於ける多数者の運動の結果として現はれしものは，政治的理由の確立，他の言を以てせば立憲政治の確立なり．しかれ〔ど〕もこの根本的考は只に政治的方面のみならず，稍々後れて経済的方面にも現はる．即ち社会に於て経済組織の自然の結果として特別の地位を有するものと然らざるものと二つの階級現はれ，その結果ここに一つの争生じたり．吾人の眼に明白に映ずるは社会主義の勃興なり．この二種の争の外に殊に欧社会に於ては，宗教並に民族の異同によりて特別なる階級をわけて居るもあり．しかのみならずその中につきて，ある特定の階級制度の上に於て或は事実上特別の地位を有するものあり．ここに於てその特殊なる地位に戦を挑むといふ現象起れり．これ欧米の政界に於て宗教問題及民族問題が非常にやかましく論ぜられて居る所以なり．而して最近に於てはこの自由解放の思想は更に男女の性を異にする間に争はれんとするに至れり．即ち欧米に於ては婦人の間に階級といふ意識が漸次盛ならんとする傾向ありて，古き男女同権の独断論の域を越えて一つの現実なる社会問題として婦人問題がやかましく論ぜらるるやうになれり．今日欧米に於て殊に内政の方面に於て論ぜられて居る幾多の問題は，その種類千差万別際限なきも帰する所，以上五種目に大別することを得るなり．而してその根柢は即ち自由解放に在り．

第一章　立憲政治

第一節　立憲政治の意義
第二節　民本主義
第三節　代議政治
第四節　議会構成の改革
第五節　民選的議員の優劣
第六節　社会主義

第一節　立憲政治の意義

　歴史上より見れば政治的自由の獲得を目的とする運動は常に特権階級の反抗によりて多大の困難をなめたり．而してこの困難を脱して結局自由の政治を見るに至るまでのプロセスには三種類あり．第一は英国の如く永き間の漸進的争闘の結果として漸々進化す(英国にして自由主義の萌芽を発せしは 800,900 年前)るなり．第二はアメリカの如く本国に於ける特権階級を外に見て新たに自由の天地を開拓せんとして全然自由の市民より建設したるものあり．第三には欧大陸諸国の如く特権階級との争の結果革命となり，この革命の直接又は間接の結果として発達したるものあり．かくの如く三様の発達あればその結果として現はれし憲法政治の上に各々特色を現はせり．けれとも細目の点を別にして大綱だけを捕へて見れば三つの経路によりて結局到達せし目的地は一に揆す．これ所謂立憲政治の樹立也．
　そこで問題は立憲政治は何ぞやとなる．立憲政治は憲法を以てする政治，憲政に準拠して行ふ政治なり．故に立憲政治を論ずるには憲法の存在を前提とす．憲法の存在如何が立憲政治と否とを区別する標準なり．ここにいふ憲法は単純なる国家統治の根本法則の意にあらざるは当然なり．単に字義よりいへば憲法は国家統治の根本法則なり．この単純なる意味をとれば憲法の存在如何は立憲政治と否とを分つ標準とならず．何んとなればかかる憲法は国の如何を問はす時の如何を問はず存在せり．故に憲法は必ず国家統治の根本法則ならざるべか

らざるは勿論なるが，近代政治上の用語としてはこの外他の要件を具備するものと解釈せざるべからず．しからば国家統治の根本法則にして近代政治上にて憲法と称せらるるにはいかなる要件を具備せざるべからざるか．これにつきて大体二要件を挙ぐるを得．尤も次の要件を悉く具備せざるべからざるにはあらず．その内最も肝要なるものを具備して居るとき憲法といふ場合あり．

　第一要件はこれ形式上の要件にて，即ち憲法は普通の法律に比較して一段高き効力を附与せらるるといふことなり．憲法の効力法律より強し又は高しといふのは，諸君が憲法の講儀〔義〕で聞かんも，普通の法律手続では憲法は改廃すべからず．普通の法律は法律を以て廃止し得．されど憲法は普通法律を以て改廃すべからざるなり．何故に憲法の効力を普通法律より高きものとなすか．その第一理由は憲法が国家の根本法則なるといふことなり．国家の根本法則はこれを普通法律と区別するがよきことは昔よりある教で近代に始まりしことにあらず．而して近代の国家に於て殊に憲法を重く見る理由は国家の根本法則たる外に他に重大の理由あり．それは折角憲法によりて定まりし各自の権利の分界を容易に蹂躙せられまいといふ考よりなり．近代の憲法は大体に於て特権階級と非特権階級の争の結果として発達せり．その争には程度差あるも結局両者の妥協がこの憲法となりて現はれしなり．そこでこの妥協の具合で，或は特権階級の外〔方〕が他日この上にも権利を縮められては困るといふ風に恐るる場合あり（新階級の強き場合）．又は非特権階級が折角これまでおし押〔通〕して来たるに他日亦おしもどさるる恐なきかと心配す．この心配がいづれにありとも兎に角他日この上にも不利益なる境遇を陥さるるをさけんがために出来るだけ現状の変更を困難ならしめんとせしなり．而して多くの場合に於て憲法制定の当初にありては非特権階級は競争に於ける弱者なりき．故に彼等は憲法により高き効力を附与することによりて己が権利自由を保護せんと欲したるなり．尤もこは大体の原則にして，中には英国の如き不成典主義の憲法を取れる所では普通の法律は憲法と効力を同じくせり．しかしこれは例外なり．尚この事を詳に〔後欠〕

　第二，実質的要件．憲法は更にその内容に於て少くとも次の三項目を包含せることを必要とす．第一は人民の権利を保証する規定を有すること．即ち日本の憲法にありては特に第二章臣民の権利義務と題して十五ヶ条の規定あり．その中には義務の規定あるも，大体は言論の自由，居住の自由，信仰結社の自由

等，国民の精神的又は物質的必要なる権利義務の自由を規定せり．而してこれらのものは政府に於て擅に制限せず，若し制限せんとせば法律によりて定むることを明白にせり．法律を以て定むることは即ち議会に相談することなれば，他の一面に於て人民をして重要なる問題の議定に間接に参与せしむることを意味するなり．かくの如き規定を憲法としては必ず備へざるべからざることは各国に普遍の特色なり．

　第二，三権分立の主義を採用せり．三権分立の観念はこれを精密に論ずればやかましき問題となるけれども，大体に於て国憲の作用を行政，司法，立法にわけ，この三作用は別々の機関をして行はしむるなり．而してこのことは実に今日の憲法は大体極めて明白なる道理としておもて向これを宣明とせず．けれともこの主義を採りて居るといふことは憲法の全体に明白に現はれたり．只この主義をどの点まで徹底的に採用せるかは国によりてその規定を同じくせず．例へば米国並に米国に倣へる中南米諸国の憲法に於ては，三権分立主義を極端に守り，司法権と行政権と立法権を互に相対峙して相犯〔侵〕すことなからしめたり．他の欧諸国に於てはこの主義はアメリカ程厳格に守られず．殊に司法権は大体に於て行政各部の支配の下におかる．又立法権と行政権との間にも大いに相通ずる所あらしめたり．只これらの国に於ても所謂司法権の独立だけは特に主張せられたり．爰に注意すべきは司法権に関して陪審制度起れり．この説何故に起れるかといふに，一体司法権の独立は正邪を正して人民の権利自由を適当に保護することにあり．しかるに司法権の運用は専門の官吏に委任せられ，そのあまりに専門的になりし結局，人民の正当なる権利自由につきて判断が誤らることあり．そこで司法権の運用にもデモクラティックの分子を加味せざるべからずといふ考より起れり．この考より現はれ来りし制度に二あり．一は裁判官の公選制度，第二は人民の司法権の参与，即ち第二は陪審制度なり．而して第二の陪審制度は最近欧米各国に於て盛んに行はれ現に本邦に於ても政界の一問題となれり．〔欄外　明治43春　国家学会雑誌　大馬茂馬〔場〕　陪審制度〔反対〕論　法学協会雑誌　法学協界雑誌〔京都法学会雑誌〕〕．

　第三，民選議員〔院〕制度を認むること．この民選議員の制度は一面に於て三権分立主義をとれる結果なり．しかれとも民選議員の制度は，単に立法権を行ふためには政府，裁判所とは全然独立の機関を設けし点に特色あるよりも，むしろ

これが人民の公選によりて挙げられたる議員を以て組織せらるるといふ点に大いなる特色を有するなり．故に吾人はこの点に特に一個特別の特色と認めて，三権分立主義と相対して一要件としてかかげし也．又事実上世上にはこれが近代憲法の最大特色と認むるは疑なし．却りて世には往々これを以て憲法の唯一の特色なりと考ふるもの少からず．されば歴史上よりいひても憲法の要求，又は立憲政治創設の要求は，往々にして民選議員設立の要求といふ形に於て主張されしこと少からず．即立憲政治は民選議員の全部と誤解されしなり．現に我国に於ても憲法政治の第一声たる明治7年1月18日の建議，板垣退助，副島種臣，江藤新平が民選議員設立建白書といふ名を以て提出され，又13年3，片岡健吉，河野広中両氏の名を以てせら〔れ〕し建議，国会開設願望書といふ名を以て提出されたり26)．これによりて見ても当時の人が民選議員の制度を以て立憲政治の全部と考へしことがわかるなり．而してかくの如き誤解の生ぜしも畢竟この制度が憲法の数ある特色中最も必要のものたりしなれば也．何が故にこれが最も必要なる特色かといふに，この**機関** organ のみがその組織に人民が直接に干与し得るものなれば也．他の**機関**は政府にしても裁判所にしてもこれを組織するものは政府の任命にかかる専門の官吏なり．人民はこれらの官吏に対しては殆ど何等直接の交渉なし．しかるに議会は全くこれに異り，これを組織するものは人民の直接選挙する所のものなり．この点に於てこの制度は立憲政治にかくべからざるものと認められたり．この特色を有すれば他の点に於て多少の欠点ありても憲法と認めらるることあり．又この特色を欠けば他の点いかに完備するも，これを近代の意義に於ける憲法といはず．それ程にこの特色は重きをなせるなり．

　以上形式実質両面の要件を具備し，少くとも最も重要なるものを備ふるものを憲法と称し，かかる憲法を有しこれに本きて政治組織を構成する国を立憲国といふなり．しかれども以上の如き憲法を有し，これに本きて或は独立の裁判所を設け，或は民選議院を設立するといふことは，立憲政治の全部なりや否や．憲法制定の当初にありては，人多く憲法さへ得れば又は議会さへ開くれば，人民の権利自由は完全に保証せらるることを得と考へたるなり．しかるに憲法施〔行〕後の経験を見るにこの予想に裏切られ，即ち憲法の制定，議会の開設其者は充分に人民の権利自由を保証せざるを悟れり．ここに於て在来の立憲制度に

対する不満不平の声起れり．しかしこの立憲制度に対する不満も種々種類あり．

　第一，所謂立憲制度は本来政治的自由を確保するを得るものにあらず．即ち絶対的悲観説なり．上杉〔慎吉〕博士[27]の如し．

　第二，現在の立憲制度はその本質に於て人民の権利自由の確保に不適当のものにあらざれとも，そのままでは本来の目的を達するに充分ならずとする所の相対的悲観説也．欧米諸国に於ける政治家及び理論家は殆んど悉く第二の説を採れり．この説は現在の状態には不満足の意を表するも尚改革の余地あることを認めて，その適当なる改革の方法によりて所謂憲政有終の美をなさしめんとして居るなり．しからばこれらの人々はそのいかなる方面に於て改革の余地ありと認むるや，といふに憲政の運用の方面に於てなり．曰く，制度既に備はり，この制度の根柢に潜む所の根本の思想によりて，この制度を運用すべしと唱へたり．爰に於てこの種の論者は，所謂立憲政治といふものは憲法によりて或は憲法に準拠して行はるる政治なるも，その所謂準拠すべきものは只に憲法法則に現はれし形式的の規定のみにあらずして，憲法の規定の内に潜める精神も亦拠るべきものなるを唱へたり．しからば近代の憲法をして発生せしめその根柢となれるものは何ぞや．これ即ち民本主義也．

第二節　民本主義

第一　民本主義の字解

　民本主義なる字は日本語としては極めて新しく，従来は民主主義の字として称へられしが如し．時としては民主主義又は平民主義と呼ばれたることあり．されとも民主主義といふと社会民主党といふ場合に於ける如く国家の主権が人民にありといふ学説と混同されやすし．平民主義といへばいかにも平民と貴族と対立し貴族と争ふ考と混同されやすし．民衆主義といふ文字だけは誤解を招く欠点なきも，これだけでは民衆を重んずといふ意味現はれず．そこで政治上に於て一般民衆を重んじ，その間に貴賤上下の別を設けず，しかも国体の君主制たると共和制たるとを問はず普ねく通用する主義なれば，民本主義といふ名称は比較的正しと思ふ也．

　しかしこの語は本の起りは西洋語の翻訳なり．この観念の始めて起りしは西

洋なれば，吾人は観念其者と共に名称をも西洋より借りて来るなり．西洋ではこの観念を現はすにデモクラシー democracy なる語を以てす．デモクラシーなる語源はギリシアに在るが，人民といふ意味と支配するといふ意味とが合したるものにして，畢竟人民政治といふ意に外ならざるなり．今更殊新しくいふまでもなく古代ギリシアの国家は今日の国家の如く広大なる面積を有せるにあらず．周囲に多少の属領地を有する所の都市 city その者が独立の国家なりき．従て都市の市民が即ち概していへば国民の全部也．而して面積も狭く人数も左程多からざれば，これら市民は直接市政即ち国政に参与するを得たり．当時他の多くの国家に於ては，一人若くは数人のいば〔わ〕ば英雄が君主又は貴族の名に於て国家を支配し，人民は只これに盲従していたりしに，一人ギリシアの小国家のみは人民自ら政治するといふ特色を有せり．この特色を著はすためにデモクラシーなる語が生れたるなり．而して今日の国家といふものは本より古代ギリシアの国家と比較して種々の点に於て大いなる差異あり．故に古代国家に通用する観念を直ちに今日の国家に当は〔め〕る能はず．けれとも人民一般を政治上の主動者とする点だけは昔のギリシアも今日の欧米諸国も同一なり．そこで吾人は現代国家の政治上の特色を言表はすために，昔のギリシアに起りしデモクラシーなる語をそのまま借用することにしたるなり．

今日学術語としてデモクラシーといふ語は種々の意味に用ひられたり．吾々の所謂民本主義といふ語は本よりデモクラシーの訳語なるも，西洋語のデモクラシーなる語をいつでも民本主義と訳すは正当にあらず．即ち欧語のデモクラシーなる語は吾人の所謂民本主義といふ観念の外に尚他の意味をもいひあらはす場合あり．少くとも今日の政治法律等の学問に於てデモクラシーといふ語は，大別して二の異りし意味に用ひられたり．第一，国家の主権は法理上人民にありといふ意味を現はすために．第二，国家の主権の活動の根本的の目標は政治上人民に在るべしといふ意味を現はすために用ひられたり．この第二の意味に用ひらるるとき，吾人はこれを民本主義と訳す．而して第一の意味に用ひらるる場合には，これを民本主義と区別するために民主主義と訳せし方適当なりと考ふるなり．この二観念は全然別種のものに属し混同するを許さず．而るに西洋にてはこの間の区別にも拘らず只一概にデモクラシーと称へたり．これと同様我国に於ても従来孰れの意味を用ひんかといふことを顧ずして等しくこれを

民主主義と訳したり．かくの如くしては名白[明]に二つの異りし観念を一つの呼方にて命名するといふ不都合あるのみならず，往々にして二者を混同して民本主義の真意の誤解を招く恐あり．

　第二　民本主義と民主主義との区別
　前述の如くこの両主義は明白に異りし観念也．けれとも西洋にても同一の語を以て現はされて居ただけその間の関係極めて密接なるものなり．従て民本主義のいかなるものかを知るには一通民主主義のいかなるものたるかを明にするが必要であり且便利也．
　一言にいへば民主主義は国家の主権は人民に在りといふ理論上の主張也．従てかくの如き主張の吾国の如き国体に全然適用なきことは本より論を俟たず．さればとてこの主義は仏，合衆国の如き共和国にのみ通用あるといふ訳でもなし．何となれば英，白[ベルギー]の如き，表むき立派な君主国に於[て]も，その国体の本源は民主主義ではないかといふ議論が少くとも学者間に唱へられたればなり．しかれとも概していへば民主主義は大体に於て所謂共和国に通用ありて所謂君主国に通用なきものといひて誤なし．かく論ずると人往々にしてこの民主主義は少くとも君主国に於ては危険なる排斥すべき思想なりといふなり．しかしこのことを断定するには尚所謂民主主義なるものに更に細別すれば二種類あることを明にすることを必要とす．
　第一，民主主義は凡そ国家といふ団体にありてはその主権の本来当然の持主は人民一般でなければならない，といふ形に於て主張せらるる場合あり．これを仮に吾人は絶対的民主主義と名づけておかん．この論は抽象的に国家の権力の本質を研究して，その持主は理論上必然に人民一般でなければならぬと考ふるなれば，この立場よりいへば共和制が唯一の正当なる国体といはざるべからず．所謂君主国の如きは虚偽の国家なり，君主は人民よりして不当に権力を奪ひしものなりとの結論に達する也．かかる意味で唱へらるる民主主義の我国で危険視するは当然なり．即ちこの思想は始め仏に於てルソーなどに盛んに唱へられ革命の原因をなせしもの也．しかし今日にてはもはやこの説の理論上の欠点は充分に認められ，君主国では勿論民主国にてもそのまま遵奉するものとなくなりたり．只一部分の社会主義者の間にこの思想は残れり．尤も社会主義其

物は元来現在の社会組織には反対するも，直接に国家の権力の所在に戦を挑むものにあらざるなり．即ち社会主義は当然民主主義になるべき筈のものにあらず．只事実上現在の社会組織を維持せんとするものは一般に国権掌握者の保護の下に社会主義の主張を排斥するを常とするが故に，社会主義者は稍もすれば民主主義者となるの傾向あり．現に西洋の社会党は多〔く〕は社会主義の外に民主共和の理想を掲げて，これを二大綱領とせるもの普通なり．従てその名称も社会民主党などといふが多し．独の社会民主党の如き，その最も著しき例なり．この点より見れば，政府当局者等が何にも危険なき社会主義の学問上の研究をむやみに取締るは不都合なりと思ふも，社会主義者の実際的運動に対しては厳しき拘束を加ふることは一応の理由あり．尤も西洋の社会党は皆民主共和の説を皆採れりとは限らず．中には白〔ベルギー〕の労働党[28]の如く純粋なる社会主義の主張のみにて立派に成功せるものもあり．

　第二，民主主義はある特定の国家につきて，その国の憲法の解釈上，その国の主権は人民にありと論断する形に於て唱へらるる場合あり．これを吾人は相対的民主主義と名付く．この立場よりいへば凡ての国家に通じて主権は常に必ず人民にありと主張するものにあらず．即ち君主国の存在を否認するものにあらず．君主国体も亦合理的に存在し得ることを認むるものなり．只主権の所在に関する疑問起りし場合に，その国の憲法を解釈して，その国の主権の所在は憲法上人民也と解せざるべからずと主張するなり．尤も主権の所在は憲法上極めて明白なるを常となす．例へば我国に於ては帝国憲法の第1条に「大日本帝国ハ万世一系ノ天皇コレヲ統治ス」，第4条に〔以下約2行欠落〕．憲法上の解釈上毫も民主主義を容るべき余地なし．仏や北米合衆国になるとこれに反して主権が人民にありといふことは極めて明白なり．これ亦民主主義を認むべきや否や争ふ余地なし．故に憲法上の解釈議論として民主主義を採るべきや君主主義を採るべきや争はるる場合極めて少し．これ畢竟主権の所在は本来憲法上最も明白に規定すべき事項に属すればなり．所がこの問題は稀に実際に起らざるにあらず．例へば白〔ベルギー〕に於てはその憲法第25条に於て凡ての権力は人民より出づといふことを定めて居りながら，第60条に於ては明白に世襲君主を認めたり．爰に於て白〔ベルギー〕は一体君主国と見るべきや民主国と見るべきや，少くとも憲法解釈上の一問題たるを失はず．又英に於ては成典は憲法なきも古来世襲の

君主を戴きて居るなるが，最近国家の主権は国王，貴族院及び衆議院より成る**議会** Parliament にありといふ文字普ねく人の舌端に上り又法文にも現はれたり．従て英国に於ても憲法解釈上民主君主の争は，少くとも一顧の問題たるの価値はあり．これらの場合に〔ベルギー〕白の憲法，英の憲法を精密に研究して，その国体を民主制なりと論ずるの説ありとすれば，吾々はこれに第二の意味に於ける民主主義といふ名称を与ふる也.

憲法解釈上に唱へらるる面白き例は独にあり．独は帝国なり．25個の〔邦〕連邦より成る連邦帝国なり．連邦の〔首〕主長は普の国王これに当り子孫相つぎて Kaiser と称することになれり．その君主国たることに一点の疑なぎが如きも，独の社会民主党はひとりこれに一種異れる解釈を施せり．彼等の主張する所によれば独は名は帝国なるも，その本質は君主国にあらず．25個国より成る連邦的民主国なり．只普通の民主国と異る所は，彼にありてはこれを組織する単位は個々の人民なるが，独にありては国家其者が単位なり．故に**世襲** hereditary こそあれ，独皇帝は名は Kaiser なれとも，法律上の性質は共和国の大統領と異る所なし．彼は普王としては成程君主の特権，待遇，〔称〕尊精を受くることは出来るも，独皇帝としてはハンブルクやリューベックやブレーメンや自由市の市長と何等その資格を異にするものにあらず．かかる見解よりして独の社会民主党は，一方には既に述べし如く絶対的民主主義を採れる外，尚は独帝国憲法の解釈の上に相対的の民主主義を採れるなり．かくして彼等は或は帝国議会に於て皇室費を呼ぶに皇帝の**賃金**〔Arbeitslohn〕arbeitloan といふ．又或は君主的栄誉の反映たる不敬罪の項目をば，共和国には不似合なればとて帝国刑法より之れを削除すべしといふことを主張せり．**皇帝万歳** Kaiser hoch 及び**宮廷伺候**〔Hofgängerei〕Hofgeugerei の禁の如きも亦この趣意に出づるが，しかしこれは絶対的民主主義をとることにも原因せり．

以上述べるが如く民主主義は或は国権の本質に関する絶対的の理論として唱へらるることもあり．又或は特定国家の憲法の解釈上の判断として主張せらるることもあるが，孰れにしても国家の主権の法律上の所在がどこかといふ問題に関せる也．従てこの主義が始より君主国体たるの極めて明白なる我国の如きに適用なきは一点の疑を容れざる也．従て我々の所謂民本主義とはその名甚だ似たれとも，その実は全く異るものなることはいふを俟たざるなり．何となれ

ば民本主義は君主制を認むると共和制を認むるとに論なく，近代各国の憲法の共通の〔基礎〕きそ的精神と認むるものなれば也．吾人の所謂民本主義に法律の理論の上に於て主権の何人にあるやは措いてこれを問はず．只この主権を行用するに当りて一般民衆の利益幸福並にその意向に重きをおくといふ主義なり．即ち国権の運用に関して利害得失の打算の標準となる政治上の主義方針にして，国権が君主の有たるや一般人民の有たるやは問はず．勿論政治上一般民衆に重きをおくべしとする所謂民本主義は，比較的によく且つ適切に民主国に行はるるといふことはいふまでもなし．しかれとも君主国にありても，この主義は君主国体と毫も矛盾なく行はるることを得るものなり．即ち主権が法律上君主一人の掌握に帰しておるといふことと，君主がその主権を行用するに当りて一般人民の利害及び意向に重きをおくといふこととは，完全に両立し得るものなり．

　　第三　民本主義の内容

　民本主義を定義して一般民衆の利益幸福並にその意向に重をおくといふ政権運用上の主義なりといひしかば，この主義自ら二つの内容を有すること明なり．一は政権運用の目的が一般民衆の利福にあるといふことで，他の一は政権運用の方針の決定が一般民衆の意向によるといふことなり．他のことを以ていへば〔言葉〕，第一は政治は一般民衆のために行はねばならぬ．第二，政治は一般民衆の意向により行はねばならぬといふことなり．

　第一，民本主義は政権運用の終局の目的が一般民衆のためといふことに在るべきことを要求す．凡そ物事には終局に於て期する所の目的あり．政治は終局に於て何を得んがためになさるるものか又なさるべきものか．この点は歴史によりて見れば時代により必ずしも一様ならず．〔太〕大古の時代にては少数の強者の生存繁栄といふこと政治の目的なりき．一般人民はこの目的を助くるための道具にすぎざりき．吾国の歴史を見ても上世に於ては皇室とその周囲にある少数の貴族が政権の運用を決定する所の中心的勢力にして，一般民衆の利害休戚といふことは意識的に顧られざりし也．尤もよく平民的政治の行はれたりと称する古代ギリシアに於てすら，市部以外の民衆は奴隷として市民のために牛馬の用をなせしにすぎざりしなり．故に古代に於ては政治の目的は少数強者の権力の保持にありて，人民の利福にあらじと見て可なり．下りて中世以後の封建時

代に至れば人民一般の利害休戚は余程尊重せらるる様になれり．けれともこの時代と雖も人民の利福が政治上の根本終局の目的となりしにはあらず．何となればこの時代に於ても政治の中心的勢力は封建諸侯也．一口にいへば王室利害安危其者が当時に於ける天下の大事なり．当時国土と人民とは王室の私有財産と認められたり．この二者は王室のよって以て立つ所のきそ[基礎]なれば，従てこれを愛護しこれを撫育するのは王室其物を大切にする所以なりと考へられたり．この点に於て当時の政治は頗る人民を労りしものなり．又学者も人民を愛撫することを以て政道の要訣なりと論ぜざるはなし．しかし根本の思想は王室の安泰のために必要なりとするなれば，畢竟人民の撫育は目的にあらずして手段なりしなり．

　政治の終局の目的が人民一般のためにてならざるべからざることを要求するは元来合理的なりや否やは政治学上重大なる問題なり．この問題は吾々のここに研究する範囲にあらざればここに説かず．只歴史上の事実として現代の政治は民本主義の要求を容れて，政治の目的は人民の利福をはかりこれを勧むるに在りといふことを根本義とするに定れり．従て一部分の少数者の利害のために一般の利福を犠牲に供することは現代の政治に断じて許されて居ない．而るにこの点は今日各国に於て充分貫徹せられて居るかといふに必じ[ずしも]すもしからず．何故かといふにやはり封建時代に多年養はれし思想と因襲が民本主義の明白に承認せられし今日に於ても尚種々の形を取りて制度の上に残存せり．而して人民のためといふ趣意の充分なる貫徹を妨げて居る．この種の傾向は殊に欧大陸の内にて立憲政治が民権君権の衝突並に妥協の結果として出来上りし国に多し．

　而して人民のためといふ趣意の充分なる貫徹を妨ぐる最も重なるものは所謂特権階級の存在也．所謂特権階級が法律上に於て特別利益の保護を受くるといふことは，そのこと自身に於て必ずしも大いなる弊害はなし．けれともややもすればその階級的利益に執着して人民一般の利福と衝突し，一般のための政治といふ原則に逆ふの傾向屢あり．この特権階級は多くは旧時代の遺物なるも，新しき時代に於ても国によりては全く造られざるにあらず．元来国家に勲功あるものを優遇してこれに国民の指導者たるの名誉と特権とを与ふるといふ趣意より見れば，国家が例へば貴族といふ如き特権階級を設立存置することは，それ自身には一般民衆の利福と毫も矛盾せざるなり．否却りて社会の健全なる発

達のため宜し．けれとも実際上に於て従来の歴史は特権階級は国家の殊寵に狃れその実その名に伴はず．しかのみならずその特権を濫用することが往々にしてこれを見るので，そこで近代の政治は一般の利福のために，或は一般利福の完全なる発達のために特権階級に諫争する形勢を作れるなり．

かくして特〔権階〕級に対する民本主義の抗争は19世紀の前般〔半〕，欧に於て相当に劇しかりき．殊に特級がその特権に恋々として民本主義の要求に淡泊に承認せざりし国に於て最も劇しかりき．仏，独，墺の如し．しかし多年の努力の結果今日に於て先づ大体解決が付きたる様なり．今日尚ほこの種の問題残れる所あるとすれば露を筆頭として独，墺諸国位のものなり．右述べし如く政治上法律上でいふ特〔権階〕級に対する問題は先づ大体解決付きたり．これに類したるものにて今日欧諸国に起りつつある問題二あり．これ厳格の意味に於ける特権階級に対する問題にあらず只これに類する問題なるなり．

一は宗教的の特権に対する問題なり．西洋の古き国の内には，ある特殊の宗教或は宗派が国教として又は公認教として国家より特別の保護をうけて居るものあり．従てこの宗派に属せざる人民は不平等の取扱を受く．かかることよりして宗教に対する国家的保護を撤廃せんとするの声あり．これは主としては純粋の宗教上の点より主張せられて居るなれとも，一面に於ては又一種の政治問題也．なんとなれば西洋の政党の分れは宗教の差に多少の根柢を有すれば也．

第二は経済的特権階級に対する問題也．これも特権といふは本来穏ならず．何となれは富が一方に積成して経済上優劣の二者を生ずるは現在の経済組織に本く自然の趨勢にして国法の直接にこれを助長するにあらず．けれとも経済的利益が漸く一部階級の聾〔壟〕断に帰せんとする傾向は幾分現代法律制度に本けるなり．即ち現在の制度，現在の法律保護の下に，少数の富者は広大なる富を有し一般民衆の利福を圧迫せんとせるなり．爰に於て近代の民本主義的政治は更に国法の力を以て出来るだけこの趨勢を妨げんとして居る．所謂各種の社会政策的立法といふはこれなり．

要之政治の終局の目的が人民一般の利福にあるべしといふこと，これ民本主義の一の要求なり．一見してこれと交渉なきが如く見えても，結局全般の利益幸福になるといふことならば，これは民本主義と相戻らず．しかし一見一般のためになりてもこれがある他の目的の副産物として生じ来るものにては民本主

義の満足する所にあらず．故に終局に於て人民一般のためになるかならぬかといふことが，民本主義と他のものとを分つ標準なり．

　第二，民本主義は政権運用の終局の決定を一般民衆の意向におくべきことを要求す．他の言を以ていへば政権運用の目的を一般の利福におくといふばかりでなく，運用の方針を決定するにつきても一般人民の意向を終局に於て重要視することを要求するなり．尤もこのことは個々の問題につきて一々人民の意見を聞くといふ意味にあらず．只人民全体の意向に反しては何事もせず，凡ての政治的活動は明示又は黙示の人民一般の承認なしには行はずといふことを意味する也．而してかかる主張の理論上の根拠はいづれに在りかといへば，何が人民の利福かといへば人民彼自身が最もよくこれを判断し得るものなりといふことに在るならん．従て近代の政治は人民一般をして終局的にその方針を決定せしむるといふことによりて，その目的即ち人民一般の利福をはかるといふ目的を最もよく達するを得といふ論決に達したるなり．

　この政権運用の最終の目的を人民一般の利福におくべしとは三方面より反対の声をきくなり．1，憲法学上の反対．2，政治学上の反対．3，社会学方面の反対．

　第一，憲法学上の反対は殊に我国の如き君主主権の国に於ては，この民本主義の第二の内容は憲法の精神に背くといふなり．尤もこの種の非難にも細別すると二種あり．

　一は我々の所謂民本主義を民主主義と混同して，民本主義は則ち国家の主権を君主より奪ひて人民に帰せんとするものなりとし，君主主義とは容るべからずといふ偏説なり．従来の用語にては只一の**デモクラシー**なる語を以て本来明白に異れる二観念を表現せし丈に，この二観念を混同せし人少からず．従てこの種の誤解を抱くものあるは無理からねど，只吾々の恐るるは，かく二者を混同する結果として君主国体の擁護のために危険なる民主主義の思想を排斥せんとするの急なるの余り，民本主義の政治上に於ける発達までも阻害する傾向を呈すればなり．かくの如くなれば憲政の進歩の上に重大なることとなる．民本主義は政治上の主義にして法律上の説明にあらず．法律上国家の主権は君主に在りとし，さてその主権者がその主権を公用するに当りいかなる主義によるべきかといふときに，そこに始めて民本主義が現はれてくるなり．民本主義は毫

も君主国体と相容れざるものにあらず．

　次に第二のものは仮令政治上の主義にせよ，君主はその主権を行用するに当りて常に必ず人民一般の意向を参酌せざるべからずと慣行が定れば，それだけ君主の大権は制限せらるるなり．従て君主大権の自由行動を妨ぐる結果となるといふなり．

　しかれともこの種の論者は君主の大権といふものは立憲国に於ては法律上では絶対無制限なるも，政治上に於ては多大の制限を受けたりといふ事実に目を蔽ふ勿なり[物]．君主の大権は政治上種々の制限を受けて居るといふことが則ち立憲と専制の別るる所なり．所謂立憲的法制度なるものは君主の大権を制限することを目的とする政治的設備に外ならざるなり．政治上に於て君主の大権を制限するといふことは一には又実際の必要にも本けり．何となれば法律上絶対無限の主権者が政治上に於ても絶対無制限に行動するとありては，制度との間に幾多の矛盾生ずればなり．制限なる語を用ふば君主の法律上主権者たるの地位を傷くる如く誤解するも，仮りに道といふ文字を換ゆれば文字の用ひ方を気にする必要もなからん．制限を厭ふならは始めから立憲政治を採用せざればよし．立憲政治を行ふ以上君主の主権が政治上多くの制限をうくるは当然也．そこで問題は君主の大権が民本主義の採用によりて受くる制限はいかなる性質のものなるかに帰する．しかるに一部論者の間に人民の意向にきくといふことになれば君主はそれだけ制限をうくるなるが，しからざる場合に於ては君主は制限を受けないといふ風に考へたり．しかしこれは大いなる誤なり．例へばここに内閣更迭といふ例を取りて見ると，この場合後任内閣の組織は議会に於て多数を占めて居る政党の首領に托せざるべからずといふ観念定れば，これ君主大権の制限なりといふ．只君主は自由意志を以て大臣の任命を断行する能はざれば也．しかしこの際君主の自由意志を厳格に貫くならば，君主は事実上何人にも御推薦ならず全然御自分御一人の御考を以て後任内閣を造らしめ賜ふことになる．しかしかくの如きは事実上あり得るや否や．君主は事実上万能の方にあらず．独皇帝の如きは[29)]近代稀に見る多能多才の方なりと称せらるるも，複雑なる政務判断には幾多大臣の智慧を借る必要に迫られて居るなり．即ち誰かに御相談になり，その意見によりて決定するが通例なり．又全く何人にも御相談をなされずに天下の大事を独裁決行することは制度として好結果を表するものにあら

ず．そこで事実上に於て君主は君側の老功の二,三の臣に御相談になる．これ慣例となれば，例へば大臣の任意(き)につきては必ず元老会議を開かざるべからざることとなる．かく慣例定ればこれ又君主の大権に対する一の制限なり．議会の大多数党の場合のみを制限といひ，少数官吏にはかるを制限といはざるは，正しき議論にあらず．この二者共に君主の大権に対する制限なる性質を有することは同一なり．只その制限の種類は，一は多数に相談する，一は少数のものに相談するによりて分れる．ここに於て問題は一転して君主が大権を行使するに当りて制度として多数の者に相談するがよきか少数者に相談するがよきか．この問題に対し少数の者より多数の人に広くはかる方が制度として結局公明にして正当なる政治行はるるものなることを主張するなり．かく詳論すれば民本主義は法学上憲法の精神に抵触するものにあらず．

　第二　政治学上の非難．一方に於て政治学上，人民一般は本来愚なるものなり，自ら利益なることを知らず，これをよく知れるものは少数の賢者なり，といふ立場より人民一般の意向にはかるは結局人民一般の利福のために図る所以にあらずと非難す．則ちこの説は近代立憲政治の趨勢に逆行して貴族政治の古に帰らんとする説と見て差支なし．この説は一部は真理なり．只歴史上実際の事実としてはいかなる開明の立憲国にても一般人民は大体に於て何が我々全体の利福なるかといふ明白なる積極的な意見を持たず．のみならず他の一方にては少数の賢者中には，真に国を憂ふる人ありて自己の利福を犠牲に供して専ら社会公共のために力を致さんとする人少からず．この種の人は最も人民一般の利福の何たるかを知れりといひ得るなり．しかしこれは極めて稀なる例にして，大体に於てはいかに賢明なる人にてもいかに奉公の念に富む人にても人は自分達の階級の利害を最も多く考ふるものと見ざるべからず．少数の賢明なる人に政治を托して人民一般が安心してぼんやりして居ると，いつのまにやら不公明なる不当なる制度の生ずることは歴史上その例多し．しかも政治上のことは一旦制度のかくと定れば，後からその非なることが解りても容易にこれを改め能はざるものなり．故に始より注意して少数政治にならざるよー(う)にする必要あり．且又今日人民一般の知識の程度も大いに進歩せり．昔の如く人民が政治のことに無智且冷淡なりし時代ならば政治を少数の手に托するも致方なきが，今日は教育の進歩につれ国民の知見開かれ，その上公事に関する関心 interest も著し

く民間に強くなれり．故に非常なる野蛮国でなき限り，人民の知識の不完全を理由として，これを政治圏外に放逐することは大勢が許さざるなり．且又今日の民本主義は本より人民の知見の相当の発達を前提とするなれとも，しかしその所謂相当の発達は各種の政治問題につき積極的意見を立て得るも〔の〕を要求するにあらず．例へば海軍拡張の可否如何，減税程度如何といふき細目の点は，専門の政治家と雖も精密にこれを理解せず．況んや一般人民に向てこれらの問題の精密なる了解を求むるは無理也．世間では往々人民の程度低ければ立憲制度の運用旨く行かずといふも，憲政運用に成功せざる責任を人民に帰するは断じて誤也．なんとなれば民本主義の行はるるには右述べし程の高き程度の発達を求むるものにあらず．勿論程度高かければそれ程よきも，しかしそれ程高くなくとも立憲政治はこれを行ふに差支なし．只後に説明する如く，今日の政治は代議制なる形をとる結果として，人民の利福意向を代表して自ら直接に国事に参与せんと欲するものは，自ら自分の政権を人民に訴へて賛同を求むることとなる．そこで人民はこの際冷静に各党派の意見をきき，則ち**受動的**にどの政党が正しきかと判断し得ればそれでよし．更に両方の人格，**経歴** career，声望等を公明に比較して，いづれが最もよく国家の大事を託するに足るかといふことを適当に判断し得れば足れり．この位の判断は相当の教育をうけ相当の常識を備ふれば誰れでも出来る．個々の問題につき自分自分の独立の政見を有するは必ずしも必要とせず．して見れば今日の文明国民は概して民本主義の政治を行ふに妨なき程度に発達せりと断定して妨なし．今日総選挙の時，時々醜陋なる手段行はるるは，これむしろ制度の罪にして人民の発達今だせずといふ能はざる也．

更に一歩を進め，民本主義は一般人民の意志を重んずといへども民意は実在せず．衆愚は**受動的**に少数野心家に煽動せられて一定の方向なく盲動するも，active に一定の目的を意識して活動するものにあらず．人民の意志に依りて政治の方針を定むるといふは畢竟空論なり（上杉博士，民意論）．これ民本主義の理論上根拠となれる民意の実在の疑なり．所謂民意果して実在するや否や，哲学上社会学上の大問題ならんも，而し今日の学会に於て少数の懐疑派の学者を外にしては，多数人民の衆団に意志の主体といふ資格を認めざるものは少きこと疑なし．勿論民意といふ如き大なる意志を有する人格者が吾人の眼に映ずるわ

けにあらず．又眼に見えざるものが実在せざるにあらず．民意の実在は今日学会の普ねく認めたる説明なりといふことに根拠として民本主義の主張は組立てられたり．

扨て民本主義は政権運用の終局の決定を人民の意志におくことを要求するなれば，この主義を極端に徹底せしむるには人民全体が政治に参与することにせざるべからず．尤も人民全体といひても近代の国会は一定の年齢に達せざる幼者，犯罪人，気狂も除けり．ベルギーは醜業者も除かれたり．概して婦人も除かれたり．所謂公民権を有する男児は凡て政治に参与することとなる．しかし事実上かくの如きは今日の国家に行はれざるなり．何となれば領域広大にして人民多数なれば也．地域狭く人口少ければ人民の直接政治は行はれ得るなり．されば古代ギリシアの**都市国家** city state にては人民の直接政治普く行はれしとのこと也．今日でもこの方法は小さき範囲の地方団体におきてはある形式の下に行はれたり．土地も広く人口も大なる国家にては全く殆んど行はれず．かく今日は人民の直接政治といふこと実行不可能なる結果として，民本主義は代議政治といふ別形式を取りて現はれたり．則ち人民は自分達の代表者を公選してその選に当りし代議士をして自分達に代りて公事に尽さしめんとせり．則ち人民の間接政治也．今日ではこの代議政治が民本主義的政治の唯一の形式となれり．

30)

第三節　代議政治[31)]

代議政治が民本主義の主張をそのままに，又は徹底的に或は極度に現はすものにあらざることは前述の如し．しからばこれを民本主義の理想よりは遠けれとも外に適当の方法なければ已むをえず採用して居るものと見るべきや．或は又代議政治といふ形式にても民本主義の要求を満足するには妨なしと見るべきや．換言すれば民本主義の政治形式としてこの代議政治にいかなる価直[値]を附与すべきや．議論一定せざるなり．

第1，一部の学者はいふ，民本主義の要求を満足すべき唯一の理想的制度は直接政治なり．代議政治は実行し得べき最良の制度なるも，尚は民本主義の理

想に照しては固有の欠陥ありと主張せらるるなり．かくてこの種の論者は代議政治はいかにそれ自身を完全にしても結局充分に民本主義の要求を満足するものにあらずと説き，その欠陥を補ふためには少くとも国家の重要なる事務につきては人民の直接参政を認むべきことを主張するなり．爰に於て人民投票といふ提説ある所以也．その中に就き最も最近説かれたるはレフレンダム（レファレンダム Referendum）の説なり．

元来レファレンダムの制度は新しきものにあらず．これはスイスの各カントン canton にて 16 世紀頃より行はれたるなり[32]．近世的意義に於ける憲法中この制度の始[初]めて認められしは 1848 のシュヴィツ憲法令なり[33]．其後各カントンの憲法に採用され，1874 のスイスの連邦の今日の憲法にも採用されたり．かくの如くレファレンダムと〔い〕ふ制度の起源は古し．しかれとも昔行はれしと今日スイスにて盛んに行はれしとは意義が異る也．則ち昔は代議制度はなし，極めて小共和国あり．そこで純然たる民主政治といふ考より行はれたり．今日は代議政治の欠陥を補ふといふ意味にて用ひられたり．最近は各カントンのみならず，アメリカの諸州及びオーストラリア連邦 Commonwealth of Australia・ニュージーランド Netherland〔New Zealand〕等にも行はれたり．いづれも皆スイスの制度を模倣せしにすぎざるなり．アメリカにては今日これを実行せるは 2 洲[州]のみ[34]．実行困難なり．

尚レファレンダムに詳しくいへば二種あり．1 は強制的，英語の obligatory なり．即ち一定の事項は必ずレファレンダムに尽せざるべからずと憲法に定めたるなり．第 2 は一定数のカントン又は一定数の人民の要求あるときに限り，一定の事項をレファレンダムにかくると憲法に定めたり．

而して投票に附すべき事項につきても憲法的事項に限るものと普通の立憲[法]事項に及ぶものと二種あり．しかし大多数の国では憲法的事項に限れるが如し．例へば豪州連邦憲法の第 128 条には，憲法改正のことに関して改正案は先づ議会の各院に於てその絶対多数によりて通過するを要し，次にその通過後 2 個[箇]月より少からず 6 ヶ月より多からざる期間内に於て，各州に於て下院議員の選挙権を有する人民の評決に附するを要すとあり．即ち憲法的事項に関して強制的投票制を認めて居るなり．普通立法事項につきてもレファレンダムを認むる制度はスイス諸州の特色にして他にはあまり例なし．尚又この人民投票といふこ

とはこれを憲法上の制度とはせざるも，ある臨時の重大問題に対して特にこれを行ひし例もあり．1900 のオーストラリア連邦成立[35]の場合，及び 1910，ナタールが南アフリカ連邦に加入すべきや否やといふことを決せし場合はその最も著しきものなり．しかれとも実際の経験に徴するに，この制度は代議政治を欠陥を補ふ[の]といふ程に実効あるものにあらざることを示したり．この理由は一般人民の程度，積極的に自家独立の意見を立て得る程に進歩して居らざるためなり．故にこの制度の本場たるスイスに於ても各地方団体に於ては殊に人民の密集せる衆会に於ては之れをしばしば行ふなれとも，国家全体としてはこれを行ひしこと極めて稀也．且又地方団体に於ても実際上然り否やを以て断定し得るが如き単純の問題の外は，これを実行すること不可能也．故にレファレンダムはその表面の理論上は相当の価値あるものの如く見ゆるも，実際に於ては何等代議政治の進歩の上に貢献する能はざるなり．且議会に於ける決定が最終の決定にあらざることとなれば，代議政治の運用は少からず乱さるるなり．少数党は往々にしてレファレンダムを口実として多数の決定に徒らに異議を挟む弊害なきにあらず．故に代議政治の従来の運用は相当の成功を示して居る国では，この論は殆んど顧られざるなり．しかるに不思議にも最近英国に於てレファレンダムの説が有力なる政治家によりて唱へられたり．即 1910，第二回の総撰挙のとき（本年 2 度選挙 election ありき）統一党の首領のバルフォアはレファレンダムを以て統一党の政綱となすべきことを唱へたる．又議会法案 Parliamentary Bill[36]やアイルランド自治法案 Home Rule Bill[37]の討議の際にも，在野党はしばしばレファレンダムに最終の決定を委すべきことを唱へたるなり．しかしこれは皆統一党の自由党の挑戦に対する一つの手段となしたるにすぎざるものにして，これを以て英の有力なる政治家も亦レファレンダムの説を是認したるものと見るべからざるなり．

　第 2，更に一部の過激なる論者はいふ．代表といふ者は到底本人の意志を完全に表はすものにあらず．代議政治によりて幾分にても民本主義の要求を満足するを得と思ふものあればこれ畢竟妄想[妄]なり．それよりも民衆の直接行動によりてその目的を達するに若くはなしと唱へたるなり．是れ仏に源を発しイタリア，英，米等に蔓延せるサンディカリズム Syndicalism なり（労働組合主義）．

　第 3，しかし大多数の論者は代議政治を以て運用宜しきを得れば民本主義の

要求を満足すべき最良の制度也といふに一致せり．その理由として述ぶる所は，元来人民の直接政治といふ考は人民の凡てが積極的に独立の政見を立て得る程度に成熟したとき始めて之れを行ふ得．而して人民の凡てがこの程度に発達するといふことは容易に望み難し．そこで現在の程度に於ては政治の実際上の権利は少数の賢明者に委任せざるべからず．併し任せきりにするは又弊害の本なり．人民常に監督者の地位に立つこと必要也．かくの如き要求といふものは代議政治に於てこれを達し得るといふなり．かくの如く多数の説は代議政治の価値を承認するに一致すれとも，制度其物は直ちにその目的を達するものにあらず．果して本来の効用を発揮するや，専ら掛りてその運用の宜しや否やに存するなり．爰に於て代議政治にはいかなる原則によりてこれを運用すべきかといふ問題を生ず．代議政治運用の根本原則は民本主義の貫徹に在ることは本より論を俟たざるなり．而してこの代議政治は政権運用の実際当局者たる政府と終局の監督者たる人民との間に代議士といふ仲介者をおくを以て，吾人は先づ人民と代議士との関係に於て民本主義の徹底をはかり，次に代議士の団体と政府との関係に於て同じく民本主義の徹底をはからざるべからず．

第1，人民と議員との関係に就きて民本主義の徹底をはかるために注意すべき点は選挙のことなり．何れば両者の関係は専ら選挙に於て現はるれば也．選挙といふことにつきて注意すべき点三あり．1，選挙に与るものは国民の全体が公平均一にこれに与るのを原則とすること．国民全体が公平均一に与らざれば一部分の利益のみ不公平に代表せらるるのみならず，選挙権の甚しく制限せらるるの結果として次の二弊害を来たすことあればなり．2，選挙に於ては不正なる手段の行はるること絶対に防止せざるべからず．しからざれば候補者反つて人民を誘惑し監督者，被監〔督〕者，その主客の地位を顛倒すれはなり．凡そ憲政に伴ふ弊にして主客その地位を顛倒するより大なるはなし．故に国に於ては特にこの弊を防ぐために誘惑する者の罪を誘惑せらるる者の罪を重くせり．何れば誘惑する者なければ人民進んで罪を犯すものにあらざればなり．3，言論の自由を尊重すること．このことなければ人民は広く各種の意見に接して公平なる判断と選択とをなすを得ざればなり．人民は積極的の政見を有するものにあらず．只各般の意見に広く接してその何れを可とするやを判断する力あり．故に健全なる正当なる判断をなさしむるために人民をして凡ての思想に接

せしむること必要なり．而して自由の圧迫は独り政府より来るばかりでなく民間より来ることあり．この両者を共にさくること必要なり．

　第2，議会と政府との関係．この関係に於て注意すべき点は終始議会をして監督者たるの地位を維持せしむるを必要とす．これに就て更に注意すべきは第1(1)議会の代議士の政府の操縦に応じて説をまげる者に対して厳重なるの態度を執る．元来人民と議員との関係が順当にある中には，自ら議員は政府に対しても適当にその職務をつくすべき筈なり．けれとも隠密の間に政府操縦の手の入るはこれまでしばしば例のあることなり．この点につきても誘ふ者の罪を厳重に罰するを要するは論を俟たざるなり．(2)議会によりて現はるる民衆の意向を結局に於て権威あらしむるためには，政府をして議会に対し責任を負はしめざるべからず．爰に於て責任内閣の制度を政治的に立つるといふこと必要なり．尚この点に関連して上院と下院との関係の問題あり．政府を監督するといふ意味に於て議会の権威をたてるといふことは，議会が即ち民意の代表機関たることを予想するなり．しかるに二院制度をとれる国に於て殊に上院の構成に民選的分子を認めざる国には，上下両院の意見相衝突するといふ場合，これをいかに解決すべきやといふ問題が起る．上下両院の議合せざるときは即ち議会其者の定れる意志なきとすれば民本主義の要求は貫徹されず．しかしこの場合直ちに下院の意思を重じて上院に服従を強いることになりては折角上院を設けし趣旨貫せず．そこで上院を設けし趣旨をも容れ，而して民本主義の要求を貫徹するために，上下両院の関係につきては学説上又実際上種々の考案あり．実際の制度として之れを解決せしものは濠州の憲法と英国の憲法なり．この両国の憲法は共にある一定の条件の下に上院に対する下院の政治的優越を認めたるなり．

　各国憲法の制定[38]
　今日世界の各国は殆んど例外なく前述の如き憲法を有す．而してこれらの憲法に英国流の不成文の憲法と米国流の憲法と仏国流の憲法と大体三種あること前述せり．この三つのものは発達の歴史を異にす．民本主義の理想に動かされて起り，又民本主義の理想に動かされて発達したる点は同一なり．唯憲法発達の背景をなすことの社会状態が多くの国に於て仏に似てゐたることを以て，以

上三種の中フランス流の憲法が最も広く最も深く他国の憲法の上に影響を与へたり．今これらの憲法を説明す．

(1)英国流の憲法

英国流の憲法殊に英国の憲法は極めて長き沿革を有し，その歴史と国民性とに本き相当に健実なる発達をなせり．その今日出来たる所を見て，それ自身に於ては民本主義の要求に照して頗る賞賛に価する進歩を遂げ居るも，然し徒らに他国に模倣せらるべきものにあらず．只英国の憲法は英国の社会と英国人とを待ちて始[初]めてよく発達したるものなればなり．故に英国憲法の根本の精神は大いに諸国の則る所となり．今日尚種々憲政の母と呼ばるるも，その憲法の形式は殆んど見るに足るべき影響を他に与へ居らず．その主たる原因は法典を成文の形に有し居らざればなり．成文の形に現はれざるため英国憲法は歴史的に特別の研究をなすこと必要にして簡単にこれを説くこと不可能なり．不成典たる点に於てハンガリー憲法は英国流なり[39]．然しハンガリーにありては憲法といふまとまりたる法典なきのみにて，所謂憲法的原則は幾多の普通法律の中に散在す．即ち法律と憲法との効力の差なし．その法律の中には数百年前の法律もあれば(古きは1222のものあり)大部分は19世紀以後殊に仏の二月革命以後西欧の立憲思想に促され制定せられたる法律多し．英の如く習慣による原則は殆んどなし．故にハンガリーはこの点に於て英と異る．

(2)米国の憲法

米国の憲法は英国の主義を米の新天地に移してこれを成文の形に示したるものなり．而して当初の米人は英人と人種を同うせり．米人は英国の憲法の精神を了解し且つこれを今も表現し得たり．只社会状態が英と米と全くは同じからず．殊に米に於ては特権階級は全然なし．その点に於て米の憲法は米[英]のそれと趣を異にせり．今日の米国憲法の起源は独立以前の諸殖民地が本国の国王より得たる許可状にあり．而してこの特許状 charter は昔移住民相互の間に作成したる入植地契約 plantation Covunant[Covenant] に本けり．而して最も広くこの種の契約を作れるは有名なるピルグリム・ファーザース Pilgrim Fathers の一団なり．1620・9・6，74人の男，28の女より成る一団は本国に於ける宗教的圧迫を免れんがためにメイフラワー Mayflower 号に乗りて英の港プリマスを出帆して米国に向へり．彼等思へらく教会はキリストの本に信徒が共同の契約を以て組織

するものなり．国家も亦かくの如くならざるべからずとして新たに行先に創設せらるべき社会組織の条項を船上にて締結し，各自署名これに戻らざることを誓へり．これ9月8日なり．これ抑々米国に於ける最初の社会契約なり．彼等は幾多の辛惨を嘗めて漸米大陸に上陸し12・21所謂プリマス植民地を作れり．而して船上にて定めし条項をそのまま殖民地の憲法とせり．而してその所謂憲法ともいふべきものは著しく自由といふ色彩を帯びたる外，英国の政治的原則をそのまま包含したることは見易き道理なり．つまり米の成文憲法が英国の原則を採れる端緒はこのときより始まれり．而して其後米に移住するものは概ねこのピルグリム・ファーザースに倣ひて約款を作れるなり．これらの約款を総称して入植地契約といふ．この類ある契約の中にて1638のマサチューセッツを出で，コネティカットに移りたるピューリタンPuritan[40]〔Puritan〕の連中が翌39に公約したるコネティカット基本法 foundamental Conneccticat〔Fundamental Orders of Connecticut〕[41]は斉しく契約の形式に依れるとはいへ，頗る詳細を極め始〔初〕めて法律の実体を備ふるに至れり．故に人或は是れを以て米国に於ける最古の成文憲法となすものあり．扨てこの種の約款は後に殖民地が国王の特許を得ていはは一個の公法人となるに際して，新たに附与せらるべき特許状の内容として採用せられたり．特許状はその性質，殖民地の政治組織を規定するものにしてこれを独立の国家に例〔喩〕へていふならば憲法の如きものなり．さればこそこの特許状は1776の独立以後は一転して独立諸州の憲法となれり．尤も独立後13州の大部分は従来の特許状に著しき改正を加へ，又は新たに憲法を制定せしもあり．されどもマサチューセッツとロードアイランドとコネティカットの三州は独立以後に至りても従来の特許状をそのまま憲法として存続し，以て19世紀の始にまで及べり．今日の米国各洲の憲法はもはや従来の特許状をそのまま継承するものにあらず．けれともそれらが本国憲法の精神を根抵〔柢〕とするといふ点は前後かはりなし．今日の合衆国の憲法と雖もその連邦組織に関する特別の部分を除きては英憲法に負ふ所頗る大なること疑をいれず．米国の憲法はよく英に発達したる憲法の精神を具体的に表はしたるものなれとも，その背景たる社会状態は大いに欧州大陸の旧国とその趣を異にするの点に於てそのままに大陸に於て模倣せらるること能はざるなり．これ仏に於て別の一流の憲法の発達を見し所以なり．只米国憲法が英国の思想を成文の形に現はしたる事が

仏に於ける成文憲法の発達を促せしことは争ふべからざることなり．

(第3)仏国流の憲法

特権階級の圧迫に苦みて民本主義がその理想その要求の最も明確なる理解に本きて制定せられたる最初の憲法は仏に於て発達せり．これこの意味に於ける民本主義は欧大陸に於て最も早く仏に於て発現したればなり．只しかしながら仏に於ける民本主義がその理想を実現しその要求を貫徹するの手段として何故に所謂憲法の制定を求めたるか，換言すれば当時の政治家が成文憲法の制定を以て権利自由の保証を全うすべき唯一の或は最良の方法と考ふるに至りし理由如何といふに，これには三つの事情あり．

(1)**フランス革命の当時**，国権の組織に関する□□根本法則は凡て成文の法典を以て定むべしと云ふ誤考一般に行はれたり．仏人が王政を倒して革命を敢て行ひたる思想の動機は主権在民説なり．その思想その説の直接の淵源は**ルソー**にあること論を俟たず．

ルソーの流を汲む人々の考は，必然に人民の手に在らるべからざる主権は今や人民に回復されたり．そこで我々はこれより新たに社会契約 social contract を締結して[42)]国家組織を完成せざるべからず．かかる考にて彼等は国家組織の大本を定むる根本法則は各独立の人格が相互の間に締結する所の一種の社会契約の約款の如きものと見傚せり．而してこの約款は他の一般契約と同様同じく文書の形に於て作成せられざるべからずと考へたり．故に憲法を成文の形式に於て存せんとするの思想は社会契約説の流行と伴ひて早くより革命当時の人々の考を支配せり．

第2，第18世紀の仏の政治学説は英の政治を以て理想的のものなりと考へたりと．**ルイ14世**を以てその頂点に達したる**ブルボン家**の専制政治は18世紀の始より漸く破綻を示せり．そこで現在の制度を改革して人民の幸福利益を守り且つ回復して行かんとする希望漸く強くなり．而していかにすればその希望達せらるるかといふ問題に対して，一方には種々方法を考究する学者もありしが，他方に於て徒らに空理空論に耽る態度を排斥し汎ねく古今東西の政治の実況を研究しその中より実際的の解決を求めんとせり．以てその当時の時勢の要求に応ぜんとする風潮盛んに起れり．この気運に乗じて起りし学者中最も卓越せるは即ち**モンテスキュー**なり．彼は研究の結果をその著「法の精神」に於て

発表せり．而して彼はこの書中に於て種々各国の制度を比較したる上，政治問題の最も幸福なる解決を提供する者は英国の憲法なりと論結せり．そこでこの後，仏の識者は普ねく英国の制度を移植することが仏の政治を革新する唯一の道と確信するに至れり．尤も英国の憲法は**モンテスキュー**以前に全く仏に知られざるにあらず．第 15, 16 世紀の頃に於て当時の学術語たる**ラテン** Latin 語を以て英国憲法の原則を説明したる本は相当仏でよまれたり．16 世紀の後半に於て最も卓越したる公法学者**ボダン**の如きは自説をとくに当りしばしば英国の憲法を引用してこれに劇しき攻撃を加へたり．当時大陸諸国に於ては一般に**ボダン**流の君権説が全盛を極めし時代なれば**政治的自由** political liberty の如きは到底人の理解する所とならざりき．従て英国憲法の如きも大体顧られざりき．しかるに 18 世紀の半過より段々政界革新の声高くなり．この新気運に乗じて政治的理想として英国を仏に紹介せしは**モンテスキュー**なりき．彼の著書の「法の精神」は一面からいへば英国憲法を中心として書きたりともいふべく，就中 11 [篇][6]16 章英国憲法に就てと題する辺は細目の点には本より多少の誤解と謬見あれとも，その精神に於てはよく英国憲法の要点を捕[捉]へたり．以て仏の当時の思想界に大いなる感動を与へたりき．これが仏で成文憲法を制定するに当りて英憲法の原則を取りてその内容とせし所以なり．

第 3, 英国憲法の精神を成文の形式にうつさんとする希望は**アメリカ合衆国**憲法の制定によりて著しく強められたりと．前の第 1 と第 2 の事情はそれだけ[け]て[で]以て英国流の憲法を成文の形式に於て得んとするの希望を生ぜざるを得ず．しかるに偶々北米合衆国は率先してこの意味に於ける成文憲法を制定して見せたり．この前例は仏に於ける同種の事情を促進するに与りて力ありしことはいふを俟たざるなり．仏人が革命後直ちに憲法の制定に従事せしは畢竟米国先例の依るべきものありしなれば也．北米合衆国の憲法の発布を見しは 1787・9・17 日にして仏革命の爆発に先ふこと僅かに 2 年，この憲法の忽ち仏に知れ亘りしことは仏人が**アメリカ**に非常に同情したる事実より推しても明白なり．加之合衆国の憲法の発布以前既に米国各洲の憲法が仏に普ねく知られたり．只独立運動の同情を求むるため大陸に派遣されし**フランクリン**は 1783, これら各洲の憲法を悉く仏語に翻訳して発行せり．故に仏ては革命当初より早く既に取りて模範とすべき成文憲法の典型には乏しからざりき．

第1, 仏流憲法の始めは1791の憲法なり. **全国三部会** Etats generaux〔États généraux〕(租税)と**高等法院** Parmant〔Parlement〕(裁判)43)は王権を制限する二つの機関なりき.

1791の仏憲法
この憲法の特色.
(1)憲法の前文に於て王を解釈して神恩並に民意により仏国人民の王となし, 以て暗に国民主権 Souveraineté Nationale を確立せる加味せり. (2)議会を一院とし(Corps législatif)745人, 任期は4年. 間接撰挙の法による. 25才以上の男子にして3日間の労働に等しき直接税額を収むるものは選挙人を選挙するの権あり(**選挙人** électeurs). (議会を一院とするといふことは**デモクラティック**のことなり. 仏国に於〔て〕2度しかない. 間接選挙を取れるは一面に於て**保守的** conservative なり. 直接税額を定めしも同じく, 主義としては徹底せず. 後に両者極端を矯めて徹底するに至れり.〔)〕(3)国王の権力は極めて制限せられたり. 先づ財政の事項に対しては**拒否権** veto を有せず. 次に立法事項と雖も議会が3度可決せしものに対しては国王はもはや**拒否権**を主張するを得ず. 国王は法律の発案権なし. 又議会に停会, 解散を命ずる能はず. 条約の締結, 宣戦の布告は必ず議会の協賛を要す. (4)行政権は6人の大臣これを行ふ. 大臣は議会に対して責任を有す. 大臣以外の官吏は凡て国会これを公選す.

この憲法現はれてより欧各国の憲法熱大いに高まりたれとも, これからまもなく欧の諸大国は対仏戦争に忙はしく, 憲法制定といふ具体的の事業を行ふに違なかりき. 却りて仏それ自身に於ては内政上の頻繁なる変革に伴ひて憲法改正も亦頻繁に行はれたり. 即ち上に述べし第一回の憲法に次いで93・6・24の所謂共和第1年の憲法, 及び94・9・23〔1795.8.22〕の所謂共和第3年の憲法, 99・12・13の所謂共和第8年の憲法の発布を見たり.而して欧各国に於ては仏の影響をうけて民間の憲法要求の運動段々起れるも憲法の制定を見たるもの未だなかりき.

(91の憲法の出来しとき国王は幽閉せられ44), ロベスピエール等は盛んに共和主義を唱へたり. 王を残しておくと機会あれば国王が専制を回復す. 王政回復により貴族は利あり. 彼等外国で運動する. それは国王が国内にあればなり. 故に国王を断然廃止せざるべからずとロベスピエール主張せり. 故に王政は維持せしも大部分の思潮は共和制に傾けり.) この憲法によりて選挙せられたるものはジロンド Gironde 主義者なり.

段々と王の特権を奪へり．92頃に普墺連合軍迫れり．仏軍敗北す．されど義勇兵到る処に起り，外国軍と決戦せんとせしが，外国軍に疫病起り退軍す．外国軍の迫るは国王が内通するためなりといふものあり．王に対する反感は益々募り国王は議会に逃げ遂に入獄せり．愈々王政の廃止され共和制となりしは92の9・12日なり．王政による議会は解散し，新たに選挙し，王党なく，9名の委員を挙げて国政を司らしむ．あらゆる改革をなす．

　93・1月に国王を死刑にす．王は国事犯罪人といへり．1793の憲法は極端なる革命主義なり．議会は一院にして任期なく行政権は24の委員に与へたり．24委員は選挙による．この憲法は実施されず．国王死刑と共に国内に少ながら内乱あり．外国の反響頗る大なり．各国不安を感じ，かかる思想伝播するは重大なりとし，ここに始めて[初]列国同盟し，英普墺和西瑞〔スウェーデン〕の同盟国の力によりて仏を圧迫し革命主義者を抑へんとせり．外敵切迫たれば外難に対するためには散慢なる組織ではいかず，戒厳令を発し，特別の軍事組織を作れり．**公安委員会**〔Comité〕 comite de salut republic〔public〕（行政），Tribunal Revolutionaire〔Révolutionnaire〕（革命裁判所）．このとき**カルノー**始めて[初]徴法令[兵]を布けり．内部にて働きしはダントン，マラー，ロベスピエール，エベールなり．これらの中に内訌を起し，ロベスピエール他を倒し恐怖時代を出現せり．

　94，穏和主義者起り**ロベスピエール**及一派を倒せり．共和第1年の憲法行はれず，共和第3年の憲法発布せられ，立法府を上下両院より成し，行政権に力を集めたり．行政権は5名の**総裁** directoire に任せたり．これ国家の大統領に当る．王政回復を恐れ，国権は散漫に方々に散布したるがよしと思へり．行政権は弱くなり，議院は一院にす（憲法第一回）．その結果は不可なりしかば[45]，権力を段々縮少せり．3名の**執政**[小] consul に任せたり．18世紀終り，19世紀になり**ナポレオン**の大人物出で，遂に帝制を布けり（反動として 14 or 15年間）．内治外交に成功し，帝制を準備しても国民に不平なく，1802 consul avie〔àvie〕 **終身執政**となれり．

　1825のオランダの憲法．[1815] 1818のバイエルン，バーデン．1819 ヴュルテンベルク，ヘッセン．1814, 5月エルバ

1814の仏国憲法の特色―奈翁没落後―ルイ18世

　第1,従来憲法は凡て国民主権の思想をきそとし帝政の時代にても全然この思想をはなれしことなし．しかるに今度の憲法にては全然君主主権といふきそ[基礎]の上に立ちて，憲法は主権者たる君主がこれを国民に特許するものなりといふ観念よりして特にその名称をも欽定憲法と変更せり．

　第2,国家の主権はこれを国王に集め国王を以て神聖にして犯すべからざるものとせり．法律を発布し，官吏を任免し，宣戦を布告し，条約を締結し，軍隊を統率すといふ如きことは勿論，法律の発案権，議会を解散するの権等，皆これを国王に収めたり．

　第3,立法権は上下両院の協賛を経て国王これを行ふ．両院は毎年1回これを開く．発案権なし．只両院は特別の問題につき法律の設定せらることを王に請願するばかりなり．上院 chambre de pau は王の任命にかかる世襲又は終[Chambre] [pairs]身の議院よりなる．その数に制限なし．その議事は公開にせず．下院は各県に[員]て選挙せらるる258人の議員より成る．任期5年．毎年1/5づつ改選す（1824に改正，全部7年とす）．

　第4,下院議員の選挙資格は年齢30才以上，毎年300法以上の直接税を納[フラン]むるもの被選挙権者は年齢40才以上，1000法以上納むるもの．尚選挙の手[フラン]続はこれを憲法に定めず特別の法律にゆづれり．その特別法は1817の2月5日に発布せられたり．これは連記式によるは明なり．但し1822の選挙法が改正せられ，議員数は258より430に増加せり．その内258は小選挙区短記で[単]選むことにし，他の172は各県に於て多額納税者のみをして選挙せしめたり．而して選挙官吏の面前に於て記名式であることは当時の風潮なりき（選挙は保守的のものなりき）．〔欄外　日本は小選挙区がよし．日本は大選挙にして短記な[単]り〕．

　この憲法は国王特権階級に於て都合よかりきかば，不平起り，1830に七月[し]革命起り大変更を加へたり．新たに加へられたる主義は七月革命の影響を受けし他の諸国に伝播採用せられたり．この内最も完成せるはベルギーの憲法なり．これを通じて他の憲法に影響せしものといひて可なり．シャルル10世の子にルイ19世，その弟にフェルディナンド．ルイ18世．1830の3月，国王議会の開院式に臨み，王権は憲法より重しといひ，遂に議会は解散せられ，外交政策

失敗す〔欄外　アルジェリア遠征に失敗す〕．総選挙に旗色悪く，王は緊急勅令を発して極端なる専制をなし，遂に革命曝発せり．ルイ＝フィリップ後を継げり．

七月革命の憲法の要点
　第1，君主主権の主義を捨て，**国民主権** La Souveraineti Nationale〔Souveraineté〕の主義を立てたり．尤もかくの如き文字を用ひしにはあらず．全文の意味が然り．ティエールの宣言書中「ルイ＝フィリップが王冠を授けしは仏国民よりすと」あり．前文に「完全に権利を有する我々国民は恭しく王冠を奉らんとするその君に申す．君は憲法に従ひて敢て統治するや否や〔」〕．フィリップが「神のめぐみと人民の希望によりて仏人民の王たる朕は」云々とあり．
　第2，明文を以て国王に法律停止権を禁じたり．これは改正憲法14条〔13〕にあり．国王は法律の発効に必要なる命令を発するも，但し法律を停止し，その執行を妨ぐるを得ず．従来の権に重大なる〔後欠〕．
　第3，議院の組織を改良して一層**自由主義** Liberalism の精針〔神〕をとれり．例へば発案権を両院に与へたり．上院の世襲を廃せり．議事を公開せり．大臣の議会に対する責任を規定せり．下院議員の任期を5年にさげ，選挙権の資格20-25にさげ，被選挙の資格を40-30にさげ，財産の制限も300-200法〔フラン〕にさげ，ある種類の高等の職務に従ふものは特に100法〔フラン〕にてよしといふことにせり．その結果，有権者の数2倍となれり．従前1000につき3なりしが，このときは2倍せり．
　7月の革命はいはは君権の濫用に対する民権の反抗として起れるなり．当時君権が不当に跋扈せることは仏に限れる現象にあらず．他の各国の民権論者は斉しく皆メッテルニヒの圧迫の下に不平を抱きしなり．而して仏の七月革命は恰も隣国に鬱屈せし不平に爆発の機会を与へしなり．即ち独の諸候殊〔侯〕に中部及び北部の諸侯は久しく憲法を望みて得ざりしが，仏革命の法をきき一斉に立てり．かくして独諸国中ザクセン，ハノーファー，ヘッセン**選帝侯領**〔報〕，ブラウンシュヴァイクの憲法は皆このときに制定されたり．しかれとも七月革命の結果として発生せし憲法中最も大なる影響を後世に与へしものは1831・2月7日のベルギーの憲法なり．この憲法は七月革命の影響を受け起りしベルギー人の独立

運動の結果として生じたるものにして，主として1791の仏憲法及1830の仏憲法改正の趣意に則りしなり．1828，各派は大同団結をなし歩を進めたり．憲法によりて保障せられたる自由を欲する請願運動をなせり．効を奏せざりしが仏の七月革命起り爆発せり[46]．

立憲王国につき二つの難問あり．（第1）は誰を国王にするか．外国との関係あり．ウィーン会議によりて出来しなり．ウィーン会議の主なる国は，英，独，仏，墺，露なり．ウィーン会議の決議に違反するには五国の承認せざるべからず．特別の理由あるとて承認する．候補者3人あり．仏系の人はルイ＝フィリップの子，他の2人，独の皇族にて列国が〔後欠〕[47]．

1839—白耳義〔ベルギー〕独立す．七月革命の影響にして且つ仏の助力を得たり．故にその憲法も仏の原則を扱〔汲〕めるは当然なり[48]．

白〔ベルギー〕憲法の要点

第1，国王をいただけるに拘らず主権在民の原則を掲げたり．25条に凡ての権力は国民より出ず．All power emanat〔emanates〕 from the nation. 74〔78〕条には国王は本憲法並に憲法附属の法律が明白に許せる権利だけ有せり．80条には国王は先以て上下両院の合同会合に於て次の如き宣誓をなさざれば即位するを得ず．宣誓「朕は白〔ベルギー〕国人民の憲法及法律を遵奉し国民的自由を維持し領土の保全するを維持することを誓ふ」．これを以て見ても君主の従属的関係を認む．

第2，行政権の行使は種々の制限の下にて国王これを行ふ．憲法29には国王は憲法の条規に従ひ行政権を行使す．64には必ず大臣を通じて行政権を行ふこととあり．親政を許さず．第2〔3〕，大臣は国王の任命する所なれとも(65)議会に対して責任を負ひ，この責任は国王と雖も壇にこれを免除する能はずといへり(85)〔89〕．政治の実権は明白に議会に在り．只大臣の負ふべしとせらるる責任の性質は法律上議論あり．憲法も亦第90条に於て大臣の責任とこれを糺〔糾〕弾するの手続に関する細目のことは別に法律を以てこれを定むと規定せり．しかれとも，その細目の法律は今日作られてお〔ら〕ず．1870に一度この種の法律作れたれとも，やがてこれが廃せられたり．今日では今日の実際の慣例としては大臣の責任は純然たる政治的のものとなれり．

第3〔4〕，立法権は国王と元老院 Sénat と代議院 Chambre des Réfrésentants〔Représentants〕と

共同して行ふ(26)．上下両院の議員は同一の選挙民より挙げられる．上下両院の権限は同一なり．只上院議員たるには 2000 フラン以上の租税を収むるものたることを要す．上下両院の権限中多少異る所は，財政に関する事項，兵の募集に関する事項は最初に下院に提出すること，凡て法律は両院の合議と国王の裁可とを合せざればその効力を発せず．発案権につきては国王と上下両院と全然同一なり．

　白耳義[ベルギー]の憲法は政権の運用に関する規則を極めて詳密に掲げたり．而して民権の擁護につきては極めて周到なる用意を用ひたり．故にその後長く不平の声なかりき．されば憲法発布後，半世紀の長に亘りて改正を求むるの声極めて微弱なりき．1848 の二月革命を本として起りし欧全体の破[波]乱の際もベルギーは無事に通過せり．只近年に及びて選挙権拡張運動に迫られ，始[初]めて憲法改正がやかましき問題となれり．要之ベルギー憲法は以上の特色を有する点に於てその後長く則る所となれるなり．

　七月革命に次ぎて更に欧の憲法発達の上に大影響を与へしは 1828〔1848〕，二月革命なり．この革命は仏のオルレアン Orléans 朝49)の王政に終を告げて 2 月の 27 日を以て共和政の成立を見たり．5 月 4 日を以て開きし憲法制定議会にては 186 の委員を挙げて新たに共和憲法の制定に従はしめ，その結果として 11 月 4 日に憲法の発布を見たり．一言にしていへばオルレアン朝中の民権思想発達せしとき，上流識者がその指導を誤れり．始めルイ＝フィリップは衆望を担へり．平民的になると貴族社会よりは反感 antipathy を有せらる．段々と貴族政的となり，下層社会の不平を受け上からも下からも非難を受け，彼は一変して武断主義となれり．時勢が図らざればかくなるも自然の結果なり．彼が即位するや与党の中に急激温健[穏]の二派あり50)．急進主義は自由平等といふ一片の理想に動けり．彼等は自由平等を熱望する余り対外関係に失敗せり．急進派は他国の自由主義者を援けざるべからず，外国に干渉せざるべからずとせり．国内にては自由平等主義にて外国に対して主戦派なり．温健[穏]派は国内の安寧幸福をかため外国に干渉するに及ばすとせり．始めは急激派に内閣を作らしめしが，後にこれを退けて温健[穏]派をして内閣を作らしめたり．カシミール・ペリエなり．彼が内閣を組織して民間の反対を受けたり51)．ルイ＝フィリップも民間の反対を受けて騒ぎだせり．ブルボン家の正統の方からも反対せられたり．ルイ＝フィリ

ップは横槍から来りたればなり．殊に貴族院中には随分ブルボン家の勢力あり
き．ブルボン家は今の政府を倒さんとせり．3, 4年間断続して騒げり．これ困
乱とて英雄を懐ふ．この間ナポレオン熱昂まれり．1836，ナポレオン3世クー
デタ coup d'etat を行ひし[52]が失敗せしが，ナポレオン熱を煽れり．上下の人
望を失ひブルボン家の騒あり．ナポレオン熱昂る．政府もこれに圧迫を加へ，
刑法にても王又は議員を攻撃したるものは禁錮に入れる．ブルボン家に劣らぬ
圧迫をなせり．真実の意味の社会主義起れり．近代仏蘭西の社会主義は革命当
時バブーフにより起れり．これを民間に深く伝播せしはサンシモンなり．社会
主義の思想を実際に行ひしはルイ・ブランなり．革命に関係して労働大臣とな
る．この二人のために**社会主義** socialism は深く布及せり．政府の施設する実
質に向て有力なる手強き攻撃を加へたり．選挙権の拡張を運動せり．ルイ＝フ
ィリップはかく国内不安の状態に在り．内閣は頻繁に更迭せるが，ギゾーに及
び動揺止みたり．彼は学者として成功なるが政治的に失敗せり．議会も腐敗さ
して自己の位地を保てり(8年間)．されどそれに対する不平は昂り総勘定は
1848の革命に一時に曝発せり．選挙権を政府が拡張を反対せしか直接の原因
なりき．納税の資格を減じて選挙権拡張をせんとせり．結局拡張は否決せられ
たり．ここに於て改革家等はデモンストレーション demonstration をやらんと
し，その標榜する所は選挙権拡張と現政府の不信任なり．前日にデモンストレ
ーションの厳禁の命を下せり．ここに事起り騒動となれり．2月27日，共和
政確立を宣言せり．〔欄外　ルイ＝フィリップ—オルレアン大公—パリ伯—オル
レアン公(現存す)＝仏の王党派が担上げる人物なり．〕

　英国の**社会主義**は労働者が自分で組合を作りて資本家に打突あるなり．独逸
にては普通選挙より政治的運動によりて目的を達せんとす．仏にては天賦人権
即ち生存の権利あり．その権利は国家に向て主張し得る．国家は職業を与ふべ
き義務ありといへり．仏国民は労働の権利あり．ルイ・ブランはナポレオン3
世のために労働者との間に離間策を講ぜられたり．〔欄外　欧州現代立憲政況
一斑—小野塚〔喜平次〕博士〕

　二月革命は憲法としては影響せざりき．革命として影響せり．第1，君主制
を更めて共和制とする．第2，行政権を大統領に任し民選による．(議会の選挙
による説盛なりき)(民選によらしむるといふ説もありき．前者となれば，**カヴェニャッ**

クとなり．後者となればナポレオン3世となるなり）第3，立法議会を一院とする（ナポレオン3世が大統領となれば議会は大いに有力とせざるべからずといふ便宜の考よりなせり）．この二月革命は更に他の諸国に於ける自由主義運動の勃興を促せり．殊に先に七月革命の影響を受くること浅く，専制主義の尚優勢を維持せる地方にてはその影響を受けて一時に曝[爆]発をなし，更に多くの国に於て憲法の制定を見ることとなれり．1848・4月25日のオーストリアの憲法（現行ならず），1849・6・5日のデンマーク憲法（現行なれともそのままならず），1850・1月31日，プロイセンの憲法（殆んどそのまま）の如きは重なるものなり．メッテルニヒ没落せり．

（土）と露とは遅れて日露戦争の結果自由思想盛んとなり．1908に憲法を布けり53)．（土の憲法に就て（明治43年の1月2月）上杉教授）〔上杉慎吉「独逸ニ於ケル憲法ニ関スル近事」『国家学会雑誌』第24巻第1号第2号〕

第四節　議会構成の改革

　憲法の要求は民選議員[院]の要求ばかりでなくとも主としてこの要求現はれたり．しかし憲法制定の始めは民選院さへ設くればよし，その形を得るに急にして肝要なる問題を困却せる傾あり．肝要なる問題とはいかなる方法で民選議院を作るかにあり．民選議院の**構成** constraction〔construction〕の問題を困却せり．従て初代の議会はその構成の上から見ると概して**デモクラティック**にあらず．その結果として民選議院が出来りてより憲法を運用するにつき民本主義の貫徹せざることを気付き，そこで何れに欠点あるかを探求するに，ここに構成の方法の不可を気付けり．故に議会をおきしばかりではいか□[ぬ]，これを**デモクラティック**な**原則** democratic principle の上に作りかへざるべからずといふことに経験上気付けり．問題は選挙権拡張なり．その中に代表的且有力に唱へらるるは普通選挙論なり．**普通選挙** Allegemeine Wahlrecht,〔Allgemeines〕Universal suffrage, suffrag universal.〔Suffrage universel〕

　普通選挙権は始め単純に唱へられしが，これも進化の歴史あり．只拡張しても凡ての人に与へてもその選挙が直接ならざるべからず．間接なるべからず．凡ての人に equal（平等）ならざるべからず．秘密投票でなければならぬといふことで最近の普通選挙論は**普通選挙**に更に三条件を加へたるものとなれり．故にこれらの意味も含めて新なる語が出来たり．独，普通，直接，平等，秘密選

挙権 allgemeine, directe, gleichlishe und〔geheime〕Wahrheit, 仏, pur et suffrage universael pur et〔le suffrage universel pur et simple〕英語にはこれに当る語なし．俗語にかつてかかる字ありき．一人一票 one man, one vote. この字は平等の意ともなる．又同じ票にてもねうちが異る．この外に一票等価値 one vote one value なるものあり．されど正確にいひあらはす語なし．普にては間接 indirect の選挙なり．一般人民と代議士との間には選挙人あり．〔ベルギー〕白にては普通選挙なれとも教育財産ある者は2票又は3票を有す54)．平等の原則を破れり．英国では多くは選挙区で同じ人が選挙せらる．平等の原則を破れり．3, 選挙区の分配を改正せざるべからずといふ．多くの国では人口に応じて分配する．農業地は減小し，工業地は増加す．10年毎に人口を調査して選挙区を改正すること大抵法律に定めたり．この問題にては独逸最もやかまし．秘密〔secret〕sacred．選挙人の自由意思を拘束されてはいかぬから秘名投票となる．秘密を要求せるなり．

選挙権拡張の運動は今日欧各国に行はれたるる．その源は仏に発す．仏にて1848〔初〕始めて普通選挙を行ひてより欧各国にては普通選挙制か殆んど確定動かすへからざる原則となれり．

只英だけは一般の憲法発達しせる如く，選挙権問題も亦特別の発達をなせり．結果は大抵仏と同方向に向けり．されと英国の選挙権の拡張は仏の影響なくして特別の発達をなしたるなり．従て英の選挙権拡張は仏と離して別にする必要あり．英国の庶民院 House of Commons の議員総席 670, 定員最も多し．大部分民選なるが一部変りたるものあり．（大部民選にて一部はしからず.）670 の内，465 イングランド，20 ウェールズ，73 スコットランド，103 アイルランド（原則としては一選挙区より1人の割合にてほぼ普通選挙をなす），9 大学，昔の歴史的理由あり大学の内，オックスフォード，ケンブリッジ，ダブリン各大学より2名出す．Edinburgh（エデンバラ）セント・アンドリュースの大学，グラスゴーとアバディーン〔及びロンドン大学〕は〔各1名〕合計9名を出す．

（今日英国選挙法は尚多小〔少〕の制限あり.）（選挙区が）今日市部の外複雑なり．（故に一言にしていふ能はず）．カウンティ County は単純なり（カウンティとバラ borough）．人口5万以上のある都会は一選挙区となす．人口多くなるに従ひ選挙区をわける．これ原則なり．郡は人口1万5千位の都会に代議士あるあり．

(選挙権は市部軽く郡部軽[重]し). 年額 100 円上るの地面を占有すればよし. 独立の生活して家を有すればよし. **アパートの一室** apartment を借り, 家賃 100 円位なればよし. 故に大抵 (のことありて独立者ならざるもの又は一部の労働者の外は) 選挙権を有し, それまて行くには三度選挙法改正を行へり.

　第一回は 1832 の**第一次選挙法改正法** Reform Act, その次 1867 **第二次選挙法改正法** Representation of people Act, 第三回, 二度あれとも一回と見る. 前回, 名前は同じ. 後回**議席再分配法** [Redistribution of Seats Act] Representation of seats act なり.

　1832 の選挙法改正は英国の議院に革命的変化を与へたり. 15 世紀以来の選挙法によりしなれば, 不都合の所多くありしなり. 選挙区の分配不公平. 腐敗事実行はるるなり. 買収, 脅迫 (ピットの如きも[55])選挙法の改正を主張せり). 英国は南部が農業地か人口減小[少]し, 北部工業発展し人口増加せり. 南部には 10 カウンティ, 326 万— 253 人, 〔北部は〕6 カウンティ, 360 万— 68 人, 極端なる例. (代議士の割合). 19 世紀に至りて工業発達し人口増加し北部は繁華なる割合にして代議士を有せざるあり. バーミンガムの如し, 他の方にては人口なくして代議士を出せるあり. ガットンの如し. (かくの如き地にては貴族権利を有す).
腐敗選挙区 [rotten borough] Lotten Borrow, [pocket borough] Pocket Borrow. 票 vote の売買 (則ち票は一つの株の如く売買せられたりき) の他, **議席** seats の買売ありき. しかしこれを英国は善用して弊[弊]害なかりき. 選挙権拡張と選挙区の分配とが二者合して問題となれり.

　しかれとも 1832 の始めの選挙権の拡張は一挙に普遍的には行かざりき. 大体からいふと従来貴族富豪が株の如く有せし権利を社会の中流に渡せり. 即ちこの改正によりて中心か中流社会にうつれり. 田舎の小作人と (農業労働者) 都会の工業労働者が選挙権を貰はず. (これ将来拡張の要求となる.) 1867 の第二の**改革** Reform となる. (これはもっと国民全体に広くわかつといふ趣旨で)1835-55 まで続ける**チャーティスト運動** [Chartist] charchist Movement なり[56]). 1832 の**改革**に不平なる者が起したる**運動**なり. 1892[1832] は民衆の意思によれり. (故に民間に選挙権与へらるべしと思へり.) しかし実際改正されて見ると下級社会与へられて居らず. しかしその当時は自由党も保守党もこれで拡張は沢山なりと考へたり. この上必要なしと見たり. 労働者, 社会主義者が一揆騒動の如き考ありて起した**運動**を起せり. (何故にこれを**チャーティスト運動**といふか). 1835・5 月 11 日に自分

達の希望を示したる人民憲章 people's charter〔People's Charter〕を掲げて運動せり．（故にこれをいふ．）この憲章には，1，21才の男児は普く選挙権を与ふること．2，選挙区の分配を公平にすること．3，秘密投票にせよ（依然口頭なりき）．4，議会は毎年開会す．5，被選挙権の財産的資格を徹〔撤〕廃せよ．6，議員に歳費を与ふること．（与へざりしは労働者が出る能はざることとなる）(1912)に解決せり．4000円．

1856頃より緩和せるが，この15年間の熱心なる運動にて有力なる政治家で動かされたる者あり．ディズレーリが組〔与〕せり[57]．（彼はダービー内閣のとき尽力して第二回の拡張を成就せり）．これにより選挙権が2倍となり，殊に都会の労働者(ことに工業労働者は)恩沢に浴せり．（最後に残されし）鉱山 mining の労働者，農業労働者(小作人)は労働組合 trade union によりて運動せり．

故に第三回にこの解決(1867)をなせしはグラッドストンなり[58]．彼は始めディズレーリのやりし趣旨を(鉱山に及ぼさんとす〔ママ〕)を鉱山，農業労働 mining agriculture labour に及ぼさんとして行へり．1884の下院に通過し上院で否決す．両院の妥協を計りて乗じて通過せり．選挙区の分配をも改正するといふ条件の下に上院賛成せり．85に議席の配〔図〕分 distribution of seats も解決せり[59]．これが現行法律なり．

今日にてもこれに対し不平あり．その不平に四〔五〕種あり．1，もっと拡張すべし（未尚ほ多く制限されたり）．2，英の如き工業盛になれは人口の移動多く，選挙区の分配を公平にする．3，1人にて複選挙することを止めんと欲し．4，婦人参政権なく．5，比例選挙の制度を欲するあれど政治家の問題とならず．今日の趨勢は婦人参政権は社会の同情も失ひしも将来必ず重視さるべし．2は廃止され，1と2も相当の範囲の中に於て実現さるべし．1906にバルフォアの内閣のときに選挙法改正案提出せり．1912，自由党内閣選挙法改正をやらんとしてやりしが上院の反対を受けたり．新に大問題起り，この問題は後廻しとなれり．されど早晩選挙権は拡張され分配も改正さるべし．〔欄外　英国の沿革と拡張と．Ubert〔Sir Courtenay Ilbert〕Parliament〔Parliament: its history, constitution and practice〕, Paro〔Walter Parow〕Din Englische Verpassung Jeit 100 Yahr gegenwartige Krisis〔Die englische Verfassung seit 100 Jahren und die gegenwärtige Krisis〕, Masterman〔J. H. B. Masterman〕Parliament〔Parliament: its history and work〕〕

次に欧大陸に於ては前に述べし如く仏の影響を受けて選挙権の拡張を見たり. 仏に於て普通選挙の確立せしは 1848 なり. 尤も革命当時の始の憲法には選挙権は大いに拡張され, 中には普通選挙の主義を採用せるもあり. しかしこの時代の普通の選挙は天賦人権説なる空論に本けり. 社会の実際的要求に根拠したる論ならず. 一方には普通選挙又はこれに近き制度を置く, 他の一方には年齢の制限を多くし, 或は間接選挙の制度をとり, 却て主義の一貫せざることわかる. ナポレオンの時代になれば, 議会は殆んど実際の用をなさず. 次いで 1814 の欽定憲法になると始めて英流の議会を見るに至りたるが, その選挙権の制限の高きことは驚くべき程なりき. 従てこれを模倣して作れる欧諸国の選挙制度も亦極めて高き制限を認めたり. しかるにこの前に述べし理由にて 1848, 民主的勢力勝を占め王政を変じて共和政となし, 議会の構成につきても又全然普通選挙制を認むるに至れり. これより普通選挙の制度は段々欧諸国に蔓延するに至れり. 仏自身に於ても共和政幣れてナポレオン 3 世の帝政時代になりても普通選挙の制度解消されざりき. かくして今日の第三共和政の時代となれり.

欧の他の諸国に於ては 1907 **オーストリア**の普通選挙制をとれる, 1912 **イタリア**の普通選挙制を執れるを最後として殆んど凡ての国は普通選挙制をとることとなれり. 僅かに例外をなすものは英と和蘭と**ハンガリー**と露なり. ハンガリー, 英, 和の三国は遠からざる将来に於て普通選挙になるならんと想像せらる60). 〔欄外 仏国に於ける普通選挙制の確立. 昨年の 7 月の法学志林に〔吉野作造「仏国ニ於ケル普通選挙制ノ確立」『法学志林』第 17 巻第 7 号, 1915 年〕. **イタリア**につきては小野塚教授の論文あり. 〔小野塚喜平次「以国ニ於ケル普通選挙施行ノ顛末ト近時ノ政況」『法学協会雑誌』第 32 巻第 8 号, 1914 年〕. 昨年の国家学の□□. オーストリアの歴史は興味あるものなり〕.

普通選挙の主張の根拠たる理論は昔は天賦人権論に本く. しかし天賦人権論廃れて後にても普通選挙制の主張はやまずして他に根拠たる理論を求むるに至れり. 今日にては民本主義要求といふ立場より, 1 には国民一般をして選挙に参与せしむるといふ理由. 他の一理由は国民一般の代表者を挙げるといふ理由にてこの制度が主張さるるなり. 更に又これに加ふるに或は消極的には政界の腐敗も防ぐことを得るとか, 或は積極的に政権争奪の形式を公明ならしむるといふが如き実理的見地よりこの制を主張するもあり.

尤も普通選挙論には反対もあり．人は凡て当然に選挙権を有せざるべからざるの理なし，といふ理由にて反対するものあれとも，これは天賦人権論に本きたる昔の時代には適切なる批難なれとも今日にはもはや通用せず．
　次に普通選挙制の実行は人智の凡て開くるを待つを要すといふ議もあり．これに対しては相当の程度に達せば未だ充分の発達を見ざる内にても権利を与へたる方よし．憲利[権]を与へざれば開明に進むものにあらずといふ反駁の議論もあり．
　次に又人智には不同あり．凡て同一律に権利を与ふることが不当なるとの批難もあり．この議論は一応の理はあれとも，いかにして賢愚を分ちて権利の分配を整ふるかといふ実際問題に多少の困難あり．今日諸国の制度を通覧するに撰挙権を制限する標準は二種あり．一は納税若くは財産上の制限，一は教育上の制限なり．而してこの二者は共に国民中の賢愚の別と厳密に合せずといふ弊は各国の斉しく見る所なり．元来選挙権享有の条件として納税の資格を定めたといふことは，これによりて能力(国民参政の)も区別するといふ趣旨に出でたるにあらずして，実は議会の起源が租税を承諾し予算を討議するための機関なりきといふ沿革に本く．故に昔は納税者ならざれば議員となるの必要なかりき．而して今日は事情一変したり．もはやこの制度を維持する能はざるなり．今日尚この制限を維持するためには或は恒産なきものには恒心なしとか，又はこの制限なければ浮浪の徒も亦政権に与るといふ如き理由を挙げざるべからざるが，然し交通の開け教育の布及したる今日にありて財産の有無はもはや人民教養の有無を分つ主要なる標準にあらざるなり．浮浪の徒の政権に与るの恐は他の方法によりて容易にこれを防ぎ得る(住居の制限が各国の例なり)．
　次に教育上の制限につきては，これにも種々の種類ありて或はこれを絶対的の要件とするあり．即ち一定の教育を受けたるものの又は一定の教育を受けたるものにあらざれば，選挙権を与へずといふ制度なり．しかし学校の教育のみが今日の人類の教養の有無を分つの標準にあらず．従てこの制度は今日の時勢に適せずと称せらる．又教育年々普及したればこの制度も実際上あまり実用なし．次に教育上の制限を財産資格に代り得るものとする制度あり．即ち財産資格に欠くる所ありても，その内一定の教育を受けしものは特に選挙権を与へらるる制度なり．これは財産的制限の高き国にては極めて必要の制度なりとい

はれたり．現にハンガリーにて行はれたり[61]．或はこれを複数投票を与ふるの要件とする者あり．即ち一定の教育を受けしものは更に1票又は2票を与へらるるなり．ザクセン，ベルギーに行はる．これを要するに教育的制限は特に高き教育を受けたる者に特別の権利を余計に与ふるといふ方面には効用あれとも，教育のなき者を除外するといふ方面に於ては甚だ妙を発揮せざるなり．最後に民衆の力の強大となることを恐れて制限せんとする説あり．而してこの制限は勢力の中心民間に下れば常に禍をなすものなりとの先入権〔見〕が根拠となれり．これ採るに足らず．

　以上，選挙権の拡張と関連して撰挙の不公平なる分配に対する改革の要求あり．これも亦議会の構成を出来るだけ民本主義の要求に合せしめんとする要求発現なり．それの最も著しき例は普の選挙法改正の要求なり．普の選挙法の規則はほぼ普通撰挙に近けれとも平等，直接，秘密といふ三要件を欠〔き〕たり．今同国の憲法並に撰挙規則によれば同国の下院議員の数は443にして，それを選挙区 Wahlbezirk に分配せり．一つの選挙区を幾多の選挙人選出区 urwahlbezirk〔Urwahlbezirk〕に分つ．この選挙人選出区に於て人口250に付1人の割合にて選挙人 Wahlmann elector を出つなり．同一のこの選挙人 Wahlmänner が Abgeornete〔Abgeordnete〕代議士を撰挙す．しかも選挙人撰出の方法に付て所謂三階制度を執れり．即ち同一選挙人選出区内の撰挙権者の納税額を総計して，これを三分し最大額の納税者より数へて，その3分の1だけを収むるものを一級撰挙者とし，かくして漸次二級三級の撰挙者を作り，而して各級に於てその選挙人選出区よりえらむべき選挙人の3分の1を撰挙するなり．故に富豪のものは極めて少数なりとも多数の貧者と同数の代表者を出すことになる．これ即ち平等の要素を欠ぐ所以なり．故に1907の統計によれば2214の選挙人選出区に於ては一級撰挙者只1人，1703の区に於ては一級撰挙者2名なるあり．これを普全体に通じて見ると三級の撰挙者は国民中の87.5%の多数を占め，二級は9.5%．一級は3%にすぎざるなり．故に一級二級合して国民中の12.5%は87.5%よりも2倍の選挙人を撰挙することを得るといふことになる．従て普の議会は全然保守党の占むる所であり，労働者殆んど代議士を送る能はざるなり．1903の撰挙の結果によれば32.4万票を得たる保守党が143人の代議士を出すに反し，同じく31万4〔千〕を得たる社会民主党は一人の代表者をも出す能はざり

き．1908の撰挙に至りて全投票数の1/4を得たる社会民主党は始[初]めて443席中僅かに7席を占むることを得たり．これですら世間は予想外のこととして大いに驚嘆せり．かかる状況なれば普に於ては撰挙法を改正して普通平等直接秘密の原則を採用すべしといふ議論，最も激しく労働者の間より唱へられて居るなり．尚ほ序に普の撰挙法改正の要求は独り労働者のみならず，他の自由主義の諸政派よりも唱へられたり．否独り普の政会よりのみならず独全体の政会[界]よりも要求されて居る．現にしばしば帝国議会の問題に上りしこともあり．この問題は普の内政上のことに属し本より帝国の干渉を容るるべき問題にあらず．況んや他国より改正の要求をするといふ如きはあり得ざる道理なり．しかもこれが普以外の人より唱へらるるといふは，これ即ち独帝国の政治組織の特異なるに原因するものなり．

　選挙権分配の不公平の問題として 白[ベルギー]，英の**複数投票制** plural system の問題あり．更にこれとやや趣を異にするものは独逸帝国議会の選挙区分配の改正の要求あり．(穂積論文，独逸憲法の)．独逸憲法には帝国議会の構成に関し選挙法の定むる所による云々とあり．しかるに**選挙法** Wahlgesetz を見るに平均10万人の人口に付1人の議員の割合あるとかけり．更に人口の増加に伴ふ議員定数の増加は法律を以てこれを定むと規定せり．現行の撰挙法は1867の人口調査をき[基礎]そとし，その当時の人口が3970万なりしなれば，議員の定数397人とあり．選挙区の分配も亦当時の人口状態に本きしこと又いふを俟たず．

　しかるにその後人口大いに増し，人口分布状態も大いなる変動なり．而して政府はこれに伴ふ所の改正を加へずして，議員定数を増加せざるは勿論，選挙区の分配にも更に手をつけざるなり．最近の調査によれば(1912)人口の数は今日増して6500万に達し，しかもその増殖の割合は田舎に少く都会に多し．故に仮に選挙区の分配を改正すれば議員の定数を今日のままにして居ても田舎の保守的分子減じて都会の急進的分子増加する道理なり．況んや人口に応じて議員の定数を増加すれば，新に増加せられたる議員は主として都会の急進的分子の代表者たることは疑を容れず．都会人口の全体の人口に対する割合は1867の当時には15.6%なりしに現今にては22%に達して居るなり．故に若しこの割合に本きて議員数の分配をなせば，優に86人の代表者を出すべきの理屈になれるに，実際は1867の人口状態に本きたれば，僅かに62しか出でず．ベル

リンの如き今日人口200万と称し或は郊外を加へて300万を超ゆと．しかも議員の数僅かに6人なり．これ独逸の保守党をして余計に不当の代表者を有するを得しめ，社会党其他の自由派をして不当に少き代表者を有せしむる所以なり．これ独逸帝国議会に於て年々選挙法改正の要求ある所以なり．

第五節　民選議員〔院〕の政治的優越

　一方政府に対し要求す．責任内閣の形を取る．今日尚解決つかざるは独だけなり．独にて議会で責任を有するもの**帝国宰相** Reichskanzler のみなり．これでは不便なれば Staatssecretar〔Staatssekretär〕が政府委員の如くなりて議会に行くだけなり．第二，貴族院に対する問題．衆議員〔院〕との争はいかにするか．多くの国にては衆議院の勝利に帰すといふ趨勢なり．英の**議会法** Parliament Act に於て予算につきては貴族院は衆議院に服すべしといふ．三度〔3会期〕同じ法案通過すれば貴族院にかまわず発布を裁可するを得[62]．この式によりて有力なる説の起れるは**アメリカ**なり．他の一形式は濠州なり．濠洲に於ては衝突の時上下両院一度解散し，両院一所に会し全体一纏となりて決定するなり．理論上この方簡便にて行はれさうなり．しかし濠州はこれを実行したることなし．

第二章　社会主義

第一節　社会問題

　政治上に於ける民衆開放〔解〕運動は近世立憲政治といふものを生み出せし如くに，経済上に於ける同じ如き解放運動は労働運動といふ形を取りて現代に現はれて来れり．就中最も特色あるものを労働運動の一種たる社会主義の運動なり．労働運動就中社会主義運動の根本の思想は，経済上に於ける平等を主張し優劣の階級的差別を徹廃〔撤〕せんことを要求するにあり．他の方面より見れば優等階級の束縛より劣等階級を解放せんとするにあり．そこでこの種の思想並に運動といふ者は経済上に於ける優劣の階級的対立といふことを前提とす．即ち近世の経済社会に於ては富者の階級と貧者の階級と画然として相対立せり．その中にこ

ゆべからざる障壁厳存せることより理論上の説明を進めて居るなり．階級の厳然たる対立といふ点肝要なり．只貧富の二階級あるといふだけの意味にあらず．経済上に貧富の二団あるといふだけのことは，これは何も近世に始りしことにあらず．昔よりあることなり．けれとも昔の貧富の団体は厳格なる意味に於ての階級にあらず．只富者にても懶けて金を失へば貧者の列に下らざるを得ず．又貧者にても勤倹金を積めば富者の列に入ること困難ならず．従て所謂貧富の階級間には社会的にこゆべからざる障壁あるといふにあらず．しかるに今日はこれと全く趣を異にせりと社会主義者等は主張す．富者益々富み貧者益々貧，富者その富を利用して或は貧者を虐け又は国法の過分なる〔保護〕ほごを受け只拱手して巨富を擁するを得，反之貧者は富者の圧迫によりていかに勤倹にしても余財を蓄へて富者の列に入る能はずと主張するなり．即ち彼等は厳格なる意義に於て彼とこれとの間にこゆべからざる所の階級的対立ありと主張せり．この説の社会現実の事実に合せりや否や措く別問題として，兎に角社会主義者の理論上の説明この点より発出す．

　しからば近代に至りてかくの如く階級的対立を見るに至りし所以は何処にあるや．これに答へて曰く，彼等「近世の産業組織の急変の結果なり」と．即ち近代の産業組織は19世紀の始頃より機械力の応用の発明就中交通機関の発達のために，一方には市場の拡張を来し他方にはこれに伴ひて大量生産といふ風潮を来せり．このこと亦自ら各種の産業の競争を提起し，競争は自ら生産費の節約を来らしめ，その結果益々大仕事掛に仕事を経営せざるへからざらしむるに至れり．故に時として生産過剰従て恐慌といふ現象を生ずるに至らしめたり．要するに従来は小規模の産業方法なりしが廃れて工場の大量生産となりしこと，近代経済の一大特色なり．この大量的産業の組織といふ物はいふまでもなく自ら工場労働といふことを流行せしむる．工場労働行はるれば，ここに従来の産業関係者は自ら一方には資本家企業家，他方には労働者といふ二階級を発生せしむる．かくの如くにして経済上に於て二ヶの階級の対立するといふ端緒開かれたり．

　しからばここに問題起る．かく端緒を開かれし二階級の分立は，何故に漸次彼とこれと相こゆること能はざるものとなれるか．その原因を探するにこれも亦工場労働組織の結果なりといふなり．今その次第を社会主義の一派の人の言

に従ひて述ぶるや，労働者はこの新なる経済状態の下に於てはもはや労働を以て生活の唯一の資本(元手)とす．それだけ彼の生活は工場又雇主に**依存** depend す．且つ産業の発達は労働の分業を来し，労働者は精密なる部分的の労働に従事して，ために彼が工場に**依存**する従属的関係は一層深くなる．爰に於て労働者は**労働** labour は，工場との関係に於て一種の貨物又は商品として取扱はるるに至る．凡そ商品には(commodity)には**内在的価値** intrincic value〔intrinsic〕，**交換価値** exchange value とあり．労働も亦労働其物の**内在的価値**の外に**交換価値**即ち労働の相場あり．換言すれは労働者の得る所の賃金は労働の**内在的価値**によりて定らずして雇主との取引関係による所謂**交換価値**によりて決る．しかるに雇主と労働者との取引関係は雇主の方には余裕あり．労働者の方には労働が即ち生活の唯一の手段なれば一刻も余裕なし．爰に於て労働の**交換価値**といふものは**最低限** möglichst minimum まで下る傾向あり．しからばその最低の限度は何を意味するや．労働者の最低減〔限〕の生活費なり(それ以下に降るは議論せり〔あ〕〔下〕)．かくして労働者はいかに勤逸〔勉〕にしても永久にその地位を増進する機会なし．彼は辛じて自分一人の生活を維持し得るのみ．不時の災厄又は苦役のために用意するといふことは不可能なり．況んや妻子を養ふ余裕は全然なし．従て労働者階級に於ては婦人幼児までも労働に従事すべく余儀なくされて居る．これ労働者の境遇に惨憺〔は〕たる状態にあると主張する所以なり．

　労働者の境遇果して社会主義者の論ずるが如きものなるか否かは措く別問題として，要するに大体に於て労働階級の大部分の者が経済上最も劣悪なる地位に居るといふことは近世文明諸国の通弊として認められて居る所なり．而して労働者階級をして永くかくの如き境遇に沈倫〔淪〕せしめて置くといふことは，独り人道的見地より見て一個の大問題たるを失はざるのみならず，社会の健全なる発達殊に国民道徳国民の健康等の着眼点よりしても軽々にこれを看過する能はざる問題なり．

　爰に於てこれらの現象に対していかなる態度を執るべきかといふ如き問題起る．これを我々は広義に於ける社会問題或は労働問題といふ．社会問題の存在並にこれを解釈するの必要なることは今日何人もこれを認めたり．そのことに異論なし．只その解決の方案に至りては人によりて各々見る所を異にせり．而して従来唱へられし色々の案を大別するに二種あり．一を社会政策的解決とい

ひ, 他の一を社会主義的解決と名〔付〕けんとす. 社会政策的解決とは現今の産業組織又は社会組織を打破せず, そのままに維持して弊害の妨止並に救済を購(講)ぜんとする所の諸案の総称なり. 又社会主義的解決は弊害発生の原因を現今の産業組織又は社会組織にありとなし, これに革命的変更を加へて以て根本的解決を得べしとする根拠に立つ諸案の総称なり. 所謂社会主義は社会問題解決の一つの案として主張せられ, 且これによりて労働者の蒙る不当の圧迫を取除くる. 尤労働者の権利に属し又正義の観念に合するといふことを**強調 emphasize**するのを特色とせり.

第二節　社会政策

現在は社会制度はそのままとし只弊害の救済と防止とやる. これに種々の案あり. これを大別すれは官営と私営とあり. 政府でやるものと民間でやるものとあり. 政府にやるもので最も耳目に新しきは工場法の規定, 独英等に行はるる労働保険等なり. 労働保険は政府と雇主と労働者が三者合して賭金をなすが特色なり. これに次きて発達せるものは職業紹介所(市立の等), 公の質屋, 法律にて取締れる金貸業, **葬儀互助会** Sterbkasse〔Sterbekasse〕(文教育を国民に強制する以上は月謝を取るべからず. 学用品も政府から出さざるべからず. 理想としては生徒に着物, 小使幾分か与へざるべからずと. 食物も与へざるへからず. 完全には行かざれともこの傾向はあり. 英には行はる) 又これは議論に止るも裁判の費用を公でする. 裁判は権利を蹂躙されしものに救路を与ふるなり. 労働者に多し. されば裁判に費用かかる. 故に泣寝入りとなる. 故に裁判を無償としてせんとするなり. 又農業を公で国家より給付するといふ論あり. これら社会政策は日進月歩の勢にて発達せり. 私営のものにも, 詳細に分くれは二種あり. 第1は企業家其他の慈善的の設備なり. 日本にある済生会の如し. 又企業家のせることは私益分配なり. 第2は労働者の自助的設備. これは即ち労働者の組合あり. 英最も発達し〔ベルギー〕白　独これに次ぐ.

第三節　社会主義

第1　名称の由来

　社会主義とはいふまでもなく Socialism といふ語の翻訳なり．而してこの語の起りしは 1835 のロバート・オーウェンの運動に由来す．彼はいふまでもなく今日我々のいふ社会問題の熱心なる研究者にして且又その研究の結果の忠実なる実行者なりき．彼が私財を投じてこの問題の解決に尽力したることは歴史にも残れり．而して更にこの問題を研究せんがために，〔18〕35 同志の友と共に一つの研究会を作れり**万国全階級協会** association of all the nations and of all the races. 〔Association of all Classes of all Nations〕この会は単純なる社会問題の研究会なりしが，当時英国に於ては 1832 の選挙法改正に不満なる連中の暴動頻繁として起り，殊に当時永く政府及社会を苦しめたる**チャーティスト運動**もこれと前後して起りたるなり．従て政府の警察的取締も極めて厳粛にして事の実際に危険なると否とを区別せずして官憲の忌避にふるるもの多かりき．それだけ当時秘密結社若くは隠密の集会行はるる風潮ありき．ロバート・オーウェンがこの会合を催したるときに，自分の企は何等政治上の目的あるにあらずといふことを特に説明して官憲警察の無用の取締を免れんとして，我々の企は**政治的** political にあらずして**社会的** social なること**強調**せり．社会的なることを力説したれば遂に世間ではこの連中を冷笑的に綽名して彼等は**社会主義者** socialists となせり．故に**社会主義者，社会主義**の語源はロバート・オーウェンの団体に与へられたる冷笑的綽名に本くなり．従て始めはある一定の主義を標表すべき特別の special **用語** term となりしにはあらず．

　而してこの語をかかる特別の**用語**とし，自らこれを用ひ且世間をしてかく用ゆるに至らしめしは，〔1840〕に出版になりしレーボーの『**現代改革者の研究**』Reformateur modern〔Études sur les réformateurs contemporains ou socialistes modernes〕といふ本なり．レーボーの考ではロバート・オーウェンなどの提供する問題は単純なる貧民問題にあらず．近世の産業組織に本き所謂労働者が適当なる分配を受けておらずといふ原因に本く所の問題なり．従てこれが解決といふものは単純なる慈善問題にあらず．労働者が適当なる分配に与りて居らず，即ち不当に少き分配を受けておるといふ原因に溯りて解決の見出さざるべから

ずといふ論拠にロバートが立てることをレーボーは認めたり．そのためには資本家と労働者と相対持して工場労働力をなせる現在の経済組織に病あるにより，労働者が自分の計算にて自分自己で主となりて工場を経営するか，或は少くとも労働者に正当なる分配を保障すべき工場組織を作ること必要なり．これ即ちロバート・オーウェンの夙に唱ふる所又彼自ら実行したる所なり．而るにこれと同し思想といふ者は夙に仏にあり．革命当時のバブーフとるの説は本より，フーリエの説にしてもサンシモンの説にしても，その論拠に於ても解決の方法に於てもロバート・オーウェンと将に符節を合するものあり．そこでレーボーは所謂近代の社会改革家といふ者には期せずして共通の点あることを見てこれらの人々の伝記をかかげたる本を作りこの共通の学説に附するに，英で通俗に行はれたる社会主義なる語を以てしたるなり．これより社会主義の語が一つの学術上の用語となれるなり．しかしこの当時の社会主義は今述べし如き系統の説の総称にして，未だ今日我々が社会主義の根本観念と見る如き私有財産制度の廃止即ち現在の社会組織に革命的の変更を加ふるといふ如き深刻なる議論まで進まざりき．

　而してロバート・オーウェン其他この派の説の如きは極めて姑息浅薄なるものにして，私有財産制の廃止まで行かざれば根本的の解決を見るものにあらず，といふ説はカール・マルクスに至りて大成せり．マルクス自身は自分の説を最も明白に主張するために，たとへ自分の説に類して居るものでも未だ姑息なるも徹底せざるものには極力反対せり．故にレーボーの所謂社会主義には極力反対せり．故に社会主義の理論を大成し社会主義中興の祖と称へられたるマルクス自身の本を見ると所謂社会主義は排斥せり．彼は自らの説を所謂この当時，区別せんがために自分の説には共産主義 Communism の名称を与へたり．現に彼が1847に発表したる所の宣言書にも万国労働者への『共産主義者宣言』Kommunistische manifest an die Protet(プロレタリア)—und alle länder.
〔Proletarier aller Länder〕

　故に措くマルクスの用例に従ふと，ここに社会主義と共産主義の対立を見るなるが，両者共に現代経済組織に於て，その分配の不公平なる，不当なる分配に対して労働者に請求の権利あるといふ論拠に立ちて，社会問題の解決は只資本家等に向て同情を求むる問題にあらず，労働者が権利として主張し得る問題なりといふ点に於て一致せり．従てこの二主義は，さほど遠距離にあるものに

あらず．のみならず歴史的にこれを見るやマルクスの説も実は仏の学説に淵源せるなり．只彼は始めは単純なる政治的自由の主張者なりき．新聞記者として普政府の忌憚にふれ逃げてパリに在る間プルードン Proudhon の著書をよみて始〔初〕めて所謂社会主義者となれるなり．而して彼の天才は独の学説をここに交へて遂に所謂社会主義(マルクスよりいへは共産主義)の学説を大成せり．故に**社会主義**か**共産主義**の名称何れを取るも，この二者は別々に以て唱ふべきにあらず．而して世間にては**マルクス**の意に反してこれらの□思想を包括するに**社会主義**の名を以てすることになれり．

第二　学説の発達

分配の不公平を労働者か意識して唱ふるに至りしは 19 世紀以来のことなり．凡て種々の説は意識して唱ふること必要なり．しからざれは社会の一勢力とならず．故に人はプラトンやアリストテレスさてはトマス・モアの『ユートピア』Utopia を引証し社会主義の淵源となすも不可なり．只仏の社会主義学説がユートピア utopia の形式によりて述べられたることあり．カベの如し[63]．彼はこれをアメリカにて実行せり．国民の上の意識が建設せられたる始めは仏なり．されと仏に発達したる最初の考は**科学的** scientific ならず．これに**科学的**の根拠を与へたるは**マルクス**なり．その以前の社会〔主〕義は**ドグマ** dokuma〔dogma〕なる宗教的信仰に本けり．即ち他の言を以てせば近代の産業組織に本き社会主義は事実吾人の目前に現はれたり．その目前の事実と仏流の**ドグマ**を結付けたり．この**ドグマ**は天賦人権論なり．国王と雖も犯すへからざる自由権利なりといふなり．いかにこの**ドグマ**と目前の事実は結付きしか．天賦の権利中生存権は最も大なり．この権利は何者へ対しても主張し得る．国家はこれを保障せざるへからず．これよりして国家は凡ての人間の生存を保証せざるへからず．即ち怠けても生存を保障せざるへからずといふことになる．これより転じて労働権，働きて自分の腕で飯を食ふ権利あり．国家は労働権を保障せざるへからず．即ち生存其事は保障することなきも人民の労働あれは仕事を与へざるへからず．故に現在適当の報酬を見付ける労働を見付けることは困難なり．中には働〔き〕せたい意思ありても仕事を見付〔か〕らざる場合もあり．これらの場合に対し国家は適当なる労働を労働者に供給する義務あり．この議は□□□して国家は公費を以

て国立の工場を立てて労働者の請求に応していくらでも仕事を与へてやること にならざるへからず．かくして仏のこの当時の社会主義には**社会的作業場** ateliers sociaux といふ説，仏の社会主義の特色をなせり．19 世紀前般の仏の 社会主義者多くは公費を以て国立工場を立てることを主張せしのみならず，慈 善家も自ら私財を投じて公共のために大工場を立てて以て国家の力の及ばざる 所を補助せよと説けり．第二は自らこの事業の経営に当らんとせしもあり．フ ーリエの如きは熱心なる一人あり．実行不可能なるがこれが過激となりて 19 世紀に至り**ルイ・ブラン**も学説としても政治家としても有名なり．1840 頃仏で 社会主義の隆盛なりしが，この気運に乗じて彼は起れり．かく気運を起したる は**サンシモン**の御蔭なり．されと**サンシモン**は自分の考は宗教と考へ経済上社 会改良の応用には考を及ぼさざりき．**新キリスト教** new Christianity といふ名 称を与へたり．自分の団体を**使徒たちの聖コレージュ** college Sacre depotre 〔Collège sacre des Apôtres〕とし弟子を使徒となせり．1840 頃より気運高ま りしが，労働者を駆駆して政界へ飛躍せしは**ルイ・ブラン**なり．1848 の革命は 労働者の力なり．これによりて出来し第二共和国には労働者重んぜられ，彼も 共和政府の大臣となり，第一に公費を以て工場を立て労働者に職を与ふべしと いへり．他の大臣は応ぜざりしが**ルイ・ブラン**を失ふことは労働者の後援を失 ふ恐あるを此に余儀なく工場をして 1 日に法にて召集せる 600 人集りしが，不 経済にして国費を消耗せり．**ナポレオン**は**ルイ・ブラン**と労働者の間を離間し て**ルイ・ブラン**は逃去り，工場は一先つ閉鎖せり．普仏戦争後仏に帰る．

　この頃より社会主義学説発達し来り，前後に**プルードン**現はれたり．彼の書 「私有財産とは何ぞや」あり．資本家と労働者は相対し労働者が適当の分配を 受けざるを説き，社会制度の不充分を論ず．之れ資本家か余計に取れり．この 資本家を攻撃せり．学問上より私有財産資本家は社会組織の欠陥に乗じ労働者 の利益を不当に取る，故に資本家は盗人なりといひて資本家を攻撃せり．資本 家をほごせる国家を罵倒し，遂には無政府主義的になれり．果して徹底的にか くなりしや否やしらざれども**実践的のアナーキズム**は**プルードン**に発せり．

　彼の考を**マルクス**が見てここに重大なる意味ありとして従来の**政治的自由**と して唱へし説を一変してあの社会問題を解決せざれば**政治的自由**は空なりとせ り．独には恰も**プルードン**と似て**ロートベルトゥス**ありて既に彼は学問上より

も (実際的にも万国の連絡に勉めしが〔努〕) 論拠を作り, 従来の経済学に対する批評をかけり. 後にこの本を敷衍して『資本論』Das Kapital を書けり. フリードリッヒ・エンゲルスは彼の親友にしてその稿を助けたり. マルクス死して今日に至るまで社会主義の間には種々の説あり. 種々新旧あり. 兎に角マルクスは大発展をなし統一したれは今日の説はマルクスを覆へる説なし. マルクスの説を以て社会主義学説の**正統** orthodox とす.

(第3) 正統社会主義の理論

前述の如くに所謂社会主義と広く唱へらるる所の学説は19世紀の始, 仏に発達したるものよりして, 今日に至るまで種々の変遷を経たるなり. しかしその学説が**カール・マルクス**によりてその発達の頂点に達したといふことも亦認められて居ることなり. 故に社会主義の理論は**マルクス**によりて学問上の根拠を与へられたといはれたり. 故に今日所謂正統社会主義を唱ふる者は常にマルクスの説明にその根抵〔柢〕をおけるなり.

マルクス説は社会問題発生の原因を**資本主義** capitalism に帰することより議論を発せり. 凡そ人類の経済的活動の目的は価値の生産にあり. 価値を作るには労働と資本(広義**生産手段** means of production)との合同を要す. しかし新しき価値の源泉は常に労働にして資本は価値発生の条件なり. 而るに現今の社会では生産の条件にすぎざる資本を過重し, これを私有するの制度を立て, 所謂私有財産権といふ者を法律を以て保護しておるから, 労働と資本とは独手に提携すること能はず. 資本と労働との自然の提携を妨ぐることが即ち社会問題発生の根本原因なり. この論点より私有財産制度或は資本私有制度廃止要求現はれて来るなり. 但し現在の経済社会の根抵〔柢〕をなす所の資本の私有制度を廃して, その後をいかに建設するかといふ問題につきては, 社会主義者の説本より一ならず. 現在の制度を破壊さへすれば後はいかやうにもなるといふ楽天的立場を取るものは無政府主義又は虚無党に多し. しからざるもこの新社会建設の問題は社会主義一派の学説の最大の弱点にして, 従てこの方面に就ては未だ学説のほぼ一に帰したるを認むる能はず. 要するにこの建設の問題はこれを暫く措き, 私有財産制度の廃止といふことを中心として現社会の革命を叫ぶ所の各種の説を総称して, 吾々はこれを社会主義といふ.

〔欄外　独学説に二方向 twei Richungen〔zwei Richtungen〕あり．正統─マルクスに．**修正主義** Revisionismus─ベルンシュタインの説を奉ず．マルクス説に修正を試み大成せんとす．実際運動にも二方向あり．ベルンシュタイン派は独の南方に多し─学説に於て**マルクスに修正を加へ**しのみならず実行にても修正を加へ，しかも著しく他の政党とも妥協して本来の目的を達するに便利なる方法を取らんとする態度に出づ．マルクス派は独の北方普に多し─過激にして他の政治団体と提携せず．絶対的孤立主義．自然に朽果つべき運命を有せる資本私有制度ももはや待ちておれず．これを打破せさるへからず．資本家は近世始 19 世紀は相当の使命を有せるが今は朽つべきものなり．使命は既に終れり．〕

　この点よりしてこれらの派の説には少くとも次の二つの共通の点を有す．
　(1) **階級戦争** Klassen Kampf〔Klassenkampf〕なり．私有資本制度の廃止を要求する点に於て資本家の反感を買ふのみならず，又資本私有制度の結果として資本家は不当に余計の分配に与りておるといふ立場よりして資本家を呪ひ，又その所謂正当なる権利の回復のために資本家に対〔し〕て挑戦的の態度を執るから，ここに自ら階級戦争といふ言葉を発生せさるを得さるなり．

　(2) **反政府主義**なり．政府は概して現在の秩序の維持を以てその任務とす．現在の秩序の正義現に合するや否やは政府は敢て論ずる所にあらず．従て社会主義の如き現在の秩序を顛覆せんことを目的とするものは，ややもすれば政府の厳重なる取締を受くるといふは已むを得さるなり．加之政府はつねに主として資本家の利害を眼中におき勝なるものなれば，社会主義の主張並にその運動は政府と衝突すること珍しからず．而して政府は国家の名に於て百般の施政に当るものなるが故に，この反政府主義はややもすれば非国家主義なる如き外観を採る．しかし社会主義はその本来の性質に於て必しも国家主義に反対するにあらず．只社会主義より出で更に極端に走りたる**アナーキズム及びサンディカリズム**は非国家主義を標榜す．

〔欄外　△資本家は元来取込なしとするものと，相当取込あるも現在は不当なりとするものあり．マルクスは資本は元来共有なり，資本の私有を法律で許したるにより，先天的に私有あるべき筈にあらず．○正統の語用ひらるるは，独の**修正主義**に対し特に用ひらるるに至れり．〕

〔欄外　宮崎博士論文集　独社会民主党の穏和化的傾向〔小野塚喜平次「独乙社会

党ノ穏和化的傾向」，中田薫編『宮崎教授在職廿五年記念論文集』有斐閣，1914 年所収）］．

四　社会主義の運動

　社会主義者がその目的を達するために採る所の運動の種類はこれを大別すると差当りの運動と根本的の運動との二種あり．前者に属するものの内著しきは労働組合の組織並に労働者の企業自営．

　労働者が資本家に対抗してその自ら正当と認むる権利を主張するに当りて常に弱者の地位に立てり．若しここに資本家に対して充分にその権利を主張し得る方法ありとせば，そは労働者多数団決してその結束したる力を以てこれに当[結]るの外に道なし．これ労働組合の設ある所以なり．而して組合組織のいかに労働者の権利を伸張するに功能ありしやといふは英国に発達したる**労働組合**の歴史これを証明せり．尤も**労働組合**はその起源頗る古し．もとより社会主義者がその目的を達する方法として創設したるものにあらず．偶々古き歴史を有する英国の**労働組合**が 19 世紀に至り労働者の権利の論が各国にやかましくなりたるときにこの**労働組合**の制最もよく労働者権利伸張の具として効用を発揮したり．爾来社会主義者は労働者の結束団結を以てその目的を達する最も有効なる方法の一と認むるに至りしなり．現に英国に於ても社会主義者の勧説に本きて新しく出来し**労働組合**の数も少からず．大陸諸国の労働組合は凡て皆社会主義と関係あるといふわけにあらざれとも，その起りは主として英国の例を引いてその必要を唱へし社会主義者の説に本けるなり．

　若しそれ企業自営の方法に至りては，労働者自ら資本家の地位に立ち資本家[壟]によりて壟断せらるべかりし利益の全部を挙げてこれを労働者の掌中に帰せんとする方法にして，労働の効果を全然労働者に帰せしむるための理想的の方法なり．只これは堅実なる労働組合の成立と労働者自身の組織的経営の能力並に徳義とを前提とするものなるが故に，これが実行には多大の困難あることを覚悟せざるへからず．故にこの方法で比較的成功を収めておるは白耳義の労働組[ベルギー]合のみなり．〔欄外　英国には社会主義専問の政党は発達せず．**労働組合**発達[門]しこれにより労働者の意見は貫徹される．されど**労働組合**は歴史を有す．他国はこれを模倣しても不能なり．英国の**労働党** Labour Party は**社会主義**との縁

稀薄なり．自由党との関係接近す．社会主義的の労働運動は白〔ベルギー〕に於て最も成功せり．〕

第二の根本的の方法として今日まで計画されておるは社会主義者の国際的行動と各国に於ける政党組織なり．

労働者の国際的連結を始〔初〕めて唱へしは**カール・マルクス**なり．彼は労働者の多数団結の効力を強〔極〕端に認め，職業的団結，地方的団結乃至国家的団結を以て満足せず，更に進んで世界中の労働者を一団に集めんと考へたるなり．1847に発表されたる共産的〔党〕宣言は万国の労働者一致団結するにあらずんば労働者の目的は達する能はずと切言したるなり．翌48の革命的動乱に座し彼は英に逃れ，この万国的結合の事業は挫折せり．しかし英京ロンドンに於て開かれたる万国博覧会は偶々彼に世界各国の社会主義者と懇談を交ゆるの**機会**を与へ，1864年9月28日**国際労働者協会(第一インターナショナル)** International Workingmens〔Workingmen's〕 Association の設立を見るに至れり．66には第一回の万国大会をスイスのジュネーヴに開けり．このときの決議に本きて各国にその支部の設立を促せり．これ一面に於て各国に於ける社会党発生の原因をなして居る．この万国同盟は1872を以て内訌のために消滅せり．1889パリに於て革命100年紀年〔記念〕祭を開けるときに又復活して，あまり有力ならされとも今日に至れり．

政党組織によりて社会主義の目的を達せんとするは独の**フェルディナント・ラサール**(1825-64)なり．この人も**マルクス**と同く社会問題に関し著作あり．しかしながら彼の説には別に独創の見るなし．多くは従来の説の祖述にすぎず．故に英の経済学者の**リカード**の賃金の法則をそのまま踏襲して労働者の取得は**最低生活費** Existenzminimum 以上に上るものにあらず，即ち Durchschnitt 平均の賃金といふものはその社会に於て通常自ら生存して且つ種族の保存に必要なる**必要生活費** notwendige lebein untechalt〔Lebensunterhalt〕 まで下るものなりと説き，又この法則の行はれて居る間労働者地位の改善せらるるといふ望なし．故に賃金の制度をやめるにあらずんば労働者の前途に光明なし．しからばいかにして賃金の制度をやめるかといふに，労働者自ら企業家の地位に立たさるへからずと説き，更に進みて労働者には不幸にして今日の如く生産的事業が大規模に行はるる時代に於ては到底自ら企業家の地位に立つだけの力なし．かくても尚ほ労働者をして企業家の地位に立たしむること絶対的に必要ならば，国家をして労働者の

有せざるものを補給するより外仕方なしといふことを説きて, 仏に行はれたる説を祖述せり. しかるに国家をしてかかる新しき道を開かしむるにつきては国家の立法権を握れる議会を動かすこと必要なり. それには労働者がその勢力を議会に入れさるへからず. しかるに幸ひ議会は民選の議員を以て組織されて居る. 而して人民の大多数は皆労働者なり. 今日は不幸にして選挙権制限せられて居ることと労働者自ら自覚せさる結果として議会は専ら労働者の禁を以て組織さる. もし労働者自覚して奮起し他の方に於て普通選挙の制を布くならば議会は忽ち労働者の代表者を以て充満するにならさるを得ず. かくすれは労働者に取り最も緊急の問題は極めて穏当なる, また**合法的** legitimate の手段によりて(マルクスの)如くならずその目的を達するを得べし. この点ラサールの独特の意見なり. 而して一方には普通選挙を旗章とし一方には選挙に労働者結束の力を以て争ふこととなれば, 自らここに労働党といふ一種の政党の発生を見さるへからず. ラサールはこの説を掲げで労働者の奮起を促すため東奔西走せり. これ社会主義の運動が政党の形を採るに至りし原因なり.

(第五) 社会党の発生並にその要求

フェルディナント・ラサールが労働者の政治的結束の主義を掲げて東奔西走せしこと前述の如し. かくして彼は労働者の間に名を知られ, これと同時に各地て労働者で労働組合を作るといふも輩出するに至れり. しかしそれらはまだ独の社会党の卵子とはならず. 独に於ける社会主義の政党の直接の種子となりしは 1863 の 5 月 23 日に独のライプツィヒに発生せし**全ドイツ労働者協会**
〔Allgemeine Deutsche Arbeiterverein〕
allegemeine deutsche arbeiteverein なり. この頃英の政治思想の流を汲みし**進歩党** 〔Fortschrittspartei〕 Vorschnitts Partei は各地に於て労働者の団結を骨折りてやれり. ライプツィヒの労働者も一つの団結を作るといふので 1867 の春労働者大会を開くことになれり. 大会の**綱領** Program も進歩党で細目を世話したるが大会の準備委員はこれに満足せず, 別に改めてラサールに乞ふて大会の決議事項の起草を委託せり. かかる風にラサールがライプツィヒの労働者から着眼せられし所以は彼の経歴上もあれとも, 主としては前年の 4 月 12 日にベルリンの労働者会でやりし大演説に本くなり. これが内容に於ても演説の形式に於てもラサールの空前絶後の傑作なり. 独りその演説を直接聞きしものを動かせしのみならず,

後に説明の筆記が『労働者綱領』Arbeiter Programm といふ名で出版せられ，更に全国の労働者を感動せり（マルクスの宣言と共に社会主義運動と共にエポックepoch をなすものなり）．ラサールがライプツィヒの労働大会より委託を受けて起草せしものは公開答状 offene Antworts schreiben〔Offenen Antwortschreiben〕といふ題目の下に3月1日に発表せられ，その内に労働者は政治的目的のために運動すべきを痛説せり．その結果として5月23日に前に掲げし全ドイツ労働者協会出来，ラサールは議長 President に挙げられたり．これを政治的労働団結の嚆矢とす．

　この団結は最初の社会主義政党なれとも，独の今日の社会党はこの政党より直接の系統を引けるものにあらず．今日の独の社会党の成立を知るには同じく1863 マックス・ヒルシュ，アウグスト・ベーベル（1913年8月に死す）の力で出来し所のドイツ労働者協会連盟 Verbaud deutcher Arbeiter Vereine〔Vereinstag Deutscher Arbeitervereine〕といふ者を知らさるへからず．これより先，一方にはラサールの影響として他の一方にては独の進歩党の尽力の結果として到る所労働者の組合出来たり．それを二人の力で稍々大なるものに纏めたり．始めは純然たる経済的結合なり．

　しかるにここに途中より新聞記者有名なるヴィルヘルム・リープクネヒトが入りて，この人盛んにマルクス流の社会主義の思想を吹込めり．そこでラサールはどこまでも議会を占領するといふので合法的手段で行かんとするに対して，第二の団体は世界的に革命的色彩を帯ぶるに至れり．どこまでも経済的団体たる名目を維持せんとのヒルシュの一派が同盟の現状に不満足のため分離に及び益々マルクス流のものとなれり．後にマルクスが倫敦で万国労働者同盟〔国際労働者協会〕を作るに及びて64)(1867)この団体も亦翌年9月初旬にニュルンベルクで大会を開き万国労働同盟〔国際労働者協会〕に加入するといふ決議をなし，そして万国同盟の発表せしものと同しやうな主義綱領を発表せり．そこで外にも大同盟に入らさる労働者の団結はかたまりしも，大体に於てラサールの主義を奉ずるものとマルクス主義を奉ずるものと大別し運動の主義か異るたけ両々相反目の形勢を採れり．そこで二つの塊が対立することとなる．所がラサール 64 に死し統率者なくなる．その後を支配するものにその人を得ざりしため勢力振はずいよいよ内訌起りてかへりて自方を脱会して第二の党派に来るあり．マルクス流の派はベーベル，議長となり統率者に最も適当なる人を得ため漸次膨脹し，かくて1869の8月に従来のベーベル党の人とラサール党より別れし不平連中が集りて大会を

アイゼナハに開き，両者の合同を決議し政党の名も改めて**社会民主労働者党**
〔Sozialdemokratische Arbeiterpartei〕
sozial demokratische Arbeiter Partei とせり．この大会の決議は今日の社会党
の主義綱綱〔領〕と近きものとなれり．しかし又ラサール党は微力ながら存在しどこ
までも万国共同の主義に反対して新に起りし政党にも敵対の関係を維持せしな
り．而るにラサール党の方にはその間に首領のシュヴァイツァーの行動に関し
益々内訌を生ぜり．他の大部〔分〕の党員は新しき出来し政党に暗に合併を希望
せり．偶々政府並に他の保守的党派の社会党に対する圧迫が自ら社会党の二派
をして旧怨を忘れて接近するといふ機会を作れり．そこで自然と両方の合同の
気運熟して来れり．その間両方側の有志者の会合相談しばしばくりかへされた
るが，1874 の秋ラサール党の方より正式に合併を提議し，その結果 75・5・下
旬 22-27 にゴータにて合同大会を開けり．そこで新団体の主義綱領を定めたり．
政党の名も更に改まりて**ドイツ社会主義労働者党** sozialstische arbeiter Partei
〔Sozialistische Arbeiterpartei Deutchland〕
Deutchland，かかる風で段々に社会主義の運動が一つに塊ると政界に実際有
力となる．

　尤もラサールの予想せし如く急に強大とはならず．独逸帝国議会に於ける社
会党の発展を見るに，始めての選挙(普通選挙)1871 に 2 名を出し 1874 には 9
〔初〕
名を出し，合併後 1877 には 12 人の代議士を出し，投票総数は約 50 万票にし
て前回に比すると約 4 割の増加なり．それが全体の票数の約 1 割を占めたり．
かかる風に微力なれとも政治上に於ける進歩著しくなり．

　政府は危険を感ず．彼等は政府の社会秩序を覆さんとするなり．ビスマルク
は統一のきその間もなき帝国のきそをかためるためにこれを放任する能はずと
〔基礎〕　　　　　　　　〔基礎〕
し社会党圧迫の決心を定めたり．彼は先づ刑法改正の議議会に現はれし際，刑
法の一箇条として公安を害する手段により公然各階級の間反感を促すもの又同
様の手段により公然と婚姻家族及び所有権の制度を攻撃するの言論をなし，若
くはその文書を発表するもの，かかるものを厳罰に処するといふ案を提議せし
ことあり．議会では万満一致否決せり．(当時自由主義者多かり)ビスマルクはこ
〔満場〕
れに服せず何とか機会を設けて圧迫の方法を考へんとせり．1878 の 5 月と 6
月とに試みられし皇帝弑逆の事件あり．これを機としてビスマルクはこれと社
会党と関係ありとし民心を煽動して社会党取締の法律案を見るに至れり．(第
一回の兇行 5 月 11 日に行はれたり．これは皇帝のヴィルヘルム 1 世が娘ルイーゼと散

歩の帰り□〔径〕ウンター・デン・リンデンを通過の際，ヘーデルがピストル pistol 数発を放ちしが当らず）社会民主主義の逸脱行為から防衛する法案 gesetz entwurf zur〔Gesetzentwurf zur Abwehr sozialdemokratischer Ausschreitungen〕Abmsehr sozial dem Auschreiturgen，これは否決せられたり（第二回の兇行は成功せり）．

　この法律は社会主義の目的を有する文書（Druckschriften）及び結社（Verein）を禁ずるの権を連邦参議院 Bundesrath に与ふるが一つ，同様の目的を有すと認むべき集会（Versammlung）を禁じ又は解散するの権を警察官庁に与へんとするものなり．3年間有効にして発布の上は即刻これも実施するにありき（委任の形となる）．このとき討論に当りリープクネヒトは社会党を代表して盛んにその不当なるを唱せり．かくて5月24日，保守党の全員と国家自由党員の2名との〔民〕賛成あるのみにて否決されたり．（トライチュケ）ここて一回，社会〔党〕鎮圧は挫折せり．ここに6月2日にノビリング博士といふ者再び皇帝に危害を加へたり．この者は直ちに短銃で自殺せり．何の動機で皇帝の暗殺を図りしか全然不明なり．これか社会党と関係あるといふ実証も挙らず．しかしこれがたまたま社会党と結付けられて政府に対しても〔う〕一度社会党取締の法律を出すためのよき口実を与ふることとなれり．このとき皇帝は政治を皇太子に任せたり．而してビスマルクは皇太子の意に反して社会党取締といふことを極力断行せんとせり．そのためには現在の議会では駄目なりとし，6月11日議会を解散せり．7月30日，新しき総選挙を行ふことを命じたり．非常なる選挙干渉を行へり．保守党並に自由保守党も解散前は合して78人なりしか解散後115人に上れり．〔欄外　独の保守党は昔の代の大名貴族なり〕．国家自由党其他の自由派は新たに43人を減じて133人となれり．しかもこの内の国家自由党といふものは〔民〕段々ビスマルクに籠洛せられたり．5．社会民主党は12より減じて9人となれ〔絡〕り．何にても□力なれは計算に入れる必要なし．〔徹〕

　かくしてビスマルクは政府党の多数を作りて社会民主主義の公安を害する活動に対する法案 Gesetzentwurf gegen die gemeingefährlichen Bestrebungen der〔gemeingefährichen〕Sozialdemokratie 略．社会党鎮圧法，これは以前のよりも一層激烈なものなりき．第1，（第1）社会民主的又は社会主義的又は共産主義的運動によりて現在〔ママ〕の国家的並に社会的秩序の顛覆を目的とする結社は凡てこれを禁ず．（第2）同上の目的を有する一切の集会はこれを解散し又禁止する．（第3）同上の目的を

有する一切の文書印刷物はこれを頒布するを禁ず．(第4)同上の目的のために運動するものは一定の場所よりこれを放逐するを得．(第5)特に必要と認むる場所には戒厳令も施行を得．(第6)国民前述の目的のために利用する印刷所はこれを閉鎖する．(第7)解散せられたる団体の財産は凡てこれを国家に没収する．これが討議の際第7項が削除せられ，更にこれを完全の永久の法律としてはあまりに臣民の権利の圧迫となるといふので有効期間を2.5年とするといふことに一致を見て，10月19日221に対する149の反対で通過せり．10月21日法律として発布せられたり．

　か〔く〕して3月2日[20]漸くビスマルクは90[1890]を以て辞職し，1880スイスに於て**合法的** gesetzlich にやることを決議せり[65)]．〔欄外　ゴータの決議〕．社会鎮圧法の公然行はれて居る間議会に振はざるも，されどその割合に一般には段々国民間に普及せり．90年撤去せらるに及び社会党の勢力俄然として起れり．

年次	得票数	(Hauptwahl)	当選議員数
1871	123975	(3.19%)	2 (0.52%)
74	351952	(6.78%)	9 (2.27%)
77	493288	(9.13%)	12 (3.02%)
78	437158	(7.59%)	9 (2.27%)
81	311961	(6.12%)	12 (3.02%)
84	549990	(9.71%)	24 (6.04%)
87	763128	(10.12%)	11 (2.78%)
90	1427298	(19.25%)	35 (8.82%)
93	1786738	(23.28)	44 (11.08%)
98	2107076	(27.18)	56 (14.11)
1903	3010711	(31.71)	81 (20.4)
1907	3259029	(28.94)	48[43] (10.83)
1912	4250399	(34.82)	10 (27.71)

得票数と議員数と正比例せざる原因
　(1) 選挙区分配の不公平
　(2) **得票数**(半数以上を取らされは当選せず)
　　決選投票 Stichwahl (当[選]せし2人を取りて1日後決戦投票する)

1890 にハレで大会を開けるときこのとき名前を更めて**ドイツ社会民主党**
[Sozialdemokratische] [Deutschlands]
sozial demokratische Partei Deutchland とせり．尚ほ社会党は今日は独帝国
議会はかりでなく各邦の**邦議会** Landtag にもその代表者を見たり．25箇中全
く代表者を出さぬ国は僅かに6国のみ．これを選挙法の極めて保守的なる結果
にして社会党が全然勢力なきためにあらず．而して最も制限的規定を有せる普
の選挙法の下に於ても1908以来議会に社会党の代表者を出して居る．始めは
5人．後に補欠選挙の結果6人となり．1913・6月3日を以て終りし選挙では
更に増して10人となれり．独の社会民主党は今日世界各国の社会党の手本と
なる．従て独の社会党の主義綱領は世界の社会党の何を目的として居るかとい
ふことを見るによき参考となる．而して独社会党の主義綱領は1890以来毎年
各地に開かるる所の Parteitag 政党総会の決議宣言及総選挙毎に発表せらるる
Wahlruf 一選挙檄文によりてこれを見るを得べし．就中1891の**エルフルト**の
大会の宣言は最も詳細を極めたる所謂世の**エルフルト綱領** Erfurter Programm
なり．今これらのものによりその社会党の主義綱領を概括すれは次の如し．

　（第1）根本の主義は二つあり．その一は生産に必要なる物件の公有及生産
事業の公営を期するといふことなり．即ち経済上に社会主義の理想を実現する
ことなり．但しこの目的は直ちにこれを到達すること困難なり．よりて社会党
は差り資本家地主の階級の勢力を打破することを以て満足し，これがために
労働者の力を結束して着々政治界に勢力を張らんとするを努めたり．

　（第2）門閥の如何，男女の性の区別に不拘，一切の公の権利義務を平等なら
しめんことを期したり．即ち極端なる平等主義の実現を期して居る．

　而して彼等は平等の完全なる実現は民主共和の団体に於てこれを望むことを
得るといふので，彼等は終局の理想としては共和主義を採ることを主張せり．
これ社会党が**社会** sozial といふ文字の外に**民主主義** demokratisch といふ形容
詞を冠する所以なり．〔欄外　我々独の社会党員は現在帝国の憲法を否認する
にあらず．しかし今の帝国憲法に満足するものにあらず．我々かとこまでも国
家的共和の観念をすてさるは論を俟たず．―社会党員の言―．どこまで共和の
観念を有するや否や疑問なり．曖昧な言葉を用ふ．〕

エルフルト綱領

　(1)君主及特権階級の勢力を殺ぐを目的とするものあり．その例，軍隊の現

在の組織を改正して彼等の所謂 Folkswehr〔Volkswehr〕の組織にすること．〔欄外　軍隊に平民主義を入れんとするなり．士官を選挙せんとするなり．〕(2)選挙法の改正殊に現行の普の選挙及独帝国議会の選挙法の改正．(3)予算反対を原則とする．(4)地方分権主義或は Local auttonomy〔autonomy〕をもつと拡張する．(5)宗教を私的事務にすること，Privatlache〔Privatsache〕にすること，宗教公認の制度はやめること，ある意味に於ては政教分離の主義を採ること，国家の保護を宗教に与へないことにする．(6)帝国刑法の中より不敬罪に関する規定を除くこと．

　第二種，労働者自身の利益の増進を目的とするもの．例．(1)言論集会結社の自由を拡張する要求．(2)選挙権を拡張して男女の別なく満20才以上のものには普く選挙権を認むること．(3)教育，裁判，医薬の設備を公営し人民をして無償でこれを利用せしむる．(4)労働保護法律の設定．八時間労働限定，児童労働禁止，一週36時間休憩主張．(5)税法の改正，収益税，所得税，相続税を累進的にせること．(6)関税，消費税を廃すること．先づ日用品に多く比較的貧民の負担多し．

　独逸社会党は当面過激なるか如きも最近穏和となる．先づ学説上カール・マルクスに厳密なる批評を試みしものベルンシュタインなり．彼はカール・マルクスを正統といひしも，これは不可にしてこれに修正を加へさるへからずと．この人の説を修正主義 Revisionism といふ．学説の上に修正の考起ると同時に実際の行動上にも頑固なることをいひては孤立して目的を達せざれは行動を緩和せんとの傾向となれり．故に今日の社会党は理論上は過激なれと実際は穏和にして妥協的なりき．〔欄外　小野塚教授　穏和化的傾向〕．

　サンディカリズム―宮崎教授論文集〔吉野作造「サンヂカリズム概論」前掲『宮崎教授在職廿五年記念論文集』所収〕．和田垣教授論文集〔河津暹「サンヂカリズム」矢作栄蔵編『和田垣教授在職二十五年記念経済論叢』有斐閣，1914年所収〕．福田博士続経済論集〔福田徳三『経済学研究』続，同文館，1913年〕．

　サボタージュ sabotage―企業家の利益の破壊．ラベル Label―ボイコット Boycott の反対　商売敵の物を買ふといふ．ストライキ strike

第三章　民族問題

　民族問題につきては一国が一民族となるときは殆んど問題起らず．故に民族問題の起るは民族範囲と国家の範囲と合致せざるに起る．しかるにこれが合致せざるは二種あり．(1)は一国家か数民族を包含する場合．この場合の民族問題は内政問題なり．(2)同一民族が数国家に散在せること．ポーランド民族，独露墺に分れたり．この場合は国際的問題となる．国内的国際的両方面よりの研究を必要とする．〔欄外　**民族統一** Nationality〕

　国内問題として民族のことを論ずる場合には種々に分ちて研究を要す．(第1)一つの国内にある数民族がその勢力ほぼ平等の場合．その間民族間の関係はいかになるか．これに適当となるは瑞西〔スイス〕なり．独仏伊の三民族在存す．ここには殆ほ対等関係にある66)．(第2)一国内にある数民族か不平等の関係にある場合．この場合強弱の差甚しからざる場合には従来の歴史の如何によりては困難なる問題を生ず（これは一方の民族か他を虐待する歴史）墺と匃〔ハンガリー〕との関係なり．又墺と匃〔ハンガリー〕，各に民族の問題あり．欧州動乱史論155頁 page-169頁．1830年の白〔ベルギー〕の独立は民族関係の問題なりとす67)．史論364頁．ノルウェーのスウェーデンより分離せること68)．白〔ベルギー〕の内部に仏民族と独民族との争．(第3)強弱の差甚しきこと．この場合弱者は同化政策を以て行く．弱民族は民族的独立のため反抗す．故に強弱の差甚しき所では橄烈〔激〕なり．土とアルメニヤ人の争，ポーランドに対する露並に普の政策．その内ポーランド対普の政策は最も興味あり．異民族の同化政策を執りしものの最も大規模なり．独の政策の成否は，本来異族民〔民族〕の同化か可能なりや否やを決するの参考となる．今日では独逸は失敗せり．露のフィンランド問題，独のアルサス問題．同化は不可能でないまでも非常に困難なり．困難なれは漸次自治を与へて我用になさしむる殖民政策近来起れり．米国のフィリピン独立問題，英の対殖民地政策．

　国際関係の方面．即ち同一民族分在せる場合，三つの形あり．(1)ある民族沢山の国に分れて居りてもその各々の国に於て独立の政治的主体をなして居るか又は少くとも中堅をなしておる場合．英と亜米利加，独と墺，伊とルーマニヤ．研究問題なり．大抵外に事情なき限り接近するものなり．接近する

も合併はせず．民族的意識と共に国家意識も強ければなり．政治的に合併することなきも政治以外の精神的の運動する最も合併し易し．**コスモポリタン** Cosmopolitant〔Cosmopolitan〕の思想はこれより起る．(2)一個民族か数個の国に於て被征服者たる場合．ポーランド人とユダヤ人 Jew の問題 シオニズム Zionism をやれり．(3)一民族か数個に分れてもある国に於ては独立の主体たり．他国に於いては被征服者なり．バルカン半島にあり最もやかましきはマケドニアなり．ここにブルガリア人ありて土〔耳〕古人に圧迫せられブルガリア別に独立国を作る．希と土との関係，近東問題はこの意味の問題なり．

第四章　宗教問題

　宗教の問題で政治的に現はれてくるは宗教と国家との関係と宗教相互間の関係なり．而してその内宗教と国家との関係につきて国家は宗教に対していかなる態度を執るへきかといふ如きことは，今日欧米諸国で殆んど問題となりて居らず．欧米諸国で問題となりておるのは，ある宗教に従来ほご〔保護〕特権を与へて居たのを最近の宗教自由といふ思想に本きて漸次ほご〔保護〕特権といふものを廃せんとする問題なり．政教分離の問題なり．も〔う〕一つは特にある宗教に厚き保ご〔護〕を与へておる国に於て，これと異れる宗教を法律上若くは事実上非常に迫害することあり．これに対して圧迫を加へられておる宗教それ自身若くはそれに利害関係なきものと雖も，人道上の立場より政府の態度を非議することあり．これ往々にして政治上の大なる問題になることあり．

　次に宗教と宗教との関係は本来は公の問題にあらず．けれともある宗教が又はある宗派か国家のほご〔保護〕を得ておる結果として，他の宗教若くは他の宗派か不利益の地位におかれることあり．爰に於て不利益を蒙れる宗派が宗教自由の主義を楯として国家の宗教に与ふるほご〔保護〕を全然徹〔撤〕廃せしめんことを要求す．ここに於て又政治上大いなる問題となる．

　政教分離て最もやかましかりしは仏蘭西なり．仏の牧師は官吏なり．1906〔1905〕法律上解決す⁶⁹⁾．しかし事実上尚ほ解決出来ず．異教徒虐待の甚しきは露なり．異宗教異人種を迫害す．猶太教は最も虐待せらる．耶蘇教より他宗教に転ずるを禁ず．殊に正教より他宗教に転ずるは禁ず．猶太人には**シオニズム**起り政治

的運動なり．宗教と宗教との間の争にして[採]本となるはウェールズの政教分離問題なり70)．独逸では新教と旧教と猶太教とは公認され，他の宗教はしからず．

第五章　婦人問題

男女間の不平等を[解]開放せんとするの運動なり．プラトン，アリストテレスよりあり．その説が具体的の問題としていつありしか．それが正否は吾人の問題にあらず．いかに正しからさる議論でも社会に勢力あれは吾人の問題となる．広義の男女同権等はとかくの批難あり．殊に婦人参政権の如し．しかし社会の具体的の問題となれるはしかり．しからは何故に現今社会の問題となれるか．これ社会の事情変れはなり．婦人として独立の地位を占むるもの多くなりたればなり．女は男の蔭にかくれ独立の一単位にあらざりしが現今は独立の生計を営むもの多くなれり．かくなれば自ら社会公共の問題に興味を感せさるを得ず．租金，道路の良否は男に任してもよし．この時勢の変化は自ら婦人をして社会公共の問題に対して男子と同等の発言権を得ることを考へしむるに至る．この時勢の変化に早く乗出せしものは所謂新しき女なり．パンクハースト71)．**婦人社会政治同盟** WO．W. S. P. U.〔Women's Social and Political Union〕1903 の創立．過激なる運動なり．其他二つの団体あり．一はやや過激にして他は穏健なり．大体と傾向をいへは漸次婦人参政は認めらるるならん．今日婦人に参政を与へたるはオーストラリア，ニュージーランド，合衆国の 12 [州]洲，露のフィンランド，ノルウェーなり．

帝国主義

帝国主義は Imperialism の翻訳なり．しかしこの語は一体の起りは沢山の独立国を結合しその上に権力を有すといふ意なり．ローマより起りたる．故に単純に一つの国は帝国は用ひず王国になる．英国は王国といふ．只印度といふ多くの国を統一したる間では皇帝といふ．露も皇帝，独も皇帝といふ．故に西洋人から見るとシャム帝国72)は滑稽なるなり．大韓皇帝の如し．日本では台湾朝鮮領有する前は真の意味は王国なるなり．**帝国主義**とは一国の勢力が他の国に

及ぶといふことなり．海外発展といふことなり．この主義最近に国家の主なる主義となりしは経済の膨脹及国民主義に関連することいふまてもなし．只ここに帝国主義が国により行はるるに種々の形を取るなり．最も消極的の形を取るは英の**帝国会議** Imperial Confederation〔Conference〕なり．英と各殖民地との間には**防衛分担金** Naval contribution で関係あり．**カナダ**最も薄し．はらはらの殖民地を集めんとする消極的帝国主義なり．アメリカには**モンロー**主義は政治的には米大陸には何れの勢力も入れしめざらんとするなり．積極的の帝国主義は蛮地政服〔征〕なり．19世紀にアフリカに行はれたり．2,30年間てアフリカを分割し終れり．半開野蛮の地に手を入れたるはアジアの南部の分割，広義の勢力範囲の確定，最も簡単なる形は植民，それの露骨なるは租借なり．支那は5個所あり．割譲に近きものなり．利権の獲得．鉄道敷設権，鉱山採掘権を得，その附近に勢力を張る．満鉄安奉線，山東鉄道，露の東清鉄道，雲南に行く滇越鉄道なり．外国の借款による鉄道あり．土地的膨脹を眼中におかざるも勢力を振るに影響あるもの．経済的借款．政治的借款．この場合事業そのもの，担保に入る．経済的範囲拡張の手段となる．政治的借款は政府が□がるために借る．租税を担保にする政治的借款は危険なり．ペルシアに於ける如し．〔欄外　借款〕

73) 第四編　最近欧州の形勢

第一項　三国同盟と露仏同盟
第二項　独逸の勃興と列強勢力の動揺
第三項　欧州列強の危機
第四項　欧州現時の動乱

第一項第一節　独逸帝国の建設とビスマルクの政策

最近の欧州は独を中心として動けり．このことは必ずしも独の最強を意味せず．公平に言いて19世紀より今日まで英を偉と推す．現今の論客に英は下り坂といふものあれど誤なり．このことは独もこれを認めたり．英には叶はずと〔敵〕．

只英といふ国は大体に於て**主導権** initiative を取らざる国なり．現に日本と同盟するまでは光栄ある独立を誇りて大陸諸国の政治外交には消極的態度をとれり．そこで英に次いで隆盛なりし独が最近欧州に於ては中心的地位を取れるなり．独が欧州政界に中心となりし所以は，これを独帝国の建設の歴史に遡りて研究せざるべからず．

　独帝国の形式上の建設は 1871 年の 1 月 18 日なり．このとき普仏戦争の最中で前年の 9 月半より独軍はパリをかこみ，普王を始め独諸国の君主は皆集りてパリの効外[郊]にありき．普に取りて吉日に当る 1 月 18 日をえらみて，ヴェルサイユ離宮の鏡の間に於て帝国建設の式を挙げたり．（今の独逸はブランデンブルクの**選帝侯** Kurfürst にして東普の王にして身分低し．1701・1・17[18]日に一躍してプロイセン王 König von Preussen〔Preußen〕になれり．これ**フリードリヒ 3 世**74)なり．彼が普王となりし日が 1・17[18]日なり）．現日の独帝国は 4 王国と 6 大公国と 5 侯国と 7 伯国と 3 自由市より成る連邦にして，これに普仏戦争の結果として独が仏より取りし帝国領を有せり．**王国** Königsreich, **大公国** Großherzogtum, **公国** Herzogtum, **侯国** Fürstentum, **自由市** Freiestatt〔Freistadt〕, **直轄州** Reichsland.

　一体今日の独民族の地方はシャーレンマ大帝の死後，紀元 433[843] のヴェルダンによりて孫ルイ 2 世に帰してより始[初]めて独立の一国として現はれたり．オットー 1 世が紀元第 10 世紀の半にローマに於て法王より帝冠を授けられて始[初]めて帝国となれり．**神聖ローマ帝国**といふ．しかれとも皇帝選挙の制度は皇帝の権力を薄弱ならしめ，所謂神聖ローマ帝国は名義上 19 世〔紀〕の始めまで続きしも，実際の権力は有力なる諸侯に帰して小邦分立の形勢を続けたるなり．

　1806, ナポレオン今日の独地方の大部分を征服してより，時の皇帝のフランツ〔2 世〕帝位を辞し，始[初]めて名実共に**神聖ローマ帝国**は消滅せり．而してこの頃独の諸侯は約 300 を超えて割拠せり．この小邦分立の形勢を整理せしものはナポレオンなるが，彼は 1806 にライン同盟を作りしとき 170[1700] の小侯を消滅せしめたり．その後彼は更に整理を加へ，結局独を 38 邦に減じたり．而して南邦はバイエルン，ヴュルテンベルク，バーデン，ヘッセン＝ダルムシュタットの比較的大国となし，北部は普を除きては小侯なりき．

　次いでウィーン会議に於ては 36[35] 州，4 の自由市，則ち合計 40[39] を以てドイツ連邦を作れり．これは独を統一して以て仏に当らしめんとする考に本きしなり．

尤もウィーン会議では独逸諸国が連合するといふ大体の項目を定め，細目は列国に任せたり．始め墺と普とは自分達で**詳細** detail も協定せんとせしが，小邦等は二大国が勝手に独全体のことを定むるを不平に思ひ，全体の会議を開くべきを要求せり．墺，普の二国もこれを承認して，全体の委員集りて連邦規約出来たり．1815 の 6 月なり．しかるにこの連邦規約によると中央機関としては**連邦議会** Bundesversammellung〔Bundesversammlung〕ありて，各国政府の集まる常設なり（フランクフルトにあり）．この会議は各国公使の相談会の如きものにて，各国の上に移して各国政府の行動を規律する力はなし．従ってドイツ**連邦**も極めて薄弱なるものなりき．そこでこれを尚一層強固なる団体にまとめて行かんとすることが独統一主義者の要求する所なりき．而してその統一の運動が幾多の困難ありして拘らず，第 1 には 1848 の革命，第 2，1866 の普墺戦争，第 3 次，1870 の普仏戦争を通して完成せり．

けれとも今日の独帝国の基礎は普墺戦争の後，間もなく発生せし北独連邦に源を発したること明白なり．普は普墺戦争後，その隆々たる勢力を以て北独諸国を連合して 1867 の 2 月 12 日，北独連邦を作れり．而してこの連邦の新憲法はビスマルクの起草せし所にして，これ今日の帝国憲法の基礎なり．何んなれば南独諸国は事実に於て北独連邦の憲法を承認するといふことで独帝国の建設に参加せしなり．則ちこの連合憲法によれば，第 1 に各邦政府の上に中央の連邦を置くといふことを認む．第 2 に中央の行政権は普の王に世襲的に委任し，且つ国王をして普の大臣中より**帝国宰相**を任ずることを認めたり．第 2，立法[3]権，各邦政府より派遣する 43 より成る．第 4，中央政府と各邦政府の権限の分界を定め，陸海軍の統率，通商貿易等はこれを前者に帰し，警察，宗教，教育，其他の内政事務は，これを後者に帰したり．これらの点は僅かの点を除きては大体今日の帝国憲法と同一なり．故に今日の帝国組織は 1867 に萌して居るといふべし．

この北独の連合に南独の諸国が加入し来れるは，普仏戦争の中なりき．バイエルン王の**ルートヴィヒ 2 世**が南邦諸邦を代表して連合加入の条件を談判せんことを普に申込しは，1870 の 9 月 12 日なり．その結果，同月 21-，1 週間に亘り両方の関係者会合し，所謂**留保権** Reservatrechte を認むるといふ条件で話がまとまれり．12 月 18 日に北独連邦の議会がこれを承認せり．かくて 1871

の1月18日は帝国の建設を見たるなり．(今日バイエルンにては郵便が独立せり)．

以上述ぶる所により見れば，独帝国の統一といふことは本より国民一般の希望に本けども，現代独逸統一は普の兵力によること亦著しきなり．従て普の兵力を眼中におかずしては，独帝国の成立及び現存する所以を解する能はず．故に独帝国の今日を正当に理解するには，遡りて普のことを観察する必要あるなり．

近世普の始は1701・1・18日，元のブランデンブルクの**選帝侯**のフリードリヒ3世が皇帝レオポルト[1世]の許を得て，普王フリードリヒ1世と称せしときより始まる．この人1713に死して，子供のフリードリヒ・ヴィルヘルム1世立ちたり．この人の勤倹にして質実なる資性が後世発展の元地を作れるなり．次いで1743[1740]に至りし，フリードリヒ大王に至り，普の盛力大いに張[張]れり．七年戦争の結果，国力疲弊せしも，兎も角彼は普を以て独国内の優国たらしめしなり．フリードリヒ・ヴィルヘルム2世を経て，フリードリヒ・ヴィルヘルム3世に至りて，ナポレオンのために大いに苦しめられたり．1806の10月にはベルリンを奪はれて遠くケーニヒスベルクに逃げしことあり．けれともフリードリヒ・ヴィルヘルム3世は英明君主にして，政治の方面に於てはシュタイン，ハルデンベルクを用ひ，軍事にはシャルンホルストを用ひ，教育にはフィヒテ，シュライエルマッハーを用ひて国勢の改革を図れり．今日普の隆興の本は19世紀の始に於けるフリードリヒ・ヴィルヘルム3世の施設にあると言はざるべからず．

彼は1840に死し，その後は長男のフリードリヒ・ヴィルヘルム4世継げり．彼も偉なりしが，1857，発狂せり．1858の10月に不治の病なるを知り，弟のヴィルヘルム正式に摂政になれり．これ後に独帝国の最初皇帝のヴィルヘルム1世となる人にして，摂政となりしとき年60，思慮分別の円熟せしときなり．この人が英明の人物なるはいふまでもなきが，独逸の統一といふ大野心を抱き，これがため非常に尽力せし人也．

而して独統一の大事業を完成するには普の軍備を拡張せざるべからすとの考をつけ，陸軍大臣のローンと協力して頻りに軍備の拡張をはかれり．有名なる軍備拡張案を議会に提出せしは1860の2月也．当時議会に於ては所謂自由主義者が多数ありて，頻りに軍備拡張に反対せり．この議会の強き反対あるに拘

らず，摂政ヴィルヘルムはどこまでもその素志を貫徹せんと欲して心を挫きし〔砕〕は，歴史上明なる事実なり．1861・1・2にかねて狂なるフリードリヒ・ヴィルヘルム4世死せり．摂政ヴィルヘルムはその後をおそふて普王となれり．而して軍備の拡張を図るために心を専にせしことは依然としてかわらず．而して軍備の拡張を断行するにつきては，いふまでもなくビスマルクの力を借ること多かりき．

　ビスマルクは1862に召されて普の宰相となれり．当時パリに全権公使たりしが，前任宰相ホーエンローエ公が議会との折衝に策□り辞職するに及びて，その後任者としてパリより呼ばれたり．このときビスマルク年47，血気旺盛のとき也．彼がこの年9・30，議会の予算委員会に於てなせし所の所謂鉄血演説は，以て彼の政策のいかなるものかを窺ふに足る．「我普王国はその使命を未だ全ふせず．憲法制度のかざりものを備へて置く程，熟せる国にあらず．最後に独逸の統一は，演説，政党，多数決などによりて作らるるものにあらず．これには真面目なる**闘争** Kampf 必要なり．則ち血と鉄とによりてのみ遂行せらるべき戦闘必要なり．」そのために議会と政府との争は益々甚しくなり．偶々普墺戦争(1866)，1870には普仏戦争起り，ビスマルクの作りし軍隊用をなしたり．議会と政府との争も泣寝入りとなり，独帝国の成立を見たり．これにより見れば帝国建設のためにはヴィルヘルム1世とビスマルクの苦心は非常のものなりき．而して中にもビスマルクは統一完成のためには何をも犠牲に供するといふ態度なりしことは殆ほ想像するを得．

　1871の3・21，ビスマルクは帝国宰相に任ぜられたり．この地位に上りてビスマルクが施設する所，内外共に独逸統一の完成に全力を注ぎしことも，亦これを想像するに難からず．只これは独帝国の出来上りし後は，徒らに議会と反目することの不得策なるを知りて，一方に於ては自己の勢力の下に多数の同志を集め，他の一方にては比較的温和なる保守的の議員の団体を糾合して以て議会に多数の後援を得て，着々統一事業の促進のために計れり．帝国議会は3・21日に開かれたり．選まれて議長となりしは有名なる**エドゥアルト・フォン・ジムゾン**（1848にフランクフルト・アム・マインにて独の**フランクフルト国民議会**〔Nationalversammlung〕 Nationalverlammlung を開かりしとき議会となれり．北独連合議会の議長ともなれり）にして，この人の議長となりしことは帝国議会内に温和派の多数なるを示すもの

也．ビスマルクも本来の性格よりいへば保守派に属する人にして，統一事業完成のために温和派に結べる也．従て始めの間は保守党より反対を受けたり．

当時の議会構成の有様を見るに，最も大なる政党はビスマルクの黒幕となりて作りしといはれたる**国民自由党** Nationalliberale Partei にして 152[125]の議員を有す．(今日もありて 40 前後の**議員** member を有す)．バッサーマンが**党首** leader なり[ママ]．その他，ビスマルクは**帝国党** Deutsche Reichsyartei[Reichspartei] を手に入れたり．37 **議員**なり(今日は 20 人位)．この両党に反対して政府に真向より反対するものは**中央党** Zentrum あり．略して中央党といふなるも，主義よりいへば天主教の擁護を目的として起れるものにして(ビスマルクは普は新教を保護し，旧教を圧迫せり．故に**中央党**はビスマルクに反対し，常に政府反対党なりき．ビューローが社会党に対抗し，保守党を集まるために**中央党**も集めて含めり)．其他，**ドイツ進歩党** D. Fortschrittlirche P.〔Deutche Fortschrittspartei〕あり．46 **議員**あり．この二者は始めより表の政府反対党なり．其外にポーランド党 13 人，デンマーク人政府反対党 3，ハノーファーにして反対党のヴェルフ Welfen 党 5，社会民主党 2．それらを加へると反対党中々強し．それでビスマルクは保守党と提携せり．保守党は 57 なり．ビスマルクは 200 **議員**を超える政党を得，議会に多数を占めたり75)．

ビスマルクが議会の多数を味方にして成し遂げし最初の仕事は帝国憲法の規定なり．則現行憲法は 1741・4・14，第三読会を通過したるなり．これにつづきて彼は独の統一をかためるといふ目的にて三大事業に着手せり．1 は**貨幣**[幣]制度，〔第 2〕，帝国陸軍の確立，第 3，法律の統一なり．

第一　貨弊[幣]統一

度量衡につきては北独同盟の時代(1668[1868]・8・17 の法律で)，既にやや統一の形つけり．この法律は帝国成立の後，72 の 1・1 日より全体に亘りて行ふことになれり．度量衡につきては統一つきしなり．けれとも貨幣につきては各国別々なりしなり．1873 より全国に亘りて**マルク** Mark を単位とする金貨本位の制度を執れり．これまで各国の個々の貨幣の消滅の方針を採れり．これ 1878 まで続けり．1875・3・14 の法律にて帝国銀行を設け，これに 25000 万**馬**[マルク]を最

高限度とする紙幣発行権を与へたり．尤もこの頃各国先に独立したりし結果として，紙幣発行権を有する銀行全国に亘りて 33 ありき．急にこれを止めるといふことも出来ざりしために幾分幣制の統一を妨ぐる嫌ありしも，その後機会ある度毎に小銀行の紙幣発行権を取去りて，段々に帝国銀行に集中するといふ方針をとれり．今日現にこの種類の銀行にして残りて居るもの，只四あり．一はバイエルン発券銀行 Bayerische noten Bank，〔Notenbank〕ヴュルテンベルク発券銀行〔Württembergische Notenbank〕Würtenberizische noten Bank，ザクセン銀行 Sachsische Bank，バーデン銀行 Badische Bank．尤もこれらの地方銀行の紙幣 Noten は地方の商工業に利用せらるるのみで，少し多額になればやはり帝国銀行 ReiclsBank〔Reichsbank〕に行くなり．要するにかかる四銀行あるといふは完全なる幣制の統一を妨げて居るなるが，これも已むを得ざる歴史的遺物なり．大体に於て幣制が統一されたといふ傾向を著しく妨ぐるものにあらず．

第二　帝国陸軍の確立

　帝国の成立以前は各国が各々独立の陸軍制度を有せしはいふを俟だず．而して各国連合の基礎として最も大切なるは兵制の統一なることも亦いふを俟たず．兵制統一の上に始めて〔初〕端緒を付きしは，1867 の北独連邦の憲法なり．この憲法の後に全人口の 1 パーセント prozent を以て，平時に於ける兵役人員とすべしといふ原則を掲げたり．尚これに関連して，この原則は先づ 1871・12・31 までこれを試行す．その間一人につきて 225 ターラー Taler を支出するといふことにし，その以後の平時戦費につきては後で帝国議会と定むることにせり．かくして北独連邦は人口の 100 分の 1 に相当する兵員を連邦全体の軍隊として有するといふことになれり．この規定は 71 の 12 月末日を以て，その効力を失ふわけなりき．しかるに 71 の 12 月 9 日，更にこの規則を 72・1・1 より 74・12・31 日まで効力を延長することに定めたるなり．
　これより先，普は 1767〔1867〕・6・26 に北独連邦の諸国と軍事協約といふものを結びて，これら諸国の軍隊を普の軍隊に合併するを約束せり．但しザクセン，ブラウンシュヴァイクだけはこれに加はらざりき．故に帝国陸軍の一部分なるも，各々独立の官吏の下に服すべかりし．各国陸軍はこの協約のために普の官吏の

支配を受くることとなれり．1867秋にはヘッセンも亦同様の条約を結べり．1870にはバーデンも亦ある条件の下に同様の協約を普と結べり．その条約といふはバーデンの軍隊は普の軍隊の一部なるも，他のものと分離して独立の一隊をなす．かくして帝国陸軍の統一的基礎は，ほぼ出来上りしなり．

　南独が北独と合体するに当りて南独諸国は軍事上の多少の特権を留保して居るので，それが今日帝国軍制の統一に対して多少の例外をなしたるなり．その例外に二種あり．1はヴュルテンベルクの軍隊なり．ヴュルテンベルクは全然独立の軍隊を有し，普と合体せるなり．只国王が司令官を任命するに就きては**皇帝** Kaiser の同意を得ざるべからずといふことによりて，帝国陸軍と関係して居るなり．尚ザクセンも南独にはあらざるも，従来の歴史上独立の軍隊を以て，只その司令官は国王の推薦に本きて**皇帝**が任命するといふことになる．第2，バイエルンの軍隊なり．これ1870・11・22の**条約** treaty によりて帝国陸軍ではあるも全然独立す．従てこれに関する費用の如きも帝国議会の問題にあらずして，**バイエルン領邦議会** 〔Bayerischer〕 Bavaria Landtag の問題なり．只皇帝は，大元帥として或は検閲の手段により，バイエルンの軍隊が帝国の他の軍隊と組織編制を同うせるか，又相当の数を備ふるや否やを監視する．又皇帝は全軍に動員を命ずる権あれば，従て戦争に於てバイエルンの軍隊に対しても指揮権を有せるなり．以上二つの例外を除きては今日陸軍(帝国)の統一充分出来上りしなり．1872，陸軍刑法が出来て全国の軍隊にあまねく服膺することにせり．即ち法統一の方面より，更に一歩を進めたり．

　1874の2月，政府が提出せし**陸軍法** 〔Militärgesetz〕 Militar gesetz は，当時大いに世人の物議をかもしたり．この法律は殊にその第1条大切にして，平時に於て後に別に規定をなす迄の間は40万1554〔2659〕の兵を置くこと．この法案は殊は**モルトケ**，**ビスマルク**が熱心に主張せり．これやかましき問題として，議会の大多数は反対せり．反対者の内には絶対的に反対せしもあり．中にはこの法案規定の内容其者には反対なきも，将来議会がこの法律に拘束せらるることを圧〔厭〕ひしもの少からず．何となれば将来別に規定なければ，40万の兵をおくなり．同じく立法手続を以て変更を加ふること能はざれば，例へ必要なくとも40万の兵を養はざるへからず．而して立法手続を以て変更を加ふることは，政府が反対すると能はざるなり．故に議会の大多数はこの法律の成立に大いに反対せり．されど

もビスマルクは熱心に世界の形勢をとき，殊にフランスの禍心を解きて，軍備を整ふるといふ必要を訴へたるなり．そこで4月に変じて当時議会に於て最大多数党なりし国民自由党の領袖のルドルフ・フォン・ベニクセンとビスマルクの間に妥協成立し，7年間を期して即ち1875の1月1日より1881・12・31までといふ7年の期限付でこの法律に協賛せり．7年すぐれば当然この法律は効力を失ふなり．この有名なる七年制予算 Septennat なり．

　七年制予算は期限満了するに先〔立〕ち1880，更に7年間これを効力あることとせり．1887に三度効新されたり．かくて20年以上，この軍制を施行して来れり．その間に於ける周囲の事情は益々軍備の拡張を必要にし，現に1880の更新の際には兵数を増して42.7万とし，87の法律更新の際には42.6［46.8］に増せり．かく軍備を益々拡張する必要を認むる以上，これを転じて永久的法律とする必要はあまねく認められ，遂に1893に至りて今日の軍制は確立せり．尚このとき二年兵制を試験的に行ひしが，それが1905に至りて制度として確立せり．

第三　法律の統一

　法律統一の必要といふことも既に北独連邦のときに認められたり．現に北独連邦会議，1869，国民自由党の議員にてエドゥアルト・ラスカーの発議に本きて民法，刑法，訴訟法，及び裁判所構成法の統一を可決せり．而して当時連合政府は中にも刑法の統一は実際上最もその必要を感じたり．何となれば同一の犯罪により国を異によれ刑罰も異にするは，国の統一上大いに妨害となればなり．その結果，1878〔1870〕の5月31日，共同の刑法法典出来たり．北ドイツ連邦刑法典 Strafgesetzbuch für den Norddeutchen Bund. 尚ほこの刑法法典，1871の5月15日に，そのまま帝国法律となれり．72年の1月1日より実施せり．

　かく刑法だけは統一出来しが，更に一歩進んで民法，訴訟法等の統一の問題になると，国としては普は統一を欲すれとも，他の各国はこれを希望せざりき．何なんとなれば，これらの法律統一すれば，各国が各々司法上の最高権がいくらか害せらるるといふことを恐れたればなり．又政党としては国民自由党は統一に賛成なりしが，中央党は甚しく法典統一に反対せり．而して中央党の最も盛なるは天主教の最も盛なるバイエルンなり．そこでバイエルンに於ては中央

党がルートヴィヒ2世も動かして盛んに統一事業に反対せしめたり．けれとも当時のバイエルンの議会に自由主義が偶然多数を占めたれば，議会に於ては国王の意志に反対して法典統一の賛成の議に可決せり．

かくて**連邦参議院**は1873・12・12日にラスカーの発議によりて統一的法典編纂の議を可決せり．これに反対せし国，四あり．両メクレンブルク=シュトレーリッツとメクレンブルク=シュヴェリーン，ロイス弟系，ロイス兄系．そこで**連邦参議院**は民法，刑事訴訟法，民事訴訟法，裁判所構成法の四法律の編纂委員を任命せり．この編纂事業ありしは普の司法大臣にして**レオンハルト**なり．レオンハルト始め多数学者の者により，1876の春，民事訴訟法，裁判所構成法の案は出来たり．12月，100に対する190を以て帝国議会を通過せり．79の10月1日より実施することとせり．民法は大部なればおくれたり．議会が始[初]めて民法草案に接せしは1894なり．96に至りて漸く結了して，遂に1900の1月1日より実施せり．かくして法典編纂の統一大事業は最近に至りて始[初]めて完成したるなり．

〔対天主教会の政策〕

独逸統一の気運を殺がんとする，partikular にせんとする気運を**邦国分立主義** Partikularismus といふ．〔以下2行空白〕内部整頓のためビスマルクの最も苦心せし点は，帝国の統一を妨ぐる有力なる分子に対する処分なり．統一を妨ぐる分子として或は南方諸国の反感，丁[デンマーク]抹人やハノーファー人，波蘭[ポーランド]人及びアルザス=ロレーヌに於ける仏人の反感．中にも波蘭[ポーランド]人の反感最も著しかりき．その外，天主教徒，ローマ旧教，社会主義者等あり．其内最もビスマルクを苦しめしは天主教徒と社会主義者と波蘭[ポーランド]人となり．波蘭[ポーランド]人のことは後に民族を説明する時に譲り，ここには天主教徒と社会主義者に対するビスマルクの政策を説明せん．

第1，天主教会と独帝国との争は**文化闘争** Kultur Kampf [Kulturkampf]として知られたり．**文化闘争**のことを明にするには，天主教会の超国家性質を知らざるべからず．天主教会の超国家的性質は，1は教会は国境を認めず，普くその信徒をローマ法王の手で支配して居るといふことの外に，ローマ法王は従来の歴史上の沿革

に本きて帝王中の帝王の地位を主張す．少くとも各国元首の間に於て所謂 Pre-eminence（上席に座る権利）を主張せり．その結果として例へば独に於ける天主教徒は国家の命令に服する外，ローマ法王の命に服従せざるべからずといふことになり，且つ偶々国家の命令と宗教の命令と衝突すれば，少くとも天主教会に於ては国家の命令を排斥し，教会の命令を強行せんとするの態度に出づ．而して中世以来，親族関係，財産相続関係に於て，永き間天主教会がこれを支配せり．そこで国の命令と教会の命令とが同一の事項に就て衝突するは少からず．かくして天主教会の超国家的性質は国家の独立といふことと動もすれば衝突す．殊に独の如き新しく興りて統一の勢を進むることを特に必要とする国に於ては，天主教会は大いに妨げとなるなり．〔欄外　**司教制度** Episcopal system．**教皇制度** Papal system〕

　而して独帝国に於て天主教会が妨害視されしは更に二つの理由あり．1は独帝国が新教国なる普によりて統一され，又新教擁護の急先鋒たる**ホーエンツォレルン家** Hohenzollern 家の下に出来たり．故に天主教会は独帝国に同情なく，少くとも教会に於ては不安の念を感じたり．尚このことは後に更に詳しく説かん．第2，天主教会の命令と国家の命令と衝突せし場合，若し教会の勢力それ程大なるものでなければ，教民は国家の命の方に従ふなり．しかるに天主教会は**ウィーン**会議以後，欧各国に於て反動敵勢力に乗じて漸次勢力を回復せり．殊に 1850 年以来，独に於て大いにその勢力を回復せり．この二つの理由によりて独帝国の政府は始より統一を妨ぐる要素として，天主教会に大いなる警戒を加へざるべからずといふ状態にありし也．

　尚更に独帝国の懸念せしことは，独帝国に於てはローマ教会は一面に於ては**コスモポリタン**，他の一面に於ては**邦国分立主義**なり．何んなれば天主教会は主として南方に盛なりき．故に北方の**プロテスタント** Protestant に対抗して，一つの別個の社会を作らんとする傾向あり．故に普のこれに対して**プロテスタント**を以て争はざるべからざりき．

　これに加ふるに 1870，独帝国建設の前後に於ては，天主教会の欧に於ける勢力は，物質的に於ては**イタリア**政府より段々に侵害されしも，精神的に於ては益々諸国教民の同情を得しなり．そのローマ法王の勢力の頗る伸張せしことは，1870 の 7 月 18 日の僧官会議，Ecumenic Council[76] に於ける法王無謬説

〔Infallibility〕
Infalibility, Unfehlbarkeit に於て現はれたり．

〔独逸統一と天主教の状態―中央党の成立〕
　ここに頭から新教の保護者を以て任ずる普が率先して独帝国を建設したり．而も新設されたる独帝国に於てはプロテスタント教徒は人口の 62.7% を占めたり．そこで天主教会の方にてはこの新しき帝国に於て，いかなる取扱をうくるかといふ不安を感じたる也．実はかくの如き不安の念は帝国発生の前より北独連邦の成立のときより教会の人々より抱かれしものにして，始め南の国がこの連邦に加入せざりし一の原因は天主教徒の反対の結果也．
　1870 に愈々独帝国出現するといふことに話がきまるや，天主教徒は益々不安を感じて遂に天主教の擁護といふ目的にて一の政治団体を作れり．**中央党**これ也．中央党なり．この**中央党**といふ政党を作るといふ相談をせしは 1870 の 12 月也．翌年の 3 月，愈々帝国議会が開かるるや，天主教を奉ずる議員 59 の者集りて議会に於て中央党団といふものを作れり．
　而して彼等は次の二大綱領を掲げたり．第 1，独帝国に促して**イタリア王国**の内政に干渉せしめ，**ローマ法王**の**世俗権力** secular power を復興せしむること．彼等はその理由として法王の俗権はその教権の完全なる実行に必要なる保証なることを掲げたり．第 2，言論，刊行，集会，結社，信仰の自由，殊に教会の自治を新帝国憲法内に認めしむること．この綱領中，彼等の最も重きを於けるは教会の自治なり．教会の自治とは天主教会の教会政治に国権の干渉を排斥せんとする趣意に出づるもの也．

〔政府の対中央党態度決定―両者の衝突〕
　中央党の政府に敵意を有することは，この党の創立に与りて最も有力なる人物ヴィントホルストによりて明也．彼は且つてハノーファーの司法大臣なりき．ハノーファーが 1866 に亡ぼされてより，ヴェルフ党の領袖としてハノーファーの再興を求めて已まない．それ以来，法廷の権力と国家統一の強固になるを反対す．独帝〔国〕各部の出来る限り強くならんことを図る．且つ教会の権利を国家に対抗して盛んに主唱せし人なり．かく帝国より見て危険なる人物が党の首領となりたれば，この政党は始から政府と反目の地位に立てるなり．故に

議会開かるるや，政府は議会の多数を擁して第一着に**中央党**に対する態度を決めたり．即ち中央党の定めし第一綱領に対しては，71・3・21の**国王演説** Throne Rede〔Thronrede〕の討議〔動〕に現はれたり．この討議は63に対する243を以て可決せり．第2，4・4に**中央党**の建議を59に対する223で否決せり．かく**中央党**と政府とは議会の始より反目せり．されとここに新たに天主教と政府と直接（表向）に戦はざるべからざることとなれり．

その第1の出来事は1870の7・18，ヴァチカンの決ぎ〔議〕会議，その□〔決〕議たる法王無謬説より起れり．この決議成れる当時，独の学者牧師の間に反対の考を有せるもの多し．けれとも一旦この決議の出来し以上，天主教会統一のために，この教義の信仰を強制する必要あり．稍進んでこれに従はざるものは相当の教会罰を加ふるの必要あり．かかる見地よりしてローマ法王庁の旨を奉じて，先づ独に於て起ちしものは独のケルンの**大司教** Erzbishop〔Erzbischof〕のメルヒャースなり．この**司教** Bishopはボン大学の旧教神学部の教授連中に文書を以て，この信条の承認を宣明すべきことを要求せり．所が教授連中は良心に背きて心から承認せざるものを承認するわけに行かざればメルヒャースの命令を拒めり．ここに於て**大司教**はこれを拒みし教授に対しては講儀〔義〕するを禁じ，第2に学生はその聴講を禁じたり．メルヒャースの手段に倣ひて各地の**司教**にして学界及び教会の人に対して同様の宣明を迫るものあり．而してこれを容れずして罰せられしもの極めて多し．中にも有名なる例はカトヴィッツのカミンスキ氏─はこれがために破門せり．ミュンヒェン大学の教会歴史の教授デリンガー博士は大学より退けられて，遂に**古カトリック教会** alt patrisahe〔Kirche〕〔Altkatholische〕といふ別派を組織するに至れり．かくて教会の側にては段々教授に職務執行を禁ずる訓令を発せり．されど教授は国家の任命にかかり，教会の同意を得ることは一の慣例にすぎず．しかるに今，教会の方にては頻々として教授に職務執行の禁令を発せり．そこで従来の慣例は国家に於てこれを尊重すべきや否や問題也．詳言すれば政府が**合法的** legal〔に〕も任命せし教授を，教会側の見解に盲従してこれを正しき信徒と認めずして退職せしめざるべからざる義務を国家が有すか否かの問題なり．この実際問題に遭遇してバイエルンの**文部大臣** Kultusministerのフォン・リュッツ博士，フォン・ミュラー博士，この二者は教会の**無謬性** unfehlbarkeit〔Unfehlbarkeit〕は本，各国家の承認を得しものにあらず，従て法律的拘束力あるものにあらずといふ

考よりして，これを承認せざる教授を助けるといふ方針を取れるなり．爰に於て国家は公然教会と争ふこととなれり．これ第一の争点なり．

第二の争点は小学校の管轄の問題なり．従来天主教会の側にては次の四のことを主張せり．第1，教会は天主教に属する青年の宗教的教養を司るの権利を有す．第2，天主教に属する青年は旧教学校に於て教育せらるべきこと．カトリック宗派学校 Katholische Konfessionelle Schule は他の宗教の小児と天主教徒の小児の同一に教育するを否とすることを天主教徒は主張せり．第3，旧教学校に於ける教員は凡て厳格なる教義に戻るを得ざること．第4，教会の教義と少しでも矛盾する所の教科書は用ゆべからず．ローマ教会にては禁書目録ありて，これも用ゆべからず．これを一言にしていへば国民教育を全然教会の管理に委せんとするものなり．而るに国家の方では教育を以て国家的事業と見たり．このことは憲法にても明言せり．普の憲法 26 は教育は国家の事業なりといへり．独の如き国民の精神的統一の欠ぐる所は，教育の力で国民を国家的に統一することが特別に必要なるなり．しかるに教会側にては教育の管理権を主張して，教育を宗教のために利用せんことを主張せり．しかもその宗教は超国家他〔也〕．而して従来の経験によるに従来は教育の監督権を事実上宗教に与へたり．その結果，必ずしも良好ならず．殊に普に於ては東方のポーランド人の地方に於ては，天主教とポーランドの民族性 Nationality とは極めて密接の関係になりて，教育の監督権を教会に与へておるときは同地方におけるポーランド人の勢力強く，独り普政府の同化政策を妨ぐるのみならず，又同地方に移住せし独人をも波〔ポーランド〕蘭人化するの傾向ありき．故に少くともこの方面に於ける経験に徴しても教育監督権を教会より奪ふこと，普に取りて必要なり．則ちこの方面からも国家と天主教とは相争はざるべからざることとなれり．

以上の事実に激せられてビスマルクは遂に教会に対して断然戦を挑む決心をなせり．一体ビスマルクは宗教に対する教会の完全なる自由，国務に対する教会干渉の絶対的排除の主義を執れるなり．けれども教会と無用の争をすることはさけたいといふ希望なりき．故に 1869・5，ローマの使節フォン・アルニムか到底とは戦争せざるべからずとの建策をビスマルクに奉れり．されどこれは容れられざりき．然るに教授の問題，小学校の問題で手を焼きてより意を決して断然挑戦的態度を執ることになれり．これより有名なる文化闘争始れり．

〔ビスマルクの戦策—1871〕

　ビスマルクの天主教会と争ふために取りし第1政策(仕事)は，1871・7・8，文部省内の宗教局(Katholische Abteilung)を廃す．之れは1843より設けられしにて本来は天主教会に対する国家の権利を保持すべき職分を有するに，事実上に於て国家と対抗する天主教会の機関の如きものとなれり．故にビスマルクは断然之れを廃せり．ために教会側より大いなる憤激を買へり．

　第2には**古カトリック教会**なるものを後援したるといふことなり．且後の事なれとも1873には普政府は之れを公認し且援助を与へたり．而してこの教会を公認し，且つ助くることは，一面に於て天主教会に対し敵意を有する所以となるなり．只**古カトリック教会**はバヂカンの大会議の決議，即ち法王無謬説の初代教会の純正なる信仰に反するのみならず，且満場一致にて決するる従来の原則にも従はざるを以て之れを無効也と主張し，天主教会に反旗を翻へしによる．これら反旗を上げし連中は初代の純正なる信仰の下に，一のことなりし団体を作らんといふことにて，1871・**9月** Sep. 22-24，第一回の congress をバイエルンの都，ミュンヒェンに開く．此所に開きし理由は，此の思想の急先鋒たりしものはミュンヒェン大学の教会史の教授，**イグナッツ・フォン・デリンガー**なる人なりしを以て也．尤もこの人自身は独立の宗派をなすを希望せず，例へ天主教会より謀反人扱をされてもどこまでも天主教会の廓清分子たらんことを唱へて，**古カトリック教会**といふ独立団体に加入するを拒めり．されど死する迄，忠実に**古カトリック教会**の世話をなせしことは事実也．彼自身は今の理由にて団体外に超然とせしが，他の独国内の 300 の**教区** Gemeinde を代表する所の連中は，大体次の如き決議をして独立の宗派をなすことに決めたり．

　1，古代教会の信仰及礼拝式を堅く守る．2，法王の**首位権** Primat は最高の地位(権)を従来の教会が認めたると同形式にて承認するといふこと．3，信仰箇条の決定には俗人及神学者に異議申立の権利を保証すること．4，教会制度を改革し，信徒の事(業)務参与権を認むること．5，礼拝に独逸語を用ひること．(ラテン語を用ひたり)．(天主教を国民的にせんためなり)．6，他の**キリスト** Christ 教諸派と共同の道を開き，又東方教会と融和するの道を講ずること．これらによりて見れば**古カトリック教会**は天主教会の根本思想に疑をはさめり．7，後に至りて1863[1873]の6月，ケルン(天主教徒多し)の congress で以て独立の一

団体を作りて，その頭として1人の**司教**と1人の**司教会議** synod とを作るを定めたり．(始めて**司教**には**ラインケンス**がなる)．8，これも後に定めたるが僧侶の独身主義・Zölibat を排したり．9，一マリアの処女たりしことを認めざることとせり．(独の新教は多くは天主教徒と相距る一歩の頑迷なるものなり．20余派中1派のみ**自由主義的**なり．火葬は伝説により禁ず)．10，懺悔はこれを強制せず．11，牧師は教会の選挙に依り**司教**はこれを裁可し，一度任命さるれば一生其土地を離れず．

信徒の数は約5万なり．新教は 1000 万人あり(その当時の統計)．この団体を普は公認して援助を与ふることとせり．ボンにこの本部を置けり．普政府はボン大学に**古カトリック科**なる独立の科を置けり．1902，自然に消滅せり．普にてはこれを大いに保護したるものといはざるへからず．従てこれに対し天主教会は政府に対し大いなる反感を抱きたるなり．**古カトリック教**と同じ思想にて起りし団体は他にもあり．されど**古カトリック教会**は**国内運動** national movement なるを以て，他の国に起りし**同じ運動** same movement とは直接の連洛〔絡〕なかりき．従て名称も異る．例へば**スイス**(ここにては盛んにして信徒5万，ベルン大学にはこの**学部** Fakaltat〔Fakultät〕あり)に於ては**キリストカトリック教会** Christian Church(Christliche Kirche)〔Christkatholische〕，墺にては古カトリック宗教共同体 Alt Katholische Religion Gemeinschaft．其他，和，西，伊等にもあれとも，かく盛んにはあらず．

第3，**説教壇条項** Kanzelparagraph．帝国刑法第 130 条に次の一項を加へんとする決議也．則ち「僧侶が公衆の面前に於て公然その職務の執行するに当り，又は多数会同する教会内に於て公安を害する方法を以て政務を非難するときは2年以下の禁錮に処す」．かくの如き規定を設くる必要ありしは，この頃教壇を以て政府反対の用に供する者頗る多く，且つこれを過激なる僧侶は穏和なる僧侶を優柔不断と罵り段々公安を害するといふ風潮伝糾すれはなり．一には公の秩序をほごする〔保護〕ために，又一は雷同せざる穏和なる僧侶をほごする〔保護〕ために前の如き規定を必要せり．これには**中央党**は盛んに反対せり．しかれとも帝国議会に於て 1871・11・28 日に 108 に対する 179 の多数を以て通過せり(保守党も反対せるなり)．

第4，普に於ける 1871 の 12・4 に，普の政府はこの法律を普の議会に提出

せり．この法案の要点二あり．1は公私一切の教育機関を国家の監督の下におくこと．2, 地方視学官の権限及分配を文部大臣に収めること．(教育に従事するものは国家の官吏なれば国のために職務を執るは憲法23に明白也). この法律は72の2月13日, 衆議院を152に対する251を以て通過し, 3月8日には76に対する126の多数を以て上院を通過せり．3月11日に国王の裁可を経て法律となれり．この時も保守党は中央党と合体して盛んに政府に反対せり．尤もこの法律は厳格に適用はされざりき．何となれば凡て視学官を取りかへると財政が許さざるためと, 僧侶の中には国家のために職務を忠実に行ふことを保証せしものあり．故にこれらのものを使ひたれば適用上やかましくいはざりき．しかしとにかくかくの如き法律を作れることは大なる教会の憤激を招けり．そこで普の政府にてはまもなくローマ法王との関係を少し緩和するために**枢機卿** cardinal のグスタフ＝アドルフ・ホーエンローエ＝シリングスフュルストをローマ法王の使臣たらしめんとせしが, 法王の〔数文字空白〕2世〔ピウス9世〕はその任を受くることを**枢機卿**に禁じたり．為めにビスマルクは大いに憤激し, 普王とローマ法王との間は更に緊張せり．

5, **中央党**の問題．天主教会は新教と異り, その中に各種の宗派を認めす．されど種々の主義に本く**修道会** orden(order) を認む．**イエズス会** jesuiten 〔Jesuitenorden〕は天主教会に於ける一の**修道会**なり．而してこの**修道会**は宗教改革の騒動のときに教会の擁護を目的として異端者と戦ひ, これを撲滅する主義を以て起りたる故に, この**修道会**は主義のために戦闘を辞せず．しかもその目的を達するためには手段をえらばざる特色を有す．故に新興の如く始より教会と国会の衝突を免れざる国に於ては, **イエズス会**の跋扈は国家に取りて最も危険なりき．而して当時ローマ法王庁内に於て**イエズス会**が非常なる勢力を占め, 庁内の枢要なる機関は殆んとこの派の占領する所となれり．従てこの派の独国に於ける勢力も亦侮るべからざるものなり．ここに於て**イエズス会**を以て近世国家思想と反すると目する政治家は, 国家平安のためにその跋扈を坐視するに忍びずといふ考起る．この考よりして**イエズス会**を取締るの要求は帝国統一以前〔後欠〕．

今述べし如き考より**イエズス会**を取締らざるべからずとの要求は, 帝国統一以前よりしばしば政府に建議されしなり．帝国統一後, 帝国議会にこの旨を請願するもの極めて多かりき．而して天主教徒の擁護を以て起れる**中央党**は常に

最もこれに反対せり．

　しかれとも 72 の 3 月に至り帝国議会はイエズス会取締法案の提出を Bundesrath（連邦参議院）に求むるの決議をなしたり．そのときに帝国議会が決議の理由として挙ぐる所を見るに四点あり．第 1，イエズス会は独に於て公認せられたるものにあらず．故に行政上結社法の支配を受くべきものなり．第 2，結社法による団体は国法の認むる目的を有する私法人にして，その長は国内に住所を有するものならざるべからず．第 3，イエズス会の頭は国外に住し，且つ秘密団体として国法公認の外に立てり．且つ団員は宣誓によりて国外に住する首長に絶対的服従の義務を負へり．第 4，この派はたとへ国法と雖も教会のこれを認めざるものは天主教徒を拘束する力なし，従てこれに服従するを要せずと主張せり．

　そこで連邦参議院はこの帝国議会の要求を容れて，6 月 11 日に次の意味の法律案を提出せり．曰く，地方警察官憲はイエズス会及び類似団体の会員に対しこの在留を禁ずることを得．その独国民たると否とを問わず．この法案に対しては中央党は大いに反対せり．しかれとも議会の大多数はこの原案にても尚ほ手温しといふ如き過激なる考を有するもの多かりき．中にもかの前のバイエルンの総理大臣のホーエンローエ侯の如きは絶対禁止説を唱へたり．而して独国臣民にしてこの団体に入りしものあらば，入団の理由のみにて独逸国籍喪失の原由となることを主張せり．かかる極端なる説は議会の大多数の承認する所となり，6・19，93 対 181 の大多数を以て第三読会を次の形式を以て通過せり．第 1 条，この修道会及びこれに関係する凡ての団体及び類似の組合は帝国内に於て修道会の活動 tatigkeit〔Tätigkeit〕をなすを許さず．これをなすための設備は 6 ヶ月以内に取扱ふべきことを第 1 条にかけり．第 2 条，政府は必要と認むるときは外国人たるイエズス会を外国に放逐し，内国人たるイエズス会には住居移転の自由 Freizügigkeit を制限して一定の場所以外に居住せしむることを得．この法案をば連邦参議院はこれを裁可し，7 月 4 日に公布せり．この事は著しく天主教徒の憤激を招けり．

　1873 の 5 月の法律の発布に至り，その頂点に達せり（五月諸法 Mai gesetze〔Maigesetze〕）．この法律の由来を考ふるにかねがねビスマルクの政府におり教会と戦ひし文部大臣ファルクが教会の国権に対する侵害を抑へ，できるならば国家に対する教

会の態度をして友誼的ならしむる目的を以て，1872中に考案せし四の法律に本くなり．而して(第1は)71年11月28日，他は73の1月4日，普の衆議院に提出さる．

　第1法案は，教会の加ふる宗教罰及び宗教的懲戒処分の権利に関する限界を定むる所のものなり．即ち教会は教徒に対し純粋に宗教的なる刑罰，即ち主として宗教上の権利の剥奪といふ方法による刑罰のみを課するを得ると定めたるにして，既に国法により罰を受くべき行為は教会は再びこれを罰するを得ず．又教会のみの罰する行為でも国法によりて加ふる如き刑罰は課するを得ずと定めたり．

　(第2)僧職の養成並に任命に関する規則を定む．その箇条の主なるものは，独の**ギムナジウム** gimnasium〔Gymnasium〕を卒業して更に3年以上独の大学にて神学を収〔修〕め，その上に歴史，哲学，独文学，ギリシヤ語と**ラテン**語と**ヘブライ** Hebrue〔Hebrew〕語につきて所謂**文化試験** Kulture examin〔Kulturexamen〕を受けし独逸人に限りて僧職に任ぜらるるを得．(後にヘブライ語が削られたり)．教会にては**神学校** Seminar と称して僧職養成の目的を以て専問〔門〕の神学校を有す．従来はこの神学校を卒業すれば相当の試試〔験〕を受けて牧師になれたりしが，この新法律は牧師になるための予予〔備〕教育の権を国家に収めんとし，**神学校**を原則として認めざることと一只文部大臣が大学と同等と認めたるものに限りて，その卒業生に特権を認むることとせり．しかもその**神学校**は常に国家の監督の下に立たざる〔ママ〕べからざることとせり．(**神学校**は学校生活を終りしものの研究会といふ意味が普通なり)．新たに僧職を任命する場合は，教会の当局者はその地方の行政長官に通告せざるべからず．その場合に地方長官は信任者が所定の準備教育が不完全なりと認むるときは，若くは其他特別の理由あるときは，30日以内に異議を申立つるを得るなり．而してこれらの規則に反して僧職を任命せしものは，200ターラー以上1000ターラー以下の罰金に処し，又この法律に違背して任命をうけしものは，100ターラー以下の罰金に処す．

　(第3)第3法律は教会脱退の事を規定せり．従来の教会は脱退を絶対に認めざりき．新法は教会を脱退せんことを欲するものは，その地簡〔管〕轄の裁判官の面前に於て意思を宣明すれば足る．それと同時に直ちに凡ての宗教的負担を免るることに規定せり．

(第4)僧職に対する服務監督権，並に宗教裁判所の設立に関する規定．その箇条の主なるものは，普の国内に於ては独臣民にあらざるものの服務監督権の行使を認めず．これはローマ法王の支配を排斥するものなり．教会の僧職に課する罰は被告の申立をききし後，始めて課するを得．80ターラー以上の罰金，14日以上の自由刑を課する場合，並に免職を命ずる場合には，予め地方長官に通告するを要す．罰金は凡て1ヶ月分の給料を越ゆべからず．被告は又国家に対して控訴することを得るとし，国家はそのために専ら教会の事項を司る裁判所を設け，而してこの裁判所は国法のそむきし僧職の裁判をも司るとし，その裁判所の判決は終審とせり．独逸宗教家は表面上も内面上も全く独臣民にあらざるものに服従せり．かかる非独逸的のものが国民の重要なる精神的教養を司るは，独立国家としては堪え得る所にあらず．独逸政府これを改革す．徹底的にする．妥協せず．

以上の四案に対しては中央党は熱心に反対し，その有力なる反対の理由としては，普憲法は教会に与ふるに教会内部の事項を独立に規定し，又教会の教員等を独立に任命するの権利を与ふ．しかるに新案法はこの独立の憲法によりて保障せられたる教会の権利を蹂躙するものにして，憲法15条，18条に違反するものなり．15条，新旧両教及其他の宗教団体は独立して内部の事項を論定し，並に教会の設備に対する完全なる所有権を有す．18，宗教上の教員の任命に関する権利等は国家これを放棄す．

ここに於て政府は更に憲法改正を以てこれを臨まんとし，政府与党又これに賛同し次の二法案を提出せり．15条の改正案，教会はその事務を独立に処理することを得．但し国法及びこれに準拠する国家的監督に服するを要す．これに準拠する国家的監督に服するを要す．18条，国家は僧職に関する任命権等を放棄する．教育上の資格並に任免に関する規則を作り，且その教会の監督権の限界を定むることを得，といふことを改めんことを提案せり．但し国法に及び国家の監督に従はざるへからずといふことにせり．この憲法の改正は，73・4・5に通過せり．75・6月に全部廃止されたり．

この四法案につきては新教徒の間にても，かくの如き国家の監督権が新教の方にも適用を見るならんことを恐れて反対するものありき．けれとも大勢は動かし得ず，4月下旬より5月の始にかけて，下院は100に対する200，上院は

40に対する70の差にて通過せり．5月の15日を以て国王の裁可を経て公布されたり．故に世間でこの四法律を五月の法律といふ．

　この法律並にその励行につき，国家と教会との間に大いなる確執を生じたり．教会の方にては大いに激昂せり．**中央党**の代議士にて有名なるブルクハルト・フォン・ショルレマー＝アルスト男爵〔の〕如きは，公然とこれらの法律は断じて行はれざるべしと公言せり．果して教職に在る者，並に信徒相団結して，**消極的抵抗**（かかる法律は始めよりなきものとしこれに従はず）．その結果，僧職並に教民にして，国法に抵抗するもの続出せり．国家に於ても大いなる決心を以て立法をしたるなれば，大いなる決心を以てこれを励行する考なれば，この事件に関し国家の罰を受くるもの多し．普全体に12しかなき**司教**すら，4人の多きまで国家の罰を受けざるべからざりき．

　かくして地方の官憲と教会の役人との衝突甚しくなりしが，やがて一変して**プロイセン国王のヴィルヘルム1世とローマ法王のピウス9世**の争となれり．この年8月7日，**ピウス9世**は**ヴィルヘルム1世**に書を送り，それ始めに「私は国王が元より天主教の撲滅を目的とする如き法律に従はざるべきことを疑はず」，終りに「自分は敢て公言す，真理は我旗幟なり．Wahr ist mein Banner〔Mein Panier ist Wahrheit〕．而して洗礼を受けし者は何人に拘らず法王に服従すべきものなり．（即ち国王たりし如き，**キリスト教徒たる以上，余に従はざるべからず**）〔」〕．**ヴィルヘルム1世**，9月3日，返書して曰く，「政府が一定の計画によりてなすことを余は憲法上これを否認する能はず．（政府のやり方を暗に承認したり）．終りに凡て洗礼を受けしものは法王に服するといふあなたの御意見には断然反対す．自分は自分の祖先及大多数の信仰する新教の教理によれば，神との交通に於て我等の主イエス・キリスト以外に何等の仲介者を認むるを許さず，」と．

　ローマ法王大いに憤慨し，普の内政に干渉してあくまで戦ふ決心せるが，それが1874の1月10日の帝国議会の選挙に当り，法王庁側は盛んに種々の方法を講じて**中央党**を助けたり．故に71の選挙に**中央党**の□得し数は69.6万にして議員数59なり．今度は144.3万，代議士数も94となれり．このときはビスマルクの御用党といはれ教会反抗問題につき最も忠実に政府の用をなせし国家自由党も増加して150人となれり．（一党にて150の大多数を占めたるは空前絶後

のことなり）．

　政府は**国民自由党**を得たるを以て勢を得，**中央党**に対抗せり．爰に於て**中央党**は政府殊にビスマルクを悪罵せり．その手段は演説新聞なりき．かかる新聞に煽動せられ無智なるものがビスマルクを殺さんとせり．74・7・13，クルマンがピストル pistol を放ちし如きこれなり．ビスマルクも亦劣らずこれに対抗し，〔機関〕□□新聞を発行し，御用新聞に多大なる補助金を与へたり．このとき金の出所随分攻撃の種子となれり．しかしビスマルクは説明の出来ぬ金は使はざりき．**専制的** despotic なれども我国政治家と大いに異にす．その財源の(1)，[1866]1886，ハノーファーが普に合併せられたるが，最後の王ゲオルク５世なりしとき，その充当金として1600ターラーを彼に与へることに定めたり．その条件としてゲオルク５世がハノーファーに対する**主権**〔sovereignty〕 sovereignty を放棄することを以てせり．されどゲオルク５世はこれを拒む．故にこの1600ターラーは，普政府かこれを管保〔保管〕せり．そ〔の〕利子を負助費に充てたり．〔欄外　1892，妥協してゲオルク５世の息子エルンスト・アウグストが利子だけ貰ふこととなる．〔ママ〕Fの1866，ヘッセン＝カッセル亡〔さ〕され，その王フリードリヒ・ヴィルヘルムが，400万与へることとなりたるが，ハノーファーの同じ事情により利子を以て買収せり．〕

　1875・2月5日，ピウス9世は天主教会の僧職，信徒もこれを無効とし遵奉すべからずと宣言せり．若し普の法律の趣旨が教会の法則に合はずといふ理由で無効なるとすれば，オーストリヤ及ヴュルテンベルクは〔の〕方も無効とせざるべからず．ここで普のみを無効とするは天主教会が普に対して敵意を有するものとし噴〔憤〕激せり．尤も墺の如き国が普と同一の態度に出づるを不可となし，これに厳重なる態度に出でんとせしが，墺滞在の法王の全権公使ジャコビーニ，中に立ちて周旋したり．普の如く法王庁に対し**文化闘争**をなさん〔と〕するはヴュルテンベルク，バーデン，ヘッセンなり．普がやらざることにてバーデンが率先してやり，今日の内政に大いなる影響を及ぼせしものは，1876にしたる**宗派学校システム** 〔Konfessionellen Schule〕 Konfecionelle schule system を廃し，**宗派混合学校システム** 〔Simultanschule〕 Simultan schule System，小学校につきてひ，従来は国民教育の仕事は教会の手にてやれり．学校は宗派によりて分れたり．無神論者は困る．入学を拒絶す．国民教育は宗派を超絶して国家が司らざるべからず．バーデンがこれに最初の手を着けたり．（教育宗教のことは各邦の手に任す）．

一般に天主教徒はながしやすし．**ガンベッタ**―共和主義者は天主教会を敵視せり．普も憎けれとも天主教会も憎し．故に**文化闘争**に私かに快心を感ぢたり．英国も亦痛快を感じて居たりき．普に於て天主教会の反抗益々甚しくなり，一般の天主教会の僧侶は依然として法律を無視し，先に 1874 の 5 月 4 日に帝国議会の決議を経て，俗に**追放令** expatrie gesetz 〔Expatriierungsgesetz〕を作れり．こぞ法律は普の地方警察官庁に一旦免職されたるも拘らず，依然として職務を執れる僧侶を，一定の場所以外に又必要あるならば全帝国外に放逐するの権を与へたり（後廃止されたり）しが，かくの如き法律を発せしに拘らず，依然として天主教会の態度を維持せり．1875 の法律を発布し，天主教会の態度は益々強硬となれり．75・2，**パンかご法** sperr gesetz 〔Sperrgesetz〕を作り，この法律により国家より与ふべき教会に対する一切の補助を停止す．補助金の如きも教会の態度のかわらざる国にては差抑〔押〕へてこれを与へず．次いで 6 月 18 日に至り，普の憲法 15，16，並に 18 条を廃して，教会の国家に対して有する一切の憲法上の権利をやめて了ひしなり．

　77) かくの如くにして普政府と天主教会との反目軋□〔轢〕益々甚しくなる．これにつき両方共譲歩の気色なし．所がその争の結果，ここに一つの困難なる問題起れり．この問題より漸次両方が緩和するといふ考を生ずるに至れり．それは僧侶の多数のものが同法に反抗したるにより，その職を止められたるものあり．その補充困難なれは欠員のままの教会頗る多し．若しも長く欠員のままで居ると，人生の第三期といはる死亡，出生，結婚の儀式挙げられず．そこで政府は結婚其他の身分の届出に関する教会の干渉を排斥して，これを純然たる国家の事務とせんとせり．そこで普につきては 1874・3・9 日の法律にて，又独帝国全体につきては翌 75・2・6 日の法律を以て，出出〔生〕，死亡，結婚は法律上の教会に届出ることを必要とせず，国家の官庁に届出るのみにして法律上の効力を生ずるといふことにせり．

　かくすると爰にかかる考を抱くもの起れり．これらの人生の大事を教会にてやるは，独り天主教会の習慣なるばかりでなく，新教徒に於ても同様なり．而してかくの如き善良なる手続をつくすは善良なる**慣習** Sitte にして，これを破りて簡略にするといふことは，国民道徳の興廃に大いなる関係あり．そこで今

度の新しき法律に対しては敵味方を通じてこれを喜ばさるもの多し．就中宗教に熱心なる**ヴィルヘルム1世**がこの法律につきて不満足を抱かれたり．故に皇帝がこの法律に同意されるまでには大いに躊躇されたと伝へらるる．従て政府にても，この法律を発布するときには特にかかることを宣言せり．曰く「政府はこれによりて毫も宗教的感情を侮蔑し，教会の権威を傷けんとするの考なし．政府ではこれらの事項を俗化すると同時に，又国民各自がその自由の意思により出生，死亡，結婚の出来事につき，教会にたのむといふことは斉しく希望する所なり〔」〕．

けれとも，この頃から独宮廷の考が**文化闘争**に対し変れることは見遁す能はず．殊に皇后陛下の**アウグスタ**がビスマルク反対派に乗ぜられて，その影響が宮廷の内部に拡がれり．かくしてビスマルクの対天主教政策は，有力なる後援を宮廷に段々と失ふに至れり．

かくの如く独の宮廷の方面に一変調を示せるに当りて，1878の2月7日，法王の**ピウス9世**死して，同月8日新に**レオ13世**法王となりしことは亦ローマの空気を二変せり．只前の法王は宗教の**権威** authority のためには何物をも看過せずといふ頑固なる態度を執れるに反し，新法王は欧諸強国との親善なる関係を続けてローマ法王の国際的地位の向上を計ることに心を挫きし近世稀なる大外交家なりしなればなり．故に新法王は登壇の始，直ちに普王に対する通知状中に懇切を極めし文句を以て，普との関係を回復したいといふ希望を述べたり．普王も亦これに対して訂重なる答書を送れり．かくの如くにして独宮廷とローマ法王庁との間には段々一種の精神的連絡つきかけて居れり．

独りビスマルクは未だ従来の態度を改めざりしなるが，彼がその与党たる**国民自由党**と段々と不和となって来りしことは，遂に彼をしてローマ法王庁と和解するといふ決心をなさしむるに至れり．一体ビスマルクは**文化闘争**を実行するにつき国家自由党と結托せり．しかるに，かの**五月諸法**は本来**同権** Parität（宗教に平等に適用すること）の原則を採陽したれば，この法律によりて不便を感ずるものは独り天主教徒ばかりでなく新教々会も亦同様なり．従て中央党に対して新教の擁護に熱心なる保守党はビスマルクの政策を喜はず．保守党は議会に於ける数的勢力 (40) は微々たるものなれども党員は殆んど全部封建以来の豪族にして，その知識，道徳，並に財産の点に於ても国家の保守階級に属する．

従て保守党の精神的勢力極めて大なるものあり．この党の同情を得ざることはビスマルクに取り大いなる苦痛なり．それだけ彼は国家自由党[民]と密接に結托するの必要を感じて居る．

彼は宮廷に於て段々後援薄くなるを見るや，77・3・27日に一度辞表を呈しことあり．流石に皇帝は彼の手腕を信じて断じて，否niemalsと辞表に赤くかきて撤回せり．健康回復のため長き休暇を与へたり．辞職は許されざりしも，保守党の反対が反ビスマルクと結托して，彼は更に国家自由党[民]といふ者の後援に頼らざるべからずとの必要を深くせり．これ程国家自由党との関係近かりしに，ビスマルクは其後段々これと反目せさるべからざることとなれり．その反目の第一の原因は経済政策につきてなり．

78) 〔国家自由党[民]の離反〕

普は先以て重要なる線路だけを帝国に有せん．それだけは普で率先して，自国の重要なる線路を帝国に売渡してもよしとせり．1875・3，これを普の議会に於て議決し，その上翌年76に普の鉄道を買上げるや否や，連邦参議院に於て問題とせり．そのときビスマルクはこれを端緒として鉄道国有の問題を解決せんと欲して，大いに骨を折れり．しかし普以外の他国はこれを手始として自国の権利も亦漸次殺がれるを恐れて，これを否決せり．而して当時民間に於て最も熱心にビスマルクの政策に反対せしものは国民自由党なり．

ビスマルクは鉄道問題ばかりでなく，更に貿易政策の問題につきても国民自由党と衝突せり．1877・4・13，外国より輸入importする鉄に輸入税(重いheavy)を課する問題起れり．ビスマルクの考はもとより鉄工業の独立を計り併せて□小の産業を保護せんとするにありき．されど国民自由党の一派は，一般に保護税の主義に反対の考を有せしかば，ビスマルクの政策を悦べす．この案も国民自由党の反対し結果，4月27日，11対212といふ大多数にて否決されたり．かくして従来与党なりし国民自由党が漸次ビスマルクを離れたり．ビスマルクはこの形勢を心配して，何とかして国民自由党を自分に引付けおかんと苦心し，その結果，1877・7月と12月の二度，国民自由党の首領のベニクセンに内務大臣の地位を提供して入閣を勧めたり．しかるに彼は全然保守党を以て固めて居る所の地方官との調和困難なりといふ理由を以て，内務大臣よりも大

蔵大臣になりたしとの要求をし，且つ自分と共に他に政友の入閣を要求せり．而るに国王は本来この党派の人の入閣を希望せず．況んや〔ベニクセン〕以外に更に２人を採用することは絶対に国王の同意を得ること能はざりしのみならず，ビスマルクのために現在の蔵相の地位を動かすことも困難なり．かかる理由にて折角のビスマルクの苦心も効を奏せざりき．

最後にビスマルクと**国民自由党**との関係は1878の有名なる財政改革といふ問題につき破裂せり．元来帝国創立の当時は中央の権力未だ充分に張らず，各邦に相当に遠慮せざるべからず．従て**税金** tax の財源なるものも大部分はこれを各邦に譲りしかば，帝国の財源といふもの決して豊富ならざりき．しかるに軍備の拡張，外交関係の発展の結果として，漸次国費膨脹す．帝国の収入の増加をはかる必要に迫られて，帝国の蔵相，78・1に間接税，主として煙草税に改正を加へて毎年約 4200 万馬〔マルク〕の増収を計るといふ案を立てたり．しかるにビスマルクはこれを以て不充分なりとして更に一歩を進め，且つかくの如くにして広大なる財政問題を解決すると共に，も〔う〕一つ極めて重大なる政治問題を併せて解決せんと欲して，2月22日，かの有名なる財政改革の計画を発表せり．その趣意は煙草専売の制度の断行にして，これにより帝国の国庫に巨大なる収入を得て，これにより各邦に対する帝国の財政的従属関係を救ひ，場合によりては帝国の方より進みて各国に財政的補助を与ふることにせんとする案なり．しかるに主義はよきも煙草専売は不可なりと**国民自由党**が反対せり．この結果，蔵相辞職せり．ビスマルクも腹を極めて仕方なければ**国民自由党**と戦意を決し，自分の腹心を挙げて後任者とし，更に多少改革を内閣に加へて結束を固くし，而して**国民自由党**に戦ふ用意をなせり．かくてビスマルクと**国民自由党**とは公然敵味方の関係に立つことになれり．〔欄外　1848・3・17〔1878〕に法律を作れり．**帝国宰相**は一人で議会に責任を負ふ．その責任を７人の**国務長官**〔Staatssekretär〕　secretar が代表するを得るといふに止る．〕

〔中央党接近運動〕
レオ13世の登極後まもなくバイエルンの宮廷のある宴会に於て，普の公使とローマ法王庁の公使のマセラとが懇談して，且我々は共同して我々の共通の敵たる社会民主党と戦はざるべからずと申合せしといふ説伝はり，その後暫く

にしてドレスデンに於て国王の銀婚式ありしときに，マセラが独皇帝の医〔婿〕に当るバーデンの大公に当る〔フリードリヒ1世〕と会談して歓待を受けたる事実は，益々普政府と法王庁との接近を想はしめたり．1878の夏にレオ13世との間に正式に交渉開かれたり．けれどもこの交渉たる，ビスマルクが結局に於て一歩も譲らざりしことと，他の一方中央党の反対，並に法王庁内に於けるイエズス会の頑冥なる態度とのために，何らの結果を見ることなくして終れるなり．レオ13世はビスマルクに提議して曰く，第1，五月法律の廃止，第2は**文化闘争**のために免職せられたる僧侶の復職といふ二個条の要求を出せり．ビスマルクは五月法律の廃止は何らの念頭になし．只**文化闘争**をやめ，中央党に味方を求め議会の後援を得たし．されど根本の主義を更めず．法律は元のままとしたが適用を寛大とせり．レオ13世を待遇せり．**文化闘争**を休戦し，復職も幾分し，その他のことはゆっくりせんとしたり．ビスマルク公の主義は終始一貫し，最後の**原則**は一歩もゆづらずして籠洛〔絡〕せんとせり．而して成功せんとせしが果さず．法王庁は最後の**原則**に於て断じて応ぜず．結局比公は敗けたり．

　法王庁の**国務長官** secretary of state たる**フランシ**は訓令して曰く，**五月諸法**は全部廃止する要なし．その中に忍び得べきものと得べからざるものとあり．得べきものはよきも，得べからざるものはビスマルクに交渉してやめて貰ひたい．僧侶の資格を政府で定る，懲罰も国家が罰するが如きは忍び得ざることなり．故に法王庁も多小〔少〕譲歩して妥協せんとするの希望はありしなり．この希望に対して法王庁内に於て反対あり．**中央党**と**イエズス会**なり．**中央党**はビスマルク（頑冥）に対する反対なり．後者は強硬に出でよ，**フランシ**の態度の軟弱に反対せり．それでも**フランシ**は妥協せんとせしが，彼は突然死せり．

　ビスマルク公，議会に於て説明して曰く，「マセラとの交渉は円滑に進歩せしが，フランシの死せしために頓挫せり．その後任者の方針に変更せり」と．

　フランシの後任者は**ニナ**なり．彼外交手腕，前任者に劣る．硬外交を執り，談判破裂し，元の状態に陥れり．かかるわけで一旦交渉継〔断〕絶せしが，しかし断絶のままで放任しておけば中央党は絶対にビスマルクに反対す．而して**国民自由党**との提携を継〔断〕ちしビスマルクとしては，どーうしても中央党を味方にせずしては議会に多数を占むる能はず．彼の新に最も重要とせし保護政策を実行する能はず．しかれとも中央党の同情を得る最も近道は**文化闘争**に於て譲歩すると

いふことなり．されともこの点を譲歩することは彼の国家主義の到底許す能はざる所なり．そこで彼は他の点に於ては中央党の要求をきき，その歓心を乞ひ，その一点に於て中央党の譲歩を求め，ここに妥協の道を開かんとせり．

彼はこの方針にて苦心せしが，その苦心は 1879，文部大臣のファルクの辞職により現はれたり．尤もファルクのやめることは突然に起りしことにあらずして，かねて内々で或は起るやも知れぬと期待せしことなり．その一理由はファルクが宮廷に於て殊に両陛下の信任乏しかりしことなり．彼が元来**文化闘争**をやりしは彼の宗教上の自由主義に本く．而して彼の自由主義は，独り天主教会に向ひしのみならず新教にも向へり．従て彼の宗教教育の行政上の方針は，自ら期せずして新教会内にも自由的傾向といふものの助長しつつあり．この点最も宗教的に保守的なる国王の悦ばざりし所なり．されば彼は前年の 5 月 5 日，自分の地位の不安を感じ，一旦辞表を提出せしことあり．只ビスマルクがファルクに切なる要求ありしため変じて留任せるなり．

加之 1878 の帝国議会の結果は，彼の政策の後援者たる**国民自由党**等は 128 より減じて 99 となれり．其他に若干の自由主義の党派ありしが，これも皆共にその党員を半減せり．これと同様の傾向は翌年秋の普の議会選挙にも現はれたり．これは必ずしも国民がファルクの教会政策に反対したことを示すものにあらず．前にも述べし如く，このときの天下の大問題は文化戦争の問題より転じて今や経済問題に移れり．而して国民は大体に於て保護政策を可とせしが故に，保守派盛えて自由派減ずるといふことになれるなり．けれども兎も角も彼の与党が減じたるなれば，彼としては地位の不安を感ぜざるを得ざりしなり．これ彼の 6 月 29 日を以て遂に辞表を提出したる所以なり．ビスマルクは始め彼の才能の非凡なるを認めて，これを内閣の外に放つことを好まざりき．しかしながら強いて彼を留職せしむるといふことであればビスマルクの肝腎の経済政策が議会に於て失敗する恐あり．只この時の議会形勢を見るに，たとへ保守的の諸派は前回に比し著しく増したれとも，しかも尚必ずビスマルクの政策を賛成すると定りしもの僅かに 130 名にすぎず．これに去就のやや曖昧なるものを加へ，約 20 を加へて，全体で約 150 にすぎず．これに対して自由派即ち経済政策で必ずビスマルクに反対すると定りしもの約 143 あり．この二大別の外に中央党は独りで 99 席を占めたり．故に中央党の味方を得れば必ず勝つ．反対す

れは必ず敗けるといふ議会の形勢なり．故にこの際中央党の怒を挑発するは極めて不得策なり．中央党の根拠は主として地方の農民にあり．その思想よりいひても亦利害干係よりいひても保護主義者であらねばならぬ．故に徒らに中央党の怒を挑発すれば反対さるるも，多少媚るの態度を執れば，少くとも経済問題につきては喜んで政府の味方をする筈のものなり．この点よりしてビスマルクはファルクを文部大臣の地位に止めておくといふことは極めて不得策とする所なり．

そこで彼は一旦その才能を惜みて当時空位となれる司法大臣の地位に彼を転ぜんとせしが，彼は自分は法律家にあらずといひてこれを拒絶せり．そこで已むを得ず遂に7月13日，その辞任 resignation を許可することとなれり．その代りに挙げしものは純然たる保守党の領袖にてロベルト・ヴィクトール・フォン・プットカマーなりき．又蔵相ホープレヒトに代るに保守党のビッターを以てせるが，これを国家自由党とビスマルク〔後欠〕．

ここに於て文化戦争に対する政府の方針が一変したと考へられなば，政府の威信に関すると思ひ，諸相を斥けても決して方針はかへずと宣言，又ファルクをしてかくの如き宣言をなさしめたり．しかし実際はこれらの方法にて反対党の歓心を買ひ，これによりて文化戦争をやるに便ならしめんとせり．そこで翌年夏1879，ウィーンに於て再び交渉が開かれたり．ここで開かれたるは，墺利に来れる法王の使節ジャコビーニが法王庁外交官の中最も有名にして，彼は全権を与へられ墺利朝廷中に立ちしかば，ここに駐墺独大使とジャコビーニとの間に交渉開かれたり．このときにビスマルクはやはり中央党などの歓心を乞へたれば法王庁側にて譲歩にはならんと予期し，態度(方針)を更めず．言葉，態度は柔かになりしかど，しかるにジャコビーニも法王庁からの官命に本き一歩も譲らず．ここにやはり談判が捗らざることとなれり．その際の中央党の態度如何といふに，ビスマルクの方では経済問題で中央党と接近したれば，この問題に対しては軟化せるならんと予期し，いはば中央党の反対に対し高を括れり．中央党の反対なければ法王庁も折れるならんと思ひしが，その予想全く外れ，中央党の方ではビスマルクの一歩も譲らざる強硬の態度に憤慨し，遂に独り文化戦争の問題に関してのみならず政府の一般政策に対して断然反対する決議せり．故にたとへば所謂軍事問題 Militärfrage(1874より7年づつ更進する七年

制予算)に先づ反対せり．次いで**社会主義者鎮圧法** Socialistengesetz の更進〔新〕の問題につき反対せり．**中央党**の最も敵とする社会主義を□〔冤〕める法律に反対せり．其外「**帝国の敵**」の〔Reichsfeindliche〕reichsfeindliche Bestrebungen を殊更に助けて行くやうなことをして，要するに一切政府のやることに反対する態度を執れり．これによりて見ると**中央党**は文化戦争に対し，いかに神経過敏なりしか想像するに足る．

かかる問題に接してビスマルク屈せず．ビスマルクは更に新しき手段を講じたり．それは**中央党**が今いふ如き理由で国家の利害を顧ず猥りに反対す．この事を国民に訴へ，殊に天主教民の愛国心に訴へ，尚ほ一方には天主教民の歓心を求めるために彼等の便宜になる如き方法を考へ，かくして中央党其物に打撃を加へ，かくしてこの問題を解決せんとせり．即ち彼は立法の方法で天主教民の不便を去り，民心をして**中央党**を離れて政府に帰せしめ，ここに**中央党**が失敗して天主教民の調子がかわりたることになれば，法王庁に於ても又従来の態度を維持し得ざることになるならん．かかる方針に本き種々評議の結果，1880・5月20日，一つの法律案を普の議会に提出せり．この法律によりて**五月諸法**の適用を緩和して教民の不便を除かんとせり．これが7月14日，多少の修正を経て確立せり．これ以来政府の平〔手〕心を以て**五月諸法**は適用寛大となり．〔以前〕依然に牧師免職されたるの無数の教区1103(4600の内)の内，963復職したり．冠婚葬祭の不便は取去られたり．この法律に対しても**中央党**は反対なり．只たとへは牧師の復職の問題に対しても政府は大いに寛大なる処置をとりしとはいへ，いかなる人を復職すへきやは政府の自由の判断におきたれはなり．〔教会〕政府では復職の判断を教会に任せよと主張したるなり．

けれとも政府ではこの処置が天主教民の歓心を乞ふに足り，又これに対して無用の反対をなす所の**中央党**は民心を失ふならんと予期せるなるが，その見込意外にも外れたることは翌年1881の10・27日の帝国議会の総選挙に現はれたり．只この総選挙の結果は政府党の勢力を従来の約1/3強に減じたり．政府反対側〔の〕，半分にも足らざりしなれば也．

前年の総選挙(政府		本年度には
99	**国民自由党**(政府党)	46
59	K.(保守党)	50

57	帝国党（政府党）	28
[94] 99	中央党（経済問題に対し政府党）	100
政府党は314中		124となれり

自由主義勢力 Liberal Verein
国家自由党より分れたるもの〔民〕	46
進歩党は本26なりしが	60
社会民主党も9より	12
波蘭人〔ポーランド〕	18
アルサスローレン	15
ハノーファー	10
丁抹〔デンマーク〕	2
反対党	

　一躍して政府党減小〔少〕せるか，この内無理でも政府党の味方となり得るものは中央党だけなり．彼は元来保守党なれとも（政府と同），教会問題だけで政府と反す．

　遂にビスマルクは中央党に屈せり．（教会に手をかへ品をかへ譲歩を求めしが功を奏せず）．ビスマルクはここに天主教の圧迫し得へからざるを悟れり．ビスマルクはかかる語を使へりと伝へらる．**打ち倒すことのできない塔** Unüberwindlicher Turm．且つこの前より説明せる如く，経済政策上中央党の助力を必要とす．而してその当時の政府反対党の多数を見ると，大多数は政治上の**原則**でビスマルクに反対なり．故にこれらの者を懐柔し一転して味方にすること困難なり．只中央党だけは政治上の**原則**はビスマルクと全然同一なり．それにも拘らず宗教上の考より政府に絶対に反対するの態度を執れり．故に宗教上の争点に就て多小の満足を与ふるならば，中央党は一転して有力なる味方となる筈なり．そこでビスマルクに取りては宗教上の争を固執して経済政策の問題を犠牲にするか，或は宗教上の争を暫く譲歩して最も緊急たる経済政策の問題を解決するか，二者何れかを選はさるへからさる立場に立てり．

　ここに至りビスマルクは宗教上の問題は譲歩し経済上の問題を解決せんとせ

り．しかし露骨にやらず．1882・4, 当時外交官として令名ありしフォン・シュレーツァーを法王外交使節に先つ任じ, この人の巧妙なる外交的技倆にたのみて法王庁国との平和の回復のために尽力せしめたるなり．

その結果, ローマ法王庁に於て普政府の態度に応じ, 自分も亦妥協的態度に出づることとなれり. このことは法王自身しばしば明言せしことあり. 只妥協の根本的成立に一大難関となりしものは依然として**届出義務** Anzeigepflicht（僧職の任命に関し地方長官の認可を得）なり. これ一つの難関にして妥協の結局の成立は相当に長き年を要したり.

このとき普の政府では**プットカマー**が 1887, 内相に転じて**ゴスラー**が代りて**文部大臣**なりき. 彼が大いに苦心して表向き**届出義務**はどこまでも立て, 只教会の希望を容るる目的で, 82, 83, 86, 87 と 4 回に亘りて引続き四つの法律を作れり. これが先にプットカマーの作りし 1880・四月の法律と共に**文化闘争**の平和解決には与りて力ありき. 故に歴史上全体で五つの法律を**和平諸法** Friedensgesetze といふ. 最後の法律を見てから**ローマ法王**も明白に普政府の妥協的態度を多とするを明言し, 一般僧侶に対し今後は僧侶の任命につきては**届出** anzeigen せよと命せり. 故に 1887 の 4 月 27 日, 最後の法律に**中央党**全体これを賛成して議会を通過せり. これを機会としに**中央党再びビスマルク**と提携するに至れり.

かくローマ法王, ビスマルクと妥協的態度を執り, **中央党**も亦妥協を辞せ(ず)んといふ様になりたれば, ローマ法王と普政府との妥協を見るは一挙一動の営なり. 故に普政府は僧職任命に対する政府の有する免職申立の実行につきては, 〔bürgerlich oder staatsbürgerlich〕 **市民ないし国民として** Birgerlich ov. Staatsbirgerlich の関係に於ては僧職に不適当なりといふある特定の事実のなき限り, 猥りにこれを実行せず. その意味は政治的に運動したとか, 又このときにこの頃盛んに行はれたる混合婚姻それ自身, 又は混合婚所生の児童の新教教育に反対するといふが如き理由で, 僧侶が免職さるることなきことを保障したるものなり. 一旦政府の方より免職を申立るならば政府の言分の様にせざるへからずとして, 政府の態度を維持せり. 爰に於て政府とローマ法王との妥協し 5 月 13, 法王レオ 13 世は神の助により長く我々をなやまして居りし問題は解決せられたかの教令を掲げ, 又普の国家をも何ら益する所なかりし苦々しき争はここに終を告げたりといふ宣言を発表

せり．15年余りに亘る争は兎も角解決を告げたこととなる．

しかし，この解決が政権と教権との根本的の解決ならさるは既に従来の講議で明白なり．妥協なり．故に始よりビスマルクの味方となりし自由派は不満足にて，この解決を以て国家の屈辱なりとグナイストは大いに憤慨せり．教会側でも**中央党**の如きはかかる屈辱の条件て解決するは教会の辱屈〔屈辱〕なりとし，一時ローマ法王に対する不平の念盛なりき．ある有力なる新聞は憤慨の余り中央党の墓石の上にかかることを書けといひたり．我々は今日まで敵より決して打勝しことなし又友より見捨られしことなし．今日何事ぞローマ法王よりの人より裏切られたり(17年間苦心したるに不拘)を標語 motto として盛んに唱へられたり．共に満足の解決にあらず．殊にビスマルクは教会を国民的にする目的でかかる運動を起したるなるが，その目的は全然失敗せり．不能なるのみならず天主教民の結束を固くし，ここに中央党といふ政党を非常に有力なる一教団としたり．天主教徒結束して政府に対抗する最も有力なるもの独に於て始〔初〕めて見る．故に独に於ては政権と教権との争は今日に於ても相当にある．尚ほ宗教と政治との関係は別の項目で講釈するが，**文化闘争**はこれにて終る．

〔三国同盟と露仏同盟〕

79) **カトコフ**―**汎スラヴ主義** Pan-slavism な人物．又スラヴ人を中心として異人種異宗教を圧迫せんとせり．**スコベレフ**

これらの人の運動により**汎スラヴ主義**は漸次盛んとなれり．しかしてビスマルクは露でかくの如き思想の起るは独にて極めて警戒すべきことに感じたり．而して独と墺との提携は露を激せしめて益々独に対抗するといふ考を起さしむるといふことを考へて，何らかの方法で露に於けるこの思想を緩和せんと試みたり．幸にして露の政府殊に宮廷に於ては，対ナポレオン同盟以来の考を踏襲して，墺と別れ敵対の関係に立つを好まざる感情あり．而して**汎スラヴ主義**といふものは必ず独墺を敵とする政策なれば，政府の方ではこの運動を喜ばざりき．ここにビスマルクの乗すべき機会を発見せり．加之敵の露皇帝**アレクサンドル2世**は独皇帝**ヴィルヘルム1世**の妹の子なり．その関係を利用して露の皇帝に勧めて外務大臣の**ゴルチャコフ**を伴ふて伯林に来らしめて，同時に墺の皇

帝宰相も招きて，ここに三帝三相の会合を見たり．

その際に決定せし主なること三あり．(1)1866及1870年の事変によりて定められたる新しき国境をそのままに保持し，これが変更を試みざること．(二)は東方関係より生ずる諸々の問題は和衷協同の精神によりこれを解決すること．〔欄外　共に消極的なり〕．(3)諸国の元首に危害を加へんとする革命的運動を協同して抑制すること．

しかるに後，幾程もなくビスマルクは三帝協約の存在するに拘らず，更に露を出しぬきて独墺の間に秘密同盟を結べり．これ独の安全のためには，更に強固なるき[基礎]その上に独墺の連結を見る必要ありしなればなり．即ちひそかに墺と通じてバルカン半島に於ける墺の自由行動を暗に認め後援することを約せり．露は後でこれを聞きて大いに独に対して不快を表せり．これが後に露が三帝協約から離るるに至りし原因なり．

今述し如く露と独との間に面白からざるに至れり．それでも暫くの間は表面を糊塗せり．この関係は遂に1878に至りて破れたり．この年の4月露土戦争の結果，露はこの戦争で勝ちてサン・ステファノにて条約を結べり．この条約に英を始め墺等が干渉せり．而して更めて伯林で列国会議を開き，その条約を修正することとなれり．この有名なる伯林会議の決定は7月13日に出来上りたり．この会議の議長たるビスマルクは露の予期に反して，露の全権委員のゴルチャコフに対し極めて冷淡にして彼の抗抗[抵]は殆んど拒まれたり．会議で決定した68条は露の面目を潰せし紀[記]念碑たるに止まれり．

これより露は明白に独より離れることとなれり．ここに於てビスマルクはもはや露の全然頼むへからざるを知り，益々墺と結ぶ必要を感せり．その結果1878，8月27日より28日に亘り墺匈〔オーストリア＝ハンガリー〕国の外務大臣のアンドラーシと会見せり．超えて9月21日にウィーンに於て攻守同盟の密約を結べり．これは露と仏とを想定敵とし，一旦これらの国と戦へる時は各々全力を挙げて助けるといふ意味の密約なり．これが即ち今日の三国同盟の基礎となれる独墺同盟なり．尤もこの同盟条約は始めこれを極めて秘密にせり．表面上はかつ三帝協約も亦存続せしめて，かつたえず露に対して好意を得ることを努めたり．これできるだけ露と仏との接近を妨げんがためなり．ビスマルクは仏の孤立を以て絶対的に必要なりと考へしなり．

この独墺同盟に伊が加はりて今日の三国同盟てきたり．伊の加入せしは 1883．1月なり．伊が歴史的に墺と仲が悪く 1866 以来独ともよくなし．しかも仲の悪い両国と同盟の関係に入りしは主として対岸のアフリカのテュニスを仏より奪はれしためなり．而してテュニスの占領を仏が敢てせしは，これも亦ビスマルクが仏を孤立せしむる目的を以て伊を誘ひし計画に本くといはれたり．〔欧洲〕動乱史論 400 頁以下．

　三国同盟の成立によりて独の中央に於ける覇業ほぼ成れり．これがために圧迫不安を感ずるものは独〔露〕と仏なり．これより前 1875 に独の軍人間に仏の復仇を未然に防がんがために普仏戦争の傷の未だ治らざる前に仏に大打撃を与へんとの計画ありき．これらのことより仏は益々独の圧迫を感じ又その孤立の地位を憂へたり．一方に於て露は皇帝のアレクサンドル 2 世は 1881 虚無党の手に仆れたり．1888 独皇帝ヴィルヘルム 1 世死せり．かくて独と露とを結付けし両皇帝死せり．而して表面上存在を継続せし三帝密約は 1890 満期となりしときに現皇帝のヴィルヘルム 2 世はその継続を提議せざりき．爰に於て独と露との関係は名実共に断絶の形となれり．この関係は直ちに仏と露との接近を促し，かくて 1891．1．22 日，露仏同盟出来たり．露仏同盟は三国同盟の介在することによりて勢力を両断せられ三国同盟に対し多小の遜色あり．けれどもかくして二大同盟の存在するといふことは，欧をしてしばらく武装的状態の平和を続けしめたり．

　今までに述べし独の外交政策方針はビスマルクの策を踏襲したものなり．畢竟するに独帝国の安全をかためるといふ根本方針にすぎす．しかしこの方針は現皇帝の登極〔機〕を期として一変せり．即ち新皇帝は独の使命の更に進みて世界的に活躍するにあると考へ所謂世界政策 Welt-politik〔Weltpolitik〕を唱へたり．即ち消極的に独帝国の安全に止〔留〕らす積極的に独の文化を広めるにあると唱へたり．尤もこれは単にビスマルクと皇帝との思想の差のみより考ふべからず．一には時世か変りしなり．即ち国力を統一し産業も発達し物質的並に精神的の力が充実し来りしかば，今や独国民は外に向ふへき気運にありしなり．この気運が独皇帝を生んだのであると見てもよし．又独皇帝はこの気運に乗じて現はれたと見てもよし．〔欄外　〔欧洲動乱〕史論 501―〕．要すに皇帝は尚皇子なりし頃よりビスマルクの立場を以て因循姑息なりとして，その即位するや彼を棄てて顧みず．而

して**皇帝**の登極匆々ビスマルク等の意を容れずして断行せし二大事件は土訪問(二回)即ち小亜細亜経営或は近東の経営と他は海軍拡張なり．

　かくの如く積極的政策を執れば最も多く英国の勢力と衝突す．英国は世界中に網を張れはなり．而して英が覚醒し英は自ら海上の雄を以て居り欧の内紛には比較的関係せざりき．尤も英は東洋に於て露の圧迫を感じてそのために日本と同盟せり．1902-〔明治〕35年．かくして彼の**光栄ある孤立**〔splendid〕glorious isolationといふ地位を棄てたのであるが，欧に於ては未だ他と同盟する考はなかりき．且つ当時英は漸次独の圧迫を感じて居ると，歴史的にいへば独の敵たる仏並に露と仲が悪し．19世紀の始以来バルカン半島に於て英はたえず露と衝突し，ペルシア Persia 印度に於てもたえず露の圧迫を感ぜり．仏と英の仲の悪きは中世以来のことなり．アメリカの問題又は仏革命時代にても英は事毎に仏をいぢめたり．近くは埃及の問題で劇しく争ひ，かの**ファショダ** Fashoda 事件につきては英仏間に戦端を開かんとせしことあり．故に英はいかに独の圧迫を感じても，そのままで仏や露と結托する能はず．しかも遂に英を□けて1904に仏と協商せしめ，1907露と協商せしめたるは，一には独の圧迫の極めて強めて強烈なりしことにもよれど，一には**エドワード7世**陛下の偉大なる手腕による．かくして英露仏の三大強国は独墺伊の三国同盟に対抗する最近の関係を作れり．只ここに問題となるは，1904の英仏協商の結果として伊が仏の外相**デルカッセ**の誘に応じて段々に協商側に接近したといふことなり．このことは協商同盟双方をして軍備拡張に熱中せしめ，最近著しく欧の天地を不良ならしめたり．

赤松克麿ノート

1916年度講義録

緒論
第一編　自由主義
　　第一章　憲政の発達
　　　　第一節　仏蘭西革命
　　　　　（第一）仏蘭西革命と憲政との干係[関]
　　　　　（第二）革命当時の憲政思想
　　　　　（第三）革命に於ける憲政の変遷
　　　　　（第四）王政の回復
　　　　　（第五）憲政思想の確立
　　　　第二節　第19世紀に於ける反動思想との闘争
　　　　　（第一）総論
　　　　　（第二）ウィーン会議
　　　　　（第三）仏に於ける君権民権の争
　　　　　（第四）欧州各国の憲政運動
　　　　第三節　各国憲法制定の来歴
　　　〔第四節　代議政治〕
　　　　　　第一項　選挙権の拡張
　　　　　　　　　　民選議員の政治的優越[院]
　　　　　　　　　　政府と議会との干係[関]
　　　　　　　　　　婦人参政権
　　第二章　社会的機会均等
　　　　一　社会問題
　　　　二　宗教問題

　　　　　国家的統一

最近の欧州史
　　第一章　独逸帝国の出現
　　　第一　近代欧州の国際干係[関]に於る独逸の地位
　　　第二　独帝国の建設とビスマルクの政策
　　第二章　独逸の軍国主義
　　第三章　三国同盟
　　第□〔四〕三国協商
　　第五章　伊太利態度の変調
　　第六章　モロッコ事件
　　第七章　バルカン問題

1)

緒　論

　政治史といふ題目にて現代政治の研究をなすときに，現代とは主として第19世紀 19th 以来，尚ほ詳しくいへば仏革命以後，直接間接に発展したる新時代をいふ．爰に特に現代政治史を講ずるは，現代政治の理解の上に其以前の古き歴史は左程必要ならざると，学問の意義に於ける政治史は19世紀を以て始まるといふをうべければなり．

　何を以てかく断ずるや．政治は19世紀に至りて少数者の手より多数国民の手に移り，一切の政治現象はデモクラティックな原則 democratic priciple [principle] によりて解決せらるるを原則とし，従て政治事実は概括的研究の題目たることが出来るやう[よう]一になりたればなり．一言にして現代政治の特色をいへば，政治が国民的又は国民のものとなりしにあり．いかにして政治は国民のものとなりしか．その淵源は文芸復興に伴ふ個人の自覚に発し，この個人の自覚を導きし政治界に於ける国民的開放[解]を成就せしめしもの，仏国革命也．もとより仏革命当初の精神は一挙にして徹底的に完成せられたるにあらず．革命の反動としてナポレオンの専制政治を誘ひ，次で王政時代の旧勢力の復活を許し，これと妥協して僅かに立憲政治の端を開きしは，ある意味に於て失敗といはさるへからず．けれとも一旦確認せられたる国民の自主自由といふ意義は，到底これを圧すへからさるのみならず，かへりて時と共に益々盛んとなれり．所謂憲政の発達史はこの国民の自主自由の主義と伝統的旧勢力との抗争に於ける勝利の与ふ〔後欠〕．

　政治が国民的となれる結果，現代政治現象はデモクラティックな原則によりて支配せらるることとなる．国民全体を政治の目標とするが故に国の内部の勢力は充実し，直正[真]の意義に於ける国家生活はこれより始ると見てよし．政治が国民的となるの結果，現代政治現象は国民の本当なる利害と合致し，その方向に一定の軌道を通て学問的目的物たるの資格充分に備はるに至れり．これ政権の運用が個人的動機を離れて国民的支配の下に帰したればなり．

　以上吾人は現在の政治の特色を挙げ，政治の目的に於て並に政権の運用に於

て国民的自主自由の主義確立せるにあるといふことを述べたるなり．而してこの考の発達は所謂個人的自覚といふことに胚胎するなるが，この個人的自覚といふものは，これに対抗する所の伝統的の勢力と争ふために極端に出張せられ[注]たるといふ嫌なきにあらず．従て個人を孤立的に観察して，その団体の一員としての方面を閑却せるといふ弊あり．しかしながら昔より多くの学者の唱ふる通り，人はその本性に於て社会的生物なり．故に所謂個人の自覚なるものは，その合理的の形に於ては社会的生活に於ける自己の尊厳の自覚，詳言せば他の個人と相依りて団体生活をなし，これによりて発達せらるべき自己独特の目的あるといふ自覚ならざるべからず．唯我々の団体生活に於て団体そのものを以て絶対の実在とするか，或は我々個人の生活を以て絶対の実在とするか，その点の哲学上の説明は本より人によりて一様ならざれとも，とにかく最も合理的なる個人の自覚といふものはこの団体的生活の価値を無用視するものにあらず．且つ政治が国民的となりしといふ事実の当然の結果として，国家の運命と国民の利害休戚とが原則として一致するといふことになり，強固なる団体的生活は又我々の目的を達するに必要なるといふ所以を事実に於て我々に示せしなり．ここに於て現代人の常識は，一方に個人の自由なる発達を主張すると共に，他方に於て統一ある強固なる国家的生活を希望するなり．

かくの如くにして現代政治は，一方に於ては自由思想の拡張発展の方面に向けられ，これを個人といふ主観的方面より見ればあらゆる拘束，あらゆる不公平よりの開放なり．尚ほ更にこの方面に於て現代政治は又，国家的生活の内容の充実並に外部的膨張の方面に向けらるる．これを最も通俗なる語を以て現はせば，個人主義と国家主義との並立的発展なり．只かくの如き主義の上に立つ実際の政治上の施設といふものが，その局部的見地に於て往々にして衝突するといふこと，これを免るること能はず．

2)この憲法は，その前文に国王を改革して神恩並に民意による仏国人民の王とし，所謂人民主権なる考も現はして居る点と，国王の権力を極めて制限して財政事項に関しては全然**拒否権** veto の権を認めず，又立法事項と雖も議会が三度可決せしものに対しては国王はもはや**拒否権**を主張する能はず．国王に法律の発案権なし．議会に向て停会，解散も命ずる能はず．条約の締結，戦線の[宣戦]

布告は必ず議会の協賛を要すと定めたる点，及び行政権は6人の大臣これを行ふとし，大臣は議会に対して責任を有すと定め，且つ大臣以外の官吏は凡て国会これを公選すると定めたる点は著しく民主共和的であり，更に議会を一院とし，その議員の任期を2年と定めたる点に於て尚ほ一層民主共和的なるに拘らず，その議員の選挙につき満25歳以上の男子にして3日間の労働に等しき直接税を収むる[納]ものは議員選挙人を選挙するの権を有し，かくしてあげられたる選挙人が即ち議員を選挙するといふ間接選挙若くは重複選挙の主義を採りしは，以て当時の選挙に対する考の今日と著しく異るといふ点を見ることを得．

第一編　自由主義

　文芸復興に芽を発して19世紀に実を結びたる自由主義の人文史上に於る意義は，所謂人文の発達といふものを可能ならしめたる点にあり．凡そ進歩発達といふものは独り自由なる地盤の上に可能なり．自由なきときは両者共になし．人類天賦の能力が現代に於て遺憾なき発達を遂げつつありとするならば，これ畢竟自由の賜なりといはさるへからず．

　自由は一面に於て古き因習に対する反抗なり．しかしながらこれは必しも〔数文字空白〕を意味するにあらず．只古き束縛を破ることによりて新しき生命の発達を促す以てなり．されど古き因襲の打破は必然に新生命の発達を促すと限らざるが故に，自由は発達を可能ならしむといふをうべきも，自由は発達を必然に結果すること能はず．従て自由の直接第一次の効果は破壊なりといはさるへからず．この点に於て自由はときとして多くの弊害を伴ふことなしとせず．その所謂弊害の中につきても最も大なるものは権威に対する懐疑といふことなり．これ保守的思想家の常に自由を忌む所以なり．社会其物を打破することの害悪なるはいふをまたず．しかし破壊を恐れて自由を歓迎することを躊躇することを得ざる所以は，自由なくしては新生命は生れざればなり．国家の健全なる発達のためには一度この危険なる階段を経ることは必要なり．

　但し自由が新生命の誕生を必するや否やは，専ら懸りて国民の智徳の発達にあり．就中国民の政治道徳は，自由の思想の発展に伴ふて国家を健全に発達せ

しむる所以の主たる要素なり．その点に於て我々は政治と道徳との最も密接なる干係[関]を認めさるを得ず．

近代の政治に於ける自由主義の発達は，これを両方面より観察することをう．第1の観察点に従へば，此主義は先づ純粋なる政治上の方面に発達し，次で社会的経済的自由の政治的保証[障]の方面に発達し来れり．第2の観察点に従へば，此主義は先づ宗教的に国民全体を少数の特権階級の支配より脱せしむる方面に発達し，次でその所謂国民なるものの内容に立入りて自由主義の要求を現実に観察する方面に移り来れり．

第一章　憲政の発達

第一節　仏蘭西革命

(第一)仏蘭西革命と憲政との干係[関]

近代憲政の母は英国なり．しかしながら之を広く世界に紹介して，鬱勃たる自由思想の要求を満足せしめしものは仏蘭西革命なり．しかもこの革命は英国に淵源せし政治思想を世界に布及[普]せしめしもののみならず，又英国の制度其物にも改良の機会を与へたり．故に仏革命なかりせば，或は憲政は充分発達せずして止みしならん．この点に於て現代の憲政は仏国革命に基すといふも可ならん．

而らは仏革命は何故に英国の制度を紹介し之を広く世界に流行せしむるに至りしや．(1)時勢の進運に乗じて起りし自由思想は，王権強大の余幣[弊]を受け其専横に苦しみし仏国に於て異常の発達を見，かくて革命の爆発を見たるなり．(2)革命は反動として王権及びこれに属する一切の権威を無視し，且つ旧慣保守に出づるものを排斥し，純然たる理性の要求の上に新しき政治組織を作らんとしたるなり．(3)この進化の理法を無視したる施設の失敗に終れることは当然なり．当時人は社会的秩序の紊乱に苦しみ不知不識旧制を思ふに至れり．(4)この時に際して英国古制の研究は再び勃興し，この永き沿革の下に発達せし制度は直ちに取て以てこれに則るに便なるとせられたり．(5)この仏国の例は後普く他国の模倣する所となれり．

(第二) 革命当時の憲政思想

　革命当時に於ける憲政の観念は極めて単純なるものなりき．その要素は次の二点にすぎず．(1)議会制度を創設して国権を全部これに回収すること．(2)国民の要求を成文の憲法にかきこむこと．

　かくの如き憲政思想を当時の人の有するに至れるは夫々の理由あり．余はこれを三個の事情に帰せんとす．(a)18世紀の仏国の政治学説が英国の政治を研究したる結果，議会制度の創設を以て極めて必要なることと考へたることなり．(b)革命当時，国権の組織は須らく成文の法典を以て定むべしとの考行はれたることこれなり．(c)英国憲法の精神を成文の憲法に移さんとの希望は，米合衆国の州 states の憲法並に連邦の憲法により普く強められたり．〔欄外　**特許状** Charter-植民地の政治組織を定むるものにして独立国家の憲法の性質を有す．**入植地契約** Plantation Covenant-ピルグリム・ファーザース Pilgrim's Fathers-1620. 8. 20 日 th. グレッグの著．1638-コネティカットに移れるピューリタン Puritant の作れる成文憲法の最古物．**コネティカット基本法** Foundamenal orders of Connectikat. 1787, 合衆国の憲法出来たり．仏革命爆発の先つこと1年．〕

　(2)革命当時政治之組織は成文を以てすべしといふ説行はれたり．(ルソーの民約論の影響―憲法は民事契約なればなり．)

　(3)英国憲法の精神は成文の憲法に移さんとするの希望は，アメリカ合衆国各州の憲法並に連邦の憲法によりて著しく強められたり．

(第三) 革命に於ける憲政の変遷

　欧州に於ける成文憲法の最も早く発達せしは仏なり．而して仏に於て最古の成文憲法は 1791・9月3日の仏憲法なり．これよりさきル**イ16世**は財政の窮乏を救はんがためにネッケルの献策をいれ，約200年間召集せざりし**全国三部会**〔Etats〕Etats généraux をヴェルサイユに開けり．1789・5・5なり．開会の劈頭に三族が同時に会合すべきか別々にすべきかにつき争あり．6月17日に第三級は独り分れて宮殿目前の**球戯場** 〔Jeu〕 〔paume〕 geu de Paume に独立の集会を催し，6月8日[20]，憲法の発布を見るまでは断じて解散せずと宣誓し，自ら**国民公会**〔Assemblée nationale〕 L'sssemblée constituante Nationale と称へたり．憲法の要求が具体的に唱へら

れしはこれが始めなり．次で6月27日に貴族，僧侶の二階級も国王よりなだめられて来り投ずるに及び，この会合は始めて国民全体の代表会議たるの体裁をなし，当初[初]は只租税承諾の目的で召集せられしに拘らず，今や更に進んで政治上の根本改革をも要求するに至れり．次いで7月14日，バスティーユ牢獄の襲撃となり，所謂民権が急に強丈[大]となり，8月26日には有名なる人権宣言の発布あり．10月5日，パリの暴民が国王及王妃をヴェルサイユより捉[捕]へ来りてパリの一宮殿に幽閉するに及んで，国民議会も亦パリに移れり．国王あれどもなきが如く，議会独りで仏国の主権を掌握した形となれり．この頃，国王の窮状を憐れんで墺，普の間に仏国の内政に干渉せんとするの風説ありき．故に議会の内，たとへばダントンの如き，ロベスピエールの如く，むしろ直ちに王政を廃して一挙に禍根を絶たんと主張するものもあり．国王頻りに哀を乞ひしために多数はダントン等の説を斥けたり．而して1791・9・3日の仏国第一の憲法はかかる状態の下に制定せられしものなり．その全体の結構が著しく民主共和的なることと，それにも拘らずなほ国体を王政にしておること，又憲政の始めのこととて民主的といふこと充分に徹底せざることは，憲法の内に特に吾人の注目を惹く所なり．

　かくの如く仏では1791以来数回の憲法の制定を見たるが，仏以外の国に於ては多く対仏戦争に忙殺せられて未だ憲法の制定を見るに至らざりき．しかれとも自ら仏革命の影響をうけて漸次所謂民権の伸張を見え居たることはいふをまたず．而して19世紀に入りて新興の民権と古き特権階級との衝突が漸次甚しくなりしに，一人仏にありてはひとたび人民全般に散じたる権力がかへりて段々に再び中央に集中せんとする傾向ありしは，一見不思議の現象の如く見えたり．しかれともナポレオンの英雄時代に於ても彼が尚ほ常に民意尊重といふ主義を離れざりしことは，またこれを見逃すべからず．故に仏に於ても所謂民権主義はナポレオンの没落と共に再びその勢を盛返せり．

(第四) 王政の回復

　ナポレオンの没落後，ルイ18世は迎へられて仏の王位につき，6月4日を以て君権の維持尊重を基礎としたる欽定憲法を発布せり．**1814年憲法 Charte Constitutionelle．**この憲法は既に文字の示す如くに本より人民の政治的自由を

保証すべき各種の項目を含むこと論を俟たざるも,従来の憲法が極端なる民主的傾向を帯びたるに反して,君主並にその周囲にある従来の特権階級にもその所を得しめたるものなるが故に,当時漸次安定に帰しつつありし社会の状態に比較的適応するものなりき.殊に民権と君権と相争へる他の諸国に於て,殊に早晩何らかの機会を見て両者の妥協によりて適当の解決を見るべき運命にありし所の諸国に於て,この仏の欽定憲法は将に取りて以て模範とすべきものを提供したる形となる.故にこの憲法は始めて[初]他の諸国に模倣せられたり.1816のザクセン＝ワイマール＝アイゼナハを始めとし,1818にはバイエルン及バーデン,1819のヴュルテンベルク及,〔1820の〕ヘッセン＝ダルムシュタットの憲法となりて,漸次中央諸国に憲法政治の伝播を見ることとなれり.(1815・8月,和蘭の憲法あれとも仏の欽定憲法の影響にあらず).

この欽定憲法は(第1)全然君主本位の基礎に立ちて,憲法は即ち主権者たる君主がこれを国民に特許するものなりといふ観念を明白にしたる点に於て特色あり.従て国家の権力は全然これを国王に集め,王を以て神聖にして犯[侵]すべからざるものとなし,法令を発布し,官吏を任免し,宣戦を布告し,条約を締結し,軍隊を統率するは本より,法律の発案権,議会を解散するの権,皆これを国王に収めたり.(第2)立法権も亦国王これを行ふものとし,只上下両院の協賛をうるを要とせり.両院は毎年1回これを開き,比較的長き年期を有すれとも,発案権は全然これを認められず.只特別の問題につき法律の制定あらんことを王に請願するの権を認めらるるのみ.(3)上院は王の特選にかかる世襲又は終身の議員より成る.その数に制限なし.その議事は公開せず.下院は各県にて選挙せらるる議員より成る.任期5年.毎年5分の1づつ改選することになる.(1846・6・9の法律で改める.7年毎に全部改選とす.)下院議員の選挙資格は年齢30才以上にして毎年300万法[フラン]以上の直接税を収むるものとせらる.而して年齢40才以上にて1000法[フラン]以上の直接税を収むるものならざれば被選資格なし(〔選挙権は全人口比で〕1000につき3).選挙法は憲法の中にこれを定めず.後―(1817)・2・2日の単行法で定めたり.これに依れば連記の式によれり(Scrutin de lister[liste]).(1822,保守党内閣立ちしとき選挙法に多小[少]の改正を加へたり.このとき従来258なりしを新に172増加し,258人の方は小選挙区単記にすることとせり.新の172は各県に於て多額納税者をして選挙せしめたり.)〔欄外　département

―県．郡 L'arrondissement．選挙区の単位を何れにとるか問題となる．〕

(第五)憲政思想の確立

　仏革命の政治史上の意義は憲政の確立にあり．而して憲政の思想は革命の全期を通じて発展せしも，王政復古の際を以てややその形式的完成の端緒につきしなり．しからば当時漸次固まりかけし憲政はいかなるものなるか．その思想の根抵(抵)を作る条件は次の如きものなり．(1)政治的自由を確保する最良の政治は憲政即ち憲法による政治なり．(2)ここに憲法といふは形式上並に実質上特別の性質を有するものをいふ．その内形式上の特質といふは普通の法律よりも効力を強くするといふ意なり．(普通の法律を以て廃止変更する能はず)(3)所謂憲法はその内容の主なるものとして次の三項を包含するものでなければならぬとせられておる．(a)人民権利の保証(障)(b)三権分立の主義(c)民選議員の制度(院)(特に衆議院)．三権分立の主義を適用の一なり．されどこれを特に憲法上の肝要の点と見られたるは，政府，裁判所より立法府が独立しておるといふよりは，立法府か人民より選挙せられたる代表者によりて組織せらるるものなればなり．立憲政治が民選議院其物なりとの如く考へられたり．

　抑々仏革命は政治的自由の確立のために行はれしものなり．而して革命時代の思想が所謂憲政といふものに於て自由の確保を認めたる所以は如何といへば，かくの如き憲政の思想乃至憲政の制度は古来英国に存し，英国にては比較的最もよく政治的自由の確保せられたる事実ありたればなり．これモンテスキューの研究により明かにせられたる所なり．しからば英国に於てはこれらの制度はいかにして発達し，又いかにしてこの制度は政治的自由を確保する効用を全うせしか．―英国の憲政沿革―以下略．

第二節　第19世紀に於ける反動思想との闘争

(第一)総　論

　憲法創設は時世の要求に促され又少くともこれに応ずるものなれとも，凡そ従来経験せざりし新事物の創設は幾多の障碍を蒙るを常とす．かの全く新しき天地に自由国を建設せんとせし北米合衆国ですら，7ヶ年の大戦と8ヶ年の論

及とを経て3)漸く完成の途につけり．〔欄外　1876-独立宣言〔1776〕．1883．9月3日-独立完成〔1783〕．1891-憲法制定〔1791〕〕．況んや欧州大陸諸国の如く，所謂伝統的特権階級の厳乎として存し凡ての進歩思想に反抗する所に於ては，尚更困難なりといはさるべからず．欧州大陸諸国に於ける特権階級は仏革命の経過を見てその強暴なるに驚けり．更にその影響は自国の中にも入り来るといふ形勢を見て益々不安を感じたり．而して革命のために一時閉塞せし仏の貴族がナポレオン没落を期〔屛息〕として再び頭を擡げてくるに及び，諸国貴族も亦一様に立ちて自由進歩の大勢に反抗するといふ態度に出でたり．而して当時の自由思想が全体の保守思想に対する反動としてあまりに極端に唱へられただけ，特権階級の反動的態度も亦頗る極端に表れることいふを待たず．この特権階級の反動思想は始めウィーン会議に於て現はれ，次で神聖同盟に於て明白に現はれ，神聖同盟がいかに自由主義抑圧のため余力を残さざりしことはこれも説くの要なし．しかれとも自由主義も亦これに対抗して，これに奮闘を続けて屈せず．その間本より種々の曲節あるも，これを大体の性質に見るに漸く以て目的の一部を達しつつありしが如し．殊に1830と及び1848とは自由主義の廻転に各々一時期を画するものなり．而してこれらの運動に於て仏がその先駆をなせしことはいふを俟たず．かくして漸次各国にも憲政の創設を見て，たとひ究局の理想には未だ至らざる所遠きも，今日もはや何人も疑はざる点は，憲政は現代政治の普通の形式なりといふこと也．

(第二)ウィーン会議

　ウィーン会議の由来，目的，経過，その事業につきては，普通の歴史に譲りてこれを説かず．只吾人がこの議会〔会議〕の顚末を観察して注意を要するものは，当時この会議を支配したるものは根本の主義は**正統主義** Legitimacy の思想なりしといふことなり．**正統主義**とは何ぞ．これは国境確定の標準は革命以前に於ける正当なる主権者とその管轄の領域にあるべしといふ説なり．当時公権私権の区別明ならず，統治権を所有権の如く取扱へるはやむを得ず．只その結果として権利の確認を得たる王侯貴族，又同時にこの会議を楯として人民に対し自らその所謂その正統の権利を主張すべきか如に〔き〕反動思想は，これに伴ひて起り来らざるを得ず．故に表面の主張は何に在るとしても，ウィーン会議を支配せ

る公議は，一面に於て復古主義，他の一面では反動主義なり．

　この結果として将来の政治史上に現はるることで二つ注意すべき点あり．(1)国境の確定，自然の要求に合せず，後来に禍根を残せしことなり．このことは**正統主義**の思想の当然の結果なり．このとき尤も一方に**民族統一** Nationality，又**勢力均衡** Balance of Power の思想もありて，**正統主義**の徹底的成功を緩和せり．しかれともそれは極めて経微[軽]なるものにして大体の主義**正統主義**なりしかば，欧州の風雲はこの会議の結果一旦収まりし如く見えても，遠からず民族主義の発達と勢力関係の推移の結果，再び動揺せさるへからさる運命にあり．

　(2)各国の政治上の方針はひとり国内に於て自由の圧迫となりしのみならず，自由主義の勃興を以て此の後危険となし，これが国際的抑圧をはかるに至りしこと，為政階級が内政上反動的態度に出づるは怪むに足らず．しかるにこれを国際問題として共同的に圧迫せんとするに至りし所以は，当時の自由主義の流行，恰も疫病の如く他国に蔓延し，而してこの流行は即ち国家の立脚地を覆すことになる故なり．これを国際的に防禦すること絶対に必要なりし故なり．この思想の最も明白なる表現はいふまでもなく，かの**神聖同盟** Holy Alliance なり．**神聖同盟**がいかに欧州諸国の自由主義を拡大[抑圧]せしかといふことは歴史上明白なればここに説かず．

(第三)仏に於ける君権民権の争

　ウィーン会議と共に現はれし反動思想は憲政発展の前途に一大障碍を築き，其後数十間は最も困難なる奮闘[奮]を自由主義は続けざるべからざりき．而してこの奮闘[奮]に於て常に**擁護者** champion の地位に立ちて，他国の同主義者教導の任に当りしは仏なり．而して仏は実に前後二回の革命にて遂に全く王政を覆顛[顛覆]して，再び共和制の樹立を見たり．その第一次の革命は 1830 年 7 月，七月革命と称するはこれなり．これによりて仏人民は**ブルボン** Bourbon 王朝を倒して，新たに**オルレアン家のルイ＝フィリップ**を迎へたり．且つ重大なる改正を加へて憲法を著しく**デモクラティック** democratic のものとせり．

　改正の要件の最も主なるもの三あり．(1)君主主義を棄てて再び人民主権主義を憲法の上に立てたり．(2)明文を以て国王に法律停止を禁じたり．(3)議院

組織を改正して一層**自由主義的** liberal にしたり．たとへば発案権は従来君主にのみありしを両院に与へたり．上院の議事を公開し，大臣の議会に対する責任を明かにし，従来30才なる選挙資格を25才に，40才なりし被選挙資格を30才にし，又財産を100法〔フラン〕下げ，一種の教育あるものは100法〔フラン〕にて足るとしたり．その結果，有権者の数，従来よりも2倍となれり．

しかるにオルレアン家の治世も又人民の要求に背きて真の自由主義を顧さらんとするに及び，1848年に第二次の革命行はれたり．王政は全くここに廃せられて再び共和政となれり．即ち二月革命なり．二月革命の結果として生じたる新憲法の要件は主なるもの(1)国体を共和制とし更めて国民主権の原則を宣言す．且つ権力の厳格なる分立は自由の根本要件なる旨を憲法に宣言せり．(2)行政権はこれを民選の大統領に委任す．人民公選の過半数，最小限度200万票を得たるもの，任期4年，4年の間隔を経されば再選不能とす．(3)立法権は一院より成る議会に与ふ．議院〔員〕の数は50〔750〕，任期3年，常時開会．選挙法は翌年3月の特別法により定む．大選挙区列記秘密選挙，且普通選挙なり．

第二共和制は間もなくナポレオン3世を戴く第二帝制を現出せるも，当時既にいかに民権の発達せるかはナポレオン帝国が**自由主義的帝国** Liperal empire〔Liberal〕と称せられしことによりても明かなり．政治の実質に於ては彼の帝制は以前の共和制よりもより多く自由なりき．故に欧に於ける自由政治の曙光は1848を以て開かれたりといふ人もあり．

(第四)欧州各国の憲政運動

欧州諸国に於ける憲政創設の端は1814の仏に於ける**ブルボン王朝の回復**にあること既に述べたり．〔欄外　ルイ18世〕．しかるに当時仏の欽定憲法に模して新に憲法を作りしは二,三の小国に止り，他の多数の大国は以前〔依然〕として旧体を改めざりしのみならず，神聖同盟の影響の下にかへりて保守的反動的風潮の漲るを見るばかりなりき．而してこの風潮に対し一大痛撃を与へしは1830年より1848の二つの革命なることも亦既に述べしが如し．30年の七月革命は畢竟，君権の濫用に対する民権の反抗にして，久しくメッテルニヒの圧迫に苦しめし〔み〕**デモクラシー** democracy のために万丈の気焔を吐きしものなり．ここに於て遥かに風を聞きて憲法獲得の運動を起すもの，中部以北の独逸諸邦に多

かりき．**ザクセン，ハノーファー，クーアヘッセン，ブラウンシュヴァイク**の憲法は皆この年に作られしものなり．しかし七月革命の結果として出来し憲法中，最も重大の影響を他国に与へしものは，1831年2月7日の**ベルギー憲法**なり．これ同国の憲法は主として範を1791の仏憲法と1830の仏の改正憲法とに取り，しかも政権の運用に関する規定を極めて詳細に記載せり．

ベルギー憲法の要点，次の如し．(1)国王を戴くに拘らず，主権在民の原則を掲げておることなり．即ち憲法60条には**ザクセン＝コーブルク・ゴータ家** Sax-Coburg〔Sachsen-Coburg und Gotha〕**のレオポルト及その子孫をして王位を**つがしむへきことを規定せるも，25条には明白に凡ての権力は人民より出づと規定し，更に78条は国王は憲法並に憲法に本く特別法律が正式に王に認むるものの外何らの権力を有せずと定めたり．更に第80には国王はその即位に当りて上下両院の合同会堂に於て次の宣誓をなすを要す．朕はベルギー人民の憲法及法律を遵守し国民的独立と領土の保全とを支持することを誓ふ．(2)行政権の行使は国王これを行ふとあれとも，これには種々の制限附せられたり．29条には国王は憲法の条規に従ひ行政権を行使すとあり．64条は必ず大臣を通してこれを行使すへきことを定め，65条は大臣の必ず国王の任命する所たるを定むるも，この大臣は議会に対して責任を負へ，この責任は国王と雖も勝手にこれを免除することを得ずと89条に定めたれば，実際上政治上の実権は議会に在るといはさるへからず．又大臣の負ふべしとせらるる責任の性質如何といふことは法律上に於て議論あり．憲法90条は大臣の責任及びこれを糾弾する手続に関する細目は別に法律を以てこれを定むと規定し，現に1870に一度この趣旨の法律の制定を見たれとも有名無実に終り，今日実際の慣例に於ては大臣の責任は純然たる政治的のものとなして了ひたるなり．この点に於てベルギーの内閣の制度はほぼ英国と同様なり．(3)立法権は15条[26]に国王と元老院 Senate と代議員と協同してこれを行使すとあり．

1848の年の革命は1830年に第一歩を踏出せし所の**デモクラシー** democracy の最終の勝利を意味するものにして，フランスに於ては遂にオルレアン王朝に終を告げしめ，他の諸国にありては神聖同盟の事実上の消滅となる．これより反動思想の勢力は著しく衰へ，所謂近代民本主義の政治がこれより漸く各国に流行することとなれり．尤も1848，二月革命の憲政発達と[の]上に及ぼせる最大

の効績[功]は普通選挙制の確立なるが，直接に憲法政治の創設を促せしものだけを数ふるならば，1848・4月25日の墺憲法(今日不行)あり．1849・6月5日の丁抹[デンマーク]憲法あり．1850・1月31日，普憲法あり．

第三節　各国憲法制定の来歴

仏国の憲法は constitutional laws なり．
(1)露国の憲法制定．ポベドノスツェフ←保守的政治家→カトコフ．ヴィッテ．プレーヴェ．ガポン神父．1906．5月6日〔4月23日〕，憲法発布せらる．ストルイピン4).
(2)土其古[耳]．1839年11月の勅令．1859．10月，列国共同の覚書．1875，列国改革促進．同12月，憲法発布を宣言し，1876．12月3[23]日にこれを発布す．1877，露土戦争のため議会は無期延期．1908．7月，青年土其古[耳]党が暴動を起す．8月2日に皇帝をして1876の憲法の復活を承諾せしめたり5).
(3)支那憲法制定

〔欄外　〔Frederic〕Austion Ogg—〔The〕Governments of Europe. Pofiedono-[Pobyedono-]stzeff—Refererction of〔a〕Russian statesman. 小野塚[喜平次]博士—現代欧州立憲政況『欧洲現代立憲政況一斑』．〔Anton〕Palme〔—Die russische Verfassung〕．服部宇之吉—支那研究．〕

〔第四節　代議政治〕6)

代議政治は一般に於て全体の人民を直接に政治に参与せしむること不可能なるを以て，やむなくこれに譲るへきものなると見るへきが如し．しかし現代の民度に於てはむしろ民本主義の趣旨を貫徹するが適当なるとなす論者あり．この理由としては現代の民度に於ては一般民衆の政治上の積極的意見〔欄外　成立する見込なし．而して政治上〕又は政治上の然れとも少数者の中にある卓抜の意見は思想上尊きものなれとも，意見そのものとしては政治上全然無力なり．かくの如き優良なる意見が政治上の実際の勢力をうるは極めて望まし．而して

かくの如くなるにはどー[う]してもこの意見が民衆の力と合致せさるへからず．他の力を以て移りて以て民衆の内容とならさるへからず．即ち少数者の卓抜なる意見が輿論の実質的内容となりて，これが社会を支配することにならさるへからす．これ代議政治に於て比較的最もよく貫徹せられうるなり．無論代議政治といふ一種のメカニズム mechanism の存在を予想しなくとも先覚者の意見，民衆を指導すること既にありうる．けれとも代議政治といふものは，少数の賢明なる者が多数の民衆に訴へてその承認下に実際善く活動するといふ制度なれば，これを客観的に見れば国内に於るあらゆる意見が民衆の心理の上に生存競争をなす，而してその結果，最も優良なるものは勝利を占めて以て民衆輿論の内容となるといふ組立てとなる．従てこのメカニズムにありては，その運用理想的にゆけは原則として優良なる意見が必ず民衆よろんの内容となること必ず期待 expect し得る．故にこれを一面よりいへば政治上に於て奪ふへからさる実際の勢力たる民衆の力といふものに公明なる指導を与へ，他の一面よりいへば国内の最良の意見に民衆的実力の後援を与ふるをうるなり．最もこのメカニズムの運用理想的ならざる場合多く，従て弊害あり．従て代議政治に疑を生ずるものあれとも，現今の政治学上の理論としても又政治史上の我々の教訓としても，代議制度はその運用を円滑にしてあらゆる欠点を修補することにより民本主義を最も貫徹するものと認められておるか如し．

第一項　選挙権の拡張

　これを主張する根拠として人民主権又は自由平等による抽象的□論によれり．最近では現代の国家は国民が共同して経営すへきとし，国家の経営に意識的又無意識的に与るもあり．そこで国家の経営に与る能力のあるものに選挙権を与ふるなり．国家の経営に与る能力とは独立の生活を営むものなり．他の理由により制制[限]すへからさるものとして，普通選挙説行はる．他の一面に於て選挙権多けれは弊害少し．その例歴史上なし．選挙権の拡張は功利的の方針よりはメカニズムの運用に宜しこと点よりも主張せらる．

　その他亦制限の理由立つと雖も，而らは何によりて制限する標準となすへきや．日本其他にては財産の高による．教育の普及せざる国にては，富によりて能力の程度と比例す．英国の沿革上の遺物なり．故に最初は被選挙権，選挙権

共に財産上の制限ありて，前者の方3,4倍に勝れり．この外教育上の資格を標準とするあり．こは財産上の資格と伴ひて，財産の資格をかきてもこれこれの教育あれはこれを与ふといふことあり．これは財産的制限の欠点を補ふの理由あり．匈牙利[ハンガリー]はこれなり．他に財産的資格を認めず，これに普通選挙を行はるる国，二あり．白[ベルギー]これなり．中学卒業のものに3票与ふ．

日本では始め直接国税15円なりしが，明治31春，伊藤内閣のとき3円に下るとの説あり．衆議院可決したれど，貴族院討議せさるとき解散となる．山県内閣これを提議せしが，両院[院]の議合せす．翌年更に議合せず．遂に衆議員にて3円が10円となれり．10円の制限は革命前の露を除きて世界に於て高しといはる．他の国は複雑なれとも，只全体の人口に対する選挙権の割合を見れはわかる．普通選挙を取れる割合 percentage は大低[抵]に於て23乃至30, 人口の2割から3割なり．ノルウェーは3割3分，独，墺は2割2分，英，和は多小[少]の制限ありて1割5分前後, 匈[ハンガリー]は7分弱, 日本は最近2分6,7厘．

尚ほこの選挙権を拡張して普通選挙に行くは最近の発達にして，憲政の当初にては選挙権は制限すへきものとせられ，普通選挙の確立的に行はれしは1848の仏二月革命以後なり．故に欧諸国に於る普通選挙制の流行は源を仏に発す．この仏の影響の下に欧の多数の国は漸次普通選挙になりしが，今日未だこの点につきて問題をのこせるは露なり．（革命後改められん）独帝国内の普始め2,3の小国，ハンガリー，和と英とに制限あるは殆んど普通選挙に近く，拡張論としてはあれども熱烈に主張されず．普通選挙の最後の例，1915[1912], 伊なり．1907に墺の選挙法．〔欄外　大正4年，法学志林．小野塚，伊に於る憲法改正，論文集〔小野塚喜平次『欧州現代政治及学説論集』〕．大正4年，国家学会．〕

独選挙法問題．独は騎[驍]士の専制国なり．選挙法と干[関]係あり．他国は大抵**自由主義的**にして，選挙法の改正は**自由主義的**に一層進むにすぎす．独にては**専制政治** despotism のてんごく〔天国〕となる．

(1)は独帝国議会の選挙法なり．これは今普通選挙なり．只選挙区の分割の方法悪し．独の帝国議会選挙法は帝国創立当時のものままなり．〔人口〕3970万，代議士は10万に付1人，而して397となる．これを397の小選挙区に分ちたり．従て始めの選挙区は過不足なかりしか，今日では人口増して6000万，而して増加したる人口は都会に多し．人口増したれば代議士を増すとせは，都

会か多くなる．増殖専ら田舎より都会に来りしもの多し．且つ10万以上の都会だけは人口全体に対する割合15％6〔15.6％〕なりしが，今日では2割5分に達すとせり．故に選挙法の規定したる如く人口干〔関〕係の変動に伴ひて適当なる改正を加へざれば，都会の住民が不当に少く代表されておることとなる．その明白なるもは，田舎では4万に対し1人あり．伯林の六区は70万に対し1人なり．ベルリン全体で6人なり（今日250〜300）．改正を要するなり．而してこの不公平なる干〔関〕係は，都会の人口は多くは急進派社会党にて，田舎は保守党の巣窟なり．政府党と反政府党（社会党）との利害干〔関〕係となるを以て，この問題やかましくなるなり．

その干〔関〕係は帝国議会の政党的干〔関〕係とを考ふるに，1912の帝国議会の総選挙の干〔関〕係を見るに，社会党は単独で425万の投票を得．更に概して政府反対に立つ急進的自由派の投票は約220万なり．すると社会党と急進党とを合すると645万なり．反之純然たる政府党の得票は合計170万にすぎず．この外に問題によりては或は政府反対となり或は政府賛成となるは合計370〔万〕．仮りにこれを政府の味方に味〔加〕へても，投票全数540万をこえず．従て社会派，急進自由派より少し．しかるに代議士の数は，社会党並に急進自由の諸派180，純然たる政府約70，中立140，中間を操縦して始〔初〕めて200以上となり多数をしむ．故に選挙区を改めて得票数と代議士の数と均衡がとれるものとせば，独の政府は議会にて操従〔縦〕の余地なし．（故に責任内閣出来ず．）（独の小選挙区の過半数をえさるへからず．3人候補者あれは予期し難し．かかるとき第二回をやり，2人につきて決〔運〕戦投票をやる7).）〔欄外 本選挙 Haupt〔Hauptwahl〕 ―第二．決戦選挙〔運〕 sti〔Stichwahl〕 〕

普の議会は上下両院より成る．下院の議員数は443．選挙権の資格は市町村会議員の資格を有するもの，大抵普通□〔選挙〕なり．中選挙区なり（一区2人，場合による）．しかるに普の選挙法で最も不平を唱へらるるは，第1，間接選挙を取る．即ち一般の選挙人は選挙委員をえらみ，選挙委員集りて代議士をえらむ．しかも選挙委員のえらみ方は一選挙区を多数の区画に分けて，その各小区画に於て，所謂三級制度に本〔基〕きて選む（我本の如く市会議員，財産の資格によりて三級に分つ）．三級制度か第1の非難点なり．第2，口頭制度なり．故に選挙が全然官憲の圧迫の下に行はるることとなる．故に過激なる代表者は殆ど代表者を出す能はす．最近の調査によると全国の人口の僅か3％が一級の選挙人，

二級は 9.5％，故に三級，87%5［87.5％］．この結果は人口の全体の約 9 割を有する第三級は，選挙委員全数の 3 分 1 を選み得る．全体人口の 1 割に足らざる一級と二級とは，全体の委員数の 3 分の 2 をえらむ．社会民主党ではかかる不都合なる制度では棄権したるか，1903 より従来の態度を更めて選挙を争ふこととなる．この年の保守党の数 32.4 万，社会党 31.4 万．而してえらはれたる代議委員 143，社会党は 1 も出ず．1908，やっと 7 の社会党の委員を出せり．しかも得票数は全体の約 1/4 なり．1913 の最近の選挙では社会党 10 人なり．そこで近年独にては社会党の勢力勃興す．しかし勢力盛んなるは普なり．南方はしからず．故に選挙法改正さるれは，普の議会は社会党若くは急進自由党が勢力を占むることとなる．従て一見甚だ不都合に見える選挙法は普の官僚政治の金織鉄壁［城］なり．従て普に於て自由派の方面より選挙法の改正を主張してやます．

而して普の選挙法改正は本来普一国の問題なれとも，実は独帝国全体の問題となる．何故かといふと現在の独帝国は全然普の左右する所にして，普が**自由主義的**ならさること限り，独帝国の**自由主義** liberal 化なることなし．

帝国議会．独特別なる組織に於て，連邦参議院動かさる以上，到底改革難し．而して連邦参議院は，たとへばアメリカの元老院の如く只連邦より 2 人つつの代表者を出すにあらず．普 17，全体は約 60．而して独の憲法では，憲法は改正は 14 反対あれはできす．故に普一国で反対すれは不可なり．**連邦参議院** Bundesrat に於て普は過半数を制す．この点より独帝国そのものが普に動かさるる所以なり．実際に於ても普の政治運用によりて独が動かさるるなり．そこで普に政府が任命する所か**連邦参議院**なり．故に普の政府**自由主義**ならされは，独帝国の**自由主義**不可なり．而して**官僚制** Bureaucracy の拠立する所は選挙法なり．故に選挙法改正たえす問題となる．吾人は普の選挙法改正の善悪を批評するにたる．されとも普の選挙法の改正は普のみならす独全体の自由主義者の希望なり．この希望を達するは普政府のみならす独帝国全体の変動となること注意せさるへからず．選挙区分割改正の問題

民選議員［院］の政治的優越

多くの国では上下両院より成る．かくなると上院下院の問題起る．両院制度の沿岸［革］に干してはここに述へず．これの別れしは偶然［分］の結果なり．理論に本き

しものにあらず．されど今日これか維持されて居るといふにその根拠はあり．そこで両院に分れし沿革上の来歴より述れは，上院はある特別なる階級の代表なり．尤もある新しき国では両院共に国民代表の主義を取り，その選挙方法を異にす．仏，白〔ベルギー〕の如し．ここに於ては両院の調和出来るも，英の如く上院は所謂**貴族院** peers house〔House of Peers〕にして貴族階級より成れば，著しく保守的になるが故に，上下両院の調和取りにくき場合多し．そこで両院の不調和は両院制度の組織の上に免れず．而してその現象，英国に著しかりき．

只英の上院の大分は保守党なり．而して下院に保守党多数を占めはよきも，下院に自由党多数なるとき必ず上下両院の衝突を来す．これ畢竟上院が全然**世襲原則** hereditary principle の下に立てる結果なりとし，19世紀の終より上院改革の**問題** question □れり．殊に自由党天下をとれるとき上院非難の声特に盛なり．**改革か廃止か** Mending or ending と呼ぶ．かくして上院改造問題に対する案，19世紀の後半紀に於て沢山議会又は世間に向つても提出さる．

最近にこの問題の復活せしは，1905・12月に再び自由党政権を採〔取〕りて以来此方なり．自由党が政府に対してより〔就い〕，従来の保守党政府に対し従順なりし上院が急にその態度を改め，1906の暮，**教育法案** Education Bill，**複数投票廃止法案** Plural Voting Bill を否決せしを始めとして，其他種々の自由党政府の重要視する法案に反対せり．それより上院改造論若くは上院は権限を縮少〔小〕して下院の優越を認めんとする意味の思想盛んに起れり．

而してその種の考の最も盛なりし（頂点に達せしは），1909・11月，時の蔵相ロイド＝ジョージの提出せし財政法案の否決よりなり．抑々財政法案に付ては，下院の決議を尊重し，上院は猥りにこれを否決し又は修正せずとの古来よりの慣例立れり．その慣例に対し反対の意見を表示せしこと極めて少し．故に財政上に付ては，毎年どれだけの収入を上げて，これをいかやうに使ふかに付ては，上院の殆んど相談を受けず．新規の加税〔課〕の場合にても上院の相談をうけることは一片の形式に止れり．最近にては 1860 に上院が財政のことで下院に反対せしことあり．そのとき下院は猛然としてこれに逆襲し，従来の原則を認めしめ〔し〕んことあり．しかるに今度蔵相の提出せし財政法案を採用せざりしがば〔か〕，ここに再び上院問題起れり．

尤もある一面上院か従来の慣例を破りたるも相当の理由あり．只このときの

予算は独に対しての海軍の拡張あり．又養老年金法案(70以上)あり．これに応するため財政の非常の膨脹あり．これを補ふために上流階級に重き負担を課すること，この案の骨子なり．上院も真正面より反対せず．先づ人民一般の判断に付す．それまでは議に附せずとの理由にて賛成せさりく．そこで自由党憤慨し，上院が下院の決定に対して否決するは憲法の破壊にして且下院の権利を蹂躙するものなりとし，上院不信任案を可決せり．144：349. 尚ほ国民の後援をうるために(信任を問ふために)，1910・1月，総選挙をなせしが，政府党は依然絶対過半数を占む．新議会2月に開かる．それより**財政法案** Finance Bill を議し，下院を通過す．上院は反対す．そこで又上院を改造の問題起る．

此に政府は上院を改造することは後廻とし，上院を現在のままとし，第一に財政案に付ては上院が否決修正の不能なるやう法律にて決せん，又他の案に就ても上院の権利を制限せん(法律にて)との意見を**首相** Premier **アスキス**発表せり．かかる内，5月，**エドワード7世**死し，新皇帝即位す．新帝の下にこの憲法上の重大問題を争ふは憚ありとし，上下院に属する4人づつの委員出で，皇帝の下に**憲法会議** Constitutional Conference を開き，妥協の道をつけんとし21回を重ねたれとも，無結果となる．而して11月の半に至りて妥協の道なきままで議会開かる．新議会に於て，**議会法案** Parliament Bill 提出さる．その要点は純然たる**金銭法案** Money Bill に付ては上院は拒否又は修正の権利を放棄す．何が**金銭法案**なるかは下院の議長これを決定す(**付加条項の追加** tacking)〔欄外　議長 The first common〕．他の法案に付ては2年間に3回引続きて同一の法案下院を通過するときは，上院の反対如何に拘らず国王の裁可をえて決定す〔と〕いふ意味の案なりき．この法律は上院の同意をえざれば法律とならず．先つこの問題に付て争はんとせしが，先づ国民的後援あるを示さんため，1910・12月，解散せり．その結果，依然政府党多数なり．2月，新議会開きて，**議会法案**提出し，5月，下院大多数にて通過せり．上院につきては種々議論あり．7月末，憲法の変更並に重要なる事項に干してはこの法律を適用せずといふ条件附で賛成せり．その上院の意見では政府絶対に反対意見を表せり．そこで上院譲歩せされば，政府の意見通らす．

政府の方で強いでこの提案の通過を見んとせば，残れる道は一つあり．**新貴族創出** swamping なり．**新貴族創出**とは勝手に新に貴族を作り得るといふ特権

を利用して，上院に於て自由党の**多数派** Majority (Liberal) を作るたけの新貴族を一時に作りて，而して**議会法案**の通過を計ることなり．そのときに就ては首相既に国王の承諾を得たり．その結果，約400名以上の貴族を作る．この意見なることを**アスキス**が**バルフォア**（保守党首領）に手紙を以て通知せり．この新貴族の作ることは保守党の**金銭法案**より更に苦痛なり．この手紙の結果，保守党はこの案の通過を同意せり．131：114の結果にて8月10日，通過せり．〔欄外　ランズダウン．バルフォア．ボナー・ロー．かくの如き問題を法律にて決定せし英国憲政の一欠点なり．かくの如き問題はこれを政治上の慣例とし**弾力性がある** elastic のものとせし方理想的なり〕．この趨勢の社会的理由は，昔と異りて上下両院の間に差別なきものとなりし結果なり．貴族，平民は政治上の知識，意見は平等なり．アメリカ合衆国，ブライアン[8]，この問題を起す．

政府と議会との干係〔関〕

　この両者の干係〔関〕は**大臣責任** ministerial responsibility の名によりて現る．今日は議会と政府との干係〔関〕で政府が議会に対して政治上責任を有すること，多くの国で認めらる．米国では認められす．大統領，全責任で政治を取る．4年毎に代る．この間は自由に手腕を振はるるか．故に，議会によりその地位を動かさるることなし．他国にては政府を組織するものに任期なし．かかる国では議会の監督を受くることとす．而して議会の多数より反対さるれは，その職を退くこととなれり．かかる制度は内閣大臣が合議体をなし進退を共にすといふ制度と共に発達し来れり．英国は今日政党内閣なれば，殆んど大臣責任の問題起りえない．但その問題決定す．仏にては小党分立なるため，いかなる政党か内閣を組織するかは不分明なり．政府成立すると直ちに議会の信任投票を問ひ存続すへきや否やを決定す．〔欄外　日本にても大臣責任の責〔ママ〕制度確立せしものと見るべし．独にては大臣責任の制度確立せす．他国に於て殆んど解決を見たり．独にては**帝国宰相** Reichskanzler のみありて政府は事実上なきものの如し．帝国宰相の責任を問ふにして大臣の責任にあらず．〕

婦人参政権

　婦人参政権は世界的の問題なり．戦後の問題となるへし．戦後に於て第二に

起るへきは英なり．フィンランド，ノルウェー等にては既に実行せり．ノルウェーは男は普通選挙，女は制限ありしが，数年前に男女平等の選挙権を与へたり．米の各州にても与へたる所あり．されど他の大国にては婦人に参政権を与へし所なし．英国恐らく先鞭をつけるならん．

　英の婦人参政権のことを簡単にいへは，英国のこの問題は 1832 以来唱へられたり．このとき選挙権の拡張のときに従来選挙権の規定の中に人 person の文字ありしが，このときに**男性** male person と改正せり．このときより明白に婦人を除外すること明かとなれり．以前はなかりき．ずっと古くは選挙権あり．男子に代理せしめしことは例あり．この改正不都合なりとして一問題起れり．その議論を実際問題として主張せしは，**経済学者** economist ジョン・ステュアート・ミルなり．1867 の第二回選挙権拡張の際，その意味で修正意見を出せり．ミルの外，熱心なる主張はパンクハースト博士なり．それ以来議会に於て本案しばしば提出されしが，始めは実際の勢力とならさりき．只保守党がかくの如き急激なる政策に反対なり．自由党の方でも婦人に参政権を与ふることは**複数投票**と同一結果となりはせんかとの〔懸〕念にて賛成せず[9]．且又賛成者間に於ても拡張の程度に於て意見区々なり．故に自由党ても保守党でも党議の後援なかりき．英国にて党議の後援を欠ぐときは二読会に移るとき握潰すこととなる．故に永き間具体的の問題とならさりき．

　しかるに問題は最近に至りて民間に勢力を得ることとなる．どーしても議会に問題とせさるへからさるやー〔う〕に，盛になる勢を取るやー〔う〕になりたり．かくして今日の自由党政府になりてより，この問題の議会に於る勢力は頓に上れり．而して近頃婦人参政権問題の高まれる理由は(1)婦人の独立生活をなすものの増加(2)教育の普及(1780〔1870 年前後〕より婦人に大学門□の解放)(3)地方自治団に於る参政権を婦人に認めたる経験の影響(4)1883 or 4 以来，女子の政治運動盛んになりしこと．

　1860 年頃より婦人参政を目的とする会続々出来たり．その内最も大いなる会は**婦人参政権協会全国同盟** National Union of Woman's Suffrage Societies. 創立者フォーセット夫人は穏健派なり．時勢の要求としてこの運動盛んとなり，議会にても問題となる．されど議会では問題とはなりしも，容易に成功の見込なかりき．しかるに 1905，自由党の内閣出来てより一層盛んとなれり．自由

党全体としては賛成ならされとも，保守党よりは賛成者多し．従てもしこの問題成功せる，自由党内閣に於て最も見込多きためなり．

けれともこの問題が政界の具体的の問題として，1910・1月の**総選挙** general election 後なり．この**選挙**のときには内閣大臣中この問題に論及せるもあり．エドワード・グレイの新議会に於ては，この問題に干〔関〕する各種の意見を集めて，その間に妥協点を見出し，その妥協案を一致して提出し，以て議会で物にせんとせり．この結果として出来しものは，上下両院より作られし**調停委員会** Conciliation Committee にて，ここで大体案を作り，更にシャックルトン氏の名に於て**調停法案** Conciliation Bill として提出せり．それが7月半に189に対する299の多数を以て二読会を通過せり．只政府は第三読会に入るに先〔立〕ちて，10月末，議会を解散せるため御流れとなる．1911年の新議会に於て同様の法律はケンプといふ人の名に於て提出されたり．これも5月，88：255の多数で第二読会を通過せしが，政府はこれ以上進行せしむることを欲せさりき．只首相アスキスは次の議会にはこの**調停法案**の進捗のために尽力すへきことを約せり．そこで次の議会にはいよいよ婦人参政権が成功するならんとの見込大きにつきたり．

しかるにここにかくの如き順潮に進めるものに一大頓挫を与へしは，1912・3月の所謂**闘争的婦人参政権運動家** militant suffragette なり．この暴行のために世間の同情が暴行派に対してのみならず，一般の婦人参政権に対して減却せり．1912・3月8日〔28〕，アグ＝ガードナーの名に於て提出せられし案は，222：208によりて第二読〔会〕に入ることを否決されたり．これより婦人参政権の問題は段々議会に於て形勢悪し．翌1913・3月の新議会にても所謂ディキンソン案なるものは，219：266といふ多数を以て第二読会に入るを拒絶されたり．多くの人はこの形勢を以て**闘争的婦人参政権運動家**に対する一時の反動と見たりしが，折角順潮に進みし問題も近き将来に於ては成功の見込なき様子となれり．〔欄外　婦人参政権運動家 Suffragette. Suffragist. Stimmrechtler.-lerin〕

そこで頓挫を来らしめし原因＝**闘争的婦人参政権運動家**とは何か．これは1903にパンクハーストの作りし**婦人社会政治同盟** W. S. P. U. Woman's Social and Political Union なり．この団体は従来の運動方法では到底目的を達せずといふことに本く．フォーセット夫人等の運動の方法は議会の問題として法律を

以て参政権を得んとするなり．しかるに従来の経験にては永き間運動すとも到底成功せず．この一派はその不成功の所以を婦人の利益になる運動を男子に頼む故なり，而して男子と女子とは利害反するものなり，故に議会の力に頼むといふ間接の運動によるへからず，今日の代議政体によりては目的は達せられず，そこで直接の運動で或は政府，議会，或は社会を威嚇し，彼等を屈服して参政権を得さるへからずとの考によりて運動し来れり．始めは路傍演説．1905頃より大臣，議員の私邸を訪問して説き廻る．大臣，政党領袖の演説に対し質問す．妨害演説．1908・6月，示威運動．1万―6万．議場侵入．議事妨害．入獄．〔欄外　目的を達するためには手段をえらばずといふ傾向の主張は欧洲にはよくあることなり．この思想は**カトリック** Catholic の**イエズス会** Jeswit に基けるならんと察せらる．〕

第二章　社会的機会均等

(1)社会問題
(2)宗教問題

〔一　社会問題〕

　社会問題は普通に用ひらるるは経済上の平等を理想とする一個の問題なり．絶対的平等にあらずして合理的の平等が理想なり．出発点の同等にする．均等の機会を与ふることの思想に本く．最近やかましくなりしは**19世紀**以来の経済組織は**資本主義** capitalism なり．その結果貧富の階級は殆んど永久的に確立せり．貧富階級の差は昔よりあり．されど昔は大抵に於て働けは貧しけれとも相当の富をえ，なまけれは貧しくなる(貧者)．一時的に貧富の階級あれとも，これが永久の階級をなすこと先づ昔はなきなり．されど今日はそれがあるなり．殊に今日は下層階級の者は自個の労働をうりて生活す．而して需要供給の干係［関］上労働者はその労力を出来るたけ安□なる□□でうらさるへからさる**状況** condition にあり．そこで**下層階級** lower class にあるものがかくの如き**状況**にあること道徳上正しきや否や，別問題として彼等いかに働きてもそのうることは辛

じて生命を維持するにたるや、少くとも老後の計をなすか子孫のために労をなす能はさる**状況**にあることは社会全体の安全と進歩を妨ぐることは疑をいれず．故にこれらの**下層階級**のものを境遇を現状に放任しおくへきや否やの問題は□□□□の経済上の問題たるに止らずして，又社会公共の問題なり．爰に於て社会問題なるもの吾人に提供されその解決を計ることとなる．

その案となるものが二個あり．(1)は社会政策(2)社会主義これなり．社会政策の名に負托さるる各種の案は千差万別なれとも，要するに現在の**経済** economical (**社会** social) 組織の根本的**改革** reform を企てずして，現状生せる諸種の弊害を個々に除かんとする主義に本けり．反之，社会主義の方は抑々社会問題の起る所以は社会組織の根本に在り．その源を清めざれば到底本流の清まること求めかたしといふ理論より社会組織の根本的**改革**を主張するものなり．

無論これにも種々の種類ありて一々枚挙するの遑なきが，今日最も普通に行はれしものは**カール・マルクス**により大成せられたる思想の系統なり．これに限るにあらず．即ち今日の資本主義的私有財産的**社会組織**を根本的に改めて一種の共産的社会を作るといふ根本義に立つ者皆これを**社会主義** socialism の名目に包括して可なり．ロバート・オーウェンが〔後欠〕〔欄外　ロバート・オーウェン労働者援助の研究をなす．チャーティスト Churchist の運動盛んにして検挙厳なりしかば，この問題と区別するために**政治的** political に非して**社会的**の目的の運動なりとか説かるより**社会主義**と世人名〔付〕けたり．其後仏のレーボーがこれを(オーウェン)**社会主義者** socialist と名〔付〕け，これより学説上**社会主義**の名目確立せり．〕

マルクスの説は『**資本論**』Das Kapital に現はる（三巻あり．一巻のみ生前に出る）．生産論なり．社会主義に干したる部分をいへば現今の経済組織は資本主義なり．殊に19世紀になりてより大規模の生産が経済組織の根本となる．昔の家内工業は到底成立せず．（自ら資本家生産者たる能はず．）そこで労働者も小資本家も立ちどころに凡て大資本家と労働者となる．かくなれば労働者の地位は労働を一個の貨物として売りに行くこととなる．そこで労働は**商品** commodity として需要供給の原則に支配せらる．この原則□は労働者資本家の干係より見れば労働の代償は**最低限** möglichst minimum となる．**最低限**とはこれを下りては労働者の生活不能となる限度なり．その最低生活費なり．即ち労

働者は自己の生活を支ふる以上の金は得ず．これ経済組織の結果なり．これを悪しとすればこの組織を破壊せさるへからず．貯へ老後，家族養育，娯楽，精神発達，不能となる．労働者がかくの如き境遇にあるの結果，社会亦損害を蒙る．**社会的窮乏** social miserable [misery] は凡てこれより来る．労働者をかくの如き状態におくは社会道徳上不可なり．**平等** equality よりも社会道徳の点より見てもこの問題の解決必要なり．そーするには現代経済組織の根本たる**資本主義**更に進んで私有財産制度を破壊せさるへからず．社会政策は根本に触れず末葉に□ふるものなれば反対す．これに附随して**階級闘争** klassen kampf [Klassenkampf] 起る．資本家は利害干係上反対す．故に社会主義者は先決問題として資本家階級に戦を挑みこれをなくせさるへからず．元来の**闘争**は不本意なれとも階級がこを象認せさる以上戦もやむをえず．

又現代の政府は資本家を擁護しその協力あるが故に資本家は有力なるものなれば政府も反対せさるへからず．独の社会党が政府の**予算** Budget に悉く反対す(**予算承認の禁止** Verbot der Buget willigung)[Budgetbewilligung] さればマルクスの功績は**社会主義**に学問上に根拠を与へたり．従て他国の**社会主義者**もマルクスの影響を受けて変化せり．(仏—国立工場を作り労働者兼任資本家となさしむ10)．仏の社会主義の実行方法の特色なり．それは慈善主義より出しなるが**マルクス説**により影響を受け**マルクス流**となれり)．英国—労働者団結の力を以てせば資本家と雖もこれに対抗し得るなし．永き歴史を経て今日有力なるものとなす．**労働組合** trade union [Trade Union] を作る．これがマルクスの影響を受け彼等の説をマルクス流となせり．英国では成功せり．故にマルクス流によりて新運動を起す必要なきなり．故に社会党発達の余地なし．労働党は僅か 40 名にして純社会党にあらず．

〔欄外 Kaiser hoh [Kaiserhoch] —皇帝万才．Hof Gengerei [Hofgängerei]—参候．**無政府主義** anarchism と**社会主義**とは**理論** theory に於て全く異る．只感情傾向に於て動もすれば混同すベルンシュタイン—マルクス説の欠点を指摘す．この一派を**修正主義者** Revisionisten (**修正主義** nismus [Revisionismus])といふ．マルクス説をそのまま奉じたるものを**正統主義** Aurthodox [Orthodoxie] といふ．シャイデマン．アドラー—埃人．〕

これは種々の政党の合併せしものなり．労働組合に本きたるものなり．社会主義の政党二個あるが一個は労働組合に加入し他は然らず．(純粋に主義を賛する能はされば)これによりて見れは英国の労働党は決して社会主義の全部を代表

せしものにあらず.

フェビアン協会 Fabian society は社会政策の団体なり(識者を網羅す). 故にマルクスの影響を受けたれとも他国よりもその程度少し.

社会主義が私有財産制度を廃止し□□を目的とするものなるが, その主義を実現するための手段は如何. 大別して四あり.
(1) 労働組合を作る
(2) (1)の結果にして企業自営
(3) 万国同盟
(4) 政党組織

労働―表向は克く社会政策的にして労働者相互の救済を目的とす. **共済組合** Friendly society は保険病院をやる. 企業自営は仏にありて他国に類少し. されど 白(ベルギー) はこの点に於て最も成功せり. 白(ベルギー) は英仏独の長所を取りて最も成功せり. 人民の家. (ファンデルフェルデ― 白(ベルギー) の社会主義の首領). 万国同盟はマルクスの考なり. 労働者は団結し万国の労働者を結合すれば資本家に対抗し得るとなし各国に檄文を□へし 1867 **国際労働者協会** international working men association 〔International Workingmen's Association〕を作る. 無政府主義者も混入し内部に軋轢を生じ解散す. 1889 に再興す. その理由は社会党が各国に溢出す. (檄文に動かされて社会党を作る)〔欄外 **公務員労働組合** Syndicats fonctionaire 〔Les syndicats des fonctionnaires〕. **組合活働** Gewertschaftswesen. 〔Gewerkschaftswesen〕〕

而してそれらの結合の観念生じたるなり. 仏革命の 100 年記念等を期して万国労働者同盟を作れり. ブリュッセルに本部をおき今日まで存す. 政党を作れるが最も著しく又研究を要する点なり. 前述の如, 社会党の理論上の根拠とは**マルクス**により始まる. 彼は運動方法として**階級闘争**を起す. 而して**革命** Revolution となる. 只種々紊乱することとなる. マルクスと時を同して現れし独のフェルディナント・ラサールは活動を許されたる**合法的** legal の方法によりて吾人の主義達し得るとなす. 即ち吾人が法律の変更若くは創立によりて如何様なる改革をも社会に加へうる. そこで法律を変更創立することは議会に勢力を占むること必要なり. もしも労働者が議会の多数の勢力を左右し得るやうになれば我々は**合法的**に吾人の理想を実現するを得. 而してどこの国でも人口の大

部分は下層級のものなり．故に少しく意を用ふるならば我々の代表者を以て議会の大多数を制しうへき筈なり．只これには二個の条件を要す．(1)は普通選挙の実行なり．(2)は労働者この目的を以て結束するにあり．この立場より彼は第一に普通選挙を要求し，次で議会に代表者を出して政界の一大勢力となるといふことを目的として，ここに労働者かその階級的自覚に本きて一個の政党を組織することを主張し且すすめたり．この考が社会主義若くは労働者が一個の**政党** party を組織するに至る根本の思想なり．これに本きて出来しもの 1863. 5 月，独のライプツィヒに於て成立せし**全ドイツ労働者協会** Der allgemeine deutche Arbeiterverein なり．他ロンドンの万国連合会より帰りて本部を作りしものリープクネヒト，ベーベルなり．ラサールの後援に多数の婦人あり．

　社会主義と附随して起れるものに**サンディカリズム** Syndicalisme あり．Syndicat 組合の意義なり．広義にては経済上の目的を有する同業者の組合なり．英語でいふ sindicat 〔syndicate〕なり．この意味は(外国に)金を貸す資本家の組合なり．仏にては全然労働組合のことをいふ．この点にて英語の**労働組合**と似たり．サンディカリズムは労働組合の主張する主義をいふ．しかるに仏の労働組合中一種の過激なる説行はるるに至れり．これ従来の社会主義に一歩を進め革命的のものとせり．元来労働組合の主張する説は社会も改良を加へてこれによりて労働者の利益を計るといふ．何れにしても一種の改革を主張す．仏の労働組合中にもこの穏健的社会主義を行はれるが，この小年この方特色ある過激の説行はるるに至りしより，これを特に世間で**サンディカリズム**といふに至れり．尤もかくの如き極端なる労働組合に仏の凡てがかぶれたるにあらず．一少部分なり．仏の労働組合にていかにも自分達のとれる主義が凡てサンディカリズムなりとごかいせらるることを嫌ひ，〔誤解〕吾人のとれる**サンディカリズム**は**改革主義** réformiste にして，世間の過激なるものは**革命的サンディカリズム** Syndicalisme revolutionaire といふものあり．けれともこれは語の争にすぎすして，普通にサンディカリズムといふはここにいふ革命的サンディカリズムのことをいふ．

　サンディカリズムはいかなる点に特色あるやといふに，第一に**階級闘争**を主張し，(第二)に政府反対を主張する点に於て社会主義に異るなし．この点は更に進んで国家を否認す．無政府主義に類似す．軍備に全然反対なるはいふをま

たず．就中特色は代議政治の否認なり．即ち労働者目的を達するの方法として議会に多数を占め立法的方法で理想の実現を計る途は全然失敗す．これは畢竟は選挙といふステップ step を通りて労働者間接に意思を表示する方法をとりたればなり．故に代表といふことを標榜する政治には反対なり（政治 politic に反対なり）．そこで代議政治を否認するといかなる手段によりて目的を達するやといふに，いふまでもなく暴力 violence と．彼等はいふ，今日有産階〔級〕の無産階級を圧迫するは暴力ならずや．しからは我々の自己開放の運動が同じく暴力の手段に出るはやむをえず．我々は既に凡ての社会的制度に向ひ宣戦を布告し，交戦関係に於ては暴力は容認せられたるものなり．彼等の所謂暴力は事実上の腕力のみを意味せず．自分達の意見を実現するために最も有□なる手段を直接に露骨に執る．彼等は暴力の語をさけ直接行動ともいふ．**直接行動** Action directe. 今日最も行はるるはデモンストレーション demonstration なり．サボタージュ Sabotage もあり．利益破壊なり．労働者が社会全体に不平あれは社会の利益を破壊す．被傭者が雇主の利益を破壊す．ボイコット Boycotte あり．自分達の作れる物を悪むといひ，買はせさるよーにする．ラベル Label なり．最も大なるはストライキ strike なり．ストライキ grève, ゼネスト grève generale なり．サンディカリスト Syndicalist では鉄道炭山電灯瓦斯水道郵便電信等，凡て我々の日常生活と密接の干係あるものにやる．最小の労力を以て最大の損害を社会に与ふ．（白〔ベルギー〕では社会一般の迷惑になることはさける．資本家のこまることのみをやる）．彼等ストライキを行ふには何らの準備いらずといふ．従来の□□社会主義にては完全なる財〔政〕準備を有し，罷工中は労働者の生活を支えうる．かかる議論は労働者の戦闘的精神をよわめる．ストライキは予め宣言すへきものにあらずして突発すへきものなり．成功の条件は財政的準備にあらずして熱心と迅速にあり．裏よりいへば仏の労働組合日浅く金なければかかる説起れりともいへる．

労働総同盟 Conféderation gènerale du Traveil. C. G. T.

　この幹部に偶々サンディカリズムあり．この団体に動かされて過激の運動をやる．非幹部派もあり．サンディカリズムは伊に及び又英に移る．米にも入れり．独墺は未だ入らず．

無政府主義

無政府主義を実践的 practical と理論的 theoretical とに分つ．実践的のは纏りし団体にあらずして一種の精神病者なり．露では秘密結社を作りておれとも，これは社会主義と同一視すへからず．理論的の方は学問上無政府を研究し正当とし，これを唱へたるもの英仏独にあり．監視厳重なれば発達せず．

〔二〕　宗教問題

　宗教が政治問題となるは，宗教に対し国家がいかなる態度をとるへきかが第一の問題となる．宗教法案を作る．欧諸国にては尚ほ問題となるは，昔宗教が国家以上に勢力を振りし余勢なり．従て欧の政治を理解せんとするものは宗教を度外視すへからず．宗教問題が二個より問題となる．(1)は国家と教会との衝突．天主教にあり．(2)宗教に対する殊にある宗教に対する国家的保護に対する否認これなり．中世の時代に仏が政教分離を断行し事実上やはり出来ず．露も政教分離をやれり．英国に**国教廃止** disestablisment〔disestablishment〕の運動あり．〔欄外　**社会的平等**〕

国家的統一

(1)国力の統一
(2)国力の膨脹
国力の統一に付て説明すへき点は
(1)統一的施設―極端なる個人主義，社会主義を廃す．
(2)民族問題
　(1)圧迫政策(土其古〔耳〕)匈のクローアシアに対す．露のポーランドに対する．
　(2)同化政策　独の対ポーランド，対アルサスローレンに対す．
　　　　　露のフィンランド，ポーランドに対する政策．
　　歴史上の成績によると一も成功せることなし．政治学上の疑問なり．
　　民族の自覚，文明の進歩よりいへば同化は不可能なるか困難なり．
　　日本人は朝鮮満州の同化能力なし．
　　Report on Canada〔The Report on the Affairs of British North Amer-

ica〕,〔The Earl of〕Durham[11]
　(3) 妥協政策　最も著しき墺匈, 1867 アウスグライヒ Ausgleich[12]
　　　　　白耳義(ベルギー), フラマン Flamands, ワロン Wallons[13]
　(4) 自治制　autonomy　愛蘭問題は行掛りなり.
　　　　　英国では相当成功せるがこれを帝国的にいかに統一するかは英国将来の問題なり.
　(5) 国力の対外膨脹
　　(1) 帝国的統一(既存領域の統一)
　　(2) 領域の拡張　基地征服
　　(3) 併合　アフガニスタン, ビルマ, アンナン[14]
　　(4) 租借地
(3) 勢力範囲の確定　採掘権.
[15]

最近の欧州史

第一章　独逸帝国の出現

第一　近代欧州の国際干(関)係に於る独逸の地位

　最近欧州の国際干(関)係は多小(少)の例外あれとも, 独国を中心として動くを常とせり. これ独逸が多く諸設(般)の国際干(関)係につきて　**主導権** initiative を採りし所以なり. 只ここに誤解すへからさるは, 独か欧洲の国際政局に於て常に主導者の地位に立ちしことは, 必しも独乙を以て欧州の第一等国といふ意味に非ず. もし真に国力の最も大なる国をあぐるならば, 先づ指を英国に屈せざるをえず. 英国に比較して独乙の未だ遠く及ばざることは独乙の識者も亦これを認めたり. 暫く武力の一点をとるならば独乙が欧州第一の強国なることは, 凡ての人の争はざる所なり. 加ふるに武力の後援として産業の発達, 学芸の進歩とあり. ここに於て独乙人の自らが漸く其力を意識したるなり. この力の意識が独乙をし

て諸種の問題につき**主導権**をとらしめし理由なり．独乙が国際問題につき**主導権**をとるの結果として諸国の注目の中心となることは，もと当然のことなり．

　しかるに尚ほ独乙はこの外に特別の事情ありて，其の進んで**主導権**をとらざる場合に於ても国際社会より嫉視の標点となりき．その特別の事情とは(1)尨大なる軍備を養ひしこと(軍国主義をとりしこと)．(2)欧洲協調(concert)の破壊，同盟政策をとりて五大国協調の中に自ら党を樹てたること．大なる軍備を養ひて他国の猜疑を招くことは云ふを待たず．況んや隣接の諸国はそれぞれ特殊の事情ありて独乙と相競ふて軍備を養ふことの能はざりしに於ておや．又協調の破壊につきては当時の欧州は神〔経〕過敏にて，所謂**勢力均衡**は当時平和維持の大眼目にして，少しにても之れを破るものは世界平和の敵として危険視せられたり．しからば何故に又何時に独乙は大なる軍備を養ひ，又折角成りし欧州協調を破るに至りしや．これ皆独乙帝国出現と密接の関係あり．

(第二)　独帝国の建設とビスマルクの政策

　独が欧州国際社会の指導的地位をとりしは，主としてその軍備と同盟政策にあり．而してその両者の**起源** origin は独帝国の建設に遡る．而してその直接の思想の源は**ビスマルク**に出でたり．故にある意味に於て独を今日の地位に導きしにつきては，個人としてはビスマルクが善悪共にその責に任せさるへからさるなり．但し新興の独帝国としてはビスマルクなくとも早晩同一の方向に向ひしならんとのことは又想像するにかたからず．何故に新帝国の建設は軍備と同盟政策とを必要とせしかといふに，新帝国はその内外両面に対する勢力に於て未だ根柢〔柢〕の確実ならざるものありたればなり．

　このことは独帝国建設史上に明白なり．抑独帝国の建設は 1871 の 1 月 18 日なり．元来**ゲルマン** German 民族は紀元 843，ヴェルダンの条約後，シャーレマン大帝孫のルートヴィヒの下に始〔初〕めて統一せられたれとも，まもなく諸侯の跋扈を来し，それより長く小邦分立の状態を継続して来た〔り〕．紀元 962，オットー 1 世の創設したる**神聖ローマ帝国** Holy Roman Empire も要するに空名にすぎざりき．1806, 皇帝フランツの進んで帝号を持〔辞〕するに及んで，ゲルマン民族の統一的存在といふものは名実共に全く消滅に帰したり．〔欄外　バイエル

ン．バーデン．ヴュルテンベルク．ヘッセン＝ダルムシュタット〕

而してこれらの分立状態よりドイツ民族を覚醒して始[初]めて統一合体の希望を抱くに至らしめしものは，本より時勢のこれを促すものありしには相違なけれとも，一には又ナポレオンの力に帰せざるをえず．而してナポレオンは二つの意味に於てゲルマン民族に統一の思想を吹きこめり．1は彼が国境政治を行ひ，小邦を亡ぼして合併を断行し，かくして人為的に統一の気運を作りしことなり．(2)ナポレオンが独民族に加へたる打撃がやがてナポレオンに対する敵愾心を挑発して，その結果著しく民族的精神の勃興を促したることなり．かくてナポレオンの没落後盛んに独民族間に統一の運動起れるなり．

而してこの運動は，一方に於て覚醒したる自由思想と結び，他方に於て熱烈なる愛国的精神に伴ひしが故に，かのウィーン会議の結果として生れたる**ドイツ連邦 Deutscher Bund**[16]の如き薄弱なる連盟を以て□まずるものにあらず—36[35]州，4市．しかも自由統一思想の根拠の上に強固なる民族的統一国家を建設せんとするの国民的要求は日々益々熱烈を加へてやまず．只因循なる各邦の当局者と動もすれば墺の宮廷に制を仰がんとするの事大思想とは各小邦の嫉視と結付きて，かの国民的要求の実現を妨げてゐたりしなり．

而してこれらの障害を排除して遂に独の統一を全うするに至りしは，一に普の勃興によりて独民族が統一的中心勢力を発見せるによるものなり．しかしながら普の勢力と民間の要求と一緒になりて独乙統一を成就したることは又一朝一夕のことに非ず．只当時普の要路に当れるはヴィルヘルム王を始め有力なる政治家，軍人の指導の下に帝国統一の急先鋒たらんとするの野心に燃え，且つ1828[1834]年以来出来上れる関税同盟[17]は益々統一の便利を覚らしめたり．

されとも尚ほ民間の輿論は政府の保守主義と事を共にすることを欲せざりし故なり．而して保守主義なるの故に忌嫌[嫌忌]せられたるは，啻に普政府のみならざりしは言ふを待たず．故に普政府を中心とする独乙帝国統一の前途に横はる第一の難関は，いかにして保守的政府と民間の自由思想と提携するの道が開かるにありき．而してこの第一の難関は，仏国の二月革命の影響として起れる1848の政変によりて取除かれたり．

仏二月革〔命〕のことは別にこれを論説せず．只この報道の到着せし時，独乙の自由統一主義者は非常に欣喜し，これを機会として自分等の権利要求も亦独

乙諸国に於て実現せらるることを期待するに至れり．一方には言論集会の自由，或は責任内閣の樹立なども叫び，他の一方には中央に一の政府，一の議会を作ることの必要を叫び，更に熱心なる運動を開始せり．運動の中心はベルリンなりしも，その声の高かりしは勿論南邦の諸邦に於てなり．時の諸国の政府は時勢の要求の急なるを見て，一にはいかなる範囲まで自由を許すべきや，今一には同盟の憲法を制定するの共通の基礎を見出し得べきや否やを討議するために連合開議〔会〕を開くことになり，3月10日，各邦政府はその通牒を受けたり．しかるに独乙殊に南方の志士は，連合会議の開催に先〔立ち〕て準備的会合をなすの必要をとき，54名の有志，ハイデルベルク[51]に集り，このことを決定し，これを各邦政府にとけり．各邦これを容れ，更にオーストリアの如きは3月25日に期して各国君主会議をドレスデンに開かんことを提議せり．かく機運熟せるに，それに先〔立〕ちてウィーン及ベルリンの暴動となり，機運は急転直下の勢にて歩を進めたり．而してその結果として現はれたるものは，1848年5月18日に第一回の会合をフランクフルト・アム・マインに開きし連邦開議〔会〕なりとす．

　1848年の会合は独民族統一の希望を実現せんがために開かれたるにして，統一的憲法の制定を直接の且つ主要なる任務とする点に於て殆んど異論なかりき．しかれとも新に作らるべき統一的国家に於て，どの国を何人を盟主とするかといふ点につきては早く既に墺と普との間に反目競争ありて，その反目は新設国家の組織分子如何といふ問題につきて争はれることになりしなり．他の語を以ていへば新設国家は純然たる独民族のみを以て作るを原則とすべきや，或は多数の異民族のこれに混入し来るを拒まざるや否やといふ問題につきて争はれたり．前者を当時の人は小独逸党と称へ，後者を大独逸党と称へて，両党大いに争へり．

　蓋し小独逸主義を採れば，多数の異民族即ちスラヴ〔Slav〕 slave人，匈〔ハンガリー〕利人を包含する墺匈王国は，そのままでは新設帝国に加入する能はず．故に小独逸党は，その実際に於ては墺を連合の外に排斥せんとするの魂胆に出ずる〔の〕もとなり．而して普の政策の下に属する北方の約16,7の小諸は，熱心に小独主義を称へたり．墺はこれに反してバイエルン，ヴュルテンベルク，ザクセン，ハノーファー等の諸大国と提携して，墺を盟主として大帝国を建設せんとせしなり．墺と普とを□独に比較するに，前者は面積に於て約2倍半，人口に於て約2倍なれと

も，普は新鋭の気を以て既に墺を呑めり．10月27日の会議にては小独党勝を占めて，新帝国の独民族的ならざるべからざるを決議せり．尤もこの決定には墺の反対あり．普の政府も亦他の特別なる理由によりて賛成せざりしかば，うやむやの間に終れり．けれとも所謂普を戴くものと墺を戴くものとの反目暗闘は段々劇しくなれり．而してこれより墺と普との間に並に墺を戴く普派の諸国と墺派の諸国との間に於て，種々の形に於て争はれたる事柄の顛末は，一々にここに述ぶるの必要なけれとも，墺の南独諸邦との親密なる関係，普の内紛並に墺に対する遠慮，又は露に対する掛念[懸]等の事情は，普をして奮然[奪]起りてこの問題に最後の決定を与へしむるに至らざりしなり．

而していよいよこの問題の最後の決定を見しは，いふまでもなく1866年の普墺戦争なり．ヴィルヘルム1世並にビスマルクの徒が，墺との開戦のみよくこの終局をなすものなりとの考で，国内に於ける群議を排して準備に力を注ぎしは，又言ふを待たざるなり．この普と墺との反目は1860年代に至り更に一層劇しくなれり．普の戦闘準備甚しくなり，墺は益々不安を感じ，むしろ早く打撃を加へしことよからんとの説も漸次唱へらるるに至れり．而して1863・8月，墺皇帝の召集の下に開かれたるフランクフルトの連邦会議[18]は，連合の規約修正を名として普を孤立せしめんとする魂胆に出でしものにして，普の代表者の欠席のまま，9月1日，多数を以てせられたる決定は，明白に大独主義を承認する基礎の上に作られしものなりき．始より出席を拒みし所の普は9月23日，突然厳重なる抗議を提出して，右の決議の少くとも普を拘束するものにあらざるを主張せり．これより両国の関係益々険悪となり，両者の衝突は時と口実との問題なりき．而してシュレスヴィヒ＝ホルシュタインの問題はたまたま両国に衝突の機会を与へ，1866・6月，所謂普墺戦争の始まりしは我々の知る所なり．この戦に於て普は只イタリアと同盟せしに止り，墺はバイエルン，ヴュルテンベルク，ザクセン，ハノーファー，ヘッセン，ナッサウ，バーデン等諸国の同盟を得しに拘らず，僅か13週を以て，普の勝利を以て局を結べり．かくて普はシュレスヴィヒ＝ホルシュタインとヘッセン，ハノーファー及，フランクフルト市を得たるのみならず，墺を独諸国同盟の外に駆逐することに成功せり．

独逸民族統一といふ大局より見れば普墺戦争はその前途に横ふる難関を取除

くために必要なる戦争なりしが，この戦争の結果として現はれしものは 1867・2 月 12 日を以て成立せし北ドイツ連邦 Norddeutche Bund〔Norddeutscher〕なり．この同□〔盟〕は今日の帝国組織の起源をなすものにして，ビスマルクの起草にかかる同盟憲法は殆んど後の帝国憲法とその内容を同うす．即ち各邦の政府の上に中央連邦政府をおくとか，中央の行政権は普の王に世襲的に委任するとか，国王は普の大臣中より帝国宰相を任命するを得，立法権は Bundesrat（各国政府より派遣する，全体 43 名，連邦参議院）と全国民中より普く公選せらるる代議士より成る帝国議会 Reichstag（〔ドイツ連邦〕連邦議会 Bundestag）に与ふると定む．又専ら中央政府に属すへき権限と各邦に属すべき権限と分つとか，皆今日の帝国憲法に酷似す．故に今日の独の帝国組織は皆この北ドイツ連邦に発源するといひてよい．

　しかしこの同盟は人口に於て約 3000 万を包含し，国に於て 22 邦を含んでゐたれとも，未だ南方の四大国はこれに加らず．従て独民族統一の大業はこれを以て完成したりといふ能はず．而してこれらの南方の四大国は元来，仏，墺と親善にして，現に普墺戦争の際，墺に味方せり．而して常に普の強大に至るを嫉めり．只彼等は北方より来る勢の圧迫を感じて全然これに反抗し難き地位にあり．従てこれらの国は普墺戦争の終るや否や，勢に迫られて普と一種の秘密条約を締結せり．ビスマルクは後年，即ち 1867・3 月，ことさらにその内容を発表せしが，これによれば普王は一朝事あるとき，これらの諸国の兵力を使用するをう．これ暗に仏国と開戦の際には南方の兵力を普が用ひうをうといふことを公言して，以て仏の民心を摘発〔挑〕せんとせり．かくの如く約束をせしかば南方は普に心を寄せしかといふに必しも然らず．そのことは 1868 に関税同盟の問題にて南北の関係を一層密接ならしめんとせし試[19]に対して，南方が頑強に反抗せしことによりてわかる．要するに南方の四国は普と仏との間に介在して，その態度を曖昧ならしめて居たるなり．故にビスマルクとしては，この南方四国をして自発的に普に頼り来りしむるためには，仏に対して尚ほ一戦するの必要ありき．これビスマルクが普墺戦争後直ちに普仏戦争の準備をせし所以なり．

　而して当時仏にも亦普と戦はんといふ希望ありたれば，遂にスペインの王位継承問題を機会として[20]両国戦端を開けり．〔欄外　セラーノ．プリム．オリヴィエ．グラモン．ベネデッティ〕．この戦争に於て普の周到なる準備の結果は機先を制して早く南方に兵を進めて，態度曖昧なりし四国をして到底普と事を共

にせさるへからさるの境遇におけり．更に兵力仏の国内に進め，**スダン**に於て**ナポレオン３世**を降伏せしめ，次いで巴里をかこみ，その戦勝の余威に乗じて1871の1月18日，出征軍の大本営たる**ヴェルサイユ**の宮殿に於て独帝国の成立を見しことは特に説明するの要なし．かくして多年の宿望たりし独民族の帝国的統一完成せり．

　前述の如く普仏戦争は普の予期の如く勝利に帰せり．従て南方四国ももはや普の統一の意思に屈せさるをえさる勢となれり．而してこれらの形勢は1870の11月の下半期に於て着々実現されたり．1867に北方独逸の同盟出来しことは既に述へたり．而してこの同盟に加入するといふ第一の条約は，バーデン及びヘッセンと北独逸**連邦**との間に11月15日を以て締結されたり．次いでバイエルンも亦同様の条約を23日に締結せり．而して残る所のヴュルテンベルクは同く11月25日を以て最後の条約を締結せり．これらの条約によれば北独逸**連邦**がこれらの四国の加入によりて，**ドイツ帝国** Deutsches Reich となることになれり．而してこれらの条約は北独連邦の相当機関を通過し，これらの四国の議会を通過せり．かくして独逸諸邦を統一する完全なる帝国組織は1871の1月1日より発生せり．1月18日といふ吉日を以て帝国成立の式を挙げたり．普の王が帝王の冠を戴けり．

　而してこれらの四国がこの同盟に加入するにつきては，それぞれ若干の条件あり．従て近く制定せらるへき帝国の憲法はこれらの条約の指示する所に従ひて，即ち所謂条約を参酌して制定せられさるへからず．この点に於て新憲法は大体の形に於ては北独連邦の憲法に則りしものなれとも，又その間に一種独得の区別あり．而してこの独帝国の憲法は，皇帝が**連邦参議院**をして起草せしめ，3月31日，帝国議会を召集してその議に付し，4月14日，可決されて，同16日，発布を見たり．これ即ち独帝国の現行憲法なり．帝国成立して見ると内外に弱点あり．内に於ては前より統一の思想を欠きしが，それを普が無理をして統一したるといふ弱点あり．外部にては仏及び墺と戦ひたれば強大なる敵を作りたり．内外共に警戒すへき必要あるより兵力を養ひ，内部に於てこれを統治し，外部に於てなるたけ敵を少くする必要あり．これ**ビスマルク**が同盟政策を執りし所以なり．

第二章　独逸の軍国主義

　独帝国の成立が普の武力によりたるなれば，独帝国の中堅たる普が段々軍国的経営に重をおくは当然の結果なり．尚ほその上に独帝国の中心たる普をして軍国的経営に熱心ならし〔め〕たるは，内部の遠心的傾向なり．

　一体どこの国ても，政治上意見の相違あり．従て政争あり．されと多くの国にては国家の富強を図り，国体政体を図るといふ根本の主義に於ては凡て一致せり．無論，仏にては王党又は帝政党あり．これは現在の政体に疑を抱くものなれとも，仏国民の富強をはかるといふ点にてはやはり一致し得．かりにこれらの点に於て一致せざるといふも，その少数いふに足らず．英に**アイルランド**〔**議会**〕**党**あり．時に英国其物の富強に反対する如き傾向を採れることあるも，しかし英国の富強になるといふことは益々**アイルランド自治**の希望を少くする点より反対するが如き態度を執るなり．故に英国に於て率先して**アイルランド**に**自治** home rule を与ふれば，**アイルランド議会党** Irish Nationalist Party は他の政党と共に全く一致しうる．この頃は英に於て**アイルランド自治**を与ふるは国家の分裂を来すものなりといふ説下火となりて，自治を与へつつ尚は一段高き立場より統一するといふこと国家に利益なりとの説となれり．故に**アイルランド議会党**ありても今日英国統一の妨にならさるなり．かく内部に激烈なる政争ありても国家問題にありては一致提携の余地あり．これ一旦国難に遭遇して挙国一致の実を挙ぐる所以なり．

　この点に干[関]し独は極めて不便の位置あり．独は国家問題に就て大多数の分子と其一致せさる分子少からずあり．かかる分子ある故に，いざ国難の場合にこれを強いて同一の目的に率ひて行くにつきては，他の国に於ける如く国民の愛国心に任じておくわけに行かず．これを強制する武力の必要あり．かかる点より独は統一を成就するために武力を要したるのみならす，その出来上りし統一を維持してゆくにも亦武力の統一を維持する必要の国柄なり．況んや独は他の国と異り四面強国にかこまれ，その国際上の地位は何れの国に比較しても最も危険多き所なり．それたけ独は武力の準備を必要とす．

　しからば国家の統一を妨ける要素をなすものいかなるものあるかといふに，こ

れに二つの種類あり．(1)は絶対的に独帝国を統一に反対するものなり．(2)は相対的条件附で統一に反対するものなり．絶対的に反対するものを**地域主義者** Regionalisten と称す．その内の実〔重〕なるものはポーランド人，デンマーク人，フランス人なり．

　ポーランドは18世紀の終りに普，露と墺とに分割せられて亡びたる国なり．ポーランド人は墺にては比較的に寛大な取扱をうけたれも，普と露にては虐待せられたり．今日にては殆んど再び独立を回復したいといふ希望に動くよりも，むしろ自分の反対する独立に反抗し，その不利益を計り〔図〕さへすればよしといふが如し．これがために独は露と同く大いに苦心し，莫大の費を混〔浪〕し同化せんとせり．しからされば多数の独人を此地方に移し，数を以てポーランド人を圧倒せんとせり．露，墺とか恐るへき強国に近き所に彼等居住するが故に，最も独は彼等の問題に肝胆を砕けり．かくの如く苦心せるに拘らず，ポーランド人は凡ての所設に反対し，今日までの所ではポーランド人の方が独人を圧倒せる形になれり．故に独に於てはポーランド問題＝東境問題は今日やかましきのみならず，この方面には又格別多くの兵備を備へたり．(民族問題参照)右〔如〕く．

　丁〔デンマーク〕人はシュレスヴィヒ＝ホルシュタインに居す．これらの地方にては独人勢力を占め，丁人はそれ程累を及さず．丁国は強国ならされば，この方面の警戒はポーランド人程必要とせず．されどこれまでもポーランド人は独人と相対して成効〔功〕したる例に倣ひて近時，独人に反抗する気勢を固めつつあり．

　仏人はアルザス＝ロレーヌに居住す．仏がアルザス＝ロレーヌの回復に熱望しておることはたとへば本月20日〔1917年1月10日〕，連合国がアメリカ大統領に与へたる回答中に，この回復を列国共同の力を以て主張せしめられあるを以ても明かなり．これに対応してアルザス＝ロレーヌに居る人民は仏に復帰せんことを希望するの念も亦強し．尤もこの地方はポーランド人の居住せる地方と異り，工業鉱業の盛なる地方なり．従て政府が奨励しなくとも独人増す．されどこの地方の者はあくまで同化政策に反抗し交際せず．中には仏の本国に於ける侵略主義者と結托して種々の陰謀をめぐらすものあり．

　ヴェルフ党 Welfen は本ハノーファー人なり．普墺戦争で亡ほされたるが，ハノーファーを独より独立したしといふ希望を有せり．それが有望ならされば独に反抗〔し〕つつあり．されとも穏和なり．

問題により独政府に反対するもの二種あり．天主教徒と社会主義者なり．抑々天主教徒は教理の上から独の専政主義を歓迎すべきものなり．個人主義的にあらずして教祖に対する絶対的服従を要求しておる．**階統制** hierarchy といふ．自由を忌み**権威** authority を尊敬し，これに盲従するを喜ぶ．政治上に自由主義の起るは，これが天主教に伝播してそのきそを動かす恐あれば，政治上の自由を嫌ふ．政治上の**制度** institution と天主教は利害干〔関〕係を有すること著し．社会党は**伝統的** traditional の束縛に最も反対するものなり．天主教は社会党を最も憎む．社会党は政府と社会党〔天主教〕との共同敵を有す．故に後二者は動もすれば結托すへき運命を有す．かつ議会に於ては政党小分立なれば，政府が社会党取締の目的を達せんとせば天主教の手をからさるへからず．天主教も自分の敵を除くなれば政府と援く．故に密接の干〔関〕係あり．自由思想に対してはこの両者常に結托せり．されど三十年戦争以来争はれたる新旧二教の争といふ古痛が時々問題になると，天主教側では最も神経を過敏ならしめて新教反対の態度を執るなり．故に天主教徒は独に於ては，ある意味で政府と結托するも，ある意味では反対すといふ**パラドクス** paradox の地位にあり．

　殊にこの関係は独統一の後に於て甚しくなれり．只独帝国が普によりて統一せらるることは，従来新教の擁護者たる普の王室が独の統一者となるにより，教会側心痛せり．1870・12・13日，帝国議会に於て天主教に属する59人の代議士が集りて一政党を作りしは，新教主義の新政府に対して天主教を擁護する主旨に出でたるなり．而してその背後にローマ法王ありしはいふをまたず．しかのみならず新しき帝国に於てビスマルクの政策によりて大いに統一を努めたり．又かくすべき必要あり．統一を強むれは自ら天主教徒と衝突せさるをえず．只従来天主教は統一の寛大なるに乗じて種々の世俗的の権利を独に有せり．教会所属の領地を有す．故に天主教と官権との争が種々の形に於て起れり．この争につきて最も困難を感せるは普の政府なり．そこで喜でビスマルクはこの問題を一挙に解釈〔決〕せんとして，教会をして現在の政権より取除く目的を以て様々の法律を作れり．この法律は1873・5月15日に発布せられしものにして，これを**五月諸法** Mai Gesetze〔Maigesetze〕といふ．この法律発布せらるると，政府と教会，教民と官憲との争を生じ，政府にてもこれを如何ともする能はず．教民の多数は政府国王の命令よりもむしろ**ローマ法王**の命令を重んじたり．これやがてロー

マ法王と皇帝との喧嘩となり，時の法王ピウス9世は8月7日，書を皇帝ヴィルヘルムに送りて「貴殿は天主教の撲滅を目的とするかくの如き不都合の法律に御同意なさる積りはあるまじ．一体何人たるをとはず洗礼をうけたるものは必ずローマ法王の支配に属するものなり」と．これに対して皇帝は9月3日，返事を出す．「凡て洗礼をうけたるものはローマ法王の支配に属するといふことをいはるるも，これに吾人は抗議を申す．自分が自分の祖先並に大多数の国民と共にかたく信じておる新教の信仰に従へば，神に対する干[関]係に於て，耶蘇クリストの外，何らの仲介者を認むることを許さず」と．そこでローマ法王も皇帝も一歩も譲らず．故に独政府と独教民との反目劇しくなり．天主教徒を擁護を目的として□[の]して中央党は事更に政府の施設に反対するの態度をとれり．

その内に独政府は外交問題で困難に陥り，内政問題に於ては社会党鎮圧に腐心し，この際中央党の反対をうけては困るよりして，就中困りしは経済主義（自由より保護）の変更により従来政府の与党たりし国民自由党ビスマルクに反対し，ビスマルクの政策は少数党となる．されどローマ法王頑して動かさる以上仕方なし．ビスマルクは巧みに中央党を老洛[籠絡]して法王を動かさんとせしが効を奏せず．第二，教民を巧に籠洛[籠絡]することにより中央党を動かさんと試しも空なり．ここに大本たる法王と和解せさるへからさるに至り，ビスマルクも法王に対しこれより妥協的態度をとるに至る．この態度は，1878・2月20日[7]，法王のピウス9世の死と，次に最も外交的手腕に富みしレオ13世の即位とによりて，ローマ法王朝からも幾分歓迎されたり．その結果，ある条件の下に五月諸法[庁]を撤回することになれり．レオ13世が永らく我々並に普の国家を苦しめし所の問題はここに終を告げたことを宣言せり．これ87・5月23日なり．この争には前後14〔年〕間の争を続け，結局ビスマルクの敗北となれり．史上有名なる文化闘争〔Kulturkampf〕Kultur Kampfは即ちこれなり．これによりて見ても，独に於て天主教徒は国の全国人口の3分1を支配する天主教徒が，ある場合に於て帝国統一を妨ぐる一有力なる要素なることわかる．而して文化戦争は政府と教会との争を決して終局を告げしにあらず．今日に於ても時々政治上に現はる．故に政府は有力なる中央党の同意をうるために時々統一主義のあるものを犠牲に供することあり．

社会党と独政府とは歴史的に反目せり．一体歴史の研究をはなれ抽象的に社

会党の発生を考ふるも，ややもすれば政府と反抗するが当然なり．殊に独政府にしかり．只社会主義者は労働階級の利益を主張するあまり，階級戦争をなす．資本家は容易に資本家の利益を認めず．労働者多数団結し，結束の力を以て戦ふにあらざれば，**社会正義** social justice は能はず．而して**資本家** capitalists 階級の利益は多くの場合，国家の利益と一致す．故に国家の名に於て政府は資本家の利益をほごすることとなる．そこで社会主義の階級戦争の思想は一転して常に資本家の擁護を努めつつある政府と反対することとなる．かかる目的を有して集れるか社会党なれは，社会党は現在の政府を自分の手の党派に握るまでは所謂資本家の制度の凡てに反対することを綱目に掲ぐ．本より社会主義者間にも愛国者あれは，全然その考を徹底的に行ふにあらず．されど主義として政府に反対なり．社会党成立の歴史を考ふるに，独に於て殊に政府と争へり．即ち独に於て労働者の間に政治的団結を作る下を広げし人は**カール・マルクス**なり．彼は以前，政治的自由主義者なり．しばしば普の政府に反抗し，和，仏，英に亡命したり．直接に独の社会党を造りし**フェルディナント・ラサール**も亦，盛んに自由主義を以て時の政府と奮闘したる人なり．且つ当時独の労働者は欧にてあまり開けず．英の如く早く労働組合発達するか，又は仏の如く早くより労働者に**訓練** drill 与へられておれは過激ならざれとも，独にては従来おくれて居るものを煽動したれはその態度大いに過激なりき．

　独帝国統一の後，まもなくビスマルクは社会党の圧迫を始めて所謂有名なる**社会主義者鎮圧法** Sozialisten Gesetz を以て圧迫を加へたり．ために両者の隔る益々遠くなれり．最もこの法律はビスマルクの退隠と共に撤回せり．加之，ビスマルクは社会党を圧迫しながら，他の一方は労働保険の如き労働者の保護を綿密にしたれは，従て独労働者の生活状態は他国に比し悪しからず．故に事実に於て独労働者一般の風は頗る温健なり．されとも社会党は今日尚ほ主義として独政府に反対の地位に立てり．独の社会党は他国の多くの社会党と同様，独特の社会主義の要求を掲げて居る外に，尚ほ民主主義，共和主義を要求す．社会主義の要求其物を徹底的に実行せよといふことが段々政府として一つの困難なるに，他の一方の民主主義の要求は明白に独の国家主義に疑問を呈するものなり．尤も独の**社会主義者**の民主主義に干する理解か本来国家は民主共和ならざるへからずとなすか，又凡そ国家は民主共和的なるを以て最良となすにあ

るのか，又は独帝国の法律上の性質を共和的なりと解釈するのか，これ等明白ならざれとも，しかれとも少くとも独逸国は名を帝国といふも，これはこれを組織する単一の国家を**単位** unit とする共和国なり．Kaiser は名は皇帝と称するも，法律上の性質はこれ世襲の大統領にすぎずといふことを唱ふが通例なり．独の刑法より不敬罪に干[関]する規定を削除せよ，又は皇帝万才の禁といふが如きは皆この理論に本く．かく国内状態を見ると国務の統一の慢る危険あり．それに対する軍隊の設備を必要とす．今日いふ**軍国主義** militarism〔militarism〕の枢軸をなすものなり．

第三章　三国同盟

　統一したる独国は内外に禍あるため軍国主義の必要あること前述せり．而して同じ禍が対外政策に於て同盟政策を執らしめたり．これをとれば従来の協調主義を捨て所謂党中に党を立つることは外部に猜疑を招けること，ビスマルクは承知なり．かくても同盟政策をとるは独に取り必要なりしなり．

　同盟政策は即ち墺と結ぶことなり．他の半面よりいへば墺と結びて仏を孤立せしむることなり．けだし独は帝国の統一を全ふするため，前後両度の戦争に於て，ここに仏と墺との両敵を腹背に持つこととなれり．其他尚ほ多くの強国にかこまるる独としては，前後に敵を有することは甚しき苦痛なり．すでに伊と和して敵の数を少くし，而して仏とは到底歴史上和する能はされば，むしろ墺と親んで全力を仏へ向けるのがビスマルクの考なりき．されば数年前より墺と仏との戦の必要を認めて居れりといはれて居るが，これと同時に結局は仏を敵として墺と親まさるへからずといふのも早くより認めたりといふ．ビスマルクが果してこれだけの想像ありしや，これ一個の疑問としても，とにかく墺との戦争の経過中かかる考を持ち始しことは疑なし．只サドワの一戦に於て墺に決定的の打撃を与ふるや，軍人は勿論皇帝と雖も兵駆してウィーンを衝き所謂上下の誓[城下の盟]をなさしめんとせしとき，ビスマルクは断然これに反対せり．又媾和談判の際にも再び墺をして我を向けしめさるため軍略上の要地を割かしめんとの論，民間にても宮廷にても有力なりき．しかるにビスマルクは土地割取によりて永遠の怨の種を作ることを断念せり．この点に於ては皇帝との非常の激論

をせり．畢竟彼の考は墺と永久の怨を拾ふへからず，後に仏の強敵あるなり，墺に打撃を与ふるは，独帝国の完成のために必要なりといふ程度に止む，即ち独民族の連合より墺を除くことを以て満足し，それ以上の苦痛を与ふることかへりて独に禍を残すといふ考也．かかる苦心を重ねて墺との仕末をなせしこと今日歴々として証を見るへし．勿論戦後直ちに墺との怨を消する筈なし．又普か直ちに墺と和解することもなし．その後の数年は仏との戦争準備に骨を折れり．只，ビスマルクはその後，墺の方面に乗すへき機会あれはこれを捕ふることに注意を怠らさりき．

而るに墺の方面には独より見て乗すへき事情あり．これなにかといふに普墺戦争に於る墺といふものの国際的地位の変化なり．墺は19世紀の始以来，中央欧州を以てその活動の舞台とせり．他の言葉を以てせは墺は常に西に向へり．即ち独民族の間に覇を称せんとして，それかために普と衝突せしなり．又南方に下りては伊の半島にて勢力を振へり．今日のヴェネツィア，ロンバルディアはもと墺の領分なり．その他中央伊太利の種々の小国に於ては墺が全然その勢力を振へり．しかるに普墺戦争の結果として墺の勢力は全然伊より駆逐せられたり．そこからトレンティーノたけ残されたり．又ゲルマン民族の間より，墺は普のため東方に駆逐されたるは前述の如し．従て普墺戦争以来，従来墺は従来西方に向ひしに他の方面に向はさるへからさるに至れり．北方に露あり．故に東南に向けり．これバルカン半島也．

一体墺は19世紀の始以来，あまりバルカン方面を顧さりき．しかし古き歴史より考へて見ると墺は全然バルカン半島の方面を眼中におかさるにあらず．たとへは今日のボスニア，セルビア，バルカン上部の地方を土が奪合せしことあり．従て19世紀以前に於ては少くともバルカン半島の上半部は墺の活動舞台なりしが，18より19世紀の始にかけ仏の革命連発し，次いでナポレオンの跋扈となり，保守的の擁護者たる墺は仏に忙殺せられ到底バルカンを顧るいとまなかりき．従て1804，セルビア民族が土に対し独立の戦旗をひるかへし，救を墺に求めれとも，仏に忙殺せられしため拒絶せり．（セルビアは故に露に救を求めたり）．その後ナポレオン没落し仏の問題決定せしが，墺は尚ほメッテルニヒ采配を執り中欧に於る自由主義の撲滅を使命とし，バルカンを顧る余裕なかりき．加之メッテルニヒの保守政策は国内の反感をかひ動揺を起す．これに

対し匈がこれに対抗□□[する]．故に19世紀に於ける墺は内憂外患爰に至り到底東方問題を考ふること事実能はさりき．しかるに1866の普墺戦争は墺をしてその勢力を中欧の中原より駆逐したることになりたれは，墺は苟も国力の外的発展を希望する以上，東方のバルカンに向はさるをえざることとなる．即ちこの頃より墺の政治的理想が一変せり．即ち墺の国際的地位も前より変る．偶々かかる思想を提けて之を政治家せしむ[化]．独は即ちこれに提携を求めて独墺の連携に乗するの余地あり．而して墺に於てかくの如き思想(東方発展)(独乙邦境)を唱へし人にアンドラーシなり．

何故にかくの如く墺の地位は墺[独]に乗ずるの余地を与ふるか．第1，墺がバルカン経営をすることとなれば独が背後をつかさる保険なくんばあらず．そこで墺に独の思惑を顧慮する必要あり．しかるにこの際独は墺にバルカン経営をすすめれは，独に対する怨を忘れしむると共に，更に進んで独の同情を求めんとする風潮を作ることをう．他方には墺がバルカンの経営に手を出すことになれば，このとき漸次南下しつつある露と衝突せさるをえず．すると墺はここに東方に露なる強国を敵とせさるへからさる干[関]係に立つ．かくなると墺は益々独との干[関]係を従来の如く放擲しておけず．墺より進んで独に進んで親善の干[関]係を結ばんとするの要あり．

これを見てビスマルクは墺のバルカン経営を以て同情するや着々ここにその助けるは，独に取り一挙両得の仕事なり．この点より直ちにアンドラーシに手を出しバルカン問題をきばにして墺を抱れり．かくてととのへられたる準備熟し，1871の7月には墺の外相ボイストとガシュタインに会合して独墺協約を締結するのきそを作れり．これ後に1879・10月15[7]日，独墺同盟の成立せる遠因なり〔欄外　130，欧〔洲動〕乱史論〕．しかればビスマルクの政策に本く協約が成文のものとして出来上りしは1873・4月なり．

ここに出来しものは独墺の協約に止らず．更に露を加へ，このとき露の皇帝と墺の皇帝とが各々外相を伴ふてベルリンに来れり．三帝協約 Three Emperor Convention なり．これに露も加へしことは又ビスマルクの深慮のあること也．一体独墺間に親善の干[関]係をつけるは仏を挫くため也．そ〔の〕ために独墺両国提携して，これに対抗する反対同盟出来ては何にもならず．しかるに独墺両国の接近せしは，墺か露と衝突する場合，そのとき独が墺を助けて露を抑へる約束

に本く．故に独墺の提携はある意味にて露を共同の敵とするなり．少くとも露は共同の敵となり多少の不安を感することになると極端の場合を想へり．露仏両国は相接近するの恐あり．かくなれは独も安全にするといふビスマルク当初の目的達せず．ここに於て仏(か)露に接近する傾向を喰止むる必要あり．その喰止策として時の露の皇帝アレクサンドル2世は独の皇帝ヴィルヘルム1世の姻戚干[関]係よりして露もビスマルクは招せて三帝協約を結べり．

このとき，三帝協約できめし事柄は二個あるといはる．(1)国境の現状維持の原則を共同に保ごする．現状の国境の変更を計[図]るものは共同の敵とする意なり．仏がアルサスローレン回復のために独に挑戦すれは共同の敵として戦ふことと承諾せしめたるなり．(2)バルカン半島における問題は和紳[親]共同の精神を以てなすこと．

しかれともビスマルクのこの協約によりて得んとする根本目的は墺とのかたき接近にして，露のことは第二段なり．無論露をも確実にその仲間に入れておきたきも，露を確実に仲間に入れることは墺との接近充分にゆかず．只墺はバルカンで露と衝突せしとき独が自分を助けて露を抑へてくれよといへはこそ独に接近するの効あり．三国相談せる，特に独に接近するの要なし．故に三帝協約の趣旨を文字通に徹底さすことになれは壊崩[崩壊]，あたれまくかけは独墺の干[関]係は無色無味のものとならさるをえす．さればとて三帝同盟をやめては露か独より遠かる恐あり．ここにビスマルクの苦心あり．又ここにビスマルクの陰謀行はれたり．ビスマルクがこの後もたえず陰謀をめぐられしもの概ねかくの如き性質なり．

1878にはベルリンに於てベルリン会議開かれたり．露土戦争の結果なり．2年前，露土間にバルカン問題，即ちボスニアに於ける土民の土其古[耳]に対する反抗に露が干渉し戦争開かれり．土の抵抗力も強かりしが遂に露が勝ち，土を苦しめて得たるものは1878・3月のサン・ステファノの条約なり．これによりバルカンに於ける露の勢力を張り，即ち露はバルカン半島に於けるスラヴ民族の国を大にして，これを通して土を圧迫し，且つバルカンの政治的主人公とならんとせり．内容は詳述せず．かくすると，かねて露の勢力振張と利害干[関]係を異にする国はこれに反対せざるを得ず．英と墺が主にして仏も多小[少]利害干[関]係を有す．尤も今日より考ふれば，英と墺とあまり騒がずともよかりき．露はブルガ

リア，セルビアを助けてやりしも殖民政策をあやまり，これらの国は長く恩義を感ぜざるに至る．故に露が手を助けてやりても，これらは露の味方にはならず．けれとも当初墺や英はこれを喰止めざるへからずと考へ，墺，英，仏の間に連合出来たり．只この方面の露の跋扈に憤し連合せし例あり（クリミヤ[21]）．そこでサン・ステファノ条約に対する共同の抗議 protest を起せり．バルカンのことは連国の共同利害を感ず，従てその処分は一国一国との処分に放任するわけにゆかず，吾人もこれに干与[関]する必要ありとし，遂にこれを列国に托することとなり，その結果ベルリン会議開かれ，而してベルリン条約（1879，翌年）出来たり．

ベルリン会議に於てビスマルクは調停者の地位に立ち，而して露も墺も共にかねての約束のあることなればビスマルクは自分の言分に同情するならんと思へり．しかれともビスマルクはかくなりては態度を曖昧にし，又両方を操従[縦]するわけに行かずと益思ひ，遂に彼は全然墺の要求に賛し，露の要求に助を与へざりき．その結果，露の全権大使ゴルチヤコフは面目を失し，憤死せり．事茲に至るはビスマルクの本より希望せざることなれとも，しかし彼の政策より来る当然の結果として亦やむをえず．

爰に於て露のたのみにならざるを見極め，益々独墺の接近をはかる必要あり．かくて1879・8，所謂独墺の攻守同盟出来たり．これ即ち今日の三国同盟の端緒なり．只ここに注意すへきはビスマルクはかくても尚ほあらゆる機会を捉へて露との干係[関]の親和を計[図]れり．以て仏と露との接近を出来るだけ妨んとせり．従てこの独墺同盟□□の後に於ても，この同盟の締約のことは永く秘密にし，而して露との間に亦，種々秘密の条約を結べり．これらを称してビスマルクの二重保障政策 double guarantee policy と称す．

この独墺同盟は 1883・1月，伊の加入により始[初]めて三国同盟となれり．尤も三国同盟といひても伊が独墺同盟其物に加入せしにあらず．独墺との各々別個の条約を結びしものにして，所謂三国同盟との間には三個の同盟条約あり．従て法律上三個の二国同盟あるわけなり．されど同盟条約の内容がほぼ一個になりて居るにて，事実上これを三国同盟といひて差支なし．而して伊がこれに加はりて三国同盟を作りしことにつきても，亦ビスマルクの仏を孤立せしめんとする策略に出でしこと，本よりいふをまたず．而してビスマルクが伊を誘ふて

自分の仲間に入れしことは又彼の外交の最も見事なる成功の一と数へてよし.

只伊がこの仲間に入ることは本来何れの点より見ても極めて不自然のものなればなり. なぜ不自然かといふに, 第一に伊と独とは本仲よき関係にあらず. 古き歴史よりいへば特別の交渉なかりき. けれとも 1866 に伊本土より墺をおひのけるといふ利益にさそはれて, 普墺戦争の際, 普に同盟せし干[関]係はあり. この戦争では普方面では墺まけたれど伊方面に勝ちたり. されど伊は墺の勢力を南方に牽制せし功あるより, 墺の勢力を伊半島より駆逐して以て伊半島を統一せり. この点普に感謝すへきなり. されど当時伊の理想は伊の住居せる地方は全部伊に包得したしといふにて, ひとりその墺より奪取りし地方のみならずアルプスの南に当るトレンティーノ地方をも欲せり. 現にこれも自分の手に入れるものとしてガリバルディはこの地を占領せり. しかれともビスマルクは墺を独の同盟より駆逐する以上墺を苦しむる必要なければ, 伊を制してトレンティーノは墺にかへさしめたり. この処置に対し伊の人々は不満なり. かへりて伊は普に感謝すへきより計[昨]られたと含む所あり. 作今未回収のイタリア Italia irredenta の思想の向ふ所は他に今日のイタリア民地あれとも主としてトレンティーノ地方を指す.〔欄外 吾人の所見によれば. 415-439〔欧洲〕動乱史論〕

もし夫れ墺に対しては, 伊は墺に対し歴史的に大いなる反感あり. 18 世紀のときより伊半島に於て墺が大勢力を振ひ伊民族を随分虐けたり. 一には墺の民族的圧迫に反抗する考, 他には伊で源を発する自由思想が墺の専制思想に反対せる所より, 18 世紀 18th より 19 世紀にかけて伊人は大いに墺の勢力と反撥せり. 殊に墺は天主教国なり. 天主教に熱中のあまりローマ法王と結託[託]して亦伊民族を虐けり. 故に伊民族は墺民族に対し不倶戴天の敵と思へり. いかに墺の勢力が 19 世紀の前半に於て伊の人民を苦しめしかは, 当時伊に危険なる政治上の秘密結社多数起りしことによりて明かなり. かかる考は国民間に伝統的に伝はれり. 今日ても反感あり. かかる干[関]係あれは伊が三国同盟に加入するは極めて不自然なり.

のみならず伊は相手の仏とは決して仲が悪からず. 殊に伊が墺の勢力を駆逐して伊王国の統一を完成するをえしは, 一には普の尽力もあれとも, 主としてナポレオン 3 世の尽力の結果なり. 尤も仏のナポレオン 3 世は真に伊の民族統一主義に同情して伊を助けしやは疑あり. 或は伊半島より墺を斥け, その後釜

に自己が据らんとの魂胆ありしと見るが妥当なり．たとへばサルディニアを助け墺を斥け，その後にローマ法王を立てんとし，その後に自分が立ち伊を仏によつて操従する考なりき．故に仏の尽力はそれほど有難からす．助を借るは危険なり．されど甘しでその助を借り伊太利統一をなせしはカヴールなり．仏ではナポレオン3世がカヴールを利用せんとし，カヴールはナポレオン3世を利用せんとし，カヴールが成功せり．伊人は仏人に好感を有せり．只伊王国の希望に反しローマ法王守備ありたれとも大した不平はなかりき．して見れは仏は伊と元来仲悪しからす．むしろ伊は墺独と仲悪しかりき．かかる干係なるに伊が不思議にも三国同盟に加入したり．かくの如き事実を導きしは全くビスマルクの頭なり．

而して伊をしてこの不自然の三国同盟に入らしめし直接の問題はチュニジアの問題なり．この問題を惹起せしはやはりビスマルクなり．(403頁 page 後, 〔欧洲〕動乱史論). イタリアを仲間に入れて仏を孤立せしめんとするがビスマルクの心中なり．故に1887のベルリン会議のとき，既にビスマルクは伊を誘ひし道具に用ひしはアフリカのチュニジアなり．伊に取りてアフリカ対岸のチュニジアは国防上経済上必要なるのみならず，チュニジアには伊人多く住居し，ここは伊の勢力範囲なりと認めたるなり．それをベルリン会議で伊のチュニジアに対する此関係を公にすることに尽力せんとする条件で二国同盟に加入せんことを導けり．他の理由は伊と仏と間に多少の波瀾ありしかば，それは仏は元来ローマ法王をかつきで伊全体に仏の勢力を振はんとせしに，仏の失敗に乗じローマを亡ほして統一を完成せり．(ローマを首府にせざれば勝□せず)．故に仏には多少の不平あり．しかれとも仏の不平よりも伊の心配の方が大なり．杞憂を抱けり．故に仏に対して警戒をせり．戦々兢々たりき．ここをビスマルクが乗じて相談を持掛けたり．そのとき伊の政府当局はこれを拒めり．その理由は露骨に独の要求を容れ，且つ露骨に仏に敵対するは伊の不利なり．一は伊かチュニジアに対する関係に明白なり．ここにビスマルクの政策は失敗せり．されどビスマルクは屈せず．伊を怒らして以て仲間に入れんとせり．即ちチュニジアを仏に与へんとせり．ビスマルクは英を通して仏に伝へしめたり．英は露土戦争の結果，バルカン半島に露の勢力加はれり．故に現状のままでは権衡とれざれは英の位地を高めさるへからず．英は小亜細亜のキプロスに着眼したり．

ビスマルクは英に**キプロス**をやり，仏に**チュニジア**をやる方針を取れり．英は意識的にこの策に乗り，主唱者の如くなりて仏に意を伝へたり．仏は喜ぶこととなりぬ．伊がこれを知り不安を感じたり．1887，**チュニジアは仏に合併**せり．伊の国防上の地位を弱む．且つ確心〔核〕なる勢力範囲を奪はれたり．故に伊は大いに憤慨せり．反之仏の地中海に於る地位も向上す．（**アルジェリア**，**モロッコ**は仏が既に手を附けたり）．ここに伊は独の勧誘に応じ三国同盟に加入せり．その原因は**チュニジア**問題に干〔関〕する偶然的の原因にして，根本的のものならず．伊の三国同盟に対する態度は仏との関係の変遷に左右せられざるへからず．況んや，その加入が不自然なるに於てをや．今次の戦争に於ても伊が独墺側に与せざるは始より明白なることなりき．

第□〔四章〕　三国協商

　三国同盟はその想定敵とするものは露と仏なり．後者は明白の敵なり（露に対しては曖昧にせしも）．かかる以上露と仏とが接近するは自然の形勢なり．けれとも自然の勢たるへき露仏両〔国〕の接近は容易に成立せす．三国同盟成立の後，約10年の後に於て成立せり．その理由如何といふに(1)露と独との皇室関係の親善なり．されど永続せず．1887〔1881〕には**アレクサンドル2世**が暗殺され，**アレクサンドル3世**の御代には親独態度の薄げり．18〔88〕，**ヴィルヘルム1世**死し，而して現皇帝即位せしが，露とは到底親善なるへからずと宣言せり．されど今まで名義だけは露と提携せしが，現皇帝のときには協約を破棄し明白に露と提携せさる〔様に〕態度を更めり．皇室干〔関〕係を薄らぎ行けり．(2)露と仏との国民的感情の離反あり．**19世紀の始め**，仏の国民は自由民権思想の**擁護者**として働けるが，この反動思想の**擁護者**は露なり．思想上又事実上（ナポレオン）仏の敵は露なり．露は専制にして仏嫌ひ，仏は露を軽侮す．勿論両者の離反はビスマルクの政略もあり．故に両国に接近の機会なく，三国同盟の武力の圧迫ありて国家の防備上接近の必要ありても，歴史的の感情は融和せざりき．加之露はその頃虚無党跋扈のため政府困れり．他は仏にては共和制覆顛の運動あり，内部に於て困れり．故に露仏同盟の必要感じても，露骨に同盟し露骨に独側に敵対することとなると，現状の如き内紛状態では敵対する態〔能〕はず．

されど直接に露仏を接近せしめざりしは**ビスマルク**の外交の成功なり．殊に**ビスマルク**のやりしことの内で最も有力なるは，露に対し皇室上国民上吹きこみしか，仏といふ国は政変の多き国で外交上的〔当〕にならずといふ思想を吹きこめり（露人に）．ビスマルクは仏を孤立さす政策に成功し永く露仏の接近を妨げたるなり．されど三国同盟か本来の効用を発揮すれはする程，露仏両国不安を感ずるか故に，従来種々の反憎せるに拘らず，両〔国〕が接近するは当然なり．一部の国には両国の提携を説くものあり．

而して両国の提携の気運つよからすも，1888の頃より大いに発展することとなれり．この活動に最も力ありしは**パリ**の**銀行家** Banker の**オスキエ**なり．彼は仏の過剰資本を露に投下せんと表せり．従来露の財政上の相手方は独なり．財政上露が仏〔独〕に**依存** depend せしことは事実なり．**オスキエ**運動せり．1888の7月頃□，露国より**オスキエ**〔後欠〕．独の知らさる内，仏か引渡〔受〕けたり．両国端緒を開きしが．一方ビスマルクが穏〔隠〕退．フレシネの時代に露に対し大いに同情ある態度を執り，露は極東経営を始む（1891）．秘密同盟なれはいつできたるか不明なり．両国接近しておるのかわかりたるは，仏の艦〔船〕隊か露帝の招待に応じ，艦隊訪問あり．1892・6，仏のルーベを派す．2 or 3 年頃出来しならん．その後は殆んと毎年交際せり．

日露戦争後，露が弱く独が跋扈せしが，露仏が英に傾き，又英も独の跋扈を憤り，英も三国同盟に対抗して二国協商に参加せり．

この間に立ちて英は中立の態度をとれり．**光栄ある孤立** splendid isolation を標榜して大陸の政争中に入ることをなささりき．全然無干係〔関〕の意にあらず（大陸に覇を称へんとするものを圧するの方針を執りたるも）．且つ従来の干係〔関〕上独に近くして仏露とは親善ならず．されどもし英がこの大陸の対立せる同盟に加入するものとせば，むしろ独側に立ちたるなるへしと考へらる．ビスマルクもしばしばこれを誘ひたるの事実あり．

かかる英をして仏側に左袒せしめたるは独の近時の態度なり．現帝の即位によりて独は**世界政策** Weltpolitik を採るに至り，自ら英と衝突するを免れず．これ英を駆りて独に敵対せしめたるの主因なり．独は欧州協商を破り又強大なる兵力を養へるの故を以て欧諸国よりも敵視せられたるも，ビスマルク時代には内部の安全なる発達をのみ目的とし，外部に対しては出来るたけ事端を少く

せんとするに在りき．この政策を一変せるが**現皇帝**也．しかるにこの形勢は単にビスマルクの去りて国策を指導する人を欠ぎしのみに基くにあらずして，独逸の発達に従ふ自然の結果に出づ．ビスマルクの政策によりて産業は大いに起りしが，このためにも勢経済的に海外に発展するの要あり．この時代は1890頃より始れるが，この時代を代表して現出せしが**現皇帝**なり．独逸が海外発展を企図するに至りし頃は既にその時期を失し居たり．しかれとも**国家的欲求** national demand はその退嬰を許さず．現状打破を其手段として採用せざるをえず．この際に先進国は現状維持を主張するは自然の勢なれば，独はこれらとの衝突も亦必然の類なり．独はさなきだに嫉視を受けつつあるに，独の海外発展に干〔関〕する思想は極端に走るに至りたるを以て外国のこれを危険視するは一層大となれり．かくの如くして先づ利害の衝突するは英国なり．この勢は1900頃より漸く著しくな〔れ〕り．ジョセフ・チェンバレンの如き帝国主義者の出でたるは独の圧迫亦与りて力あり．されば英は独に対する態度を決定するの要ありき．この英は一方に於て露の直接且つ急性的の圧迫を感じつつあり，専ら心を独に向はしむること能さりき（中央亜細亜，波斯〔ペルシア〕，インド，極東方面に於て）．しかし露に対する干〔関〕係は1902の日英同盟により一先づ解決を告げたるを以て，英は安んじて独に対する方策を廻し得るに至りき．日英同盟を締結せるは**光栄ある孤立**を棄てたるものにして他日仏露と協商するの伏線をなせるものなり．

第五章　伊太利態度の変調

この前に伊太利の三国同盟に入れることの不自然なることを説けり．而してこの不自然なる干〔関〕係に入らしめたるものは仏との反目なりき．この反目が継続せる間は伊は三国同盟の一国として亦継続するの理由あり．しかれともたとへその仏との反目が継続しても，もし独墺の側が伊との干〔関〕係を従来のままに放任してその間に親善を開拓〔の〕を怠るならば，三国同盟はいかに存続しても決して鞏固なるものとなす能はず．しかるに同盟成立頃歴史を見るに，伊民族の独墺，殊に墺に対する干〔関〕係は少しも親善なる関係の開拓をみず．しかも仏に対する感情は漸次融和し来り．従て三国同盟内に於る伊の地位は漸次変兆を萌しつつあり．

而してこの干[関]係は 20 世紀 20th に入りて一層甚しくなれり．これ一には三国同盟に入りしために軍備拡張の義務を負はされ，これか国民苦痛の種となりしことと，他には最近独が勃興するにつれ三国同盟は殆んど独のみの利用する所とならんとする傾向あり．換言せば三国同盟の外交は殆んど独の外交たらんとする如き傾向ありしためなり．殊に墺が最近(1903, 4 頃より)独の奨により海軍拡張をなし，而してアドリア海以外に海〔岸〕線を有せさる墺として海軍拡張の標準といふものを自然に伊の程度までにせざるへからず．このことは亦伊の反感を挑発することとなれり．かくして最近伊の状態といふものは三国同盟に対する熱情年と共に冷却し，従て年期満る度毎に，今度こそは伊が同盟 alliance より退くならん，或は脱退を控えるために特別の条件を独墺側に持込むならんとの風説常に立ちたりき．しかも伊が公然脱退をせざりきは，これ畢竟必要なきに平地に波瀾を起するの要なしと考へたればなり(国民には賛否の波瀾あり)．三国同盟中に於る伊の干[関]係は段々段々多小[少]の変兆を呈せり．

しかるにこの変兆を更に一層著しくせしものは 1904 の英仏協商なり．かの英仏協商は種々の懸案(両国間の)を解決せるものなるが，その内最も重大なるものはアフリカに於る両国の利害干[関]係の調節なり．阿弗利加の北岸に於る両国の利害につき大体協定せし所は，仏はエジプトに対する利権を捨て英の支配に任せ，その代り英は仏のモロッコに於る自由行動を認めたり．尤もモロッコに於てはスペインの利害干[関]係もあり．スペインとの干[関]係は仏が独立してスペインと解釈決することを条件とし，英は全然モロッコより手を引けり．この協定の結果としてアフリカ大陸北岸東方に於ては英国の勢力確立せり．その西方に於てはモロッコとこれに隣るアルジェリア，チュニジアとこの三地方を連ねて仏の勢力確立せり．その間に狭めるは土の宗主権に属する(トリポリ)のみなり．伊は軍略上の干[関]係よりいひても亦経済上よりいひても対岸のアフリカに全然足場を失ふ能はず．而して先に仏よりチュニジアを奪はれたる故に残る所はトリポリのみなり．しかるに今やトリポリの左右に両大強国の勢力確し，伊は自ら両方より圧迫と不安とを感ぜざるをえず．

この伊の新地位境遇を着眼して，ここに巧妙なる外交手段を振ひしは仏のデルカッセなり．彼はもし伊にトリポリに於る自由行動を承認してやると，伊は只にエジプト及びモロッコ方面に於る英仏の協商を快く承認するのみならず，

尚ほ独墺に面を反けて英仏に接近するならん，反之何ら策を施〔さず〕してこれを放任せば英仏の圧迫を感じ，これに対抗して自国のアフリカに於る足場を確保するために，一旦そむけたる手を引返して独墺に頼ることとなるといふ風にデルカッセは考へたり．故にトリポリを伊にやることは，伊を敵よりさくのみならず我味方とするの一挙両得なることに考へつけり．尤もこの政策はその端緒を 1901 or 2 頃に発す．即ち今では英仏協商を結はさる前よりデルカッセは伊を誘ふためにそれぞれ方法を講じたり．英仏協商締結の際には両国はよほど親善の干〔関〕係を進めたるのみならず，トリポリの問題につきても一種の黙契ありしといふ．故に英仏協商締結の後，伊を引入れしことは，ある意味に於て始め仏と伊との間に生ぜる黙契をば更に英をして承認せしめたといひて可なり．要するに伊はトリポリに於る自国の立脚地を英仏の承認の下に確保することが得策なるを認め，喜んでデルカッセの誘に応じたるなり．従て彼はこの時より既に名義は三国同盟の一国なれとも，その実に於て既に英仏の味方なりき．今次の戦争に於て伊が独墺の味方をなさざりしこと何ら□〔命語〕悟を用ひる要なし．

　伊太利態度の変調は著しく欧洲の国際干〔関〕係を動揺せり．少くとも欧洲の国際的風雲を険悪ならしめたりといはさるへからず．これイタリアがもはや独墺の忠実なる味方にあらざることわかりたれとも，全然独墺側のものたることも断言し能はざればなり．蓋し従来伊国は三国同盟の一員として施設をなし来り．今や独墺に遠くなりしも全然態度を鮮明せんには更に現状を絶縁するといふ面倒をさくること能はず．従て伊国一国としては独墺に対しては段々独墺に対し〔ママ〕ては遠縁となることを圧〔厭〕はざるも，英仏に対しては不即不離の態度をとれりと見さるへからず．その結果として起る現象は独墺，英仏共，敵方に対して疑の念を抱くこと之なり．独墺は元来伊国を味方として三国同盟の勢力を計算し来りしに，今や伊国は頼るへからず．事によれば敵方となるやを保せず．是に敵と味方の勢力の権衡とれずと感じ，軍備拡張を説き，或は実行するに至る．之に対し英仏側も全然伊を味方と見ることをえず．安全なる計算としては，むしろ伊を以て敵方の勢力の一部と見るべきなり．然るに今や独墺が伊国の態度に疑を抱きて軍備拡張を主張し之を実行すれば，独墺側は勢力権衡をうる所以となせども，英仏側はこれを以て大いなる威赫〔嚇〕なりと感せさるへからず．かくて英仏も亦軍備拡張を説き，之を実行するに至る．かくして一方の拡張論は他方

の拡張論を促し，刺戟してかくの如き軍備拡張の形勢となれり．戦前に於る欧州の険悪なる風雲は一は他の種々の外交上の難関にも原因すれとも，その最も主要なる原因をなすものは之なり．又事実に於て独の軍備拡張に対して仏国の三年兵役復活案，露は西方国境の準備を唱へ，英にも陸軍の拡張整頓の議盛なり．白〔ベルギー〕が同論に動かされて専ら独に対する防備を整頓せるも，和がフリシンゲンの要塞を改造して暗に英国海軍に当る態度を示せるも皆これによる．

かくの如き欧州最近の形勢は，他の一方より見れは国民の間に国家に奉仕する念慮を強めしことあり．或は盛んに研究心を起して飛行機，潜航艇の発明，無線電信の発明を促したることあり．必然の利益にあらす，偶然の利益はありたれとも，他の一方に於ては個人の自由なる活動を軽視するの傾向を誇張し，又財政上の濫費が投機熱を促せり．中にも平和的世界，共同主義蔑視の弊風を来せり．就中各国政府がその軍国的設備の積極的方面の足らざる所を補はんがため盛んに間諜を放つて各国の秘密を偵察せしめしことは，甚しく一部の人の道徳的良心の蓑微〔衰〕を招けり．かくして欧州の天地は殺伐のものとなれり．遂にその形勢が勃発して今日の大戦を見るに至れる〔は〕怪むに足らず（尚ほ間諜のことにつきては普通の方面にてその目的を達する能はず．故に中世にては不道徳とし罪人として取扱はれたり．故に我国の想像する如く多く用ひたるものにはあらざりき）．

[22]第六章　モロッコ事件

(1)

最近に於る所謂モロッコ事件の端緒は 1905・3月31日の独皇帝のタンジール訪問に始る．これ独の仏に対する一個の抗議なり．これより先き，仏は前年の英仏協商に本きて更にスペインの承認を得てモロッコの内政改革に手を附けて居る．1904 の英仏協商はモロッコに於る仏の特殊地位を認めたるものなれとも，モロッコに利害干〔関〕係を有するもの，英の外に尚ほ西あり．そこで仏は英の承認を受けたものを以て更に西の承認を求む．西は仏と各々その勢力範囲を協定して，他の大部分に於る仏の勢力を認めたり．そこで仏は 1904・12月，内政改革の案を作り，翌年1月，モロッコの首府フェズに駐在する自国官憲をし

て右の改革を交渉せしむ．かくて欧諸国はモロッコの経営を事実上仏に認めて誰もこれに故障をいふものなかりき．

しかるに独皇帝は地中海の巡遊を名として3月2日，ベルリンを出発し，31日，**タンジール**を訪問せり．モロッコ王は一人の皇族〔王〕を送りて歓迎せしが，そのときに皇帝は次の如き演説し欧州を驚かせり．その要領は〔「自分の今回モロッコを訪問せしは独立主権者としての**スルタン** Saltan〔Sultan〕を訪問せるなり，自分は**モロッコ**といへる国はスルタンの主権の下に絶対的平等の基礎に各国民の自由競争に開放せられ，或国が特権を有する如きことなく遂に併合の実を見ることなからんことを熱望す，余は**スルタン**を絶対的自由なる主権者と認むるが故に，余の力の及ぶ限り**スルタン**を援助し，且つ独の正当なる利益をほごすることを一個の目的としてこの訪問をなせしなり，従って直接**スルタン**と交渉してこれらの点を協定せんことを欲す，尚ほ**スルタン**は近頃種々の計画をなすとのことなるが，余の見る所によればかくの如き事業(改革)は極めて細心の注意を要し，人民の宗教的感情を無視して動乱を惹起することなからんことを用心せざるへからず」と．〔欄外　仏に対する挑戦状といふべし〕．

尤も理窟をいへば独皇帝の態度は全然根拠なき暴挙といふへからず．只モロッコの問題はかつて1880の7月，マドリッドに開きたる国際会議に決定せられたることあり．これには独も加入せしかば，**モロッコ**を仏が**スペイン**や英のみと相談して勝手に定むることは，このときの条約に本く他国の権利を蹂躙することとなる．故に独はこの条約上の権利を主張して仏に**抗議**するいふことは一応の理由あり．しかれとも独のみならず他の一般の諸国は爾来久しく**モロッコ**問題に付ては全然消極的態度を執り，かくて進んで何らなす所なく，又仏や西の殖民政策(多小〔少〕小侵略的色彩あり)に対し反対もせざりき．即ち独を始め一般の諸国はこの条約上の権利を殆ど忘れたるものの如くせり．現に1904の英仏協商の成立に付ても独はこれを意に介せざりき．只議員の質問に対し，時の宰相ビューローは独の権利と何ら干〔関〕る所なしと明言したれば也．かく永くすてて顧〔ざ〕りし権利を1905の3月に至り突然行使せんとしたるが故に欧州は驚けり．而してこの態度甚しく仏の反感を徴〔挑〕発せしこといふまでもなし．且つ他の諸国も独に対し同情なし．只独のこの挙は英仏が欧州の外交に自己を孤立せしめんことを怒りたるにはあれとも，日露戦争に於る露の敗戦の結果，露仏同

盟恐るるに足らずとして,その虚を衝きしものなればなり.

さて,このタンジールに於て皇帝の演説は翌月4月12日の独帝国宰相の連合通牒となりて具体的の外交問題となれり.即ち彼はモロッコの問題は仏一人これを処分すべきにあらずとし,1880のマドリード会議に倣ひ列国会議を開かんことを要求せり.これと同時にモロッコ宮廷にも手を伸ばし,同月30日,遂にモロッコの国王を動かして同様の通牒を公然各国に発せしむるに至れり.この独の要求に対しては面目としても仏がこれに屈する能はずこといふをまたず.そこで極力独の提議に反対せり.独は又露の助を受くる望なき仏を見縊りて頻りに脅迫せり.現に独政府の密使をうけてパリに派遣せられたりと噂せらるドンネルスマルク公は,公然と仏は戦争するか屈服するか二者その一を撰むへきのみと公言して,大いに物議をかもせしことあり.このときに仏に於て最も強硬の態度をとりしときの外相のデルカッセなり.彼は私かに英国より開戦の場合には実力を以て援助する約束を得て,益々強硬となれり.されど宰相のルーヴィエは仏の準備尚ほ充分ならず,英の助ありても尚ほ独に当るに足らず.そこでデルカッセを辞職せしめ,怨を呑んで列国会議の開催に同意せしめたり.有名なるアルヘシラス会議はこれなり.

アルヘシラス会議の開催につきてはルーヴィエ,ラドリン（駐仏独大使）との間に準備を協定し,1906・1月16日より開かれたり.1880の例に倣ひて,それに列席せしものは英,仏,独,墺,露,伊,白（ベルギー）,和,瑞典〔スウェーデン〕,西,葡,墨,北米合衆国なり.この会議で主として争はれたるは警察,財政にして,仏のこれを独占せんとするに対し独が極力これが妨害を試みしなり.

この会議で主として問題となりしは警察権のことなり.独は警察権を仏が独占することに反対し,列国協同の下におかんといふことを結局提議せり.しかれとも大多数の国は大体仏の独占を承認するが故に独の提議に賛成する者なし.西にこれを説き,ある点まで圧迫を加へて勧めたれともこれに応ぜず.更に独は伊と英に説き,無論拒絶せられたり.外交上甚だ面目を失するが故に,独政府は駐露大使に訓令し内々で露外相の援助を求む.これも亦拒絶せらる.最後には独皇帝自らアメリカのルーズベルトに親簡を送りて頼みたれとも,彼は反りて仏の主張を助けたり.そこで独は全然外交上孤立す.只独の味方は墺のみなり.伊は既に英仏の側に立てり.独の根本の目的たる英仏の離間策は反りて

英仏伊西等を密接ならしめたり．2月10日，仏政変ありて内閣更迭す．この政変に乗ぜんとしたれとも，後のブルジョワが前内閣の政策を踏襲してかわらず．結局独はその主張を撤回し，3月28日，ある二つの地点に限りて西の持分を認めたり．大体は仏の勢力を認むることに協定出来たり．かくて最初のモロッコ問題，結着つきたり．この事件は独の妨害により仏の計画大いに齟齬したることになれとも，されどこれにより独の外交的孤立の形勢も明白に暴露せることとなれり．

(2)

1907のモロッコの内乱に乗じ，独は再び悪戯をなせり．その理由はアルヘシラス会議の結果としてモロッコの内部に排外運動起れり．1906の暮より所々に暴徒起り，12月，仏は西を誘ふて軍艦を派遣し，モロッコ政府に秩序の維持と会議決定の厲行を迫れり．その内に暴動の結果，仏人の殺さるもの少からざりしため，仏の出兵となれり．この動揺に乗じ南部の蛮族の内，その地方に知事をつとめし王の弟を擁立して現王を排斥するといふ革命軍起り，それが現王並に現在の政府に反対の気勢と結ぶために排外主義殊に排仏主義を標榜せり．その結果，各方面に起りし暴徒の同情を得，勢力強くなれり．仏は国王を助けて暴徒の鎮底〔定〕となれり．独は私かに，しかも大規模に革命軍を助けたり．軍人も行き武器弾薬も施せり．そこで政府軍破れり．このとき謀反軍より欧州各国に使節を派遣し革命軍の承認を求むる運動ありしが，これは独の勧誘によると称せり．少くともその使節を独皇帝も内々に謁見を賜ひしこと知られ，仏も他の欧諸国も憤慨し議論せり．1907の8月，革命軍殆んど全国を支配し，正統方は仏軍の保護により辛じて一身の安全を計ることになる．仏も独と場合により〔ママ〕独と戦ふの決心なくんは，現王をして再び有力なる政府を作らしむること能はさる状態となれり．そこに9月1日に独は仏に通牒を発して革命政府を承認するの適当なるへきことを主唱せり．アルヘシラス会議に関係せし諸国も新政府によらずんばその決議を励行する能はさるを見て，やむをえず新政府を承認せり．かくして前王の弟が11月に正式に即位式を行へり．独はそこで経済上一歩を踏めることとなり，1909・2月9日，独仏宣言となれり．

(3)

モロッコに干する三度目の独の活動は，1911・7月に見る．これよりさき 1911・3月にブリアン内閣 cabinet 倒れてモニ内閣成立す．この内閣にデルカッセ入りて海相となる．しかしこれは独を憚りて殊更海軍省に入りしにして，実際は外相の職をとれり．彼入りてより仏の対モロッコ政策は大いに活潑となる．即ちモロッコの新政府は独と款を通じて仏を排斥する風潮盛んとなる（されど表面上は仏が専ら□力を振ふわけなり）．デルカッセ表向の権利を強行して排仏勢力を抑へんとせり．これ5月，大規模のモロッコ出兵となり，5月21日には首府を仏軍にて占領せり．それより高圧的にモロッコを仏の意のままに支配せんとせり．かくなるとスペイン承知せず．西も亦6月に出兵して内地に侵入せしめたり．ここに西と仏との小衝突あり．6月にモニ内閣倒れカイヨー内閣立てり．されどデルカッセは依然海相となりて事実上外交を支配せり．そこでデルカッセの指導の下にモロッコの内紛を仏の思ふ通りに解決されんとせり．

そのとき7月1日に突然，独砲艦パンター Panttier〔Panther〕がアガディールに着すといふ電報あり．それと同時に独政府はアルヘシラス条約干係諸国にかかる意味の通牒を発せり．モロッコ南部のアガディール地方に独の商人や商事会社の営業せるもの相当に多し．近頃のモロッコの動揺のために危険を感じ，本国にほごを求めたれば，そのために軍艦を派遣したるなり．他意あるにあらず．モロッコの秩序回復すれは軍艦は直ちに退かんと．されどその真意はモロッコを仏が全然独断でモロッコを処断するに対する抗議なり．紛乱に乗じて仏を驚かしむるは利益の分配に与らんとするものなること明なり．仏のこのときに憤慨せることいふをまたず．当時休養にてパリに帰りし大使カンボンを急いでベルリンに帰らしめキデルレン＝ヴェヒター23)に交渉せしむ．

このときの独の態度に最も憤慨したるものに英あり．英の方では7月1日の通牒ありしが充分ならずとし，駐英大使のメッテルニヒに説明を求めたり．説明も亦軍艦派遣の理由明かならずとし，駐独大使に訓令して直接に帝国宰相に説明を求めしむ．このときの英の質問は頗る露骨なり．即ち独の軍艦派遣はモロッコの南部の一部を取る目的ありか，或は仏がモロッコ全部を意のままにするならば，その代償として他の領土を仏からさき取るつもりなるか，孰れな

るか，露骨に問へり．この質問に対し，独はしかりと答ふるわけにゆかず，又Noと答ふるわけにゆかず，独は説明を与へずして放任せり．7月20に英は答弁を催足[促]せるが，これにも政府答へず．その間に独仏の干[関]係険悪となる．ベルリン両国の全権は纏らず，国民国□を新聞紙上で攻撃せり．形勢険悪なりしが，英のヂョージ5世，露のニコラス[ニコライ]2世は個人として電報を発して，**皇帝**に反省を求めたり．

　かかる形勢に重大なる転機となりしは7月21日，時の蔵相ロイドヂョーヂの演説なり．その要領は数世紀に亘る雄飛と努力とによりて獲得たる英国今日の国際的地位並にその政治的経済的利益に重大なる影響を来すが如き問題の起りし場合，いかに平和の維持のために必要なりといひて，これに干する国際的交渉より無視せらるるといふことは，到底我国の忍びうる所にあらず，かくの如き高価なる平和は我英国の利益と〔数文字空白〕と両立せざることを明白に断言すと．その演説が直ちに欧各国に電報されたるが，この演説の結果独は大いに狼狽して先の質問に答弁し，而して独の目的は土地の割譲にても亦代償を得んとするにあらずと．このとき独はロイド＝ジョージの**演説** speechに恐れて急に答弁したるにあらずと弁明して，答弁の日附も21日の午前とす．

　これより独方が始[初]めて調和的の態度を示する至[に]る．英は勿論仏も強ひて争はず．それより独と仏との談判は幾分円滑になる．けれとも英はたえず第三者の地位に立ちて独仏の談判を牽制す．現に首相**アスキス**の下院に演説する所によると，英は独がアフリカの他の部分に於て代償を得ることには異議なきも，しかれとも談判の模様如何によりては条約上の権利に本きて発言権を行使するかもしれずといふことを明言せり．故にある点までは独の権利を認め，而してその認むる程度以上には一歩も出つへからすとの態度を執れり．問題となりし争点の細目はこれを約す．只談判の甚だ困難なりしを一言す．

　而して9月5日前後，独が急に要求を大ならしめしため，殆んど開戦を見るばかりの危機に頻せしこともあり．けれともまもなく独再び折れて，談判困難なれとも順潮[調]に進めり．何故に独が9月頃その要求を大らしめしかといふに，英に船乗人員（docklaborer）〔dock laborer〕と鉄道の使用人との間に大ストライキ起り，政府これに忙殺されたるに独か乗じたるなり．而して独が急に折れしは**ストライキ**が安[案]外に早くすみしたればなり．英側では更に声を大にして仏を声援せり．そし

て独の国内に流れこめる仏の資本の取付ありて，その結果，独の市場混乱せりといふことの結果なり．

　10月11日に至りて協定纏り，この協定の大体をいふと，独はモロッコに対する要求を全然放棄す．その代りアフリカの中央カメルーンの地方にて国境の整理をなす．国境整理の名前で仏の方より独に相当の大なる地面を提供す．即ちカメルーン地方で厖大なる報償を与へて，モロッコの要求を徹回〔撤〕して貰ひしなり．又モロッコ問題は仏と西との間に未だ協定のまとまらさるものありて最近まで欧州外交界の一問題として残りたれとも，独と仏との間の問題としては11月11日〔10〕の協定を以て全く解決を見たるなり．而して前後三回に亘る独の態度は，独は機会あれば必要以上に侵略することわかり，他は独はいかにしても仏に打撃を与へんことを考へること明かとなり．仏が独より屈せらるることは英国の自衛上忍むこと能はさることも語れり．尚ほ最後に英が立つことになれば独は恐れることもわかれり（故に独は英に対抗するため**海軍拡張** naval expansion を努めたり）．

第七章　バルカン問題

　最近のバルカン問題は1912の10月より始る．それが翌年5月に至り一旦結果つき，然るに6月に至りバルカン諸邦の仲間同志の間に占領地の分配に付き争起り，再び戦争となり，これが8月に至り解決つきたり．しかるにこの内粉〔紛〕誼嘩〔喧〕に乗じ土が再び活躍を始たので又困難の問題生ず．これが更に翌年に亘りて今度の欧州戦争の勃発まで続けるなり．

　このバルカン戦争の根本原因に付きては今述ぶる必要なし．只バルカン戦争の勃発を促せし直接且最近の問題はマケドニア Macedonia 問題なり（絶えずブルガリア人と土其古〔耳〕人との紛争あり）．1912の夏頃から段々マケドニア問題にてバルカン半島の風雲険悪となりき．このときにたれいふとなくブルガリア，セルビア，ギリシア，モンテネグロ間に秘約を以てバルカンに於る土の領土を奪奪〔略〕する目的にて攻守同盟を結びしこと評判となる．セルビアとブルガリアの間にはこの年の2月に密約結結〔締〕され，ギリシアと勃〔ブルガリア〕との間に2月と5に結結〔締〕されたること事実なり．セルビアとギリシア又これらの国と黒〔モンテネ

グロ〕との間にも，これと前後して密約の締結あること疑なし．それまでこれ
らの諸国は何んとかして早く法律を発見して土と戦争したしといふ希望を抱き，
特にトリポリ(Tripoli)戦争で土が未だ伊と媾和せざる間に開戦の法律を捕へ
〔ん〕とせり．〔欄外　1911．9月30日，伊土戦争にてトリポリを取る〕．これ
を看破し土では，一方に伊との媾和を急ぎ，他の一方で頻りに国境の兵備を修
めてこれに対抗する方法を媾じたり．それたけ又雲行険悪となる．

　バルカンに対する列強Powersの利害，複雑相反せり．そこでバルカン半島
を蹂躙して，そこに新しき建設をやるならは別問題なるも，現状のままにして
これに多小の変更を加ふることは，直ちに列強の利害干係に重大の影響を及ほ
す．そこで列強は従来姑息の手段を取れり．従て今度の事件に就ても，これを
各国の意思はできるたけ外交的の手段に訴へて，戦争を未然に防ぐことに一致
せり．当事仏の外務大臣ポワンカレは当時パリに滞在中なりし露の外相サザノ
フと相談し，率先して列強政府に交渉を開き，その結果現状維持status quo
の原則を以てバルカンの諸国にのぞむことに方針を定めたり．而してバルカン諸
邦に駐在せる墺，露の外交官が列強を代表して，10月4日を以て警告を加ふ
ることに定めたり(戦争を喰止めんとす)．

　所がモンテネグロ一国は同10月4日，しかも墺，露の全権公使が列強を代
表して共同警告を到達すべく定められたる時間に先つ2時間，単独に土に宣戦
の布告をなせり．即刻に兵を進めて土領内に入れり．これ恐らく連合の諸邦と
の相談の結果ならんと想像せらる．次いで勃〔ブルガリア〕，希，塞〔セルビア〕も15日，
国交〔断〕絶，17，宣戦布告となれり．尚勃，塞，希の三国が列強の共同警告を
うけしこと，13日を以てこれに対する答弁として土内政改革の要求の覚書を
差出せしこと，土も亦10月14日に至り列強に対し答弁を与へしこと，ここに
詳述せず．

　戦争の結果は世人の予想に反してトルコの見苦しき失敗に終れり．トルコの
失敗の結果として尤も困難の地位に立ちしものは欧諸列強の外交なり．只バル
カン半島に対する外交政策はデルカッセに従て現状維持に従ひしが，これは土
ルコが勝つといふ予想によりて成立する．しかれともこの予想に反しトルコ連
戦連敗して，トラキアの以西は全部同盟諸邦の占領に帰せり(土の3/5)．

　かかる予想以外の結果を生すとここに二個の問題生ず．(1)依然として現状

維持の原則を固執して, 同盟諸邦より戦勝の結果を奪ふべきや否や. (2)現状維持の原則をすてて, 新に fait acconpli, accomplished fact, 既定の事実の原則を承認して, 同盟諸邦に占領地域の分配を許すべきや否や. (1)の決定に従へば, 列強はその意思を同盟諸邦に強ひるために必要の場合には進んで武力を用ひるの覚悟なかるへからず. 而して武力を用ひること自身極めて困難なり. 且又武力を用ひて同盟諸邦の怒を買ふことも各国の忍ぶ能はさる所なり. 故に実際問題として列強のとりうへき策は第二策あるのみ.

これよりして列強の態度は戦局の進行と共に変りかけて来たり. 戦勝の結果尊重すべしといふ主義唱へらるるに至れり. そこで戦勝の結果を尊重する主義は最も無難の解決なれとも, 欧州列強の内この主義を無条件に承認し難き国あり. その著しきは墺なり. けだし墺は最も塞〔セルビア〕の膨脹を圧ふ〔厭〕. 殊に塞が西南方面に発展してアドリア海に連洛〔絡〕をとることは, 墺の黙視する能はさることなり. されどアドリア海に発展すると否とは塞にかかる大問題なり. 只塞は海岸線なきために国勢に大影響あり. 地中海に直接に出てゆくこと困難なり. 故にどーしても〔う〕西南に進みアルバニアを得さるへからず. 塞のこの戦を開きし根本原因はアルバニアを得るに在り. 所が墺は塞のアルバニア方面に発展して強くなることは断然認めざらんとするなり. この点に於て墺と塞と利害全く相反す. 故に戦局発展して塞が西南方面に兵を進めると墺の新聞は直ちに塞に向て攻撃を加ふ. そのいふ所によると塞は軍事上よりいふも亦人種主〔上〕よりいふもかく西南に発展する要なし, この西南方面の地方は専らアルバニア人の住する所にして塞種に属せさる, ある他の民族の争ふへからさる独占地域に属するものなりと. 墺がかかる態度をとると欧のバルカン外交は大いに困る. 只塞の希望はアルバニア地方以外になし. 而して墺は又種々特別の理由ありてどーしても〔う〕塞の膨脹を許さず. 〔欄外　オーストリア＝ハンガリー二重帝国関係 Dualism. 三国鼎立運動 Trialism[24]〕

そこで欧諸強国の間に意見二種に分る. このときにあたりて最も明白に思想を発表せしは仏のポワンカレなり. 彼は開戦当事〔時〕列強を促して原状維持に同意せしめるが, 今や戦勝の結果を無視する能はずと考へて一転して曰く, **絶対的無私主義** d'essintesressement absolu 〔désintéressement〕を唱へ, 戦局の発展は自然の成行に任し, しばらく傍観の態度を取る, 一方の利益のためにする無用の干渉をさけんとす

ることを主張するに至れり．この**提案** proposition は明白に墺の主張を排するものなり．即ち墺，仏，意見を異にするに至れり．当時英は仏の立場に賛成す．露は明白なる意見はさけたれとも仏英に同意見なるはいふをまたず．只露は墺を抑へて塞〔セルビア〕を助けることは利益を有すればなり．塞を助けると抑へるとに付て露，墺が開戦を見んとせしこと屢あり（3回）．今度の開戦も畢竟，塞に干する墺，露の争が端を啓きしなり．

又墺側では仏側の提議には絶対に反対なり．現に墺は塞の政府に向て露骨にアルバニア人のアルバニア Albania of Albanias〔Albanians〕主義を取りて動かさることを塞政府に申出で以て断して仏の態度に同意せさる態度を示せり．独側はこの際曖昧の態度を執りしも，結局墺の説を助けるものなること疑を容れず．伊は三国同盟の干〔関〕係で独墺に味方するにはあらされとも，只アルバニアは自己の地の対岸地にて同じくここに利害干〔関〕係を有するより全然この地方を塞に任す能はず．この点に於て偶々独墺伊，態度を一にせり．

土政府は連敗の結果，難境に陥り，殊に疫病流行のため更に一層の困難を感したり．そこで 11 月の始，列強に向て媾和談判の仲介の労を依頼せり．その間種々複雑なる経過をへたるが，結局 12 月 3 日に至りて休戦条約成立せり．而してその間に休戦条約のきそ〔基礎〕として塞の問題をいかにするか，他の言葉を以てせばアルバニアの土地をいかに処分すへきかにつき，墺，露の間に意見の相違を来し，遂に両国の劇しき反目となる．11 月下旬，墺と露と国境に軍隊を集中して将に開戦を見んとせり．これは他の諸国の非常なる尽力の結果，遂に穏便の解決を見たるが，翌年 2 月下旬に漸く動員をとくまで約 3 ヶ月の間は両方大兵を擁して譲らさりき．

さて 12 月 3 日の休戦条約には差当り休戦につき 2, 3 の条件を定めたるが，更に根本的の平和回復は各干〔関〕係国より全権使臣をロンドンに会合して，所謂ロンドン会議で平和条約を締結することを約定せり．その結果，現はれしものは 12 月 16 日に第一回を開きしロンドン平和会議なり．この会議に於ては双方極端の主張をとりて動かず．談判困難なりき．幸ひに同じくロンドンに開かれたる大使会議の尽力によりて翌年 1 月の始めに至りほぼ一種□の妥協案を発見するに至れり．

倫就〔敦〕大使会議はバルカン問題に直接の利害干〔関〕係を有する英仏露独墺伊の六国

が平和会議の開催に伴ひて，双互の交渉を敏活にするの必要上ロンドン駐在の各全権大使をそのままバルカン問題協議の全権委員としてエドワード・グレイを会長として臨時必要に応じて会議せしむることとせり．けだしバルカン問題はバルカン諸邦の事件たると同時に又欧州列強の問題なり．故にバルカン半島に対する決定はバルカン諸邦間の決定を以て終結するにあらず．更に諸強国の承認をうるにあらされば最終の決定を見難し．これ平和会議と共に大使会議を開き，列強が敏活に意見を交換して常にその政策を一定し，これを以て平和会議に臨まんとせし所以なり．

平和会議が 12 月 16 日に第一回を開きしが始より双方の間に感情の障疎あり．漸次会合を重ぬるに従ひ双方の意見の距離頗る大，殊に敗者のトルコが仲々執拗にして同盟諸邦の要求をいれず．その結果，7・6 頃，談判破裂といふ状況に立入れり．これを大使会議によりて大いに心配し，一方には同盟諸邦の全権使臣は談判破裂は宣言をせさるや―にと求め，他方にては大使会議の媾和条件を協定してこれに従はんことをトルコに迫れり．そこで漸くトルコでも譲歩して即ち今日のコンスタンティノープルの内閣会議ではこれに従ふことに決せり．只多小屈服的の媾和条件をいれることは重大の責任にして，これを政府ひとり負ふことをさけ外観上国民全体に責任を分つことにせんとする所より，1 月 21 日を期して文武の高官，僧侶，貴族を集めた一種の国民会議を開き，その議により最後の決定をなすことにせり．

かくてバルカン問題の解決は平和的に修りのつく見込立ちしが，計らずもここに土の主戦党の陰謀のために平和的解決が一の頓挫を来す．即ち青年土トルコ党の一派がエンヴェル・パシャに率ひられて 23 日朝，内閣会議の議場に闖入して，キャーミル・パシャ（親英□□）内閣に辞職を迫れり．マフムート・シェヴケト・パシャを首相兼陸相にして主戦論及び外外硬を標榜する内閣をつくれり．倫敦条約の使臣が戦争継続の能度をとれるは当然の結果なり．そこで又バルカン半島が戦場となり，その結果は予期に反してトルコ敗北せり．

遂にトルコは勢屈して，2 月 28 に遂にトルコは無条件で列国の仲裁を求むることとなれり．そこで列強は先以て同盟諸邦にいかなるきその上に媾和談判を開始するかと数回の交渉をなし，そのために約 1 月かかれり．それから 4 月の始，その同意をトルコの方に求めたり．このときの談判にも困難あり．就中

アルバニアの問題，エーゲ海の問題につきては議論沸騰してしばしば危機に瀕せり．けれども大使会議で極力両交戦団体に圧迫を加へ，5月30日に漸く平和条約の締結を見たり．これを見てバルカン半島の戦は一段落をつけたり．

　前の5月30日の平和会議で同盟諸邦は土より尨大の地面をさきとれり．その取れる地面をいかに分配するかに付て，これらの同盟諸邦の間に内輪喧嘩起れり．一体バルカンの諸邦は，それぞれ仲がわるし．協同一致するということは予想するものなかりき．たとへ土の**共通の敵** common enemy ありても容易に提携出来さる間柄なり．従て分配問題に付き直ちに衝突するは怪むにたらず．

　而して二度目の争で直接の原因をなせしはブルガリアの頑強なる態度なり．ブルガリアは希とも衝突せり．テッサロニキ占領の先後を争ひて大いに希の感情を害せることもありき．更に最も重大なる原因をなすものはセルビアとの干係なり．元来両国は仲が悪し．1885戦争の如し．この事件では予め秘密条約を以て，土の領土分割の相談をきめたり．しかるにその秘密条約を締結するときには，両国の政治家はアルバニアの独立は予想なきのみならず，マケドニアは従来の歴史的干係よりして，これだけは**自治**が許さるるものと思へり．しかるにマケドニアは**自治**は許されず，ブルガリアはこれを取ることとなれり．反之セルビアは必ずうると思ひしアルバニアを失へり．そこでセルビアは西に失ひしものを東に償を求めざるべからず．即ち始の予想に本きたる境界線を東方へ移すことを要求せり．始めの秘密条約を改めんとの要求は至当の要求なると思はるるに，ブルガリアは全然応ぜず．そこでセルビアは憤慨せり．

　この形勢を見て列国は心配し，中にも露政府はその中に入りて調停を努めたり．露皇帝がこれら諸国の首相を聖都に集めて，この問題の解決を計らんと申出せしはこのときなり．されど両国これに応ぜず．又は欧の外交界にても露のみがこれに干係することを欲せざる事情もありて実行されず．この間，勃〔ブルガリア〕に対するセルビア，希のブルガリアに対する反感高まり，形勢険悪となれり．遂に6月30日朝，開戦となれり．ルーマニアは□めの戦争には参加せざりしが，今度の場合には勃〔ブルガリア〕に対し宣戦することとなれり．

　一体ルーマニア，ブルガリアの干係はこの年の1月頃より始まれり．即ちブルガリアがセルビア，マケドニア，ギリシアと結託して土より尨大なる領土の割譲を受くる見込立ちしとき，勃にルーマニアはかかることを申込めり．我国

は直接境を土と接せされば戦には干〔関〕係せさりしが，バルカン諸邦の各国間の均衡の問題に付ては全然傍観の態度をとる能はず，而して勃〔ブルガリア〕がよく今度の戦争に勝ちて土より広大なる地面をとりし所以のものは畢竟我国が好意的中立を守りし〔御〕蔭なり，この中立厳守の賠〔報〕償として一定の地面を割譲せよとの要求なり．この要求は勃はこれを斥けたり．されど羅〔ルーマニア〕よりいへば当然の要求なれは諸強国に情を訴へて，その外交的援助を求めたり．そこで大使会議にこれを問題とし，ルーマニアの要求を若干緩和して一個の成案を作り両国に望みたり．これを5月の末日にルーマニアの議会で承諾せしが，ブルガリアでは返事なし．かかる間にブルガリア一国を敵とする第二回の戦始まれり．ルーマニアの方ではこの戦争の始まると，ブルガリアは万一戦にまけて，その結果ルーマニアが目をかけし土地まで他邦〔に〕持行かれるかもしれず．そこで自個の領域 train〔terrain〕を守れるために勃領に兵を入れる目的で兵を入れり．7月10頃なり．その結果として両国間に状態，戦争開かれることとなれるか，7月14なり．勃はルーマニアも敵とす．勃の困れるを見て，ここに土が立ちたり．即ちブルガリアの困れるに乗ずれば，一旦失へる領土の回復を計〔図〕りうる．土駐在の列強の大使の厳しく忠告する所ありしに拘らず，見溢〔縊〕て遠慮なく勃領に兵を進めたり．勃は抵抗するの力なし．土は無人の境を行く如く北方に進みたり．漸くブルガリアも勢屈して和を乞ふに至れり．

1924年度講義録

岡義武ノート

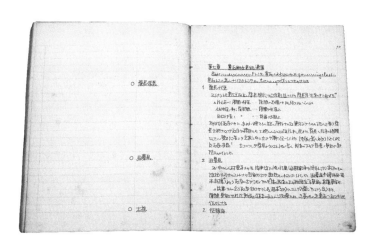

〔日本憲政史論〕
参考書

緒論
第一章　憲政の常道
　第一　政治
　　一　生活に於ける強制の必要
　　二　生活に於ける政治の発生
　第二　主権
　　一　主権の本質
　　二　主権の発達の歴史
　　三　主権存在の基礎
　　四　政権の争奪
　第三　憲政
　　一　所謂憲政の特質
　　二　民衆政治の本体
　　三　憲政の発達
　　四　憲政推奨の条件
第二章　我国憲政の現状
　一　憲政の法的組織
　二　憲政運用の政治的慣例
　　（一）大臣任免
　　（二）内閣の組しき〔織〕
　　（三）下院
　　（四）上院
　　（五）枢密院
第三章　憲政運用上の弊害
　一　民衆的勢力と特権階級との対立
　二　この結果，戦闘的方策用ひらる
第四章　改革の困難
　一　総論
　　（甲）制度上の改革
　　（乙）思想上の開拓
　二　積極的開拓
　三　消極的開拓
　　（一）〔官尊民卑の風〕
　　（二）排外思想
第五章　吾国憲政思想の萌芽
　一　洋学者の努力
　二　維新当時の政治家の態度
　三　五事の誓明
　　一　直接の動き〔機〕
　　二　起草
　　三　宣明
　四　政治的実験の教訓
　五　民間識者の努力
　　(a) 風説書の廃止と海外新聞の翻訳
　　(b) 支那新聞の輸入並びにその翻刻
　　(c) 海外帰還民の新聞発行
　　(d) 在留外人の新聞発行
　　(e) 新政府官報発行
　　(f) 民間新聞の勃興
第六章　立憲制度の試行
　一　政体書
　二　官吏の公選
　三　議政府
　四　明治4の官制改革
　五　結論
第七章　憲政創設の準備
　一　薩長の結束
　二　旧幕臣
　三　征韓論
　四　国会開設の請願
　五　内乱
　六　元老院
日英同盟
憲法制定者としての伊藤公の教養
条約改正

日本憲政史論[1]

参 考 書

日本百科大辞典
大日本人名辞書
本庄栄治郎：日本経済史原論
大辞典〔山田美妙編〕
日本社会字彙〔事〕
仏教辞典〔浩々洞編〕

万国大年表（棚橋一郎〔・小川銀次郎合編〕）
維新後大年表（妻木〔忠太編〕）
〔模範〕最新世界年表（三省堂版）

日本経済叢書（瀧本誠一）
大隈重信：開国大勢史
　　　　　：開国五十年史
吉田東伍：維新史八講
　　　　　：略叙日本史〔例〕
荻野由之〔萩〕：王政復古の歴史
勝海舟：開国起源
木村芥舟：三十年史
田辺太一：幕末〔外交談〕
福地源一郎：幕府衰亡論
嶋田三郎：開国始末
〔東京帝国大学〕文科大学〔史料編纂掛〕：幕末外交関係文書〔国〕

勝海舟：自叙伝〔海舟先生氷川清話〕
福地源一郎：懐維時談〔懐往事談〕
大隈伯昔日譚〔譚〕
東久世通喜：維新前後〔禧〕
山県有朋：壊旧記事〔懐〕
海江田信義：実歴史伝
岩倉公実記
渋沢栄一：徳川慶喜〔公〕伝
大町桂月：後藤象次郎伝〔伯爵後藤象二郎〕
〔篠田鑛造：〕幕末百話
藤田茂吉：文明東漸史
新学の先駆（土屋大蔵）〔夢〕
日本医学史（蔵川陽〔富士川游〕）
杉田玄白：蘭学事始
異国日記：異国日記抄（村上直次郎編）
通航一覧〔林復斎他編〕
川崎諒郎〔川島元次郎〕：朱印船貿易史
斎藤阿具：ヅーフと日本
高崎中良：蛮語箋（1795）最初の蘭語辞典〔森島〕〔箋〕
　・明治にいたり箕作元甫改正
ハルマ辞典和解：ヅーフ中心となり作る．最初の辞典らしき辞書
　・後和蘭字彙となる
村上直次郎：日蘭交通史〔日蘭三百年の親交〕
日本西漸史：（太政官編纂）〔教〕
　・Classet：Histoiree de l'Eglise du Japon の翻訳
　〔Crasset〕〔Histoire〕〔l'église〕
Villion: 日本聖人鮮血遺書
山本周行：日本クリトス教史．近世日本クリスト教史〔秀煌〕〔基督〕〔基督〕
切支丹宗門来朝〔実〕記（続々群書類集 四 巻に収む）〔促〕〔一二〕
〔杞憂道人編：〕闢邪管見録
水戸烈公：水府公献〔策〕

：明君一班抄〔訓〕〔斑〕

Satow:〔A〕Diplomat of Japan〔in〕

新村出：南蛮記

林子平：海国兵談

金沢正老〔会沢正志斎〕：新論

〔嶺田楓江：〕海外新話その他(前述)：阿片戦争の次第をかたり全巻悉く英人に対する偏見を以つて満され誤多し.

福沢諭吉：清英交渉始末……始めて阿片戦争に対する公平なる批評をす.〔論〕〔際〕〔初〕

〔大日本文明協会：〕欧米人の日本観

Bowring：Capture and Captivity in Japan〔Memoirs of a Captivity in Japan 1811-1813〕〔Golovnin〕

- 遭厄日本紀事(高橋作左衛門〔景保〕)

〔芝山隠士：〕雨夜物語

日米交渉五十年史

ペルリ提督日本遠征記

Perry: Expedition to Japan〔Narrative of the expedition of an American squadron to the China seas and Japan〕……Congress に対する復命書

Heine: Reise um die Welt〔Reise um die Erde nach Japan〕

大橋訥庵：闢邪小言

阿部正弘事蹟

懐旧記事

Harris:〔維新秘史〕日米外交の真相(翻訳)

防長会戦記〔末松謙澄『防長回天史』〕

山川宏：京都守護職始末……違勅問題[2],七卿落問題[3]を論ず.歴史家の立場からは前者は大した問題に非ず.七卿落は朝廷のなせる一種の**クーデタ** coup d'Etat なり.〔浩〕

早稲田大学：大日本時代史

維新戦役実歴談

大鳥奎介：幕末実戦史〔圭〕

天野八郎：上野戦争実記

〔前田夏繁・高畠藍泉：〕東台戦記(松の下葉〔松廼落葉〕)
文明源流叢書(国書刊行会編)
Joseff〔Joseph Heco〕：漂流記
福翁自伝
新井白石：采覧異言(1713)，西洋紀聞
西川□軒〔如見〕：華夷通商考(1675)[95]，増補華夷通商考
昆陽漫録，続昆陽漫録
「六大先哲」中青木昆陽伝(大槻先生〔大槻文彦「青木昆陽先生に就て」〕)
野呂玄丈[元丈]4)：青木昆陽と事業を同うす．有名ならず．尚桂川甫周，平賀源内
森島中良：(甫周の弟)紀毛雑話[紅]，万国新話，桂林漫録
司馬江漢：地球全図略説……白石のに次きて古き地理書
本多万明[利]：西域物語
山科昌永[村]：〔訂正〕増訳采覧異言：采覧異言とは全く異本
青地林宗：輿地誌略
　　　　：坤輿〔箕作省吾『坤輿図識』〕
　　　　：八紘通志〔箕作阮甫『八紘通誌』〕
• 維新前後に西洋紹介せし第一人者は福沢輸吉[諭]氏なり．
福沢諭吉：条約十一国義[記](慶応3年)
　　　　：西洋旅案内(〔慶応〕3)．西洋事情(明元〔慶応2年～明治3年〕)．世界国尽し(明2)
• 福沢氏外の西洋紹介者は内田政雄[正]，瓜生寅，瓜生政和(弟)，橋爪貫一，村田文夫
橋瓜貫一[爪]：開知新論[編]
瓜生寅〔瓜生政和〕：西洋新書
村田文夫：西洋文献論〔西洋聞見録〕
福沢輸吉[諭]：窮理図解……自然科学的思想の普及を目的とす
小幡誠次郎[篤]：天変地異……これ亦一種の啓蒙運動なり

Black: ヤング・ジャパン Young Japan……横浜東京を中心とせる見聞記(明初)
• 日本に於ける新聞の開拓者なり．最初は西洋のニュース news のみをのせた

るが日本のニュースにて新聞を作りしはブラック Black が最初なり．中外新聞はブラックの新聞の翻訳なり．尚従来は冊子の如き形なりしが今日の如き一枚刷となりしはブラックの日新真事誌にてなり．初めて活字を用ひしも彼なり．

[Brinkley]
Blinkly:〔A〕History of the Japanese people

Griffis:〔The〕Mikado's empire

Alcock: Three Years in Japan(The Capital of the Tycoon(将軍のこと))

[Satow]
Satowa:〔A〕Diplomat in Japan

　　　　: Agitated Japan……開国始末の翻訳

　　　　: Japan(1853-64)……元治夢物語の翻訳

[Hildreth]
Hildoth: Japan as it was and is

Murdoch:〔A〕History of Japan

[Crasset]
Classet: History of the church of Japan(前述)

Leon Pagés: Histoire de la Religion Chrétienne au Japon

Charlevoix: Histoire du Christianisme au Japon
　　　〃　　:　[Histoire] 〃　[description] 〃　[générale] et Description général du Japon

山口謙：近世史略(六冊)

石津某〔賢勤〕：近時紀略(四冊) [事]

菊池純：続近時紀略(〃) [事]

吉村某〔明道〕：近世太平記

山田某俊蔵・大角豊治郎：近世事情

〔岡千仞〕：尊攘紀事並に補遺(併せて六冊)

関某〔機〕：近世日本外史，続近世日本外史

染崎某〔延房〕：近世奇聞(三六冊本，一二冊本，七冊本) [紀]

安田某〔照矩〕：今日抄，続今日抄(併せて七冊) [鈔][鈔]

〔国家学会：〕〔明治〕憲政経済史論

藤井龍太郎：日本憲法制定史 [甚]

宮崎清一郎〔宮島誠一郎〕：国憲編纂記禄 [起源]

公議所日誌

集議院日誌

議案録

決議録

違式銈違条例〔註〕

〔山田俊蔵：〕民選議院論稿〔綱〕

〔桜井忠徳：〕〃　〃衆説〔集〕

〔関戸覚蔵：〕東陲民権史

中野正冒〔剛〕：明治民権史論

〔板垣退助監修：〕自由党史

鳥尾小弥太：王法論

　谷干城，石村〔西〕茂樹，井上哲次郎等，鳥尾とともに保守派の巨頭にて，加藤弘之反対派の巨頭なり．

坪内消遥〔逍〕：内地雑居未来の夢

稲垣満次郎：東方集〔策〕……従来未だ外侮をうけさることかく．日露戦役後己の力を知り外国経略を考ふるにいたれり．

△次に啓蒙運動に有力なりし書をあぐ．

知恵環啓蒙（Circles of Knowledge の翻訳）

- 爪生〔於菟子〕：啓蒙智慧の環（前書の訳）明五頃

福沢輸〔諭〕吉：学問の勧め

　　〃　：文明論の概略

　　　　：啓蒙手習の文

　　　　：文字の教へ

- 明治4頃文部省，外国の〔数文字空白〕の翻訳をして大いに人智を開発す
- 政治法律方面にては加藤弘之筆頭なり．

加藤弘之：立憲政体略（明1〔慶応4〕）

　〃　：真政大意（明3）

　〃　：国体新論（明7）

　〃　：国法汎論（明5）……Bluntschli の訳

加藤弘之：人権新説（明7〔15〕）……駁するもの多し．この頃より人権論さかんになり自由主義の筆頭には小野梓[5]あり．保守派は前述鳥尾以下の

他に陸実あり.

小野　梓：国□新論〔国憲汎論〕

陸　　実：主権新論〔de Maistre 原著〕……保守派の代表. 国粋派にて欧化論者に反対す

尾崎行雄：権利〔提〕綱〔Spencer 原著〕……英国式考へ方の代表

- 尾崎, 島田[6)]等の自由主ぎ者, 自由出版会をおこしシリーズ Series をいだす. 主として翻訳にて急激なる自由主ぎをとけり
- 翻訳とし〔て〕はルソーの民約論の如き多くよまれ, とくに中江兆民の訳最も有名にて且つすぐれたりきと云ふ(但し全訳ならず). 外に原田潜：民約覆ぎ〔民約論覆義〕. 服部徳：民約論・奥宮健〔之〕約の民約説. 最近には京大教授森口〔繁治〕氏の約あり. 又モンテスキューの『法の精神』esprit des rois よくよまれたり. 何礼之：万法政理(明6). 鈴木唯一：律了精ぎ〔律例精義〕. (外にダランベール原著, 律令精ぎ大意〔律例精義大意〕なる翻訳あり. 彼の著「英政如何〔Fonblanque 原著〕」もよく読まれたり.) 等の翻訳あり.

又中村敬宇：自由之原理〔自由之理〕(J. S. Mill: On Liberty)もつともよくよまれたり. 中村, 小野, 尾崎等は英国風を代表し, 中江等は仏国風を代表す

法制局纂：各国民選代ぎ政鑑〔Charbonnier 原著〕

英米議会典型〔Cushing 原著〕

英国議会先例集〔英国衆議院先例類集, Hatherly 原著〕等…は憲法発布後続出

- 明治15—18, 9頃の形勢は福沢氏の著にて知りう

福沢輸吉：民情一新, 自治小言〔時事小言〕, 自治大勢〔時事大勢論〕

- 小野梓, 末広鉄腸の遺稿〔『東洋遺稿』, 『鉄腸遺稿』〕. 殊に後者の政治小説参考となる.
- 国際法

西周：万国公法〔Vissering 原著〕

丁韙良〔Martin〕：万国公法〔Wheaton 原著〕……英人宣教師・支那の国際法の研究者として有名なり

：公法便覧〔Woolsey 原著〕, 公法開通〔Bluntschli 原著〕等

福地源一郎：外国国際[交]公法〔Martens 原著〕
　　　　　：外国事務(明元)
- 経済方面の著書として下の如きものあり．大体英国流なり

神田孝平：経済〔小〕学〔Ellis 原著〕……従来経済と云へは治世を含む．economics の意となりしは明治に入りてからなり

致□新書：(前述)

小幡徳[篤]次郎：生産道案内〔Mandeville 原著〕
- 先福沢先生より経済紹介され，専ら英米の書の翻訳に力め，他二流の経済学いりしは明27，8頃なり(李氏経済学[論])

田口卯吉：〔自由交易〕日本経済集[論](明治10)……日本の経済学の創立者，画時代的書．
- 財政のことは専ら欧人によれり

(カーレー)英国財税[賦]要覧〔Baxter 著，何礼之訳〕……その他には古き頃にては財政書なし

福沢諭吉[論]：帳合之法〔Bryant, Stratton 原著〕……簿記の始

箕作麟祥：統計学(明治7)〔Moreau de Jonnès 原著〕……統計学の始．最初は経世学，勢衰学，綜表学等とよはる

渋沢栄一：〔立〕会略則……会社設立法をとく

福地源一郎：会社弁

明六雑誌……今日の雑誌の如き形にてつくれる最初．森有礼発起，明六社発行．

西洋雑誌…….柳川春浪[河]主幹[三]．定期刊行物とまではゆかず

洋々社談……大学の文輩刊行

講学余談……杉浦重剛，穂積陳重等発起人となる．大学生刊行

家庭求談……慶応ぎ塾[義]刊行

民間雑誌

〔同人社〕文学雑誌……中村敬宇主幹

評論新聞(明8より)……過激なる新聞．投獄者数多公にせり．雑誌なり

草莽雑誌　同様に過激なり．前者とともに藩閥政府打壊を主張す

近時評論　稍温和なるもやはり主張は同じ
江湖新報　福地の江湖新聞と混ず可らず．政治雑誌なり

安川繁成：英国新聞紙開明鑑〔記〕……新聞学の開祖
小野秀雄：日本新聞発達史
朝倉為蔵〔亀三〕：本邦新聞史
小池洋次郎〔二〕：日本新聞歴史(明15)
福地源一郎：新聞紙実歴(懐往時談付録)

- 明治元，官報の形式のもの先おこり．江城日誌(後鎮台日誌，更に鎮将府日誌，更に東京城日誌と改名)は東京にて政府により発行〔さ〕なれ，京都にては太政官日誌発行せられたり．以上官報の主なるものにて，こ〔の〕他大阪で公にせし行在者日誌〔所〕，東京市役所方面て出せし市政日誌，横浜市役所を公にせし金川日誌等あり．之等新聞の発達にしげき〔刺激〕を与へたり．民間新聞にては中外新聞最もさかんにて，海軍関係の人の作りし内外新報，福地の江湖新聞，大学関係の人のつくりし公私雑報，遠近新聞〔新〕(大学関係の人つくる，辻俊次等)日々新聞(明1生づ．今日の日々の前身と区別す可し)，此花新書(大学関係の人つくる)そよ吹〔ふ〕く風等，東京にて刊行され，横浜には，もしほ草(横浜新報とも云はる，外人経呂〔営〕)各国新聞紙等あり．その他各地に行はれたり．以上明1頃の有様にて，明治4,5頃には大坂に内外新聞いでたり．号外は別段新聞と云はる．外に内外新聞に外論〔中〕なるあり．こはニュースあり〔論〕□〔て〕する．しかも木版にて一つの新聞には時間財産の関係上のせられさるためなり．明1には福地の〔数文字空白〕等のため政府の圧迫つよく新聞界一時挫折せしも，明4頃より木戸孝允，言論の自由を主張し，新聞発行公許され新聞発達す．然るにさかんに藩閥政府を攻撃せし故，明8，厳重なれ〔る〕出版法を設け，讒謗をとりしまりしももやは抑へえず．現在の文士にて投獄されしものす〔く〕なからず．

緒　　論

　以下日本の今日の政治状況を理解するに必要なる政治的歴史的背景を明にせんとす．今日の政治を理解するためには憲政の常道と称するものを理解するを要す．元来憲政の常道は一なるも，状況のことなるにつれその表現は千差万別なり．かかる立場より一国の政治を観察するには，第一はこの原則を適用せし地盤乃ち国状は如何なるものなりしか，第二はかかる地盤に適用されし原則を最初は如何に理解されしか，と云ふ二つの問題を明にするの要あり．憲政は憲[ママ]政はすべて不完全なる状況より幾多の苦き経験を経て次第に発達し，憲政の理想に近付きつつあるなり．この過程中に国民の道徳的生命発現しおるなり．吾国の如きも歴史的に観察するときは他国に比し比較的**標準的** normal なる発達をとげおるものと考ふるを穏当とす．現在吾国の政治はその発達階段の一時期として幾多の一時的原則を有す．之等を正当に理解せんこと頗る必要なり．かかる現象は幾多の社会問題に散見す．労働運動と普選の問題の如し．されど一方この一時的法則を永久的法則乃至その必要なき時期に至っても尚必要なりと考へらるることあり．今日の日本の貴族院，枢密院の如きこの例なり．一時的法則のよつて立つ基そを明にすることは，古き法則の滅亡の理由を呈示す[礎]るとともに，新法則発生の基礎を明にすることとなる．乃ちかかる手段により現代の政治を明にし，且つ将来の改革に対し道を示すことを得．

　尚注いす可きはかく批判をこころみたる結果，弊害明となるも，政治上に於[意]いてはそれが固定せし種々なる関係を生じおるが故に容易にこれを除去しえさる事情あり．ここに理論上と実際との間に大なるギャップあり．吾人はかかる痼疾とも称す可きものに対しては故に慎重なる考慮を要するなり．現代日本には二大痼疾あり．一は軍閥，一は枢密院なり．尚これ等共に慎重なる考慮を要す．貴族院の如きは衆ぎ院さへ改善せられれば自ら帰服す可きものなり．故に[議]叙上二大痼疾はしかく表面にはそれ程あらはれさるも，その力は□乎として抜[牢]く可らざるものあるなり．

　かくて現代，軍閥の政治上の地位を如何にするか．枢密院の政治上の地位を如何にするか．今日の憲政の運用を如何にして理想に近付かしめうるか．これ

現時前に横はれる三大問題なり.

　憲政の常道とは何ぞ．これを解して多数の人の意をきくと云ふ点にその重点を求むるは不可なり．そは乃ち最善の知識をして政治に活躍せしむると云ふ目的が乃ち憲政の常道の内容なり．然らばこの目的を達するためには何が故に多数人の意見をきき多数人と議せさる可らざるか．こは抑々先づ過去の条件を切離して適当なる条件の下にさへあれば人間は無限に発達するものなりとする信念を吾人にして有するとき，この理想実現のために先過去に求む可らざりし平等なる条件の将来における実現を期せざる可らず．しかしてこのためには憲政の常道の上に多くの教育的色彩を有するを必要とすればなり．尚吾人が憲政途上にとる可き途は，常に正しと信ずるに存せずして，常に正しからんとする態度なり．固定的永遠的ならず，流動的進化的態度なり．かかる憲政の理想的意〔義〕きの実現は欧洲政治史の示すところなり．又吾人の学ぶ可きところなりとす．

第一章　憲政の常道

第一　政治

一，生活に於ける強制の必要

　吾人の個人生活に於いても自明なることも，これを客観的命令に非るときは実行し難きことあり．これ人〔の〕と弱点なり．同様なること吾人の社会生活につきても云ふ事を得．吾人は個人生活に於いて己の定めしことを客観的命令とせざれば何故に生活の統制をなしえさるか．そは乃ち自己の中に対立せる真我と個我，理性我か，自然我において，客観的命令は真我，理性我が個我，自然我に勝つ機会を与ふるなり．もとより個人は次第に修養努力することにより遂に個我，自然我は全く征服せらるるにいたり，ここに人間の自然性と合理性とが調和するにいたる．吾人にして人間は幾多の戦の経て進化するものなりと考ふるなれば，吾人は同時に人が自ら定めしことを客観的命令として生活を統制することにその進行の原動力の存するを認む可し．吾人の社会生活に於ける倫理法律はこの客観的命令に外ならず．社会生活の結局において好むところの那辺なりや．そは社会科学における困難なる問題なれとも，すくなくともその窮極に

至る間，自然的社会我と理性的社会我の闘争を続くること，及社会が進化するにはそこには一定の理性我の活動と優越を前提せさる可らさること，更に社会進化のため理性的社会我の中に生まるる秩序の観念を客観的命令として掲げ以つて社会生活を統制すること，全く個人の場合と大くことなることなし．要之吾人の生活関係には本質的自律なる強制の存することを考へ，而して吾人生活は進化より進化への道程にあるを認むる以上，亦吾人の生活に於いて主観的自律の客観化せる強制的現象も亦吾人の生活より久しく離れえさるなり．更に強制は永久に生活より不可離なるも，その本質が自律なる故，強制組しき[織]の目標は自律的人格の完成にあるなり．

　以上よりして政治の窮極目的は無政治の実現，無政府の実現なり．しかれとも吾人人性の不完全なるかきり政府は永久に必要なるものなり．（病気と医者との関係）．強制組しき[織]の本体は自律なる故，その構成と運用とは慎重なる注い[意]を要す．尚政治生活の構成の個人生活のそれと異る点は後者に於いては自律によるも前者には自律によること不適当なる故，そのためには権力を握り経綸を行ふところなかる可らず．乃ちここに於いて権力の獲得及保持は重大なる問題にて，遂にはこれが先決問題なるため却つてその本来の目的を忘れ，政権の獲得保持にのみ力め，政権の運用を枝葉の問題とすることあり．マキャベリの思想に見る可し．以上四点は政治史の理解上必要重大なり．

　従来権力の獲得及保持の歴史を見るに，最も古き政権獲得の方法として暗殺あり．又保持の方法としても暗殺行はれたりき．こは乃ち権力が個人の手に集中しいたるに帰因す．然るに社会ある程度の発達をとくるや戦争乃ちその手段として行はれたり．故にその時代にありては政治即ち戦争なりき．かくて強者，力の優れたるもの権力者となりしなり．かかる次第なれは当時には良心が政治を支配することなく，この状況は最近に及べり．而してこれがため人類は大いに苦み種々煩悶せし結果，立憲政治の理想なるもの出でて煩悶を解決し，而してそは吾人の道徳生活の上に於いて重要なる意ぎ[義]を獲ちえたり．乃ち政治は民衆の良心を土台として政治行はれるが故に，政治生活と吾人の道徳生活とは合致を見るに至るなり．而かも洗練せられたる多数の民衆の意志に合致することを要す．ここに於いて最善の知識を以つて政治せしむることを保証し得る故，政権の活動は吾人の道徳生活と合致す．

二，生活に於ける政治の発生

　前述の如き関係を広ぎに於ける政治と云ふを得．この意味にては会社，学校にも政治ある訳なり．されど憲政の意味にて用ふる政治は夫程広ぎならず．而して吾人の生活次第に安低し統轄せらるるに及び，最高主権なるものあらはれ，これが恒久的性質を帯ぶるに及び，ここに吾人の今日所謂政治あらはる．而してこの主権につきてはその単一性は容認せられおれり．ただ**ギルド社会主義** Guild Socialism はこれを認めず．尚欧州にては宗教の関係上，宗教主権：国家主権より全然分りせるもの，形式的にのみ分りせるもの等あり．

　今ここに**ギルド社会主義**の主権説を批評せるに：吾人の生活の総ての方面に強制の必要あり．吾人の団体生活において強制によりても生活の向上を求むる方面あり．これ国家にてその活動は政治なり．国家はその目的を達するため吾人の生活の如何なる方面にも立入ることを得．但しその限界を運用の便宜上定むるのみなり．その質的及量的限界は時代の具体的事情によりてことなるものにして，理論上主権の及びうる範囲に対する絶対的制限は存することなし．故に国家の職分を経済組合，宗教組合等の職分と対立せしむるは不可なり．即ち多元的国家論は容認することを得ず．もとより現在の国家が経済生活乃至宗教生活に干渉しすぎその発達を損害する事実はあることは否定しえさるも，この事実を以つてして直に国権絶対性を否認するは穏当ならず．この事実はむしろ現代国家が経済生活乃至宗教生活を適当に導かさることによりて説明す可きなり．このことは国家なるもの〔の〕性質上ありやすきことなり．乃ち人間か不完全より完全へと発達しつつあるとき，これを制約する社会制度は固定的なる故，その社会制度が時々の事情に適せざることあり得るなり．故にこの点より見て制度に弾力性を与ふるはその運用の支障を来ささる為重要なる点なり．しかしてこの生活の不断の進展と制度の固定性との撞着は，長き間をとりて見れば調和し来れるものなるも，これを短期をとつて見るときは国家なる制度は屢その制約する内容たる生活事実と常に衝突しおるなり．過去を顧みれば国家は非常なる**エネルギー** energy の節約をなさしめしも，将来を望むときは「現代の存在せる」国家が障害と感ぜらるる．国家も亦社会の完成にいたる一つの段階なる故，欠陥は必然的に含有せらるるなり．

　かくて社会生活の各方面の統制は国家の手に集中せらるる傾向を有するなり．

而して国家がその有する権力を通じてなす国利民福策は所謂政策にして行政学の範疇の[外]なり．而かも尚行政と政策は密接なる関係を有す．

　吾人の理性生活と政権の運用とを一致せしむること政治の理想なり．しかして現代の政治は甚だ不完全なるも，この理想に向つて尚進展しつつあるものなり．

第二　主権

一，主権の本質
　その形式的要そは最高絶対なることにして，その実質的要[素]（乃ち強制関係の内容）は社会生活の必要に応じてこれより生れたるものなることなり．そは社会的完成を目的とするものなり．
　この両者の調和の問題は長く政治史上にあり．古き政治にてはこれを機関的に調和せんとして君権又は政府の権力を非常に強くし，一方学者を顧問としこれを指導者とせり．これ長き歴史中部分的にはこれにより調和することあるも，尚主権の本質の永久の発現を保[証]することをえず．ここに於いてこの保証を一つの政治組織に求むるにいたれり．ここに乃ち近代政治の特色存す．この最初の形は法治国の形式なり．もとよりこれ以前に「法」あり．しかれともそは上官の下官に対する訓令にして，人民に対して公けにその利益を保証するものに非さりき．（下官への上官の訓令を以つて僅かに人民の利害関係の保証せらるるのみ）．例へばを定め書百ヶ条の如し．かかる人民に義務あるも権利なき時代より法治国にすすみしは大なる進歩なり．法治国にいたりて前代の民事責任のみあり刑事責任なかりしに対し，ここに民刑事責任の分離を見る．この法治国時代更に進歩して近代における立憲政治時代となれり．立憲政治の基礎をよりよく理解するためには主権の前述の二要求の調和が長き間の問題なりしことを理解するを要す．

二，主権の発達の歴史（略）
　種々の歴史的道程を経て生ぜし主権が今日迄長く続き居るその理由如何は政治史理解を上に欠く可らざることなり．

三，主権存在の基礎

主権の起原は要するに強者の弱者に対する勝利なるも，その主権か如何にして今日迄続きしかと云ふにその重なる説は下の如し：

(a) 君権神授説

主権の永続には力のみならず仁政を施すを必要とするも，一方その永続のために人民の迷信を利用す．乃ち仁政を行ふにも君主が自己の立場より直接人民の便益をはかるに非ずとなす．

　△支那の覇者は何れも天命を行ふと称したり．而して自己の**起源** origin に神秘的色彩を捏造するを常とす．漢の高祖，太閤秀吉の生時に関する伝説の如し．

古代にはかかる例頗る多く，祭政一致の事実は又これを示すものに外ならず．現代**戴冠** coronation の**起源**はここにあり．乃ちローマ法王より神の名に於いて統治の委[託]をうるにあらされば君権生ぜずとする思想なり．天命により天意に従つて仁政をなすとなす**王権神授説** divine right theory の根本思想は，乃ち主権が吾人の社会生活の必要に応ぜざる可らさることを示すなり．かく主権中には自ら民衆的要求あるなり．この要求を主権の具体的内容において欠くときは主権の基礎動揺し長き間には遂に崩壊す．

次第に人知開くるに及び，この説は科学的思想の発達に伴はず．而して又この説の保障する専制主ぎ[義]も亦国際的交渉の発達に[と]ども[に]動揺するにいたれり．その最も悲惨なる結果を示せるは**フランス**にて比較的穏和にすぎしは英国なり．英国にては財政上の問題よりぎ[議]会発達せり．乃ち政府の財政不足を貴族，後には平民をも含むる評ぎ[議]き会にて補塡をぎ[議]決せるに始まる．今日の選挙資格を納税額により定むる**起源**ここにあり．この評ぎ[議]き会にて序いでに地方的利害に関し Petition (請願) をせり．これぎ[議]き会の立法権の**起源**なり．而して中央政府も重大なることは次第に承諾する傾向ととるにいたれり．されど承諾すれども実行せざれば何の益もなき故，請願は一定内容を具へたる具体的のものとなり，政府はこれに基きて**法律** act を作ることとなれり．されど政府の利害上**法律**と請願とは一致せざること屢ありしかば，最初は議会**法律**の内容をつくるのにに[み]て成案を作るは政府なりしがは，長き議会の奮闘の後，議会成案迄つくり政府はその採否をきめることとなり．議会の立法権確定せり．乃ち予算議定権と立法権(△)確立し，かかる議会の発達は古き形の専制主ぎ[義]の崩壊をともなへり．

△されど事実立法は特殊の技術を要するを以つて一時は事実ぎ[議]会立法せしことありしも，現在は政府の施設(立法)に対する監督機関たるに止る．政府は創造のき[機]関にして議会は反省の機関なり．ぎ[議]会立法に参与すとの名にて事実監督するに止る．

(b) 社会契約説

　前説主権を維しし[持]難きに代りてあらはれたるはこの説なり．乃ち個人の覚醒に伴ひ個人主ぎ[義]的国家理論建設せらるるにいたれるなり．されどこの説の最も古き形は君主の専制主ぎ[義]説明のため用ひられたるに始まる．乃ち「専制君主は神意をうけしものなり」との説やぶれしかば，ここに「個人の争を止むるため万人評ぎ[議]の結果，一人の君主を選びこれに主権を委任することを契約せしなり」と説く．これより一旦契約せし以上契約の義務にそむく可らずと云ふローマ法の理論を以て専制主義を弁護せるに始まる．これホッブズの主張する所なり．乃ち専制君主擁[擁]護のため神権説に対してことなれる根拠より理論付けたるものなり．しかるに一旦この説いづるや次第に変化するにいたれり．ロックは曰はく，君主を立てし本来の目的は各人の生活を全うせるがためなり．故に主権はこの契約に基き各人の生活を全うすと云ふ要件の範囲内に於いてのみ拘束力を有すとなす．ホッブズは絶対に従へとなすも，ロックは君主にして契約を実行せざれば革命の権利ありとす．仏国革命の思想の起源なり．この説は最初は君主主権国家等の事実的説明にあらずして，理論的説明を試みんとせるなり．こは当時の**合理主義** rationalism の影響なり．故にそは空論に奔りやすかりき．されどこの説が今日の政治理論に影響を及ぼせることの大なるは否む可らず．

　この説は **18世紀** 18th 末より **19世紀** 19th 初めにかけ欧州政治思想の指導原理となりしものなるも，実際運動となりては余りに個人的に人を見，且つその個人を余りに完成せるものと見し為失敗せり．

　△個人は完全に調和しおらず．各人分裂争闘す．個人集合すれば個人暴徒[mob] mobb となり，あしき個人性発揮されやすし．

　失敗の経験より新局面の展開を見るにいたれり．されど神権説が民衆を**受動的** passive の位ちにおきしに反し，この説が民衆を**積極的** active の位ちにおき個人の尊厳を高調せし点，近代文化における重大なる要そ[素]となりし意ぎ[義]を有す．されど個人の尊厳の根拠につき未だ思慮充分ならず．現実の個人が尊きにあら

ず．教育によりて洗練さるる見込ある個人尊きなり．

この説の失敗より代ぎ[議]政体生れたり．詳言せば他の組[織]しきよりすでに出来おりたる代ぎ[議]政体に新らしき形体を与へたるものなり．乃ち己を教育により，よりよき人格となすことを目標とすることによりて，代ぎ[議]政体の内容を一変するにいたれるなり．ここに民衆政治と哲人政治は合致を見るにいたるは後述の如し．

(c) 無政府的諸思想

思想的にも実行的にも現在相当に有力なり．先吾人は最初専制主ぎ[義]の主権説の失敗して社会契約説に移りしも，之亦失敗して人心動揺せるに乗じ，之等無政府的思想，人心をなびかせし次第をのべんとするなり．抑最近乃ち 19 世紀には国際競争はげしく為に国内的には相当に**自由主義的** liberal なる国が[ママ]が国際的には帝国主ぎ[義]的にてこ[の]ことは延ひて内政に波及し保護貿易政策，警察的統治策の如き生じたるも，やがてそは破綻を来し，これが改革の要求旺んとなるに及び，その間に無政府的の思想盛んとなるなり．ことにこは戦争後等になり激しくなる傾あり．この系統の思想を分くるに先:

(一) 絶対的無政府主ぎ[義]，クロポトキン等の唱ふるものなり．こはされど已に旧思想に属す．クロポトキンは最近死せしも，その政治理論家としては 19 世紀後半に死せり．之に新し味を与へ現代に適合せしめんとする試みはバートランド・ラッセルにこれを見る．彼は無政府主ぎ[義]者にあらさるもクロポトキンに負ふ所極めて大なり．クロポトキン等が無政府主ぎ[義]を唱へし歴史的背景は現代無政府的思想の発生の歴史的背景とは全くことなる．その内容においては大いにクロポトキンの説に修飾を加へおれり．

クロポトキンの無政府主ぎ[義]の根拠は全然自然科学的なり．無政府主ぎ[義]的運動を分ければ感情的なるものなり．こは極端に圧迫せられし場合に発生す．露国，伊太利にはこの種の運動さかんなり．純粋に主ぎ[義]のための暗殺(個人的怨なしの)は露国，伊太利に限られおれり．伊太利の秘密結社は墺太利圧迫時代に生まれ，今やその発生事情なくなりしも尚存続す．

クロポトキンの立場は全く自然科学的にて，その歴史的背景は人間の社会のみが他の生物とことなりて独特の発達をなせしは何故ぞと云ふに対し，人間は神の導きあるが故なりと説明せること，これ従来の説明なりしも，19 世紀に

いたりてこれを否定し，人間も他の生物と同一なりとして人間を生物として観察せんとする思想流行せしことに求む可きなり．(ダーウィンの進化論等)．**クロポトキン**はダーウィンと同様に同じ自然科学的研究に基き，ダーウィンの説は誤れり，ダーウィンは生物界にては生存競争を主張せしもこは真相に反し，実は相互扶助行はれおるなりとせり．従つてダーウィンによれは放任すれば共倒れとなるも**クロポトキン**によれば着々と生活の実を続くることを得るなり．人間社会が故障頻発するは法律，政府，その他の拘束ある為にして，之等を除去すれば人間は共存生活に不足なるものは創造して着々円満なる生活を続くるを得るなりとなす．かかる自然科学的見地に立ちて彼は革命により現代の社会組しきを破壊す可しとせり．されとかかる理論はその自然科学的根拠あやまれる故，必然に崩壊せさるを得ず．

　△Kropotokin: Anarchism and Modern Science〔Modern science and anarchism〕

　しかるに尚今日この**理論** theory の流行玩味せらるるは，その**理論**に賛成せさるも，**クロポトキン**の云ひし法律，警察等が人類の発達を拘束すると云ふ事実，現在存すればなり．乃ち国家も法律も否定せさるも，よりよき国家をえんがため現代の国家，法律を否定する点に於いて何らかの**クロポトキン**との共通点発見せしなり．かかる要求を現代人のもつ事実は従来の政治にては到底現代人を規制し難きことを示すなり．かくて絶対的無政府主〔義〕きはむしろ理想的無政府主〔義〕ぎに帰着するなり．乃ち現在吾人は国家も法も必要とするも，その終極の目的は国家，法の撤廃にありとなすなり．乃ち人間性の完成において国家や法の**自己** self の**否定** negation を目標とするなり．従来は法の為の法，国家の為の法なりしも，今や法を否定するための法，国家を否定する為の国家，主張せらるるに至りしなり．かかる思想発生の機運を促せし**クロポトキン**の思想は多〔少〕小の貢献なしとは云ふを得さるなり．

　最近政治思想の発達に於いて**ラッセル**は大いに貢献せり．彼は**クロポトキン**とダーウィンを共にとり入れ人類には現実的と理想的との二つの衝動ありとす．乃ちダーウィンの教へし**所有衝動** possessive impulse と**創造的衝動** creative impulse とあり．吾人は出来るだけ前者をおさへ後者を発達せしめさる可らず．政治組〔織〕しき，社会組〔織〕しきは人類のこの傾向を助長せしむるために存在するなり．これより引出さるる実際政治の原則は境遇の改善，社会の改造なり．ここに於

いて吾人の**創造的衝動**生長し行くをうるなり．乃ち不可欠のもの成長し，不可有のもの死滅するなり．境遇の改善，社会の改造に努力すればここに始めて自由生ず．政治はかる可らざるものの発達にのみ注いし，有る可らざるものに関しては留意する要なきなり．故に所謂危険思想の如き放置す可しとす．而して人間が何らの拘束なくして不可無に好むが理想なるも，人類は未だ不完全故，強制の必要はやむをえざるなり．故に極限の理想に於ては無政府なり．この点に於て彼は**クロポトキン**により暗示されしものなり．彼の著述は学問的には批難の余地多々あるも，最近の政治思想に多大の影響の与へしことは否認す可らず．

　　△Russel: Principles of Social Reconstruction
　　　　　　: Roads to Freedom

(二)**相対的無政府主ぎ**，は前に対するものにて，こは最高絶対の主権を否定するものにて強制の必要はみとむるものなり．多元的国家論と称せらるるものこれなり．これが理論として疑あるは前述の如し．但し政治思想発達に大なる貢献をなせしは勿論なり．

　　△中島〔重〕氏：多元的国家論

(三)**似非無政府主ぎ**，**プロレタリアート独裁** dictatorship of Proletariat なる思想これなり．従来の国家を呪ふ所に無政府主ぎ的色彩をとり来るなり．その論拠は国家の起原に関する経済的説明なり．乃ち権力の起原を椋奪にて説明するなり(△)．こは現代国家の弱点〔✓〕

　　△ Oppenheimer:〔Der〕Staat

〔✓〕を指摘せし点に功績あり．現代の国家が**搾取システム** exploitation system を保ごしおることは明なり．されと権力の起原を経済的椋奪より説明することの当否は疑問たるを失はず．すくなくともすべての国家は然りと云ふを得ざる可く，更に然りとするも，国家の起原は国家の本質を説明することをえざるなり．起原と本質は明に区別するを要す．両者の研究は密接なる関係あるも，而も同一なることをえず．吾人は過去によつて拘束せらるる一方，過去の伝統をやぶつて進歩する可能性を有するなり．かくの如く強制の組しき存立のきそは民衆生活と密に結合す．権力は非常に強き力として現はるると同時に民衆の要求を無視するをえざるなり．

四，政権の争奪

政権の実質的要求と形式的要求とは前述の如く，とかく相伴はず．為に動揺を生して社会の安低(定)を欠き政権を窺ふものいでて，ここに政権の争奪おこる．而して政権の両要求はむしろ調和せさるを常態とするを以つて，政権の争闘の現象はむしろ永久の眼より見れば政権の安低(定)をうることは時計の振計を連想せしむ．問題は争奪にあらずして争奪の形式にあり．乃ち政権が社会の発達に〔↗〕

　　△社会の進歩のため政権の固定は喜ぶ可きにあらず．

〔↗〕伴ふ如き形式にて争奪せらるるや否〔や〕の問題なり．前述の如く政権に必ずこれに付随する権力，誘惑となるものなり．英国の如き皇室を国民道徳の典型として政権のぎ(議)会に委ねしも，古代〔↗〕

　　△マルクス・アウレリウス：『自省録』Meditation(Meditations) は君主の悩をかく．君主は最も誘惑多きも尚努力により普通の人間となることを得ととけり．

〔↗〕に於いては諸国においてはかかることなく権力の維持のため大いに争闘行はれ，民衆も慢(漫)然この勢いを助長せり．政権争奪は先づ暗殺の形式にて行はれ（中大兄皇子の入鹿を誅す），やがて戦争にうつる(維新)[7]．更に時代すすめば暗殺，戦争はなくなるも，これと同じ仕組のもの行はる．徳川氏の統治政策はこれなり．武装的平和にして極端なる警察制度なり．かかる事実は政治は先権力を握らさる可らずと云ふ思想より来る．政権争奪は必要なるも，而かもかかる状況にあるときは正しきもの勝つと云ふ保証なし．ここに吾人の長き間煩悶なる生活の分裂おこる．乃ち日常生活の原則を以つて政治生活を規律しえさるなり．前者にては道徳的行為尊重せらるるも，後者においては不道徳的行為却つて成功の基をなす如し．ここに於いて政治生活には幾多の悲劇を生ず．

この争奪形式の解決は立憲制度によりてなさる可き希望与へられたり．乃ちこの制度の下において吾人は安心して政治家を〔一字空白〕ると云ふ確信をうるにいたる．憲政はここにおいて民衆の自由裁断の下に諒解をえて政治争奪の価値□(内)面的を確立せしめたり．（古き争奪形式なる争闘に伴つては民衆の要求は尚十分に満されさりき）．単なる多数の賛同をえしもの勝つに非ず．一人にても多くの真の了解者をえし者勝つなり．より正しき者，よりよき者勝つと云ふことの保証ここに確立す．ここに於いて吾人の日常生活と政治生活とは一致し道徳と政治とは調和す．かかる状況は又今日の憲政改革の標準となるなり．たとへば民

衆の裁断を妨ぐる事柄を除去し民衆の判[断]を洗練せしむること等に力む可きなり．普選の如きも真の憲政を実現するためには民衆の教育は第一問題なり．貴族院内閣の不可なる故は悪政を行ふがためにあらず．民衆より人材抜擢の趣旨を[損]害すればなり．

第三　憲政

一，所謂憲政の特質

　第一にあぐ可きは支配階級の固定を許さざることなり．この消極的事柄を積極的に云へば政治上の自由と云ふこととなる．これが如何なる形にあらはるるかと云ふに，古くは制度の上にて固定することを許さず．更に新らしくなれば慣例の上にて固定することを許さざることとなる．明治維新はあらゆる意味に於いて支配階級の固定を打破せるものなるも，〔一字空白〕も尚このことは止まず．抑々支配階級の存在を許さざれば社会秩序維持しえず．故にこの間の事情を救済するため従来の門閥等によりしもやめ，人権的能力によって権威者の資格の標準とせんとせり．故に政治上の自由とは外形的標準による社会秩序に反対して内面的標準による社会秩序を建設するをいみするなり．自由には古きものを破ると云ふ消極的方面あるとともに新秩序建設と云ふ積極的方面あるなり．従来の自由主ぎ[義]運動は唯古きものを破壊したるに止まりたり．古き秩序に対する反感より秩序そのものをも破壊せし結果，再び秩序の必要を感じ，しかも旧制度にも戻れさるため新旧制度の妥協に逃路を求め，支配階級の跋扈乃ち有司専政生ずるなり．明治維新後引続き今日までの日本の現状の如きこれなり．（従来政府は研究会[8]と政友会との間に固定しいたるも今や破壊の萌あらはる）．故に憲政の理想は実に固定的支配階級の打破にあり．

　第二は政権帰属の決定を民衆の自由判断にまつと云ふことなり．制度としては支配階級の固定やぶれしも慣習としてのこりおる以上，これを救済するためには民衆の自由なる判断乃ち総選挙の結果により政権の授受なされさる可らず．これにより政権の固定を止むることをうるなり．このことより民衆の自由なる判断を妨ぐることは厳に之れを排斥せさる可らず．次に民衆の自由判断が総選挙にあらはれ，この結果により政権授受をなすとせば，政府は下院に基礎をお

かざる可らず．特権内閣，貴族院内閣否定の理論的根拠はここにあり．（但し民衆の自由判断を前提とすること勿論なり）．貴族院内閣否定は便宜の問題にはあらず．積極的に不可なることなり．但し上述の前提たる選挙は公正に行はれざる以上，日本の政界に於いては政党内閣ても特権内閣にも同一のこととなる．

第三の特色は政権帰属の移動を週期的に行ふこと之なり．たとへばぎ員[議]の任期を4ヶ年とすることし．

その他の特色は略す．第二とくに重要なり．以上とくところにより憲政の道徳的いき[意義]は最善の知しき[識]が政権を握ることを永久的に保証するところにあるを知る可し．（一時的には専制主ぎも有りう）．抑政治史を通観するに最善の知しき[識]に政権を与へんとする要求は常にあり．憲政はこの要求を見事に解決したるなり．しかも古き形においては争闘あり．次いで英雄乃至小[少]数特権者の決定あり．爾後文化発達とともに憲政なる思想おこれり．而してこれが最も正しき方法なりと考へらるるに至れり．

二，民衆政治の本体

憲政なる思想に最高の道徳的意ぎ[義]を与ふる根拠の説明に二あり．

第一のものは心理的説明，第二のものは倫理的説明なりと云ふを得．先初めのものよりのぶ．

a, 心理的説明は乃民衆のことは民衆が最もよく知ると云ふ思想なり．リンカーンの「人民による，人民のための，人民の政治」Government for the people of the people by the people[9]なる語は屢デモクラシー Democracy の本ぎ[義]として引用せらる．この考より人民の直接政治を以つて政治の理想とし，代ぎ[議]政体は便宜的のものなりとの考おこれり．これに対し代ぎ[議]政体を以つて政治の理想となし，民衆のことは民衆最もよく知ると云ふ思想を否定す(△)．乃ち「人民による」by the people に反対して専門家 expert の必要をとくなり．唯デモクラシーに於いては専門家の与へらるる地位は従来のものと大いにことなる．クロポトキン等の無政府主義 Anarchism の反対せし専門家はデモクラシーにおける専門家にあらず．例へば貴族院内閣は偶然には善良なる専門家［✓］

△例へば小児は自己のことを知らず□親の手をまつ如し．吾人は痛を知るも之が治療法を知らず．故にその治療を専門家に告げて治療法を□ふなり．官僚政治家は痛みを診察せ

ず治療法を強制するも，デモクラシーの下に於いては痛みの診察をなささる可らず．〔ノ〕たりうるも，制度上は保証しえさるか如し．要之民衆のことは民衆よく知ると云う説明法にての充分なりとは云ひえず．

次に吾人の生活は絶えず進歩す．従つて個人に於いても次第に真我の発見可能となり，よりよき自己への希求となる．ここに於いて選びし人は選ばれし人のものとなる．乃ち選ばれし人は選びし人のよりよき姿なり．されば選任されしものは選挙者の意思の拘束をはなれて自由に行動して可なり．されど若し任期絶えしのち選挙は己れの予期とたかへる事実発見せし時は，そのもの以外の者を選出することとなる可し．而してかかることより政治の改善に対する民衆の教育的効果を効ふこととなる．**デモクラシー**の根底には，人は適当なる条件の下においては無限に発展し得と云ふ処世観，必然によこたはる．普選否認は選挙権を有せさるものの利害を無視するとともに，彼等に教育の機会を与へさると云ふ重大なる結果を齎らす．こは平等の原則に違反するものなり．平等の原則とは現在の平等を云為するにあらず，将来の平等を云為するなり．就中教育の機会均等は重要なる部分なり．**デモクラシー**は代ぎ〔議〕政体を理想とす．故に**一種の貴族政** aristocracy に赴くことを得．但し従来の如く民衆に没交渉なる**貴族政**にあらず．民衆と密接に結合されおるものなり．

三，憲政の発達

憲政は人間社会と同じく発達の中途にあり．憲政は始より上述の如き目的，形態等を意識して発達せるものにあらず．偶然的に起りしものなり．日本に於いても古き政治組しき〔織〕をやめ新らしき組しき〔織〕をえらぶ際，偶々欧州の範にならへるのみ．憲政の発達についての外国の例を参考とするは吾憲政の発達に大いに資するところあり．

日本の憲政は英国に則れるものにて憲政は英国において最もよく発達せり．その発達が無意識的のものよりおこりしことは前述の如し．従つて他国にては無意味なるものに英国の仕組の一として存在しおるものもあり．とに角憲政の模範として英国の憲政発達史を研究するは重要なり．英国にては最初は他国と同様に国王専制〔ノ〕

△Austin Ogg: The Government〔Governments〕 of Europe

〔ノ〕なりき．而して国王が政治を布く為には必然臣下とくに重臣の協力を必要とす．最初は左程にてはなかりしも，数代を経過するに従ひ臣下意見，重要となり来る．英国にて賢人会ぎ乃至貴族会ぎと称せらるるものこれなり．これがやがて一つの制度の如くなる．これ**国王評議会**〔Concilium〕conscilium なり．これより貴族院，衆ぎ院分化し来るなり．この分化前に**国王評議会**の人数多くなり国王統制し難くなれるため，特に重要なる地位にあるもの若干を抽きて**枢密院** Privy Council とす．

　　△今日にては空名にて実際政治に干渉せず，称号として尊敬せらるのみ．

しかるに又**枢密院**も亦多くなりすぎたれば，又この中より重要なるものを抽き今日の所謂**内閣** Cabinet（△）組しきせられたり．而してこれに個々の部署を割当てて略今日の形〔✓〕

　　△大広間の次の小部屋の意なり．大広間に**枢密院**集まりおるとき，その中の数人を前の一室によび入れて之に諮りしなり．

〔ノ〕となれり．最初は君主親政して他は顧問役にすぎさりしも，次第に国王は制度の上にて支配するも政治上の実際の取扱は内閣員に委するに至れり．されど君主は全然実際問題に携はらさること公然の原則となりしは比較的最近のことなり．英国の憲政史上にても幾度か国王政治上の実権を棄てんとし或は棄てしめられんとし屢動揺せしが，ハノーファー Hanover 王朝[10]となりて始めて確定せり．こはハノーファー王，二，三代続きて（△）英語を解せさりしにより，御前会ぎに出席〔✓〕

　　△ハノーファー本国は普墺戦争の際にプロイセンに滅さ〔れ〕たり．今日ヴェルフ Welfen 党なる政党，独乙ぎ会にあり．プロイセン乃至独乙の統一の統一の反対し，ハノーファーの復興に力めおれり．

〔ノ〕せず．英語を解する王いてるに至りしも暗愚にて而も親政せんとして一時革命をおこらんとせし程なりしも，賢明なる**ウィリアム4世**いでて鎮れり．後**ヴィクトリア女皇**及その配偶者も亦賢明にて実際政治には干渉せず而かも治世長く加之賢相輩出せること英国憲政史に稀に見る程なりしも，これにより前述の原則を確立し，加ふるに選挙法の改正により益憲政の政治の確立せり．

一方**大評議会**〔Magnum Concilium〕Magnus Conscilium は豪族の如きものよりなる．そは徳川時代の大名の如き性質のものなり．乃ち領土を有し一朝事あるときは軍馬を率い

て国に事ふることの外は格別物質の負担なかりしも，次第に財政困しくなるに
つれ御用金かさみ来れり．しかるに封建制度における御金高は極まりいたる故，
後には御用金入用の理由を説明するにいたり，これを豪族の会ぎ〔議〕にはかるに至
れり．この会ぎ〔議〕には高僧も亦招れたり．更に都市発達の結果，独立町多数にお
これり．封建諸候〔侯〕と国王と対峙せるときは早くこの金持を利用したる方勝ち，
その報酬として富豪盛力〔勢〕をしむるにいたる．而して大名衰へ国王盛んとなるや
各都市をも圧迫して専横となり，遂に仏国の如く革命を誘致するに至りしもの
もあり．しかるに英国にては反対に大名衰退し国王強大となりしが，大名は都
市と結托して国王の専制をおさへたり．為に大陸に見る如き革命なかりき．か
くて都市は大名と同等地位に立ち，ぎ〔議〕会に代表者を送るに至る．後には社会の
各方面の代表者おくられしも，当時は金をどれだけ取り如何に用ふるかが議せ
られたり．（而してこれに与ふるものは金を支出する大名，富豪にかぎられたるはむ
しろ当時当然とも云ふ可し．）乃ちかく収入支出の均衡，第一の問題なりしなり．
乃ち予算の問題先おこり，後立法をも掌り，後更に国家の監督者たるいに〔ママ〕いた
れること前述の如し．二院と分れしも最初は大名，僧侶，都市，地方等別々に
分れて議せしも一緒に議せしこともあり．かかる状況より二院となりしは利害
関係にて共同の利害関係を有するもの対峙の形勢を持するとこなれるなり．
幾多の変遷をへて国王の権力制限せられるにいたりしが，その保証者となりし
はぎ〔議〕会なり．かくぎ〔議〕会は次第に国王の監督者の地位となれり．かくて政府と議
会との間の連絡必要となり，ここに政党生じたり（△）．最初は形はトーリー
Tory，ホイッグ Whig なり[11]．
　△政党は無いしき的〔意識〕産物なり．政党の対立は多くは世界観の相〔違〕いより来ること多し．
かくて国王が大臣を任命する際にも，ぎ〔議〕会の政党関係を顧慮せさるをえなくな
れり．挙国一致内閣は実際政治上不可能なること２百年前早くも英国政治にあ
らはれたり．英国においても最初は選挙法不完全なりし為衆ぎ〔議〕院は実質なく，
為に貴族院跋扈せしことあり．日本にては二院制度上同格なるも，事実上衆ぎ〔議〕
院は完全に国民を背景に持ちえは，貴族院は自ら衆ぎ〔議〕院の中に服するものなり．
英国民も最初は政府が衆ぎ〔議〕院に立脚す可しと云ふことは分らず，先選挙法の不
正当なることにきづけり．（△）こは産業革命の結果として明かとなれる〔↙〕
　△選挙法改正に反対する者の中には，これを以ってピット(21)にて代ぎ〔議〕士，25 にて総理

大臣となれる如く当時多かりし青年政治家登用の機会を失ふを悲めり．これも英人の政治的天才が其制度を変じて良好なる結果を生める一例なり．

〔ノ〕ものなり．この頃の英国は仏国の天賦人権の思想の影響をうけ居れり．この頃より英国に普選論おこれり．この改正を機として議会の観念高じたり．乃ち従来は献金者の代表者の議会なりしを国家構成員の代表者の議会なりと云ふこと原則とし，唯実行の便宜上選挙資格を制限することとなれり．而して改正案実行の結果，議会の素質は低下することなく反つて向上せり．その後二度改正あり．最近大改正ありて今日にいたれるも，第三回(1885)の改正にて英国議会は明に**デモクラティックな基盤** democratic basis の上に立ちしものと云ふを可し．殊に 1885・8 の改正には**腐敗・不法行為防止法** Corrupt and Illegal Practices Prevention Act 制定され，選挙民の自由意思を妨ぐるあらゆるものに対し重き制裁を与へたり(△)．かくて従来の買収，脅迫等によりしも，今や見識等〔ノ〕

　　△選挙違反は呉れるものを罰すれば呉れられる者は自然消滅するなり．

〔ノ〕により選挙戦をなささる可らさる様になり，その結果下院の素質は向上し且つ従来とことなり選挙民との間に人格的連絡あり．かくて議員は国民の**道徳的支持** moral support ある故，己の好む所に直進するを得．かくの如き結果も意識的に持来せしにあらず．人類の本性にひそむ憲政の理想に対する要求，不純のものを捨て純をとること，一般にあらはれ来りしなり．日本の場合にても，かかる潜在的なるものを発現し且つ培養することに力め不純物の除去に力むべきなり．こは何れの国に於いても同様なるも，英国の成功の原因は利害の打算明なりしがためなり．然らばこの利害打算を防ぐる原因如何．(日本に於けるこれ)を明にするか本講義の目的なりとす．

次は**フランス**につきてのぶ．英国の憲政は長き間を経てなりしものなる〔ママ〕も，仏国のは速成とも名付く可し．その他近世諸国の憲政は速成のもの多し．日本のもそ〔の〕一なり．この意味にて仏国は後進国の憲政の典型とも云ふ可し．フランスにても英国と同様早くより政府に対する反抗あり．唯仏国は英国とは逆に王と都会とは合体して大名を圧迫せしかば，外形はことなるも同様のことあり．乃ち同様財政窮乏して大名，僧侶に次いで，富豪に御用金を命じ，為に議会早くより発達せり．**全国三部会** États généraux なるものこれなり．英国

は財政上より基きて集会せるものなるも，財政外に行政上のことに口を出せしも，仏国は**全国三部会**にて金の監督をなし，行政の監督は**高等法院** Parlement これをなせり．二者ともに 3 百年以前にありき．**高等法院**は政府より発布せられし法律を法律として正しきものとして登禄[録]し，登禄[録]なくしては裁判所はこの法律を適用しえず．王の命を以つてしても法律は無効となりえしなり．立法権に類似せるものなり．しかるに王権強大となるにつれ**全国三部会**を無視して金をとり，民間は傍観しいたり．（大名は将軍にて疲弊）．250 年間**全国三部会**はひらかれず．**高等法院**も亦王室の専制に圧倒されいたり．これ英国において憲政発達せしと事情ことなるものにして，かくてやがて革命勃発にいたれり．仏国革命の直接動機は財政の窮乏なり．**ルイ 14 世**の奢侈等その原因なり．財政窮乏の結果，従来免税なりし貴族，僧侶等の特権階級より税をとらんとし，この困難を通るにあたり**全国三部会**をひらきしなり（△）．États généraux は三族[部]会と称せらる［↗］

　　△近世の所謂プロレタリアートは三族[部]会に参加しおらず．革命運動に際してブルジョワジー bourgeoisie の指揮の下に大いに奮闘せしも，真にプロレタリアートの自覚を以て革命をなせしは二月革命のときを初めとす．

［↗］るも，こは貴族，僧侶，平民よりなれるものにて，その三階級は各別にぎ[議]決する三院制度なり．故に貴族，僧侶に対する課税はこの二院の反対をうけ成立する見込なし．故にこの三階級より選ばるるぎ[議]員を一堂に会して多数決にせんとし，始より政府は手加減し，貴族，僧侶の議員の総数が第三階級議員の総数より小[少]数となる様にせり．始めよりこの計画は判りいたれば，貴族，僧侶は一堂に会することを拒み，第三階級は怒れり．その間に貴族の陰謀，王を動かし，第三階級に圧迫を加へたり．第三階級は今迄長く虐げられいたるが，且その団結力を知るや，ヴェルサイユ宮殿（**全国三部会**招集せしところ）をいで他所に会合して気勢を揚げたり．この間にありてパリにおいてこの虚に乗じ陰謀を企て政府にこのこと洩れしかば，政府の手配に先立ち 1789・7・14，**バスティーユ**を**暴徒は襲撃して破壊せり**．この報告により第三階級の集会は益々気勢を高め，8・24，一所に会して人権宣言（declaration of Rights of citizens and human beeing[being]）をなせり．而して仏国が憲法を作るまてはこの会合を解散せざる宣誓をなし，**国民議会** National assembly と名付けたり．こは未だ王室に対して別

段異志を抱かさりき．しかるにパリの暴徒は政府の圧迫に指戦[刺激]され破壊的となり，国王を無理にパリにむかひパリの権力は一時暴徒の手にき[帰]したるも，暴徒とその指導者なる第三階級との間に権力の動揺あり．漸く成文憲法，1891・8[1791]になれり．（成文憲法の最始）．こは殆んど王権を無視せるも尚王室は捨てさりき．しかるに翌年クーデタあり．ここに二度目の憲法なれり．この時国王は国民議会より死刑の宣言をうけ殺されたり．革命に於いて窮地に陥りし王室が思慮浅き忠君愛国者により最後の**崩壊** catastrophe に達するは殆んど常例と云ひて可なり．近くは露国にその例を見る可し．天賦人権の思想に基き大いに個人性を高調したるも，やがて進行につれ種々の失敗をおかせり．個人性尊重の最も極端なる時代は内閣は 25 人位にて一院制なりき．これにては政府の統一つかざる故，次第に閣員数を減じ，**ナポレオン**にいたり 3 人の**執政** consul を定めたり．（事実上はナポレオン以外の 2 人は副**執政**）．しかしてその結果，再びナポレオンを皇帝にいただくにいたれり．されどルイ 15 世の時代の専制にかへりしかと云へば然らず．一度革命の洗礼をうけ，革命後三度の〔数文字空白〕に対する反動としておこりしものなるが，やがて皇帝も廃せらるるにいたり次第に発達せり．こは民衆と官僚との間の争を経てなされしものにて，**ナポレオン没落後，ブルボン** Bourbon **家，**1814,5 年頃より再び王朝を恢復せるも，このときは(ルイ〔18 世〕入れり)憲法を布き立憲政治体なりしも官僚専制にて進まんとし，ぎ[議]会の如き選挙権は富によりて極端に狭く制限せられ，1,000 人に就き 1 人の割合にて被選挙資格の制限亦然り．加ふるに選挙干渉を以てすれば，政党を背景として政権を握ること頗る困難なり．官僚が最初勢力を得し事情は，連合軍か革命後仏国より撤兵する条件としてブルボン王家を革命政府の代りにおくこと提案せしためにて(革命政府を信用せず)，又ブルボン王家に命ずるに**自由主義勢力** Liberales との撲滅を以てせしかば，官僚は自然専制とならざるをえざりしなり．シャルル 10 世に至り益々専制にして議会と屢衝突し，その結果，1830 の七月革命おこれり(△)．こは従来の如く官僚，ぎ[議]会を圧迫しえさることを示し，ブルボン家退位して**ルイ＝フィリップ(オルレアン** Orléans **家)デモクラティック** democratic なりとの評高かりしかば迎へられて王となりしも，依然官僚の弊やます．政権の授受頻繁にて 10 年間仏国民苦める結果，ギゾーに至り買収により政権を安低[定]せしめ 8 年間内閣続けり．その結果(利権による安

低〔定〕），代ぎ士と民間とは離反し，現代の代ぎ〔議〕政治に対する民間の不平おこり，表面の政局は安定するも次第に不安の気民間にみなぎり，普選施行の要求たかし．こは英国の1832の選挙法大改正の影響にもよれり．この運動を政府，ぎ〔議〕会と結托して圧迫せしが，革命おこれり(△)．これ乃ち1848の二月革命なり．ここに真の自覚せる無産階級の政治運動〔↗〕

　　△英国の選挙権運動は選挙法改正後反つてさかんとなれり．こは選挙法改正により益々選挙法の改正す可きことを知りたるためにて，**チャーティスト** Chartist 運動は普選要求の運動なり．**憲章** Charter は国王より与ふる選挙権の許可状なり．英国民は名称理論はあとにして実際を先にとすること仏国人と反対なり．この運動は1845まで継続してその目的を達せり．

〔↗〕おこれり．仏国のデモクラシーは1848に始まると云ふことを得．この頃より生存権(△〔一〕)の問題おこりしが，やがて労働権にかはれり(△二)．**マルクス以前の社会主ぎ〔義〕の大なる者ルイ・ブラン**〔↗〕

　　△一　吾人は生れたる以上，生存する権利ありと主張．今日の生存権よりはるかに単純なり．

〔↗〕の如き，さかんに労働権を主張せり．その具体的運動をなし失敗せしは著名なるはなしなり．

　　△二　今日社会主ぎ〔義〕の主張よりはるかに単純なり．

ナポレオン3世は政策上有害(△)なりとし，ルイ・ブランを陰謀により国外に放逐せり．二月革命によ〔↗〕

　　△労働者間に労働権を当然なる権利なりと考ふる思想，蔓延せるため．

〔↗〕りてデモクラシーは確立し，小波闌〔瀾〕を経しも，**ナポレオン3世時代はあたかも自由主ぎ〔義〕的なる帝政時代と称せらる**．普仏戦争の結果，ナポレオン3世は退位して所謂第三共和時代となり，今日に入れり．かくて仏国，大体英国にならひ民衆の判断の下に政権を握ると云ふ形式をとり，今日にいたりおれり．その百年間の道程を見るに頗る保守的にて，**暴徒**が跋〔感〕こせる時代より保守的の時代多し．抑仏国民は元来保守的なるも，一方極端なる圧迫政治ありしため革命勃発せしにて，ナポレオン3世の退位の時も王政を希ふもの多かりしも，王家の選定のため一時的の共和制のつもりなりしが，1875に至り全く共和政確立し[12]，憲法は1875にいたり始〔初〕めて出来たり．**大統領** President も1875年前は Chef 乃ち行政部長官なる名にてよばれ居たりき．かく仏国民は歴史を見れば

急進的 radical ならずしてむしろ保守的なり．要之英国が6百年乃至8百年を要せしものを百年にて築き上げんとしたるなれば，従つて弱き所もあり，極端なる所もありしなり．唯仏国はこの方面における先進者なる故，他国の経験を参考にすることを得ず．この点において於いて大いなる困難 handicap あり．一方先進国の例を参考として真の憲政の道を求むるは，他方大いに便宜を有するとともに，一方尚大なる困難あるなり．

四，憲政推奨の条件
(a) 選挙権の普及

これが普選の要求となり，併せて婦人参政権の問題と関連す．これを一つの主ぎとして云ふときは，単純なる選挙権の拡張と同一視，混同す可らず．換言せば普選と選挙権拡張とは主きとしては全く別の観念なり．故に選挙権の拡張は結局普選に到達する故同一なりと云ふは不可なり．選挙権は国民に与ふるが原則にして与へさるが例外なり．之が普選主ぎなり．選挙権の拡張にては選挙権を与へさるが原則にて与ふるが例外なり．両者はその出発点を全くことにするものにて反対の極端に立つものなり．故に普選主きをとるも例外の範囲を拡張するより，選挙権拡張主ぎをとり例外の範囲を拡張する方，選挙権者多きこともあり．されとその根本精神はことなるなり．而して政治上の原則としてその何れをとる可きや，時代によりことなる．例へば教育の程度低き時は公事を取扱ふ資格なき故，一般には選挙権を与へず例外として与ふることとなささる可らず．されど公事を取扱ふるに足る丈けの教育普及するときは，選挙権を与ふるを原則となささる可らず．然らば今日は何れの主ぎによる可きや．これを判断するにあたりて誤解しやすきは，選挙権を行使するにたる能力とは如何なる程とを云ふがとの問題なり．この点につき普選反対論者は，今日の一般教養の高低し更にきむ教育年限を拡張し更に教養を進めさる可らずと云ふ．されど今日の立憲政治はそれ程高き教養の程とを国民に要求するものに非ず．勿論あるにこしたることなきも，例へば公けの事一般に通せされば選挙権を行使しえずと云ふにはあらず．普通の常識にて人物の善悪を極く単純に判断し，政治上の意見の如き自分には意見なくも唯これを単純に善悪の判断をなしうれば足る．かかる受動的消極的判断力あれば選挙権を行使しうるに充分なり．然るときは

今日の国民の一般教養の度は優に選挙権を行使するに十分なりとみとむることを得．もし実行してうまく行かずとせば，そは国民の能力に欠点あるにあらずして他の原因あるなり．故に普選の原則をとりても差支なし．以上が普選に関する一つの注〔意〕い点なり．次にこれに関連して極く低き判断力にて満足するは，選挙と云ふ政治的過程に教育的効果あるを予想するなり．他の一面においては，かかる教育的効果を有する選挙をして十分その効果を全くするに努力す可きなり．今日はその反対なり．しかるに今日の者は，今日の政治の裡にひそむ理想的分子を見ず．教育的効果を無視して普選に反対す．曰はく普選とならば国民中最も低劣なる意見，世に行はるるにいたらん，乃ち低劣なる多数横暴を極め，賢明なる小〔少〕数圧迫されんとす．ここに多数と小〔少〕数との対抗なること屢いはる．更に又多数決は愚なりとして今日の政治を誹る．若しこれを承認せば立憲政治は根底よりくつがへらさるをえず．されど唯現在のみを見れば政治を理想に導かんと努力しつつ政治を見るときは，多数と小〔少〕数は外面的には反対しおるも，他面においては大いに調和しをることを認むるを得可(△)．論者は51が49より多数となすを誹るも，長き眼でこれを見れば〔↗〕

　△但し現代の如き状況にては多数決弊害あるは事実なり．(政治に理想的努力なき故).
〔↗〕一方49をえたるものがあと2票うれば勝つと云ふ意識の下に道徳的努力をなす所に之等の調和あるなり．又多数者は小〔少〕数者の意見を必ずとりいれおるものなり．故に内面的には小〔少〕数者反つて多数者を支配することありう．故に多数決は多数の方正しと云ふにはあらず．1票にても多き方勝つとせば結局正しきもの勝つこととなり，そこに多数決の道徳的価値あるなり．かく普選に弊害起るとせば，そは固有の弊害には非ずして他のものより与へらるる弊害なり．

　(二)民衆良心の尊信
　今日選挙の腐敗は民衆良心を蹂躪して顧みされはなり．故にこの点に厳重なる批判を加ふるを要す．(普選となるも同様)．こは制度の問題と云ふよりむしろ道徳の問題なるも，而かも前者に関連して論〔議〕ぜらるること少からず．例へば選挙権拡張を可とするも，これを俄かに拡張するときは却つて腐敗をますならんと考へらるるも，これを外国の例につき考れば明に反対の結果生じおるなり．むしろ反対に緩〔慢〕漫なる拡張の方，誘惑しやすし．故に漸進主ぎ〔義〕をとれば選挙民の腐敗益甚しくなる．故に選挙民の良心をま〔麻痺〕ひせしむるには漸進主ぎ〔義〕最も

よし．この点からも急進主き[義]をとる可きなり．

　(三)社会改造

　選挙権も拡張され民衆的良心も保証されしとき，この問題おこる．乃ち社会組しき[織]適切ならざるため，境遇上貧すれば鈍すしの諺の如く適当に思考しえさるものあり．ここに於いて境遇改善必要となる．社会改造の目的は何かにつきては本講ぎ[義]の範囲を脱する故論せさるも，要するに吾人の能力を充分に発達せしむるに足る社会を目標とす可きなり．

　以上三条件に対し多小[少]とも準備なくんば憲政は空名に流る．宜しく憲政と云ふ以上，この三条件の完成を期す可きなり．

第二章　我国憲政の現状

一，憲政の法的組織

　こは憲法の範囲なり．政治につき最も直接重要なることは，如何なるものが内閣諸大臣となるかと云ふことなり．大臣任免の法的制限，第一の問題なり．この国務大臣の任免につき憲法上の制限として忘る可らさるは，任免は天皇が任免すると云ふことなり．これ最も高き制限なり．更にこれに関連して憲法上の制限は，各大臣の任免は連帯的になさる可きこと法律上には規定してあらず．個別的の任免は憲法は許すところにて，総理大臣の内閣組しき[織]及解散は政治上の慣例にすぎず．単純なる憲法論としては必すしもしかするに及はず．されと実際上内閣官制なるものあり．国務大臣任命の時迄は天皇の勝手なるも，一旦任命さるるや政務を協き[議]する必要上慣例に従つて便利とするなり．次の制限はぎ[議]会により大臣の行為制限され(予算議定権等)，次に枢密院ありて干渉す．干渉事項は規定により定まる．こは天皇の顧問府にて政府との交渉なき訳なるも，法律の発布は必ず枢密院の批准を要するため枢密院あく迄反対論を固執すれば政府はその政策を実行しえさることとなる．以上の四点に亘り内閣は拘束をうく．されど拘束をうけはなしにては憲政の理想なる最善の知しき[議]をして自由に活躍せしむることを得さることとなる．ここに於いて政治上の原則生せさる可らず．吾国にては未だ定まりおらず．然らば如何に樹立す可きか．これが政治

史研究の一つの目的となる．今やその歴史的背景を順次に説きゆかんとするなり．憲政の法的組〔織〕しきの詳細は憲法にゆづ〔ず〕る．

二，憲政運用の政治的慣例

(一) 大臣任免

こは憲法上の制限としては君主の信任するところに従ひ自由なる可きも，実際は君主の最高顧問なかる可らる〔ママ〕可らず．故に大臣任免には制度上てはなく顧〔問〕□として如何なる人が天皇を助けをなすかと云ふこと問題となる．明治初めには薩長の閥の間に黙契ありて政権の受授をなせり(伊藤，山県)．故に始めはぎ〔議〕会の状況を全く無視しいたるも，明30頃(憲政第10年)よりぎ〔議〕会を無視しえざるに至れり．自由党の星亨13)はこの間の功労者なり．彼により政府はぎ〔議〕会の背景なくして立つをえざるにいたれり．ここにおいて新大臣を作るにつきての対外責任問題となれり．(未だ議会に内閣を作らしむるにいたらず)．乃ち世の攻撃に対する申訳の必要上，元老会ぎ〔議〕なるもの(元よりありしも)内閣創作の機関となるに至れり．かかる三角関係(ぎ〔議〕会，内閣，元老)出来し結果，次いで議会操縦力なき人は内閣に立つをえざるにいたれり．而して内閣に立つものの資格一層限定せられ，次いでぎ〔議〕会よりも大臣を出ささる可らさる様になり，ここに官僚と民間政治家との妥協なる現象おこれり．明35, 6年頃の西園寺，桂の如く代る代る政権をうるにいたれり14)．ここにおいて議会も内閣制作の**積極的**の一員となれり．これより政党政治の端緒ひらけたり．かかる形勢が今尚元老の意向により内閣定まると云ふ現代の状態を馴致しおるも，而かも内面的には大いに変化しおれり．始め元老は明治天皇の最も御信任厚きものを集めしものなるも，この元老の人格を国民信じ，主ぎ〔義〕としては反対なるも尚満足しおれり．しかるに元老次第に死し，今や松方，西園寺(厳格なるいみにて元老にあらず)の二人のみとなれり．過去の大臣は尚人格的**権威** authority を持ちいたるも今の大臣はこれを有するものなし．彼等は元老となりえず．(人格の力より無視しては元老成立せず)．故にここに**個人的根拠** personal foundation において欠くるところを制度として補はんとし，〔数文字空白〕を超越的元老の制ど〔度〕化叫ばるるにいたれり．これにて国民の納得をえんとなしおるなり．天皇の御下問機関なる元老の

凋落を制度化せる元老にて補はんとするなり．かく人格を離るれば責任の帰するところも軽くなる訳なり．今日の政治は天皇に注〔意〕する機関の設立を要求するとともに，如何なる人を大臣にするかと云ふこと（元老の決定事項の内容）に関して一つの原則を立てんとするの要求おこれり．未だ後者は出来さるも，こは下院において勢力ある政党の首領に内閣を組〔織〕しきせしめんとするものなり．最近のこのあらはれは護憲運動なり15）．こは不純なる分子を多く含むも，かかる政党内閣主〔義〕ぎその中心てあるは否まれず．御下問機関の撤廃を云ふ者あるも，日本の現実にては理想としては兎に角そは困難なり．この原則と元老制度との間に介在する両者を連結するを妨ぐるものあり．官僚閥これなり．彼等は政党内閣となりては大臣□〔数文字空白〕となる故反対す．次は軍閥なり．之亦海陸軍のことに関しては部外のものの干渉をゆるさざるなり．これのみは治外法権にて首相も如何ともなし難し（△）．

　　△故に軍閥を無視して組閣は不可能なり．現在の軍閥の内部にて政権獲得の先後に関しあらそひあり．

両者共に日本の憲政発達上非常なる害毒を流しおれることは事実なり．尚司法閥できかけおれり．外交閥なるものはあるも勢力大ならず．要するに前二者問題となるなり．故に今後内閣がどこに帰着するかを見定むるためには，護憲運動と種々の閥との対抗を注〔意〕するを要す．而してこの対抗は勿論他が一方を全然圧倒すると云ふ如くに解決するものにあらず．閥は如何にしても民間政治家の要求を圧倒することをえず．（如何に民間政治家が低劣なるも）．されと他方民間政治家も買収でなく直接民衆の道徳的後援をえし後に非れば，閥を抑圧しうるものにあらず．かかる後援確実となるとともに閥は自然消滅す可く，閥の発生は結局民間政治家の欠点に乗じて起りしものに外ならず．要するに選挙の改善眼目なり．現代は政治の能率の上らさるは，政治の乱脈乃ち統一なきによるなり．

　もとにかへり大臣任免の中心勢力は勿論天皇なるもこれをおき，始めに元老次いで種々の勢力加はり，思ふ様に落着かさるが現状なり．乃ち元老を動かさんとする旧派と天下の大勢を後援とせんとする新派対立しおるなり（△）．この対立含みて後下問〔御〕範囲の拡張を〔／〕

　　△憲政の思想なほ徹底しおらさること―護憲の雍ご〔補護〕を以つて任ずる一新聞紙が，清浦首相

辞職に際し摂政に後継首相を推薦せしを憲政上の重大なる□来事なりと報じおれるも，憲政上民意に基く後継首相を推薦するは当然の行為なり16)．

〔ノ〕制度とせんとする運動なり．而してこの制度内の新旧の対立が次第に新派に傾き行く可しと考へらる．但しその為には健全なる指導者を要す．改善せられたる衆ぎ院これなり．

(二)内閣の組しき

内閣の組しきに関しては憲法に明文なきことは前述の如し．その法律上の制限は，極端に云へば天皇は定めたる人を別々に国務大臣に任命し，之等に内閣組しきを命ずると云ふに止まる．但し実際の事む取扱上統一を必要とする故，法律上は別とし事実上は先づ首相を任命し，之れと共に国務大臣にあたる可き者を詮衡することを之に托することとなる．而して連帯して国務にあたると云ふ責任を全うするためには，所謂憲政の発達より云へば一つの政党又は相連結する一つの団が単一の主ぎ政綱の下に内閣を作ることが最もよきなり．しかるに今日日本にては内閣の連帯的形態は備はりおるも，連帯的責任の実質的きそとなる主ぎ政綱の一致なし．而して事実上相結合しおる基そは種々の閥の妥協なり．而して妥協のきそとなるものは官僚閥(枢密院系統のものを含む)，軍閥，貴族院多数派の閥，衆ぎ院多数派の閥が今日著しきものにて，この四閥の折合つかされは内閣成立しえさりしが従来の殆んと例外なき情勢なり．尤も妥協と云ふも，どの閥を主とし，どの閥を従とす可きが時によりてことなる．原，高橋内閣は純然たる政党内閣に非ることは勿論にて，皆他の三閥の要求を入れしものと見さる可らず17)．清浦内閣は貴族院閥を主とせし空前絶後の例なり．加藤内閣は少しはこの情勢を打破しう得可しとも云はる18)．四閥の妥協と云ふも，この閥の中に夫々派ありて暗闘しおること勿論なり．かく閥の妥協に上に内閣成立しおるため仕事は全く出来ず．各閥の利害全く一致するをえざればなり．凡そあらゆる改革を要する弊害には必すこれに固定せる利害関係生じおるなり．これを除かんとすれば必ず若干のもの損害を蒙るなり．故に決断なきものに改革は□しがたし．例へは市政の事務清粛の如きも原因はここに存す．政商の跋扈の真相もここにあり．かかる事より朝に立つものは**主導権** initiative なき者にかきらると云ふ慣習行はれ，創造力に富み優秀なる者は朝に立ち得さること

となりおれり．これ上より下に至る道之なり．外国にては下級の役人にも**主導権**を発揮する余地十分に与へられおること多し．妥協政治より生する第二の弊害はかかる政治の結果，顧みらるる**集団** group と顧みられざる**集団**出来るなり．政友分裂前の憲政会は何を云ふもかへりみられさりき．ここに於いて支配階級なる一つの権力聾断階級出来，これ以外の者はたとへ議会に多数を得るとも容易に内閣に入られず，たとへ内閣を組し〔織〕きするとも〔数文字空白〕の為忽ち倒さる．大隈内閣の如し19)．政局安低〔定〕の主張は理論的には民い〔意〕に基き政局を安低〔定〕せしめんとするなり．この趨勢に乗ぜしが加藤内閣にて，決して完全とは云ひえざるも尚希待〔期〕の余地なしとせず．

(三)下院

下院が政界勢力の中心となるが憲政の常道なり．しかるに大勢はこれに向ひつつあるも，尚**標準的**なる発達を妨げられおるか現状なり．されど広く民衆を背景としおると云ふ事実に基き，下院が次第に勢力をましつつあるは疑なし．こは民衆の**道徳的支持**に依拠するものなり．故に下院の勢力によって立つ政治家は民衆の**道徳的支持**を益々培養すれは可なるも，ともすれば之れを怠り形式的勢力の扶植伸張を急ぎ民衆の人格的連絡を軽視するなり．但しこは一方官僚の圧迫急なるため，ある程〔度〕とまてやむおえず〔を〕．今日政党政治家が形式的勢力を伸長せしむる所謂党勢拡張の法は，ぎ〔議〕会に多数をあつむると云ふことなり．分裂前の政友会はこの適例なり．政党の勢力を伸張せし功労者として星亨あり．彼は藩閥を圧倒するまで政党を強めたり．ぎ〔議〕会開会当時の政党は人物としては秀れしも四分五裂の状況にありしため結束弱く，後には政府の左右するところとなれり．星亨は政党の勢力伸張按として金力によるぎ〔議〕員買収をなせり．彼の買収法は露骨をきはめしも，之をすこしく修飾せしが原敬なり．彼の頃より又選挙費用提供の形式にて買収すること例となれり．この目的のために利用さるるは**排外的愛国主義** chauvinism にて，例へば国産奨厲の如し．始輸入に関して国産奨厲の名目にて選挙費用を調達するごときこれなり(△)．政党の弊は実に**体系的** systematic〔✓〕

　　　△例へば国産奨厲のため塩はその輸入は制限されおれり．例へば100斤〔斤〕の塩輸入を許され
　　　おると，これは事実上200斤〔斤〕もある塩を100斤と□して輸入し，その入費にて一斤宛の

価格を定むれは 100 斥[斤]の利あり（一斥[斤]の価×100 斥[斤]）．

〔↗〕に組成せられ牢乎として抜く可らさるにあり．但し政党の勢力をかくはりおれば藩閥を抑へうるなりと云ふ所謂以毒制毒と云ふ事実あるは真実なり．ぎ[議]員買収は府県町村会ぎ[議]員の買収から更に延いて村民への利権の提供によりなさる．地方にては露骨になされ，その延いて地方の政治警察の紊乱に赴けり．この点原敬に大なる責任あり．抑々政党は政治家のみが入る可きものにて，町民農民等の入る可きものに非すと思ふ．外国にては政党は多くも千名迄にて，政党員何十万の如き日本のみに見ることなり．これ等の根抵[柢]には数を集むと云ふ思想あり．抑々政治上の敵は学問上の敵と同様，協同者たる可きなるもの事実如敵と感ずるが現状なり．故に政治上の戦は実際上のためか上の如くあらゆる手段を以つて敵を倒さんとするなり．ここに於いて論理的なる可き戦かかる有様となり，長く続けば人民之に不平を抱くこととなり．（多数政党は形の上にては民ぎ[議]きの多数を維持しつつ実質的に民間の衆を失ふなり）．ここに改革運動おこるなり．清浦内閣により一時憲政の逆転やみて今日にいたれり．

（四）上院

抑貴族院は元来一人一党主ぎ[義]にて可なり．（衆ぎ[議]院にては一人一党はむ[無]意味なるも）．根本問題は別として現状の貴族院に対し要求するところは門閥，経歴，学識（△）の優秀なる人々に個々の意見を主張せしむるにあり．第二に第三は問題なきも，第一は問題となる．貴族は今日〔↙〕

　　△財産多きもの規定しあるも是の杯[柢]なし故これを論せす．

〔↗〕普通人の**水準** level 以下の勢力を有すこと多きも，元来貴族制度の存在は全然いぎ[意義]なかりしに非ず．貴族たるものはその光輝ある祖先の存在を意しきし[識]おる結果，その影響の元[下]に自然その教育的効果をうけて傑出す可き有利なる境遇にあり．しかしてかかる意味に於いて貴族制度によりその効果をあげて傑出偉人をいだぜ[せ]るの例は英国にこれを求む可し．されと今日の如く教育の普及に伴ひ下級よりも賢人いづるにいたれる故，在来のいみ[意味]にて貴族制を社会に存置する理由はすくなくとも失はれたり．要之英国にては上叙の如く **19 世紀**までは，貴族はかく才幹においてまさり，のびる者はとこまでものばす事を得しめたり．ここに貴族制度のいぎ[意味]あり．貴族中凡庸なるものは凡庸とし，すくれた

るものが民衆と同一線上より出発し公平に先になるはづなり．現代において自由競争行はるるにいたり，その結果独乙の如く(皆貴族は相当の教養あり．地方民の指導者たる地位にあるものすくなからず)，依然貴族が大体社会の牛耳をとるだけの実力を有しおれば社会安低[定]するも，然らされば社会動揺することとなる．かく貴族を上院に入るるは本来は無意味にはあらざりしなり．これが無意味になりしは貴族悪きなり．乃ち上院に求むるは普通人よりもより教養ある人なるを要する故なり．第二に法律上こは上院と下院の権限は同一なるも，実際問題として予算その他の議案は先下院にまはり上院次いてこれを審□[査]，批評，精練す．その職分は自ら区別せらる．かかる職分の性質上，上院は一人一党主きたる可きに(△)，最近は数を以つて結束するにいたり，更に上院の多数党が下院の多数党の可決せし議案の上院通過を請負ふにいたり，上院設置の趣旨波却[破]せられ，ここに貴族院改革となへらるるにいたれり．

　　△詳言せば：法律上同権限なるも，実際上又下院のい[査]見を求め上院これを定むる．我国の政治につき**主導権**をとるものは下院にて，上院これを洗練することにあり．批評的なるにあり．さすれば一人一党にて思ふことを云へば可なり．数を擁して一致の決をとる要[擁]なし．

かかる情勢を致せる責任は研究会にありと云はさる可らず．研究会が下院の多数党と陰謀して上下両院を縦断するにいたり，遂に研究会主となりて清浦内閣組[織]しきせらるるにいたるにて，こは実に上院の職分を脱するの甚しきものなり．然らば如何にしてかかる事態にいたりしや．研究会は伊藤公等がぎ[議]会開会当時作りしものにて，当時の藩閥政府の傀□[儡]なりき．(西村茂樹：往事録△)．こは下院を危険視したることにその設立の動きを有し，而して初め〔ノ〕

　　△研究会が政府の傀儡にすきさることを知り□[憤]然脱会せる経過を記す．明治憲政史上の重要文献なり．

〔ノ〕より藩閥政府の用をなすため，乃ち上院にて有力なる政府派団体を擁[擁]して下院を制肘せんとするにいでしものなる故，政府は貴族院規約を貴族院に便ぎ[宜]なる要につくれり．有爵き[議]員選挙法の如きこれにて連記制をとり，昨今上院改革運動の問題の一つはこれなり．かくて研究会は有力なる団体となり，衆ぎ[議]院の反目をうけつつ，常に政府擁[擁]ごの位ちに立[置]てり．しかるに貴族院が政府に反抗する形勢を生せり．そはその力を自覚せし結果にて，前上院ぎ[議]長近衛公[20]により初めて宣言せられき．その反抗の第一原因なり．(貴族院の分立)．第二に

伊藤公政党を作りしこと，かかる形勢を導くにいたるなり．乃ち従来政党は藩閥政府の敵なりしも，次第に政党の操縦困難となれるのため，伊藤公自ら政党に入りて之れを自由にせんとせり[21]．しかるに政党は政府の敵なりとの観念ふかく上院にあり．且つて政党を悪罵せる伊藤公のこの入党を以つて上院をうらぎるものとし，之に公然敵対を宣言せり．山県公その中心なり．この二原因相待ちて上院は独立の一勢力として活動し，伊藤公対近衛公の衝突に於いて**クライマックス** climax に達したり．かかる情勢に伴ひ政府は，或は藩閥内閣を作り或は政党内閣をつくることとなる．(明治42,3頃より)．かくて乃ち政党と政府は結び付くにいたれり．ここにおいて如何にして上院を操縦す可きか問題となれり．即ち政権をとるためには予め貴族院の諒解をうること必要となり．昔上院無視せられおりしに反し，今や対等視せらるるにいたれり．ここに於いて上院は更に一歩をすすめ，かかる実力の根拠たる数に注目し，数を増して益その根拠をかたむることとなり．研究会は政友会の故智を学ぶにいたり，ひたすら「数」の集合に努めたり．ここに於いて下院にて政友会多数なり，上院は研究会これを占め，ここにこの二つが連絡して天下を押へんとするは必然なり．しかしてこれが固き関係となれるは原敬の総裁となるときよりなり．「数」をあつむれる結果はやがて「質」の低下を伴ふこと常例なり．しかして下院にありては尚民間との関係ある故，その質の低下は自ら限界あるも，上院はこのことなく民間の批評なきが故に，その質の低下は実に著しきものあり．その後大臣にもなりて少しはその質を向上せしものあるも，尚人材は勅選議員の除きは殆んど見る可きものなし．しかしてこの多数の党員を左右しうるもの幹部となりて，その力を恣にするにいたれり．しかもその数を集むる手段の陋劣なる．而して低劣なる所謂幹部なるものの跋扈とは，已に甚しく腐敗せる政党政治家をして驚かしむ．しかして今やこ期せずして，この政党政治家の口より貴院改革をとなへるらる[ママ]にいたれるなり．而して政友会と研究会の提携せる頃，そは全く一つの政治的独立会社とも云ふ可き専恣を振舞ひ政治を毒せしこと一再ならず．或人は研究会は時の政府とは常に提携すと云ふも，今次の上院に関係なく成りし加藤内閣との提携はやや困難なる可し．この貴院の弊を打破するには如何．下院が数を集むるは民間の政治思想鼓吹によりて改革し得可きも，上院につけてはこの法なしえず．上院はその制度の変革を要するなり．しかして

その改革は憲政の発達上極めて切迫せる必要なり．しかしてその改革は単記を〔か〕制限連記等に改め，その改革の力は輿論にまつの外なし．形勢は伊藤公の昔にきさせる故，一朝にかへることをえさるも，この他方法なし．要するに現内閣の成立は又尚この貴院問題につき一つの転換を与るものとならざるか．

(五)枢密院

枢密院と憲政の発達との関係につき三問題あり．一つは善〔意〕いの干渉．こは専ら上院，下院腐敗し，その連絡にてなす政治を忌むためにいづるものなり．枢府が政府と万一妥協することあらば日本の前途は憂慮す可し．誠心よりいてたる干渉は尚甚しくは不可ならず．第二に上院と同様の態〔度〕どにて自分等の主張を通さんとすることなり．この事実は政界のものの等く〔し〕みとめおれるところなり．内閣組し〔織〕き等にあたりこれあり．第三は老朽不明の徒多く乃至旧思想を有し頑冥なり．人間をはなれ制として見れば(制〔度〕とを設けし〔理〕り由より見れば)，第一は枢府の職分として当然きたるものなり．政府の提案批評の位置にある枢密院が政府の提案を反対すとなれば(未だその事実なきも)，そは内閣瓦壊の原因となる．この可否如何．枢府の主張の是非は別とし，枢府の主張が内閣を動揺せしむることとなれば，国民全部の信頼の上に立つ内閣は尚□望のあるにかかはらず瓦壊することとなる．こは最良知し〔識〕きを国民の良心の判断をはなれて枢府の小〔少〕数人の考へ通ることとなれば，憲政の常道はやぶらるることとなる．然らば枢密院は如何にす可きか．枢府の発言権を制限するは，その職能に背くこととなる．されど又政府は現状にては枢府をむ〔無視〕しして事を行ふをえず．公式令により定まるところあればなり(△)．この点を切抜け調和を求めうるが，こは将来の問題なり．枢府の沿革を見るに最初は〔ノ〕

△法律が効力を生ずるには必す枢府の協賛を要す．

〔ノ〕枢密院と政府とが衝突する様につくりしにあらず．このいみ〔意味〕にては枢府の現実の問題は全く立法者の予測せざりしことなり．その設立の趣旨は出来るだけ民間に対抗するため政府のき〔機〕関を複雑にせしものの如きも，憲法の表面にては枢府が計画を立て内閣これを実行すると云ふにありしものの如し．(枢府は参謀にて政府は実行き〔機〕関)．されどあらゆる問題，枢府立案しえず．故に法律は叙上の如くに定めたるにかかはらず，立案も実行も政府これをなすこととなり．

(き会は立法部と云ふも実は立法せず，批評機関なり)．かくて政府の案せしところを枢府に諮詢せり．而してここに枢府は政府に対する監督き[機]関の位ちに立つにいたれり．乃ち枢府は伊藤公が最初予期せし様に動かなくなり，政府の立案批評のき[機]関，政府監督き[機]関となれり．若しかかる政府監督を無用なりとせは，枢府の職能は別の方に向はさる可らず．(実際には枢府は今や全く無用物なり)．憲政の常道をつらぬくためには職能上にあたらしき変動を要するものにて，現状の儘にては制度の上には憲政の運用の一大障碍たるを失はず．

第三章　憲政運用上の弊害

一(一)民衆的勢力と特権階級との対立

上述の如く政権が一部の特権階級に聾断せらるることとなれば，政治が国民の有き[機]的結合失はる．(政治家階級が国民の先達たるためには国民と有き[機]的関係にあらさる可らす)．ここにおいて**デモクラティックな発展** democratic development は妨げらるること大なり．(従来政治家の云ふ有き[機]的関係とは，い[異]分子を除き同心のもののみにての結合をさすにて，こは真の生命ある有き[機]的結合ならず)．

二，この結果，戦闘的方策用ひらる

政権聾断の地位を保つため敵に対抗するに総て戦闘的となる．(国民の**道徳的支持**なきものがしむるときしかり)．乃ち自党に反感を有するものを抑圧し正々堂々の対立をこころみず．**ローマ・カトリック教会** Roman Catholic Church の態度はこの例なり．(**禁書目録** Index 制度．**唯一聖なる教会** Allein seligmachende Kirche の思想)．英国の如く選挙の結果により政権の授受行はると云が憲政の常道なり．日本にても今次の内閣はややそれに近し．

第四章　改革の困難

一，総論

(甲)制度上の改革

枢府，上院，政党等の改革はとかく部分的に止まり全体的根本的革新は困難なり．但し制度の改革は憲政の進行を妨害するものを除くに止まり，憲政を進行せしむる動力とはならず．

(乙)思想上の開拓

之が憲政を進行せしむる動力なり．現在日本にては立憲政治の積極的説明なる思想の積極的開拓をなすと共に，国民の憲政を了解するを妨ぐる思想を打破する思想開拓の消極的方面あり．

二，積極的開拓

こは三つの点につき考ふるの要あり．甲，立憲思想発達の形式．乙，日本における急速なる模倣．丙，思想的準備の欠乏．

仏国の例にて云へば第一階級(王，貴族)と第二階級(僧侶)に対し第三階級(ブルヂヨア)，国民の代表なる名にて天下をとりしも，やがてその階級的利害に囚はれ国民の代表者としての地位を忘れ，ここに第四階級勃発するにいたれり．国民の代表としての地位を忘れし第三階級の闘争は戦闘的となり手段をえらばす．仏国の 1830，1840 の如き，日本の 14, 5 年頃の如き，この時代なり．この時代の後，思想次第に精練され，第三階級が早く勢力をえしところにて社会主〔義〕き早くおこれり．第三階級が第一階級，第二階級に圧迫され発達おそきときは，第一，二階級より国民に対し民主政治，政党政治，立憲政治は宜しからさる思想なりとの観念吹込まる．日本の如きこれにて板垣退介〔助〕，大隈重信の如き政党をつくるものは国賊の如く思はれ居たり．〔社会主義が興る際には〕文化の上にてはブルジヨア文化を打破してプロレトクリト Proletkult を樹立せんとする運

動おこれり．日本にてはブルジョワジー〔プロレタリアート〕の文化なくブルジョワジーの文化 culture あるなり．〔立憲政治を敵視する観念に対しては〕これに反対する声，明治7年頃，有司専制に対するひ難〔非〕としておこれり．（国会開設の請願）22).

民衆政治の論拠なる思想は外国にては精練せられたるも，日本にてはこのき〔機〕会なく徒らに外国の模倣にいつきし傾あり．

されど徒に制度設備の模倣に扱々〔汲〕たりしも，思想的準備にては欠くるところあり．乃ちかくて之を洋学者に求めざる可らざりき．されど洋学者は法律を知らず．抑洋学は禁止されおるも，出島（△一），切支丹屋敷（△二），漂流民等を通して外国の事情を時々知ることをえたり．出島を通して得たる知しき〔識〕は西〔↙〕

　　△一　Kaempfer:〔The〕History of Japan
　　　二　外人宣教師の改宗者を民間におかす，ここに幽屏〔閉〕せるなり．鬼本三右え門〔衛〕（伊人）の如き四十余年おりたり．黒川寿庵の如きも有名なり．同じく切支丹せんぎに幽屏されしシドッチ Sidotti を白石，将軍の命により審問し采覧異言なる万国史をあらはせり．同じ際にクリスト教に関する西洋紀聞なる書をいだせしも憚つて公にせず．明治15,6頃公表されたり．

〔↗〕川恕〔如見〕庵，増補華夷通商考となり．切支丹屋敷を通してえたる知しき〔識〕は新井白石の采覧異言となれり．第三の漂流民は，はるか後交通発達し蘭学の禁とかれし時分の話なり（△）．それ以前は漂〔↙〕

　　△帝国文庫：漂流奇談．幸（光）太夫，特に有名なり．桂川甫周，中川淳庵は当時有名なる蘭学者なりき．

〔↗〕流しても日本にはかへれさりき．彼等をへてえたる西洋の知しき〔識〕は頗る不完全なりしも，之により外国の従来想像せし如く野蛮国にあらざることわかりたり．されど外国に関しては到底まとまれる正しき知しき〔識〕をうることは得さりき（△）．洋学解禁されしは天文暦学研究の必要に迫られん〔↙〕

　　△真臘風土記なるもの支那にて大いによまれたり．

〔↗〕ためにて，天文暦学にかぎり蘭学ゆるさ〔れ〕たり．故に徳川末の蘭学者は天文方と云はれたり．蘭学の始めは吉宗の命により青木昆陽ありしに始まり，杉田玄白之れを大成せり．而かも尚職〔務〕む以外にて蘭学を云ふことを禁じたり．天文暦象に次いで医学につき蘭学発達せり．医学中にも特に外科発達し，内科

は明治となりても漢方医対立しおりたり．但し蘭医は民間にありき．故に民間にある蘭学者は皆医者なりき．高野長英，緒方貞庵等の如し．ペルリの来航につぎ海防論さかんにおこり鉄砲に関する研究も漸くすすめり（△）．次いで実際の必要上軍事に関して洋学研〔↗〕

　△高野長英の如き有力なる戦術学者にて彼が出閉後諸候の好遇をうけしはこのためなり．

〔↗〕究をゆるし，やがて天文丈にてはたらず，藩□取調所〔蕃書調所〕をおき，これが開成所となれり．帝国大学の前身なり．大鳥奎介，榎本武揚等，当じの先輩なり．幕府にて幕末迄公許せし洋学は以上，天文暦学，医学，軍事にかぎられたり．法律は尚ゆるされさりしも，内々には一般西洋文物を研究するもの殖え，儒者の如き，支那人のかきし西洋に関する書を輸入しよみたり（△一）．明治政府に影響を与へし開成所系統（△二）と加藤23)，柳川24)の系統の二つの思想の流れあり．かく思想的準備さだ〔ま〕らさりしところに立〔↗〕

　△一　海国図志の如きすらもよまれたり25)．

〔↗〕憲政体樹立せられしため，種々の誤解するものいで思想界は混乱ぜしなり．乃ち極く浅き立憲政体の知しきをえしのみなりしに，突然実行することとなりしため必然誤解を生せざるをえさりき．もし早くより洋学をゆるし立憲政治を明確に握みいたらんには，はるかに堅安なる立憲政体をえたりしなる可し．

　△二　六合叢談，中外新報は開成所の教授等が外国新聞を翻訳せしものにて，その他にBatavia新聞を翻訳しバタビア新聞〔官板バタビヤ新聞〕（新聞誌と題目をつけしこともあり，後海外新報〔官板海外新聞〕とあらたむ）と名付けたり（文久1）．日本最初の新聞なり．万国新聞紙，次いで英人の手により刊行せられ，やがて中外新聞等刊行され，西洋に関する著述の最大なるは加藤弘之：隣草なり．立憲政治のことをのぶ（但し当時西洋知しきに関しては柳川春三に一日の長ありと思ふ．福沢輸吉氏は柳川の弟子なり（ ））．西周助，津田真造は榎本武揚に従ひオランダに1年滞在し帰りては大いて立憲政体を鼓吹せり．彼らはホフマンの紹介によりフィッセリング（畢泌林）につき学びたり（＊a）．ホフマンはライデン〔（）来丁〕大学の教授なり．ライデン大学は欧州における日本研究の中心となり．シーボルトをいだせしことその原因なり．シーボルトは医師にて大いて日本を研究し『日本』Nippon なる著あり．（長崎女郎裏扇との関係）．樺島浪風記に記されたる事件の為本国にかへされ，後再来し明五頃迄通訳をつとめいたり．彼は支那を研究し郭成章26)につき支語を学ぶ．日本語はホフマンにより大成せられ，その著日本文法（未完）は確かに現今の日本文法に大なる影響を与へおれり．ロドリゲスと相ならぶ日本学者なり．その他パジェスも亦有名なり．

　　a・尚法理学，国法学（憲法），国際公法（万国公法），経済学，統計学等を学べり．民法は浩瀚なる故後日の研究にのばせり．之等五種は何れも津田，西，神田等の手によりて翻訳せられたり．万国公法，泰西国法論，性法略等これなり．

三，消極的開拓

(一)〔官尊民卑の風〕

　歴史的に摘發すれば第一に官尊民卑の風習なり．こは幕府時代においても甚しかりき．これに反抗して維新の革命ありしに，しかも尚この風長くのこれり．而して現在にいたれり．第二は專制思想なり．次の排外思想とも關聯す．乃ち維新の施政者は當時(1868)の歐洲の影響をうけること甚し．(普墺戰爭，普仏戰爭の頃)．彼等の幹部は當時の歐洲を見聞し諸國の帝國主き[義]に恐れをなし，しかも日本は天產に富み氣候良好なるため諸國垂涎すと考へ，歸朝以來，中央集權，富國強兵をその施政方針とせり(△一)．

　　△〔一〕當時政治家にては大久保利通を最とす可し．木戸□□〔岩倉〕これに次ぐ．

(二)排外思想

　現今も尚さかんとなり，德川時代からの歷史的事情その源をなすものなり．鎖國政策これにて耶蘇教禁止はその著しきものなり(△二)．始めは日本には排英氣分を懷く(△三)．露國の如きはかへつて親近の傾向ありき．ペリーは日本の排英恐英思想を利用してとけり．排外の原因として他に貨幣の知[識]しきの欠除[如]なり．外國貿易をせば金減[少]小すと考へ，ペリーは外國貿易の雙方の利なるをときしもきかず．この迷をひらきしは加藤弘之の隣[鄰]草(△四)，交易問答等なり．排外思想は倒幕のために利用せられ壤[攘]夷の標語となり．今尚この思想のこりおれり．

　　△二　[耶蘇]そ教が日本に非常な勢にて拡がりしは，日本人が新奇をこのむ為に非ず．宣教師Savigny〔ママ〕の人格的優越のためにもあらず．當時の人，南蠻は交趾支那[コーチシナ]辺と考へたる故，南蠻より來れる宗教ときき仏教の一派ならんと信ぜしためにて，最初寺院にても宣教師を歓[歡]迎せり．Savigny〔ママ〕渡來前も南蛮人種々なる珍奇なる發明をもたらせしため，その足止策として宣教師を招き耶[耶蘇]蘇寺院を立てたり．これやそ教普及の第二の理由なり．始め政策的の信徒頗る多數なりしも，当時の宣教師皆優れたる人なりしかば，その中眞の信者も生じたり．それが反對せられるにいたりしは彼等が領主の蓄妾，男色を攻撃せしためなり．されと一方貿易上の利あるため，やそ教徒は敬遠主[耶蘇]ぎ的待遇をうけたり．しかる後耶[耶蘇]蘇教の政府の命令に對する抵抗をなすにいたり，耶蘇教は攻心教[義]なり，始め人心を收攬し後武力により攻撃しきたるならんと考へ，これに對し禁壓の態度をとるにいたれり．加ふるに德川幕府の思想統一の政策もこの勢を助長せり．

　　△三　海外新話―阿片戰爭の際の英國の暴虐をかく．

△四 日本の金貨と銀の割合１：５なるに，外国にては１：16なりし故，これにきがつかず，外人之を利用し貨幣を交換して金をえたり．之が為金減少したるもその真因に気付かず，以つて貿易より生ずる損害にて外人と取引せは必ず損すと考へらるるにいたれり．

日本近世政治史を理解するには明治維新頃の欧洲の情勢を知るを要す．明１(1868)は欧洲にては政界多事少きにて普墺，普仏戦争との中間にあり．普国の勃興期にあたり当時の外交の中心は仏国をはなれ，普国にうつり，普国の一動一挙，列国の注目するところとなれり．独乙の統一を妨げし原因二あり．一は各邦の統治者は〔ママ〕が主権を奪はるるを忌みしこと，二は元首にいただく家のせんさく〔詮索〕なり．常識論としてはオーストリア・ハプスブルク Austria Habsburg 家穏当なるも，新興の気運に向ひてすすむためには家柄ひくきもホーエンツォレルン Hohenzollern 家を推さんとするものあり．之に対しバイエルンの如くホーエンツォレルン家より門地たかきものは，その下風に立つを忌む者あり．されと人材は悉く普国に集り之をむしする〔無視〕は到底不可能なり．ここに於いてこの二家の間に争あり．大ドイツ Grosz-Deutsche，小ドイツ Klein-Deutsche の二党のあらそひ之なり．その表面は民族的団結の能不能のことに関する如きも，実はオーストリア排斥の問題なり．蓋しオーストリアの大勢力なるハンガリーは異民族なるを以つてなり．ここに於いて普墺戦争デンマーク問題を口火として破裂せり．その結果，普国勝ち北独立連邦成立せり．されど尚南の三〔ヶ〕国（バイエルン，バーデン，ヴュルテンベルク）加入せざりしため，これを加入せしむるため，普仏戦争ひらけり（△）．かかる当時の状況を維新当時の日本政治家は見学し来り，ここに〔ノ〕

△この間にあつてビスマルクは活動せり．彼は表面は戦を挑まれし風に装ひ，実は大いに挑戦的態度をとれり．彼は先見の明あり．普墺戦争当時，已に普仏戦争の準備をなしたり．(Foundation of the Theory of Imperialism 参照)

〔ノ〕於いて一部政治家□〔に〕国際関係を以つて弱肉強食と見る考きざみこまれたり．そ〔の〕他幕末の阿片戦争，維新後の清仏戦争もこの思想傾向を助長せり．加ふるに吾国も亦かの普国と同じく未だ尚統一に達せず，為にある程度まで武力的圧倒によりて統一を確保すること必要なりしなり．（西南戦争頃迄）．この情勢はその必要なきに至りても尚継続せり（△）．かく明治維新の事情は，当時欧洲の事情及吾国の統一の状態を併せ考ふるにいたり始めて〔初〕理解しう可きなり．

△極く最近までは平和論乃ち非戦論乃非国家主ぎ〔義〕として危険思想視せられいたり．平和思想の発達にはズットナー夫人（墺）の〔Die〕Waffen nieder〔!〕大いに与つて力あり．

第五章　吾国憲政思想の萌芽

一，洋学者の努力

前述．洋学者の所在地は幕末には藩□取調所〔蕃書調所〕（後洋学取調所〔洋書調所〕と改まる），医学所なり．前述の如く最初の洋学者は幕府の天文方なり．ペルリの手紙の如き，天文方翻訳せり．医者にては洋医（侍医）が洋学の元祖なり．医学は如何にしても洋学を学ぶ要あるため医者に弟子となりしものすくなからず．福沢氏が大阪の緒方質庵に門下となりし如きこれなり．大村常次郎〔益〕の如きも同門の一人なり．この種の洋学者集まりて作りしが医学所なり．その建設には伊東玄朴の如き大いに努力したりき．最初のはじまりは種痘館〔所〕なり．伊藤玄朴は最初牛痘を西洋より輸入せしも，くさりて用をなさざりき．一方獣類の胆汁を注射するをいむもの多かりしが，旁々天然痘患者の膿よりワクチンをとり，大槻恕軒〔如電〕，文軒そ〔彦〕〔の〕他五人の兄弟姉妹，犠牲的に注射をうけたり．これが成功して幕府も助けて医学所となれり．藩□取調所〔蕃書調所〕は更に開成所と改まり，明治に入りて（大学）南校となり，医学校の方は（大学）東校となれり．東校は今の医科，南校は今の法文理科なり．やがて大学南校より海外新聞いで，東校よりは大学新報いでたり．何れも海外新聞の翻訳にて西洋事情を知らすことを目的とせり．後者はまもなく断〔絶〕えたり．幕末に之等の官立校に対杭〔抗〕して慶応大学おこり，殆んど官立大学を凌駕する勢なり．慶大設立前後の事情の詳細は福翁自伝にあり．昌平黌は官立校なれど漢学のみにて洋学には関係せず．昌平黌の中村敬宇は洋学をせしため，昌平黌のものが洋学をなすは不届なりとして屡暗殺せられたりとの報ありたり．かく洋学流行とは云へ洋学者以外の者は洋学研究の自由を有せざりき．されどやがて時勢とともに各藩において洋学の研究をするもの多きを加へたり．之等洋学者は漠然ながら外国の思想を伝ふるに貢献せり．彼等はやがて流入する新思想を発芽せしむ可き地ならしをせしものにて，その上に種子をまけるものは維新の政治家なりき．然らば如何にして

蒔くに至りしか．

二，維新当時の政治家の態度

　古き徳川を倒し新らしき何物か出てんとの思潮は一般にありしも，尚立憲政体樹立の思想を抱くまでには成熟せず．先づ委任政治をやめ天皇親政とすることとせり．而して天皇の命をうけて政治を行ふ総裁は，天皇の下にあり．総裁の下に議定と参与あり．前者は行政上の顧問役，後者は技術官なり．以上天皇の最高顧問なり．その下に行政各部あり．議定，参与，その首長となれり．かくて物を執行するき[機]関と立法のき[機]関とを併立せしむと云ふ思想は漠然ながらいで来りおるなり[27]．之かやがて政治家が経験を積むに従ひ次第に更改せらるるも，その際国外国内事情が深く彼等に影響を与へ，如何にしても立憲政体とならざる可らずとの思想おこるに至れり．当時外国においては大政奉還の現象を目して権力の争奪と見て局外中立を標榜せり．為に軍□を朝廷軍におくらず．為に大いに困めり．而かも一方幕軍は軍備充実しおるため一日も早く君臣の関係を明にして外国に対し統治者を明にせんと力めたり．幕府と外国との条約はすべて京都朝廷之れを承継することとし，外国国使は京都に参内謁見し京都朝廷の主権を承認せしも，一方東京において幕軍は勢力ありしかば外国側は局外中立態度をとりいたるなり．当時の新聞によりみるに両軍の勝敗は容いに逆睹しえざるものありき．但し局外中立とは云ひ，英国は朝廷を助け仏国は幕府を救けしこと公然の事実なり．局外中立を解きしは江戸城を引[渡]度せし1年後なり．こは東京の鎮台(後に鎮将府)より屢交渉せし結果にて(△)，12月には岩倉公直接に英仏米蘭公使に会ひてこれを説きしも，外国の相談を理由として容易に承知せず．明2に中立を解きたり．かく最初は外国〔ノ〕

　　△江戸城明度し後も会津優勢なりしかば，外国未だ京都朝廷に十分なる信頼をおきえざ[渡]
　　　りしなり．

〔ノ〕は明治政府のき[基礎]そをさほど有力とみとめず．事実亦有力ならざりき．かかるとき天皇の唯一の統治者たることを認めて貰ふは非常に困難にて，為に各国に対し恥じさる行動をとらんと力めたり．之対外関係よりうける影響なり．対内関係の方は一つには京都朝廷のき[基礎]そ未だ薄弱なれば，これに民心を引きつく

るには従来と異なりし奇抜なることをなし人心を新たにし之を収攬する必要ありたり．ここに注いす可きは封建時代の直後なれば，武士道の忠ぎ〔義〕或は正ぎ〔義〕の観念，今日と全くことなり，乃ち榎本武揚等が軍艦返納を朝廷より命ぜられ「錦旗の見ゆる限り日本全□〔国〕津々浦々に至るまで悉くこれを掃蕩す可し．之れ人倫の正ぎ〔義〕は君に向える忠ぎ〔義〕なり」と日へる所以なり．その他かかる思想随所に見え，聡明なる勝海舟すらこの思想を脱却しおらさりし点を見ることを得．又徳川家の家臣に対し（△）帰順して朝臣となることを許したり．しかるにこれに対し喜はすして反つ〔ノ〕

　　△田安鬼〔亀之〕の助は駿河百万石に命せらししも，旧幕臣全ぶ〔部〕をつれて行くこと財政がゆるささりき．

〔ノ〕〔ママ〕つて帰順を恥辱なりとして朝臣となることを嫌し，之に対し布告を出して帰順を妨ぐるものに対し戒告を与へし程なりき．新聞紙も幕軍の勝利を報すれば責られ，朝軍の勝を報すれはせめられず．福地源一郎は江湖新聞（福地経営）により種々に官軍を謗れり．最も問題となるは「強弱論」なり．遂に彼はとらはれて牢に入れられ，次いで新聞紙発行を止められたり．東京におけるかかる傾向に対し，京都にては湊川濯余，大いに憤慨して新聞紙撤廃を論じたり．要之明治初期の政府のきはは〔基礎〕頗る薄弱なるものにて，為に為政者も大いに戒心し，五個条御誓文と同時にいでし勅諭の如き謙譲なる用語を用ひて以つて只管人心を収攬するに力めたりき．

三，五事の誓明

一，直接の動き

　a，東征の名分を明にする必要ありしこと．前述の如く当時の人にとりては忠ぎ〔義〕，勤王とは別個の観念にて，徳川に事ふるが道なりと考へいたればなり．故にこの時にときし大ぎ〔義〕名分は余程具体的に徳川に事ふることより朝廷に事ふることが大義名分なりと教へたり．時の政府が如何にしてこの大きを教ふるに苦心せしかは，人民告諭（大意）（政府にてつくり諸国に配布す）に歴然たり．

　b，財政困難なりしこと．財政の困難をは救ふため民間（殊に大阪富豪）に御用金を申付けるとき唯ではとれざる故御用金を付すのが当然と考へさす．**道徳的**

支持を得るが必要なりとの財政当局者の献言，五条の誓明をなす一因なり．乃ちこの為に新政府の方針を明にする要生ぜしなり．

　c，岩倉乃至薩長に対する世人の疑心を解く必要ありしこと．岩倉・薩長が一人にて朝廷を我物とせる故，朝廷に尽すは岩倉のために尽すこととなる可しと云ふ諸侯[侯]，世人の疑惑，批難にこたへ（又帰国後諸候[侯]の帰趨不明なる故それに対してもなす）この疑を排し〔✓〕

　　　△竹亭懐古談[回顧録]維新前後

〔✓〕諸大名の結束をかためんには上下心を一にすることを宣明する要あり．

　以上の如き次第故，五個条のそれは従つて内容においては新らしき雄大なる新方針を宣明し以つて人を驚嘆せしむる如き新味あるものならさる可らさるとともに，形式においてはこの大方針の下に大名をつなぎ朝廷を堅むるために誓約の形式をとれり．初め而して天皇と大名の誓約とせ〔ん〕こと考へたるも，岩倉公等は君主の大名とともに誓ふは王道に反すとして反対せり．而して他方その方針を発表するのみにてはたらず，大名を加入せしむるの要あり．故に天皇が諸候[侯]百官を率いて天地神明に誓ふこととせり．

　二，起草

　最初は種々の人起草せしも，やがて福岡孝悌[弟]，由利公正（△）起草のもの（詳言せば由利氏原〔✓〕

　　　△由利公正伝（小冊の方）．明治憲政経済史論のときの福岡氏談参照．但しともに老いて緻[密]みつなるところ明ならず．

〔✓〕案をつくり，福岡氏これを訂正せるもの）原案となる．而して由利氏はその思想は横井小楠に，福岡氏は坂本竜馬に汲むものなり．その最後の内容決定には木戸，山階宮晃親王（山階宮の思想は加藤弘之の立憲政体略にいでしものの如し）加はりて決定せり．而してこの立案には前後を通じ影響を及せしは，実に福沢輸[諭]吉の西洋事情，加藤弘之の立憲政体略なりとす．起草の由来等は憲政史論（前掲）に譲る．

　三，宣明

　慶応4・3・14, 公卿百官を率いて天皇神明に五事を誓明す．

第1条：広く会ぎ(議)をおこし万機公論に決す可し．―こは福岡氏の思想にて土佐系の思想なり（△）．
　△ぎ(議)会を開けば徳川慶喜ぎ(議)長となると云ふことは当時何人も疑はさりき．而してぎ(議)会とは大名会ぎ(議)，ぎ(議)長は内閣首相の意なり．土佐藩は大政奉還しても徳川氏をぎ(議)長にせざればぎ(義)理が立たずと考へたり．

第2条：上下心を一にしさかんに経綸を行ふ可し．―由利氏の思想にて従つて横井小楠系なり．その意は繁文縟礼をさけ，民生の幸になる政治をなさんと云ふにあり．

第3条：官武一途〔庶〕民に至るまで……―横井小楠の思想にてデモクラシーの積極的方面を力説す．

第4条：旧来の陋習をやぶり……―木戸，山階宮の方面の思想にて，幕府の壤(攘)夷を好まざる対外軟の政策を排して，これに代りし明治政府は壤(攘)夷をなさざる可らざりしも，已に壤(攘)夷の不可能なること分りおりし故，世人の政府の裏切たりとの声あらんとする（△）に当り，旧説を改めたるを表明せるなり．
　△公使参内をゆるし壤(攘)夷思想をやぶらんとし国内の物議紛乱を招けり．

第5条：〔空白〕

この誓明は天皇先誓ひ，次いで諸候(侯)忠勤を誓ひ，総裁以外悉く署名したり．当時誓明と同時に発表となりし御宸翰は，当時の民間に於いては誓明より重要視せられ，政府も亦恐らくこの方を民間に知らしたかりしならん．こは政府の方針乃ち新政は天皇親政にて薩長なすにあらずとして民間の疑惑を一掃せんことにありき．（誓明は形式的に重要なりしも，実際には御宸翰の方重大なりき）．（宸翰は懇切にて謙遜をきはむ）．故に王政復古はしかく容ゐ(易)になされしものにあらず．その中には武人により人民との間ははなされたるを述べ，而して今日君臨の如何に困難なるかをのべ以つて憲政を以つて献身せんことを誓ひ，その言中に今日の動乱は一つに朕の罪なりと云はれ，かくて天皇親政を徹底せしめんとす．以上の形勢の下に御誓文の発布をし，その結果，議会をひらかさる可らざるにいたりしも，かくなり来りしは政治家が四囲の事情に迫られてかくせしものにて，立憲政に対する理解と熱情とありてなせるにはあらず．そはその後の政界の混乱，紛糾が雄弁に物語れり．

四，政治的実験の教訓

政治家達は已むなく公ぎ[議]所なるものを一旦設立せられたるも，直に廃止せられたり．封建制度を非とし天皇親政となせしも，尚政治には民間のものに頼らさるを可と信し居たり．(16年廃止)[6]例へは一方においては万機公論を主張しつゝ，一方高札により3人以上集り政談するを徒党ととなへ多くは死刑としたる如し．福沢輸吉氏の[論]如きも英国処士横ぎ[議]をすることきき如[何]国にして治安を維ぢうるやを怪めり．惟ふに御誓文は外部の促しでなりたるものにて政治家の衷心の欲求せるものにあらす．外部の圧迫により立憲政は形をとゝのへさる可らさるも，その政治家の実験によりうる政治原則は全く五個条の御誓文の精神に反せるものなり．万機公論を口にするも一度自己がなすにあたりてはこれを行はす．立憲政治を形成するにも憲法に見る如く自己の余りに拘束せらるゝを好ます．実際の政治はその進行するところ全く御誓文の趣意と背馳するにいたれるは当時の内情を知れば又怪むに足らさるものと云ふ可きか，而してこの形骸に止まりし平等の思想はやがて民間中よりその気運を復活し以つて政府と抗争するにいたれり．

五，民間識者の努力

こは二つの方面にあらは〔れ〕たり．著述と新聞雑誌これなり．著述により国民の開発に力めしものは福沢輸[論]吉氏の西洋事情をその最とす．その他「条約十一国記」「西洋旅案内」あり．尚西洋事情は明治1に，英国ぎ[議]事院談，明治2にいでたり(△一)．次は加藤弘之氏なり．その最も影響を与へしは「立憲政体略」(明2)なり．こは西郷，三条氏等，愛読す．その他隣草の著(文久1)〔[鄰]／〕

　　△一　福沢全集序文，翁自伝参照．

〔／〕あり．西洋各国盛衰強弱の一覧表(慶応[3]2)は立憲政体略の先駆なり．「真政大意」(明[3]2)は「立憲政体略」より更に徹底的なり．加藤氏は後侍講となり(大久保利通は明治帝の訓育を政策的立場からも考へ非常に力を入れたり)，ブルンチュリの〔Allgemeines〕Staatsrecht によりて講ぎ[義]せり．その講ぎ[義]出版されしが，国法汎論(明7)なり．その他，立憲政体各国起立史〔各国立憲政体起立史〕，国体

新論(明6)等の著あり．加藤弘之氏は晩年保守主ぎ〔義〕に傾けり(△)．第三は津田真造〔道〕の〔↙〕

　　△彼はもと卑賤の身にて幕府時代には到底立身の見込なかりき．かくて天賦人権の思想彼を動かせるも，やがて維新となり本当の地位となるに及び次第に保守的となり国家新論いづ．大学総長を命ぜらるるにいたれり．この頃その転機なりき．彼が立憲思想に貢献せるは晩年の彼としては却つて本いに非りしなる可し．

〔↗〕奏〔泰〕西国法論．その他，神田孝平：和蘭政誌〔典〕，鈴木唯一：英政如何等なり．

次に新聞のことを述べん(前述)：

　(a)風説書の廃止と海外新聞の翻訳．幕府は幕末西洋知しき〔識〕を得ることに力め風説書(がき)を出せり．尚別段風説書なるものあり．何れも海外事情を和蘭が通知せしものを翻訳せしものなり．やがて和蘭は通信(従来は通商)を許されしかば(△)，蘭は一〔↙〕

　　△抑幕府は交渉国を通信を許されし国と通商を許されし国との二つに分つ．前者は対等の交渉をゆるされおるものにて清韓二国にかぎらる．後者は通商のみをゆるさ〔れ〕し国にて蘭はこれに属す．和蘭は時勢の急なるを見，日本に開国す可く勧言せしも，幕府は通商国の故を以つて該国書をとるはあらず．ここに於いて風説書の形式を以つて海外の事情を知らしむることとし，幕府も漸く之れを便とするに至れり．

〔↗〕には警告のため(△)，風説書を送ることを止めたり．ここに於いて幕府は困惑し，海外新聞の〔↙〕

　　△蘭は日本にしげき〔刺戟〕を与ふるいし〔意思〕にて風説書の送付をやめ〔め〕，自発的に海外事情を知らしめんとするにいたれり．

〔↗〕翻訳を洋学取調所の教授にさせ新聞と名付く可きものを発行せしめしなり．その最初のものはバタビア〔バタビヤ〕新聞(文久2)なり．定期となるには至らさりき．こは海外新聞とも云はれたるも，やがて文久2年秋より正式に海外新聞と改名す．前者は1-23号，後者は1-9号迄あり．海外新聞には別に海外新聞別集あり．南北戦争二冊，日本の使巡行記事一冊，之なり．

　(b)支那新聞の輸入並びにその翻刻

日本新聞が一定の体裁をとるにいたれるは支那新聞の影響なり．而して支那新聞は概ね西洋人，ことに多くは宣教師の作りしものなり．〔　〕記，六合叢談，中外新報等あり．殊に後二者はよくよまれ翻刻せられたり．(送りがな，返り点

を付す)．外に香港新聞，退邇貫珍等あり．以上の新聞は何れも民間には殆んど入らさりしも，やがて民間新聞出現せり．

(c) 海外帰還民の新聞発行

海外帰還民中多小文字あるものが外人の後援の下に発行したり．彦蔵 Joseph Hiko[28] 新聞誌(元治1)はその最初のものなり．彦蔵は漂流民なり(△)．やがて岸田吟香，ヘボンの助けの〔↙〕

<blockquote>
△外に満次郎[29]あり．彦蔵は英□巧なり．満次郎のそれは生硬なる英語なり．彼等の漂流民の消長の人あらはせし，漂宣談倚〔漂巽紀略〕．彦蔵：漂流記等あり．
</blockquote>

〔↗〕下に藻塩草を出せり．こは多く外人の手になれり．尚香港新聞の翻訳行はれき．

(d) 在留外人の新聞発行

最初は外字新聞なりき．ジャパン・ヘラルド〔The〕Japan Herald，ジャパン・ガゼット〔The〕Japan Gazette，ジャパン・タイムズ〔The Japan〕Times 等つついて出てたり(文久三年頃)．やかて慶応3に万国新聞誌なるもの(日人のつくりし万国新聞と混同す可らず)始めていでたり．又ロンドン新聞いてたり．ともに横浜より発行の外国人の手になりし日本字新聞なり．やがて前述の「もしお草」，大阪の「各国新聞誌」等いづ．之等の新聞，最初は収支相□はざりしも，やがて相当に経営しうるにいたり．洋学取調所の教授連，西洋雑誌(翻訳)を最初とし，新聞紙発行の気運生じたり．

(e) 新政府官報発行

従来の高札にては不充分となり，刷物を配布することとなり(村長等に刷に村民等に通知せしむ)その最初は太政官日誌なり．これに指截され日誌数多出来せり．行在所日誌，戸城日誌(鎮台日誌，鎮将府日誌と改名す．更に東京城日誌となり，後太政官日誌と合併せり—東京遷都により)等．(尚金川日誌，市政日誌)あり．所謂日誌とは官報の意なり．これに指截せられ民間新聞勃興せり．

(f) 民間新聞の勃興

イ，中外新聞—民間新聞の初なり．こは始[初]めて外字新聞より集[進]んて自国のニュースにより新聞をつくることをせり．榊川[柳河]春三が主筆にて，最初は筆字にて回覧の体裁なりしが(会訳社30))，(東京新聞と称す)，明2となり中外新聞となり大いに時好にあひてさかんとなり後ニュース全く多くなりし為に中外新聞外論[篇]を出せり．

ロ，遠近新聞—中外新聞に次ぎてき，同一系統の新聞なり．主筆辻理之助[介]．

ハ，江湖新聞—主筆福地源一郎．

ニ，内外新報—大阪よりいでし内外新聞と混同す可らす．

ホ，公和雑報

ヘ，日日新聞—現在の日日新聞とは全然別系統なり．

ト，東西新聞

チ，そよ吹[ふ]く風

リ，此花新書(東京のみにて30種許り)

ヌ，都鄙新聞(京都)

ル，都鄙新報

この外田舎にもあり．半数以上は幕末の戯作者の手になれり．仮名出魯文[垣]はその筆頭なり．その他服部□□[応賀]等あり．彼等は文化史上又啓蒙運動に貢献するところすくなし．

第六章　立憲制度の試行

一，政体書31)

米国の宣言書を模せるものにて突飛なり．尚これにつきては日本憲政史論参照．

二，官吏の公選32)

これ亦突飛なる施政の一例なり．

三，議政府

各藩より優秀なるもの，朝廷よりえらひて召出せるもの，(後者)を徴士と云ひ，前者乃ち各藩より撰択して朝廷に差出せるものを貢士と云ふ．之等のもの，やがて公務人と改称し，更に公ぎ[議]人と改め，やがて集まりて公ぎ[議]所をつくれり．それが更に衆ぎ[集議]院となれり．(△)．されど彼等の意見決定は殆〔↗〕

　　△公ぎ[議]所時代の記録には，ぎ[議]案録[録]，公務所日誌，決ぎ[議]録あり．衆ぎ[集議]院時代の記録には衆ぎ[集議]院日誌あり．

〔↗〕んど採用せられず，政治上の実力は殆んど皆無にて，心あるものは帰国せり．抑々彼等の本拠とするところはやはり故国，その心ある所は故国の子弟にて，東京へは単なる御勤めにていでたるものにて，従つて妻子をみわすれず，その傾向は後々にまであり．西郷隆盛の出廬を促す為，政府の大官連大いに骨折りしごとときもその例なり．

四，明治4の官制改革

廃藩置県の結果，官制は太政大臣の下に正院あり．正院を左右二院よりなり．左院はぎ[議]会の如き立法ぎ[機]関，右院は内閣に相当し行政ぎ[機]関にて，その下に各省あり．官制上左院は右院の上にありと云ふ仕組なりしが，この制度明治18迄続き，やがて又官制を改め天皇の直下に各省大臣をぞく[属]せしめ以つて天皇親政の実をあぐることを期したるも，憲政の発達より見れば却つて改悪にて，前には責任は直接天皇になく太政大臣負ふこととなり居たるも，今や直接天皇政治上の責任をおふ地位におかるることとなれり．

五[33]，結論

要するに明治最初の立憲政はデモクラシーを織り込んだ官僚制 bureaucratic system interwoven by Democracy にすきずす[ぎず]．野間守一，河津祐之[沼](配下に島田三郎，大井憲太郎，中江兆民等あり)等は，さかんに官僚制を改新して真のデモクラシーの実現に努力せり．

第七章　憲政創設の準備

当時の**底流** undercurrent としては憲政は必然のことなるも，**統治階級** governing class は憲政とする気はなく，依然として**貴族政**を続くるつもりなりき．

一，薩長の結束

すくなくとも憲法発布迄は薩長閥続き，国会創設にいたり薩長閥次第におとろへたり（△）．

　　△外山正一　：藩閥の将来……藩閥に忌憚なき批評を加へしはじめ．
　　　福地源一郎：　薩長閥　……藩閥を弁護す．
　　　田口卯吉　：　　〃　　……前論を反駁す．

抑明治政府の[基礎]きそは当時の眼よりは頗る薄弱なる故，異分子をいるる能はず．専ら薩長土肥を以つて政府を構成せり．土肥ははじめより除外され居たり．薩長は非常に暗闘せしも，その勢力均等にて，岩倉公中に立ちて漸く統一しいたり．他派の者は自然引込み，明治政府の〔数文字空白〕立つにつれて薩長だけの[り]こと，他の者は民間に下りて薩長の専制に対抗するにいたれり．

二，旧幕臣

この中には人材豊富なりき．[戊辰]戊申役その他の結果（[箱]函館戦争を終局として），武力による抵抗の不可なることとなり，言論を以つて対抗せんとするにいたれり．旧幕臣中，勝海舟，榎本武揚（△）の如く政府に出でしものあるも，大体は民間に下り，所謂有司専制，官僚専制〔ノ〕．

　　△海軍のことは全く政府知らざりし為，榎本に之を司ることを強要し，やむなく受けたり．

〔ノ〕藩閥専制を明治新政の趣旨に反すとして攻撃せり．之等のもの，立憲政へ向ふき[基礎]そを作りしなり．

三，征韓論

明治の初以来，士族の処分は非常に困難なる社会問題にて，明治政府は大いに苦しめり．一般には帰農して平民となること行はれたり．（必すしも農民となるの謂にあらず，平民となることなり）．之にて体面を繕ふ必要やみしため多小[少]経費の節約できたり．政府は牧豚牧兎を奨廬せしも失敗せり．（牧兎は実用よりも玩弄兎としての養兎なり．政府遂に玩弄兎飼養を□し，従つて牧兎も自然消滅せり）．これには肉食を嫌ふ風習よりためさる可らずと云ふ困難ありき．士族の大部分かくて民間に下り，政府に対する反抗を示したり．国会開設もその一なり．

四，国会開設の請願

副島種臣，後藤象次郎[二]，板垣退助，江藤新平，由利公正，野津〔古沢〕滋等によりなさる．主として土肥の連中なり．抑明治の初めは〔数文字空白〕の政治上の地位は殆んと眼中におかれず，実際において有司専政なりき．かかる事情故，西郷隆盛の叛旗をひるかへしたるも，正当視されるなり．国会開設の運動はかかる雰囲気の中に生れしなり．之に対し加藤弘之等独乙の学者の説をひき反対し，後藤，板垣，馬城台二郎（大井憲太郎）等，英国のミル，スペンサー等の説をひき反対せり．（民選ぎ[議]院集説参照）．されと未だ与論とはならさりき．

△「憲法制定の由来」（穂積八束）には国会開設運動は偶英国帰りの古沢滋等により輸入されし即席の運動なりとときあり．英国輸入の思想なるは明なるも，その縁由するところは即席にあらず．

五，内乱

明治となりて最初の内乱は雲井竜雄の乱(明2)なり．〔明治7年〕の際，大乱期待されしも小乱に止り，ついで国会開設にかかり内乱おこり，やがて政府も国会開設の研究をするにいたれり．元老院専らこれにあたれり．

六，元老院

○日英同盟．

　朝鮮に関する問題は早く明治初頃より日本の政治家の頭をなやます所なりき．朝鮮には日本と協調して独立を保たんとする派と露国に事へんとする事大派とあり．我国の三浦梧楼[34]一味のもの，厳妃を殺害するに及び，俄然事大派勢力を得，全く三浦等の予期に反したり．されと露国，朝鮮に威をはりては帝国の安危に関する故，伊藤等の元老等は山県を大礼式に露国に使としたるときを利し露と協定を成立せしめたるも(△)，〔╱〕

　　△露国は日本を侮り嘲弄的に囲ひしたるも，各国大使等山県の立場に同情し，その仲介にて当局者に辛うじて面会し協定することをえたり．

〔╱〕露はこれを全然り行せず．後東京にて西，ローゼン協約を結びしも，之亦全然露のり行するところとならざりき．しかるに偶英国大使加藤高明，ジョセフ・チェンバレン(△)と会談中，日英同盟に関し賛意を閃かししかば，これを看取せし加藤は本国に通知し，ここにお〔╱〕

　　△当時英国政界におけるチェンバレンの地位は絶大なりき．

〔╱〕いて小村寿太郎は元老がその全く不可能なることを主張するも断じてこれをいれず，英国との間に日英同盟の交渉をすすめたり．されと英国は従来光栄ある孤立 Splendid Isolation をほこりたる国柄とし中々纏らず．その中元老達は無法にも政府をむしし，伊藤公自ら露国に赴き日露協定を結ばんとせり(△)．その協定内容は満州において露国の活動をゆるし，代りに朝鮮を日本の勢〔╱〕

　　△日露同盟は暗に英国を敵とし，日英同盟は暗に露国を敵とす．かかる正反対の行動を政府をむししてなせし元老の横暴は言語に絶す．

〔╱〕力圏内に入らしめんとするなり(△)．しかるに露国は日英同盟の一方にすすめられおるにおそれ急に日露〔╱〕

　　△この協定にして成立したらんが，露国はたとへ革命おこりしと云へ，それ以前に満州を併合し，やがて朝鮮に迫り，東亜の形勢は一変したるなる可し．

〔╱〕同盟に乗気となり来れば，英国も日露接近して同盟なれは英国のアジアに

おける地位下る故おどろきて急に日英同盟成立せり．調印は伊藤を待ちてなす可し，然らされは伊藤の名よ，きづつけらると元老主張せしも，小村は時機を失ふ可らずとして直に調印せり(△)．

　　△日英同盟調印の結果，日本の外交上の地位は一躍せり．之れ外む〔勝〕省関係の者は大いに誇りとし，日英同盟の必要なくなりし後もこれが存続をのぞみしものありし程なり．

抑英国にては**保守党** Conservative と**自由党** Liberal の二党あり．チェンバレンは〔後〕前者に属しいたるも，やがてその政綱に不満を抱き始めたるも，尚英国の習慣上(△)直に〔保守党〕**自由党**に転ずる〔ノ〕

　　△政党所属は恰も国籍の如く，英国民はすべて家庭や一族や周囲の所属する政党員となること殆んと定なり．

〔ノ〕こともできず，遂に独立して Unionist Conservative 党〔自由統一党 The Liberal Unionist Party〕をつくり，後**自由党**〔保守党〕と合してて〔ママ〕 Federal Party of Liberal and Unionist Conservative Parties〔保守統一党 The Conservative and Unionist〕となれり．世には単に**ユニオニスト** Unionist と云ふ．チェンバレンが**保守党**〔自由党〕に不満を感ぜしは英帝国統一問題につきてなり．元来英国王の正式の称号は King of Great Kingdom of great〔Great〕 Britain and Ireland and the Emperor of India and Dominions overseas なり．Emperor は所謂宗主権の所在を示す称号にて英皇帝の下に**南アフリカ**，**カナダ**，**オーストラリア**，**インド**の四つの自治を許さ〔れ〕し国あるなり．（その他の領土は**直轄植民地** Crown Colony なり）．(△)．

　　△Emperor 乃至 Empire はかかる意味に用ふるにて，Kaiser がプロイセン王 King of Prussia なると同時にドイツ皇帝 Emperor of Germany なる所以，又墺帝がハンガリー王 King of Hungary なると同時にオーストリア＝ハンガリー皇帝 Emperor of Austria Hungary なる所以なり．Empire, Reich の使用例も亦同じ．故に革命後の独乙依然として Deutsches Reich と云ひおるも毫も差支なし．吾国は外国との外交文書において Emperor of Japan なる称号を用ひしに，外国の答書は King of Japan とせり．吾国は之れを以つて侮辱なりとして慣れり．後に事情わかりしも改めるにおよはずとてその儘用ふることとなれり．故に日本は King of Siam, King of England に於いて，King を常に皇帝と訳す慣例なり．

之等の**自治領** Dominion 次第に勢力を増するに従ひ，次第に利害関係本国との間に益とほくなり，帝国の統一危ふくなれり．今日の国際法上は勿論之等の**自治領**は独立国にはあらず．外交上の事件に対しては本国と進退を共にす可きはづなれとも，一旦(例へば)戦争起れば之等の**自治領**中立をはかるやも知れず．

国際法上の理論，実際の前に脆くもやぶらるることは実例の屢証明するところなり．大戦においてもオーストラリア，インド等は参戦を危ぶむものありしが，参戦するやその熱たらざるため之れを憂ふるものあり．チェンバレンはこの帝国の統一につき保守党〔自由党〕の政綱に不満にて脱退したるものにて，そのアジアにおける英国の地位の確保せんとする望，日英同盟となりてあらはれたり．この統一の望は帝国主義 Imperialism としてあらはれたり．(尚シーリーの Imperialism)．英国は帝国統一のきそ〔基礎〕をかたくせんとして植民地会議 Colonial Conference をひらきしも，尚更に共通の利害関係を有せしむる必要上 Preferential Tax 特恵関税の制を作らんとせしも，英国は従来自由貿易主ぎ〔義〕なる故之を保ご〔護〕貿易主ぎ〔義〕に改むる要あり．こは一朝一夕になし得ることに非る故，大いにもめおる中に大戦となりこの問題一時やめるも，将来英国解決す可き大問題は依然としてこの帝国統一確保の問題なり．英国において本国が抑々統一困難なるにてイングランドとウェールズ対スコットランド，この三者対アイルランドの複雑なる対立あり(△)．

　　△スコットランドは法律上はイングランドに従属したるも歴史的には物質的精神的に常に南部英国〔北〕の指導者たる地以〔位〕にありき．

加ふるに宗教上の問題あり．the Separation of the Church from the State の問題之なり．こは他国においても完全に解決しおるものはすくなし．アイルランドに自治法 Home Rule を布かんとの考へはグラッドストン之れを有しいたるがアスキスに至り(△)断然これ〔↗〕

　　△アスキスはグラッドストン内閣の蔵相たり．蔵相副総理大臣の資格あることは英国慣例にてロイド＝ジョージはアスキス内閣の蔵相なりき．唯一例外はビーコンスフィールド(ディズレーリ)内閣の外相たりしソールズベリーなり．彼は蔵相になる丈の専門〔門〕的知〔識〕しきなかりしと云ふよりはむしろ外務により熱を有しおりたるため慣例にそむきしなり．

〔↗〕を実行せんとせり．当時上院は(△)保守党 7/8，自由党 1/8 なりしかば彼は敢へて新貴族を製造す〔↗〕

　　△当時は上院改革の声旺んにて改革か廃止か mending or ending と云はれたり．この状況吾国に似る．

〔↗〕可しと威赫して所期の目的を達したり．されどアイルランドの行政区画につき未だ問題あり．アルスターはアイルランド自治国内に入らず．されどその境界附近の状況不明なるなり(△)．

△ナショナリスト Nationalist 最初に活動し[後]□シン・フェイン [Sinn Féin] Sinfien 党活動し政府の武力抑圧により流血をしたり．

アスキスの時の改革にて上院は財政法案に対して下院の要求の如くし，又三度下院を通過せる[議]ぎ案は上院の賛否にかかはらず法律となることとせり(△)．アイルランド問題は後者の方法により解決せられき．アイルランド問題にてもそうなるが，概して英帝国の統〔↙〕

　△尚[議]会改革は社会党の与つて力あり．[1911] 1913・8, 議会法 Parliamentary Act が下院の年期を短くし又歳費を[給]□することとせしは極く最近のことにて，それ以前には選挙法改正案 Reform Bill あり．労働党の発達は極く最近のことにて労働組合は労働党は作る要なし，[自]由党の政治家に任せて可なりとしたり．ロイド＝ジョージが革命的財政策，社会主[義]的財政策と称せられたる大英断をなし社会政策に力を尽す所ありしかば，労働組合は大いに自由党に嘱目する所ありしなり．されどやがて労働党出来し，次第に勢を加へ今日に至れり．ケア・ハーディ，ラムゼイ・マクドナルドは労働党の揺籃時代の活動せし大政治家なり．前者は人物において，後者は学識において夫々特色を有す．各国を通じて社会党(労働党を含む)は逆境にあるときは可成過激なる言辞を弄するも，順境となれば無謀なることをせず．日本の政治家は唯前者の場合のみを見たれば，大いに社会党出現に対し警戒しおるも無理にあらず．概して社会党が[王権]□□無視の態度に出づるは明白なり．

〔↗〕一問題に関しては dicretas et unitas(分割して結合せよ．損してとくをとれ)の主[義]ぎ，さかんにならんとしつつあり．この見地からはカナダの政治組[織]しきは大いに模範的のものと考へらる．

　チェンバレンの特恵関税論は帝国統一をその主要なる目的となすものなるが，之を実行するためには自由貿易を廃し保護貿易をとること先決問題なり．されど伝統的に自由党は保護貿易主[義]ぎに反対なり．彼は十年の間，口に筆に大いに意見を練り，且つ帝国会議 Imperial Conference に之をはかるなどして，扨之を閣[議]ぎにかけしも容[易]いにいれられず．遂に英国政治家の常習により植民大臣の職を辞し全国を行脚し宣伝せんとしたるが，そのことなさるるに先立ちて死せり．この行脚をなせし政治家にはロバーツあり．彼は英国に常備陸軍の設置を死す迄宣伝してまはれり．グラッドストンもこの類に属す．されどチェンバレンの保[護]ご主[義]ぎは主として独乙の活動に脅へし結果なるが，今はこの原因なくなりしかばこの革命的経済政策を実行する必要殆んどなくなれり．尤も独乙に対する恐怖は当時英国のみならず全世界に在せしなり．英国は 1888 より軍備拡張を開始したり．(皇帝 Kaiser の即位後まもなく)．元来独乙は欧州における政治

的舞台の一主〔↙〕

△自由貿易主ぎ〔義〕と保ご〔護〕貿易主ぎ〔義〕はその理論の否可をはなれて各政党の根本的政〔綱〕〔無視〕となりおれり．民衆も盲目的にこれを信じおれば，チェンバレンが自由党の伝統をむしして〔ママ〕れを保ご〔護〕貿易主ぎ〔義〕をとるは，理論上の可否は別とし自由党が政権を失ふか否の問題なり．故に閣僚はこの点より尚早とし消極的に反対せり．

〔↗〕役となりしは，1870・8 [35]，独乙統一以降なり．但ヴィルヘルム1世，ビスマルク（モルトケ一派の軍閥は別として）は最初は消極政策をとり消極政策をとり，積極的に帝国主ぎ〔義〕を主張することをせさりき．こはナポレオン3世の始末に（△）かんがみての政策なり．殊に外交問題〔ママ〕〔ママ〕，〔↙〕

△余りに野心を有せしため方々に手を出し結局没落せり．

〔↗〕殊に外交問題においては極端に消極主ぎ〔義〕をとりきたり（△）．従つて内政においては甚しき専制をなし外に向つても強硬にいでしことあるも，その趣旨の存するところは専ら母国の保ご〔護〕にあり．かくてこの政策は1870迄すすみ，やがてヴィルヘルム2世，1888，帝位（△）につき，〔↙〕

△こは吾国の政治家が内剛〔外〕柔となるに照応す．彼等は国歩艱難の間を吾国を守りたてきたりし経験より我国の実力に確信なきこと，老人の成人せる孫に対するごときなり．

〔↗〕この時より独乙の方針はビスマルク主ぎ〔義〕をはなれてヴィルヘルム2世主ぎ〔義〕にうつりたり．蓋しビスマルクは独乙を非常なる窮乏の中より育てあげしものなる故，常に老婆心つきまとひて決断あることなしえず．されど最早独乙も独立しうる如き立派なる成年に達しおるにいたり．ここに大勢はヴィルヘルム2世を要求し，而してそのヴィルヘルム2世の活動となりしめり．帝は多芸多能にて近代に於ける各国の君主中最も傑出せる君主の一なり．（芸術にも趣味は俗悪なるも相当り解あり〔理〕）．彼は独乙の活動舞台を求めたるも何処も満員なり．しかるに英国の富源は印度に基くものと考へリヒトホーフェン[36]の進言を用ひてメソポタミアを己の手に奪ひ，且つ英国の印度を劫かさんとせり．1888の翌年89年（△），彼は〔↙〕

△即位当時は22,3の幼弱なれば可成ビスマルクにまかせたり．

〔↗〕ビスマルクの反対をおかしてトルコに旅行したり．ビスマルクはこのときも辞表を出せしが，一旦皇帝の言葉に従ひ撤回せるも，90年III，再び辞表を出せり．しかるにビスマルク及び国民の意外とするところには，皇帝はこの辞表をゆるせり（△）．ここにビスマルクは田舎〔↙〕

△こはビスマルクなくも自分にて充分なしうとの意にてビスマルクに対する侮辱なり．

〔↗〕に隠遁し，ベルリン市民は熱狂してこれを送れり．されど昨日のビスマルクは遂に今日にはこれられさるなり．**皇帝**は1898，バグダッド鉄道を敷設せり．従来露国も鉄道を南下し，英国の反対により止めたるも，独乙は敢へてこれをなし，之等のことあつまりて英国の独乙に対する恐怖心たかまりて遂に大戦となれり．（中間を調停するものありしが）．プロイセンの軍制改革はシャルンホルスト等により為され，徴兵制度の魁をなせり．こは仏国革命の際やむをえずしてなせる徴兵制度の効果を見てなせり．最初は頗る遠慮勝なやり方なりき．（我国の徴兵制度の始めと同様△）．各国もはるかにおくれてプロイセンにならへるも，**プロイセン**〔↙〕

　　　△我国の徴兵制度は山県公に負ふところおほし．（彼の唯一のしかして大なる功績）．之には当時士族辺より大反対ありしにて，その初め施行されしときは，きはめて寛大に一家にて1人だせば後はださずともよしと云ふ程のものなりき．

〔↗〕国民一致して徴兵に応せし(△)結果には及ばざりき．而して後には却つて独乙は欧州にとり**脅威** menace と感ぜらるるにいたれり．（仏国に代り）．されど独乙も最初は仏国をおそれ，仏国を孤立にせんとの消極〔↙〕

　　　△却つて政党側に反対ありしも，国民一般には政府に味方し，ビスマルクはいはゆる鉄血演説をなし，ぎ会を無視して軍備をととのへき．

〔↗〕的政策成就のため，ビスマルクの外交上の積極的活動となれり．その著きものが三国同盟，**トリポリ事件**[37]等にして，これがため戦雲欧州に濃厚となれり．加ふるに1900頃より従来陸軍の雄と称せられ居たる独乙海軍拡張はしめ，英国の塁をますにいたり(△)．その武力を〔↙〕

　　　△英国は欧州の二強国の軍力の和を以つて自己の主力の標準となしいたるが，今や独乙擡頭し英国に近付かんとするに及び只管独乙と軍備を競ふにいたれり．

〔↗〕擁して処々にかく乱をすすみたり．モロッコ事件はその一例なり(△)．このときは仏国のデルカッセ〔↙〕

　　　△モロッコは事実上仏領なりしが，独乙は古き証文を理由としてモロッコの解決は列国会ぎによらさる可らずとし，モロッコ擾乱のき会をとらへ仏国を制肘せり．

〔↗〕活躍のために独乙は失敗せり．ここにおいて独乙は十分欧州の外交舞台の一花形なりしも，これを**支持** support するものはオーストリア丈なり．（三国同

盟の**イタリア**する〔ら〕支持せず）と云ふことわかれり．ここにおいて欧州は明に二派の対立となれり．英仏露(△)対三国同盟，之なり．

　△英仏協商，露仏協商等にて連結す．

而して後者中**イタリア**は旗色明ならさるため，独墺は英仏露伊の主力の合計に匹敵するごとき武力をえんとし，一方英仏露方は独墺伊三国武力に〔匹〕敵する武力をつくらんとして，ここに軍備拡張の競争はしまり，加ふるに**スパイ** spy 処々に活躍し，欧州人心益険悪となれり．

憲法制定者としての伊藤公の教養[38]

　伊藤公は初め大久保の下にありしが，明治政治史を通じて常に活躍せり．而して伊藤公が如何に吾国体を見たるか考へたるか．こは憲法制定の歴史を知る上の先決問題にして甚だそは重要なり．この意見たるや，彼が岩倉公に伴つて外遊の途上において何らか之に関し意見をのべたることなきや，尚材料研究の余地あり．吾人は今知るところは，公が吾国立憲政体は欧米のそれと同じきをえずと云へることのみを知る．（尚久米邦武：欧米回覧記〔米欧回覧実記〕，福地源一郎氏の日記）．想ふに伊藤公は相当に**自由主義的**なる考を有しいたる如きも，当時の日本人の教養の程度と統一尚日浅き事実とは，到底外国の如き**自由主義的**なる政治組しき〔織〕をとるを許さず．寧ろ過度〔渡〕的のものとして専制的なるを可とすとの意見を抱きおりしものの如し(△)．

　　△岩倉公の如き専制一点張りにはあらさるも，民間に行はれし**自由主義的**の思想には**実践的** practical な見地よりその採用を可成ひかへたるものの如し．

この元来の考へに加ふるに，当時の変躁跪激の自由民権の思想の如き，到底これを参酌す可らずとせり．明治14年の政変の伊藤公の態度はこの観察を裏書するものの如し(△)．又〔✓〕

　　△福沢諭吉〔諭〕：明治十四年の記(未発表)

〔✓〕固より大勢上憲法の制定は止むをえさる可し．しかれともこれを作成するにあたりては民論に徴す可らず(△)．政府自らの考にてこれをつくる可しと考へ，且つ公はこの際単独に憲法草案を作る可き内命を天皇より得たり．当時の現実たるや，有司専制の弊は深くして大なり．その私利を行ふもの稀〔✓〕

△当時の民権思想によれば欽定憲法の如きは到底とる可らずとし，憲法を解するに全く国
　　家と人民の約束に外ならず，又主権は天皇専有するところにあらず，人民共にこれを有
　　するものなり（もとより当時の主権と云ふ観念は今日のとはことなり国を動す実際の権
　　威の意に解せり，而してこれを法律に云ふ主権とも混同して論ぜり）とせり．

〔ア〕なりとせず．加ふるに他方これが反動たる民間の自由思想たる極端に奔り
て，軽挙妄動いたるところにあらはるる実状なり．（首領これがために苦しむ．乃
ち末流の行為につき．こは末広氏政治小説にあらはれおれり[39]）．かかる現実をみた
る伊藤公は元来の個有の上述の考へと相炎して，公の見識と経験は到底英国の
如き憲法を吾国に布くの不可能なるを覚えしめたるなり．かくて英米憲法を机
上より遠けて自ら独り案をつくり，その成るに及び外国に赴きて当路の意見を
求めたり．しかれとも英米にありては酷評せられ（ダイシー，ブライス），独乙
にいたるに及び初めて激賞せられたり．シュタイン，グナイスト，これなり．
元来英米の国民にありてはその国民間に統一的生活あり．その政朝の変あるも
その生活にはゆるきなく，而してその統一，一貫せる国民生活の経験よりしぼ
り出されたるものが乃ちかの国における法なり．ここにその法は社会性をおぶ
るにいたる．反之独乙にありては年来小邦分立して覇をあらそひ，各個の国内
には各統一生活の存するありと雖も，ゲルマン German 民族として独乙国民と
しての統一生活の存するものなし．かくて独乙政府当局は18世紀中葉より深
くこの統一的国民生活の建設に力むるところあり．しかしてかかる事情にある
国にては，一朝形式に於いて統一せらるるや，そこには国民の生活経験より生
める法律は存するものなく，ここに全く従来無関係なる抽象的なる生活と没交
渉なる原則をつくり上げてその遵奉を国民に強ひ，以つて新らしき統一関係を
創造せんとす．この場合この新らしき統一体を規律する法には何らの社会性の
存するの理もとよりなきなり．（この点吾国の当時と独乙と似たり）．（各自自由に放
ちせは統一てきず）．かくて議会をつくるも（ビスマルクの不信任決きむし），これ
に重きをおかず政府は超然として人民に望むこととなる．乃ち吾国も亦ここに
おいて**内閣制度** Cabinet system を不可とし，独乙の如き専制的形式をとり入
れたり．乃ち合き体としての天皇の下に存せし太政官制（こは英国の内閣に近し）
を廃せるは，天皇に実権を返上せるをいみす．これに代りて作れる内閣官制は
ぎ会開設に相対する準備にあらず．責任内閣組しきの第一歩にあらず．専制主
ぎ建設への一歩にすぎざりしなり．このことは憲法にあらはれ，現に吾憲法の

表面解釈よりせば，吾国の政体は下記の(A)にあらずして(B)なり[ママ][40]．かくて天皇親政の実をあげ，以つて議会の不平を防斥せんと企てしなり．これ公の考へに外ならさりき．しかるに吾憲政は最初の考とは全くことなれる方向に発展せしかは，ここに今日の憲法解釈の困難あり．又吾国の議会の細則は英国の模倣そのものなるも，その権限を狭めたるは独乙の**ビスマルク**の憲法のそれに相似たり．要之当時の日本〔↙〕

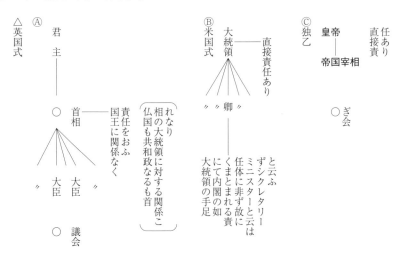

〔↗〕の政界の現実より見てかかる専制的形式は当然よかりしものと思はる．しかしてかかる現実をしてかかる形式の立案者たりし伊藤公の案が偶々国情を同じうせる独乙のそれと一致して独人の激賞をかへるは，翻つて懐が伊藤公の実際政治家としての偉大をあらはせるものに外ならず．

　　△公の門下にて後欧州に遊べるものはシュタイン以下に学び，従って憲法運用も亦之等より学ぶところ多し．憲法の学理は専らモッセ，実際の説明はグナイストとなし，その筆記□は手許に送られたり．（この筆記案は後星亨の知るところとなり，西哲夢物語―又他にモッセ答申案の名にて出たるものあり―の名の下に秘社版となし，公攻撃の材料とせり．その内容をこれにより見るに議会なきを可とすと云ふ如き，又議会は人民騒ぐ故止むをえずおくもの故その権限は可及的に狭きを可とす，英国の如く権力大なるは不可なりとし，而して議会をしかく無力にする方策如何，そはき会をおく前先自治制をひき，その職員を名よ職とし酷使し，以つて先人民に代議員の名よなるも，なることを欲せさる風を馴致せしむ可きを可なりとす．しかれともこの状態をなかくつつけしが，こは国民を欺くこととなる故，他方教育，宗教をおこし深く人心の健全なる発達をはかり，以つて後ぎ会の徐々に発達するに至らしむるを可とすと．（この教たるや親切なるも，議

会の否[認]をとくごとき，伊藤公はこの精神にて憲法を作れりとして攻撃する好材料を与へたるものにて，星，板垣等は愈これを攻撃の用に用ひたり）．

しかれとも上述の如く，かかる憲法制定は当時の形勢に徴すれるとき止むをえさるにいでしものにて，公が洋行をなし又英米の憲法論さかんなる時勢にあつてすすんでかかる草案を立てたること，むしろ公の実際政治家としての大を物語るものと云はさる可らず．但しこれより明なることくこの統一憲法たる当時の事情より止むをえさるにいてたるが故に，時勢の一変せる今日の憲法批評は又これと全くことなることを要求するなり．

尚公は憲法制定前，種々の法律を発布せり．憲法第二章は世に之を「国民権利の担保」と称すと雖も，憲法はかく一方には法律にあらずして自由権をおかすことなしとするとともに，他方憲法前に法律の名あるものはすべて本法に云ふ法律なりと定む．かくて自由権は事実上憲法前の所謂法律により多くの制限をうけさる可らさるなり．この事実も公の予め企画せるところにして乃ち民間の常軌を逸せる当時の行動に企画の動きを有するものにて，公自身は初め**自由主義的** liberal なる考へを有し，かかる権利制限等を加ふるの意なかりき．しかれとも条約改正そ〔の〕他にあたりて当時の民間の形勢は公をしてここにいづるの必要を感ぜしめたるなり．たとへは結社の自由の如きこれを抑ふるの要あり．このために多くの法律が憲法制定前に発布せられしなり．要之その所謂「法律」たるや当時の事情のやむ可らさるにいでしものにて，その運用も亦細心の注[意]を要するものなるにかかはらず，その濫用の弊を抱けるは政治の現実上当然にて，その濫用の弊を生ずるにいたりしことについては，その立法者たる公も亦その責任の一半を負ふ可きものなる可し．

伊藤公の憲法制定の事情叙上の如し．かかる事情の下に生れし憲法が如何に運用されしかは想像しう可し．されと実際の歴史の遷移は[憲]法の運用を漸次英国式ならしめ，乃ちここに**原則** principle と**実践** practice 相反し，憲法解釈の困難を惹起するにいたれり．而して吾人はこの困難より生せる問題については充分に叙の事実の組織に立ち，局面展開をはからざる可らず．

△穂積八束氏の如きあくまで吾法をB式の主[義]にて統一的解釈をなさんとせり．

尚明治12，大隈公の起草せる憲法草案は福沢氏の系統の交詢社同人のつくれる私擬憲法これなり[41]．他に明治9，元老院草案あり．共に英国主[義]なり．

これにより当時の英国思想の旺なりしを知る可し．かくて当時政府はかかる過激なる民論に対し保守的態度にて，反動党の福地源一郎等によりつくられ，氏の関係せる東京日々はこの方面へ民心を誘導せんとせるものなり．尚伊藤公の草案は今日の憲法より稍更に専制的なりき．草案の祥細は当時の秘密まもられ正確に知るをえさるも秘密出版関きあり．

○条約改正

陸奥宗光がこれに成功するまで効力ありしは安政五の条約(1858)なり．この条約は14年期限にて明15〔1872(明治5)年〕に満きとなり，ここに条約改正の議おこれり．抑々嘉永6(1853)，ペリー来り，安政元，再来して条約締結を主張して止まず．ここにやむなく神奈川条約を締結せり(和親条約)．当時吾国にては先和親を約し後通商条約をむすぶ．而してこのときは和親条約をむすべるにて，この中に通商条約をむすぶ可きを約せるを以つて，安政5，ハリス，下田に折衝して，6月，通商条約をむすび，次いで9月には仏国，7月には英国，和蘭，プロシア〔ロシア〕，これに倣ひ九ヶ国条約これなり．この最初の条約たる米国との条約において使節たるハリスは商人なり．こは政治家をよこさず日本と親しくするため彼の如きものを反つてえらべるなり．従つて彼は親切なる態度を以つて我に臨みたり．そは関税2割支払を約せるにその一端を見る可く，又治外法権の要求も亦当時日本の事情より止むをえずとして要求せるとともに，他面その早き撤廃を希望し又これが決して日本に利ならさることを告げたるが如きに又その一端を察す可く，総じて権謀大くなかりき．かく治外法権(税権の独立失はる)存在するにいたり，加ふる〔╱〕

　△この20％の関税も後文久2(又は3)には5％に減ずるにいたれり．この減額は同時の志士乱行の賠償に外ならず．又安政五条約締結により攘夷与論に反して行はれたるを理由として与論払騰し，ここに幕府がその約せる兵庫開港の延期を志士乱行のおそれありとして延きを求めたる交換条件ともなれり42)．

〔╱〕に上述の理により税権の独立失はれたるに，明治に入るに及び外国の形勢を知るにともなひ，この条約の届辱的なるを知るにいたり．明治5，期限満了を期として失はれたる法権税権を恢復せんとし，明4頃より準備をはしめたるもその一朝になしえさるを知り，明5，岩倉公を派し先欧米にて予備相談をな

さしめたり．このときこは米国にてならんとせるも，欧州反対せしかは結局何等目的を達せず．而してこの漫遊により外よりも先国内を治めざる可らざるを痛感して帰国するや，国内は時正に征韓論さかんなりしかば，敢然これに大反対をなせり．かくて次いで内乱勃発を見，かくて条約改正を問題とする意なく西南役すみ，明治14[15]に及びて東京にて改正の議おこる．この交渉にて先承知せるは英国にて，当じ[時]英国は商業上の利己的立場より反対せる故困難にて，民間は外国の横暴を知り，当時おこれる自由民権の運動は自由を侵害する政府を攻撃するとともに亦この屈辱条約を改正しさることを政府攻撃の具とせり．政府はこれに苦みし．明17,8,憲法近く発布さるるにあたり議又おこり，井上候[侯]欧化主ぎ[義]によりその目的を達せんとしてならず．次いで大隈公たてるも議論の外剛なるも外柔なるを外国新聞によりききつたへしかば，ここに大隈公遭難のことあり．やがて憲法布き議会ひらけしも，議会は紛糾をかさねてとけず．日清役おこりこれに勝つや，やうやく実力みとめら〔れ〕条約改正ここになれり．

　ここにいたるまで民権，自由民権とともに，この条約改正の声は民間に大にして，政府は後者につきては同感なるもそれをなすには国内の秩序を立つる要あり．しかるに民間にてこの事容いに行はれず[易]．故に伊藤公はこの点より予め民衆の自由を抑ふることにつとめたり．かくて憲法制定前に自由拘束を内容とする前述の所謂「法律」をつくり，議会ひらかるるも衆き[議]院は別として貴族院にてこれが改正をおさへうとなせり．しかるに初より下院，政府に反対してしかく操従[縦]しやすからさりき．

　尚その後の政治事情の変遷を附加的に略言せん．山県公のあとをつぎて松方内閣となるや，総選挙の際，内相品川弥次郎及次官白根の選挙大干渉あり[二]．(明24〔1892(明治25)年〕)．財政にも大失態を演じて御手元金にて瀰縫[補]するの醜を演じたり．しかしてその選挙の結果は尚反対党多し．ここに政府は到底圧迫の不可能なるをしり，かくて金の力を圧迫よりも有効なりとし，ここに議会買収の端ひらかけれたり．しかして北清事変にて政府税金の余裕をえ，ここに帳ぼ[簿]にのらさる金陸軍の手よりうるに及び，軍閥，政界に力を振ふにいたれり．しかして原敬に及び軍閥の力をからずして財源をえんとしそれに成功し，これにより軍閥は一時屛息せるも，その新らしき財源を実業界に求むるに及び更に

これより生ずる新らしき弊害はここに政界紊乱を大ならしめたり．元来明治30より政党の力漸次生じ星亨これにつくし，そは買収に手段を求めたるにて，その結果，政界腐敗をおこ〔ママ〕れせるとともに勢力を結束し藩閥に対抗せる功は他方に認めさる可らず．しかして政党の勢力を無視しえさるにいたり伊藤公は政友会をつくり西園寺公これをつぎ，かくて藩閥の地位に対抗せるに進んで自ら政権をとるにいたれり．（明20頃民論過激なりしかは，藩閥はこれをおそれ，〔議〕ぎ会何をするか分らずとし，皇室財産の如きこのとき生したり．）かく民衆政党をつくり力をうるに及び当時の権力階級たる藩閥は自己の手に予め一部の権力をのこさんとせり．これが山県公を中心とする一部政治家が枢密院を固めたる所以なり．又日本は国防大切なる故国防のことは政党の手よりはなさんとし，国防につきては政治家の手をふれえ〔触れ得ざる〕され制度をつくり，ここに軍閥の擡頭を招きたり．かくて吾国の政治の権力を握るものはその権力のはんゐ〔範囲〕に制限あり．故にこの隠然たる勢力の前に届〔屈〕す可く国民の要求によらず先枢府に行きて内意をえて政策をさだむ．これ合き制にて政党を運用しえさる理由なり．〔議〕

△政党が力をえて藩閥をおさへ内閣をつくるにいたれるは，明治3,40年頃，西園寺，桂の連立の頃なり．
△ Ogg:〔The〕Government〔Governments〕of Europe

注

1913年度講義録──矢内原忠雄ノート

(1) ここからが矢内原忠雄ノートの一冊目の記述内容である．表紙には「吉野学士　政治史　大正二年秋　政一　矢内原　I」と書かれている．原本ノートでは，冒頭の2頁分に「政治史参考書」が記された後に，次の頁から「第一節　現代政治的進化の概観」と題する講義本体の記述が始まっている．

(2) 文化闘争とは一般にドイツ帝国およびプロイセンにおいて1871年から87年まで続いた，一連のカトリック規制策及びそれに対するカトリック勢力の対抗闘争をいう．講義録注記にある「五月命令」は，1873年にプロイセンで制定された「五月諸法」を指すと思われる．この五月諸法では，聖職者の資格・任命手続きにおいて国家の関与を強化する規定が定められた．

(3) 非国教会系勢力に著しく不利な教育制度改革である1902年のバルフォア教育法に対して，非国教徒は反対闘争を展開した．この運動はウェールズにおいてもっとも盛り上がった．

(4) アイルランドではその多数を占めるカトリック教徒が，参政権や財産権をはじめとする諸権利を制限されていた．カトリック教徒は解放を求めて運動を展開したが，それは次第にナショナリズムと結びつき，自治要求へと発展した．

(5) イギリスの第一次・第二次選挙法改正を指す．1832年の第一次選挙法改正では中産階級に広く選挙権が与えられ，選挙区割りの不平等が一部改善された．1866-67年の第二次選挙法改正では，選挙権を拡張するとともに，都市選挙区に著しく不利となっていた選挙区割りの不平等が是正された．

(6) 普墺戦争をきっかけとして1867年に成立した北ドイツ連邦の制度を指す．この連邦憲法は若干の変更を経て1871年のドイツ帝国憲法となった．

(7) 原本ノートでは，「多数の勢力」と当初書いた記述に修正を加え，「多少党の勢力」と直した上で，右側の欄外に「？」と記されている．

(8) 原本ノートでは，この左側の欄外に「？」と記されている．

(9) この講義ののち，クレマンソー政権期の1919年に妥協が成立し，フランスにおいて比例代表制が導入された．

(10) 上院がアイルランド自治法案に反対していたため．

(11) 保守党は「カールトン・クラブ」を事実上党本部として機能させていた．バルフ

ォアの自由党政権に対する譲歩決定に対して非妥協派がホルズベリー・クラブを結成したのは，党内反対派としての立場を明確にする意図があった．
(12) 原本ノートでは，この右側欄外に「？」と記されている．
(13) 原本ノートでは，カンパネッラの名前を右頁で紹介する際に「Tomass Campanella」と記されている．
(14) 兄ティベリウス，弟ガイウスともに共和政末期に護民官として改革を試み，元老院と対立した．
(15) 『平等のための陰謀』(Conspiration pour l'Égalite, dite de Babeuf, 全2巻)を指していると推察される．
(16) サンシモンの門弟が作った組織の位階である「幹部会(コレージュ)」「使徒」を指すか．
(17) 作曲家のフェリシアン・ダヴィッドはサンシモン主義者であり，サンシモン主義運動のための楽曲提供も行っていた．
(18) 5月15日のパリ民衆によるデモンストレーションを指す．市庁舎で反乱政府の樹立が宣言され，その閣僚の中にルイ・ブランも含まれていた．市庁舎はすぐに国民衛兵によって再占拠され，この試みは失敗した．
(19) 原本ノートでは，この書きこみは本書44頁の末尾のあたりに配置されているが，意味を考慮して移動させた．
(20) 原本ノートでは，この左側欄外に「1865」と記されている．
(21) ここから，原本ノート第二冊目の記述となる．第二冊目の表紙には，「吉野学士　政治史　二　矢内原」と記されている．
(22) 「賃金の鉄則」についてラサールの評した言葉．
(23) ドイツ帝国の成立は1871年であり，その基礎となった北ドイツ連邦の成立までさかのぼっても1867年である．後の記述を参照するに，「1862」とは，1862年4月12日のベルリン・オラニエンブルクでのラサール演説のことか．そこでは，1848年のドイツ革命以来，第四階級(労働者階級)が台頭して来たと論じられ，直接普通選挙も提唱された．「独乙帝国成立以来」とあるのはドイツ帝国成立以来，議会に労働者の代表を得ていると書きたかったのではないか．いずれにせよ，確定はできない．
(24) 原本ノートには，ここに以下の図が記されている．

　　　　　　　　　　　　　　　。イエナ
　　　　　　　。
　　　　アイゼナハ
　　　　　　　　　　　　　　　　。

(25) 帝政ドイツの政党のひとつ．1878 年の発足当初はキリスト教思想と社会思想とを結びつけた政策を主張した．しかし次第にその社会的主張は後背に退き，小市民層を対象とした政策と反ユダヤ主義とを前面に出すようになった．選挙での支持はほとんど獲得しえず，第一次世界大戦後にドイツ国家人民党に吸収された．

(26) 1884 年にブラウンシュヴァイク公ヴィルヘルムが死去し，連邦参議院でブラウンシュヴァイク公国の継承権者が不在と決議され，翌年以来プロイセン王子アルブレヒトがブラウンシュヴァイク公国の摂政となっていた．アルブレヒトとその後継者が死去したのち，1913 年にハノーファー家（ブラウンシュヴァイク家）のエルンスト・アウグストがプロイセン王女ルイーゼと結婚し，ブラウンシュヴァイク公となった．かくしてブラウンシュヴァイク公位がハノーファー家に回復されたものの，講義録での予想とは異なり，ヴェルフ党は分権を要求する党として存続することになる．

(27) orthodox の和訳は，本文中に「国家主義を高唱」（本書 71 頁）とあるのに従った．

(28) 共和主義化については，エルフルト綱領そのものには記載されていない．

(29) 予算の協賛の禁止についても，エルフルト綱領そのものへの記載はない．

(30) パリ・コミューンともよばれる，普仏戦争後のパリを中心とした社会主義者・急進的共和主義者による蜂起．フランス国民からの支持は低く，第三共和制政府による弾圧もあり，ごく短期間で鎮圧された．その後しばらく社会主義者の活動は停滞する．

(31) 1880 年にゲードはいわゆる最小限綱領を起草し，平和的・革命的手段による権力奪取と，生産手段のプロレタリアートへの帰属とを掲げた．

(32) 原本ノートでは，この左側欄外に「？」と記されている．

(33) ドレフュス事件当時の内閣は共和主義的でありながら，一方ではカトリックに寛容で，他方では左翼勢力に対決的な政権であった（プログレシスト）．この政権は，左右のイデオロギー対立を激化させたドレフュス事件を収拾することができずに崩壊した．後継のワルデック＝ルソー内閣は明確に左派的な方針を掲げ（「共和国防衛」内閣），社会主義者ミルランも閣僚として迎え入れられることになった．

(34) 講義録内では「合同社会党」とあるが現在では統一社会党と訳されることが多い．

(35) ちなみに，原本ノートの一冊目の巻末には，バルトゥ内閣の崩壊が確実になった 1913 年 12 月 8 日に記されたと推察される以下のような追記が存在する．

 仏国内閣更迭　　　（12 月 8 日）
  ブリアン　　　今年 1 月半より約 2 ヶ月．選挙案改正の為め斃る．
  バルトゥ
  リボ　　　此度内閣を組織す．
   ポアンカレが大統領に選挙されしとき，彼と競争せしはパンといふ人なり．パン

は南方の富豪，弁護士．

ポアンカレが大統領になりたる故首相の職を辞し**ブリアン**が首相となれり．ブリアンは社会党員なり．これより前に社会党員にして大臣となりしは**ミルラン**といふ人なり．ブリアンは以前内閣組織し居れる時，比例選挙案を提出せり．此度も亦その案を提出せしに上院にて否決され，為に辞職す．仏国にては人物上院にあつまれり．

ブリアン内閣の司法大臣たりし**バルトゥ**が新に首相となる．労働者年金，人口増殖，国防充実（対独乙）等の為，財政困難となり．10億〔フラン〕法の公債を募りその利息を免ぜんとせし案が下院にて否決されしなり．内閣をたをせしは**カイヨー**等ポアンカレに反対せるものなり．

(36) 1838年から1858年にかけてのイギリスの議会改革運動．1838年に6条からなる人民憲章を採択した．運動そのものは次第に急進化し分裂して勢力を失うが，その要求の多くは，20世紀初頭までのイギリス議会改革に反映された．

(37) 単一土地課税論ともいう．この議論が1880年代のイギリスで受容された背景には，穀物輸入増による穀物価格下落と大土地所有制のもとでの高い地代との板挟みになった借地農の政治問題化があった．

(38) 被選挙権の財産制限を撤廃することを指す．

(39) Fellowship of the New Life（新生活団体，新生活連盟，新生活友愛会等，名称は定まっていない）のことであろう．1883年10月にディヴィドソン等とウェッブ等が結成し，翌84年1月にはウェッブ等が離脱してフェビアン協会を創設している．

(40) 1910年総選挙後の議席獲得数は，多い方から順に自由党，保守党，アイルランド議会党，労働党であった．

(41) 1911年8月に鉄道従業員組合のストライキが生じた．政府は軍隊を出動させたが鎮静化させることができず，多くの死傷者が出た．

(42) 1905年から1914年までキャンベル＝バナマン政権及びアスキス政権の地方行政庁長官．1914年にアスキス政権の商務大臣を務めた．

(43) シュルツェ＝デーリチュはドイツの政治家，社会改良家．協同組合（講義録では自助的組合）論を展開した．

(44) アシャッフェンブルク Aschaffenburg とライヒェンベルク Reichenberg の組み合わせならばバイエルン州のウンターフランケン，アシュ Asch とライヒェンベルク Reichenberg ならばチェコ北方にある．さしあたりここでは，後者を採ることにする．

(45) 反体制的な書籍の行商の解禁を指す．

(46) ロシア皇帝アレクサンドル2世を暗殺したのはナロードニキに属するグリネビッキーである．ザスーリッチはメンシェビキの指導者の一人で，1878年にペテルブルク総督トレポフの暗殺を試みた．

(47) 原本ノートでは，本記述の右側欄外に「有名」と記されている．
(48) オーストリアの1896年選挙法改正で，既存の四つのクーリエ(選挙法上の等級)に，男子普通選挙に基づく第五クーリエが加えられた．
(49) オーストリアの1907年選挙法改正ではクーリエ制が廃止され，例外をのぞいて小選挙区制・男子普通・平等・秘密・直接選挙が導入された．
(50) kaiserlich und königlich の略で，「帝国および君主国の」を意味する．オーストリア帝国の皇帝と聖イシュトヴァンのハンガリー君主国の君主とを同一人物が担う同君連合であることを指し，二重帝国の政府機関に冠せられる形容詞である．
(51) kaiserlich-königlich の略．「帝国兼君主国の」を指す．オーストリア帝国とボヘミア王国の，という意味で，オーストリアの政府機関に冠せられる形容詞である．
(52) ライヒ戦争大臣 Reichskriegsminister は1911年に帝国・君主国戦争大臣 k. u. k. Kriegsminister に改称された．
(53) ちなみに，原本ノート一冊目の巻末には，オーストリア皇太子問題について，以下のような追記がある．

オーストリア皇太子問題

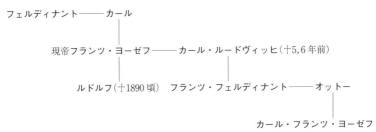

墺の皇室典範にては皇位継承者はその父母が ebenbürtig なるを要す．(同等の出生) フランツ・フェルディナントはその**夫人** Frau が伯爵の女なる故，その子は皇帝となる資格なし．故にフランツ・フェルディナントの次に皇帝となるべき人を求めて**カール・フランツ・ヨーゼフ**と定めたり．此の度の問題は**フランツ・フェルディナント**(現皇太子)を除きて直に**カール・フランツ・ヨーゼフ**を皇太子にせんとするものなり．フランツ・フェルディナントは独乙の**皇帝** Kaiser の如き人傑なり．

なお，原本ノートには「墺地利の新皇太子」と題する新聞の切り抜きが添付されているが，本書では割愛した．
(54) キリスト教社会党は1893年に成立した大衆政党．党首カール・ルエーガーは反自由主義・反ユダヤ主義的な言説で人々を動員した．

(55) 選挙権が拡大するにつれて，自由主義勢力からチェコ人議員が分立し，青年チェコ党を形成した．青年チェコ党は普通選挙を求め，また急進的なチェコ・ナショナリズムを掲げた．
(56) オーストリア＝ハンガリー二重帝国内のウクライナ人を指す．
(57) 原本ノート上に「P. 79」と記されているが，これは矢内原自身が原本ノートの右上部分に付した通し番号の 79 頁を指しており，本書では 107 頁の叙述に該当する．オーストリア＝ハンガリー君主国を構成する 17 の諸王国および諸邦の名前については，以前の記述を参照せよ，との指示であろう．
(58) 原本ノートではここに「第 2 学期」と記して，オーストリアの記述を終えている．
(59) 講義録の見出しに沿えば，「第五」でなく「戊」となるべき個所に当たる．
(60) ベルギーでは各地の社会主義政治団体が合流して 1879 年にベルギー社会主義労働者党が，1885 年には全国の労働者組織を糾合してベルギー労働者党が成立した．
(61) ベルギーは君主国であり，共和主義万歳を唱えれば体制に反することになる．
(62) キリスト教民主主義の略．ベルギーのカトリック政党（ノートでは保守党）とは別に労働者の一部が選挙に参加していた．
(63) ベルギーでは自由主義勢力とカトリック勢力との間でカトリック私立学校の是非および教育における国家の権限をめぐる対立が存在した．1884 年に公立学校とカトリックの私立学校とが併存することで決着を見たが，なお両者の対立は続いていた．
(64) 1911 年にベルギー労働者党によって設立された労働者教育センター Centrale d'Education Ouvrière を指すと思われる．
(65) ここまでが，原本ノート第二冊目の記述である．これ以後は，原本ノート第三冊目の記述となる．第三冊目の表紙には，「政治史　三　矢内原」と記されている．
(66) 1909 年 3 月のストライキを指すと思われる．

1915 年度講義録——赤松克麿ノート

(1) ここから，表紙に「政治史 (A)　吉野教授」と記された原本ノートの記述である．最初の頁はこの 2 行の記述のみで終わり，講義の参考書を意味するようである．
(2) 大公以上の君主が自ら参加したのは，講義録に記されたように八ヶ国である．このうち，Württemberg（王）を書き損じ，Hessen（選帝侯）を書き落としたと考えておく．
(3) 当時のイタリア半島はサルディニア王国，ロンバルド＝ヴェネト王国，教皇国家，両シチリア王国といった諸国家から構成されていた．1861 年にイタリア王国が統一，独立したのちも，国外のイタリア人居住地域，いわゆる「未回収のイタリア」をめぐって領土問題が生じた．

(4) 19世紀初頭，ラテンアメリカ諸国の独立を受けて，神聖同盟諸国に再征服を試みる動きが生じた．これに対して，合衆国大統領モンローは1823年の大統領教書，いわゆるモンロー宣言を公表しヨーロッパとアメリカとの相互不干渉を唱えた．
(5) ドイツ帝国は君主政の下，22邦国と3自由市によって構成された．各邦国は対外的な主権を帝国に与える一方で，内政については高い自立性を維持していた．
(6) リガは現在のラトビアの首都．当時はロシア領であった．
(7) 1813年10月にプロイセン，オーストリア，ロシアの同盟軍がナポレオンを破った戦い．
(8) デンマーク戦争ののち，プロイセン・オーストリア間で結ばれたガスタイン条約で分割統治方式を採用し，シュレスヴィヒをプロイセンが，ホルシュタインをオーストリアがそれぞれ統治することとなった．普墺戦争の契機は1866年1月にホルシュタインで行われた分割統治反対派の集会について，開催を許可したオーストリア当局がガスタイン条約に違反しているとプロイセンが主張したことにあった．
(9) 北ドイツ連邦は単なる国家連合にとどまらず，連邦主席，連邦宰相，連邦国会といった機関が備えられ，より統一的な国家体として規定された．
(10) 普仏戦争(1870-71)を指す．
(11) ツィタ・フォン・ブルボン＝パルマを指すか．当時オーストリア帝位継承者であったカール大公の妃であった．特に「同等の身分にある」と強調しているのは，カールと同じく帝位継承権を持つフランツ・フェルディナント大公がゾフィー・ホテクと結婚する際，身分違いであることが問題にされ，それとの対比でツィタの身分がカールと同等であることが喧伝されたためと思われる．なお，パルマ公位はルイーザの死後ブルボン＝パルマ家に継承され，ルイーザとツィタの間に近い姻戚関係はない．1913年度講義録の注(53)も参照．
(12) イギリス・フランス・トルコとロシアとの間の戦争(1853-56)．前者が勝利した．
(13) 普墺戦争でイタリア軍はオーストリア軍と戦い，個別の戦闘では劣勢にあった．戦後，ウィーン条約でオーストリアからイタリアにヴェネト地方が割譲された．
(14) 原本ノートの左頁には，以下のような家系図が記されている．

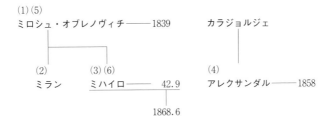

(15) 原本ノートの左頁には，以下のような系図が記されている．

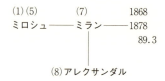

(16) サン・ステファノ条約でセルビア，モンテネグロ，ルーマニアがオスマントルコから独立した．ロシアの南下政策を抑制するため，イギリス，オーストリア＝ハンガリーがこれに介入し，ビスマルクが議長となってベルリン会議が開催された．会議の結果，締結されたベルリン条約では三国の独立が承認されるとともに，ロシアがベッサラビアと小アジアの一部を，イギリスがキプロス島を，オーストリアがボスニア・ヘルツェゴヴィナを獲得した．

(17) 1821年3月のエトリア蜂起を指すであろう．秘密結社フィリキ・エテリアの長イプシランディスがバルカンの解放を主張して，駐留していたロシア領内からモルドバ，ワラキアに侵攻した．しかし，想定されていたほど多くの賛同者が得られず，8月にはオスマン軍に鎮圧された．

(18) 前出のサン・ステファノ条約による．1915年度講義録の注(16)参照．

(19) 第一次バルカン戦争(1912-13)と第二次バルカン戦争(1913)を併せて記述している．以下の「講和」は，第二次バルカン戦争後のブカレスト条約を指す．

(20) クレタ島は1913年にギリシアに併合された．

(21) どの条約を指すかは文脈から必ずしも明確ではない．次段落冒頭の「19世紀の始め」以前とすれば，可能性のひとつは，露土戦争(1768-74)の講和条約であるキュチュク・カイナルジャ条約である．この条約の結果，とりわけロシアのモルダヴィアに対する介入が強化された．または，ロシアがベッサラビアを併合した1812年のブカレスト条約を指す可能性もある．

(22) ブルガリアの四月蜂起を指す．

(23) 1908年の独立の際に，フェルディナントは国名を公国から帝国に変更し，自らも皇帝と称するようになった．

(24) ベルギーでは1830年にオランダに対して蜂起し，翌年憲法を発布して事実上独立した．

(25) エーレンタールはオーストリアの外交官．1906年から外相．親ロシアの立場をとりながらバルカン半島での権益を拡大しようと試みたが，むしろ対露関係を悪化させる結果となった．

(26) 1880(明治13)年3月17日の国会期成同盟の決議に基づき，4月17日に片岡健

吉・河野広中が太政官に「国会を開設するの允可(いんか)を上願する書」を提出したが受理されなかった．

(27) 憲法学者．天皇主権説に立ち，天皇国家機関説を批判した．
(28) ベルギーの社会主義政党は共和主義を採っていたが，世紀転換期までに次第にその態度は穏健化した．
(29) 本講義の時期のドイツ皇帝は，ヴィルヘルム2世(在 1888-1918)であった．
(30) ここから表紙に「政治史　吉野博士講」と書かれた原本ノートの記述である．
(31) 原本ノートでは，「第四　代議政治」と元々記された上に，「第四」に訂正線を引いて「第三節」と書き改める修正が加えられている．
(32) スイス直接民主制の前近代的な形態としてのランツゲマインデを指すのであろう．実際の起源は13世紀まで遡ることができるが，ここでそれを15世紀に求めているのは，スイス誓約同盟がハプスブルク家に対する従属から脱した1499年以降の展開に着目しているためと思われる．
(33) スイス連邦憲法に「レファレンダム」が採用されたのが1874年としていることから，ここにいう「レファレンダム」とは，これに続く記述にある分類に照らせば，憲法事項のレファレンダムではなく，普通の立法事項の(任意)レファレンダムのことを指していると解釈できる．スイス連邦憲法では，すでに1848年の時点で憲法改正に伴うレファレンダムが導入されていた．ここでは1848年のシュヴィツ州が最初とあるが，一般の立法に対するレファレンダムは1830年のヴァレ，グラウビュンデンに遡ることができる．
(34) ネブラスカ州とサウスダコタ州．
(35) 1901年にオーストラリアの6つの植民地が連邦化する際，各植民地においてレファレンダムが行われた．
(36) 1911年に成立した議会法案を指す．
(37) 1912年から1914年に議論された第三次アイルランド自治法案を指す．
(38) 原本ノートでは，「第三節　各国憲法の制定」と記されている．原本ノートの表記に従えば，この年度の第二編第一章には，二つの第三節が存在することになる．これより前に位置する「代議政治」の表題を「第四」から「第三節」に後で修正した際に，この「各国憲法の制定」の表題をあわせて修正し忘れたものと推察し，本書では，この個所での「第三節」という表記を削除することにした．
(39) 1867年にオーストリアとの同君連合が成立し，大幅な自治権を獲得した(アウスグライヒ)際に，ハンガリーは成文憲法を制定しなかった．
(40) 16世紀から17世紀にかけてイングランドにおいてカルヴァンの影響を受けた人々．一部は国教会から弾圧を受け，アメリカに移住した．

(41) 1639年のコネティカット基本法は，イギリス国王の特許状が与えられる前に入植者によって制定された．
(42) ルソーは『社会契約論』において，個々人が相互に結合し，契約の結果として全ての構成員が主権に参加すると同時にその指導に服する政治体像を提示した．
(43) 全国三部会，高等法院ともに旧体制下で王権を制限する機関として機能した．全国三部会は1789年を最後に開催されず，高等法院は1790年に廃止された．
(44) 憲法の成立に先立つ6月，国王一家は逃亡を試みて失敗し，テュイルリー宮に軟禁された（ヴァレンヌ逃亡事件）．
(45) 1799年選挙においては総裁政府の推薦した候補者の大部分が落選し，左派が伸長して政権は不安定になった．
(46) 原本ノートでは，この部分の左頁欄外に，以下のような記述がある．

(47) 原本ノートでは，この後の記述は欠けており，1行空いた後に，以下のベルギーの叙述が始まっている．
(48) 原本ノートでは，この部分の左頁欄外に，以下のような系図が記されている．

```
レオポルド1世(1790-1865)
      ├─────────────────────────┐
レオポルド2世(1835-1909)──(国政発展す)   フランドル伯フィリップ
   ├──────┬─────────┐                    │
 ルイーズ ステファニー クレマンティーヌ      アルベール1世(1875)
```

(49) 七月王政の国王ルイ＝フィリップはオルレアン家であった．
(50) 急進主義派は「運動派」，穏健派は「抵抗派」と呼ばれる．
(51) 銀行家出身のペリエは秩序維持の立場をとり，改革運動を弾圧した．1832年にリヨンの絹織工の蜂起を軍隊で鎮圧したのが代表的な例である．
(52) ルイ・ナポレオンは1836年10月にストラスブールで蜂起し，鎮圧された．
(53) 1908年7月の青年トルコ革命で，スルタンのアブドゥル・ハミト2世は，露土戦争敗北後停止されていた1876年憲法を再発布し，その結果トルコに立憲制が復活した．ロシアでは日露戦争後の1906年に新憲法が制定された．
(54) ベルギーでは1893年にすべての成年男子に選挙権が認められたが，納税額と学

歴(中等学校卒業)とでさらに1票から2票の投票権が与えられた．複数投票制は1919年に廃止された．
(55) イギリスの政治家，小ピット(William Pit)のこと．アメリカ独立後・フランス革命期に首相を務めた(任1783-1801, 1804-05)．
(56) 1913年度講義録の注(36)参照．
(57) ベンジャミン・ディズレーリはイギリス保守党の政治家．ダービー政権期の蔵相として1859年に選挙法改正法案を提出，1867年に再提出して成立させ，都市の労働者に選挙権が拡大された(第二次選挙法改正)．のち首相(任1868, 74-80)．
(58) ウィリアム・グラッドストーンはイギリスの政治家．首相を四度つとめた(任1868-74, 80-85, 86, 92-94)．第二次政権期の83年から翌年にかけた第三次選挙法改正で農業・鉱山労働者に選挙権が付与された．
(59) 1885年の議席再配分法で，人口に比例した小選挙区制が導入された．
(60) 三国における普通選挙の導入時期は以下の通り．ハンガリー，イギリス：1918年(21歳以上の男性，30歳以上の女性)，オランダ：1917年(男性)，1919年(女性)．
(61) ハンガリーでは，選挙権に高い財産資格が要求されていたが，知的職業など，特定の職業の従事者には財産にかかわらず選挙権が与えられていた．
(62) 1911年議会法において，イギリス貴族院は予算など財政法案に対する拒否権を失い，一般の法案についても，庶民院が3会期連続で可決すれば君主の裁可を得て成立する(ただし初回可決時の第二読会と三回目の可決との間が2年以上空いており，各回とも会期終了1か月以上前に貴族院に付議されたことが条件)よう，権限が制限された．
(63) フランスの初期社会主義者．著作に『イカリア旅行記』など．テキサスにわたり理想の共同体を構築しようと試みたが失敗した．
(64) 国際労働者協会(第一インターナショナル)ができたのは1864年である．これにドイツ労働者協会連盟が加入したのは講義録の通り1868年であった．
(65) 1880年8月にスイスのヴィーデン城で行われた秘密党大会では，ゴータ綱領の中で目的達成の手段として掲げられていた「合法的手段」という箇所が「あらゆる手段をもって」に書き替えられた．むしろ社会主義者鎮圧法の下で非合法活動を行わざるを得ないことが確認されたといえる．
(66) 例えば，1848年憲法でドイツ語，フランス語，イタリア語が連邦の国語として規定された．
(67) 1915年度講義録の注(24)参照．
(68) ノルウェーは1814年以来，スウェーデンと同君連合であったが，1905年にこれの解消を宣言し，独立した．

(69) 1905年の政教分離法は，カトリック教会に対する国家管理を放棄し，信仰を私的領域に限定した．
(70) 1902年のバルフォア教育法をめぐる闘争を指す．1913年度講義録の注(3)参照．
(71) パンクハーストはイギリスの女性参政権運動の指導者．婦人社会政治同盟を設立し，戦闘的な手法で活動した．
(72) シャムは現在のタイである．ひとつの国家からなっているにもかかわらず，「帝国」と称することが西洋人にとって「滑稽」だ，とここでは説明している．
(73) ここから，別のノートの記述となる．表紙には「政治史(B) 吉野教授」と記されている．
(74) フリードリヒ3世はブランデンブルク選帝侯としての名称である．プロイセン王としてはフリードリヒ1世として即位した．
(75) 原本ノートの左頁部分には，次のような書き込みがある．

保守	保	中	国
自		社	

(76) 第一ヴァチカン公会議を指す．ここでカトリック教会の教皇を中心とする集権的な性格が確認された．
(77) ここから281頁10行までの記述は，「政治史(B)」という表紙のノートの記述ではなく，同じく1915年度の講義録である「政治史」という表紙のノートの巻末の3頁分に記されている内容である．本来はこの部分に挿入されるべき内容であると推察して，本書の通りに掲載個所に修正を加えた．講義当日に間違えたノートを持参したか，あるいは欠席した回の内容を他人のノートから補ったなどの理由が推察されよう．
(78) ここからは「政治史(B)」と表紙に記されたノートの記述である．
(79) 原本ノートではこの前に5頁分の空白が存在し，ここから第一次世界大戦前の国際関係の講義の断片が記されている．

1916年度講義録——赤松克麿ノート

(1) 表紙には「政治史(火) 吉野博士 政治科一年 赤松克麿」と記されている．
(2) 原本ノートには，この欄外に「1830の憲法の注意点」と記されているが，書かれている内容は1791年のフランス憲法の特徴である．いずれにせよ，前後の講義の文脈とは連続していない内容の記述である．原本ノートでは，既述の「緒論」の内容を4行だけ記された後に，一行の空白を挟んでフランス憲法の記述が16行あり，次の頁から「第一編 自由主義」以下の内容が続いている．内容の区切りのために，赤松

はおそらく講義を聞いている時には余白を大きく残して頁を改め，後からそこに補足的なフランス憲法の内容を追加で書き加えたのではないかと推察される．
(3) 1776年にイギリス本国と北アメリカの植民地との間で戦争が始まり，1782年に前者が独立を容認した（翌年9月3日講和）．合衆国憲法は1787年から順次各植民地によって批准され，1790年に13植民地の最後のロードアイランドが批准した．1791年には憲法が修正され，権利章典が追加された．
(4) 日露戦争中の1905年にロシア革命が勃発し，翌1906年にドゥーマの創設，新憲法発布がなされた．もっともその内容は不平等選挙，ドゥーマの権限の制約，皇帝の特権の維持など，不徹底なものであった．ポベドノフツェフはドゥーマの開設に反対した保守政治家，カトコフは皇帝を支持する『モスクワ報知』紙のジャーナリスト．ヴィッテは革命時に自由主義的な「十月十七日詔書」を起草した政治家，その後の反動で1906年に引退．プレーヴェは革命運動を弾圧した政治家．1904年に暗殺されている．ガポンは労働者の組織化に尽力，革命に際しては，皇帝に対してロシアの近代化を求める請願書を起草．ストルイピンは憲法発布後に革命弾圧とともに農業改革を通じて土地私有制を導入した．1911年に暗殺される．
(5) 1908年7月の青年トルコ革命で，スルタンのアブドゥル・ハミト2世は露土戦争敗北後停止されていた1876年憲法を再発布し，トルコに立憲制が復活した．
(6) 原本ノートでは，「第四節」と記された後，横線で訂正してあるが，内容や構成を鑑みて，編者の判断で「第四節　代議政治」というタイトルを挿入した．また「(3)」という記述を削除した．
(7) ドイツの帝国議会議員選挙は，一選挙区から1名を選出する小選挙区制で，過半数を獲得する候補がなかった場合，上位2名での決選投票が行われた．
(8) 1896年，1900年，1908年民主党の大統領候補．大企業批判や銀貨の無制限鋳造によるインフレ政策を掲げて西部・南部の農民から支持された（落選）．ウィルソン政権期の国務長官（在1912-15）．
(9) 女性参政権に男性と同じ，もしくはより厳しい条件を課した場合，参政権を得るのは多くが保守党支持層ではないか，と自由党政治家は懸念した．
(10) 例えば，ルイ・ブランの社会的作業場の議論を指すと思われる．
(11) イギリス領北アメリカ植民地総督ダラムが1839年に著したカナダについての報告書を指す．この中でフランス系カナダ人をイギリス系カナダ人に同化させるべきことを主張しているため，ノートのこの部分に記載されていると思われる．
(12) 普墺戦争ののち，オーストリアは帝国内にハンガリー王国の建設を認め，オーストリア皇帝がハンガリー国王を兼ねる同君連合が成立した．これをアウスグライヒという．

(13) ベルギーは言語によってワロン人（フランス語）とフラマン人（オランダ語）の二つの民族に分かれていた．フランス語が公用語とされていたが1873年以降次第にオランダ語の併用が認められるようになり，1898年にオランダ語は第二公用語となった．
(14) アンナンは19世紀後半にフランスがベトナムを植民地化した際に用いた国名．
(15) ここからは，表紙に「政治史（金）　吉野博士　政治一年　赤松克麿」と記されたノートの内容である．
(16) ドイツ連邦は1815年にウィーン会議の結果発足し，普墺戦争後1866年に解体したドイツ諸邦の連合体で，各邦からの代表で構成される連邦議会が設置された．元首や執政府は存在しなかった．
(17) ドイツ関税同盟は1834年に南ドイツ関税同盟，中部ドイツ通商同盟と合同し，オーストリア等を例外とするドイツ全体が加盟することになった．講義録にある1828年はプロイセンを中心とした北ドイツの関税同盟が結成された年である．
(18) 8月16日からフランクフルトで開催された諸侯大会を指す．
(19) 1868年5月に開催された関税議会の議論において，関税同盟の権限を維持することが事実上確認されたことを指すか．普墺戦争後の1867年にドイツ関税同盟は新たな組織として再び発足した．その代表機関である関税議会は，当時南北ドイツが代表を送る唯一の選出機関であった．
(20) 1868年，スペインのフランシスコ・セラーノ将軍とフアン・プリム将軍の武装蜂起により，女王イザベル2世が亡命，退位した．このスペイン王位の継承をめぐって，プロイセンとフランスが対立した．交渉の過程で，フランス（エミール・オリヴィエ首相，アジェノール・ド・グラモン外相）はプロイセンに譲歩を求め，エムスで静養中のヴィルヘルム1世にヴァンサン・ベネデッティを大使として派遣した．プロイセンがこれを拒否し，ビスマルクはその顛末を伝える電報の文面を改変して公表した．このエムス電報事件が普仏戦争開戦の発端となった．
(21) 1915年度講義録の注(12)参照．
(22) 原本ノートでは，「第六章」の後に記載はなく，改行して「(1) **モロッコ事件**」と記されている．しかし，続く本章(2)および(3)でも，モロッコ問題が扱われていることから，第六章全体のタイトルを**モロッコ事件**と置き換える措置を施した．
(23) 1910年よりドイツの外務長官．フランスに対する強硬路線を採っていた．
(24) 吉野は，オーストリア＝ハンガリー二重帝国内において，クロアチアを中心とする帝国内南スラヴ民族が統合し，ハンガリーから自立することをTrialismという概念で説明し，「三国鼎立運動」という訳語を当てている（『欧洲動乱史論』）．その対概念となるDualismには，編者の判断で，「オーストリア＝ハンガリー二重帝国関係」という訳語を挿入した．

1924年度講義録——岡義武ノート

(1) 原本ノートには無い記述だが，講義の表題として「日本憲政史論」と補足した．「吉野作造日記」1924年5月7日（『吉野作造選集14』岩波書店，1996年，352頁）．

(2) 1858(安政5)年，幕府が天皇の勅許を得ないまま修好通商条約を米，蘭，露，英，仏とあいついで締結したことが政治問題化し，尊王攘夷運動の台頭を招いた．

(3) 1863(文久3)年9月30日，禁裏で公武合体派の主導によるクーデタが行われ，尊攘派の公家七卿(三条実美・三条西季知・東久世通禧・壬生基修・四条隆謌・錦小路頼徳・沢宣嘉)が京都から落ち延びた．

(4) 野呂元丈．江戸中期の医師・本草学者．西洋の植物学・薬物学を学ぶ．

(5) 明治前期の政治家・思想家．元老院少書記官など．大隈重信を補佐して立憲改進党の結党や東京専門学校(のちの早稲田大学)の創立に貢献した．

(6) 島田三郎．明治・大正期の改進党・立憲同志会系の政治家・記者．衆議院議長．

(7) ここでは，王政復古の大号令(1868年1月3日／慶應3年12月9日)の後，戊辰戦争(1868-69)を経て明治政府が確立するまでの流れを述べている．

(8) 貴族院の有力会派(1891-1947)．

(9) 和訳は，アメリカ学会訳編『原典アメリカ史』第4巻，1955年，87頁より．

(10) イギリスの王朝．1714年ハノーファー選帝侯ジョージ1世が即位し創始された．

(11) この記述の左頁に，次のような概念図が記されている．

(12) ブルボン朝とオルレアン朝とを支持するそれぞれの勢力の間で妥協が成立せず，オルレアン朝支持派が共和制容認に転じた．

(13) 自由党系の政治家．藩閥政府との提携及び政友会の結成(1900年)を推進した．衆議院議長，逓信大臣．

(14) 陸軍・山県閥を背景とする桂太郎と政友会総裁西園寺公望が，1901(明治34)年の第一次桂内閣より1913(大正2)年の第三次桂内閣までの五代にわたり交互に政権を担当し，桂園時代と称された．

(15) 研究会(貴族院)を中心として清浦奎吾内閣が1924(大正13)年1月に成立したのに反発して起こった第二次憲政擁護運動のこと．護憲三派(憲政会・政友会・革新倶楽部)が衆議院議員選挙で勝利し(清浦内閣は6月に総辞職)，政党内閣の慣行が成立する契機となった．

(16) 東京朝日新聞(「清浦首相から後継者推薦説　事実とすれば重大問題」1924年6月8日朝刊)か．

(17) 原敬内閣(1918-21)は政友会を与党として成立したが，山県有朋らの宥和に努めた．原の暗殺により蔵相高橋是清が後継となり，高橋内閣(1921-22)が成立した．

(18) 第一次加藤高明内閣(1924年6月-25年7月)．護憲三派を与党として成立し，この講義が行われている時期，存続していた．

(19) 第一次大隈内閣(1898年6-11月)．進歩党と自由党の合同による憲政党を与党として成立したが，短命に終わった．

(20) 近衛篤麿．貴族院議員・貴族院議長．文麿の父．

(21) 1900(明治33)年，伊藤は立憲政友会を結成し，憲政党(自由党系)は解党して合流した．

(22) 1874(明治7)年1月17日，板垣退助・後藤象二郎・江藤新平・副島種臣らより左院に提出された民撰議院設立建白書であろう．

(23) 加藤弘之．幕末・明治の洋学者・政治学者．幕末には開成所教授職並，目付・大目付・勘定頭，明治以降は元老院議官，帝国大学総長，貴族院議員などを歴任．

(24) 柳河春三．幕末・明治の洋学者．幕末に開成所教授，頭取を務める．中外新聞を刊行し，新聞・雑誌の黎明に寄与した．

(25) アメリカ人ブリッジマンの原著を魏源が編集・増補し，1842-52年に清朝で刊行された世界地理書．

(26) 中国・広東大埔県出身．中国語・マレー語でシーボルトの研究を助けた．

(27) この記述の左頁には，以下のような概念図が記されている．なお原本ノートでは天皇を上方に，行政各部を下方に配置する縦書きである．

天皇―総裁―参与／議定―行政各部

(28) 浜田彦蔵．漂流民として渡米．日本人として初めて帰化し，ジョセフ＝ヒコと名乗った．帰国後，民間最初の新聞「海外新聞」を刊行．

(29) 中浜万次郎．ジョン万次郎ともいう．漂流民として渡米．

(30) 柳河春三をはじめ開成所教授を中心として，海外新聞・外字新聞の翻訳に従事した．なお，本文その後にある「東京新聞」は，柳河ではなく松平慶永(春嶽)による回

覧雑誌(1869(明治2)-1872(明治5))である．但し柳河も閲覧し，校閲に協力した．
(31) 1868(慶應4＝明治1)年6月17日に発せられた．なお，政体書はConstitutionの訳語である．「議政官」「行政官」「刑法官」がそれぞれ立法・行政・司法を司って分立する形態をとった．
(32) 1869(慶應4＝明治1)年6月22日・23日，三等官以上により輔相・議定・参与，及び各官の正副知事を選挙した．
(33) 原本ノートは，「六，結論」となっているが，編者の判断で「五，結論」とした．
(34) 明治・大正期の軍人・政治家．陸軍中将・学習院院長．1895(明治28)年，朝鮮公使となり，閔妃暗殺事件を起こす．後に政界の黒幕として活躍する．
(35) ドイツ統一は1871年1月．前年1870年7月19日より普仏戦争が始まり，9月2日のスダンの戦いでプロイセンが勝利した．
(36) ドイツの地質学者．1872年に中国への地質調査旅行から帰国した後，東方へ向けたドイツ植民地の拡大を提言した．
(37) 1911年9月にイタリアは北アフリカのトリポリタニア割譲を要求する最後通牒をオスマン帝国に提示した．これをきっかけとして伊土戦争が勃発した．
(38) 原本ノートでは，「第六章 憲法制定者としての伊藤公の教養」と記されているが，本書では「第六章」という記載を削除した．
(39) 末広重恭(鉄腸)『雪中梅』(博文堂，1886年)か．同書では主人公の国野基が武田猛の過激主義の連累を受け逮捕される．
(40) 大日本帝国憲法は，第五十五条第一項に「國務各大臣ハ天皇ヲ輔弼シ其ノ責ニ任ス」とあるように，国務大臣単独輔弼制をとる．
(41) 1881(明治14)年3月に大隈が左大臣有栖川宮熾仁に提出した国会開設意見か．私擬憲法と伝えられたが，条文を備えた憲法草案ではない．福澤門下の矢野文雄が起草した．
(42) 1862(文久2)年中，幕府の使節団は英仏など条約国と協定を締結し，新潟・兵庫の開港及び江戸・大阪の開市の延期を認めさせるのと引き換えに，貿易制限緩和や輸入税軽減に同意した．但し，輸入税軽減については幕府に上申することを約束したのみである．1865(慶應1)年11月に孝明天皇が条約を勅許したが，なお兵庫開港を認めなかったことから，その代償として翌1866(慶應2)年6月25日に幕府は英仏米蘭と改税約書を締結し，輸出入税は従量税5%を原則と定めた．

吉野作造政治史の射程

五百旗頭 薫

1 講義ノートを迎えて

　吉野作造の政治史講義を書き留めた，矢内原忠雄・赤松克麿・岡義武による，個性と内容の豊富なノートがよみがえった．ノートの概要や，成立と復刻の経緯は伏見岳人による「解説——吉野作造の政治史講義」がすでに紹介したところである．ここでは，講義ノートを得た後に，吉野作造その人について何を述べることができるのか，所見を記しておきたい．あらかじめ骨格を記すと，下記の通りである．

　第一に，吉野の最大の業績は，ヨーロッパ先進国に限らず，日本，あるいは中国などに広く通用する政治発展史を構想した点にある．

　第二に，その叙述法は多様であった．吉野は人間の進歩の無限の可能性を信じ，その希求において一貫していたのであるが，どの国も同様に進歩するとは考えず，その個性に応じた叙述を模索した．中国やメキシコなどに元来抱いていた覆い難い偏見は，好奇心が偏見を圧倒したことで，史観を多様化させる助けとなったのである．

　第三に，この意味での歴史的視野の拡大が，政治評論の視野の拡大をもたらした．吉野は評論のみならず理論的著述さえもが，ある歴史的状況への応答であることを強く自覚していた．しかも歴史の認識には多様さが含まれていたのであるから，本稿は歴史家としての吉野の業績に分析の起点を置くのである．

　以下の検討では，講義ノートは重要ではある．だが一つの資料に過ぎない．そこで，どう重要なのかをあらかじめ述べておく．

　第一は，その越境性である．一年度かけた講義では多くを語ることができ，原論から各国内政史，国際関係史までをも俯瞰させてくれる．吉野が活字として世に出した文章のほとんどは，一つのトピックに的をしぼった短編であった．そして短編の名手なのであるが，短編間の連絡を付けるのに講義ノートは絶好の資料なのである．

　第二は，その親密性である．講義は，聴衆が一定の同質性をもっていることを前提として行われている．それは一方では，主張の明晰さをもたらした．一般向けに書かれた文章には，読み手の理解を助けるための比喩や，読み手の反発を想定した留保が散りばめられている．それに対して講義ノートには，そうした比喩や留保が後景に退いた吉野の直截な主張が記されている．しかし他方では，レトリックの不完全さをもたらした．これは聞き書きである以上，避け難いことでもあるが，それ以上に恩恵でもある．これが吉野の本来のレトリックを際立たせるからだ．

残された紙幅は限られており，覚書，あるいは走り書きとなるしかない．講義ノートを加えたとはいえ，これまでの吉野研究の蓄積に助けられ，わずかに驥尾に付したに過ぎない小文であるが，先行研究への言及も最低限を下回る．読者のご寛恕を乞う．なお研究に際して，日本学術振興会科学研究費補助金基盤研究(S)「マルチアーカイヴァル的手法による在外日本関係史料の調査と研究資源化の研究」(代表保谷徹)の助成を受けた．

2　政治史研究の展開と政治

吉野の政治史叙述，そしてこれに連動する政治評論を，三層で分析する．第一層においては，ヨーロッパを主な題材として，平等化が政治権力との互譲によって進展する可能性を探った．その後短期間で第二層，第三層があいついで成立した．第二層においては，中国の辛亥革命を主な題材として，政治指導者の動機と関係なく進展する歴史的趨勢を析出しようとした．第三層においては，日本憲政史研究に基づき，絶え間ない妥協の要請こそが政界の混濁を招いているとして，代議制の社会的基盤の強化による透明性の向上を模索した．

(1)　第一層——ヨーロッパ社会主義研究と民本主義

吉野の姿は，政治論壇よりも先に宗教論壇の上に認めることができる．キリスト教徒としての吉野は，組合教会の指導者である海老名弾正に私淑し，その機関誌『新人』で健筆を振るった．当時，日露戦争(1904-05)でヨーロッパ屈指の大国ロシアに対して日本が善戦したことは，日本国家固有の起源や使命への探究を活性化させていた．海老名はその典型であり，日本の「国家魂」が「ロゴス」に従って「世界魂」へと進化するとして，日露戦争が自衛にとどまらぬ世界平和のための「血の洗礼」であると宣言した．吉野も，キリスト教の高遠な感化の一段階としての国家に意義があると主張し，国政を指導する知的営為に宗教的価値を見出した．幸徳秋水や木下尚江が海老名の所説を悪しき国家主義として批判すると，これを弁護した．日本文明の研究が学者としての前途を拓くとも認識していた[1]．ならば，国政をいかに指導しようとしたのか．

異議申し立てに直面したとき，政権が抑圧を試みるのは珍しいことではない．民間がこれに反発して過激化し，これに対して政権がさらに抑圧する，という事態も珍しくない．悪循環である．大老井伊直弼による尊王攘夷運動の弾圧(安政の大獄)とその暗殺(桜田門外の変)を原体験に持つ明治日本においては，この悪循環を断ち切り，双方の穏健化と開明への好循環を軌道に載せることが，常に政論のテーマであった．福沢諭吉と福地源一郎はこの点で競い，吉野の指導教官小野塚喜平次の関心事でもあった[2]．

循環には自己増殖的な性質があり，小なりとも新たな循環を始動させれば，この性質に導かれてより大きな循環を止めたり反転させたりするかもしれない．一人の指導者，

あるいは一場の演説や一本の論説が循環の好悪を左右しうるという観念は，矢野文雄『経国美談』(前編・後編)(報知新聞社，1883・1884 年) や末広鉄腸『雪中梅』(博文堂, 1886 年)によって政治小説の形式を与えられた．矢野や末広が自由党の急進主義から一線を画していながらも広く読まれたことは，この観念が明治政治史における青雲の志のすそ野を広げたことを傍証する．吉野もその末裔であり，藩閥政府の専制を批判しつつ，立憲政治の成功を妨げているのが「官民の無用なる衝突」であると認めていた3)．

　吉野は 1910 年から 1913 年までヨーロッパに留学し，社会主義についての知識と見聞を広げた．解決すべき社会問題が存在するという確信(その処方箋が私有財産制の撤廃であるとは考えなかったが) とともに，社会主義運動を議会政党に馴致させる可能性を探究した．その水路として重視したのが，選挙権の拡大であった．

　これらの思考の連関が明確に示されているのが，矢内原忠雄が筆記した 1913 年度講義である．そこで吉野は，英仏独に劣らずベルギーやオーストリアの社会主義運動の解説に時間を割いた．両国の社会主義運動の指導者が，穏健な政治指導によって政府の妥協を引き出したからである4)．

　社会主義についての詳細な解説は学生にとって鮮烈であったが，吉野について劣らず注目すべきは，弾圧と暴発の悪循環を断ち切るという努力の伝統を，より原論に近い水準で結晶化させた点にある．それが民本主義論である．

　今から 100 年前，1916 年 1 月に『中央公論』誌上に発表した「憲政の本義を説いて其有終の美を済すの途を論ず」がそれである (『吉野作造選集』②三)5)．本論文で吉野は，憲法上の主権の所在をめぐって争わずとも憲法運用の改善はできると指摘し，「我々は憲政の運用に当つて，憲法法典細かに定むるところの規定と相背いてはいけないが，更に進んで其規定の裏面に潜む精神に副うて居るかも深く省察せねばならぬ」と憲法の精神への着目を促した．その精神にかなった運用法を民本主義と名付け，その内容を，一般民衆の利益を目的とすることに加えて，一般民衆の意向に基づいて政策決定することにあると規定した．議論に迫力を与えたのは，個別の主張というよりは，一方に「形式」，他方に「精神」ないし「実質」を置く対概念の反復である．

　それは非選出勢力への批判であると同時に，議会政治の水路へと誘う言説でもあった．民衆に従うという「形式」の下でも，「精神」においては優れた少数者が指導するからである．「多数者は形式的関係に於ては何処までも政権活動の基礎，政界の支配者でなければならぬ．然しながら彼は内面に於て実に精神的指導者を要する．即ち賢明なる少数の識見能力の示教を仰がねばならぬのである」．これに先立つ大正政変(1912-13 年) においては，桂太郎が縁故の官僚と共に立憲同志会の結成を宣言しており，1914 年にはこれを中心的与党とする第二次大隈内閣が成立，官僚が衆議院議員選挙に出馬する現象が耳目を集めた．吉野論文は，こうした機運を鼓舞するものであったといえよう．

赤松の1915年度ノートが,学生にいち早く語られた民本主義論を詳細に記録している."democracy"と"democratic"という英語を原語のまま使い分け,前者は人民主権を意味しうるが,後者は趨勢として日本を含む世界に通用するという論理が,きわめて明確である.吉野の脳中にあった諸概念の配置は,公表論説以上に,講義において直截であったと思われる.

形式と精神の対比は吉野の文体に浸潤しており,多様な領域で繰り返し用いられた.ヘーゲル弁証法の知識がこれを助けた.吉野の最初の単行本は『ヘーゲルの法律哲学の基礎』(1905年,①一九)であり,同書は万物が自らを実現するためにアンチテーゼを要請することを,「夫の形式や包含者やは永久虚無にして止むべきものにあらず,必ずや内容資料を以て充実せられざるべからず」と表現し,こうしたプロセスが「無窮に亙る」ことを強調した.この対概念の連鎖による階梯を辿ることで,朝野の聡明な指導者や民衆は歩み寄ることができる.こうした言説空間を提示するところに,吉野が左右両極から批判を受け続ける所以があった.

非ヨーロッパ地域に対しては,この対概念は大きく異なる機能を果たした.吉野は1906年から1909年まで袁世凱の長子袁克定の家庭教師として天津に滞在した.袁世凱の一応の面識を得るのがやっとで,その建言が用いられるには程遠い状況であった.能力をもてあましたというべきであろう.そのためか吉野の中国評価は厳しかった.「支那人の形式主義」と題した1906年の論説(⑧一七四)は,中国人が既存の形式に執着し,かつ西洋の文物を導入するにしてもやはり形式的でしかないので,その背後にある「精神」を摂取できないと断言する.袁世凱本人も,吉野の眼には,開明政策を便宜的に採用しているに過ぎないように映った6).

同様の論理は日本政治にも適用され,1905年における「形式」は備えつつも「精神的に立憲国に非ず」との批判は,1923年の「形は立派な立憲政体だけれども,其実質は,何れかといへば欧米よりも支那に近い」といった批判へと持続した7).

この対概念による歴史叙述は,真摯な妥協であれ,真摯な文明摂取であれ,当事者の真意を詮索する傾向を伴っていた.だが当時起こっていた世界史的変動は,吉野をして当事者の主観を超えた叙述へと向かわせるのであった.

(2) 第二層――辛亥革命研究と協調外交

それは第一に1911年に中国で勃発していた辛亥革命であり,第二に1914年から始まっていた第一次世界大戦であった.

後者から述べると,吉野は開戦前夜まで留学していた利点を活かして,第一次世界大戦の解説者としての地位を確立した.戦況を論評しつつ,開戦の背景についてより構造

的な説明を提供しようと努めた．その努力は，1915年度の講義においても片鱗を見せるのであるが，時間切れとなったようである．吉野に私淑する赤松が1916年度にも聴講した講義では，前年度の原論が圧縮されており，『欧洲動乱史論』(警醒社書店，1915年)や『戦前の欧州』(万朶書房，1917年)といった著作と同様，上記の課題に取り組んでいる．開戦の原因となったのはドイツ・イタリア・バルカン諸国であるが，その行動は民族統一の希求を背景としたものであり，ヴィルヘルム2世の世界政策も，その「悪戯」(赤松ノート)にもかかわらず，ドイツの発展に伴う国家的要請から派生していたという．冒頭の短い原論も，政治は国民的となり，アクターの「個人的動機」を超えることで学問対象になると，ことさらに述べていた．

個人の意図を超えて貫徹する力学は，辛亥革命研究において最も顕在化した．研究の成果は1917年刊行の『支那革命小史』に結実する(⑦一)．まず吉野は，孫文が理念的な先導者であると認めつつも，コスモポリタンの色彩が強く，外国の援助を借りるのに無警戒すぎるため，革命を代表しえないとする．これは革命運動に関与した中国人・日本人に学んだ結果なのであるが，第一層の作法に則って孫文に穏健な運動指導者を演じさせる道は，こうして遮断された．代表しえたのは宋教仁なのであるが，戦闘的なあまり内紛を，そして袁世凱による弾圧との悪循環を招いてしまう．そこで袁世凱が敵役になるはずなのだが，清朝を見限るにせよ，革命を弾圧するにせよ，意図を抱くのが遅く，右顧左眄している．誰も決定的な役割を果たさず，相互作用しかない．

袁世凱がいよいよ専制を決断した後の革命派との駆け引きは見物であるが，お互いの意図は自明であり，意図が開示されることによる循環の発生はない．しかも専制に成功する果てに，「一般の民心」を失って袁世凱は没落に近付く．このような状況の描写を通じて，立憲制が，特定の主体を超えた趨勢として現出する．ゆえに同書は，「何故に著者が支那民族に敬意を表するかの理由を説明するもの」となったのである．

吉野にわずかな接触を許した袁世凱は，断片的で矛盾した，しかし捨て難い印象を吉野に遺した．比較的に清廉であり，憂国の士であり，聡明，病弱，小心であり，機を見るに敏で術策を厭わない．そのために，吉野の史観の転轍機となったのである[8]．

もう一つの触媒は，同時期に東京帝国大学の『国家学会雑誌』に連載していたメキシコ動乱だったかもしれない[9]．メキシコの歴代統治者は，憲法を空文化して弱肉強食の権力争奪を繰り広げた．ウェルタ将軍はその権化であった．だが本人の意図と関係なく，メキシコ国内を安定させる最良の選択が，この政権であるという．ここで見逃せないのは，アメリカ大統領ウィルソンを吉野が批判したことである．ウィルソンが道義的な嫌悪感からウェルタ政権の承認を拒否したとして，この地域に持つ影響力を正しく行使していないと論じたのである．それは吉野にとって，東アジアにおいて日本が避けるべき失敗の一つでもあったはずである．

戦間期の日本外交は，アメリカの主導によるワシントン体制を受容し，中国への不干渉政策を採用することで，相対的な安定を達成した．吉野はこの政策基調を強く支持した．ワシントン体制については，海軍軍縮が人類の希望であるから「相手方の肚裏がどうのと」忖度せず協力するよう訴えた（「軍備縮小の徹底的主張」⑥二〇九）．中国については，軍閥を支援するのは論外であり，民族主義の革命派と取引しても即物的な利益は乏しく，そもそも中国国内の相互作用の連続に介入しても意図と異なる意味を持ってしまうというのが，『支那革命小史』の示唆するところであった．

この強力な趨勢の史学は，第一層で触れた，海老名の「ロゴス」に起源をもつのかもしれない．海老名は，佐久間象山・横井小楠・藤田東湖も，維新の三傑すらも想像すらできなかった発展だからこそ，「国家魂」としか言いようがないのだと強調していた．海老名はヘーゲルの影響を受けており，「ロゴス」は海老名と吉野の共有概念であっただろう．日露戦争と第一次世界大戦という二つの戦争と辛亥革命が，吉野の政治史を指導者個人の歴史から離陸させたのである．

(3) 第三層——日本憲政史研究と代議制の社会的基盤

ヨーロッパ先進国にも途上国にも属さない対象が，残されていた．日本である．

藩閥政府の統治を中国・メキシコの動乱になぞらえるのは困難であり，陸軍・山県閥を背景とする寺内正毅内閣とて「善政」を標榜して政友会と提携した．民本主義論文の続編として1918年に著した「民本主義の意義を説いて再び憲政有終の美を済すの途を論ず」（②九九）には，民本主義の目的（民衆のため）と手続き（民意の尊重）のうち，後者こそが本質であると断言することで，批判の立脚点を再確認する意図がうかがえる．翌年の「我憲政の回顧と前望」（1919年，③二六三）は，日本の権力者が「平常かなり不合理な我儘を言ひ又之を立通さうとするのであるが，結局に於て意地と張りとが足りない」ことに自覚的であった．その結果，彼らは憲政の発達を阻止しえず，さりとて「大勢」を達観もできないが故に「小策を弄する」ことで抗い，政治道徳を「溷濁」させたという．歴史上の専制批判を再検討することと，未来に向けた原則論を確立することという，二重の課題に吉野は直面していたのである．

1917年頃から本格化した吉野の日本史研究は，精力の多くが史料の発掘と紹介に費やされた．彼が構想した日本憲政史の全貌を，原論との連関も含めてうかがわせる資料として，岡義武が記録した1924年度講義は重要な意味をもつ．

この講義によれば，人間は無限に進歩しうるが弱くもあり，「客観的命令」によって自らを律しなければならない．政治生活において主権が要請されるのはこのためである．この主権は，社会の発達段階に適応するために，最高の知識によって運用されねばならないのだが，そのようなことは容易には実現しない．そこで，政権の交代を認め，交代

を民意に基づかせなければならない．これを制度化するのが憲政である．

　近代日本もこれに向けて概ね標準的（"normal"）な航跡を辿っているが，問題もある．伊藤博文は自由主義的な傾向を有していたが，立憲思想の未発達や自由民権運動の過度の急進化といった当時の国情を正しく判断し，保守的な憲法を制定した．こうして憲法制定者の「精神」では運用を弁証できなくなったので，より普遍的な尺度を補うべく，上記のような原論を提示したのであろう．

　だが政党が発達すると，それを無視しえないことも正しく判断して，伊藤は自ら政友会を結成した．山県有朋ら他の藩閥勢力は，伊藤の分権的な憲法を活用して軍や枢密院や貴族院に勢力を扶植し，政党に対抗した．かくて政権は衆議院多数派・貴族院多数派・官僚閥（枢密院を含む）・軍閥という四つの閥の妥協によってしか成り立たず，最高の知識が手腕を振るう余地などなく，政界は混濁する．衆議院が主導権を発揮するためには，妥協の利益ではなく，国民の「道徳的支持」を得るよう努めなければならない．

　かくのごとく，第三層の体系は，岡義武の講義ノートに開示されている．だが政治に明晰さを与えるためには，文体の明晰さが必要ではないか．そのことを確認できるのは，岡ノートの外であった．一例として，やや長くなるが 1926 年 11 月に発表した「政界昨今の問題」（『中央公論』第 41 年第 11 号）から引用する．

　日本では選挙を支配するものは個々の場合に在ては政治家であり，大局に在ては政府である．西洋では之に反して個々に在ても大局に在ても常に共に之を支配するものは民衆だけである．民衆の良心が支配するのだから，その結果につき政治家に丸で検討がつかない．政府にも固より全然予想が出来ぬ．選挙の結果がどうなるか分からぬとすれば，無理に天下を奪取するに急いだ所が何にもならぬではないか．否却て之が民心を失ふ動因にならぬとも限らない．さうなると内閣の倒壊はもはや目標にはならぬ．民心が去れば内閣は自然に倒れるからである．故に何よりも必要なことは寧ろその民心を獲ることでなければならぬ．斯くして彼国政客の最大関心事は誠意を以て民心に奉仕する事の外にはない．

　吉野が日本政治に渇望するのは透明性なのだが，既に第一層において，対概念の緊張をはらんだ複合こそが，多数派・少数派や憲法規定といった異質な要素からなる立憲制を作動させることを知っていた吉野は，第三層においてもただ渇望に身を委ねることはなかった．そこでは，可視のヴェールと不可視のヴェールが水平的に並んでいる．誰に投票するかは最後の瞬間まで分からない．だから政党の行動目標は明確になり，政界は明快となる．

　そのつもりで探せば，岡ノートにも同様のヴェールの交代が見られる．例えば，有権

者が自由に判断して代議士を選んだことは明らかである．だから代議士は裁量を得るのであって，何をなすかを有権者はあらかじめ知り得ない．そして期待に背けば次の選挙で落選させることは誰もが知る．

あるいは，吉野に筆禍をもたらした評論「枢府と内閣」[10]は，枢密院が憲法の定めた通り「天皇最高の顧問府」なのであれば，明るみに出るのは天皇の判断だけで，枢密院固有の意見は「単に君主の参考資料」に留まり，政界に影響を与えないはずであるとする．可視の存在たらんと望むのであれば，議会の「参考」に供する機関として再出発せよと詰め寄るのである．

軍部に対しても，帷幄上奏による輔弼を「純然たる軍内部の参画」にとどめ，かつ公に発する軍令を内閣が審査することで，軍部の隠然たる力をまさに隠然たるものにとどめる運用を求めた（「統帥権の独立と帷幄上奏」1930年，④三三六）．

こうした言説の起源は，もはや海老名には求められないであろう．気宇壮大な海老名の「国家魂」に対して，これを弁護・解説する吉野の論文「国家魂とは何ぞや」（①七八）は，主権者と国家を区別し，主権者の恣意が「魂」と混同されないよう配慮していた．

そもそも吉野の『ヘーゲルの法律哲学の基礎』が最終的に弁証法に見出した意義は，「通常の自我（小我）を抑へて真実の自我（大我）の強制に服従せしめ」ることであり，国家の強制力をこの目的に奉仕させることであった．弁証法が想定する「自己開展の進動」もさることながら，途中の人類の「健闘」が重要であり，その限りではカントの実践理性により親和的である．奇しくも1924年度講義が始まる頃，吉野は東京朝日新聞の社説（「国際的精神の訓育」1924年4月22日）で，カントの理想が「道徳的人格の相互諧調」にあると説明し，これが「実に千古に通ずる一大鉄則」であるとして，「カントは色々の意味に於て吾人の間に復活せしむるを要せる」と力説していた．

当時，プロテスタント神学は新カント派の影響を受けつつあった．同時代のユニテリアンの牧師であった三並良によれば，それはカントに従い，五感が把握する自然的世界においては，神の存在を弁証できないという諦念から出発する．それにもかかわらず，自然的世界での情欲に打ち勝ち，倫理的命令を自然的世界において成就することが，一見「他律」に見えて，真の「自律」なのである[11]．

こうした神学は，一方では，奇跡の科学的説明を要求せず，信仰と自然科学の両立を可能にするという点で，海老名らの自由神学と親和的である．他方でそのストイシズムは，プロテスタント神学を震撼させ続けるカルヴァンの予定説——神の救いは知りえず，だからこそ日常的な職業生活における刻苦と成功が明快な生活信条を構成する——に淵源しているようにも思われるのである．吉野の評論も，可視の世界が自らを陶冶し，不可視の世界を絶え間なく希求することで，逆説的な透明性を得るというヴィジョンに彩られていた．

人間への吉野の強靱な楽観が自由神学に基礎付けられたことは，三谷太一郎によって明らかにされている[12]．そのレトリックは，カント哲学が持つ鋭利な概念操作と，謹厳なプロテスタンティズムに基礎付けられており，その射程はレトリックに留まらなかったのではないだろうか．とはいえ吉野が自らの青年期とどう対話したかは，まだ推測を出ない．我々が知りうるのは，吉野が青年に情熱をもって語りかけ，それを筆記することに情熱を抱いた青年もまたいた，ということのみである．

3 終わりに

以上考察したことを，まとめておく．

第一層は，ヨーロッパを念頭に，政府による弾圧と民間の暴発との悪循環を最悪のシナリオとして想定し，穏健な朝野の指導者が妥協によってこの悪循環を断ち切る条件を探るものである．この吉野のまなざしを，矢内原忠雄による1913年度ノートが克明に書き留める．こうした視角そのものは目新しいとはいえない．それでもこの視角を研磨することで吉野は，民本主義を構想するに至った．我々は大正デモクラシーの鼓吹のみならず，明治立憲制の思想的確立の100周年を迎えているのかもしれない．

第二層は，指導者の個人的な動機から自立した趨勢が歴史にどう顕現するかを追究した．実りある分野が辛亥革命研究であったことが象徴するように，他国の緻密な力学の発見と尊重は，戦間期の協調外交を支える知的基盤に寄与した．赤松克麿は1915年度も1916年度も聴講することで，第二層の形成を予感させるノートを遺したのであった．

第三層は，日本史研究を本格化させた成果である．謙虚でもなく悪辣でもない，周到な政府指導者(伊藤博文)が当時の国情にあった制度(明治憲法)を形成し，しかし国情は制度を超えて進歩する．かくて新旧の勢力が併存し，絶え間ない妥協こそが政治を苦しめる．こうした問題意識の全体像を，岡義武が1924年度の講義ノートに書き留めた．これを脱却するために，吉野は代議制への道徳的支持をいかに調達するかについて，恐らく自らの宗教体験をも動員しながら思索を重ねたのである．

吉野の歴史叙述にあらわれるパターンは，今日の比較政治学が用いる理論や分析枠組みとは異なる．それは，物語により近いのかもしれない．だが，一方的な物語では，代議制デモクラシーといった，個々人の自由な判断を基礎とした装置を良好に作動させることはできない．吉野の物語は暴走に歯止めをかけるための概念区分を備えたものであり，しかもそれが吉野の歴史叙述にも政治評論にも，晦渋さよりも明晰さを与えたのだから，稀有というべきである．

吉野の政治史研究の変遷は，新しい層が古い層に取って代わるものではなかった．むしろ三層の叙述スタイルは雁行し，過去と現在の諸事象に対する吉野の認識と論評をより深く広いものにした．政治史家は生きて研鑽すれば進歩の希望がある．吉野の進歩へ

の希望は究極的には，歴史家としての職業意識に支えられていたと思われてならない．享年55は早逝というべきである．だがその楽しみを，我々は100年の星霜を隔てて知ることができるのである．

注

(1) 海老名弾正「日本魂の新意義を想ふ」『新人』第6巻第1号，1905年1月，吉野(無署名)「木下尚江君に答ふ」同第3号，3月．共に『吉野作造選集』1(岩波書店，1995年)所収．吉野「日本文明の研究」『国家学会雑誌』第19巻第7号，1905年7月．
(2) 福地については五百旗頭薫「福地源一郎研究序説――東京日日新聞の社説より」坂本一登・五百旗頭薫編『日本政治史の新地平』(吉田書店，2013年)．小野塚喜平次『欧洲現代立憲政況一斑』(博文館，1908年)51-63頁．
(3) 翔天生「官民懇話会」(時評)『新人』第5巻第11号，1904年11月．
(4) 既に藤村一郎「吉野作造の「講義録」に関する若干の考察――社会主義と比較政治」『比較文化研究』112号，2014年が指摘している．
(5) 以下，『吉野作造選集』全15巻別巻1(岩波書店，1995-97年)からの引用については，巻号(丸数字)と冒頭頁(漢数字)を本文中に指示することとする．
(6) 吉野作造「袁世凱ヲ中心トシテ観タル清国近時ノ政変」『国家学会雑誌』第23巻第3号，1909年3月，第23巻第4号，1909年4月．
(7) 翔天生「政進両党の態度」『新人』第6巻第1号，1905年1月．吉野作造「政治発達史上より見たる支那と日本と欧米」『横浜貿易新報』1923年1月1日．
(8) 吉野作造「袁世凱ヲ中心トシテ観タル清国近時ノ政変」『国家学会雑誌』第23巻第3号，1909年3月，第23巻第4号，1909年4月．
(9) 吉野作造「墨西哥紛乱の今昔」(一)-(六)『国家学会雑誌』第29巻第1号，1916年1月，第2号，2月，第4号，4月，第7号，7月，第8号，8月，第12号，12月．
(10) 『東京朝日新聞』1924年4月1日・2日・3日・5日・6日．
(11) 三並良「カントと現代の基督教」『新人』第6巻第2号，1905年2月，第6巻第3号，1905年3月．
(12) 三谷太一郎「思想家としての吉野作造」同『【第三版】大正デモクラシー論　吉野作造の時代』(東京大学出版会，2013年)．

索　引

索引は人名，地名，事項の3項目に分類して重要語句を収録した．非日本語項目は，日本で通用する発音に応じて，日本語項目と併せて50音順に配列した．非漢字圏の人名，地名については，原本ノートでアルファベット表記であった場合は綴りミスを訂正の上で訳語に併記し，原本ノートで日本語表記であった場合は編者の判断により同定に資する範囲でアルファベット表記を付け加えた．事項については，講義で扱われた重要な概念，政党名や団体名を含む組織名，行論に深く関わるものとして言及された文献名，などを収めた．

人名索引

あ 行

アウグスタ（ドイツ皇后）Augusta　280
青木昆陽　405
アグ＝ガードナー　James Agg-Gardner　316
アスキス　Herbert Henry Asquith　17, 19, 313, 314, 316, 353, 423, 424
アドラー　Victor Adler　102, 103, 111, 119, 319
安部磯雄　20
新井白石　366, 405
アリストテレス Aristotle　55, 241, 256
アルニム　Harry von Arnim　270
アルフレート・アルベルト（ザクセン＝コーブルク・ゴータ家）Alfred Albert　185
アルベール1世 Albert I　133
アレクサンダル（ブルガリア公）Alexander Joseph von Battenberg　187
アレクサンダル・オブレノヴィチ Aleksandar Obrenović　180, 181
アレクサンダル・カラジョルジェヴィチ（セルビア公）Aleksandar Karadjordjević　179
アレクサンダル・カラジョルジェヴィチ（ユーゴスラビア王）Aleksandar Karadjordjević　181
アレクサンドラ（デンマーク王妃）Alexandra　184, 191
アレクサンドラ・フョードロヴナ（ロシア皇后）Alexandra Feodorovna　184, 191
アレクサンドル2世 Aleksandr II　103, 181, 185, 191, 289, 291, 339, 343
アレクサンドル3世 Aleksandr III　191, 343
アレクサンドル・クザ（ルーマニア公）Alexandru Ioan Cuza　186
アンゼーレ　Edward Anseele　140
アンドラーシ　Andrássy Gyula　290, 338
アンファンタン　Barthélemy Prosper Enfantin　38, 39
イヴトォ　Georges Yvetot　146, 147, 151
板垣退助　198, 404, 420, 429
伊東玄朴　409
伊藤博文　309, 395, 400-403, 421, 422, 427-433
稲垣満次郎　368
井上馨　432
イマン　Paul Hymans　135
岩倉具視　407, 410, 412, 419, 427, 431
ヴィヴィアーニ　René Viviani　85
ヴィクトリア（イギリス女王）Alexandrina Victoria　185, 191, 386
ヴィクトリア（ドイツ皇后）Victoria　191
ヴィッテ　Sergei Witte　307
ヴィットーリオ・エマヌエーレ2世 Vittorio Emanuele II　176
ウィリアム4世 William IV　386
ウィルソン Woodrow Wilson　158, 191
ヴィルヘルム（ホーエンツォレルン＝ジグマリンゲン家）187
ヴィルヘルム1世 Wilhelm I　66, 67, 191, 249, 250, 260, 261
ヴィルヘルム2世 Wilhelm II　80, 167, 182, 191, 250, 291, 343, 345, 349-351, 353, 425, 426
ヴィンディッシュグレッツ　Alfred Fürst Windischgrätz　109

ヴィントホルスト　Ludwig Windhorst　268
上杉慎吉　199
ヴォルテール　Voltaire　40
内田正雄　366
瓜生寅　366
瓜生政和　366
エーヴリング　Edward Bibbins Aveling　89
江藤新平　198, 420
エドワード7世　Edward VII　19, 184, 191, 292, 313
榎本武揚　406, 411, 419
エベール　Jacques René Hébert　221
エリザベタ（ルーマニア王妃）Elisabeta　185, 187
エルンスト・アウグスト（ハノーファー王太子）Ernst August　278
エレーナ　Elena　185
エーレンタール　Alois Lexa Aehrenthal　192
エンヴェル・パシャ　Enver Pasha　358
エンゲルス　Friedrich Engels　26-29, 50, 51, 53, 63, 243
オーウェン，ロバート　Robert Owen　27, 89, 239, 240, 318
大井憲太郎　418, 420
大久保利通　407, 414, 427
大隈重信　398, 404, 430, 432
大槻如電　409
大槻文彦　409
大鳥圭介　406
大村益次郎　409
緒方洪庵　406, 409
岡本三右衛門（キアラ　Giuseppe Chiara）405
奥宮健之　369
尾崎行雄　369
オスキエ　Émile Hoskier　344
オットー1世（神聖ローマ皇帝）Otto I　258, 325
オトン1世（ギリシャ王）Otto I　184
小野梓　369
小野塚喜平次　10
オーバーヴィンダー　Heinrich Oberwinder　100, 101
オリヴィエ　Émile Ollivier　329
オリガ（ギリシャ王妃）Olga　184

か行

カイヨー　Joseph Caillaux　352
カヴェニャック　Louis Eugène Cavaignac　226
ガウチュ　Paul Gautsch von Frankenthurn　110, 111, 113
カウツキー　Karl Kautsky　73
カヴール　Camillo Benso Cavour　176, 342
郭成章　406
カシミール＝ペリエ　Casimir Pierre Périer　225
片岡健吉　198
勝海舟　411, 419
桂川甫周　405
桂太郎　395, 433
加藤高明　397, 398, 401, 421
加藤弘之　406, 407, 412, 414, 415, 420
カトコフ　Mikhail Katkov　289, 307
仮名垣魯文　417
カベ　Étienne Cabet　34, 35, 241
ガポン　Georgy Gapon　307
カミンスキ　Kaminski　269
カラジョルジェ　Karadjordje　178, 179
ガリバルディ　Giuseppe Garibaldi　176, 177, 341
カール・アントン（ホーエンツォレルン＝ジグマリンゲン侯）Karl Anton　185
カルノー　Lazare Nicolas Carnot　221
カロル1世（ルーマニア王）Carol I　185-187
河津祐之　418
神田孝平　406, 415
カント　Immanuel Kant　142
カンパネッラ　Tommaso Campanella　28, 29, 32, 33
ガンベッタ　Léon Gambetta　279
カンボン　Paul Cambon　352
岸田吟香　416
ギゾー　François Guizot　50, 226, 390
キデルレン＝ヴェヒター　Alfred von Kiderlen-Waechter　352
木戸孝允　371, 407, 412, 413
キャーミル・パシャ　Kâmil Pasha　358
清浦奎吾　396, 397, 399, 400
キリスト　Christ　216
陸実（羯南）　369

人名索引 —— 465

グスタフ゠アドルフ・ホーエンローエ゠シリングスフュルスト Gustave-Adolphe de Hohenlohe-Schillingsfürst 273
グスリー William Buck Guthrie 26, 27
クック Joseph Cook 17
グナイスト Rudolf von Gneist 289, 428, 429
雲井竜雄 420
グラックス兄弟 Tiberius and Gaius Gracchus 34
グラッドストン William Ewart Gladstone 96, 187, 230, 423, 424
グラモン Antoine-Agénor-Alfred Gramont 329
クランツ Camille Krantz 84
クリスチャン9世 Christian IX 184, 191
クルマン Eduard Franz Ludwig Kullmann 278
グレイ Edward Grey 316, 358
グレッグ Frank Moody Gregg 299
クレマンソー Georges Clemenceau 13, 86, 147
黒川寿庵 405
クロポトキン Pjotr Kropotkin 379–381, 384
クロムウェル Oliver Cromwell 33, 34
ゲオルギオス1世 Georgios I 184
ゲオルク5世(ハノーファー王) Georg V 278
ゲード Jules Guesde 80, 81, 83, 85, 87, 144, 145, 147
ケンプ George Kemp 316
高祖 377
河野広中 198
ゴスラー Gustav von Goßler 288
後藤象二郎 420
近衛篤麿 400, 401
小村寿太郎 421, 422
ゴルチャコフ Aleksandr Mikhailovich Gorchakov 289, 290, 340
コンシデラン Victor Prosper Considérant 40
コンスタンディノス1世 Konstandinos I 184
コント Auguste Comte 36
コンブ Émile Combes 86

さ 行

西園寺公望 395, 433
西郷隆盛 414, 418, 420
サヴィニー Friedrich Karl von Savigny 58, 407
坂本竜馬 412
ザスーリッチ Vera Ivanovna Zasulich 103
サゾノフ Sergey Dmitrievich Sazonov 355
サンシモン Henry de Saint-Simon 27, 36–39, 42, 226, 240, 242
三条実美 414
シェフレ Albert Schäffle 101
シェーンランク Bruno Schönlank 79
シドッチ Giovanni Battista Sidotti 405
品川弥二郎 432
シーボルト Philipp Franz von Siebold 406
島田三郎 369, 418
ジムゾン Eduard von Simson 261
シメオン Simeon 187
シャイデマン Philipp Scheidemann 74, 80, 319
ジャコビーニ Lodovico Jacobini 278, 285
シャルル10世 Charles X 222, 390
シャルル・フェルディナン Charles Ferdinand d'Artois 222
シャルルマーニュ Charlemagne 36, 258, 325
シャルンホルスト Gerhard von Scharnhorst 260, 426
シュヴァイツァー Jean Baptista von Schweitzer 64, 76, 77, 249
シュタイン Karl vom und zum Stein 260, 428, 429
シュテックミュラー Philipp Stegmüller 79
シュテッケル Adolf Stoecker 66
シュライエルマッハー Friedrich Schleiermacher 260
シュルツェ゠デーリチュ Hermann Schulze-Delitzsch 96, 97
シュレーツァー Kurd von Schlözer 288
ショイ Andreas Scheu 101
ショウ, バーナード Georges Barnard Shaw

90
ジョージ　Henry George　88, 89
ジョージ5世　George V　184, 191, 313, 353
ショラエルト　Frans Schollaert　133
ジョルジェ・カラジョルジェヴィチ　George Karadjordjević　181, 182
ショルレマー＝アルスト　Burghard von Schorlemer-Alst　277
ジョレス　Jean Jaurès　82, 83, 85, 87
ジョン万次郎(中浜万次郎)　416
白根専一　432
シーリー　John Robert Seeley　423
末広鉄腸　369, 428
杉浦重剛　370
杉田玄白　405
スコベレフ　Mikhail Skobelev　289
スタンボロフ　Stefan Stambolov　187
ズットナー　Bertha von Suttner　409
ストルイピン　Pyotr Stolypin　307
スペンサー，ハーバート　Herbert Spencer　420
スミス，アダム　Adam Smith　49
セラーノ　Francisco Serrano　329
副島種臣　198, 420
其扇(お滝)　406
ゾラ　Émile Zola　82
ゾルカ　Zorka　181
ソールズベリー　3rd Marquis of Salisbury　423
ソレル　Georges Sorel　142
ソーン　Wil Thorne　96

た 行

大黒屋光太夫　405
ダイシー　Albert Venn Dicey　428
ダヴィッド　Félicien-César David　38
ダーウィン　Charles Robert Darwin　51, 380
ダウマー(ロシア皇后)　Dagmar　184, 191
高野長英　406
高橋是清　397
田口卯吉　419
ダニロ1世(モンテネグロ公)　Danilo I　184, 185
ダニロ・アレクサンダル(モンテネグロ王)　Danilo Aleksandar　185
ダービー　14th Earl of Derby　230

ターフェ　Eduard Taaffe　101, 109
ダランベール　Jean Le Rond d'Alembert　369
ダントン　Georges Jacques Danton　221, 300
チェンバレン，オースティン　Austin Chamberlain　19
チェンバレン，ジョセフ　Joseph Chamberlain　96, 345, 421-425
チャールズ2世　Charles II　34
ツェトキン，クララ　Clara Zetkin　80, 81
辻新次(理之助)　371, 417
津田真道　406, 415
ヅーフ　Hendrik Doeff　364
ディヴィドソン　Thomas Davidson　89
ティエール　Louis Adolphe Thiers　223
ディキンソン　Willoughby Dickinson　316
ディズレーリ(ビーコンスフィールド)　Benjamin Disraeli, 1st Earl of Beaconsfield　230, 423
デリンガー　Ignaz von Döllinger　269, 271
デルカッセ　Théophile Delcassé　292, 346, 347, 350, 352, 355, 426
デンニゲス　Helene von Dönniges　60
徳川家達(田安亀之助)　411
徳川慶喜　413
徳川吉宗　405
外山正一　419
豊臣秀吉　167, 189, 377
トライチュケ　Heinrich von Treitschke　250
ドラガ・マシーン　Draga Mašin　180, 181
鳥尾小弥太　368
ドレフュス　Alfred Dreyfus　82, 83
ドンネルスマルク　Guido Henckel von Donnersmarck　350

な 行

ナイセンス　Albert Nyssens　124, 125
中江兆民　369, 418
中川淳庵　405
中村敬宇　369, 370, 409
ナタリア(セルビア王妃)　Natalija　180
ナポレオン　Napoléon Ier　40, 165-167, 169, 176, 221, 231, 242, 258, 260, 295, 300, 303, 326, 337, 343, 390
ナポレオン3世(ルイ・ナポレオン)　Napo-

léon III　41, 42, 80, 145, 175-177, 226, 227, 231, 305, 330, 341, 342, 391, 425
ニエル　Louis Niel　146, 147, 149
ニコライ1世(モンテネグロ王)　Nikola I　185
ニコライ1世　Nicholai I　191
ニコライ2世　Nicholai II　181, 182, 184, 191, 353, 359
西川如見　405
西周　406
ニナ　Lorenzo Nina　283
沼間守一　418
ネッケル　Jacques Necker　299
ノシック　Alfred Nossig　77
ノビリング　Karl Nobiling　250

は行

ハインドマン　Henry Mayers Hyndman　88, 89, 97
バクス　Ernest Belfort Bax　89
バクーニン　Mikhail Aleksandrovich Bakunin　65
ハーコート　Lewis Vernon Harcourt　11
バザール　Saint-Amand Bazard　38, 39
パジェス　Léon Pagès　406
橋爪貫一　366
ハーゼンクレーヴァー　Wilhelm Hasenclever　66
バッサーマン　Friedrich Daniel Bassermann　71, 262
ハッツフェルト　Sophie von Hatzfeldt　58, 64
服部孝三郎(万亭応賀)　417
ハーディ, ケア　James Keir Hardie　90, 91, 95, 424
バデーニ　Kasimierz Badeni　109, 111
バブーフ　François Noël Babeuf　34, 35, 226, 240
原敬　397-399, 401, 432
ハリス　Townsend Harris　431
ハリントン　James Harrington　32-34
ハルデンベルク　Karl August von Hardenberg　260
ハルトゥング　Hermann Hartung　99
バルフォア　Arthur Balfour　19, 96, 213, 230, 314
パンクハースト, エメリン　Emmeline Pankhurst　256, 316

パンクハースト, リチャード　Richard Pankhurst　315
バーンズ　John Burns　96
ピウス9世　Pius IX　177, 273, 277, 278, 280, 334
ヒコ, ジョセフ(浜田彦蔵)　Joseph Heco　416
ピーズ　Edward Piease　90
ビスマルク　Otto von Bismarck　6, 64, 66-69, 71, 173, 176, 177, 182, 249-251, 257, 259, 261, 262, 264-266, 270, 271, 273, 274, 278, 280-292, 325, 328-330, 333-345, 408, 425, 426, 428, 429
ビッター　Karl Hermann Bitter　285
ピット　William Pitt　229, 387
ビューロー　Bernhard Bülow　262, 349, 350
ヒルシュ　Max Hirsch　248
ファルク　Adalbert Falk　274, 284, 285
ファンデルフェルデ　Émile Vandervelde　129-131, 135, 140, 320
フィッシャー　Andrew Fisher　17
フィッセリング　Simon Vissering　406
フィヒテ　Johann Gottlieb Fichte　260
フェイェールヴァーリ　Géza Fejérváry　111
フェルディナント1世(ブルガリア王)　Ferdinand I　187
フェルディナンド1世(ルーマニア王)　Ferdinand I　185-187, 222
フォーセット　Millicent Garrett Fawcett　315, 316
ブオナロティ　Filippo Michele Buonarotti　35
フォルマール　Georg von Vollmar　79
福岡孝弟　412, 413
福沢諭吉　365, 366, 368-370, 406, 409, 412, 414, 427, 430
福地源一郎　363, 364, 370, 371, 411, 417, 419, 427, 431
プジェ　Émile Pouget　146, 147, 151
プットカマー　Robert Victor von Puttkamer　285, 288
ブライアン　William Jennings Bryan　314
ブライス　James Bryce　428
ブラック　John Reddie Black　367
プラトン　Plato　29, 32, 33, 55, 241, 256
ブラン, ルイ　Louis Blanc　40-44, 83, 226,

242, 391
フランクリン Benjamin Franklin 219
フランシ Alessandro Franchi 283
フランツ2世(神聖ローマ皇帝) Franz II 258, 325
フランツ・ヨーゼフ1世 Franz Joseph I 112, 290
ブリアン Aristide Briand 13, 85, 352
フーリエ Charles Fourier 27, 38-40, 42, 43, 240, 242
フリードリヒ1世(プロイセン王) Friedrich I 258, 260, 283
フリードリヒ2世(大王) Friedrich II (der Große) 260
フリードリヒ3世 Friedrich III 191, 258, 260
フリードリヒ・ヴィルヘルム(ヘッセン＝カッセル＝ルンペンハイム方伯) Friedrich Wilhelm 278
フリードリヒ・ヴィルヘルム1世 Friedrich Wilhelm I 260
フリードリヒ・ヴィルヘルム2世 Friedrich Wilhelm II 260
フリードリヒ・ヴィルヘルム3世 Friedrich Wilhelm III 260
フリードリヒ・ヴィルヘルム4世 Friedrich Wilhelm IV 260, 261
プリム Juan Prim 329
古沢滋 420
ブルジョワ, レオン Léon Bourgeois 351
ブルース Paul Brousse 83, 144, 145
プルードン Pierre Joseph Proudhon 42-45, 48, 50, 51, 82, 156, 241, 242
ブルンチュリ Johann Kaspar Bluntschli 414
プレーヴェ Vyacheslav Plehve 307
フレシネ Charles de Freycinet 344
フレゼリク8世 Frederik VIII 184
フレール＝オルバン Jos Hubert Frère Orban 126
ブロクヴィル Charles de Broquewille 132, 133
フンボルト Alexander von Humboldt 58
ペイジ Walter Hines Page 191
ヘーゲル Georg Wilhelm Friedrich Hegel 50, 53
ペータル・カラジョルジェヴィチ Peter Karadjordjević 179-181
ベッカー Bernhard Becker 64
ベック Max Wladimir Beck 112, 113
ヘーデル Max Hödel 250
ベートマン＝ホルヴェーク Theobald von Bethmann-Hollweg 352
ベニクセン Rudolf von Bennigsen 265, 281, 282
ベネデッティ Vincent Benedetti 329
ベーベル August Bebel 50, 64, 66, 67, 84, 248, 321
ヘボン James Curtis Hepburn 416
ペリー Matthew Calbraith Perry 365, 407, 431
ベルクソン Henri Bergson 142
ヘルツォーク James Barry Munnik Hertzog 12
ヘルツカ Theodor Hertzka 34, 35
ベルトラン Louis Bertrand 140
ベルンシュタイン Eduard Bernstein 79, 86, 244, 253, 319
ヘレン Helen 181
ヘンリー8世 Henry VIII 28
ボイスト Friedrich Ferdinand von Beust 338
ホーエンヴァルト Karl Sigmund, Graf von Hohenwart 101
ホーエンローエ(バイエルン宰相) Chlodwig zu Hohenlohe-Schillingsfürst 274
ホーエンローエ(プロイセン宰相) Adolf zu Hohenlohe-Ingelfingen 261
ホーエンローエ＝シリングスフュルスト Prinz Konrad zu Hohenlohe-Schillingsfürst 113
星亨 395, 398, 429, 432
ボータ Louis Botha 12
ボダン Jean Bodin 219
ホッブズ Thomas Hobbes 378
穂積陳重 370
穂積八束 429, 430
ホフマン Johann Joseph Hoffmann 406
ホープレヒト Arthur Hobrecht 285
ポベドノスツェフ Konstantin Pobedonostsev 307
ホームズ James Holmes 91, 93
ホルズベリー 1st Earl of Halsbury 19
ポワンカレ Raymond Poincaré 13, 86,

人名索引

355, 356

ま 行

マキャベリ Niccolò Machiavelli 374
マクドナルド Ramsay MacDonald 90, 424
マセラ Gaetano Aloisi Masella 282, 283
松方正義 395, 432
マッツィーニ Giuseppe Mazzini 176
マフムート・シェヴケト・パシャ Mahmud Shevket Pasha 358
マラー Jean Paul Marrat 221
マリア (ザクセン＝コーブルク・ゴータ公妃) Maria 185
マリア (ルーマニア王妃) Maria 185
マルクス Karl Marx 23, 25-27, 29, 37, 42, 46, 48-59, 62, 63, 65, 77, 79, 81-85, 88, 89, 91, 96-98, 139, 155, 240-244, 246-248, 253, 318-320, 335, 391
マルクス・アウレリウス Marcus Aurelius Antoninus 382
マン Tom Mann 96
三浦梧楼 421
湊川濯余 411
美濃部達吉 10
ミハイロ Mihailo Obrenović 179, 180
ミュラー Ludwig August von Müller 269
ミラン・オブレノヴィチ (セルビア公) Milan Obrenović 179
ミラン・オブレノヴィチ (初代セルビア王) Milan Obrenović 180, 181
ミル，ジョン・スチュアート John Stuart Mill 315, 420
ミルラン Alexandre Millerand 82-85
ミロシュ・オブレノヴィチ Miloš Obrenović 178-180
閔妃 421
陸奥宗光 431
ムハンマド・アリー Muḥammad ʿAlī 182
村田文夫 366
明治天皇 395, 412, 413, 427
メッテルニヒ Klemens Wenzel Lothar von Metternich 170, 174, 223, 227, 305, 337, 352
メルヒャース Paulus Melchers 269
モア Thomas More 28, 29, 32, 33, 35, 241
モッセ Albert Mosse 429
モニ Ernest Monis 352

森有礼 370
森口繁治 369
モリス William Morris 88, 89
モルトケ Helmuth von Moltke 264, 425
モレリ Étienne-Gabriel Morelly 35
モンテスキュー Charles-Louis de Montesquieu 218, 219, 302, 369

や・ら・わ 行

柳河春三 370, 406, 417
山県有朋 309, 364, 395, 401, 421, 426, 432
山階宮晃親王 412, 413
ユッタ (モンテネグロ王妃) Jutta von Mecklenburg 185
由利公正 412, 413, 420
横井小楠 412, 413
ラインケンス Joseph Hubert Reinkens 272
ラコヴィッツァ Boyar Janko Prince von Racowitza 60
ラサール Ferdinand Lassalle 29, 37, 50, 58-61, 64-67, 76, 91, 98, 99, 155, 246-249, 320, 321, 335
ラスカー Eduard Lasker 265, 266
ラッセル Bertrand Russell 379, 380
ラドリン Hugo von Radolin 350
ラファルグ Paul Lafargue 81
ランズダウン 5th Marquess of Lansdowne 19, 314
リカード David Ricardo 49, 57, 59, 246
リスト Franz Ritter von Liszt 73
リスマン Johann Rißmann 103
リヒトホーフェン Ferdinand von Richthofen 425
リープクネヒト，ヴィルヘルム Wilhelm Liebknecht 248
リープクネヒト，カール Karl Liebknecht 50, 64, 66, 67, 76, 77, 250, 321
リュッツ Johann von Lutz 269
リンカーン Abraham Lincoln 384
ルイ 2 世 (西フランク王) Louis II 258
ルイ 14 世 Louis XIV 40, 167, 170, 218, 389
ルイ 15 世 Louis XV 390
ルイ 16 世 Louis XVI 220, 221, 299, 300, 390
ルイ 18 世 Louis XVIII 166, 222, 300, 305,

390
ルイ・アントワーヌ Louis Antoine 222
ルイーザ Maria Louisa 176
ルイーゼ Viktoria Luise von Preußen 72, 249
ルーヴィエ Maurice Rouvier 350
ルイ=フィリップ Louis Philippe 223-226, 304, 390
ルクセンブルク、ローザ Rosa Luxemburg 80, 81
ルーズベルト、セオドア Theodore Roosevelt 350
ルソー Jean-Jacques Rousseau 170, 201, 218, 299, 369
ルートヴィヒ1世(バイエルン王) Ludwig I 184
ルートヴィヒ1世(フランク王) Ludwig I 325
ルートヴィヒ2世(バイエルン王) Ludwig II 259, 266
ルーベ Émile Loubet 344
レオ13世 Leo XIII 280, 282, 283, 288, 334
レオポルト(ホーエンツォレルン=ジグマリンゲン家) Leopold 185

レオポルト1世(ベルギー王) Leopold I 120, 184, 306
レオポルト1世(神聖ローマ皇帝) Leopold I 260
レオポルト2世 Leopold II 120
レオンハルト Adolf Leonhardt 266
レセップス Ferdinand de Lesseps 38
レーボー Louis Reybaud 27, 239, 240, 318
ロー、ボナー Bonar Law 19, 314
ロイド=ジョージ David Lloyd George 17, 312, 353, 423, 424
ロック John Locke 378
ロートベルトゥス Karl Rodbertus 48, 49, 51, 57, 59, 242
ロドリーグ Benjamin Olinde Rodrigues 38
ロドリゲス João "Tçuzu" Rodrigues 406
ロバーツ Frederick Roberts 94, 424
ロベスピエール Maximilien Robespierre 34, 220, 222, 300
ローン Albrecht Theodor Emil von Roon 173, 260
ワルデック=ルソー Pierre René Waldeck-Rousseau 83

地名索引

あ 行

アイオア Iowa 34
アイゼナハ Eisenach 66, 67, 101, 248, 301, 436
アイルランド Ireland 7, 17, 94, 228, 324, 331, 423, 424
アガディール Agadir 352
アジア Asia 257, 421, 423
アシュ Ash 98
アドリア海 Adriatic Sea 187, 346, 356
アドリアノープル Adrianople 182
アバディーン Aberdeen 228
アフガニスタン Afghanistan 324
アフリカ Africa 35, 39, 50, 157, 161, 257, 291, 342, 346, 353
アミアン Amiens 151
アムステルダム Amsterdam 83, 84
アメリカ America 8, 12, 15, 31, 34, 35, 37, 143, 159, 161, 169, 170, 191, 195, 197, 201, 202, 212, 213, 215-217, 219, 235, 241, 254, 256, 257, 292, 299, 302, 311, 314, 315, 322, 350, 370, 410, 417, 428, 429, 431
アルザス=ロレーヌ Alsace-Lorraine, Elsaß-Lothringen 6, 71, 254, 266, 323, 332, 339
アルジェリア Algeria 39, 222, 343, 346
アルスター Ulster 423
アルバニア Albania 183, 356-359
アルプス Alps 177, 341
アントワープ Anvers 129
安南 324
イエナ Jena 81
イギリス →英国
イストリア辺境伯領 Markgrafschaft Istrien 107
イタリア(半島) Italy 168, 171, 172, 174-178, 185, 213, 231, 254, 267, 268, 272, 291, 292, 309, 322, 328, 336, 337, 340-343, 345-

地名索引 —— 471

347, 350, 355, 357, 379, 427
イピロス Epirus　183, 188
イリノイ Illinois　35
イングランド England　228, 423
インド India　256, 292, 345, 422, 423, 425
ヴァチカン Vatican　269-271, 280
ヴァルトブルク Wartburg　66
ヴィクトリア Victoria　15
ウィーン Wien　34, 99, 101, 103, 105, 106, 109, 111, 174, 181, 285, 290, 327, 336
ウェストオーストラリア West Australia　17
ヴェネツィア Venezia　175, 177, 337
ヴェルサイユ Versailles　80, 82, 258, 299, 300, 330, 389
ウェールズ Wales　6, 7, 228, 256, 423
ヴェルダン Verdun　258, 325
ヴュルテンベルク Württemberg　13, 174, 221, 258, 264, 278, 301, 326-328, 330, 408
雲南　257
英国　7, 12, 13, 17, 87, 89, 139, 143, 156, 161, 165-167, 169, 170, 176, 182, 184, 185, 187, 190, 191, 195, 201-203, 213, 215-219, 221, 224, 226, 228-231, 234, 235, 238-240, 245-247, 254, 256-258, 279, 290, 292, 298, 299, 302, 306, 308, 309, 312, 314, 315, 319, 320, 322-324, 331, 335, 340, 342, 344-350, 353, 354, 357, 369, 370, 377, 382, 385, 387-389, 391, 392, 399, 403, 407, 410, 414, 420-431
エーゲ海 Aegean Sea　183, 188, 359
エジプト Egypt　182, 292, 346
エルバ Elba　221
エルフルト Erfurt　73, 252
大阪　371, 416
オクラホマ Oklahoma　14
オーストラリア Australia　15, 17, 157, 159, 170, 215, 235, 256, 422, 423
オーストラリア連邦 Commonwealth of Australia　15, 17, 212, 213
オーストリア Austlia　97, 99, 103, 105, 106, 108, 112, 113, 117, 118, 156, 161, 165, 166, 170, 172-179, 181, 182, 190, 192, 206, 221, 224, 227, 231, 254, 259, 272, 278, 285, 289, 290, 292, 300, 307, 309, 322, 324, 326-330, 332, 336-343, 346, 347, 355-357, 379, 408, 426, 427

オーストリア＝ハンガリー君主国 Österreich-Ungarn　7, 105, 290, 327
オックスフォード Oxford　228
オランダ Holland　168, 172, 221, 231, 272, 301, 335, 348, 350, 406, 410, 415, 431
オレゴン Oregon　14
オレンジ川植民地 Orange River Colony　12

か 行

ガシュタイン Gastein　338
ガットン Gatton　229
カトヴィッツ Kattowitz　269
カナダ Canada　170, 257, 422, 424
上オーストリア大公領 Erzherzogtum Oberösterreich ob der Enns　107
カメルーン Cameroun　354
ガリツィア Galicia　107, 108, 116, 117, 161
漢　377
ガン Ghent　129, 140
ギアナ Guiana　82
北スラヴ North Slavs　115
キプロス Cyprus　342, 343
教皇領　175-177
京都　371, 410, 411, 417
極東　345
ギリシア Greece　182-184, 186, 188, 200, 204, 211, 255, 354, 355, 359
クーアヘッセン Kurhessen　306
クインーンズランド Queensland　15
クライン公領 Herzogtum Krain, Carniola　107
グラスゴー Glasgow　91, 228
クリミア Crimea　340
クレタ島 Crete　183, 188
クロアチア Croatia　323
ケーニヒスベルク Königsberg　260
ケープ植民地 Cape Colony　12
ケープタウン Cape Town　12
ケムニッツ Chemnitz　81
ケルン Köln　50, 269, 271
ケルンテン公領 Herzogtum Kärnten, Carinthia　106, 107
ケンブリッジ Cambridge　228
ゴータ Gotha　67, 249, 251
黒海　187
コネティカット Connecticut　217, 299

ゴリツィア・グラディスカ伯爵領 Gefürstete Grafschaft Görz und Gradisca 107
コルシカ Corsica 40
コンスタンティノープル Constantinople 358

さ 行

サウスオーストラリア South Australia 15
サウスダコタ South Dakota 14
ザクセン Sachsen 64, 65, 174, 223, 233, 263, 264, 306, 327, 328
ザクセン＝ワイマール＝アイゼナハ Sachsen-Weimar-Eisenach 301
サドワ Sadowa 336
ザルツブルク公領 Herzogtum Salzburg 107
サルディニア Sardinia 175-177, 342
サン・ステファノ San Stefano 290
サン・テティエンヌ Saint-Étienne 82, 83, 145
シチリア Sicily 176, 177
下オーストリア大公領 Erzherzogtum Österreich unter der Enns 106, 107
下田 431
シャム 256
シュヴィーツ Schwyz 15, 212
シュタイアーマルク公領 Herzogtum Steiermark, Styria 106, 107
ジュネーヴ Genève 63, 81, 181, 246
シュレスヴィヒ＝ホルシュタイン Schleswig-Holstein 161, 172, 174, 328, 332
小アジア Asia Minor 183, 292, 342
シレジア公領 Herzogtum Schlesien 107
清 415
神聖ローマ帝国 Holy Roman Empire 258, 325
スイス Suisse, Schweiz 12, 13, 15, 69, 81, 172, 181, 212, 213, 221, 246, 251, 254, 272
スウェーデン Sweden 13, 165, 166, 254, 350
スエズ Suez 38
スコットランド Scotland 90, 228, 423
スダン Sedan 80, 177, 330
スペイン Spain 33, 40, 221, 272, 329, 346, 348-352, 354

セルビア Serbia 166, 178-182, 184, 187, 188, 337, 340, 354-357, 359
セント・アンドリュース St. Andrews 228
セントルイス Saint Louis 35
ソルトレーク Salt Lake City 34

た 行

台湾 161, 256
タスマニア Tasmania 15
ダブリン Dublin 228
ダルマツィア王国 Dalmatia 107
タンジール Tangier 348, 350
地中海 Mediterranean Sea 343, 349, 356
中央アジア Central Asia 345
中国 257, 377, 405-407, 415
中南米 197
チュニジア Tunisia 342, 343, 346
チューリッヒ Zürich 15
朝鮮 256, 415, 421
チロル伯爵領 Gefürstete Grafschaft Tirol 107
テキサス Texas 34, 35
出島 405
テッサロニキ Thessaloniki 184, 359
テュニス Tunis 291
デンマーク Denmark 13, 72, 73, 165, 166, 172, 184, 191, 227, 307, 332
ドイツ Germany 7, 11-13, 45, 47-50, 59-61, 65, 68, 72, 74, 75, 86, 87, 90, 96, 103, 136, 139, 143, 158, 165-168, 172-175, 179, 182, 184-187, 190, 202, 203, 206, 223, 224, 226-228, 234, 235, 238, 241, 242, 244, 246-250, 252-254, 256-262, 267-270, 272, 274-276, 279-282, 289-292, 309-311, 313, 314, 319-326, 329-337, 339-345, 347-350, 353, 354, 357, 386, 400, 408, 420, 422, 424-429
東京 371, 410, 411, 416, 418, 421, 432
トスカーナ Toscana 175, 176
トラキア Thrace 355
トランスバール Transvaal 12
トリエステ市・地方 Trieste 107
トリポリ Tripoli 346, 347, 355
トルコ Turkey 166, 171, 178, 180-188, 227, 254, 255, 292, 307, 323, 337, 339, 346, 354, 355, 357-359, 425
ドレスデン Dresden 81, 283, 327

地名索引 —— 473

トレンティーノ Trentino　177, 337, 341

な 行

ナタール Natal　12, 17, 213
ナッサウ Nassau　174, 328
ナポリ Naple　33
南米　82, 170
日本　158, 171, 196, 222, 238, 256, 258, 292, 308-310, 314, 372, 383, 385, 387-397, 399, 402-407, 411, 415, 421, 422, 429, 431, 433
ニューオリンズ New Orleans　35
ニューサウスウェールズ New South Wales　15
ニュージーランド New Zealand　170, 212, 256
ニュルンベルク Nürnberg　65, 81, 248
ネヴァダ Nevada　14
ネーデルラント王国 the Netherlands　168
ノーヴー Nauvoo　34, 35
ノルウェー Norway　165, 166, 254, 256, 309, 315

は 行

ハーグ La Haye　65
バイエルン Bayern, Bavaria　79, 80, 165, 174, 184, 221, 258, 260, 264, 265, 269, 271, 274, 282, 301, 325, 327, 328, 330
ハイデルベルク Heidelberg　68, 327
ハインフェルト Hainfeld　103
バーデン Baden　79, 80, 165, 174, 221, 258, 264, 278, 283, 301, 326, 328, 330, 408
ハノーファー Hannover　72, 79, 165, 166, 174, 223, 262, 268, 278, 306, 327, 328, 332, 386
バーミンガム Birmingham　93, 229
パリ Paris　34, 35, 38, 39, 44, 50, 51, 80, 82, 83, 145-148, 180, 181, 241, 246, 258, 261, 300, 330, 344, 350, 352, 355, 389, 390
バルカン（半島）Balkan　159, 161, 166, 171, 178, 179, 183, 184, 186, 188, 255, 290, 292, 337-339, 342, 354-356, 358-360
パルマ Parma　175, 176
ハレ Halle　252
パレスティナ Palestina　50
ハンガリー Hungary　104-106, 111, 172, 188, 216, 231, 232, 254, 309, 323, 338, 408
ハンブルク Hamburg　66, 74, 203

東ルメリア Eastern Rumelia　187
兵庫　431
ビルマ　324
フィリピン Philippine　254
フィンランド Finland　13, 165, 254, 256, 315, 323
フェズ Fez　348
フォアアールベルク Vorarlberg　107
ブコヴィナ公領 Herzogtum Bukowina　107
ブダペスト Budapest　34, 105
ブトヴァイス Budweis　119
ブラウンシュヴァイク Braunschweig　72, 223, 263, 306
ブラッドフォード Bradford　91
プラハ Prague　106
フランクフルト・アム・マイン Frankfurt am Main　259, 261, 327, 328
フランス France　12, 13, 27, 29, 35, 37, 41, 42, 48, 49, 80-82, 86, 139, 141, 143, 145, 149, 150, 153, 156, 157, 165-169, 173, 175-177, 182, 201, 202, 206, 213, 215-226, 228, 230, 231, 240-243, 247, 254, 255, 258, 265, 290-292, 296, 298-301, 304, 306, 307, 309, 312, 314, 318-323, 326, 329-332, 335-337, 339, 340, 342-357, 369, 377, 387-389, 391, 392, 404, 408, 410, 426, 427
ブランデンブルク Brandenburg　258, 260
フリシンゲン Flushing　348
プリマス Plymouth　91, 93, 216
プリマス植民地 Plymouth Colony　217
ブリュッセル Brussel　50, 84, 121-123, 129, 131, 135, 320
ブルガリア Bulgaria　161, 187, 188, 255, 339, 354, 355, 359
ブレスラウ Breslau　79
プレトリア Pretoria　12
ブレーメン Bremen　203
プロイセン Preußen　48, 68, 72, 73, 79, 165, 166, 168, 170, 173-176, 203, 221, 227, 228, 233, 234, 241, 244, 252-254, 258-265, 267, 270, 272, 275, 276, 278-282, 284, 286, 288, 300, 307, 310, 311, 326-333, 335, 337, 341, 386, 408, 426
ベオグラード Beograd　181
ヘッセン Hessen　174, 221, 264, 278, 328, 330

ヘッセン=カッセル Hessen-Kassel　278
ヘッセン選帝侯領 Kurfürstentum Hessen　223
ヘッセン=ダルムシュタット Hessen-Darmstadt　258, 301, 326
ベーメン Böhmen　105-108, 117
ベルギー Belgium　7, 11-13, 39, 120, 121, 135, 137, 148, 168, 172, 188, 201-203, 211, 222-225, 228, 233, 234, 238, 245, 246, 254, 306, 309, 312, 320, 322, 324, 348, 350
ペルシア Persia　257, 292, 345
ヘルツェゴヴィナ Herzegovina　181, 188
ベルリン Berlin　11, 65, 174, 234, 247, 260, 289, 290, 310, 327, 338, 339, 349, 352, 426
ベルン Beln　272
ボスニア Bosnia　181, 188, 337, 339
ポツダム Potsdam　52
ポーランド Poland　72, 254, 270, 323, 332
ボルドー Bordeaux　80
ポルトガル Portugal　350
ボン Bonn　50, 269, 272
ポンメルン Pomerania　165

ま 行

マクデブルク Magdeburg　81
マケドニア Macedonia　161, 188, 255, 354, 359
マサチューセッツ Masachusetts　217
マドリッド Madrid　40, 349
マルセイユ Marseille　81, 151
マレー半島 Malay Peninsula　157
満州　421
マンハイム Mannheim　80
ミズーリ Missouri　14
南アフリカ連邦 Union of South Africa　12, 13, 17, 213, 422
南スラヴ South Slavs　115
ミュンヒェン München　269, 271
メイン Maine　14
メキシコ México　350
メクレンブルク Mecklenburg　185
メクレンブルク=シュヴェリーン Mecklenburg-Schwerin　266
メクレンブルク=シュトレーリッツ Mecklenburg-Strelitz　266
メソポタミア Mesopotamia　425

メーレン辺境伯領 Markgrafschaft Mähren　107
モデナ Modena　175, 176
モラビア Moravia　106
モルダヴィア Moldavia　185, 186
モロッコ Morocco　343, 346, 348, 349, 351, 352, 354, 426
モンタナ Montana　14
モンテネグロ Montenegro　180-182, 184-187, 354, 355
モンペリエ Montpellier　147

や・ら・わ 行

ユタ Utah　14
横浜　371, 416
ライデン Leiden, Leyde　406
ライヒェンベルク Reichenberg　98
ライプツィヒ Leipzig　61, 65, 66, 247, 321
ランス Reims　82, 83
リエージュ Liège　122, 123, 129, 131
リガ Riga　172
リベリア Liberia　161
リモージュ Limoges　145
リューベック Lübeck　79, 203
両シチリア王国 Kingdom of the Two Sicilies　175
リヨン Lyon　81
ル・アーブル Le Havre　82, 83
ルクセンブルク Luxemburg　172
ルーマニア Rumania　60, 182, 185-187, 254, 359, 360
レッドリバー Red River　34
ロイス兄系 Reuß ältere Linie　266
ロイス弟系 Reuß jüngere Linie　266
ロシア Russia　7, 103, 110, 161, 165, 170, 172, 176, 178, 179, 181, 182, 185-187, 190, 206, 224, 227, 231, 254-256, 289-292, 307, 309, 323, 328, 332, 337-340, 342-345, 348-350, 353, 355, 357, 359, 379, 390, 407, 421, 426, 427, 431
ロードアイランド Rhode Island　217
ローマ Rome　167, 177, 256, 258, 342
ロンドン London　35, 42, 50, 51, 63, 69, 90, 182, 228, 246, 248, 321, 357
ロンバルディア Lombardia　175, 176, 337
ワラキア Wallachia　185, 186

事項索引

あ 行

アイゼナハ綱領　66, 101
アイヌ　171
アイルランド議会党　17, 19, 94, 97, 331
アイルランド自治問題　7, 94, 96, 213, 331, 423, 424
アドリアノープル条約　182
アナキスト（無政府主義者）　139, 320, 379
アナキズム（無政府主義）　44-47, 81-83, 89, 103, 120, 123, 139, 143, 150, 151, 156-158, 189, 242-244, 319, 321, 323, 374, 379, 381, 384
　科学的――　44, 45
　絶対的――　379, 380
　相対的――　381
アフリカ　157
アヘン戦争　365, 407, 408
アメリカ人　216
アメリカ独立（戦争）　37, 217, 219
アルバニア主義　357
アルバニア人　356
アルヘシラス条約　350-352
イエズス会　273, 274, 283, 317
医学所　409
『イカリアへの旅』　35
イギリス人　216, 365, 369, 388, 406
イタリア人　115, 117, 119, 166, 171, 175, 341, 345
伊土戦争　355, 426
イニシアティブ　154
ウィーン会議　165-167, 171, 172, 175, 224, 258, 259, 267, 303, 304, 326
ヴェルフ党　72, 73, 166, 262, 268, 332, 386
『英政如何』　369, 415
英仏協商　292, 346-349, 427
英露協商　292
エルザス（ドイツ帝国議会）　73
エルフルト綱領　66, 72, 73, 252
王権　376, 377, 389, 390, 424
　――神授説　377, 378
『欧洲動乱史論』　177, 181, 291, 338, 341, 342
王政復古　363, 413
王党派　85, 86, 226, 331
オーストリア人　341
『オセアナ共和国』　33
オブレノヴィチ家　179
オランダ人　172
オルレアン朝（家）　225, 304, 306, 390

か 行

海外新聞　409, 415
階級
　――闘争　244, 319-321, 335
　下層――　317
階級選挙　10, 11, 310
開成所　406, 409
『華夷通商考』　366
解放　8, 9, 62, 63, 92, 93, 151, 192-194, 235
下院（衆議院）　203, 235, 383, 398, 432
　イギリス　228, 386-388, 424
　オーストリア　107-109
　ドイツ（帝国議会）　329, 330, 333
　日本　372, 397-402, 418, 432
革命　174, 195, 223-227, 305-307, 320, 351, 378, 380, 386, 391
革命裁判所　221
カトリック　39, 68, 71, 86, 132, 158, 272, 317, 403
可能派　82, 83
カラジョルジェヴィチ党（家）　179-181
官報　371, 416
官僚制　311, 418
官僚閥　396, 397
議会法（英）　213, 235, 313, 424
貴族院　→上院
貴族政　188-191, 225, 385, 419
北ドイツ連邦　174, 175, 259, 263, 265, 268, 329, 330, 408
希土戦争　183, 188
急進および急進社会党　13, 84-87
急進主義　76, 77, 81
急進党　84, 85, 87
教育法案（英）　312
共産主義　26, 29-35, 46, 47, 240, 241, 250
『共産主義者宣言』　27, 50, 51, 63, 97, 240, 246
業績　37, 43
共通議会　104, 105
『京都守護職始末』　365

共和左派　84, 87
共和主義　121, 123, 220, 252, 335, 279
ギリシア人　183
キリスト教社会党　66, 70, 113
キリスト教民主党　130, 131, 135
『近時評論』　371
近代主義(カトリック)　6, 7, 38
クリミア戦争　176, 186
軍国主義　325, 336
群衆　80, 129
君主主義　202, 207, 304
君主主権　207, 222, 223, 378
軍閥　372, 396, 397, 425, 432, 433
慶應義塾　370, 409
結社権(結社法)　98, 99, 101
ゲルマン民族　165, 172-175, 325, 326, 337, 428
研究会(日本・貴族院)　383, 400, 401
憲政会　398
『現代改革者の研究』　27, 239
憲法　9, 195-199, 202-204, 215-227, 299-307, 390, 391, 394, 395, 397, 402, 414, 427-432
　——会議　313
　——法　15
『憲法制定の由来』　420
権力　201, 202, 300, 374, 376, 381, 387, 390, 410, 432, 433
元老　395, 396, 421, 422
元老院　224, 420, 421, 430
『交易問答』　407
公議所　414, 418
『江湖新聞』　371, 411, 417
貢士　418
公式令　402
交詢社　430
高等法院　220, 389
合理主義　378
五ヶ国条約　431
五箇条の御誓文　411-414
古カトリック　269, 271, 272
国王評議会　386
国際労働者協会(第一インターナショナル)　29, 51, 62, 63, 65, 98, 246, 248, 320
『国法汎論』　368, 414
国民軍　74, 75
国民公会　299

国民自由党　68-72, 250, 262, 265, 277, 278, 280-286
国民主権　220, 222, 223, 305,
護憲運動　396
御宸翰　413
個人主義　296, 323, 333, 378
コスモポリタン　255, 267
ゴータ家　184, 185, 187, 306
ゴータ綱領　66
『国家』　32
国家社会主義　40
国家主義　244, 284, 296, 335
国家小説　30, 31
国教廃止　323
コネティカット基本法　217, 299

さ 行

『財産とは何か』　43
済生会　238
『采覧異言』　366, 405
左院　418
鎖国　407
『雑誌進歩』　40
サボタージュ　152, 153, 253, 322
産業革命　22, 23, 29, 387
『産業体制論』　37
産業予備軍　48, 54
三権分立　197, 198, 302
三国協商　343
三国同盟　257, 289-292, 340-347, 357, 426, 427
三十年戦争　333
サン・ステファノ条約　181, 339, 340
参政権　8, 9
サンディカリズム　28, 29, 87, 96, 140-143, 146-157, 213, 244, 253, 321, 322
　革命的——　321
　サンディカリスト　83, 149, 150, 153, 156, 322
三帝同盟　290, 291, 338, 339
三部会(フランス)　220, 299, 388, 389
示威運動　100, 101, 109, 111, 121-125, 129, 133, 146, 147, 153, 317, 322
シオニズム　50, 161, 255
自助　98, 99
『自省録』　382
七月革命　9, 222-225, 227, 304, 305, 390

事項索引 —— 477

自治領　422
『実証政治学体系』　36
『実証哲学講義』　36
使徒たちの聖コレージュ　38, 39, 242
資本家　318-322, 335
資本主義　22, 23, 54, 57, 243, 317-319
『資本論』　23, 26, 42, 50, 51, 57, 243, 318
『時務一家言』　158
社会共和国実現のための革命的行動同盟　85
社会契約　217, 218, 369, 378, 379
社会主義　6, 7, 19-29, 33, 35-67, 72, 73, 75, 77, 80-93, 96, 97, 99, 102, 103, 116, 117, 122, 136, 137, 139, 141, 143, 145, 149, 154-156, 158, 194, 201, 202, 226, 235-252, 286, 318, 319, 321-323, 335, 391, 404, 424
　ギルド――　375
　――者　21, 23-25, 27-29, 36, 40, 42, 43, 46, 49, 50, 67, 69, 74, 82-85, 87, 93, 95, 97, 120, 121, 156, 191, 201, 202, 229, 236, 237, 239, 241-243, 245, 246, 266, 318, 319, 333, 335
　――者鎮圧法　69, 77, 103, 250, 251, 286, 335
『社会主義の修正』　77
『社会主義の諸前提と社会民主主義の任務』　79
社会主義連盟　89
社会政策　206, 237, 238, 318-320
社会的困窮　20-25, 319
社会的作業場　40-44, 242
社会民主主義　50
社会民主党(英)　87-89, 94-97
社会民主党(独)　68, 69, 72, 73, 75, 76, 79, 202, 203, 233, 235, 250-253, 262, 282, 287, 310, 311, 319, 333-335
社会民主連盟　89, 91, 95
社会民主労働者党(独)　66, 67, 249
社会民主労働者党(墺)　102, 103, 105, 108-113, 119
ジャコバン　37
自由　371, 381-383, 385, 394, 400, 401, 409, 428, 430-432
　――権　430
　――主義　120, 121, 133, 167-170, 173, 174, 177, 179, 180, 192, 195, 223, 225, 227, 234, 249, 260, 266, 272, 284, 287, 297, 302-304, 309, 311, 333, 335, 337, 368, 379, 383, 390, 391, 427
　政治的――　169, 195, 199, 219, 241, 242, 300, 302, 383
衆議院　→下院
宗教改革　273
宗教学校　278
『自由国』　35
自由国協会　35
『私有財産とは何ぞや』　242
自由思想家党　72, 73
自由出版社　369
修正主義(社会主義)　28, 76, 77, 79, 81, 90, 154, 244, 253, 319
自由党(英)　17, 19, 93-97, 213, 229, 230, 246, 312, 313, 315, 387, 422-425
自由党(豪)　17
自由党(日本)　395
自由党(ベルギー)　120, 121, 125-127, 129, 131-133, 135, 137, 139
自由統一党　422
『自由之理』　369
自由派　85-87
自由貿易　423-425
自由保守党　72, 250
自由民権　300, 427, 431
主権　199-208, 375-379, 381, 408, 410, 428
主権在民説　218, 224, 306
種痘所　409
シュトレーリッツ家　185
シュルツェ派　96, 97, 99
攘夷　407, 413, 431
上院(貴族院)　203, 235, 383, 384, 397, 404
　イギリス　386, 387, 423, 424
　オーストリア　108
　ドイツ(連邦参議院)　250, 266, 274, 281, 311, 329, 330
　日本　372, 397, 399-402, 432
小ドイツ主義　173, 327, 328, 408
昌平黌　409
条約改正　430-432
剰余価値　22, 23, 51, 56, 57
ジロンド主義者　220
『清英交際始末』　365
進化論　380
新キリスト教　38, 39, 242
『新キリスト教』　39

新組合主義　140
『人権新説』　368
新生活団　89
『真政大意』　414
神聖同盟　170, 303-306
シン・フェイン党　424
清仏戦争　408
進歩人民党　73
進歩党(独)　84, 247, 248, 262, 287
『進歩と貧困』　89
『人民』(カベ)　35
『人民教理問答』　123
人民自由行動党　25
人民主権　296, 304, 308
枢密院　372, 386, 394, 397, 402-404, 432, 433
ストライキ　95, 97, 109, 123-126, 131, 134-137, 142, 143, 147, 151, 153, 253, 322, 353
『スペイン王国論』　32
スラヴ民族　115, 159, 166, 171, 172, 289, 327, 339
スロヴェニア人　115
征韓論　420, 431
政教分離　323
生存権　391
政体書　417
『西哲夢物語』　429
正統主義(ウィーン体制)　166-168, 303, 304
正統主義(社会主義)　28, 76, 77, 81, 90, 319
西南戦争　408, 431
青年チェコ党　113
青年トルコ党　307, 358
政友会　383, 398, 401, 432
『西洋紀聞』　366, 405
『西洋史講話』　165
『西洋事情』　366, 412, 414
勢力均衡　167, 168, 304, 325, 347
世界政策　291, 344
責任内閣　327
絶対主義　120
セルビア人　337
セルボ・クロアチア人　115, 117
選挙干渉　432
選挙制度調査委員会　13
選挙法改正　88, 103-105, 107-141, 229-235, 311, 391, 424
全国労働者教育協会　98, 99
専制主義　295, 309, 377-379, 384, 428

全ドイツ労働者協会　60, 61, 64-67, 76, 98, 247-249, 321
占有　46, 47
創造的衝動　380
『増補華夷通商考』　366, 405
『草莽雑誌』　370

た 行

第一次世界大戦　188
代議政治　195, 211-214, 307, 308, 322, 379, 384, 385, 391
大臣責任　306, 314
大ドイツ主義　173, 327, 328, 408
『太陽の都』　28, 29, 32, 33
多元的国家論　375, 381
太政官制　428
地域主義者　332
チェコ人　112, 115, 117-119
治外法権　431
チャーティスト運動　88, 89, 143, 229, 239, 318, 391
中央党(独)　6, 68, 69, 71, 72, 262, 265, 268, 269, 272-274, 276-278, 280, 282-289, 334
『中外新聞』　367, 371, 406, 417
『中外新報』　406, 415
中国(支那)研究　307
中国(支那)人　406
徴士　418
直接行動　322
直接選挙　198, 233
帝国主義　94, 256, 257, 345, 379, 407, 423, 425
デモクラシー　200, 207, 305, 306, 384, 385, 391, 413, 418
デモクラティック　188, 190-193, 197, 220, 227, 295, 304, 388, 390, 403
天皇親政　410, 413, 414, 418, 429
天賦人権論　226, 231, 232, 241, 388, 390, 415
デンマーク人　73, 173, 262, 286, 287, 332
天文方　405, 409
ドイツ関税同盟　173, 326, 329
ドイツ社会主義労働者党　66, 67, 249
ドイツ人　111, 115, 117-119, 254, 258, 270, 275, 324, 326-329, 332, 337, 429
ドイツ労働者協会　29, 99, 248
統一社会党　82-86
『東京日日新聞』　371, 417, 430

道徳　　298, 317, 319, 348, 372, 374, 382, 384, 388, 393, 396, 398, 403, 411
『東方策』　368
東方問題　178, 338
同盟政策　325, 330, 336
独墺同盟　290, 291, 338, 340
独立派社会主義者　84, 85, 87
独立労働党　88, 89, 91, 93, 97
特恵関税　423, 424
『鄰草』　406, 407, 414
トルコ人　178, 354
ドレフュス事件　82, 83

な 行

『内外新聞』　371, 417
内閣　386, 390, 394-398, 402, 403, 413, 418, 428, 433
七年制予算　265, 285
南蛮　407
二月革命　9, 40, 41, 45, 50, 173, 174, 216, 225-227, 242, 259, 305, 306, 309, 326, 389, 391
二重保障政策　340
西・ローゼン協定　421
日英同盟　292, 345, 421-423
日米修好通商条約　430, 431
日米通商航海条約　431
日米和親条約　431
日露戦争　182, 227, 344, 349, 368
『日新真事誌』　367
日清戦争　171, 432
『日本』(シーボルト)　406
『日本経済論』　370
『日本文法』　406
入植地契約　216, 217, 299
『人間科学に関する覚書』　36
『人間の諸権利』　80

は 行

陪審制度　197
バグダッド鉄道　426
バタビヤ新聞　406, 415
ハノーファー人　266, 287
ハプスブルク家　173, 176, 408
『バブーフの陰謀』　35
パリ・コミューン　80-82, 143
バルカン戦争　183, 184, 188, 354

バルカン民族　178, 188
『ハルマ辞典和解』　364
万国全階級協会　27, 239
蕃書調所　406, 409
　洋書調所　409, 415, 416
汎スラヴ主義　289
藩閥　395, 398, 399, 412, 413, 419, 432, 433
　土佐　413, 419, 420
　――政府　370, 371, 400, 401
秘密主義　191
秘密選挙　88, 227, 228, 230, 233, 305
ピューリタン　217, 299
平等　7-11, 19, 36, 37, 43, 47, 63, 75, 111, 192, 193, 225-228, 235, 252-254, 280, 308, 314, 317-319, 323, 373, 385, 414
　合理的――　192, 317
　絶対的――　192, 317, 349
　――主義　8, 9, 72, 73
　――選挙　103, 110, 111, 233
『平等』　81
『評論新聞』　370
ピルグリム・ファーザース　216, 217, 299
比例代表制　11-13, 129, 131
ファショダ事件　292
ファランジュ　41
ファランステール　39-41
風説書　415
フェビアン協会　89, 91, 93, 97, 320
普墺戦争　174, 177, 259, 261, 328, 329, 332, 336, 337, 341, 386, 407
不可能派　83
『福翁自伝』　366, 409
複数投票　11, 129, 135, 232, 234, 315
　――廃止法案　312
婦人参政権　7, 9, 230, 256, 314-316, 392
　――協会全国同盟　315
婦人社会政治同盟　256, 316
普通選挙　9, 61, 75, 88, 99, 109, 113, 121, 123, 125, 127, 129, 131, 133, 226-228, 231-233, 247, 249, 305, 307-310, 315, 321, 372, 383, 385, 388, 391-393
普仏戦争　175, 177, 242, 258, 259, 261, 291, 329, 391, 407, 408
フラマン人　6, 172, 324
フランス革命　37, 40, 165, 166, 169, 170, 218, 219, 223, 292, 295, 298-300, 302, 320, 378, 389, 426

バスティーユ襲撃　300, 389
『フランス革命以前の社会主義』　27
フランス人　218, 219, 254, 266, 332, 342, 351
ブルガリア人　161, 187, 255, 354
ブルジョワジー　55, 151, 156, 389, 390, 404, 405
ブルボン家　166, 176, 218, 225, 226, 304, 305, 390
プロテスタント　267, 268
プロレタリアート　55, 156, 389, 391, 405
　プロレトクリト　404
文化闘争　7, 266-289, 333, 334
　五月諸法　274, 277, 280, 283, 286, 333, 334
平民主義　199, 253
ベルギー人　223
ベルリン会議(1878年)　187, 290, 339, 340, 342
　ベルリン条約(1878年)　180-182, 185, 186, 340
ボイコット　153, 253, 322
法王無謬説　267, 269, 271
邦国分立主義　266, 267
『法の精神』　218, 219, 369
ホーエンツォレルン家　186, 267, 408
北清事変　432
保護貿易　379, 423-425
保守党(英)　17, 19, 95, 97, 229, 312, 314, 315, 387, 422, 423
　ユニオニスト　213
保守党(独)　67, 71, 233, 235, 250, 262, 272, 273, 280, 281, 285, 286, 310, 311, 422
保守党(ベルギー)　123, 125, 127, 129, 131, 133, 139
戊辰戦争　419
ポーランド人　115, 117, 119, 161, 254, 255, 266, 270, 287, 332
　ポーランド党　73, 262
ホルズベリー・クラブ　19

ま 行

未回収のイタリア　177, 341
南スラヴ人　115, 119
『民意論』　210
民衆主義　199
　民衆政治　379, 384, 405
民主化　72, 75, 156

民主主義　6-9, 33, 199-203, 207, 252, 335
　絶対的——　201, 203
　相対的——　202, 203
　民主政治　212, 404
民主連盟　89
民撰議院設立建白書　198, 405, 420
民族主義　165-169, 171, 183, 304
　民族統一　166, 171, 172
　民族独立　50, 166, 167, 171, 178, 179, 185, 186, 188
民本主義　195, 199-201, 203-208, 210-216, 218, 227, 231, 233, 306-308
明治維新　165, 383, 407-409, 415
『明治十四年の記』　427
『明六雑誌』　370
モロッコ事件　348, 426
モンロー主義　170, 257

や・ら・わ 行

『ヤング・ジャパン』　366
唯物論　24, 25, 27, 51-53
有司専制　383, 405, 419, 420, 427
ユダヤ人　50, 82, 161, 255
『ユートピア』　28-35, 241
予算議定権　377, 394
『ヨーロッパ社会の再組織について』　37
ラサール派　65-67, 98, 99
ラベル　153, 253, 322
陸軍法　264
『六合叢談』　406, 415
リコール　154
立憲政治(憲政)　190, 194, 195, 198, 199, 205, 208, 209, 235, 295, 302, 372-376, 382-385, 388-390, 392-400, 404-406, 413, 414, 418, 419, 429
　憲政の常道　372, 373, 398, 402, 403
『立憲政体略』　414
立法権　377, 389
ルテニア人　114-117, 119, 161
ルネッサンス　169, 295, 297
レファレンダム　11, 13-15, 17, 19, 125, 137, 154, 155, 212, 213
労働運動　372
労働組合　93, 230, 245, 247, 319-322, 335, 424
　——主義　93, 140, 141, 213
労働権　391

労働者　317-322, 335
労働者教育協会　119
『労働者綱領』　248
労働者大逆罪裁判　100, 101
労働総同盟(C. G. T.)　140-147, 149, 322
労働党(英)　17, 19, 88, 90, 92-97, 245, 319, 424
　労働代表委員会　90, 91, 93, 95
労働党(豪)　17
労働党(ベルギー)　116-123, 125-127, 129, 131-137, 139, 202
労働取引所　144, 145, 147
『労働の組織』　40
露土戦争　180, 181, 186, 187, 290, 307, 339, 342
露仏同盟　257, 289, 291, 343, 349, 427
ロンドン会議(1830年)　182, 183
ロンドン会議(1912-13年)　357
ワロン人　6, 172, 324

吉野作造講義録研究会（＊は編集責任者）

五百旗頭薫＊
　（東京大学大学院法学政治学研究科教授，日本政治外交史）

今津敏晃
　（亜細亜大学法学部准教授，日本近代史）

古賀光生
　（二松学舎大学国際政治経済学部専任講師，比較政治）

国分航士
　（東京大学大学院法学政治学研究科附属近代日本法政史料センター原資料部助教，日本近代史）

作内由子＊
　（獨協大学法学部専任講師，ヨーロッパ政治史）

玉置敦彦
　（神奈川大学法学部非常勤講師，国際政治）

中野弘喜
　（一般財団法人東京大学出版会職員，日本近代史）

伏見岳人＊
　（東北大学大学院法学研究科准教授，日本政治外交史）

前田亮介
　（北海道大学大学院法学研究科准教授，日本政治史）

吉野作造政治史講義
　矢内原忠雄・赤松克麿・岡義武ノート

2016年1月26日　第1刷発行

編　者　吉野作造講義録研究会
発行者　岡本　厚
発行所　株式会社　岩波書店
　　　　〒101-8002　東京都千代田区一ツ橋2-5-5
　　　　電話案内　03-5210-4000
　　　　http://www.iwanami.co.jp/

印刷・三陽社　函・半七印刷　製本・松岳社

ⓒ 吉野作造講義録研究会 2016
ISBN 978-4-00-025468-7　　Printed in Japan

書名	著者	判型・価格
吉野作造評論集	岡義武 編	岩波文庫 本体920円
大山郁夫と日本デモクラシーの系譜 ―国家学から社会の政治学へ―	堀真清	A5判326頁 本体6500円
歴史政治学とデモクラシー	篠原一	A5判352頁 本体5800円
〈岩波現代全書〉 ヴァイマル憲法とヒトラー ―戦後民主主義からファシズムへ―	池田浩士	四六判294頁 本体2500円

———— 岩波書店刊 ————

定価は表示価格に消費税が加算されます
2016年1月現在